GESCHICHTE DER BUCHKULTUR 1

Griechisch-römische Antike

Geschichte der Buchkultur

Band 1

OTTO MAZAL

Griechisch-römische Antike

Akademische
Druck- u. Verlagsanstalt
Graz/Austria

Die Deutsche Bibliothek - CIP-Einheitsaufnahme

Mazal, Otto:
Griechisch-römische Antike / Otto Mazal. -
Graz/Austria : Akad. Dr.- und Verl.-Anst., 1999
(Geschichte der Buchkultur ; Bd. 1)
ISBN 3-201-01716-7

Schutzumschlag- und Buchgestaltung:
Akademische Druck- u. Verlagsanstalt, Graz
Reproduktion: Print & Art, Graz
Druck: STYRIAN druckservice, Hart bei Graz
Bindung: Art-Buchbinderei, Graz

ISBN 3-201-01716-7
Printed in Austria

Inhalt

Erstes Kapitel

Die Kultur der griechisch-römischen Antike und das Buch- und Bibliothekswesen

Die griechische Literatur und damit auch die Anfänge des griechischen Buchwesens setzen für uns mit den homerischen Epen der ersten Hälfte des 1. Jahrtausends v. Chr. ein. Doch haben philologische Forschung und archäologische Entdeckungen gezeigt, daß vor diesen ersten Höhepunkten Jahrhunderte der Formung der epischen Dichtung lagen, ja daß versunkene Kulturen im griechischen Bereich bereits eine hohe materielle und geistige Blüte besessen haben, deren Reflexe sich noch in den ältesten literarischen Denkmälern greifen lassen. Die Hochkulturen von Kreta und Mykenai müssen hier in erster Linie berücksichtigt werden. Doch bereits die ältesten vorgriechischen Ackerbaukulturen brachten Faktoren ein, die für die griechische Geistigkeit von Belang werden sollten. Die erste Ackerbaukultur Griechenlands reicht in das 5. Jahrtausend v. Chr. zurück; sie wird nach einem der wichtigsten Fundorte auch als *Sesklo-Kultur* bezeichnet. Stete Zuwanderung aus dem Osten brachte kulturellen Fortschritt mit sich. In der Farbenfreudigkeit der Keramik, in der Neigung zu Logik und Systematik, in dem Streben nach Freiheit werden hier erste Spuren späterer griechischer Begabung faßbar. Die Eigenart des griechischen Landes mit seinen tiefen Meereseinschnitten lockte schon in dieser Frühzeit zur Seefahrt; bereits die Sesklo-Kultur besaß viele Hafenplätze. Meer und Inseln zeichneten Wanderwege vor, die für die Entwicklung der griechischen Kultur Bedeutung haben sollten. Im bereits damals besiedelten Athen ahnen wir die ersten Ansätze zu städtischem Leben. Auf Kreta erblühte in dieser Zeit eine Schwesterkultur, die ebenfalls von der vorderasiatischen Kulturdrift genährt wurde, aber auch aus Ägypten Anregungen empfing. Die Träger der Kulturen von Sesklo und Kreta waren vor allem Westwanderer der vorderasiatischen Kulturdrift, die sich mit den bodenständigen Elementen vermischten. Die Einwanderer, die aus kontinentalen Landmassen kamen, sahen sich nun vom Meer umgeben, sahen sich in kleine und kleinste Landräume versetzt; dieses Phänomen ließ sie freier, fortschrittlicher und wagemutiger werden; aber auch ein günstiger Boden für städtische Traditionen war damit gegeben.

Ab etwa 2700 v. Chr. brachten Einwanderer der *Bandkeramik-Kultur* aus Mitteleuropa Unruhe und Störungen in die niedergehende Sesklo-Kultur; sie waren wohl auch noch nicht Indoeuropäer, waren aber ebenfalls Ackerbauer und Schüler der Mittelmeerwelt, fügten sich also in einen Kulturtypus ein, der durch die vorderasiatische Kulturdrift initiiert worden war. Seit der Mitte des

3. Jahrtausends kam es zur Festigung der bodenständigen Ackerbaukulturen im Bereich der Ägäisländer und Kleinasiens und zur Abtrennung von der vorderasiatischen Kulturdrift. In der frühen *Bronzezeit* bildete der anatolisch-ägäische Raum eine eigene Kulturgemeinschaft. Das Innere und der Norden der Balkanhalbinsel blieben davon aber ausgenommen, wo sich noch länger die Bandkeramiker behaupteten, bis sie den von Norden andringenden Indoeuropäern erliegen sollten. Der ägäische Bereich übernahm die metallurgischen Neuerungen aus Kleinasien. Mit dem Erblühen der Metallurgie kam es auch im Ägäisbereich zur Verdichtung der Besiedlung und zur Steigerung des städtischen Charakters. Die Bronzezeit sollte hier bis etwa 1200 v. Chr. währen. In Nordwestanatolien blühte Troja mit prächtigen Palästen und festen Mauern auf, jene Stadt, um deren Belagerung das homerische Epos Ilias kreisen sollte. Die Bau- und Festungskunst zog nun auch in Griechenland ein. Politisch gesehen, bestanden damals wohl zahlreiche lokale Fürstentümer nebeneinander. Die Bewohner der *Kykladen* erlebten zwischen 2500 und 2000 v. Chr. eine plötzliche Kulturblüte; sie brachten den Seehandel in ihre Hand und entwickelten mit ihren Hochseeschiffen weitreichende Verbindungen nach allen ägäischen Küstenländer, ins Ionische Meer, in die Adria, nach Dalmatien, nach Italien, nach Spanien, auf die Balearen. Die Kykladenbewohner waren derart die ersten großen Bahnbrecher, die die Wege erkundeten, auf denen später Kreter, Achäer, Phoiniker und Hellenen fahren sollten.

Mochten die Griechen auch erst spät in Hellas eingewandert sein, so setzte sich das historische Griechentum doch aus zwei gleichwertigen Komponenten zusammen, dem mediterranen und dem indoeuropäischen Element. Dem *mediterranen Element* verdankten die Griechen eine Fülle von Religionsvorstellungen, so von der Fruchtbarkeitsgöttin, der Unterwelt, dem sterblichen Frühjahrsgott, und viele Kulte und Bräuche; von der mediterranen Schicht stammten aber sicher auch die hohen Begabungen auf den Gebieten der Plastik, der Malerei und der Genrekunst. Entscheidend war die mittelmeerische Komponente durch ihre städtische Siedlungsweise geworden, was den Weg für die klassische Poliskultur bereiten sollte, auf deren Boden wiederum die griechische Klassik erblühen sollte. Die Verbindung der mediterranen mit der indoeuropäischen Komponente und die geophysikalische und geopolitische Lage Griechenlands sollten in entscheidender Weise das Hellenentum formen, das die Wiege Europas werden sollte.

Im Altertum zog sich von Indien über den Iran, Mesopotamien und Syrien bis in den Bereich des Mittelmeeres, der Donau und der atlantischen Küste eine dem Ackerbau günstige Zone. Nördlich und südlich dieses Vorzugsgürtels gab es Kargräume und benachteiligte Zonen: im Süden Steppen und Wüsten, in denen höchstens viehzüchtende Nomaden ihr Leben fristen konnten, im Norden meist Sümpfe und Wälder, wo in einem unwirtlichen Klima höchstens primitive Formen von Viehzucht und Hackbau gedeihen konnten. Aus beiden Kargräumen strömten im Verlauf der Geschichte immer wieder Stämme in die Vorzugsgebiete ein. Auch die indoeuropäische Stammesfamilie hatte sich ab dem 4. Jahrtausend in Einzelglieder aufgelöst, die nach verschiedenen Richtungen ins Vorzugsgebiet abwanderten. Waren sie gering an Zahl, übernahmen sie mit der Kultur der Unterworfenen auch deren Sprache. Kamen sie in Massen, eigneten sie sich wohl zahlreiche Elemente der Kultur an, setzten aber ihre eigene Sprache auch bei den Unterworfenen durch. Dies war etwa bei den Iraniern, Indern, Hethitern, Griechen, Illyrern und Italikern der Fall.

Zwischen 2400 und 1700 waren die bodenständigen Ackerbau- und Stadtkulturen rund um das Mittelmeer in ihrer Gesamtheit durch verschiedene indoeuropäische Gruppen bedroht; wenn sie überrannt wurden, eröffnete sich immer ein entscheidendes neues Kapitel der Weltgeschichte. So war auch im Bereich der Ägäis bereits in früher Bronzezeit der erste Druck barbarischer Stämme, der *Streitaxtleute* und *Schnurkeramiker* zu erkennen. Um 1950 erfolgte aber ein schwerer Schlag durch die Einwanderung der ersten griechisch sprechenden Bevölkerungselemente in Mittel- und Südgriechenland, die die frühbronzezeitliche Kultur zum Erliegen brachte. In einer großen ethnischen Umwälzung erfolgte die *Indoeuropäisierung* des Landes durch die ältesten Griechen. Es waren Angehörige der Streitaxtleute, die in Griechenland einfielen, während andere Teile noch nördlich davon zurückblieben. Wir könnten diese zunächst zurückgebliebenen Gruppen als die Vorläufer der späteren Dorer und Nordwestgriechen auffassen, während die Invasoren des frühen 2. Jahrtausends die Stammeltern der späteren mykenischen Griechen, also der arkado-äolischen und ionischen Stammesgruppe gewesen sein mußten. Die Invasoren setzten fast restlos ihre Sprache durch, trotz der Tatsache, daß die autochthone Bevölkerung zahlreich war und auf einer höheren Kulturstufe stand. Allerdings gingen viele Berg-, Fluß-, Orts-, Tier- und Pflanzennamen sowie Namen von Kulturobjekten in die neue griechische Sprache über. Bald vermischten sich die Einwanderer mit der autochthonen Bevölkerung recht eng, sodaß in den Siedlungen dieser Epoche keine Scheidung mehr in zwei Bevölkerungsklassen erkennbar ist. Beide Bevölkerungskomponenten trugen gleichermaßen zur Entstehung der mittelhelladischen Kultur bei, die zu einer ausgewogenen Mischkultur wurde. Auch diese Kultur trug kleinstädtischen Charakter. Es werden sich Fürstentümer gebildet haben, die ihre Residenzen in Kleinstädten hatten. Um 1800 dürfte Troja aus diesem Bereich heraus erobert worden sein, jene Stadt, die einst im homerischen Epos unsterblich werden sollte. In der mittelhelladischen Zeit entstanden bereits viele religiöse Vorstellungen, die in historischer Zeit begegnen sollten, aus der Verbindung der mediterranen und indoeuropäischen Gottheitsvorstellungen. Noch gab es keine schriftlichen Nachrichten, weshalb viele Details dunkel bleiben.

Kreta gewann in dieser Periode seine Sonderstellung und brachte eine Hochkultur hervor. Minoische Seefahrt und minoischer Handel strahlten weit aus. Nach einer Katastrophe um 1700 v. Chr. - sei es durch Erdbeben oder feindliche Einfälle - erblühte eine reiche Kultur in der Zeit der „Jüngeren Paläste". Kreta brachte die erste europäische Gesellschaftskultur hervor; das urbane Zusammenleben wurde intensiv gepflegt. Doch um 1470 bemächtigten sich griechische Fürsten der Insel; und um 1400 erfolgte der entscheidende Schicksalsschlag, die endgültige Zerstörung des Palastes von Knossos und der Untergang der minoischen Kultur. Mykenische Herrschaft war inzwischen zum machtpolitischen Faktor aufgestiegen. Seit der Mitte des 16. Jahrhunderts v. Chr. tritt uns die *mykenische Kultur* in Griechenland entgegen, die auch erstmals eine Schrift pflegte und so zur historischen Kultur wurde. Der mykenische Lebensstil war wesentlich vom ritterlichen Sport und vom Kampf auf dem Streitwagen bestimmt, wodurch eine ganz neue soziale und politische Kraft ins Spiel kam. Arisch-hurritische Stämme hatten im Kaukasusgebiet den Streitwagen erfunden, der auf Jahrhunderte hin zu einer völligen Umgestaltung des Kriegswesens führte. Ein neuer Typ eines ritterlichen Menschen, dem Waffen, Rosse und Hunde, Kampf, Jagd und Streit zum Lebensinhalt wurden, entstand. Es begann ein feudaler Lebensstil, der die Kulturen des 2. und 1. Jahrtausends v. Chr. prägen sollte. Die mykenische Kultur bekundete sich in den mächtigen Burgen der Argolis, der westlichen Peloponnes und des böotischen Beckens. Seit etwa 1580 v. Chr. gewannen die mykenischen Fürsten einen unerhörten Reichtum. Noch im Epos vom Trojanischen Krieg spiegelt sich die Vormachtstellung der argivischen Könige über den Bereich der mykenischen Kultur. Die mykenischen Griechen erschlossen systematisch die Ränder des östlichen Mittelmeeres; auch der mykenische Handel griff weit aus. Auch in politischer Hinsicht reichten die Verbindungen weit. Die Sage vom Kampf um Troja deutet an, daß das Gesamtaufgebot der Achäer unter der Herrschaft des Oberkönigs von Mykenai bemüht war, diese Stadt zu erobern.

Die bis in kleinste Detail ausgebildete *Schriftlichkeit*, die wir heute durch die Entzifferung der Tafeln mit der Linear-B-Schrift kennen, deutet einen ausgesprochen rationalen Geist dieser Epoche an. Zwar haben sich nur Tafeln mit wirtschaftlichen und administrativen Aufzeichnungen gefunden, doch steht es außer Zweifel, daß die ritterliche Gesellschaft Mykenais auch Sage und Sang von großen Taten kannte. Eine *episch-ritterliche Sangeskunst* wird an den mykenischen Fürstenhöfen gepflegt worden sein, wenn auch die Sänger und Dichter sich noch nicht der Schriftlichkeit in vollem Maße hingaben. Man wird eine Meisterschaft im spontanen Improvisieren postulieren dürfen. Eine längere Tradition bildete sich aber sicherlich aus. Vielleicht entstand bereits damals der Hexameter als episches Versmaß. Sicher leitete sich die äolische Dialektkomponente in der Sprache Homers aus mykenischer Zeit ab, da die Sprache von Linear B ein Idiom war, das in historischer Zeit in Kypros und Arkadien weiterlebte. An den mykenischen Fürstenhöfen werden sich die Stoffe vom Kampf der Sieben gegen Theben und von der Heerfahrt gegen Troja gebildet haben. Namen wie Aias, Achilleus, Hektor, Theseus kommen in den Linear-B-Tafeln vor, wenn auch als Namen des Alltags; aber bald waren diese Namen tauglich geworden, die großen Helden der Vergangenheit zu benennen. Die mykenischen Dichter sangen unter Verwendung von Formeln, Kehrreimen und typischen Szenen von ihren Königen in Krieg und Frieden, von ihren Häusern, ihren Möbeln und schönen Gegenständen, von ihren Kämpfen und ihren Waffen. Auch der Reichtum an trojanischen Namen auf den Täfelchen in Linear B zeigt, daß die Geschichte von der Belagerung der Stadt am Meer auf dem griechischen Festland entstand. Vielleicht wurde die Geschichte von der Belagerung einer Stadt am Meer in langer Sängertradition in Mykenai ausgebildet und erhielt ihren definitiven Schauplatz, als Troja VII A angegriffen wurde. Die Sänger der mykenischen Höfe kannten sicher die gesamte mykenische Welt und in gewissem Maße auch die Nachbarländer aus erster oder zweiter Hand. In den mykenischen Palästen können drei hauptsächliche Dichtungsgattungen angenommen werden: Kultlieder, Lieder über die großen Könige der Vergangenheit und Lieder, die bei Festmählern vorgetragen wurden, von der internationalen Gegenwart handelten und dabei großes Gewicht auf die Taten des einheimischen Königs legten. Freilich werden diese Gedichte nicht allzu lang gewesen sein. Diese Dichtungen konnten sich auch halten, als der Hof unterging. Denn mit der Vernichtung der mykenischen Kultur um 1200 erlosch auch die frühe Form der Schriftlichkeit völlig; bis zur Übernahme des phönikischen Alphabets vergingen schriftlose Jahrhunderte.

Die Achäer hatten einen Machtkreis errichtet, der für lange Zeit dem Druck nördlicher Barbarenstämme standhalten konnte. Als seit etwa 1300 v. Chr. eine innere Schwächung eintrat, begannen abermals große Wanderbewegungen. Nach ersten Raubzügen um 1240 setzte um 1200 v. Chr. der große Barbarensturm ein, dem das mykenisch-achäische Machtsystem zum Opfer fiel. Illyrische und phrygische Stämme spielten dabei die wichtigste Rolle unter den auf dem Balkan hervorbrechenden Scharen. Die Nord- und Seevölker suchten damals den gesamten Vorderen Orient heim. In Hellas gingen damals sämtliche Residenzen und Burgen zugrunde, in manchen Regionen auch die Siedlungen. In der submykenischen Epoche trat zunächst eine Verarmung ein. In das entvölkerte Land strömten nun die aus den Stämmen der Hylleer, Dymanen und Pamphyler gebildeten *Dorer* ein, gewannen die Peloponnes, den Isthmos, die Argolis, Lakonien, Messenien, Kreta, Kos und Rhodos und stießen vereinzelt bis Kleinasien vor. Der Zuzug neuer griechischer Stämme war aber zugleich die Voraussetzung für die Bildung des vielgestaltigen Hellenentums, das im 8. Jahrhundert die Vollendung des geometrischen Stils und die Hochblüte der epischen Dichtung erbrachte. Die Dorer bildeten ein konservatives und traditionsgebundenes Gegengewicht zur leichteren, beschwingteren ionischen Art. Nun weitete sich die griechische Welt in ihre Vielgestaltigkeit, die von strenger Gebundenheit bis zu zügelloser Freiheit reichen sollte. Nach den Dorern zogen auch die Nordwestgriechen in eine Reihe von Landschaften ein, so in Böotien und Thessalien, in Achaia und Elis, in Aitolien und Phokis. Kulturell traten die Nordwestgriechen zunächst nicht sonderlich hervor; ihre Stunde sollte erst in hellenistischer Zeit schlagen.

Erst durch die Einwanderung der Dorer und Nordwestgriechen waren alle Stämme zusammengeführt, die das künftige Volk der Hellenen bilden sollten. Ihr Siedlungsgebiet vollendete sich durch die Gewinnung der Inseln und des kleinasiatischen Küstenstreifens. Ältere und jüngere Stämme und Gruppen beeinflußten einander in vielfacher Weise. Durch die Katastrophe des Barbarensturmes bedingt, mußten die bodenständigen Griechen gleichsam von vorne beginnen, während für die eingewanderten Stämme erstmals ein Kulturanstieg begann. Geburt stand hier neben Wiedergeburt. In den Ioniern und Äoliern lebten noch Elemente der mykenischen Zeit fort, ebenso Elemente der altägäischen und minoischen Stadtkultur. Die Dorer und Nordwestgriechen brachten strenge Zucht, bäuerliche Sitte und frische Unberührtheit mit sich. In verhältnismäßig kurzer Zeit fanden sich die Griechen zu einer neuen Einheit zusammen. Es war dies vor allem das Verdienst des *griechischen Adels*, der sich über Stammes- und Staatsgrenzen hinweg zu einer einheitlichen sozialen Oberschicht zusammenfand. Manche feudale Sippen hatten die Stürme der Wanderungen überdauert und den Streitwagen und die ritterliche Gesinnung behalten. Fahrende Sänger verkündeten den Glanz vergangener Zeiten und verherrlichten die Vorfahren. Hingegen traten die Vorkämpfer der Dorer und Nordwestgriechen erstmals aus der Schicht der Bauern und Hirten heraus und nahmen ritterliche Lebensweise an. Dazu gehörte nicht nur Bewaffnung, sondern auch der Codex der Adelstugenden und die Heldensage. Der Sängerstand hatte für diese Angleichung zweifelsohne eine überaus große Bedeutung, wenn er den neuen Adeligen mit der Heldensage auch den Kanon des feudalen Wesens vor Augen stellte. Die Könige waren praktisch nur die primi inter pares, ohne eine eigene Schicht zu bilden. Stellte der Adel nun eine panhellenische Schicht dar, so waren die niederen Bevölkerungsschichten keineswegs Träger einer abgesonderten Kulturgesinnung. Es herrschte ein Geben und Nehmen auf beiden Seiten. Die niederen Bevölkerungskreise anerkannten die Heldensage als verbindlich, zumal die nichtadeligen Sänger maßgeblich an ihrer Ausgestaltung mitarbeiteten; und Baumeister und Handwerker setzten ihre Kunst im Dienste der panhellenischen Kultur ein. Die Adelskultur der Frühzeit formte mithin indirekt auch die niederen Bevölkerungsschichten. Von etwa 1000 bis zirka 750 v. Chr. herrschte eine eher statische Ära vor, die durch ein hohes Maß an Bindungen gekennzeichnet war. Aber auf diese statische Vorbereitung folgte ab dem 8. Jahrhundert eine dynamische Kulturentfaltung, als die Entwicklung auf die Auflösung der alten Bindungen hinauslief.

Vor Homer haben zwei entscheidende Prozesse stattgefunden, die die Voraussetzungen für die griechische Literatur boten: die Entstehung des griechischen Mythos und die Ausbildung der *griechischen Schrift*. Die aus dem kretischen Linear A entwickelte Schrift Linear B, die in mykenischer Zeit von einer Schreiberklasse im Verwaltungsdienst und im Handel für das Griechische verwendet worden war, war nicht nur wenig geeignet zur Wiedergabe der gesprochenen Sprache, sondern ging in der Katastrophe der Wanderungen um 1200 unter. Die Griechen mußten noch einmal neu beginnen. Durch die geniale Adaptierung der nordsemitischen Konsonantenschrift am Beginn des

1. Jahrtausends v. Chr. wurde die griechische Buchstabenschrift, die sowohl Konsonanten als auch Vokale bezeichnete, geschaffen. Damit war erst der Weg frei für eine adäquate Fixierung der Dichtung und der Literatur der Griechen.

Die Ausformung des *griechischen Mythos* setzte gewiß in mykenischer Zeit ein. Doch wird auch zu bedenken sein, daß die griechische Heldensage auch in den dunklen Jahrhunderten nach dem Zusammenbruch der mykenischen Kultur wuchs, also zwischen dem 12. und dem 8. Jahrhundert v. Chr. Sie heftete sich an die großen Stätten der mykenischen Kultur. Namen des mykenischen Alltags wie Aias, Achilleus, Hektor, Theseus wurden zu Namen großer Helden. Im Mythos der Griechen flossen mittelmeerische, altorientalische und indoeuropäische Elemente zu einer neuen Synthese zusammen. Sicher gab es vor Homer Literatur, wenn auch nicht unbedingt im Sinne des Geschriebenen. Doch Homer bietet viele Zeugnisse dafür, daß man bei Hochzeiten und Leichenfeiern, bei Siegesfesten und beim Tanz, im Kult und bei der Arbeit Lieder gesungen hat. Im Mythos stehen historische Erinnerungen neben Erfindungen freien Fabulierens, Göttergeschichte neben Kultaitiologie, Märchenmotive neben Natursymbolik. Aber erst die schriftliche Aufzeichnung und damit der Beginn des Schrift- und Buchwesens seit der homerischen Epoche hat das Erbe der jahrhundertelangen Tradition bewahrt und erst eine darüber hinausgehende literarische Technik möglich gemacht. Ohne Schriftlichkeit sind Großepen wie Ilias und Odyssee nicht mehr denkbar.

Mit dem Namen *Homers*, des ältesten europäischen Dichters, werden die beiden Großepen Ilias und Odyssee verbunden. Die Unterschiede der beiden Dichtungen lassen aber eher an zwei verschiedene Dichter denken. Die Heimat Homers war vermutlich das ionische Kleinasien; über sein Leben wissen wir jedoch nichts Exaktes. Das ältere Epos, die Ilias, greift einen Abschnitt der Geschichte des Kampfes um Troja heraus, der vom Zorn des von Agamemnon beleidigten Achilleus bis zur Tötung Hektors durch Achilleus reicht. Das jüngere Epos, die Odyssee, berichtet von den Irrfahrten und der Heimkehr des Odysseus nach dem Fall von Troja in seine Heimat Ithaka und der Befreiung der Gattin Penelope von den sie bedrängenden Freiern. In beiden Epen wird die Haupthandlung von zahlreichen Nebenhandlungen unterbrochen; auch an Widersprüchen fehlt es nicht. Daraus erwuchs die „homerische Frage": sind die Epen eine gewollte Einheit oder aus Einzelteilen zusammengestellt? Die Frage ist, ob Homer am Anfang als Dichter des Kernstückes steht oder am Ende als abschließender Ordner. Zweifelsohne hat Homer bereits ein Großepos geschaffen. Homer ist zugleich Abschluß und Anfang. Die Wurzeln seines Schaffens reichen weit zurück in den Bereich des mündlichen Heldengesanges, dessen Charakteristika noch trefflich bewahrt erscheinen. Homers Quellenmaterial muß sehr umfangreich gewesen sein. Schöpferisch war Homer in der Dramatisierung des Geschehens und in der Humanisierung der alten Sage. Man denke etwa an die Szene der Ilias, in der Priamos und Achilleus nach der Härte des Kampfes und sinnloser Rache einander als Menschen erkennen und ehren; hier liegt eine Wurzel abendländischer

Humanität verborgen. Mit der Ilias begann auch eine Änderung der Überlieferung: der Übergang vom Sänger mit der Leier zum *Rhapsoden*, der mit dem Stab in der Hand rezitierte, und der Wechsel vom mündlich geformten Heldengesang zur schriftlich entworfenen Dichtung. Dieser Übergang ist wohl sicher mit Homer selbst zu verbinden, dessen Lebenszeit in das 8. Jahrhundert v. Chr. anzusetzen sein wird, zumindest was den Dichter der Ilias betrifft. Hat der Dichter der Ilias aus dem zahlreichen epischen Gut durch die Einführung des Zornmotivs des Achilleus ein neues Organisationsprinzip geschaffen, so hat der Dichter der Odyssee für die Abenteuer des Odysseus sicher in größerem Ausmaße an ältere Fassungen anschließen können; aber auch aus der Odyssee spricht eine große Kraft der Komposition und eine Meisterschaft des Erzählens, die das Epos als Einheit erscheinen läßt. Während die Ilias eine geschlossene adelige Schicht widerspiegelt, ist der soziale Bereich der Odyssee viel breiter. Ilias und Odyssee als Dichtungen aus der Reifezeit und aus dem Alter eines Dichters anzusehen, ist nicht völlig unmöglich; doch eher wird man geneigt sein, die Odyssee einem Dichter zuzusprechen, der auf den Spuren Homers um 700 v. Chr. das Epos schuf.

Die Komposition beider Epen setzt Schriftlichkeit voraus. Freilich war zur Zeit Homers die Schriftlichkeit im griechischen Bereich noch jungen Datums; vielleicht war Homer der erste schreibende Epiker überhaupt. Die *Überlieferung der homerischen Epen* lag jedoch noch lange in den Händen von Rhapsoden, die zu Gilden zusammengeschlossen waren. Man denke an die Homeriden von Chios, um ein Beispiel zu nennen. Es ist auch überliefert, daß Solon (ca. 640–560 v. Chr.) oder der Peisistratide Hipparchos angeordnet hätten, am Feste der Panathenäen die homerischen Epen durch Rhapsoden geschlossen vortragen zu lassen. Die Basis derartiger Vorträge mußte naturgemäß ein Buch sein. Eine totale Fixierung des Textes war freilich damit noch nicht gegeben, da es Zusätze und Auslassungen geben konnte. Seit Homer auch in der Schule gelesen wurde, war ein Gegengewicht gegen die gewisse Freizügigkeit gegeben. Nachrichten von der Redaktion der homerischen Epen unter Peisistratos von Athen besagen allerdings nicht, daß die Gedichte erst damals ihre endgültige Gestalt erhalten hätten. Der Vortrag der Epen an den Panathenäen legt aber deutlich dar, daß Athen eine große Rolle in der Überlieferung Homers spielte; in diesem Zusammenhang konnte auch etwas für die Fixierung des Textes getan worden sein. Eine attische Etappe der Homerüberlieferung ist denn auch sprachlich faßbar. Ab dem 6. Jahrhundert v. Chr. setzte auch eine Homerinterpretation ein; allegorische Auslegungen sollten moralisch anstößige Stellen erklären helfen. Erst mit der Arbeit der alexandrinischen Philologen wurde der Homertext endgültig fixiert und bearbeitet.

Ilias und Odyssee hatten als Bücher eine bedeutsame literaturgeschichtliche Wandlung verursacht, indem sie das freie Spiel der mündlichen Tradition unterbanden. In Nachahmung Homers entstanden nun andere epische Bücher. Unter dem Begriff des *„epischen Kyklos“* werden Epen von den Kämpfen um Theben, um Troja, von der Fahrt der Argonauten zusammengefaßt. Diese Epen sind bis auf Fragmente verschollen. Mancher Sänger wurde zum Autor, der einen bestimmten epischen Stoff nun in Buchform herausgab. Der Zuhörer wurde alsbald auch zum Leser. Freilich war epische Dichtung nach Homer vielfach nur epigonenhaft; im Schatten Homers gedieh Epik eine Zeitlang weiter, doch war nicht zu verkennen, daß die Qualität der Buchepen absank; auch das Interesse der Öffentlichkeit wurde geringer; und nicht zuletzt wandelten sich die sozialen Gegebenheiten. Trotzdem blieb homerische Dichtung für alle Folgezeit integrierender Bestandteil der Bildung; die überragende Rolle Homers war aber mit schuld am Untergang des epischen Kyklos in der späteren Überlieferung. Wo in archaischer Zeit noch Epik gepflogen wurde, geschah dies auf der Basis neuer Themen.

Hesiod aus Kyme in der Aiolis, dann in Böotien als Bauer lebend, wagte im 7. Jahrhundert etwas Unerhörtes: als Bauer epischer Dichter und Denker zu sein. Seine „Theogonie" ist die erste systematische Zusammenfassung des griechischen Götterglaubens; die „Werke" erteilen hauptsächlich Vorschriften für die Arbeit der Bauern in der Reihenfolge der Jahreszeiten. Noch erfaßten die Menschen dieser Zeit die Wirklichkeit der Welt allein in der Gestalt des Mythos; doch hat man Hesiod bereits mit dem Beginn der Philosophie in Zusammenhang bringen wollen. Die Not der Bauern hat Hesiod neue Worte finden lassen; dem Standesdünkel des Adels setzt Hesiod die Werte des Rechtes und der ehrlichen Arbeit entgegen. Hesiod war kein Sozialrevolutionär, doch den Adel konfrontierte er mit dem Codex der arbeitenden Menschen. Die Form für seine Werke konnte Hesiod in seiner Zeit allein in der homerischen Epik finden; doch machte er in diesem Gewand den Beginn mit dem Streben nach Erkenntnis der Welt, das später zur Philosophie führen sollte.

Im 7. Jahrhundert v. Chr. wandten sich große Dichter einer neuen Art der Poesie zu, in der schon zu Beginn vollendete Schöpfungen zutage traten, nämlich der *Lyrik*. Auch für diese Dichtungsgattung sind Vorstufen greifbar, nämlich im Kultgesang, im Lied zur Arbeit und im volkstümlichen Lied. Der antike Begriff der Lyrik umfaßte sowohl das zur Leier gesungene Einzellied wie die Chorlyrik. Lyrik setzt also das Lied voraus. Bei Elegie und Iambos, die wir heute auch als Lyrik empfinden, war der Gesang sichtlich früh verstummt; zur Elegie trat die Flöte als Begleitinstrument; den Iambos konnten Saiteninstrumente begleiten.

In der Lyrik wagten es die Dichter, den Augenblick poetisch zu erfassen; der Dichter konnte sein Fühlen, Wollen und Denken bekennen und sein Werk zur Erlebnisdichtung machen. Je nach Temperament, Lebensschicksal und Umwelt konnte in der Lyrik eine Vielfalt von poetischen Möglichkeiten erschlossen werden. Auch in sozialer Hinsicht weitete sich der Kreis. Homer und Hesiod waren je in ihrem Stand geborgen gewesen. Ein Lyriker wie *Archilochos von Paros* (um 650 v. Chr.), dessen Vater ein Adeliger, dessen Mutter eine Sklavin war, stellte das Adelsideal in Frage und sah sich existentiell in die Welt geworfen, in der es sich zu behaupten galt. In den Iamben des

Archilochos werden die Konventionen des Adels bekämpft, wird der Krieg ausgekostet, werden Feinde geschmäht, aber auch Liebe und Wein besungen. *Semonides von Amorgos* (7. Jh. v. Chr.) war von der Nichtigkeit des Lebens bedrückt; pessimistisch ist die Stimmung im „Weiberiambos", der fast alle Frauen negativ sieht. *Hipponax von Ephesos* (Mitte 6. Jh. v. Chr.) dichtete realistische Spottlieder, Parodien und Bettellieder als ein aus politischen Gründen in die Armut Verstoßener; noch der Hellenismus schätzte die derbsaftigen Verse des Dichters. Der älteste Dichter von Elegien ist für uns *Kallinos* (1. Hälfte 7. Jh. v. Chr.); Inhalt seiner Lyrik ist die Behauptung der Polis in der kriegerischen Auseinandersetzung. In den wenigen erhaltenen Versen ruft er die Mannschaft zum Kampf auf und preist den Tod in der Schlacht. Auch *Tyrtaios* (7. Jh. v. Chr.) ruft die spartanische Jugend zum Kampf gegen die Messenier auf; daneben erteilt er in einer Zeit der sozialen Umwälzungen Mahnungen zur männlichen Bewährung. Kallinos und Tyrtaios waren die Schöpfer der politischen Elegie, die in der Polis eine Funktion hatte, wie sie später die politischen Redner haben sollten. Hingegen ist für *Mimnermos von Kolophon* (um 600 v. Chr.) der Gegensatz von froher Jugend und leidigem Alter ein zentrales Thema gewesen; auch Mythos kommt zu Wort. Die alexandrinischen und römischen Elegiker knüpften an Mimnermos an. *Solon von Athen* (ca. 640-560 v. Chr.), der erste attische Dichter und zugleich einer der bedeutendsten Staatsmänner seiner Zeit, vertrat seine politischen Ansichten in elegischen, iambischen und trochäischen Versen; aber auch das ionische Gesellschaftslied verpflanzte er nach Attika. Das lesbische Lied ist vor allem durch Alkaios und Sappho vertreten. *Alkaios aus Mytilene* (um 600 v. Chr.) war Mitglied einer Adelspartei, die gegen das aufstrebende Volk kämpfte; als Verbannter kam er bis Ägypten, kehrte aber wieder nach Lesbos zurück. Seine Lieder sind vor allem Trinkgedichte; sie haben den Weingenuß, die Knabenliebe, den Parteienhaß, den Krieg zum Inhalt und sehen die Welt vom Standpunkt des Adeligen. Horaz nahm Alkaios als Vorbild für seine Oden. Die größte griechische Dichterin war *Sappho aus Lesbos* (um 600 v. Chr.); ebenfalls aus adeligen Kreisen stammend, war sie Leiterin eines Kreises zur Ausbildung junger Mädchen. In ihren Gedichten kommt das persönliche Erleben und das innige Verhältnis zu ihren Mädchen zum Ausdruck. Die Chorlyrik blühte indes bei den Dorern und galt meist öffentlichen Festen. Der älteste bekannte Chorlyriker war *Alkman aus Sardes* (um 625 v. Chr.), der in Sparta tätig wurde. Am berühmtesten waren seine Hymnen für Götterfeste; daneben dichtete er Trink- und Liebeslieder. *Stesichoros aus Matauros* (um 600 v. Chr.) behandelte in seiner Chorlyrik Stoffe aus der Heldensage und der Überlieferung seiner Heimat; seine Dichtungen stehen gleichsam zwischen Epik und Tragödie. Bis in das 6. Jahrhundert v. Chr. geht auch volkstümliches Erzählgut wie der Äsoproman zurück; alt sind auch die Fabeln, die im Verlauf der Geschichte zu verschiedenen Sammlungen verbunden wurden.

Mit dem endenden 8. Jahrhundert v. Chr. löste sich die Uniformität der hellenischen Kultur auf; vielfach ist die Zunahme individueller Freiheiten auf

Kosten der alten Bindungen zu beobachten. Ab dem 8. Jahrhundert v. Chr. begann auch die griechische Seefahrt in großem Stil. Gewinnsucht, Abenteuer und Mangel an Boden waren Komponenten, die die Griechen in die Ferne trieben. Der Notstand an Ackerland infolge des Bevölkerungswachstums wurde durch die Anlage von überseeischen *Kolonien* ausgeglichen. Siedlungen und Handelsstützpunkte erwuchsen im Bereich des Mittelmeeres und des Schwarzen Meeres. Dadurch lockerte sich aber auch die Bindung an eine rein agrarische Existenz. Seefahrt und Handel, Verstädterung und Blüte des Gewerbes brachten soziale Veränderungen mit sich. Die ersten Kolonien wurden noch im 8. Jahrhundert hauptsächlich in Italien und Sizilien gegründet. Im 7. Jahrhundert umschloß bereits eine ganze Kette dorischer, ionischer und nordwestgriechischer Städte den Bereich von Sizilien und Unteritalien. Seit etwa 600 kamen Ionier bis an die Küste Südfrankreichs. Im 7. Jahrhundert griffen Ionier nach Thrakien und der Chalkidike aus. Bedeutende Plätze entstanden im 7. Jahrhundert an den Meerengen, darunter auch Byzanz, und bald umgaben ionische Kolonien auch die Küsten des Schwarzen Meeres. Infolge der politischen Zersplitterung konnten die Griechen keine gesamtnationalen Kolonien gründen; die einzelnen Städte handelten vielmehr auf eigene Initiative. Zwar waren die Tochterstädte autonom, doch übernahmen sie vielfach rechtliche und kultische Gegebenheiten von der Mutterstadt und blieben dieser in einem Treueverhältnis verbunden. Selten wurde ein Küstenbereich so dicht besiedelt wie in Süditalien, Ost- und Südsizilien; seit dem 6. Jahrhundert hieß dann auch der südlichste Teil Italiens „Großgriechenland".

Die räumliche Ausdehnung der Griechen war zweifelsohne eine der geopolitischen Voraussetzungen für die Entstehung griechischer Wissenschaft und Philosophie. Nachhaltig wirkten die Griechen auf die den Kolonien benachbarten Völker ein. Zu den kulturellen Großtaten zählte insbesondere die Verbreitung des Alphabetes, auf dem die Alphabete der Etrusker und Italiker aufbauen konnten und damit das Abendland der Schriftlichkeit und der Buchkultur erschlossen.

Entscheidende Faktoren für den dynamischen Kulturaufstieg der Griechen in der archaischen Periode des 7. bis 5. Jahrhunderts waren die städtische Lebensweise, das Nahverhältnis zum Meer, das Fehlen einer Macht, die die Griechen zu Satelliten herabdrücken hätte können, und nicht zuletzt die private Kulturinitiative und die bürgerliche Schöpferfreiheit, als das hierarchische Königtum und die Palastautoritäten wegfielen. Seit etwa dem 8. Jahrhundert gelang es in den meisten Staaten dem Adel, das Königtum zu beseitigen und *Adelsrepubliken* zu errichten. Der Adel sah sich als Schicht der „Besten", der „Aristoi", einer sittlichen Idee verpflichtet; doch das Fehlen von Kritik und Widerstand förderte Luxus und Unternehmerehrgeiz; neue Wirtschaftsformen zogen durch Handel, Verkehr und das eingeführte Münzwesen ein, die einer kapitalistischen Denkart Vorschub leisteten. Adelige und Neureiche profitierten von der Wirtschaft, während sich der kleine Mann von vielen Möglichkeiten ausgeschlossen sah. Besonders die Kleinbauern litten unter der

Ausbeutung. Die neue Wirtschaftsform brachte es mit sich, daß bald Besitz vor Adel zu stehen kam; ein timokratisches Prinzip drängte das aristokratische Prinzip in den Hintergrund.

Gegen die Adelsrepublik gab es zwei Möglichkeiten des Umsturzes: den Weg der Gewalt oder den Weg des Rechtes. Ersteren beschritten Diktatoren, damals als *Tyrannen* bezeichnet, letzteren wählten Reformatoren. In den Stadtstaaten des ägäischen Raumes gab es im 7. und 6. Jahrhundert v. Chr. Tyrannen, wenn auch nur als vorübergehende Erscheinung. Die bedeutendsten Herrschaften fanden sich in Korinth unter Kypselos und Periander (ca. 640-560 v. Chr.), in Milet, in Megara und zuletzt in Athen unter Peisistratos und seinen Söhnen (ab 560 mit Unterbrechung bis 510) sowie in Samos unter Polykrates (bis 522). Zu den Leitideen der Tyrannen zählte die Begründung einer neuen Staatsidee in Gestalt eines repräsentativen, das gesamte Kulturleben umfassenden Staates. Daher konnten die Tyrannen auch als Mäzene der Künste auftreten und eine aktive *Kultur- und Religionspolitik* betreiben. In diese Zeit fallen auch die ersten größeren *Bibliotheken*, über die wir Nachrichten besitzen. So nennt Athenaios von Naukratis (3. Jh. n. Chr.) in seinen für die Kulturgeschichte ungemein aufschlußreichen „Gelehrten Tischgesprächen“ Polykrates von Samos und Peisistratos von Athen und dessen Söhne Hipparchos und Hippias als Schöpfer von Bibliotheken. Peisistratos holte die Lyriker Anakreon und Simonides sowie den Tragiker Thespis nach Athen; es wird überliefert, daß auf seine Veranlassung Onomakritos mit anderen Männern die homerischen Epen aufgezeichnet habe. Von der unter Peisistratos entstandenen Bibliothek in Athen wird auch berichtet, daß sie Xerxes bei der Eroberung der Stadt im Jahre 480 erbeutet und nach Persien überführt habe. Seleukos I. Nikator (321-281 v. Chr.), der erste in Kleinasien herrschende Nachfolger Alexanders des Großen, soll die Sammlung an die Athener zurückgegeben haben; es ist freilich zu bedenken, ob angesichts der Vergänglichkeit des Beschreibstoffes von der peisistratischen Bibliothek im 3. Jahrhundert v. Chr. noch viel übriggeblieben sein wird.

Die weisen *Reformatoren* des 6. Jahrhunderts verzichteten auf Gewalt und überließen es der Überzeugungskraft ihrer Gesetze und Mahnungen, dem Recht zum Durchbruch zu verhelfen. Pittakos von Lesbos und Solon von Athen, die ihre Wirksamkeit zu Anfang des 6. Jahrhunderts entfalteten, verstanden sich als Friedensstifter, Agrarreformer und Begründer einer neuen Staatsidee. Kleisthenes von Athen kann am Ende des 6. Jahrhunderts als Neugründer eines modernen Staatswesens angesprochen werden. Die *Polis* wurde nun zum höchsten Wert; Staat bedeutete jedoch soviel wie Einzel- bzw. Kleinstaat. Das Bürgertum verstand sich als hohe Würde; die Stadt wurde zum Kultidol. Damit schloß sich aber jede Polis gegen ihre Nachbarstädte ab; das relativ einheitliche Hellas zerfiel in eine Unzahl kleiner eigenständiger Stadtstaaten, die gegeneinander Grenzen und Schranken aufrichteten. Nur Sparta wollte keine Polis werden, sondern dorische Tradition im Bund der Lakedaimonier bewahren. In Sparta standen im 7. und 6. Jahrhundert noch Dichtung,

Chorgesang und Musik in höchstem Ansehen, doch pflegte man kriegerische Tugend und militärische Überlegenheit nachhaltig, bis Sparta zum totalen Militärstaat wurde.

Im Panorama der Literatur, die auch für das Buchwesen von Belang wurde, ist im 6. und 5. Jahrhundert die *religiöse Literatur* zu berücksichtigen. Demosthenes bezeugt Riten im Kult des Dionysos, die die Lektüre von „Büchern" einschlossen; es waren wohl Texte, die die „hieroi logoi" enthielten. Auch in der Bewegung der Orphik spielte das Buch eine Rolle; zu den Kennzeichen dieser Bewegung zählten Askese, vegetarisches Leben, Reinigung, religiöse Unterweisung durch Bücher (hieroi logoi), Seelenwanderungsglaube und die Idee der Unsterblichkeit der Seele. Platon bezieht sich auf eine Anzahl von Büchern, die Orpheus und dessen Schüler Musaios zugeschrieben wurden und von den Reinigungen und dem Leben nach dem Tode handelten; die reiche Literatur der Orphiker umfaßte Theogonien, Sühnedichtungen und wohl auch eine Katabasis, eine Dichtung vom Abstieg des Orpheus in die Unterwelt. Der Papyrus von Derveni bei Saloniki, der 1962 entdeckt wurde und in das 4. Jahrhundert v. Chr. zu datieren ist, enthält einen Kommentar eines orphischen Textes, näherhin einer orphischen Theogonie, die um Zeus zentriert ist; Zeus ist Anfang, Mitte und Vollendung aller Dinge. Orphische Texte fanden sich auch auf Goldblättern in Süditalien und Kreta, die mindestens auf das 5. Jahrhundert v. Chr. zurückgehen. Parallel zur Orphik entwikkelte sich auch die Bewegung der Pythagoreer, die den Grundstein für eine „Gesamtwissenschaft" legte, eine ganzheitliche Struktur, in der die naturwissenschaftliche Erkenntnis in eine Gesamtheit ethischer, metaphysischer und religiöser Prinzipien integriert war.

Schon hier sei darauf verwiesen, daß aus dem *Kult des Dionysos* einige für die Geschichte der Literatur aller folgenden Zeit bedeutsame literarische Genera entsprangen: der Dithyrambos, die Tragödie, das satirische Drama sind praktisch dionysische Schöpfungen. Der kollektive Ritus des Dithyrambos, der die ekstatische Raserei noch enthielt, wandelte sich allmählich zum Theater und schließlich zum literarischen Genuß; öffentliche Liturgien wurden zu Schauspielen, während geheime Rituale zu Mysterien wurden.

Rückblickend kann für das 7. und 6. Jahrhundert gesagt werden, daß griechische Literatur bereits eine weite Verbreitung gefunden hatte. Sicherlich zirkulierten geschriebene Kopien der Dichtungen der Zeit in größerer Anzahl; allerdings ist es noch umstritten, ob die Autoren der Dichtungen selbst ihre Schöpfungen zu Sammlungen zusammenfaßten, wie diese später in hellenistischer Zeit existierten. Die Existenz eines organisierten Buchhandels ist für diese Zeit noch unwahrscheinlich.

War der griechische Westen im 6. Jahrhundert von einem Hang zur Mystik gekennzeichnet, so brachte das 6. Jahrhundert mit der Entstehung der *ionischen Philosophie* auch die Geburt der abendländischen Wissenschaft mit sich, was auch für das Buchwesen von eminenter Bedeutung werden mußte. Zwar steckt in der frühen Philosophie auch ein Stück Theologie, insoferne die Frage nach dem Wesen der Natur auch immer eine Frage nach dem Göttlichen in ihr einschloß; doch haben sich die frühen Denker vom Mythos der Welt des Epos gelöst, sind aber auch der Spekulation verhaftet geblieben. *Thales von Milet* (um 600 v. Chr.) galt schon im Altertum als der erste Naturphilosoph. Für ihn schien das Wasser der Ursprung aller Dinge und Träger der Welt zu sein. *Anaximandros von Milet* (610-nach 546) schuf in seiner Schrift „Über die Natur" das erste griechische philosophische Werk. Als Urstoff galt ihm das Apeiron, das „Unendliche", ein quantitativ unbegrenzter Stoff, aus dem durch ewige Bewegung die Gegensätze sich aussondern und die Dinge entstehen. *Anaximenes von Milet* (6. Jh. v. Chr.) deutete das „Unendliche" des Anaximandros als die Luft, die eine unbegrenzte Bewegung besitze und verdünnt zu Feuer, verdichtet zu Wind, Wolke, Wasser und Erde werde.

In die Zeit des 6. Jahrhunderts fällt auch die Reife der *archaischen Lyrik. Theognis von Megara* war der Autor lehrhafter Gedichte, die das aristokratische Ideal gegen das aufstrebende Bürgertum verteidigten. Aus dem kleinasiatisch-griechischen Gebiet drang das distiche Epigramm vor. In die Epoche der wachsenden Persergefahr gehört bereits *Anakreon von Teos*. Die Themen dieses Mannes, der ein unstetes Leben führen mußte, sind behaglicher Lebensgenuß, Liebe und Wein; die Alexandriner kannten Lieder, Jamben und Elegien und gaben seine Gedichte in fünf Büchern heraus. Ein Zeugnis der Nachwirkung des Dichters sind die Anacreontea aus der Kaiserzeit, die noch im 18. Jahrhundert die Anregung zur deutschen Anakreontik gaben. Eine bedeutsame Rolle im Rahmen der reifarchaischen Lyrik spielte die Chorlyrik. *Ibykos von Rhegion* (Mitte des 6. Jh.s) dichtete Chorlieder, die später in sieben Büchern herausgegeben wurden; in ihnen herrscht der Eros und das Mythische vor. *Simonides von Keos* (556-468 v. Chr.) schuf in seinem Wanderleben ein vielseitiges dichterisches Werk. Siegeslieder für Wettkämpfer bestanden erstmals aus Chören; in Klageliedern verband der Dichter Trauer mit dem Ruhm der Taten des Verstorbenen; berühmt waren die knappen und treffsicheren Epigramme; in Trinkliedern verwertete der Dichter alte Sinnsprüche in neuer Deutung; verloren sind die Dithyramben, die bereits dialogische Elemente aufwiesen. Der größte griechische Chorlyriker war *Pindar* (ca. 520-446 v. Chr.). Von den 17 Büchern seiner Dichtungen sind die mit dem Kult zusammenhängenden Lieder größtenteils verloren; erhalten sind die vier Bücher der Siegeslieder für die Sieger der Wettkämpfe in Olympia, Pytho, auf dem Isthmos und in Nemea. Die Alexandriner hatten höchstes Interesse an dem Dichter gezeigt. Aristophanes von Byzanz gab die erhaltenen Dichtungen in 17 Büchern heraus, die Götterhymnen, Paiane, Dithyramben, Prozessionslieder, Mädchenlieder, Tanzlieder, Enkomien, Threnoi und Siegeslieder umfaßten. Durch Papyrusfunde wurde in neuerer Zeit das Werk des *Bakchylides von Keos* (um 505-450 v. Chr.) besser bekannt. Von seinem chorlyrischen Werk sind Siegeslieder und Dithyramben erhalten. Die Alexandriner haben sein Werk in neun Büchern ediert.

Im Ausgang der archaischen Zeit erwuchs eine neue philosophische Richtung, eine *Philosophie des Seins.* Xenophanes von Kolophon (ca. 570-460 v. Chr.) war nicht nur der Dichter von Elegien, sondern auch ein Vorkämpfer einer gereinigten Gottesvorstellung. Harte Kritik übte er an der homerischen Götterwelt; in seinem Gedicht „Über die Natur" forderte er anstelle der Vielgötterei des Volksglaubens und Homers einen einzigen Gott, in sich verharrend, ohne Bewegung, der aber mit der Kraft seines Geistes alles erschüttert und lenkt. Hier kündete sich bereits der „unbewegte Beweger" des Aristoteles an.

Parmenides von Elea (um 500 v. Chr.), vermutlich der Gründer der eleatischen Schule, stellte der Welt des Scheins, die durch die Meinungen der Menschen erzeugt wird, die Welt des einzigen, ungewordenen und unvergänglichen Seins gegenüber; das Sein wird durch das Denken erreicht. Hingegen kann *Herakleitos aus Ephesos* (um 500 v. Chr.) als der Denker des Werdens bezeichnet werden; denn er lehrte, daß es nur ewiges Werden gebe und der Begriff „Sein" auf Sinnestäuschung beruhe. Berühmt ist sein Ausspruch, daß der Krieg der Vater aller Dinge sei. Doch kennt auch Herakleitos ein göttliches Gesetz, von dem sich alle menschlichen Gesetze nähren. Der Naturphilosoph *Empedokles von Akragas* (5. Jh. v. Chr.) lehrte eine Kosmologie, die einen Synthese zwischen den Lehren des Parmenides und des Herakleitos bedeutete: das wahre Sein liegt in den vier Elementen Erde, Wasser, Luft und Feuer; die Grundkräfte „Liebe" und „Streit" bestimmen Werden und Vergehen. In seinem Buch „Reinigungen" spricht Empedokles von der schuldbeladenen Seele, die durch orphische Reinigungsriten erlöst werden könne.

Die Zeit der Wende des 6. zum 5. Jahrhundert brachte auch die Anfänge der *Fachwissenschaften* und der *Geschichtsschreibung* zum Blühen. Ungeachtet der Abhängigkeit von orientalischen Einflüssen ist doch erst bei den Griechen Kleinasiens Wissenschaft im Sinne des Erkenntnisstrebens unabhängig von praktischer Zweckeinstellung entstanden. Das Wirkliche und das Wahre sollten durch kritische Durchleuchtung erkannt werden. So wurde *Alkmaion von Kroton* (um 500 v. Chr.), der der pythagoreischen Schule nahestand, zum Begründer der wissenschaftlichen Medizin. Eine Reihe von Autoren pflegte das Genos des Periplus, der Beschreibung der vom Schiff aus beobachtbaren Küsten. *Hekataios von Milet* (um 500 v. Chr.) schrieb eine rationalistische Sammlung von Familientraditionen unter dem Titel „Genealogiai" und eine „Reise um die Welt" mit wertvollen ethnographischen und kulturhistorischen Notizen.

Die gleiche Epoche brachte im griechischen Mutterland die *Geburt der Tragödie.* Aristoteles sah die Wurzel des Dramas in der Improvisation und in der Rolle der Vorsänger des dionysischen Dithyrambos;. auch dem Satyrspiel wies er eine bestimmende Rolle zu, das später seinen festen Platz als Abschluß einer Tragödientrilogie haben sollte; ist doch Tragödie etymologisch als „Gesang der Böcke" zu deuten. Die Tragödie hat ihren dionysischen Ursprung nie verleugnet. Doch ihr Stoff hat nichts mit Dionysos zu tun; ihr Inhalt wurde die

Heldensage. Damit trat der Mythos nach der epischen und der chorlyrischen Epoche in die tragische Epoche ein. Zum Chorgesang trat der Sprechvers. Thespis soll in der Zeit von 536/35 bis 533/32 als erster eine Tragödie aufgeführt haben. In der Mitte des 5. Jahrhunderts kam auch die Komödie im Bereich des Dionysoskultes zur Ausbildung, an deren Anfängen Aufzüge, Tänze und Gesänge von Chören standen, bis sich Szenenreihen und Streitgespräche anschlossen.

Vor der Zeit der hohen Klassik stand die schwere Kraftprobe des Krieges mit dem *persischen Weltreich.* Die gewaltige Zusammenballung von organisierter Macht und Wirtschaft und die ungeheure Ausdehnung des persischen Territoriums mußte zum lähmenden Druck für Hellas werden, vor allem, als es klar wurde, daß der persische Großkönig gewillt war, die Griechen seinem Imperium einzuverleiben. Schon 546 hatte Kyros Lydien und Ionien gewonnen, Kambyses unterwarf Kypros und Kyrene. Der Aufstand der Ionier wurde 495/4 niedergeschlagen. Da Athen sich auf die Seite der Ionier gestellt hatte, sandte der Großkönig Dareios 490 eine Strafexpedition. Doch völlig unerwartet konnte die athenische Hoplitenphalanx die Perser bei Marathon schlagen. Der Sohn des Dareios, Xerxes, rüstete 483 zum Rachefeldzug. 480 wurde zwar ein spartanisches Heer an den Thermopylen vernichtet; doch die persische Flotte erlitt bei Salamis 480 eine vernichtende Niederlage. Als 479 griechisches Ingenium die Perser bei Plataiai schlug und eine persische Flotte bei Mykale vernichtet wurde, hatte Hellas seine Freiheit gegen orientalischen Despotismus bewahrt und Europa vor einer frühen Orientalisierung gerettet. Auch der Angriff der Karthager auf Sizilien scheiterte 480. Athen bildete nun einen Seebund zur Verteidigung der vom Meer her bedrohten Hellenen. Ein neues System des politischen Denkens löste die archaische Periode des Nebeneinanders ab. Auf Dauer allerdings mußte der Versuch Athens, mit kriegerischen Mitteln die Vorherrschaft in Hellas zu gewinnen, scheitern.

Im Zeitalter Kimons, dessen Staatsidee auf eine wohltemperierte Mischverfassung zielte, wurde der „Strenge Stil" in der Kunst geboren (zwischen 490 und 460), in dem sich eine neue Schönheit den Griechen erschloß. Meisterwerke der Plastik und Malerei entstanden; in der Dichtung war Pindar der Exponent der neuen Richtung, aber ebenso auch Aischylos, der erste große Tragiker. *Aischylos* (525/24-456 v. Chr.), der noch bei Marathon mitgekämpft hatte, trat schon bald nach 500 in den dichterischen Wettkampf ein. Er kann als Schöpfer der klassischen Form der griechischen Tragödie angesprochen werden. So führte er den zweiten Schauspieler ein, limitierte den Chor auf zwölf Sänger und faßte je drei Tragödien aus dem gleichen Stoffkreis zu einer Trilogie zusammen, der ein Satyrspiel folgte. Eine kühne Sprache, ein Bilderreichtum des Ausdruckes, ein tiefer sittlicher und religiöser Ernst kennzeichnen sein Werk. Von den 90 Dramen sind nur mehr sieben Tragödien erhalten: Die Perser, Prometheus, Die Sieben gegen Theben, Die Hiketiden und die Trilogie Agamemnon, Choephoren und Eumeniden. Die Werke des Aischylos gehören zu den gewaltigsten der Weltliteratur.

Die Geburt der Tragödie mußte auch für das *Buchwesen* von großem Belang werden; eine neue Gattung der Literatur eroberte den Buchmarkt. Die vielen Anspielungen auf Theaterstücke speziell in der Komödie belegen, daß die Athener ihre Dramen gut kannten, sei es aus dem Besuch des Theaters, sei es aus der Lektüre. Sogleich nach dem Tod des Aischylos gab es Wiederaufführungen seiner Stücke; seit 386 haben sich solche Werke der älteren Tragiker in steigendem Maße durchgesetzt, was natürlich eine entsprechende schriftliche Überlieferung zur Voraussetzung hatte. Der Redner Lykurgos ließ in den dreißiger Jahren des 4. Jahrhunderts ein Staatsexemplar der Tragödien anlegen. Wahrscheinlich war dies die Handschrift, die Ptolemaios Euergetes den Athenern mit krummen Mitteln abgewann, um sie für die Bibliothek in Alexandreia zu erhalten. In Alexandreia hat die entscheidende Arbeit Aristophanes von Byzanz geleistet, um die Grundlage für Textausgaben zu schaffen. Der große Verlust an aischyleischen Tragödien trat erst in der Römerzeit ein, als die Bildung absank; damals, vielleicht zur Zeit der Antonine, wurde der Bestand an Aischylostragödien auf sieben Stücke reduziert. In der ausgehenden Antike dürfte ein Majuskelcodex mit sieben Stücken den Archetypus der mittelalterlichen Überlieferung gebildet haben.

Sophokles (497/96-406 v. Chr.) führte die griechische Tragödie zu vollendeter Größe heran. Außer Paianen und Elegien verfaßte er 130 Dramen (Tragödien und Satyrspiele), von denen aber nur mehr sieben und die Hälfte eines Satyrspieles erhalten sind: Aias, Antigone (442), König Ödipus, Die Trachinierinnen, Elektra, Philoktet (409), Ödipus auf Kolonos (postum 401 aufgeführt), Die Spürhunde. Sophokles führte den dritten Schauspieler ein; eine Beschränkung des Ausmaßes der Chorlieder, die Förderung der Szenenmalerei, die Erhöhung der Chorsänger auf fünfzehn gehen auf sein Konto. Sophokles löste sich von der Trilogie und stellte jede Tragödie als ein in sich abgerundetes Ganzes vor. Es ist vor allem der leidende Mensch, der im Mittelpunkt des Geschehens steht; die göttliche Gerechtigkeit wird dabei nicht kritisiert und die Schuldfrage kaum thematisiert. Die Überlieferung der Dramen des Sophokles erfolgte unter denselben Umständen wie bei Aischylos. Auch hier wurde die kritische Arbeit der Alexandriner entscheidend. Die Bedürfnisse der Schule führten etwa im 2. Jahrhundert n. Chr. zur Auswahl von sieben Stücken. Ein Majuskelcodex dürfte diese Stücke in die byzantinische Zeit gerettet haben.

Der dritte der großen Tragiker, *Euripides* (ca. 480-406 v. Chr), steht bereits in einer neuen Generation; denn bei ihm sind bereits Einflüsse der aufklärerischen Sophistik erkennbar. Von den 75 Dramen, die man in der Antike als echt anerkannte, sind achtzehn erhalten. Euripides erweist sich als genialer Dichter und Meister der psychologischen Durcharbeitung. Die Aufklärung kommt in der Kritik an der Götter- und Heldensage und der überkommenen Moral zum Tragen; der Einfluß der Rhetorik zeigt sich in der Freude an einprägsamen Sentenzen. Euripides wurde ab dem 4. Jahrhundert zum beliebtesten Tragiker; seit 386 mehren sich die Wiederaufführungen seiner Werke. Die kritische Arbeit der Alexandriner beendete eine Phase der Textverwilderung. Nach Homer besitzen wir die meisten Papyrusfunde von Stücken des Euripides. Die Auswahl in der Schule der Antoninenzeit beschränkte die erhaltenen Stücke auf neun; doch haben wir Reste einer alphabetischen Ausgabe erhalten, sodaß die Zahl der euripideischen Dramen sich auf achtzehn erhöht.

Herodotos von Halikarnassos (ca. 485-425 v. Chr.) wurde zum „Vater der Geschichtsschreibung". Sein Werk reicht vom Trojanischen Krieg bis zum Zuge des Xerxes nach Griechenland. Herodot stellt die Geschichte als Phasen des Gegensatzes zwischen Europa und Asien dar. In das Werk sind unzählige ethnographische Exkurse eingebaut; auch an Novellen fehlt es nicht, die in der Weltliteratur lange nachgewirkt haben.

Die Philosophie entfaltete sich im 5. Jahrhundert weiter. *Anaxagoras von Klazomenai* (ca. 500-428 v. Chr.) verpflanzte die Philosophie aus Ionien nach Athen. Erstmals lehrte er einen Dualismus, in dem der Vielheit qualitativ bestimmter Urstoffe der Geist, der aus dem Chaos die Welt schuf, gegenübersteht. Als Rationalist erklärte Anaxagoras die Natur mit Vernunft und Empirie; daß die Sonne eine glühende Masse sei, trug ihm eine Anklage auf Gottlosigkeit ein. *Demokrit von Abdera* lehrte die Zusammensetzung der Welt aus Atomen; er steht am Anfang einer Reihe, die über Epikur, Lukrez und Gassendi zur modernen Physik führt.

Das *Zeitalter des Perikles* in Athen brachte den Ausbau des Attischen Reiches, das aus einem lockeren Seebund zu einer Gemeinschaft von Untertanen Athens wurde. Zugleich war aber Perikles einer der größten Förderer der Kultur in Hellas; er gewann sogar die radikale Demokratie für ein Mäzenatentum der Künste. Perikles blieb der Verbindung von Kunst und Fortschritt stets treu; dies zeigte sich in seinem Verhältnis zum Tragödiendichter Sophokles und zum Bildhauer Pheidias, zum Architekten Hippodamos, zum Historiker Herodot, zum Begründer der Sophistik Protagoras und zum Philosophen Anaxagoras. Als Aufklärer war er ein moderner Rationalist. Mit seiner Forderung nach Freiheit des Geistes von religiösen und staatlichen Bindungen legte er den Grundstein für eine neue Epoche der Menschheit.

Eine große geistige Wandlung trat um die Mitte des 5. Jahrhunderts mit der *Aufklärung* ein. War der griechische Götterglaube bereits fragwürdig geworden, finden in neuen Systemen die alten Götter keinen Platz mehr; profanes Erkennen sollte an ihre Stelle gesetzt werden. Vorgearbeitet haben der Bewegung der *Sophistik* neue Wirtschaftsformen, die Erweiterung des Gesichtskreises durch die Kolonisation, das Erwachen des Individuums, die Kritik am überlieferten Mythos, die Auflösung der Einheit menschlichen Denkens und Erkennens. Die Fragen, die diese Sophistik stellte, sind Themen der gesamten europäischen Geistesgeschichte geworden. Fragen entwickelte sich alsbald zum Hinterfragen und damit zur Auflösung von Tradition, Sitte, Staat, Politik, Recht und Religion. All dies wurde als relativ und von der Meinung der jeweiligen Gesellschaft abhängig aufgefaßt und damit als revisionsbedürftig angesehen. Gedanken dieser Art bedeuteten eine ungeheure Umwälzung, wenn es nichts absolut Sicheres mehr gab; selbst von den Göttern sagte Protagoras, daß er nicht wisse, ob sie sind oder nicht sind. Das Höchste war nun der Mensch als Maß aller Dinge, als erkennendes und urteilendes Wesen. Man fragte nach dem Nutzen, dem der Wille zu dienen hatte. Auf das Ich konzentrierten sich Erkennen, Urteilen, Wille und Nutzen. Die Sophisten waren vielfach wandernde Lehrer; ihre Bücher sind uns leider durch die Opposition ihrer Gegner verlorengegangen.

Protagoras aus Abdera war einer der ältesten und erfolgreichsten Sophisten des 5. Jahrhunderts, befreundet mit Perikles und Gesetzgeber für die Kolonie Thurioi (444). Aus Athen durch eine Klage wegen Gottlosigkeit vertrieben, war er viel auf Reisen. Er prägte den Satz, daß der Mensch das Maß aller Dinge sei. Prodikos von Keos befaßte sich mit Ethik und sprachlichen Problemen. Hippias von Elis verfaßte historische, rhetorische und philosophische Schriften. Gorgias von Leontinoi (ca. 483-376 v. Chr.) wurde zum Begründer der Rhetorik und der antiken Kunstprosa. Der Sophist Antiphon war gegen Ende des 5. Jahrhunderts der erste Attiker, der als Sophist hervortrat; er vertrat das Naturrecht gegen die menschlichen Satzungen und setzte die Natur mit der Wahrheit gleich. Thrasymachos aus Kalchedon hatte großen Einfluß auf die Entwicklung der attischen Beredsamkeit. Radikal setzte Kritias, der Onkel Platons (ca. 460-403 v. Chr.), die neuen Doktrinen in rücksichtsloses politisches Handeln um, als er einer der „30 Tyrannen" Athens wurde.

Ein Kind der Klassik war auch die *politische Komödie*. In ihren Stücken wurde die Vielfalt des Lebens in Athen, die Politik, die Wirtschaft, die Menschen, die Absonderlichkeiten, das Andringen neuer Ideen und die Revolutionierung der Kunst eingefangen. Der größte Vertreter dieser „alten Komödie" war Aristophanes (ca. 445-386 v. Chr.), von dessen 40 Stücken noch elf erhalten sind. Rücksichtslos prangerte er Zeiterscheinungen der Politik, Kunst, Literatur und Philosophie an; neben freiem Spiel der Phantasie tauchen moderne Gedanken wie Frauenemanzipation und Kommunismus auf. Der Dichter war von der Komödie als Bildungsmacht überzeugt. Die Alexandriner waren an Aristophanes lebhaft interessiert und veranlaßten kritische Textausgaben. Auch die Attizisten unter den Grammatikern betrachteten Aristophanes' Stücke als Quelle des Attischen ersten Ranges, was auch der Erhaltung seiner Stücke zugute kam.

Das ausgehende 5. Jahrhundert brachte der Poliswelt den Niedergang. Athen hatte in mehreren Generationen seinen Aufstieg als Demokratie und Großmacht erkämpft; dieser Aufstieg hatte auch Kultur, Literatur und Kunst in unerhörter Weise gefördert. Als die Ideale erfüllt waren, sank der Staat zum Nutzungsinstitut herab; eine Politik ohne Zukunftsideale machte sich breit; in kleinbürgerlicher Reaktion fehlte es nicht an Banausentum. Die Katastrophe brach mit dem Peloponnesischen Krieg zwischen 431 und 404 herein, in dem Athen mit dem Attischen Bund gegen Sparta und den Peloponnesischen Bund in die Schranken trat. Tragisch war auch die Ablösung von Machtpersönlichkeiten vom Staat, wenn etwa ein Alkibiades einmal auf athenischer und einmal auf spartanischer Seite kämpfte. Nach langem Auf und Ab brach 405 Athen zusammen. Das Attische Reich löste sich auf, die Demokratie wurde von einer Oligarchie abgelöst. Im Hintergrund lauerte Persien, das neuerdings die Oberherrschaft anstrebte, die es 386 faktisch dann auch erhielt.

In Hellas verschoben sich die politischen Schwergewichte, als auf eine Hegemonie von Sparta eine Vormachtstellung Thebens erkämpft wurde. Doch das Zeitalter hegemonialer Staaten fand sein Ende, als das Autarkiebedürfnis, das die Sophisten für das Individuum postuliert hatten, auf die Staaten übertragen wurde. Nie mehr konnten Bündnisse panhellenische Geltung erlangen.

Im Gegensatz zum politischen Niedergang von Hellas stand der Ausbau des geistigen Reiches und das Anwachsen des kulturellen Reichtums. Durch die Werke der älteren Literatur war die Vergangenheit lebendig geblieben. Mochte auch Homer immer wieder kritisiert worden sein, wurde der „Vater der Dichtkunst" nie entthront. Hesiod, die Lyriker, die Tragödien und Komödien gehörten zum unverlierbaren geistigen Rüstzeug. Überall in Griechenland wurden Theater erbaut; die Aufführungen von Tragödien der großen Meister dieser Literaturgattung galten als Kulminationspunkte festlicher Tage. Die alte politische Größe Athens und Spartas wurde von Rhetoren und Lehrern immer wieder beschworen. Freilich war ein Zeitalter eines liberalistischen Interessenseparatismus angebrochen, in dem jeder seine eigenen kulturellen Werte in den Vordergrund stellte, ohne das Ganze zu beachten. Wenn die Städte ihre beschränkte partikulare Freiheit verteidigten, entmachteten sie letztlich die Nation. Wenn sich Machtpersönlichkeiten wie Lysander oder Alkibiades austobten, ging dies auf Kosten der Traditionen der Polis. Wenn Aufklärer ihre Mythenkritik bis zum Exzeß übten, zerstörten sie die ererbte Religion. Wenn Rhetoren in die Geschichtsschreibung die Fülle der Kunstmittel einbrachten, korrumpierten sie die Historiographie. Wenn Ingenieure die Technisierung des Krieges vorantrieben, achteten sie nicht darauf, daß die Polis den teuren Krieg nicht mehr bezahlen konnte. Wenn die Sophisten die Macht verherrlichten, konnte dies nicht ohne negative Rückwirkung auf das Recht bleiben. Wenn Platon kompromißlos für die philosophische Wahrheit eintrat, mußte dies auf Kosten der Dichtung gehen.

Im 5. Jahrhundert lebte auch der größte Historiker der Antike, *Thukydides* (ca. 460 - ca. 400 v. Chr.), aus dessen Feder die Geschichte des Peloponnesischen Krieges stammt. Durch sein Streben nach Objektivität wurde der Autor zum Schöpfer moderner Geschichtswissenschaft. Seine nüchterne Beobachtung und seine Deutung der Ereignisse aus inneren Bedingungen und Charakteren der handelnden Personen ließ ihn auch zum Begründer der pragmatischen Historiographie werden; sophistische Rhetorik zeigt sich lediglich in den Reden des Werkes.

Die Prosaschriftstellerei entwickelte sich in der zweiten Hälfte des 5. Jahrhunderts kräftig nach allen Seiten. Neben die Werke der Philosophie, Sophisten und Historiker traten Theoretiker der Kunst und Architektur wie der

Bildhauer Polyklet und der Architekt Iktinos. Einen Aufschwung nahm die Mathematik, die mit der Astronomie Hand in Hand ging. Der Pythagoreer *Philolaos* verstieß als erster die Erde aus dem Mittelpunkt des Kosmos, als dessen Zentrum er ein Zentralfeuer annahm. Um 460 bis um 370 v. Chr. lebte *Hippokrates von Kos*, der eigentliche Begründer der wissenschaftlichen Medizin. Von den rund 130 unter seinem Namen laufenden Schriften sind freilich nur wenige auf ihn direkt zurückzuführen. Das Corpus Hippocraticum enthält die Schriften, die seit dem 4. Jahrhundert v. Chr. die Handbibliothek der Ärzte bildeten; darin sind allgemeine Vorschriften, Krankheitsgeschichten, Diagnosen, Prognosen, Beschreibungen einzelner Leiden und diätetische Anweisungen enthalten. Die Anerkennung der Natur als Helferin, die Ablehnung der Priesterpraktiken, die strenge Wissenschaftlichkeit und das hohe Berufsethos kennzeichnen das Corpus.

Mit *Sokrates* (469-399 v. Chr.) treffen wir inmitten der spannungsgeladenen Poliswelt einen kompromißlosen Wahrheitssucher, dessen ständiges Prüfen und Fragen große geistige Unruhe hervorrief. Sokrates, der selbst nichts geschrieben hat, war kein blinder Neuerer, kein Schulgründer, kein kalter Rationalist; dennoch bot er seinen Landsleuten mit seiner Wahrheitssuche Ärgernis, bis er schließlich zum Tode verurteilt wurde. Sein Bemühen war nicht auf naturphilosophische Spekulation gerichtet, sondern auf die Begründung einer neuen Moralphilosophie. Nicht der Mensch sei das Maß aller Dinge; vielmehr sei das Sittliche eine höhere Welt, erhaben über das menschliche Dasein als das einzig wahrhafte Absolute. Aus dem Zustand des „Nichtwissens" führt strenges begriffliches Denken zum sittlichen Ziel; daher war Sokrates besonders um die Schulung des Denkens bemüht. Durch seinen Tod hat Sokrates seinen Schülern die letzte Bestätigung für die Unbedingtheit des sittlichen Strebens gegeben. Der Prozeß und der Tod des Sokrates hat, so paradox dies klingen mag, eine neue Geistesfreiheit in Athen heraufgeführt, von der spätere Denker und Philosophen profitierten. Die Unfähigkeit der attischen Bürger zu schöpferischer Kulturpolitik wurde derart offenbar, daß sie weiterhin verzichteten, ähnliche ernsthafte Eingriffe in die Freiheit des Geistes zu tätigen. Fürderhin konnten Denker ihre Theorien entwickeln und ihre Schulen gründen, da für Lehr- und Lernfreiheit - von etlichen Ausnahmen abgesehen - gesorgt war.

Platon (427-347 v. Chr.) hatte sich dem Kreis um Sokrates angeschlossen; nach Reisen nach Ägypten und Unteritalien und dem Versuch der Verwirklichung seiner staatspolitischen Konzeptionen in Sizilien gründete er eine Schule, die Akademie in Athen, deren Tradition durch neun Jahrhunderte laufen sollte, bis Justinian I. 529 n. Chr. die neuplatonische Akademie schließen ließ. In glücklicher Synthese zwischen der parmenideischen Vorstellung des unwandelbaren Seins und der heraklitischen Auffassung vom steten Werden und Vergehen schuf Platon die idealistische Philosophie, gemäß der hinter allem vordergründigen Sein und Schein die unwandelbare Welt der Ideen steht. Die Ideen werden als einzige Realität angesehen, an denen die irdischen

Dinge Anteil haben und sie in unvollkommener Weise nachahmen. Die höchste Idee war die Idee des Guten, im Guten zugleich das Göttliche. Da die Seele an den Ideen Anteil hat, bleibt sie über den Tod hinaus erhalten und kann sich wieder verkörpern. Astronomie, Mathematik und Musik führen zu den Ideen empor, weil sie das Zeitlose, die Ordnung, das Ewige deutlich machen. Mit Platon begann auch eine neue Zeit des Staatsdenkens. Dem Philosophen schwebte ein Staatswesen vor, das mit Hilfe strenger Auslese in eine Kastengesellschaft aufgeteilt wird, die sich von den staatslenkenden Philosophen über die Krieger zu Handwerkern und Bauern erstrecken sollte. Platons Denken ist in 36 Dialogen enthalten. Die Dialoge der sokratischen Periode führen die Gedanken des Meisters weiter; in der mittleren Periode vollendete sich die dichterische Form meisterhafter Dialogkunst, bis in den Alterswerken in mehr schulmäßiger Dialogführung vor allem Probleme der Erkenntnistheorie behandelt werden.

Aristoteles (384-322 v. Chr.) wurde zum vielseitigen Gelehrten und Philosophen, der neben Platon die folgenden Jahrhunderte am meisten beeinflussen sollte. Er erstrebte die Erforschung der konkreten Realität, der realen Befunde der Erscheinungen, um so zur Erkenntnis des in ihnen wirkenden Wesentlichen zu gelangen. Seine Logik, seine Lehre des Hylemorphismus, die Theorie der vierfachen Ursachen, seine Teleologie befruchteten noch das Denken des Mittelalters. Aus der Schule des aristotelischen Peripatos gingen zahlreiche Schriften hervor; Aristoteles befaßte sich mit Logik, Kosmologie, Metaphysik, Zoologie, Botanik, Physik, Astronomie, Psychologie, Ethik, Politik, Poetik und Rhetorik. Er wurde geradezu zum Schöpfer der wissenschaftlichen Arbeitsteilung. Im Peripatos wurde ein ungeheures Material für eine Vielzahl wissenschaftlicher Fächer gesammelt, das bis ins Mittelalter nicht überboten werden sollte. In dieser Aufgliederung der Wissenschaften ist erstmals in der menschlichen Geistesgeschichte der Wille zu einer ebenso universalistischen wie systematischen Bewältigung der Welt erkennbar. In der Vielfalt sollte die Einheit des kosmischen Ganzen erkannt werden. So sah denn auch Aristoteles im Ganzen die Wirksamkeit eines göttlichen Geistes, der als Beweger der Welt aufgefaßt wurde.

Das 5. und 4. Jahrhundert hatte eine wahre Flut von Literatur hervorgebracht, die selbstredend von den jeweils Interessierten verlangt wurde und daher auch angeboten werden mußte. Auf attischen Vasen der Wende des 6. zum 5. Jahrhundert sehen wir die frühesten zeitgenössischen Belege für die *Benützung von Büchern*, wenn immer wieder Menschen mit Buchrollen abgebildet erscheinen. Aus Zitaten der attischen Schriftsteller und Dichter geht hervor, daß für die Athener des 5. Jahrhunderts der Besitz eines Buches durchaus ein gewohntes Phänomen darstellte. Auch der *Buchhandel* setzte in dieser Epoche ein. Sokrates bemerkte in Platons Apologie (26 D), daß die Bücher des Philosophen Anaxagoras in der Orchestra auf der Agora von Athen für eine Drachme zu kaufen waren. Aus Xenophons „Anabasis" (7,5,14) lernen wir, daß der Buchhandel am Ende des 5. Jahrhunderts bereits über

Athen hinausging und in entfernte Gebiete der griechischen Welt reichte. Denn als Xenophon mit seinen zehntausend griechischen Söldnern bei Salmydessos an die thrakische Schwarzmeerküste gelangte, stießen sie auf gestrandete Schiffe, wobei unter den angeschwemmten Dingen auch viele Bücher gefunden wurden. Für das 4. Jahrhundert sind Hinweise auf den Buchhandel bereits verbreiteter. So sollen Buchhändler mit größeren Mengen von Exemplaren der Reden des Isokrates († 338 v. Chr.) umhergezogen sein; Isokrates selbst fand es normal, daß man auch in Sparta seine Werke lesen konnte. Von Zenon von Kition († 262 v. Chr.) wird berichtet, daß der Besuch eines Buchhändlerladens, in dem der Buchhändler Xenophons „Erinnerungen an Sokrates" las, lebensbestimmend wurde, da der Eindruck des Gehörten den jungen Mann dazu brachte, sich der Philosophie zu widmen; so wurde Zenon zum Begründer der stoischen Philosophie.

Ein organisierter Buchhandel war ja auch eine wesentliche Grundlage für die Begründung von Bibliotheken, namentlich von *Privatbibliotheken*. Wir besitzen sogar Nachrichten über die Bezahlung hoher Preise für Bücher. So soll Platon um 100 Minen (= 10.000 Drachmen) die Schriften des Philosophen Philolaos aus Sizilien erworben haben. Aristoteles soll 18.000 Drachmen für die Bücher des Philosophen Speusippos ausgelegt haben. Selbst Alexander der Große bediente sich des Buchhandels, um eine kleine Bibliothek auf seinen Feldzügen bei sich zu haben. Von manchen Privatbibliotheken ist uns noch Kunde überliefert. Der Sokratesschüler Euthydemos hatte nach Auskunft des Xenophon (Memorabilia 4,2,8) eine nicht unbedeutende Sammlung der Schriften „weiser Männer". Der Archon Eukleides, der 403/2 das ionische Alphabet in Athen einführte, besaß eine große Büchersammlung. Der Komiker Aristophanes spottete über den Tragödiendichter Euripides, daß in dessen Werken so viel Buchweisheit zum Tragen komme; in der Tat ist die Wirksamkeit des Euripides nicht ohne eine umfassende Literaturkenntnis vorstellbar.

Der Schulbetrieb in der *Akademie Platons* setzt gleichfalls die Existenz einer bedeutenden Büchersammlung voraus. Zwar haben wir keine Nachrichten über eine Bibliothek in der Akademie, doch Hinweise auf Bücherkäufe Platons. Das platonische Vorbild hat sicherlich bei Bibliotheksgründungen von Schülern des Philosophen wie Klearchos von Herakleia oder Nikokles von Kypros nachgewirkt. Der Forschungsbetrieb des aristotelischen Peripatos war ebenfalls nicht ohne eine große Bibliothek denkbar. Mit Aristoteles tritt uns denn auch erstmals ein Büchersammler entgegen, der nach Vollständigkeit seiner Bibliothek für die vom Peripatos betriebenen Fachdisziplinen strebte. Die Geschichte der *Bibliothek des Aristoteles* gleicht einem Roman. So erbte zunächst der Nachfolger des Aristoteles im Peripatos, Theophrastos, auch die Bibliothek; dieser vererbte sie an Neleus von Skepsis, der die Sammlung in seine Heimatstadt in der kleinasiatischen Troas mitnahm, als es ihm nicht gelungen war, Schulhaupt zu werden. Die Erben des Neleus in Skepsis versteckten die Bibliothek aus Angst vor der Sammelwut der pergamenischen Könige in einem unterirdischen Stollen, worunter die Rollen natürlich litten.

Im 1. Jahrhundert v. Chr. verkauften Nachkommen des Neleus die ganze Sammlung an einen gewissen Apellikon von Teos, der mehr Bibliomane als Philosoph war und die Bücher wieder nach Athen brachte; er ließ Abschriften der Originale anfertigen. Als Sulla Athen im Jahre 86 v. Chr. eroberte, fiel Apellikons Bibliothek als Kriegsbeute an den Feldherrn; so gelangten die Bücher des Aristoteles nach Rom, wo sie alsbald in den Besitz des Grammatikers Tyrannion kamen. Der Peripatetiker Andronikos von Rhodos hat noch im 1. Jahrhundert v. Chr. die Ausgabe geschaffen, auf der die weitere Überlieferung aufbaute. Eine Nachricht besagt, daß Neleus auch Bücher aus der Bibliothek des Aristoteles an Ptolemaios II. Philadelphos von Ägypten verkauft habe. Es ist eine Ironie der Geschichte, daß die von Aristoteles für die Veröffentlichung bestimmten exoterischen Schriften zwar kursierten, aber in der späteren Antike verlorengingen, während die nur für den internen Lehrbetrieb bestimmten esoterischen Schriften nach ihrem Katakombendasein gerettet und seit der Zeit Ciceros ausgewertet und verbreitet werden konnten. Es ist überliefert, daß die Forschungsstelle des Aristoteles im Lykeion zu Athen auch nach dem Abgang des Neleus mit der Bibliothek des Philosophen nicht ohne Bücher blieb. Bereits unter der Leitung des Straton gab es wieder eine Büchersammlung.

Aus etlichen Testamenten von Philosophen, die Diogenes Laertios in seinen Philosophenbiographien veröffentlichte, erfahren wir bemerkenswerte Informationen über das antike Buchwesen. Unter anderem wird darin von einer bedeutenden Bibliothek des Epikur († 270 v. Chr.) berichtet, die dieser seinem Nachfolger Hermarchos vermachte. Diogenes Laertios nannte Epikur einen Vielschreiber, von dem dreihundert Buchrollen existierten.

Die im Vorhergehenden genannten Bibliotheken der Akademie, des Lykeion und des „Gartens" des Epikur waren freilich keine öffentlichen Institutionen; sie dienten bloß dem Lehr- und Forschungbetrieb der jeweiligen Schule. Man wird übrigens annehmen dürfen, daß für die Aufbewahrung der Rollen einfache Magazinräume genügten.

Die Epoche des *4. Jahrhunderts* sollte das Eingreifen Makedoniens in Griechenland bringen. *Makedonien* gehörte nicht zu Hellas, mochten auch Makedonen und Griechen ursprünglich eng verwandt gewesen sein. Lange behielt das Land den Charakter eines Bauernlandes, dessen Oberschicht etliche Adelssippen bildeten, unter denen ein König als primus inter pares regierte. Auch die makedonische Sprache wurde nicht als ein griechischer Dialekt empfunden. Die Makedonen unterließen es sogar, ihre Muttersprache für schriftliche Aufzeichnungen zu verwenden; als Schriftsprache hatte das Attische zu dienen. Seit dem 6. Jahrhundert legte Makedonien indes großen Wert auf engere Beziehungen zu Griechenland. Griechische Künstler und Philosophen wurden an den Hof gezogen; griechische Lehrer bildeten die adelige Jugend aus. *Philipp II.*, der 359 als Vormund zur Herrschaft kam und dann zum König ausgerufen wurde, neigte in besonderer Weise zum Hellenentum. Dennoch bemächtigte er sich in brutaler Weise vieler griechischer Städte und baute das geschulteste Heer seiner Zeit auf. Sein Ziel war die Gewinnung der Hegemonie über die Griechen; der makedonische Staat sollte zum Herrn über die Balkanländer werden. Die Polisideologie war allerdings solchen Plänen abhold. Mochten auch einzelne auf den „Retter" hoffen, blieb das Gros der Polisbewohner mißtrauisch. Zu den entschiedensten Gegnern Philipps zählte der athenische Redner Demosthenes (384-322 v. Chr.), der seine staatsmännische Kunst im Kampf gegen die aufstrebende Macht Makedoniens entwickelte. Aber in der entscheidenden Schlacht von Chaironeia (338) wurde der griechische Widerstand niedergerungen. Als Herr von Griechenland faßte Philipp die Griechenstaaten im „Korinthischen Bund" zusammen. Um den Griechen ein außenpolitisches Ziel zu geben, rief Philipp zum Rachefeldzug gegen Persien auf. Da wurde Philipp 336 ermordet. Als Hegemon der Hellenen trat nun Philipps Sohn *Alexander* auf; Widerstand wurde erstickt, was das griechisch-makedonische Verhältnis vergiften mußte. Alexander begann 334 den Kampf gegen Persien, das gleichwohl griechische Söldner besaß und auf die Macht der Flotte vertraute, der anfangs auch Erfolge beschieden waren. Am Granikos warf Alexander das persische Ritterheer nieder, unterwarf Kleinasien und schlug Dareios 333 bei Issos. Alexander gewann Phönizien und besetzte Ägypten, wo er Alexandreia gründete, eine Stadt, die im Hellenismus und in der antiken Buchkultur noch eine außerordentliche Rolle spielen sollte. 331 besiegte Alexander Dareios bei Gaugamela, gelangte nach Babylon und gewann Persepolis. Hier fand der Rachefeldzug seinen symbolischen Abschluß, als Alexander Feuer an den Königspalast legte. Nun aber begann das Programm Alexanders, das dieser nicht mehr als Hegemon der Hellenen, sondern als Weltherrscher durchzuführen gedachte. Er wollte die bisher in Feindschaft gegenüberstehenden Reiche versöhnen, übernahm persische Sitte und Zeremoniell, verband sich und die Seinen mit Orientalen und wollte die Oikumene gewinnen. Als Alexander 323 im Alter von noch nicht 33 Jahren in Babylon einer heimtückischen Krankheit erlag, erstreckte sich sein Reich von Ägypten bis zum indischen Pandschab. Im Verlauf von zwölf Jahren und acht Monaten hatte Alexander die Stadtstaaten Griechenlands, Kleinasien und Phönizien unterworfen, das Reich der Achämeniden erobert und den indischen König Poros besiegt. Nur die Meuterei des Heeres in Indien zwang Alexander, seinen Plan der Eroberung Asiens aufzugeben. Doch trotz dieser Niederlage und der Grenzen, an die Alexander stieß, war Asien nunmehr für griechische Einflüsse offen. Das historische Profil der Welt hatte sich nach Alexander geändert; die alten Strukturen der Stadtstaaten und die auf dem Unterschied zwischen Griechen und Barbaren aufbauende Anthropologie brachen nun zusammen. In zunehmendem Maße behaupteten sich Begriffe wie Oikumene, Kosmopolitismus und Universalismus.

Nach Alexanders Tod zerbrach sein Reich. In langen Kämpfen zwischen den *Diadochen* bildeten sich neue Teilreiche. Die Ptolemäer regierten in Ägypten, die Seleukiden in Vorderasien; die Attaliden beherrschten Westkleinasien, die Antigoniden Makedonien. In Makedonien lebte das alte Heer- und Volkskönigtum fort. Die drei Überseestaaten Pergamon, das Seleukiden- und das Ptolemäerreich waren indes Kunstprodukte herrscherlichen Willens. Im Zeitalter der Diadochenreiche setzte die größte Wanderung der Antike ein. Griechen siedelten in den von Alexander und seinen Nachfolgern gegründeten Städten. Die Auswanderer kamen freiwillig oder gezwungen; Unterschiede der Herkunft spielten keine Rolle mehr. Die Diadochen wollten nicht nur Hellenen im Lande haben, sondern vor allem hellenische Städte mit all ihrer Poliskultur; zugleich bildeten die Städte sichere Stützen der Herrschaft. Die massive Einwanderung der Hellenen in den Orient bedingte auch eine Verbreitung der griechischen Sprache. Die *Koine* als Umgangsgriechisch wurde von Indien und dem Iran bis nach Syrien, Palästina, Italien und Ägypten gesprochen und geschrieben. In den Städten bauten die Griechen Tempel, Theater und Gymnasien als Zentren hellenischer Kultur. Wert und Bedeutung griechischer Bildung wurden allerorten angenommen und in fortschreitendem Maße in den Oberschichten der asiatischen Länder übernommen. Bildung, oft auf eine Philosophie gegründet, erfreute sich fast eines religiösen Ansehens. Bildung galt auch als Mittel zum sozialen Aufstieg und als Instrument der geistigen Vervollkommnung. Modephilosophien wie die Stoa, der Epikureismus oder der Kynismus setzten sich in den Städten der Oikumene vielfach durch. Mit dem Zerfall der Polis war das Individuum aus seinen alten Bindungen bürgerlicher und religiöser Art befreit und zugleich in einen großen Kosmos gestellt worden. Vor allem die *Stoiker* verbreiteten die Idee, daß alle Menschen „kosmopolitai" seien, also Bürger der gleichen Bürgerschaft des Kosmos, wie immer ihre soziale und geographische Herkunft beschaffen sein mag. Schon Zenon von Kition (335-262 v. Chr.), der Begründer der Stoa, faßte die Idee von der Welt als einer einzigen großen Polis unter einem einzigen göttlichen Gesetz, in der alle Bürger kraft ihrer freiwilligen Zustimmung lebten. Auch *Epikur* (341-270 v. Chr.) propagierte einen Kosmopolitismus; allerdings war sein Hauptziel das Wohlergehen des einzelnen. Die Welt war für ihn eine Maschine, die auf mechanische Weise zustande gekommen sei und weder Urheber noch Bestimmung habe. Daher sei der Mensch frei, die ihm kongeniale Lebensweise zu wählen. Die Philosophie der Stoiker hingegen war durch einen monistischen Pantheismus geprägt; die Welt hat sich von der Epiphanie eines Gottes her entwickelt; Weltgesetz und menschliche Vernunft gehen aus einem göttlichen Funken hervor. Der Weise entdeckt daher in seiner Seele den gleichen Logos, der auch den Kosmos bewegt; denn der Kosmos ist von der Vernunft durchdrungen. Die Hochschätzung der Seele bedeutete unter anderem die grundlegende Gleichheit der Menschen. Die große Bedeutung der stoischen Philosophie erhellt sich bereits aus der großen Zahl ihrer Vertreter. Nachfolger des Zenon war Kleanthes (304-233 v. Chr.), der Begründer der stoischen Theologie. Chrysippos von Soloi wurde zum größten Theoretiker der Stoa, sodaß er später sogar als Neubegründer der Schule galt. Panaitios von Rhodos (2. Jh. v. Chr.) führte die Stoa in Rom ein. Auch Poseidonios (ca. 135-50 v. Chr.) wirkte unter anderem in Rom; auf dem

Boden der Logoslehre stehend, verband er alle Teile des Kosmos durch den Begriff der Sympathie, der unendlichen gegenseitigen Einwirkung.

Auch die *hellenistischen Religionen* zielten auf das Heil des Individuums. Die Tradition der Mysterien von Eleusis wurde von verschiedenen mysteriosophischen Religionen aufgenommen, die sich um Gottheiten bildeten, die den Tod gekannt und besiegt hätten. Solche Gottheiten standen naturgemäß den Menschen näher und sicherten nach deren Glauben besser ihr Heil. Neben den Göttern und Göttinnen der hellenistischen Mysterien wie Dionysos, Isis, Osiris, Kybele, Attis, Mithras wurden aus den gleichen Gründen andere Gottheiten populär: Helios, Herakles, Äskulap sollten das Individuum schützen und helfend eingreifen. Auch die Könige konnten vergöttlicht werden; der König ist „Retter" und verkörpert das lebendige Gesetz. Das dominierende Kennzeichen der Epoche ist ein *religiöser Synkretismus*. Selbst das Urchristentum breitete sich in einer synkretistischen Umwelt aus. All die griechisch-orientalischen Mysterien, die eschatologisch-apokalyptischen Spekulationen und der Herrscherkult zeigen anschaulich die Lebenskraft des synkretistischen Denkens.

Zur glänzendsten Residenz des Hellenismus wuchs *Alexandreia* heran, an der Mündung des kanopischen Nils gelegen. Hier entwickelte sich eine europäische Hofkultur mit einer Atmosphäre, wie sie etwa das augusteische Rom, das Rom der Renaissance oder in der Neuzeit Paris oder Wien besessen hatten. Der doppelte Hafen mit seinem riesigen Leuchtturm, die Palaststadt mit dem Museum, das Grab Alexanders, die mit Säulenreihen geschmückten Hauptstraßen, die Alleen und Parkanlagen, die Villenviertel, die Sportanlagen, der zoologische Garten, das bunte Völkergemisch aus Ägyptern, Griechen, Makedonen, Syrern, Indern trugen zum Rang und Ruhm der Metropole bei.

Zwischen den Großmächten verarmte das *griechische Mutterland*, nachdem 322 v. Chr. die makedonischen Generäle den griechischen Freiheitsbund zerschlagen hatten. Griechenland wurde überdies zum Zankapfel der Großmächte, zum Schauplatz ihrer politischen Intrigen, ihrer Bündnis- und Protektionspolitik. Mit dem politischen Niedergang ging auch der wirtschaftliche Niedergang Hand in Hand. Hunger, Krieg und Arbeitslosigkeit, Piraterie und Verwüstungen wurden zu Geißeln. Auch ein geistiger Ausverkauf setzte ein; neben den Menschen waren es die Bücher, die von den Mäzenen unter den Diadochen an sich gezogen wurden. Die Sammlung von Bücherschätzen war höchster Ehrgeiz der Ptolemäer. Die besten und wertvollsten Handschriften wurden allerorts angekauft oder erpreßt. Aber auch die Autoren, die schöpferischen Menschen, die Wissenschaftler, Ärzte und Dichter, die Philosophen und Fachleute wurden aus Griechenland weggeholt. Nur wenige Städte wie Sikyon, Rhodos, Kos, Athen behielten noch eine künstlerische oder wissenschaftliche Position. Vor allem Athen blieb noch Zentrum des philosophischen Geistes, wo sich zur Akademie und zum Peripatos die Stoa und die Schule Epikurs gesellten, wo die Neue Komödie und die Historiographie aufblühten; die athenische Machtambition war freilich für immer gebrochen.

Wo im 3. Jahrhundert in Hellas noch Bünde entstanden, wie bei den Aitolern, Achäern oder Boiotern, bedeutete dies eine Perpetuierung der griechischen Zersplitterung.

Die *griechische Geschichtsschreibung* des 4. Jahrhunderts hatte in Xenophon (ca. 430-355 v. Chr.) einen bedeutenden Vertreter gefunden, dessen „Hellenika" die Geschichte von 411 bis 362 behandelten; seine „Anabasis" schildert aus persönlichem Erleben den Zug von 10.000 Söldnern; in der „Kyrupädie" legte der Autor den ersten historischen Roman vor; philosophischen Inhalt haben einige Schriften über Sokrates. Die „Hellenika von Oxyrhynchos" zählen zu den bedeutendsten Papyrusfunden griechischer Prosa. Auf dem Gebiet des Dramas war im 4. Jahrhundert eine reiche Produktion zu verzeichnen, die uns aber größtenteils verloren ist. Die *Neue Komödie* ist vor allem mit dem Namen des Menandros (342-291 v. Chr.) verbunden; seine Stoffe sind ausnahmslos dem zeitgenössischen bürgerlichen Leben entnommen. Menander hat die römische Komödie stark beeinflußt; vor allem Terenz ist ohne Menander nicht denkbar.

In der gesamten Welt des hellenistischen Altertums beobachten wir die *Gründung von Bibliotheken* als Mittel der Pflege der Literatur und der Wissenschaften. Herausragende Beispiele waren die beiden *Bibliotheken der Ptolemäer in Alexandreia*. Neben einer kleineren, im Serapistempel untergebrachten, auf Ptolemaios II. zurückgehenden und rund 42.000 Buchrollen umfassenden Bibliothek ist vor allem die dem Museion angeschlossene Bibliothek mit rund einer halben Million Rollen zählenden Sammlung zu nennen. Demetrios von Phaleron hatte König Ptolemaios I. Soter (323-280 v. Chr.) mit den Ideen der Schule des Peripatos vertraut gemacht. Das Museion und seine Bibliothek wurden denn auch nach dem Vorbild der aristotelischen Schule in Athen aufgebaut. Das *Museion* bildete eine gelehrte Anstalt, deren Mitglieder sich der Forschung und Lehre widmeten. In dieser Institution wurde die gesamte zeitgenössische Wissenschaft gepflegt. Die Philologie nahm darunter einen wichtigen Platz ein. Es ist nicht zuviel gesagt, daß den Bemühungen der alexandrinischen Philologen die Erhaltung eines wesentlichen Teiles der antiken Literatur verdankt wird. Dem Museion war die Bibliothek als Arbeitsinstrument beigegeben. Von Ptolemaios I. Soter gegründet, wurde sie von Ptolemaios II. Philadelphos (280-247 v. Chr.) umfassend ausgebaut. Nach seinem Plan wurden von ihm und seinen Nachfolgern, unter denen sich Ptolemaios III. Euergetes (247-221 v. Chr.) durch besondere Skrupellosigkeit der Mittel auszeichnete, aus der damaligen Welt das erreichbare Schriftgut zusammengetragen. Galenos berichtet von Ptolemaios III., daß er das athenische Staatsexemplar der Tragödien von Aischylos, Sophokles und Euripides gegen ein Pfand von 15 Talenten entlieh, das Pfand aber verfallen ließ und Athen mit einer Abschrift abspeiste. Auf seinen Befehl hin wurden auch alle Bücher, die sich bei Reisenden auf in Ägypten ankommenden Schiffen vorfanden, beschlagnahmt und die Besitzer mit eilig angefertigten Abschriften abgefunden. Johannes Tzetzes berichtet, daß das Museion unter Ptolemaios II.

bereits 400.000 „bibloi symmigeis“ und 90.000 „bibloi amigeis“ umfaßte, also insgesamt 490.000 Buchrollen. Ein „biblos amiges“ ist eine Buchrolle, die eine in sich abgeschlossene Schrift enthielt, ein „biblos symmiges“ ein „gemischtes Buch“ mit mehreren Texten oder aber ein Teilbuch eines größeren Werkes. Gellius beziffert die Zahl der Rollen im Jahre 47 v. Chr. auf 700.000 Stück. Die große Menge der Literatur wurde zwecks sinnvoller Benützung in eine Systematik aufgegliedert und durch Kataloge erschlossen. Tzetzes überliefert Namen von Sachbearbeitern für die schöne Literatur, nämlich Lykophron von Chalkis, Alexandros Aitolos und Zenodotos von Ephesos für die Fächer Tragödie, Komödie und Epos. Kallimachos von Kyrene (ca. 300-240 v. Chr.) lieferte in seinen „Pinakes“ eine Systematik der griechischen Literatur als Grundlage für eine griechische Literaturgeschichte. Unter den Leitern der Bibliothek finden sich so bedeutende Gelehrte wie der Grammatiker Aristophanes von Byzanz, sein Schüler Aristarchos von Samothrake, der um die Edition der homerischen Epen bemüht war, und Eratosthenes von Kyrene, von dem eine Erdvermessung und ein Sternkatalog bekannt sind. Die Bibliothek muß auch eine Schreibschule für die Erstellung von Kopien und eine Restaurierwerkstatt besessen haben. Die Arbeit der Gelehrten begann bei der Sammlung und Sichtung der Literatur, ihrer Ordnung, Bibliographierung und Katalogisierung und gipfelte in der Erarbeitung neuer Textausgaben, im Textvergleich und in der Kommentierung der Autoren. Die Papyrusfunde seit dem 2. Jahrhundert v. Chr. zeigen denn auch die Spuren der Vereinheitlichung der Texte als Auswirkung der philologischen Arbeit der Alexandriner.

Nach vorliegenden Nachrichten ging die Bibliothek des Museion im Jahre 47 v. Chr. in Flammen auf, als es anläßlich des Aufenthaltes von Julius Caesar in Alexandreia zu Kämpfen gekommen war. Nach neueren Forschungen von L. Canfora sollen aber nur Magazinsbauten mit 40.000, wohl für den Export bestimmten Buchrollen im Hafenviertel vernichtet worden sein, während das Museion nicht betroffen war. Autoren wie Strabon, der nach dem Ägyptischen Krieg Ägypten bereiste, erwähnen keine Beschädigung der Anlage. Kaiser Claudius ließ neben dem alten Museion ein neues begründen. Das wirkliche Ende der Bibliothek wäre nach dem genannten Forscher erst unter Kaiser Aurelian (270-275 n. Chr.) gekommen, als während der Kämpfe gegen Zenobia von Palmyra das Stadtviertel Brucheion mit dem Königspalast zerstört wurde. Die kleinere Bibliothek des Serapeion diente den Gelehrten nach der Zerstörung des Museion als Arbeitsinstrument. Gemäß den Informationen des Johannes Tzetzes enthielt sie 42.800 Buchrollen. Die Bibliothek des Serapeion wurde vernichtet, als 391 fanatische christliche Horden unter Bischof Theophilos den Tempel des Serapis niederrissen.

Das Beispiel der alexandrinischen Bibliothek wirkte in der hellenistischen Welt vorbildlich und anregend. Auch in Antiocheia, der Hauptstadt des Seleukidenreiches, existierte eine öffentliche Bibliothek; es ist fraglich, ob Antiochos der Große (223-187 v. Chr.) ihr Gründer oder bloß ihr Förderer war, als er den Dichter Euphorion von Chalkis zu ihrem Leiter ernannte. Die königliche Bibliothek des Makedonenherrschers Perseus wurde 168 v. Chr. als Kriegsbeute vom Feldherrn Aemilius Paullus nach Rom verbracht. Der Feldherr Lucullus brachte mit der Beute des Kriegszuges gegen König Mithridates VI. von Pontos ebenfalls eine Bibliothek nach Rom.

Die wichtigste Bibliothek nach Alexandreia war jene der Dynastie der Attaliden in *Pergamon*. König Philetairos (281-263 v. Chr.) legte den Grundstein für den Reichtum des Hauses, sodaß die Dynastie auch eine rege Kulturpolitik entfalten konnte. Das Bibliotheksgebäude war Teil des von Eumenes II. (197-159 v. Chr.) gestalteten Bezirkes der Göttin Athena Polias. Vielleicht geht aber die Gründung der Bibliothek bereits auf Attalos I. (241-197 v. Chr.) zurück. Nach Vitruv dürfte die Bibliothek von Pergamon eine öffentliche gewesen sein, anders als die für die Gemeinschaft des Museion bestimmte alexandrinische Bibliothek. Auch die pergamenischen Herrscher waren eifrig um die Vermehrung der Buchbestände bemüht. So ergab sich gegenüber Alexandreia eine harte Konkurrenz. Antike Quellen berichten sogar von der Sperre der Ausfuhr von Papyrus nach Pergamon, was Anlaß zur „Erfindung" des Pergaments gegeben haben soll. Auch in Pergamon wurde philologische Arbeit geleistet und Literaturgeschichte betrieben. Während die Alexandriner rationalistisch eingestellt und daher eher bereit waren, fragliche Textpassagen zu emendieren, suchten die Pergamener eher, den Sinn auch dunkler Stellen zu erhellen, und betrieben daher eine konservative Textkritik. Die Bibliothek von Pergamon bot vielen Gelehrten eine Fundgrube für ihr Schaffen. Krates von Mallos wurde zum Homerspezialisten, Antigonos von Karystos schrieb Philosophen- und Künstlerbiographien, Polemon von Ilion verfaßte Länderbeschreibungen, Apollonios von Perge trat als Mathematiker und Astronom hervor, Biton entwickelte eine spezielle Kriegstechnik als Fachschriftsteller für Poliorketik. Die Nachricht, daß Marcus Antonius der Königin Kleopatra 200.000 Buchrollen aus der pergamenischen Bibliothek geschenkt habe, dürfte legendär sein. Das Ende der Bibliothek, die vielleicht in römischer Zeit nicht mehr die adäquate Pflege fand, ist nicht bekannt; man könnte vermuten, daß die Zerstörung heidnischen Kulturgutes unter Justinian oder schon früher die Fortschaffung von Material für die kaiserliche Bibliothek in Konstantinopel Pergamon betroffen haben könnte.

Gymnasialbibliotheken wurden in hellenistischer Zeit zu voll ausgebildeten Institutionen. In Athen ist als Gymnasium das Ptolemaion bezeugt; aus Inschriften geht hervor, daß die Epheben beim Abgang von der Schule hundert Buchrollen zu stiften hatten. Eine inschriftliche Stiftungsurkunde belegt eine Bibliothek im Piräus, der Hafenstadt Athens; im Bücherkatalog werden Werke von Homer, den attischen Tragikern, den Komödiendichtern Amphis, Nikomachos, Diphilos und Menandros sowie Schriften von Philosophen und Rednern genannt. Auch in Rhodos hat sich eine Inschrift gefunden, die einen Bücherkatalog darstellt und Werke von Rednern und Historikern aufzählt. Ebenfalls aus dem 2. Jahrhundert v. Chr. ist eine Bibliotheksgründung durch Diokles und Apollodoros auf der Insel Kos mit hundert Büchern, Geld und

Sachspenden belegt. In Tauromenion (dem heutigen Taormina) hat sich eine Inschrift eines Säulenganges gefunden, die um 130 v. Chr. anzusetzen ist und zum Gymnasium gehörte; die Fragmente nennen eine Reihe von Historikern zusammen mit kurzer Charakterisierung von Leben und Werk. Inschriften sind aus vielen Teilen Griechenlands bis in die Kaiserzeit auf uns gekommen, die von Bibliotheken zeugen. Unter Kaiser Nerva (96-98 n. Chr.) hat Titus Flavius Pantainos in Athen eine Säulenhalle und eine Bibliothek gestiftet. Der Redner Aristides rühmt geradezu Athens Reichtum an Bibliotheken. Pausanias berichtet von der Errichtung von Tempeln und einer Bibliothek in Athen unter Kaiser Hadrian (117-138 n. Chr.). Inschriften und literarische Zeugnisse belegen die Existenz von Bibliotheken in Delphi, Dyrrhachion, Epidauros, Philippi, Andania (in Messenien), Olympia, Patras, Aigina, Kreta, Kypros, Delos, Edessa, Ephesos, Halikarnassos, Herakleia am Pontos, Knidos, Mylasa, Nysa, Priene, Prusa, Salmydessos, Sinope, Smyrna, Teos, Jerusalem, Antiocheia, Aphrodisias, Kaisareia (Palästina), Gaza und Tarsos. Alle diese Inschriften und Zeugnisse, die zufällig auf uns gekommen sind, legen dar, daß Bibliotheken in den größeren Städten des hellenistischen Raumes zu den üblichen Bildungseinrichtungen gehörten. Auch die Ausgrabungen haben an manchen Orten Bibliotheksgebäude zutage gefördert. Zu den bedeutendsten Ausgrabungen zählen die Reste der Attalidenbibliothek in Pergamon, eine Palastanlage des baktrischen Königs Eukratides (2. Jh. n. Chr.) in Ai Khanoum, die Pantainosbibliothek in Athen, die Celsusbibliothek in Ephesos, die Bibliothek Trajans und die Caracallathermen in Rom.

Der Ausgang der hellenistischen Geschichte war wesentlich durch den Aufstieg Roms geprägt. Rom war es beschieden, die hellenistischen Großmächte zu überwältigen. Makedonien wurde 148 v. Chr. römische Provinz; 146 v. Chr. ging die griechische Freiheit unter, 133 v. Chr. vermachte der letzte Attalide, Attalos III., Pergamon den Römern. Das Seleukidenreich ging im 2. Jahrhundert v. Chr. der Auflösung entgegen; das Ptolemäerreich vegetierte nur mehr dahin. Rom wurde zur Schutzmacht des Hellenismus, bis es zur Weltmacht aufstieg, in deren Imperium auch der hellenistische Osten aufging. War das Griechentum politisch im Römischen Reich aufgegangen, so blieben doch Literatur, Wissenschaft und Kunst lebendig. Die politisch Besiegten trugen kulturell den Sieg davon. Im frühen Hellenismus wurden noch eigenständige Leistungen erbracht; in der Spätphase trat eine Stagnation ein; in dieser Periode des Überganges wurden bedeutende Entwicklungen zum Abschluß gebracht und zugleich der Boden für Neues bereitet, das mit dem Christentum in die Welt kam.

Die Dichtung des *Hellenismus* erlebte nochmals Höhepunkte und neue Zielsetzungen. In den Hymnen und Epigrammen des Kallimachos von Kyrene (ca. 300-240 v. Chr.) vereinen sich gelehrtes Spiel mit Tiefe der Empfindung. Theokrit von Syrakus (1. Hälfte 3. Jh. v. Chr.) wurde zum Begründer der griechischen Hirtenpoesie, der Bukolik, die eine lange Nachwirkung haben sollte. Trotz der Bevorzugung der Kleindichtung erlebte auch das große Epos noch ein Nachleben, wie die „Argonautika" des Apollonios von Rhodos (3. Jh. v. Chr.) zeigen, das einzige Großepos zwischen Homer und Nonnos. Einen Höhepunkt erlebte das Epigramm, das sich von der Epigraphik löste und eine gewaltige Erweiterung der Stoffe erfuhr. Komödien und Tragödien wurden auch im Hellenismus geschrieben; das meiste ist jedoch verlorengegangen. Einen großen Aufschwung erlebte das Lehrgedicht; es gab praktisch keinen Gegenstand, der nicht auch in poetischer Form gestaltet werden konnte. Das bedeutendste Beispiel waren die „Phainomena" des Aratos von Soloi (3. Jh. v. Chr.) mit der Beschreibung der Sternbilder. Reiche Pflege fand das Kleinepos, das Epyllion.

Im Hellenismus konnte auch eine Fülle historiographischer Werke nicht ausbleiben; freilich fehlte es nicht an Effekthascherei, Rhetorisierung und Dramatisierung der Darstellung. Mit Polybios (ca. 200-120 v. Chr.) gelangen wir bereits zu den Historikern, die den Aufstieg Roms schildern. Die hellenistische Wissenschaft tendierte zur Spezialisierung. Es gab kühne Leistungen, die aber oft nicht konsequent weiterverfolgt wurden. Eratosthenes begründete die mathematische Geographie. Aristarchos von Samos lehrte bereits das heliozentrische System, das aber durch die Autorität von Aristoteles und Ptolemaios für Jahrhunderte verdrängt wurde. Archimedes († 212 v. Chr.) entdeckte grundlegende physikalische Gesetze. Apollonios von Perge (um 200 v. Chr.) verfaßte das maßgebende Werk über die Kegelschnitte. Nach Hochleistungen dieser Art trat jedoch ein Absinken ein; eine Epoche der eifrigen Kompilation löste die Epoche der Produktivität ab.

In der *Kaiserzeit* wurde es still über Altgriechenland, das seit 27 v. Chr. zur Provinz Achaia gehörte. Entvölkerung und wirtschaftliche Not machten sich breit. Aber auch mit der Weltgeltung Alexandreias ging es bergab. Neue Zentren des griechischen Kulturlebens bildeten die Griechenstädte Kleinasiens; gerade dort zeigte sich, wie die Städte zum Stützpunkt römischer Herrschaft werden konnten, wo aber noch eine bürgerliche Schicht Trägerin hellenischer Kultur blieb. Eine tiefe Kluft trennte die staatstragende Schicht von der Masse der Besitzlosen, in der es nicht an sozialen Spannungen fehlte. Die Einstellung der römischen Kaiser zu den Griechen war eine wechselnde. Vor allem Hadrians leidenschaftlicher Philhellenismus sicherte der griechischen Kultur noch einen hohen Rang im Reich; darauf beruhte die Blüte der Kultur unter den Antoninen. Doch das düstere 3. Jahrhundert brachte die Wende. Seuchen, Hungersnot, soziale Unruhen, Barbareneinfälle, Ausbeutung durch die Herrscher und Kriege der Soldatenkaiser trafen das kulturelle Leben auf das schwerste. Im Beamtenstaat des Diokletian (284-305 n. Chr.) gingen die letzten Reste der Autonomie der Polis unter. Die Verlagerung des Schwerpunktes des Reiches nach dem Osten hatte sich schon seit längerem angekündigt, sodaß es nur konsequent war, wenn Konstantin an der Stelle des alten Byzantion 324 die neue Hauptstadt Konstantinopel gründete. Damit waren aber die Weichen neu gestellt für eine Entwicklung, die in die byzantinische Epoche der Geschichte führte.

Tafel 1: Aurelius Augustinus, in einem Codex lesend. Wandgemälde der Bibliothek unter der Kapelle Sancta Sanctorum beim Lateran, Rom

Tafel 2: Codex Amiatinus, 6. Jh. Der Prophet und Schriftgelehrte Ezra

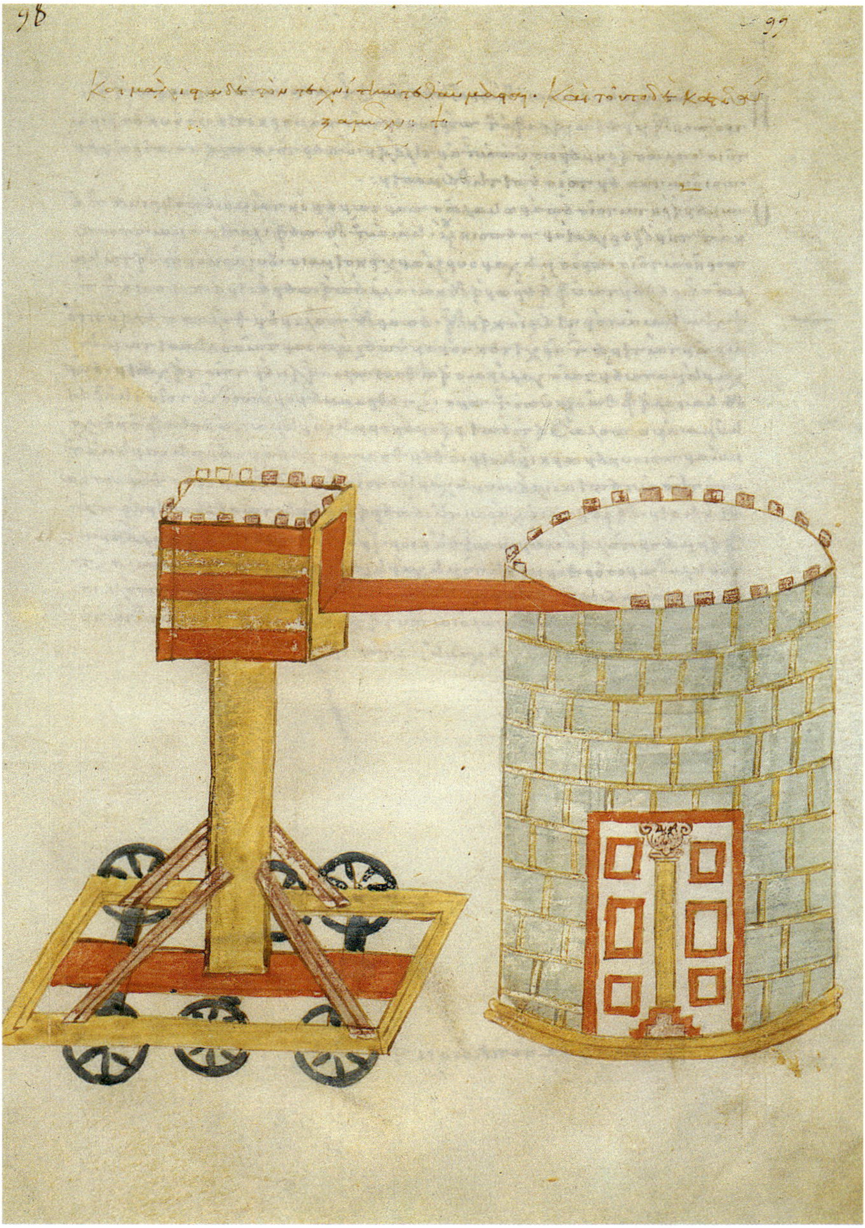

Tafel 3: Poliorketikercodex. Belagerungsturm vor einer Stadtmauer

Tafel 4: „Wiener Dioskurides", Konstantinopel, um 512 n. Chr. Der Arzt Dioskurides und die Personifikation der Heuresis (d. i. des glücklichen Fundes) mit der Mandragorawurzel

Die Gattungen der *griechischen Dichtung* verloren in umgekehrter Reihenfolge ihrer Entstehung in der Kaiserzeit Bedeutung und Pflege. Die Zeit der dramatischen Dichtung war in der Kaiserzeit vorbei; die neuen Stücke waren eher zum Lesen bestimmt. Die Bühne beherrschte in zunehmendem Maße der Mimus. Ein reiches Leben war noch dem Epigramm geschenkt; in der Spätantike bediente sich auch das Christentum dieser Gattung, ohne daß daneben das heidnische Epigramm abgestorben wäre. Eine relativ hohe Bedeutung besaß auch die Hymnendichtung. Das epische Lehrgedicht erfreute sich großer Beliebtheit. Aber auch das Epos erlebte letzte Hochblüte. Quintus von Smyrna füllte mit seinen „Posthomerica" die Lücke zwischen Ilias und Odyssee. Triphiodoros hinterließ ein Kurzepos über die Einnahme von Troja, Kolluthos ein Kurzepos über den Raub der Helena. Hingegen sprengte Nonnos von Panopolis mit seinem gigantischen Epos der „Dionysiaka" in 48 Büchern fast den Rahmen des Genos; in weitem Ausholen erzählt das Epos den Zug des Dionysos gegen Indien, wobei eine Fülle anderer Stoffe eingebaut wird. Die erotische Novelle von Hero und Leander hat in einem Epos des Musaios Form gefunden.

Unter den *Prosaikern* ragt Plutarchos (ca. 46-120 n. Chr.) hervor, der als letzter bedeutender griechischer Schriftsteller angesprochen werden kann; Biographien von Feldherren und Staatsmännern begründeten seinen Nachruhm; seine „Moralia" sind für die Geschichte der Philosophie von Bedeutung. Die Blüte der zweiten Sophistik förderte die Rhetorik; der Attizismus, der in den attischen Klassikern seine Vorbilder sah, setzte sich durch, was aber zugleich ein Zeichen der Erstarrung der Sprache durch museale Pflege des alten Stils bedeutete. Das 2. Jahrhundert n. Chr. ist die Blütezeit der „Konzertredner". Endlosen Streit gab es zwischen den Schulen der Philosophen; aber auch das Irrationale und der Mystizismus drangen vor. Historiographie und Geographie fanden noch würdige Vertreter wie Dionysios von Halikarnassos, Diodor und Pausanias. Der Unterhaltung diente die nun aufblühende Gattung des Prosaromans, der im späten Hellenismus entstanden war und bis in byzantinische Zeit Pflege fand.

Auch die Briefliteratur zählte zu den unterhaltsamen Genera, zumal sie ein Lieblingskind der Rhetorik war. Die Rhetorik nahm im 4. Jahrhundert n. Chr. einen letzten Aufschwung; der traditionsgebundenen Opposition gegen das Christentum nahestehend, hat sie viel zur Erhaltung des hellenischen Erbes beigetragen. Die letzte große Synthese auf dem Gebiet der Philosophie war der Neuplatonismus, dessen Entstehung in das 3. Jahrhundert n. Chr. fiel. Der Neuplatonismus mündete zuletzt in einen Mystizismus und in Theologie; seine große Breitenwirkung zeigt sich allein schon im Entstehen mehrerer Schulrichtungen. Die späte griechische Wissenschaft war bereits eng mit der römischen Kultur verbunden. Die Römer interessierte die Praxis, weniger die Theorie; so sind denn auch die Ausrichtung auf die Praxis und die Kompilation der älteren Quellen Kennzeichen der spätantiken Wissenschaften geworden.

Einen langen Weg von einer Bauernsiedlung bis zur Beherrscherin eines Großreiches nahm *Rom*. Legendär sind freilich das von Varro errechnete Gründungsdatum (21. April 753 v. Chr.), der Stadtgründer Romulus und die übrigen sechs Könige. Schon seit dem 10. Jahrhundert v. Chr. wurden die Hügel Palatinus, Quirinalis, Esquilinus und die Colles besiedelt; hier entstand um 650, nach etruskischem Ritus begründet und nach dem etruskischen Geschlecht der Rumlna benannt, die Stadt Rom. Sie war von Latinern und Sabinern besiedelt; daran erinnern noch die Doppelkollegien der Salier, der Luperci und die Bezeichnung Populus Romanus Quiritium. Um 550 v. Chr. gelangte Rom unter etruskische Herrschaft der Tarquinier; doch blieb die Stadt in Sprache und sozialer Ordnung latinisch. Von den Etruskern wurden Amtszeichen und Ehren - so die Purpurtoga, die Liktorenfasces, die Sella curulis, der Triumph - ebenso übernommen wie religiöse Einrichtungen - so die Eingeweideschau und Blitzdeutung -, wie der Steinbau und wohl auch das Alphabet. Die Vertreibung des Tarquinius 508/7 brachte die Begründung der Republik; in dieser Zeit vollzog sich überall in Latium und Etrurien die Bewegung von der monarchischen zur aristokratischen Staatsform, eine Bewegung, die Griechenland zweihundert Jahre zuvor mitgemacht hatte. Der neue patrizische Geschlechterstaat hatte als Aufgabe die Verwaltung der Res publica zu übernehmen, die Plebs zu befrieden und äußere Feinde abzuwehren. Das Staatsleben wurde durch den Senat, die Magistrate und das in Comitia zusammengefaßte Volk geregelt. Rom expandierte langsam und beherrschte bald Latium. Die Plebs setzte mit Volkstribunen das Zwölftafelgesetz (451) durch; hier liegt das älteste römische Buch vor. Die Urform der Zwölftafeln war kein streng systematisch aufgebautes Gesetzbuch, sondern in echt römischer Weise eine aus praktischen Bedürfnissen heraus geborene Behandlung von Einzelfällen, an denen die allgemeine Rechtslösung entwikkelt wurde. Das ursprünglich auf Erz- oder Holztafeln aufgezeichnete Gesetz bescherte den Römern des 5. Jahrhunderts v. Chr. das erste geschriebene Recht. Ein weiterer Fortschritt in sozialer Hinsicht war die Durchsetzung des „conubium", der Eheverbindung der Plebs mit den Patriziern, sowie die Zulassung zu den Ämtern (363) und Priesterkollegien (300). Der Ständekampf endete 287 mit der Lex Hortensia. Aus den führenden patrizischen und plebeischen Geschlechtern entstand allmählich die Nobilität, deren Mitglieder fast ausschließlich die hohen Ämter bekleideten. Da die Außenpolitik ein ständig steigendes Aufgebot an plebeischen Soldaten erforderte, sind die Zugeständnisse der Patrizier verständlich.

Im Zuge der Expansion schlugen Römer und Latiner ihre Nachbaren, so die Aequer, Volsker, Aurunker und Veji (396). Ein etruskisches Italien im Norden und ein griechisches im Süden waren lange Zeit die bestimmenden Regionen der Halbinsel. Dazu traten als weiterer machtpolitischer Faktor die Gallier, die um 400 einfielen, und die Karthager, die das Griechentum in die Defensive drängten. Rom überwand die gallische Invasion und drang nach Mittelitalien vor. Das entscheidende Jahrhundert der altrömischen Geschichte war die Epoche von 367 bis 265; alle Kräfte Roms tendierten auf die Gewinnung neuen Bodens. Der beginnende Niedergang der Etrusker und Griechen ermöglichte zudem die Ausweitung des römischen Machtbereiches. Rom gewann abermals die Vorherrschaft in Latium. Es wandelte sich aber auch vom Bauernstaat zum mittelländischen Staat, der eine veränderte Einstellung zum Meer und zum Handel annahm. Nach dem Aufstand der Latiner gründete Rom 338 die italische Wehrgemeinschaft. Harte Kämpfe gab es mit den Samniten (326-304, 298-290). Nach dem Keltenkrieg (285-282) und dem Kampf gegen Pyrrhos von Epirus (280-276) verfügte Rom über die Herrschaft vom Arno bis Süditalien. Damit mußte Rom in Konflikt mit Karthago kommen. In der Epoche zwischen 264 und 201 ging es denn auch um das Ringen des neuen Rom mit Karthago. Die Überwindung genialer Führergestalten wie Hannibal verlangte von Rom den größten Krafteinsatz. Rom griff auf das Meer aus. Schwer erschüttert gingen sowohl Rom als Karthago aus dem Ersten Punischen Krieg (264-241) hervor. Doch Karthago war noch nicht bezwungen. Im Zweiten Punischen Krieg (218-201), einem Krieg an mehreren Fronten, in dem es auf beiden Seiten um Sein und Nichtsein ging, konnte Rom obsiegen.

Die *Epoche des 3. Jahrhunderts v. Chr.* ist in kultureller Hinsicht die Zeit der ersten Auseinandersetzung mit dem Hellenismus. Zugleich war es die Epoche, in der Rom endgültig zu einem literarischen Dasein erwachte. Die *römische Literatur* wuchs an der griechischen heran; denn was im 3. Jahrhundert an Literatur hervortrat, war das Werk von Südländern in Italien, von Griechen und gräzisierten Italikern. An vorliterarischem Gut hatte es in Rom Tafellieder, Hochzeitslieder und Klagegesänge gegeben. Aus dem Totenkult erwuchs die Leichenrede. Die Priesterschaften zeichneten religiöse Formeln auf, verwahrten Satzungen und Vereinbarungen in ihren Archiven, veröffentlichten die Kalender und bewahrten die „carmina“, die frei rhythmisierten Sprüche. Die Decemviri waren die Ausleger der Sibyllinischen Bücher, einer Sammlung von Orakeln. Die Eingeweideschauer (haruspices) hatten die Bücher der „disciplina Etrusca“ bei sich. Auf die Ausbildung der Sprache wirkten all die Libri pontificum, Libri sacri, Libri augurales und Commentarii. Erhalten ist uns das Kultlied der Arvalbrüder, das voll urtümlicher magischer Kraft ist. Die Feszenninische Scherzrede kann als Vorstufe der Satire angesehen werden. Aus dem oskischen Raum kam die Atellanische Posse. In der Rechtskodifikation beschritt Rom einen zukunftsträchtigen Weg, der in steter Kontinuität bis zum Corpus iuris civilis Justinians im 6. Jahrhundert n. Chr. führen sollte. Im 3. Jahrhundert v. Chr. schlug aber die Geburtsstunde des eigentlichen literarischen Lebens. *Livius Andronicus* (ca. 285-204 v. Chr.), ein Grieche aus Tarent, der als Sklave nach Rom gekommen war und dort Latein gelernt hatte, schuf als Lehrbuch eine Übersetzung der Odyssee Homers in lateinischen Saturniern. Nach dem Ende des Ersten Punischen Kriegs führte er als erster griechische Tragödien und Komödien in lateinischer Übertragung auf. Sein Prozessionslied für einen Mädchenchor war die erste Lyrik in Rom.

Mit dem Wirken des Livius Andronicus war die Ausrichtung der lateinischen Dichtung auf die griechische eingeleitet. Der Senat hat den Dichter geehrt; der „Verein der Dichter und Schauspieler“ bekam Korporationsrecht und einen Sitzungsraum im Minervatempel. Der Osker *Naevius* war ebenfalls vielseitig tätig; er bearbeitete griechische Tragödien und Komödien für die römische Bühne (fabulae palliatae) und dichtete selbst Tragödien mit Stoffen aus der römischen Geschichte (fabulae praetextae); den Stoff für Komödien nahm er aus dem italischen Ambiente (fabulae togatae). Sein in Saturniern verfaßtes Epos behandelte den Ersten Punischen Krieg. Der Einfluß des Naevius auf Ennius und Vergil war groß.

Während eine lateinische Dichtung von Nichtrömern geschaffen wurde, benützten die ersten römischen *Historiker*, Fabius Pictor und Cincius Alimentus, die griechische Sprache für ihre Geschichtswerke, wohl in der Absicht, römische Politik dem griechischen Ausland verständlich zu machen. Fabius Pictor schrieb in der zweiten Hälfte des 3. Jahrhunderts v. Chr. die ältesten Annalen Roms. Quintus Ennius (239-169 v. Chr.) kam während des Zweiten Punischen Krieges aus Rudiae bei Tarent nach Rom, wo er als Lehrer des Griechischen und als Freund des Kreises der Scipionen lebte. Er wurde zu einem der erfolgreichsten Vermittler griechischer Kultur an die Römer. Sein Hauptwerk bildeten die „Annales“, die die römische Geschichte ab Aeneas schilderten. Erstmals wurde hier der daktylische Hexameter angewendet, was für die Schaffung einer künstlerischen lateinischen Literatursprache von größter Bedeutung war. Ennius bildete aber auch griechische Tragödien nach, vor allem solche des Euripides; daneben bearbeitete er Komödien, übertrug die rationalistische Schrift des Euhemeros und verfaßte „Saturae“, kleinere Dichtungen in verschiedenen Versformen.

Die Epoche von 200 bis 133 v. Chr. brachte Rom den Ausbau der Stellung im Westen und den Aufstieg zur Vorherrschaft im östlichen Mittelmeer. Bis jetzt hatte die italische Wehrgemeinschaft um Italien einen Sicherheitsgürtel geschaffen: im Norden die Poebene, im Süden Sizilien, im Westen Spanien, im Osten Teile von Illyrien. Zugleich hatte sich das meerfremde Bauernvolk auf die See hinausgewagt. Nun wurde die Stellung in Spanien gefestigt, wo der erste rein romanische Provinzialsprößling Roms entstand. Alsbald wurde Rom in das Kräftespiel des Ostens eingeschaltet. Zunächst wollte man auf diplomatischem Weg eine mittelbare Beherrschung der östlichen Staatenwelt erreichen. Doch waren Kriege unvermeidlich geworden. Philipp V. von Makedonien wurde im Krieg von 200 bis 197 besiegt; 196 wurde den Griechen die „Freiheit“ verkündet. Daraus hat sich letztlich der Krieg mit dem Seleukidenreich unter Antiochos III. (192-188) entwickelt, das seine Großmachtstellung verlor. Der dritte und entscheidende Kampf Roms gegen Makedonien unter König Perseus (171-168) endete mit der Zersplitterung des Landes. Im Jahre 146 wurde Karthago vernichtet und die Provinz Africa eingerichtet. Im Jahre 133 vermachte der letzte Attalide sein Reich von Pergamon den Römern, das als Provinz Asia eingerichtet wurde. Roms Expansion wurde irreversibel.

Allerdings zerrüttete diese Expansion das Kleinbauerntum und die alten Traditionen. Die Kapitalwirtschaft wuchs an Bedeutung und die Ausbeutung der Provinzen stieg an.

In der Literatur begann im *2. Jahrhundert v. Chr.* eine volkstümlichere Bewegung in lateinischer Sprache. Die Talente wuchsen überall in Landstädten heran, ja selbst außerhalb Italiens. Titus Maccius Plautus (ca. 250 bis 184 v. Chr.) aus Sarsina wurde einer der bedeutendsten römischen Lustspieldichter; seine 21 erhaltenen Komödien sind die ältesten vollständig überlieferten Bühnenstücke der lateinischen Literatur. Marcus Porcius Cato (234-149 v. Chr.) aus Tusculum, der eifrige Vertreter der nationalen und antihellenischen Tendenzen in Rom, verfaßte Reden, eine Urgeschichte Roms und ein Buch über die Landwirtschaft, das älteste erhaltene Prosawerk der lateinischen Literatur. Die griechisch schreibenden Annalisten Fabius Pictor und Cincius Alimentus fanden Nachahmer in Cornelius Scipio, Gaius Acilius und Aulus Postumius Albinus. Publius Terentius Afer (ca. 195/90-159 v. Chr.) aus Libyen wurde zum bedeutendsten Komödiendichter neben Plautus; seine Lustspiele sind Nachbildungen von Stücken der Neuen attischen Komödie, insbesondere Menanders. Nun blühte auch eine lateinische Annalistik auf, wie sie vor allem Lucius Cassius Hemina und Lucius Calpurnius Piso vertraten.

In der *Revolutionszeit* (133-60 v. Chr.) wurde das soziale Problem aufgerollt und damit die Innenpolitik in den Vordergrund geschoben. Freilich stand auch in dieser unruhigen Epoche die Expansion des Staates nicht still. Sowohl die Optimaten wie die Popularen suchten die Agrar- und Sozialkrise zu lösen, zugleich auch über das Volkstribunat oder über ein außerordentliches Heereskommando eine persönliche Macht zu erlangen. Die Bemühungen von Tiberius und Gaius Sempronius Gracchus, Lucius Appuleius Saturninus, Marcus Livius Drusus scheiterten. Die Bundesgenossen erkämpften sich 91 bis 89 das römische Bürgerrecht. Numider und Germanen bedrohten Rom, konnten aber niedergeworfen werden. Sulla erzwang gegen Marius durch den Einsatz der Berufssoldaten im innenpolitischen Machtkampf noch einmal die Restauration der Senatsherrschaft. Die ungelösten Probleme auf den Gebieten der Innen- und Außenpolitik förderten den Aufstieg von Außenseitern wie Pompeius und Crassus, die sich 60 v. Chr. mit Gaius Julius Caesar zum Triumvirat verbanden. Pompeius konnte den Osten militärisch und politisch ordnen. Das Triumvirat zerfiel indes. Nach dem Sieg über Pompeius (49-44) begann der Diktator Caesar, der durch die Eroberung Galliens Roms Expansion weit vorangetrieben hatte, sozialpolitisch wirksam zu werden. Die Ermordung Caesars entfesselte den Kampf zwischen den Caesarmördern und dem Triumvirat von Marcus Aemilius Lepidus, Marcus Antonius und Octavianus. Auch dieses Triumvirat zerfiel. Nach der Beseitigung der Caesarmörder bei Philippi (42 v. Chr.) kam es zum Endkampf zwischen Marcus Antonius und Octavianus; mit dem Sieg Octavians bei Actium (31 v. Chr.) war aber auch das Ende der Republik gekommen. Rom umfaßte damals mit den neugewonnenen Provinzen (Asia 129, Gallia Narbonensis 121, Kilikien 102, Kyrene 74,

Bithynien, Pontus, Syrien 64, Zypern 58, Gallien 56, Africa nova 46, Aegyptus 30) fast den gesamten Mittelmeerraum. Octavian, nun Augustus genannt, fand eine neue Form der Reichsregierung in Gestalt des *Prinzipats*. Die „pax Augusta" ermöglichte die großen Leistungen der beginnenden Kaiserzeit.

Die *römische Literatur* der Epoche zeigt, wie sehr die gebildeten Römer zweisprachig geworden waren und an zwei Kulturen Anteil hatten. Gebildete unternahmen Studienreisen nach dem Osten, vorab nach Rhodos und Athen; andererseits wandte sich mancher Grieche Rom zu, wie etwa Poseidonios von Apameia († 50 v. Chr.), Naturforscher und Philosoph, der die Geschichte der Feldzüge des Pompeius und eine Universalgeschichte von 144 bis 85 sowie durch die Nachwirkung bei späteren Autoren faßbare philosophische Werke schrieb. Der Hang zur Enzyklopädie zeigt sich bei Marcus Terentius Varro (116-27 v. Chr.), einem der größten römischen Gelehrten, der unter Caesar auch öffentliche Bibliotheken einrichtete. Zweck seiner Arbeit war die Abfassung der Kulturgeschichte des römischen Volkes mit Hilfe der Methoden der griechischen Forschung. In seinen „Disciplinae" entfaltete er das System der „Freien Künste". Für die Kenntnis des Lateins ist seine Schrift „De lingua Latina" wichtig geworden. Die bisher unliterarische Satire hat Gaius Lucilius (167-102 v. Chr.) ins Literarische gehoben und damit eine ureigenste lateinische Literaturgattung geschaffen. Eine einsame Natur war Titus Lucretius Carus (97-55 v. Chr.), der auf das Ideal des unpolitischen Menschen in der Lehre Epikurs zurückgriff und in seinem Lehrgedicht „Vom Wesen der Natur" seine Leser von Lebens- und Todesangst und Götterfurcht befreien wollte. Gaius Valerius Catullus (ca. 87-54 v. Chr.) gehörte der Schule der Neoteriker an; er bildete das griechische Kleinepos nach und schrieb lyrische Gedichte von außerordentlicher Frische der Empfindung. Große Bedeutung hatte die praktische Beredsamkeit gewonnen, sodaß auch die Theorie der Rhetorik in Rom Eingang fand. Um 85 v. Chr. entstand das älteste lateinische Lehrbuch der Redekunst, die „Rhetorica ad Herennium", in dem die griechische Theorie auf die Gattungen der lateinischen Rede angewendet wurde. Wie wichtig Reden waren, zeigt Marcus Tullius Cicero, der seine Gerichtsreden veröffentlichte. Die Annalistik verfiel, während die Historiographie parteiisch wurde. Mochte Cicero (106-43 v. Chr.) auch nicht die Republik retten können, so drückte er doch der gebildeten Welt seiner Zeit seinen geistigen Stempel auf. Noch heute gilt Ciceronianismus als Ausdruck für Sprachkultur, Humanität und Geistesfreiheit. Ciceros Plan war die Nationalisierung der griechischen Philosophie für die Gebildeten seines Volkes. In der Gewinnung reiner Sittlichkeit sah er eine Chance der Wiedergeburt des römischen Staates. Seine Reden zeigen den Anwalt und Politiker vor Gericht, vor dem Volk und dem Senat. In rhetorischen Schriften diente er der Ausbildung des universalen Redners. Ciceros Briefsammlungen sind in der antiken Literatur einmalig und stellen eine außerordentliche Quelle für Leben und Ambiente des großen Römers dar, der am Ende seines Lebens sehen mußte, wie seine Ideale zerbrachen.

Augustus begründete die *Monarchie*, die schon Caesar angestrebt hatte. Zu den bisher maßgebenden Faktoren der Verfassung, Volk und Senat, trat nun der Princeps, an staatlicher Macht den alten Gewaltenträgern ebenbürtig, bis er sie zuletzt überholte. Die Last der Regierung war indes übergroß. Schon Tiberius zerbrach menschlich an der Bürde. Zeitweilig wurden die „Zweiten" und „Dritten" hinter dem Princeps übermächtig. Als im 2. Jahrhundert die außenpolitischen Aufgaben allein nicht mehr zu meistern waren und der Kampf an zwei Fronten vorzuherrschen begann, wurde seit 161 der Doppelprinzipat zweier Augusti die Regel. Wechselnd zwischen Ein- und Zweierprinzipat gelangte die Institution schließlich zum autokratischen Dominat Diokletians und einem Viererprinzipat. Diese künstliche Regelung hielt indes nicht lange; das 4. Jahrhundert ist abermals vom Wechsel zwischen Ein- und Zweierdominat gekennzeichnet, bis ab der Reichsteilung von 395 der Osten und der Westen endgültig ihre eigenen Herrscher erhielten und ihre eigenen Wege gingen.

Die Expansion des Reiches hielt in der beginnenden Prinzipatszeit noch an; bis Trajan erreichte das Reich seine größte Ausdehnung: Galatia 25 v. Chr., Noricum, Raetia 15 v. Chr., Pannonia 9/10 n. Chr., Kappadokien 17, Mauretanien 42, Britannien 43, Thrakien 46, Iudaea 72, Moesia 86, Germania 90, Arabia 106, Dacia 107, Armenia 114, Mesopotamia, Assyria 115 waren die neuen Provinzen geworden. Der Westen war zwar von Augustus mit dem Primat bedacht worden, doch seit der Begründung des Neupersischen Reiches (226) mußte der Osten in den Vordergrund treten. Der wirtschaftlich und politisch bedeutsamere Osten des Imperiums trat denn auch die führende Rolle an, sodaß es eine logische Konsequenz war, als Konstantin 324 am Bosporos die neue Reichshauptstadt Konstantinopel errichtete.

Die augusteische Zeit war eine Blütezeit der *Staatsdichtung*. Früh hatte sich die Poesie für die neue Epoche begeistert, während die Prosa vielfach in die Vergangenheit zurückblickte. So wie Homer am Beginn der griechischen Literatur von einem poetisch verklärten Heldenzeitalter gesungen hatte, wurde in der Zeit des Augustus das große Epos des Vergil zum Heldenlied von Roms Ursprung und Größe, ausgelöst durch die Wiedergeburt des Staates. Rom trat nunmehr an die Stelle von Alexandreia und Pergamon als geistiges Zentrum der Welt, auch von der griechischen Hälfte des Reiches anerkannt. Lediglich Athen behielt eine höhere Stellung bei. In Literatur und Kunst sucht man über den Hellenismus zu den strengen Formen der attischen Geisteswelt zurückzukehren. So ist etwa Caesars Tatenbericht in derselben Sachlichkeit geschrieben wie die Geschichte des Thukydides. Sallust (86-34 v. Chr.) führte die Gattung der historischen Monographie in die Literatur ein; auch er orientierte sich an Thukydides und Cato. Das gigantische Werk des Titus Livius (59 v.-17 n. Chr.), seine 142 Bücher „Ab urbe condita libri" - heute nur mehr teilweise erhalten - entwarf ein großartiges Bild des Römertums, angeregt durch die augusteischen Restaurationsbestrebungen. Livius gehört als Wiederbeleber der Vergangenheit geistig mit Vergil zusammen. Publius

Vergilius Maro (70-19 v. Chr.) stieg zum berühmtesten Dichter der Epoche auf. In Nachahmung Theokrits stehen seine Hirtengedichte („Bucolica"). Die 4. Ekloge mit der Schilderung eines zu erwartenden goldenen Zeitalters wurde früh von den Christen als Ankündigung Jesu verstanden. Das Gedicht über den Landbau („Georgica") hat nur in Hesiods „Erga" sein Gegenstück, verrät aber römischen Bauernsinn und feines Naturgefühl. Die Aeneis wurde mit Recht die Bibel des augusteischen Römertums genannt; das römische Nationalepos, das an zwei Stellen auf das augusteische Zeitalter vorausweist, hat bereits die Bewunderung der Zeitgenossen gefunden; im Mittelalter wurde das Epos zum berühmtesten Gedicht des Abendlandes. Der Lyriker Horaz (65-8 v. Chr.) setzte die altgriechische Lyrik ins römische Denken um, wenn er sich an Archilochos, Alkaios, Anakreon und Bakchylides orientierte; aber auch die römische Dichtungsart der Satire hat er zu höchster Vollendung gebracht. Publius Ovidius Naso (43 v. Chr.-17 n. Chr.) hat mit seinen „Metamorphosen" nach alexandrinischem Muster eine Fundgrube der Mythologie geschaffen. Religionsgeschichtlich wertvoll ist das Kalendergedicht der „Fasti". Aber auch die Verführungskunst der Liebe hat Ovid in ein System gebracht; sein leichtsinniges Leben hat den Princeps verletzt, sodaß Ovid verbannt wurde. Das Lehrgedicht des Manilius war ein Kompendium der Astrologie, die damals in alle Gesellschaftsschichten eindrang. Tibullus (ca. 55-19 v. Chr.) wurde zu einem der größten Elegiendichter Roms; das gleiche Genus pflegte auch Sextus Propertius (ca. 50-15 v. Chr.), dessen Einfluß noch bis in die Zeit Goethes reichte.

Die Gesundung des Reiches hielt sich - trotz mancher Erscheinungsformen kaiserlicher Tyrannis - unter den Kaisern der julisch-claudischen Dynastie (27 v. Chr.-68 n. Chr.) und den Mitgliedern der flavischen Dynastie (69-96 n. Chr.). Die größte Machtposition erlebte das Reich unter den Adoptivkaisern (96-193 n. Chr.); unter Trajan erlangte das Imperium seine größte territoriale Ausdehnung.

In dieser Epoche gab es noch eine Blüte der Literatur, wenngleich auch der „Goldenen Latinität" im Zeitalter Ciceros eine „*Silberne Latinität*" gegenübergestellt wurde. Auf allen Gebieten gab es rege Produktion. Kennzeichnend für das Streben nach enzyklopädischer Gelehrsamkeit ist die „Naturalis historia" des älteren Plinius (23-79 n. Chr.). Kulturhistorisch bedeutsam ist die Briefsammlung des jüngeren Plinius, in der auch das Problem der Behandlung der Christen zur Sprache kommt. Curtius Rufus schrieb um 50 n. Chr. seine Geschichte Alexanders des Großen, die in der Mitte zwischen Geschichtswerk und Roman steht. Ein weiterer Enzyklopädist war Cornelius Celsus, von dessen großem Werk nur mehr das Handbuch der Medizin erhalten ist. Der Sittenroman des Petronius aus neronischer Zeit zeichnet menschliche Schwächen in satirischen Farben. Lucanus (39-65 n. Chr.) ist der Autor eines Epos über die Kämpfe zwischen Caesar und Pompeius. Lucius Annaeus Seneca d. J. (ca. 4-65 n. Chr.) besticht durch sein universales Schaffen, das von Tragödien über Satiren zu moralphilosophischen Dialogen und Briefen reicht. Nach dem Vorbild des Apollonios Rhodios dichtete Valerius Flaccus sein Epos „Argonautica" unter Kaiser Vespasian, während Silius Italicus ein Epos über den Zweiten Punischen Krieg verfaßte, das an Vergil orientiert ist. Mit den Epen des Statius (ca. 45-96 n. Chr.) unter den Titeln „Thebais" und „Achilleis" ging für lange Zeit das römische epische Schaffen zu Ende. Das Epigramm erreichte bei Martialis (ca. 40-102 n. Chr.) einen außerordentlichen Höhepunkt; schonungslos wird die Lasterhaftigkeit der römischen Gesellschaft gegeißelt. Auch die Satire des Juvenalis (ca. 60-140 n. Chr.) hat die Sittenverderbnis Roms zum Inhalt. Einen Höhepunkt der Historiographie bedeuten die Werke des Publius Cornelius Tacitus (ca. 55-116/20 n. Chr.). Pessimistisch und fatalistisch wird er zum Künder des kommenden Niederganges; er glaubt nicht mehr wie ein Cicero an Rom; das Irrationale und Unergründliche im menschlichen Handeln drängt sich vor; wie ein Richter urteilt er über die Zeit.

Das Zeitalter der *Soldatenkaiser* (193-284 n. Chr.) brachte dem Reich den Niedergang. Politisch bedeutsam war die Constitutio Antoniniana des Kaisers Caracalla im Jahre 212 n. Chr., die das Imperium durch die Verleihung des Bürgerrechts an alle Einwohner zu einer Rechtseinheit machte. Germanen im Norden und Perser im Osten bedrohten die Reichseinheit. Die zahlreichen kurzlebigen Regierungen, häufiges Auftreten der Pest, Geldentwertung und die hohen Kosten für Bürokratie und Heer zerrütteten die Wirtschaft. *Diokletian*, mit dem die absolutistische Regierungsform des Dominats anbrach, ordnete die Verwaltung und die Struktur des Reiches neu, suchte die Wirtschaft zu stabilisieren und ein neues System der Herrschaftsfolge aufzubauen. Das gekünstelte System brach aber in den Kämpfen der Nachfolger zusammen, aus denen *Konstantin I.* als Alleinherrscher hervorging. Seit Diokletian löschte der Zwangsstaat die politische, soziale und religiöse Freiheit aus. Eine entscheidende Wende trat ein, als unter Konstantin das Christentum 313 anerkannt wurde; am Ende des 4. Jahrhunderts war die junge Religion bereits zur Staatsreligion emporgewachsen. Die Bedeutung des Ostens des Imperiums hatte zur Folge, daß Konstantin 324 am Bosporos die neue Hauptstadt gründete, die seinen Namen trug. Immer bedrohlicher wurde das Germanenproblem, zumal ganze Germanenstämme als Föderaten auf Reichsboden angesiedelt wurden. Die Teilung des Reiches im Jahre 395 vertiefte allmählich die Kluft zwischen Ost und West; das Westreich verfiel immer schneller. Die Germanen begannen, auf Reichsboden eigene Reiche zu gründen, so die Westgoten in Südgallien und Spanien (418), die Vandalen in Afrika (429), die Burgunder an der Rhone (443). Germanische Heermeister beherrschten nicht selten die schattenhaften Kaiser. Rom wurde 410 durch die Goten unter Alarich und 455 durch die Vandalen unter Geiserich geplündert. Als letzter weströmischer Kaiser wurde 476 Romulus Augustulus durch Odoaker abgesetzt. Bald entstand in Italien das Ostgotenreich Theoderichs. Nominell war der oströmische Kaiser Herr des Westens geworden. Justinian I. (527-565 n. Chr.) versuchte denn auch mit militärischen Mitteln die Restauration des westlichen Imperiums und ließ das Vandalenreich, das Ostgotenreich und Teile des Westgotenreiches erobern. Doch brach das Lebenswerk Justinians noch im 6. Jahrhundert zusammen. Der Awaren- und Slawensturm riß auch die Balkanhalbinsel aus dem Reichsverband. Das 6. Jahrhundert kann bereits als eine Übergangszeit zum Mittelalter angesprochen werden.

Der kulturelle Wandel manifestierte sich auch in der *Literatur*. Der Glaube an die großen Zusammenhänge in der Geschichte war geschwunden. Suetons (ca. 75-150 n. Chr.) Biographien reihen nicht zufällig Einzelzüge ohne tieferes Verständnis aneinander. Aus dem gewaltigen Werk des Livius wurden, dem Zug der Zeit entsprechend, immer dünnere Auszüge gemacht. Oberflächlichkeit und Kritiklosigkeit kennzeichnen auch die „Historia Augusta", eine wohl zu Ende des 4. Jahrhunderts entstandene Sammlung von Kaiserbiographien von Hadrian bis Carus (117-284 n. Chr.). Der Rhetor bestimmte das geistige Profil der Literatur immer stärker. Mit dem „Goldenen Esel" des Apuleius ist der einzige vollständig überlieferte lateinische Roman erhalten. Bereits ab dem 3. Jahrhundert ist ein beängstigender Rückgang geistiger Produktivität zu bemerken. Das 4. Jahrhundert brachte noch einmal eine klassizistische Erneuerung, die bereits mit dem aufstrebenden Christentum im geistigen Ringen stand. Auch die Philosophie war in dieses Ringen einbezogen. Marius Victorinus fand über den Neuplatonismus zum Christentum. Chalcidius kommentierte den platonischen „Timaios" und vermittelte so dem Mittelalter den für Jahrhunderte einzig bekannten platonischen Dialog. Der Kreis um Quintus Aurelius Symmachus (Praefectus urbi 383-384 n. Chr.) wurde zum Exponenten des spätantiken Heidentums und der Rückbesinnung auf die Klassik. In den „Saturnalia" des Macrobius fand dieser Kreis seine literarische Gestaltung. Noch einmal gab es große Dichtung, als Claudius Claudianus aus Alexandreia zum Erneuerer der epischen Poesie wurde; der um 400 n. Chr. lebende Autor ist der letzte bedeutende lateinische Dichter geworden, der sowohl die Zeitgeschichte wie den Mythos in seinen Epen eingefangen hat. Zu den letzten großen Geschichtswerken des 4. Jahrhunderts zählt das Werk des Ammianus Marcellinus, der als Grieche erst die lateinische Sprache erlernen mußte. Im 4. und 5. Jahrhundert traten bereits die christlichen Schriftsteller mit reifen Werken hervor.

Die sich reich entfaltende lateinische Literatur mußte naturgemäß nach einem Vertrieb durch einen Buchhandel und nach der Sammlung in Bibliotheken verlangen. Allerdings sind uns erst aus der Zeit Ciceros konkrete Hinweise auf einen *römischen Buchhandel* überliefert. Die Niederschrift des Textes konnte vom Autor selbst verfertigt werden. Eine andere Möglichkeit war das Diktat an Schreibsklaven oder Notarii. Öffentlich vorgetragene Texte konnten unter Umständen mitgeschrieben werden, wobei diese Mitschrift eventuell Grundlage einer Veröffentlichung werden konnte. Das Interesse eines Verlegers konnte durch das Vortragen eines unpublizierten Werkes oder durch eine Widmung erregt werden. Als Verbreiter der literarischen Werke Ciceros ist dessen Freund Titus Pomponius Atticus († 32 v. Chr.) bekannt, der in seinem

Hause zahlreiche Schreiber und Korrektoren mit der Anfertigung von Abschriften beschäftigte. Zu Beginn der Kaiserzeit war der römische Buchhandel bereits weiter entwickelt. Namentlich bekannt sind die Verleger Sosius des Horaz oder Tryphon des Martial und des Quintilian. Verleger und Buchhändler waren meist Freigelassene und Griechen. Neben den neuen literarischen Produkten wurden natürlich auch die älteren Texte verbreitet. Werke von Homer, Vergil, von den attischen Tragikern und Komödiendichtern und von Rednern wurden nicht zuletzt im Unterricht immer wieder benötigt. Die gefundenen Papyri zeigen übrigens ein breites Spektrum von sorgloser Kopie bis zu sorgfältiger textkritischer Ausgabe. Manchmal brachte ein Verleger ein „Urexemplar" an sich, auf Grund dessen weitere Kopien erstellt wurden. So hat nach dem Zeugnis Senecas ein Dorus das Geschichtswerk des Livius gekauft, ebenso das Musterexemplar der Schriften Ciceros aus dem Besitz des Atticus. Daß der Buchhandel über die Provinzen weit gespannt war, geht aus Zeugnissen mancher Dichter wie Horaz, Martial oder Ovid hervor, die davon sprechen, daß ihre Werke überallhin, ja bis in die Grenzgebiete des Reiches gelangt seien. Als besondere Zentren des Buchhandels sind in der Kaiserzeit Lyon, Brindisi, Trier, Karthago, Alexandreia, Konstantinopel und Antiocheia belegt. Gellius berichtet sogar, daß in Brindisi antiquarische Bücher in schlechtem Erhaltungszustand angeboten wurden. Natürlich gab es neben den Trödlern auch Antiquare mit wertvollen Büchern auf hohem Niveau. Derselbe Gellius erzählt vom Grammatiker Fidus Optatus, dieser habe das zweite Buch der Aeneis Vergils angeblich aus dem Besitz Vergils selbst besessen, das er für zwanzig Goldstücke bei einem Antiquar im Viertel „Sigillaria" erworben habe. Erwähnt sei, daß auch Bücherauktionen und fahrende Buchhändler in der Antike nicht unbekannt waren.

Mit dem Entstehen einer wirklichen lateinischen Literatur ab dem 3. Jahrhundert v. Chr. ist auch das Entstehen von *Privatbibliotheken* verbunden. Bereits Autoren wie Livius Andronicus oder Naevius, die griechische Werke in lateinischer Sprache bearbeiteten, müssen eben diese Werke im Original besessen haben. Auch in den Häusern jener römischen Kreise, die die Kultur des Griechentums mit Interesse aufnahmen, müssen Privatbibliotheken vorhanden gewesen sein. Durch Kriegsbeute gelangten griechische Bibliotheken nach Rom. So brachte Aemilius Paullus nach seinem Sieg über König Perseus von Makedonien (168 v. Chr.) dessen Bibliothek nach Rom und schenkte sie seinen Söhnen. Ähnlich markante Fälle waren die Erbeutung der Bibliothek des Apellikon von Athen durch Sulla und die Erbeutung der Bibliothek des Königs Mithridates von Pontos durch Lucullus. Sowohl Sulla wie Lucullus überführten die erbeuteten Bücher auf ihre Landsitze, wo sie und ihre Freunde die Schätze nützen konnten. Noch Cicero berichtet, daß er Sullas Bibliothek bei dessen Sohn Faustus konsultieren konnte. Cicero selbst baute sich nicht ohne finanzielle Opfer eine Privatbibliothek auf, die er wohl auf sein Stadthaus und seine sieben Villen verteilte. Sein Freund Atticus half dabei tatkräftig mit, der selbst auch als Verleger tätig war und daher einen bedeutsamen Buchbesitz sein eigen genannt haben muß. Eine universelle schriftstellerische Tätigkeit wie die des Gelehrten Varro ist nicht ohne Buchbesitz denkbar. Literarisch oder wissenschaftlich tätige Menschen hatten auch in der Kaiserzeit entsprechende Bibliotheken. Aus literarischen Zeugnissen geht etwa hervor, daß Besitzer von Privatbibliotheken die Dichter Vergil, Persius, Silius Italicus, Sammonicus, Freunde Martials wie Julius Martialis und Stertinius oder der jüngere Plinius gewesen waren. Wenn der Architekt Vitruvius für die Einrichtung eines herrschaftlichen Hauses auch eine Bibliothek vorsah, dann zeugt diese Tatsache für einen verbreiteten Usus. Es fehlte freilich auch nicht an Leuten, die mit ihrer Bibliothek nur protzten, ohne sie wirklich zu nützen. Der Spott von Autoren wie Seneca oder Lukian von Samosata war solchen Leuten sicher. Eine Inschrift (CIL X,6638) bezeugt Sklaven als Bibliothekare in der kaiserlichen Villa in Antium. Auch in der Villa Hadriani bei Tivoli ist ein Raum mit großer Sicherheit als Bibliothek identifiziert worden. Der Fund einer Bibliothek mit ca. 1800 Rollen zu Herculaneum, das 79 n. Chr. durch den Ausbruch des Vesuv vernichtet wurde, hat eine reiche Privatbibliothek samt ihren Beständen zutage gebracht. Die Größenordnung von Privatbibliotheken ist durch zufällige Nachrichten bekannt, ohne daß aus solchen Zufallsinformationen allgemeine Schlüsse gezogen werden können. So soll der Dichter Persius 700 Rollen hinterlassen haben. Hingegen soll der Philologe Marcus Mettius Epaphroditus 30.000 Rollen besessen haben. Der Dichter Serenus Sammonicus soll dem Kaiser Gordian II. seine vom Vater ererbte Bibliothek von 62.000 Rollen vermacht haben.

Öffentliche Bibliotheken in Rom existierten seit der frühen Kaiserzeit. Julius Caesar plante die Errichtung der ersten öffentlichen Bibliothek, die nach dem auch im privaten Bereich gültigen Schema in die beiden Abteilungen einer „bibliotheca graeca“ und einer „bibliotheca latina“ gegliedert sein sollte. Mit der Beschaffung der Bestände wurde Marcus Terentius Varro betraut, der auch eine Monographie über Bibliotheken verfaßt hatte. Die Ermordung Caesars verhinderte allerdings die Ausführung des Plans. Als tatsächlicher Begründer der ersten öffentlichen Bibliothek in Rom ist Gaius Asinius Pollio (76 v. Chr. - 4 n. Chr.) zu nennen. Pollio konnte den Erlös aus der Kriegsbeute im Kampf gegen die illyrischen Parthinier nützen, um nach 39 v. Chr. im Atrium Libertatis zu Rom die Bibliothek einzurichten. Kaiser Augustus beauftragte den Dichter und Beamten Gnaeus Pompeius Macer mit der Errichtung der Palatinischen öffentlichen Bibliothek, die neben dem Tempel des Apollo Palatinus und einer Portikusanlage erbaut wurde; die Nähe zum Palast des Herrschers läßt an kaiserliches Mäzenatentum denken. Auch der Philologe Gaius Julius Hyginus leitete eine Zeitlang die Palatinische Bibliothek, die eine Doppelbibliothek darstellte, nämlich eine „bybliotheca latina (templi) Apollinis“ und eine „bybliotheca graeca (templi) Apollinis“, wie sie in den Inschriften genannt werden. Das Schicksal dieser Bibliothek war wechselhaft; nach einem Brand unter Nero oder Titus wurde sie von Domitian wieder aufgebaut, der Leute nach Alexandreia zum Zwecke der Abschrift von

Büchern sandte. Im Jahre 191 wurde die Bibliothek wieder durch Feuer beschädigt, 363 brannte sie samt dem Apollotempel nieder. Augustus ließ auch im Porticus Octaviae eine Bibliothek errichten, die allerdings bereits 80 abbrannte.

Auf Kaiser Tiberius geht eine Bibliothek beim Augustustempel zurück, die ebenfalls nach einem Brand 79 unter Domitian erneuert wurde. Kaiser Vespasian begründete im Rahmen seines Bauprogramms, zu dem das Templum Pacis gehörte, auch eine öffentliche Bibliothek, die noch im 4. Jahrhundert genannt wurde; um das Templum Pacis ließen sich viele Buchhändler nieder. Zu den großartigsten Bibliotheksgründungen Roms zählte der Bau der Bibliothek Kaiser Trajans durch Apollodoros von Damaskos im Bereich des Trajansforums. Zwei Hallen beherbergten eine „bibliotheca graeca" und eine „bibliotheca latina"; die noch im 5. Jahrhundert benützte Sammlung hieß „bibliotheca Ulpia" oder „bibliotheca divi Trajani" (bzw. „templi Trajani"). Durch die Beschreibung der Regionen Roms aus der Zeit Konstantins I. ist die Existenz von 28 Bibliotheken in Rom bezeugt. Die Verarmung Roms im 4. und 5. Jahrhundert sowie der Kulturverfall wirkte sich nachteilig auf die Bibliotheken aus. Es kam zu Schließungen von Bibliotheken. Der Schatz der alten Kultur wurde immer mehr von elitären Kreisen gehütet; Prachthandschriften der Klassiker aus der Spätantike zeugen noch heute von der Bemühung um die Bewahrung des Schrifttums. Die neu aufblühenden christlichen Bibliotheken waren durch die neue Religion geprägt; sie waren wohl hauptsächlich in den Kirchengebäuden untergebracht.

Inschriften und literarische Zeugnisse belegen die Existenz von *Bibliotheken im ganzen Römischen Reich*. So besuchte Aulus Gellius eine Bibliothek in Tivoli, wo er Werke von Quintus Claudius Quadrigarius und Aristoteles konsultierte. Plinius der Jüngere scheute keine Mittel, um in seiner Vaterstadt Como eine aufwendige Bibliothek einzurichten. Inschriften sprechen von Bibliotheken in Volsinii, Dertona und Suessa Aurunca; dies sind freilich nur sporadische Funde aus einem sicher größeren Bestand in Italien. Es darf wohl als sicher gelten, daß die größeren und wohlhabenderen Städte in den westlichen Provinzen auch Bibliotheken beherbergten. Manchmal gelingt es sogar durch Ausgrabungen, Bibliotheken nachzuweisen. So liegt ein glücklicher Fund für Afrika in Thamugadi (Timgad, Algerien) vor. Im wirtschaftlich und kulturell höherstehenden Osten ist bis in das 3. Jahrhundert das Mäzenatentum von Privatleuten bezeugt. In die Kaiserzeit fällt denn auch eine Anzahl von Bibliotheksgründungen neben der Errichtung von Tempeln, Gymnasien und Unterrichtsstätten. Philon von Alexandreia erwähnt eine Bibliothek im Sebasteion zu Alexandreia. Der Leibarzt von Kaiser Claudius, Gaius Stertinius Xenophon, gründete auf der Insel Kos eine Bibliothek „für Kaiser und das Volk". Ein Offizier von Kaiser Trajan, Lucius Flavius Aemilianus, wendete 170.000 Sesterzen für die Errichtung einer Bibliothek in Dyrrhachion (Albanien) auf. Der Rhetor Dion Chrysostomos baute in seiner Vaterstadt Prusa eine Bibliothek, in der er sogar ein Grabmal für seine Frau und seinen Sohn errichten ließ, worüber sich ein Rechtsstreit entspann. Der Schüler Dions, Favorinus von Arles, belegt eine Bibliothek in Korinth, wo eine Zeitlang sogar eine Statue des Redners aufgestellt war. Die Bibliothek des Pantainos in Athen wurde 102 gegründet. Beachtliche Gebäudereste sind in Athen noch von der Bibliothek des Kaisers Hadrian erhalten, die 132 nördlich der Akropolis begründet wurde.

Für das 2. Jahrhundert sind Stiftungen von Bibliotheken in griechischen Heiligtümern zu belegen; man denke an Delphi, an das Asklepiosheiligtum in Epidauros, an das Asklepieion von Pergamon. Auch die größtenteils noch erhaltene Celsusbibliothek in Ephesos wurde im 2. Jahrhundert begründet; Tiberius Julius Aquila Polemaeanus hat den Bau aus eigenen Mitteln zu Ehren seines Vaters Tiberius Julius Celsus Polemaeanus gestiftet; aus seinem Legat sollten Mittel für den Ankauf von Büchern verwendet werden. In den Zentren von Fachhochschulen müssen adäquate Bibliotheken existiert haben; man denke an die Rechtsschule von Berytos oder die Grammatikerschule in Tarsos. Auch das von Konstantin I. gegründete Konstantinopel verlangte nach Bibliotheken. Der Redner Themistios bezeugt ein staatliches Skriptorium in Konstantinopel unter Kaiser Constantius, in dem die in Privatbibliotheken verstreuten Werke der griechischen Literatur abgeschrieben werden sollten. Kaiser Julianus schenkte der Bibliothek Bücher und stiftete ein neues Gebäude. Kaiser Valens setzte 372 die Zahl der Kalligraphen fest: vier für das griechische und drei für das lateinische Schrifttum. Als die Bibliothek 473 abbrannte, soll sie 120.000 Bücher gezählt haben. Michael Glykas berichtet, daß die daraufhin neu begründete Bibliothek es nur mehr auf 36.500 Bände brachte, worunter auch bereits theologische Werke waren. Im Jahre 726 ging auch diese Bibliothek zugrunde.

Die Kulturgeschichte der Kaiserzeit kann nicht ohne die Behandlung des *Christentums* geschrieben werden. Aus der Bewegung charismatischer Wanderprediger, die von Jesus von Nazareth eingeleitet wurde, war eine Religion geworden, die nach mehr als drei Jahrhunderten zur Staatsreligion des Imperiums werden sollte. Die ersten vier Jahrhunderte der nachchristlichen Ära hatten der neuen Religion richtungweisende Entwicklungen gebracht. Sie hatte sich vom jüdischen Mutterboden abgelöst und verselbständigt; sie hatte im Kampf gegen Gnosis und Doketismus eine spiritualisierende Enthistorisierung der Person Jesu abgewehrt. Entscheidend wurde die Aufnahme griechisch-römischen Geistesgutes, sodaß sich die Religion trotz mannigfacher Verfolgungen im Reichsverband durchsetzen konnte. Griechische Philosophie und römisches Rechtsdenken gingen nicht spurlos am Christentum vorbei, sondern durchdrangen es in zunehmendem Maße. Die Verschmelzung von Christentum und antiker Kultur war seit dem 3. Jahrhundert irreversibel vorgezeichnet. Die Entscheidung Konstantins I., das Christentum anzuerkennen und systematisch zu fördern, brachte den Aufbruch zur universalen Religion. Das Römische Imperium wurde zum Bereich der Entfaltung einer Religion, deren Selbstverständnis als absolute Wahrheit bereits den Anspruch auf

Ausschließlichkeit in sich trug. Am Beginn des 4. Jahrhunderts stand die rechtliche Absicherung der Kirche durch Konstantin I. († 337); am Ende des 4. Jahrhunderts steht Theodosios I. († 395), der mit seinem Edikt von 380 das Reich auf die christliche Religion verpflichtete und 391/2 die heidnischen Kulte verbot. Damit war die Schwelle zur Reichsreligion und Staatskirche überschritten.

Konstantin I. hatte in der Überzeugung, im Christentum eine Stütze für die Einheit des Reiches zu finden, eine Grundlage für das enge Bündnis von Kirche und Staat geschaffen. Damit geriet freilich die Kirche unter die Bevormundung des Staates; der Staat wurde aber auch in die kirchlichen Angelegenheiten hineingezogen; Glaubenskämpfe hörten auf, eine bloße Angelegenheit der Kirche zu sein. Besonders der Osten ist auf dem Weg des engen Bündnisses der beiden Institutionen fortgeschritten; bereits seit den Tagen Konstantins entwickelte sich eine Ideologie, die auf den Versuch der Verwirklichung des Gottesreiches auf Erden in Gestalt des Römischen Reiches abzielte und Kirche und Staat als zwei Teile eines einzigen „corpus Christi politicum" ansah. Zu bedenken ist aber auch, daß es der Kirche durch ihre große Machtstellung in der spätantiken Gesellschaft möglich wurde, als Bindeglied die alte und die neue herankommende Zeit zu verbinden und antikes Erbe ins Mittelalter zu retten. Auf der Synthese christlichen Glaubensgutes und antiker Bildung bauten Ost und West im Mittelalter auf.

Als Konstantin I. die Kirche anerkannte und förderte, waren deren Prozesse der geistigen und organisatorischen Ausformung noch nicht abgeschlossen. Schon Konstantin mußte die bittere Erfahrung machen, daß die Kirche keineswegs ein monolithischer Block war. Die dogmatischen Auseinandersetzungen waren zur öffentlichen Angelegenheit von nachhaltiger Resonanz geworden. Im Mittelpunkt standen die Kämpfe um die Formulierung der Christologie und der trinitarischen Theologie. Das Problem spitzte sich auf die Vereinbarkeit des Monotheismus mit der im Taufbekenntnis bekannten Dreiheit göttlicher Personen zu. Der alexandrinische Presbyter Areios († 336) hatte in Anlehnung an ältere subordinatianische Theorien gelehrt, daß der Sohn als Logos und Schöpfungsmittler vom Vater geschaffen wurde und daher von diesem wesensverschieden sei. Die sich rasch verbreitende Lehre entzweite die Kirche des frühen 4. Jahrhunderts. Zur Lösung des Problems bediente sich Konstantin einer neuen und für alle Zeiten zukunftsweisenden Methode: er berief das erste ökumenische Konzil zu Nikaia (325) ein, das die Lehre des Areios verwarf und im Nizänischen Symbolum den Glaubenssatz von der Wesensgleichheit des Sohnes mit dem Vater formulierte. Der Streit wogte noch lange weiter; der Arianismus konnte im 4. Jahrhundert noch machtvoll ausgreifen. Doch die theologische Arbeit vieler Kirchenschriftsteller bot die Basis, daß nach langem Streit die Trinitätslehre zum Ende des 4. Jahrhunderts gefestigt und durch die Einbeziehung des Heiligen Geistes in die Wesensgleichheit abgerundet wurde: einer göttlichen Wesenheit standen drei Hypostasen (Personen) gegenüber. Theodosios I. führte die Entscheidung durch sein Glaubensedikt von 380 und die Synode von Konstantinopel 381 (die später als ökumenisches Konzil erachtet wurde) herbei. Das Symbolum Nicaeno-Constantinopolitanum fand ab dem 5. Jahrhundert als ökumenisches Credo seinen Platz in der Kirche. Die Reichskirche verstand sich nunmehr als Bekenntnisgemeinschaft.

Zu Ende des 4. Jahrhunderts hatten sich Kirche und Christentum als bestimmende Faktoren des geistigen und politischen Lebens durchgesetzt. Vom Heidentum hatten sie sich rechtlich und kultisch abgewendet, was freilich keinen bildungsgeschichtlichen Bruch bedeutete. Im 5. Jahrhundert kamen auch stärkere Tendenzen der Differenzierung von Ost und West zum Tragen. Der Osten schritt auf dem Wege der Verfestigung des konstantinisch-theodosianischen Systems der Reichskirche und der Sakralität des Kaisertums fort; im Westen bildete sich ein rechtlich-organisatorisch verfestigtes Kirchentum heraus, das durchaus der Autonomie fähig war. Der Aufstieg der Kirche von Konstantinopel sorgte für Spannungen; bereits 381 hatte der Bischof des „Neuen Rom“ einen Ehrenvorrang unmittelbar hinter dem Bischof des alten Rom erlangt; 451 wurde daraus ein Jurisdiktionsprimat, der sich vor die apostolischen Patriarchate von Alexandreia, Antiocheia und Jerusalem schob und Rom bald offen in die Schranken forderte.

Die Auseinandersetzung um die christologische Lehre fand im 5. Jahrhundert ihren Höhepunkt. In der Antiochenischen Theologenschule war die Menschwerdung als ein Innewohnen des Logos im Menschen Jesus aufgefaßt worden, die beide in einem längeren Prozeß zu einem „Prosopon“, zu einer Person zusammenwuchsen. Die Alexandrinische Schule betonte fast ausschließlich das Mysterium des göttlichen Logos und seiner innigen Verbindung mit dem Menschen in der „einzigen Natur des fleischgewordenen göttlichen Logos“, so daß der menschliche Aspekt letztlich episodenhaft in den Hintergrund treten mußte. Hinter den dogmatischen Kämpfen standen zugleich handfeste machtpolitische Rivalitäten der großen Kirchenzentren. Rom und Alexandreia trugen den Sieg davon, als die Lehre des Patriarchen Nestorios von Konstantinopel, die auf der Antiochenischen Schule basierte und die als dualistische Christologie gedeutet wurde, 431 auf dem Konzil von Ephesos verurteilt wurde. Der Nestorianismus entwickelte sich in der Folge zu einer christlichen Sonderkirche. Inzwischen wurde die mystisch-irrationale Christologie der Alexandriner im Monophysitismus übersteigert. Papst Leo I. entwickelte den Glaubenssatz von der einen Person Christi in zwei unvermischten und untrennbaren Naturen. Diese Lehre wurde auf dem Konzil von Chalkedon (451) als Dogma der hypostatischen Union formuliert. Mit diesem Konzil endete die Periode der großen schöpferischen Synoden, die das theologische Vermächtnis der Spätantike an Europa weitergaben.

Die monophysitische Kirche setzte sich indessen in Ägypten, Palästina und Syrien durch; damit lösten sich die östlichen Randprovinzen Roms aus der Geistesgemeinschaft mit der europäischen Geschichte. Die Kirchenpolitik von Ostrom blieb noch durch zwei Jahrhunderte durch Chalkedon und das

Verhältnis zum Monophysitismus belastet. Das Bemühen um den Ausgleich zwischen Chalkedonensischer Theologie und Monophysitismus rief die Bewegung des Neuchalkedonismus hervor, die besonders im 6. Jahrhundert aktiv war. Die Spannungen mit dem Westen auf Grund der östlichen Kirchenpolitik manifestierten sich im Akakianischen Schisma (484-519). Um 500 war die Differenzierung der Reichskirche in einen orientalisch-monophysitischen, einen griechisch-orthodoxen, einen römisch-lateinischen und einen romanisch-germanischen Bereich weitgehend vorangeschritten. Das Zeitalter Justinians I. (527-565 n. Chr.) brachte noch einmal intensive Beziehungen zwischen Ost und West, zumal der Kaiser mit Waffengewalt die Restauration des Imperiums im Westen anstrebte. Doch zugleich begann eine schärfere Verrechtlichung des Glaubens, eine Epoche der Niederschlagung geistiger Freiheit. Die Verurteilung des Origenismus und der Antiochenischen Theologie im „Dreikapitelstreit" und die Einberufung des 5. ökumenischen Konzils in Konstantinopel 553 waren Marksteine der justinianeischen Kirchenpolitik, die zum Scheitern verurteilt war und die Theologie in die Verarmung führte.

Das *Christentum* hat eine reiche *eigene Literatur* hervorgebracht. In Anknüpfung an die antike Briefliteratur entstanden die frühesten Erzeugnisse christlicher Literatur in Gestalt des Corpus Paulinum; auch die sogenannten Katholischen Briefe und viele spätere Briefe außerhalb des Kanons belegen die Bedeutung dieses Genos. Eine urchristliche Schöpfung war das Evangelium als theologische Deutung der Wirksamkeit Jesu. Auch die Apostelgeschichte und die Apokalyptik fanden Eingang in den Kanon des Neuen Testamentes, der erst im 4. Jahrhundert ausgebildet vorlag. Alle vier Genera des Kanons fanden reiche Nachahmung und Fortsetzung. Die Apologeten des 2. Jahrhunderts wendeten sich mit ihrer Verteidigung der jungen Religion bereits an die Außenwelt. Aus dem 2. und 3. Jahrhundert sind auch bereits Schriften aus dem Gemeindeleben überliefert. Das Aufkommen der Gnosis hatte eine antihäretische Literatur zur Folge. Im 3. Jahrhundert wurden die Bindungen des Christentums zur griechischen Philosophie enger. Männer wie Klemens von Alexandreia († vor 216/17) und Origenes († um 254) versuchten erste Synthesen zwischen Philosophie und christlichem Glaubensgut. Das 4. Jahrhundert brachte bereits zahlreiche große und wegweisende Gestalten hervor. Eusebios von Kaisareia († 339) ist als Vater der Kirchengeschichtsschreibung und Grundleger der christlichen Chronistik ebenso zu nennen wie als Kulturpolitiker der konstantinischen Wende und Inaugurator der byzantinischen Reichs- und Kirchenideologie. Die dogmengeschichtliche Bedeutung des Vorkämpfers des Nizänums, Athanasios von Alexandreia († 373), liegt in der Darstellung der kirchlichen Trinitätslehre; seine Biographie des Wüstenvaters Antonios leitete die hagiographische Literatur ein. Die drei kappadokischen Väter Basileios der Große, Gregor von Nazianz und Gregor von Nyssa führten den Höhepunkt der griechischen Patristik herbei und leisteten als „Jungnizäner" den entscheidenden Beitrag zur Überwindung der arianischen Krise. Zugleich ist ihnen die grundlegende kulturelle christlichantike Synthese zu danken. Basileios der Große († 379) trat als Organisator des griechischen Mönchtums, als Dogmatiker und Prediger hervor und setzte sich auch für die Lektüre der Klassiker ein. Gregor von Nyssa († 394) hinterließ ein reiches dogmatisches, exegetisches und mystisches Schrifttum. Gregor von Nazianz († um 390), christlicher Humanist im vollen Besitz antiker Bildung, gewann als Redner und Dichter weitreichende Bedeutung. Der mehr rational ausgerichteten Antiochenischen Schule gehörten Diodoros von Tarsos († vor 394) und Johannes Chrysostomos († 407) an. Letzterer war zugleich der bedeutendste Homiletiker der griechischen Kirche und wies der Exegese neue Wege. Dem Westen gelang erst um 400 mit Aurelius Augustinus ein Aufholen des geistigen Vorsprunges der östlichen Theologie. Die beherrschenden Figuren des 4. Jahrhunderts im Westen waren neben Augustinus noch Ambrosius und Hieronymus. Der gelehrte Hieronymus († 419/20) hat als Polyhistor und Philologe durch seine historiographischen und biblischen Werke der Kultur des Mittelalters entscheidende Impulse verliehen; seine Bibelversion, die Vulgata, setzte sich im Westen durch und lag dessen Liturgie und Literatur zugrunde. Die schöpferische Phase der Patristik ging im 5. Jahrhundert zu Ende. Die Sicherung, Interpretation und Erklärung des Erbes der frühen Väterzeit trat nun in den Vordergrund. Nur mehr wenige Denker erreichten den Rang der Väter des 4. Jahrhunderts. Von weitreichender Bedeutung für Ost und West wurden etwa die Schriften des um 500 wirkenden Pseudo-Dionysios Areiopagites, in denen noch einmal ein grandioser Versuch der Synthese platonischer und christlicher Gedanken gewagt wurde.

Das aufstrebende Christentum mußte auch ein *Buch- und Bibliothekswesen* aufbauen. In den antiken Bibliotheken fand es naturgemäß wirksame Vorbilder. Die einzelnen Kirchengemeinden besaßen sicherlich Handbibliotheken, die neben den biblischen Büchern wichtige Texte des kirchlichen Lebens umfaßt haben müssen. Paulinus von Nola hat nachweislich in der Felixbasilica seines kampanischen Bischofssitzes eine Bibliothek eingerichtet. Papst Hilarius (461-468) ließ neben dem Baptisterium der Lateranbasilika eine Doppelbibliothek (mit griechischer und lateinischer Abteilung) erbauen. Grabungen haben unter der heutigen Kapelle Sancta Sanctorum eine im 6. Jahrhundert erbaute Bibliothek freigelegt; darin fand sich sogar das Fragment eines Freskos mit der Darstellung des lesenden Augustinus. Papst Agapetus (535-536) ließ auf dem Mons Caelius bei der Kirche SS. Giovanni e Paolo eine Bibliothek errichten. Nachrichten belegen die Schöpfung einer Bibliothek durch Bischof Alexander in Jerusalem, die Eusebios von Kaisareia als Fundgrube nützte. Die Katechetenschule in Alexandreia muß gut mit Büchern ausgestattet gewesen sein. Als Origenes aus Alexandreia ausgeschlossen wurde, richtete er in Kaisareia in Palästina eine Lehr- und Forschungsanstalt ein, die ohne eine reiche Bibliothek nicht funktionsfähig war. Zu Ende des 4. Jahrhunderts hat in Kaisareia der Presbyter Pamphilos für die Vervollständigung und Katalogisierung der Bibliothek gewirkt. Isidor von Sevilla bezifferte den Umfang der Bibliothek zu dieser Zeit mit 30.000 Rollen. Noch

Taf. 1

Hieronymus bediente sich der Bibliothek in Kaisareia, insbesondere nach seiner Übersiedlung nach Bethlehem im Jahre 386. Konstantin I. ließ für die Kirchen von Konstantinopel fünfzig kostbare Bibelhandschriften in der Schreibschule von Kaisareia anfertigen.

Auch die Anfänge der Klosterbibliotheken gehen auf die Spätantike zurück. Cassiodorus führte im 6. Jahrhundert das Abschreiben von Handschriften antiker Autoren in das Mönchsleben ein und ermunterte die Mönche zur Sammlung wertvoller Handschriften und zur Übersetzung griechischer Werke. Die Intentionen Cassiodors kamen im Benediktinerorden zum Tragen, in dessen „ora et labora" auch die Kopierung von Handschriften einbezogen war. Damit hat das christliche Buch- und Bibliothekswesen eine entscheidende kulturpolitische Tat vollbracht, als es das Erbe der Antike in das Mittelalter gerettet hat.

Zweites Kapitel

Die Beschreibstoffe des Altertums

Im Verlauf der Geschichte der Menschheit wurden zahlreiche Möglichkeiten der Anbringung von Gedanken und Mitteilungen auf festen Materialien genutzt. Im Zeitalter der Vorstufen der Schrift konnten sogar materielle Dinge als „Gegenstandsschrift" Träger von Informationen sein. Auf Fels und Stein, Marmor und Holz, Baumrinde und Bast, auf Metallplatten, Tontafeln und Wachstafeln, auf Scherben, Leder und Leinen, Knochen und dickblättrigen Pflanzen konnten Zeichen eingeritzt, aufgemalt oder aufgeschrieben werden. In bestimmten Epochen und Kulturkreisen hatten bestimmte Überlieferungsträger eine kanonische Form gefunden; man denke an die Tontafeln der mesopotamischen Kulturen oder an die Handschriften auf Baumrinde und Palmblättern aus asiatischen Kulturen. Die Zahl der verwendeten Beschreibstoffe mußte sich verringern, als in Hochkulturen eine Verbindung zwischen dauerhaften und transportablen Materialien und der Schrift gefunden und kanonisiert wurde. So erlangten für die große Masse der schriftlichen Denkmäler der Antike, des Mittelalters und der Neuzeit drei Beschreibstoffe grundlegende Bedeutung: Papyrus, Pergament und Papier. Die beiden erstgenannten Schriftträger zählen zu den Überlieferungsträgern des griechischen und römischen Altertums. Gleichwohl gab es in jener Epoche auch sekundäre Schriftträger, die für das Buchwesen von Belang waren und die als Dokumente der Entwicklung der Schrift von Interesse sind, ja sogar, wie im Falle der Holz- und Wachstäfelchen, Einfluß auf die äußere Form des Buches nehmen konnten. So müssen für die Antike neben den epigraphischen Materialien Stein und Metall auch Holz- und Wachstafeln, Tonscherben, Leinen und Leder als sekundäre Schriftträger berücksichtigt werden.

Die antiken Schriftsteller wußten über die *Ursprünge des Schreibwesens* in ihren Ländern nicht gerade ausführlich zu berichten. Man wollte vom Gebrauch von Palmblättern und Baumbast wissen; der Bast der Linde wird ebenso wie das Beschreiben von Blättern erwähnt. Eine gewisse Stütze dieser Behauptungen liefert nicht nur die Parallele der indischen Palmblatthandschriften, sondern auch die Etymologie des griechischen und lateinischen Wortes für „Buch" - βίβλος (biblos) und liber -, das ursprünglich den Baumbast bezeichnete und später zur allgemeinen Benennung des Buches wurde. Freilich waren diese Frühstufen von Schriftlichkeit längst überwunden, als Autoren wie Marcus Terentius Varro († 27 v. Chr.) darüber schrieben. Wenn aus Rom über Leinwand berichtet wird, die als Schriftträger gedient hatte, dann handelte es sich um eine wenn auch marginale Sitte, die noch in die historische Zeit hineinreichte. Die längste erhaltene etruskische Inschrift, die „Agramer Mumienbinde", steht auf einem Leinwandstreifen. Der römische Historiker Titus Livius († 17 n. Chr.) berichtet unter Berufung auf seinen Gewährsmann, den Chronisten Licinius Macer, daß im Tempel der Moneta leinene Bücher gefunden worden seien, worunter behördliche Aufzeichnungen aus alter Zeit zu verstehen sind. Von der Lektüre eines Leinenbuches durch einen samnitischen Priester wie vom Fund eines Leinwandbuches durch Kaiser Augustus in einem verfallenen Jupitertempel wird gleichfalls berichtet. Ja sogar Kaiser Aurelian (270-275 n. Chr.) soll noch sein Tagebuch in Leinenbüchern führen haben lassen.

Handelt es sich hier um Nachrichten aus einer mehr oder minder fernen Vergangenheit, so stehen wir mit den Holz- und Wachstafeln auf sicherem historischen Boden. Bezeugt ist die Sitte, auf geweißten *Holztafeln* (λεύκωμα, leukoma, album) Gesetze und Staatsurkunden in Griechenland und Rom zu veröffentlichen. Die Gesetzestafeln Solons (ca. 640-560 v. Chr.), des griechischen Staatsmannes und ersten attischen Dichters, waren auf hölzernen Stäben drehbar angebracht oder aber auf hölzernen, pyramidenförmigen Holzpfeilern zu lesen. Das republikanische Rom kannte durch lange Zeit öffentlich ausgehängte Alba. Einfache Tafeln sind im Alltag geläufig gewesen; die Form der Tafel hat sogar die Antike überdauert und sich in Gestalt der Schiefertafel für den ersten Schulunterricht bis in das frühe 20. Jahrhundert gehalten. Die antiken Termini für die Holztafeln lauteten Pinax (πίναξ), Deltion (δελτίον), Pyxion (πυξίον) oder Tabula. Bei Ausgrabungen haben sich geweißte Holztäfelchen gefunden, auf denen sich dunkle Schrift gut abhob. So ist etwa eine Schulaufgabe in Gestalt einiger Homerverse auf einer solchen Tafel erhalten. Erwähnt sei die Sitte der Ägypter und Griechen, ihren Mumien kleine ungeweißte Holztäfelchen an einer Schnur um den Hals zu hängen, auf denen Name und Personaldaten des Verstorbenen sowie - im Fall eines Transportes - der Bestimmungshafen eingeritzt oder aufgeschrieben waren. Ungeweißte Holztafeln konnten sogar für die Überlieferung literarischer Texte bedeutsam werden, wie das in der Papyrussammlung der Österreichischen Nationalbibliothek in Wien verwahrte Täfelchen aus dem 5. Jahrhundert n. Chr. zeigt, das Fragmente der Dichtung „Hekale" des Kallimachos enthält. Prunkvollere Holztafeln konnten mit einer Stuckschicht überzogen sein, die das Schreiben und Abwaschen erleichterte. Reiche Leute konnten statt Holz kostbare Stoffe wie Elfenbein verwenden. Im römischen Militärlager zu Vindolanda in Britannien wurden in den siebziger Jahren dieses Jahrhunderts Hunderte von Tafeln aus Birken- und Erlenholz gefunden, die von den dort stationierten Militärs um 100 n. Chr. beschriftet worden waren. Dünne Täfelchen wurden für Briefe verwendet, die mit Tinte in zwei Kolumnen auf das Holz geschrieben wurden. Nach Fertigstellung der Niederschrift ritzte der Schreiber das Täfelchen in der Mitte ein und faltete es; außen stand die Adresse. Die Maße der Vindolandabriefe betrugen 16-20 cm x 6-9 cm. Notizbücher in Vindolanda wurden aus Leporelloalben von Holztäfelchen gebildet; die Täfelchen wurden parallel zur Schmalseite in einer Kolumne von oben nach unten beschriftet. Selbstredend wurden auch Wachstäfelchen in Vindolanda gefunden. Ähnliche Holzfunde aus Britannien, Dakien und der Schweiz belegen die Verwendung von Holz für schriftliche Aufzeichnungen in Gegenden, in die offenbar Papyrus seltener gelangte.

Wichtiger als die einfachen Holzbrettchen wurden *verbundene Tafeln*. Eine einfache Verbindung geschah dadurch, daß man an den Rändern der Tafeln Löcher bohrte und die Tafeln mittels einer durchgezogenen Schnur verband. Dauerhafter war die Verbindung der Tafeln durch Ringe, um die sie gedreht werden konnten. Zwei derart verbundene Tafeln nannte man ein Diptychon, drei verbundene Tafeln ein Triptychon, für mehrere Tafeln ist der Terminus Polyptychon geläufig. Die erste und letzte Seite diente zum Schutz; Abb. 2 alle übrigen Seiten konnten beschrieben werden. Die Schrift lief über die ganze Fläche der Seite, bei größeren Tafeln nur über die halbe Seite, sei es, daß ein freier Raum oder ein Holzrand die beiden Hälften der Seite in vertikaler Richtung trennte. Wichtige Tafeln, wie Testamente, Briefe, Tagebücher, konnten verschnürt und versiegelt werden. Schon Homer berichtet in seiner Ilias (VI,168f.) von König Proitos von Korinth, der seinen Gast Bellerophon mit einer gefalteten Tafel zu König Iobates nach Lykien sandte, worin die Tötung des Überbringers anbefohlen war. In hellenistischen Staaten konnte der König sein Encheiridion auf Tafeln einer Vertrauensperson anvertrauen. In den Häfen Latiums gab es Beamte, die „procuratores pugillationis", die auf Tafeln die Schiffe zu registrieren hatten.

Für die Verbindung von vielen Tafeln erwies sich die Form des Polyptychons nicht als adäquat; man mußte bei einer Zahl von sechs bis zehn und mehr Tafeln zu einem anderen System greifen. Aus Zeichnungen der „Notitia dignitatum", des vermutlich zu Anfang des 5. Jahrhunderts im Weströmischen Reich zusammengestellten staatlichen Handbuches der zivilen und militärischen Ämter des Imperium Romanum, erfahren wird, daß die einzelnen Tafeln seitlich miteinander verbunden wurden und dadurch eine Art von Leporelloalbum bildeten. Zum Anfassen hatten diese dicken Notizbücher einen Handgriff (ansa); sie hießen denn auch „codices ansati". Zum Verschluß diente ein Bügel oder ein Riemen. Wichtige Dokumente konnten durch aufgedrückte Siegel geschützt werden.

Eine äußerst praktische Erfindung war die *Wachstafel*; konnte doch darauf die Schrift schnell wieder getilgt werden und der Beschreibstoff beliebig oft verwendet werden. Das Innere der Tafel wurde vertieft; ringsum blieb der Rand zum Schutz der Schrift stehen. Die vertiefte, rechteckige Fläche wurde mit Wachs ausgefüllt, das meist schwarz gefärbt war, sodaß die mit dem Abb. 1 Griffel eingeritzte Schrift hell zutage trat. Die Schrift wurde mit einem spitzen Metall- oder Holzstift (stilus) eingeritzt; mit dem stumpfen Ende des Griffels konnte das Wachs wieder geglättet werden. Daher rührt die antike Bezeichnung „stilum vertere" (= den Griffel umdrehen) für „radieren". Wachstafeln dieser Art waren im antiken Alltag weit verbreitet; jedermann, der Notizen

Abb. 1: Schreibübung auf einer Wachstafel, 2. Jh. n. Chr.

machen wollte oder mußte, führte Tafeln mit sich; der Bogen spannt sich vom Politiker über den Schriftsteller und den Kaufmann bis zum Privatmann und Schüler. Wachstafeln sind nicht nur aus bildlichen Darstellungen der Antike bekannt, sondern durch Ausgrabungen und Funde in vielen Originalen erhalten. Schon hier sei auf die große buchgeschichtliche Bedeutung der Wachstafeln hingewiesen, die die Buchform des Codex vorwegnahmen und für dessen Entwicklung das Vorbild abgaben.

Selbst die Entwürfe literarischer Werke konnten auf Wachstafeln erfolgen. Schon die attische Tragödie gedenkt öfters der Holz- und Wachstafeln. Zumindest bis ins 5. Jahrhundert v. Chr., ehe sich der Papyrus immer mehr einbürgerte, konnte die Tafel für Vorarbeiten benützt werden. Vor allem im Schulunterricht war die Tafel heimisch. Neben Schreib- und Rechenübungen und stenographischen Aufzeichnungen lesen wir auf heute noch erhaltenen Wachstafeln auch literarische Texte, man denke an Beispiele wie die Fabeln des Äsop oder eine Elegie des Poseidippos. Für Rechnungen, Urkunden, für Gebete und Verwünschungsformeln dienten Wachstafeln in der gesamten griechisch-römischen Antike, ohne je ganz durch Papyrus verdrängt worden zu sein. Um bei versiegelten Wachstafeln den Inhalt erkennen zu lassen, mußte das Wichtigste auf der Außenseite notiert sein.

Die äußere Ausstattung der Tafeln war je nach Besitzer sehr verschieden; vom einfachen Holz bis zu Elfenbein und Edelmetall konnte sich der Bogen

Abb. 2: Ein Grundbesitzer überprüft die Abrechnungen seiner Pächter in einem Polyptychon. Grabrelief des 2./3. Jh.s n. Chr.

spannen. Der Luxus nahm in der Kaiserzeit zu, zumal sich die Sitte herausgebildet hatte, daß Konsuln und hohe Beamte bei ihrem Amtsantritt prächtige Elfenbeindiptycha zu verschenken pflegten.

Wachstafeln eigneten sich auch sehr für die Abfassung von Briefen. Der Empfänger konnte nach Lektüre des Briefes die Schrift glätten und die Antwort auf die Tafel schreiben. Ovid läßt den Liebenden sein Täfelchen an die Geliebte senden und hoffen, daß sie als Antwort nur das eine Wort „Komm" hineinschreibt. Kleine Täfelchen (tabellae, codicilli, pugillares) konnten als Billetts dienen, die durch einen Boten überbracht wurden, der auf derselben

Tafel die Antwort des Adressaten überbringen konnte. Belege dafür sind etwa bei Cicero (Ad familiares 6,9) und Seneca (epistula 56 ad Lucilium) zu finden. Köstlich ist die Elegie III,22 des Properz († 15 v. Chr.), in der er den Verlust seiner „tabellae" beklagt, die so oft zwischen ihm und seiner Geliebten hin und her gewandert waren; sie waren zwar einfach und schmucklos und durch den Gebrauch bereits ganz abgegriffen, doch von ihm sehr geschätzt; nun fürchtet der Dichter, daß ein geiziger Wucherer auf die von ihm gefundenen Täfelchen seine Rechnungen schreibt. Noch Augustinus († 430 n. Chr.) und Hilarius von Arles (5. Jh. n. Chr.) bezeugen die Sitte der Briefe auf Wachstäfelchen.

Wenn bei einigen gefundenen Täfelchen einst der Griffel durch die Wachsschicht durchgedrungen ist und das Holz geritzt hat, dann sind sogar Schriftzüge gerettet, die nach Zerstörung der Wachsschicht verlorengegangen wären. Es gab sogar Möglichkeiten der geheimen Botschaft; so hat etwa Demaratos vom persischen Hof den Spartanern eine geheime Nachricht senden wollen, indem er das Wachs einer Tafel auskratzte, das Holz mit der Botschaft des Königs beschrieb und darüber wieder Wachs strich.

Größere Funde von Wachstafeln stammen aus Goldbergwerken in Siebenbürgen, in Vöröspatak und in Nordafrika. Die „tabulae ceratae Assendelftianae" in der Bibliothek zu Leiden aus dem 3. Jahrhundert n. Chr. haben Fabeln des Babrius überliefert. Holztafeln im British Museum scheinen Verse zu enthalten, die einem Dichter ins Grab mitgegeben wurden. Lateinische Wachstafeln brachte auch das Archiv des Lucius Caecilius Jucundus in Pompeji zutage, die Urkunden der Jahre 15, 27 und 53-62 n. Chr. enthalten.

Wenn auch Stein und Metall in das Gebiet der Epigraphik fallen, so müssen doch auch *Metalltafeln* erwähnt werden, die in naher Verwandtschaft zu den Holz- und Wachstafeln stehen und für die Schriftgeschichte von Belang sind. Es handelt sich etwa um Bürgerschaftsdiplome römischer Veteranen, gewöhnlich „tabulae honestae missionis", richtiger aber Militärdiplome genannt. Sie sind auf je zwei Bronzetafeln geschrieben, die auf einer Längsseite durch Ringe verbunden waren; es waren Abschriften des Originals im Tempel des Augustus in Rom. Der authentische Text stand auf den inneren Seiten, auf den äußeren derselbe Text noch einmal mit den Namen der Zeugen. Durch zwei Löcher in der Mitte war ein Draht gezogen und um das Diplom gewickelt; in der Mitte der Rückseite war er mit Wachs bedeckt und von Zeugen besiegelt. Sollte gegen die äußere Schrift der Verdacht einer Fälschung erhoben werden, konnte durch Entsiegelung und Prüfung der inneren Schrift die Authentizität des Textes erkannt werden.

Auf dem weichen Metall Blei konnte man sogar mit einem Griffel schreiben. Pausanias (IX,31,4) berichtet davon, daß Hesiods Epos „Werke und Tage" am Helikon auf *Bleitafeln* aufbewahrt werde. Geritzte oder beschriebene Bleitafeln mit Zauberformeln und Verfluchungen haben sich erhalten. Formeln dieser Art sollten etwa gegen böse Geister schützen und konnten den Toten ins Grab mitgegeben werden. Auf anderen Tafeln fanden sich Verwünschungen und Zauberformeln gegen Lebende (tabulae defixionum). Aus

Dodona sind zahlreiche Bleitäfelchen mit Anfragen an das Orakel überliefert; auf der Rückseite konnte fallweise auch die Antwort stehen. Vor der allgemeinen Verwendung des Papyrus wurden auch Briefe des täglichen Lebens auf Blei geschrieben; Beispiele hierfür sind die Briefe eines Mnesiergos und eines Artikon. Montfaucon hat ein bleiernes Buch aus zwölf Blättern mit mystischen Figuren veröffentlicht. An der Via Appia in Rom fanden sich aufgerollte griechische Bleiplatten magischen Inhalts. Weitere Funde von Bleitäfelchen stammen aus Knidos und aus Zypern. Aus Capua stammt eine zusammengerollte oskische Bleitafel.

Von Seltenheitscharakter sind *goldene Täfelchen.* Sie konnten als Weihgeschenke verwendet werden. Plutarch (Quaestiones conviviales 5,2,10) erwähnt sogar ein goldenes Büchlein als Weihgeschenk einer Dichterin Aristomache im Schatz von Sikyon, nachdem die Dichterin an den Isthmien einen Preis errungen hatte. Erhalten sind etliche Goldplatten mit griechischer Schrift aus Ägypten und Unteritalien.

Tonscherben (Ostraka) dienten besonders in Ägypten für Zwecke kürzerer Mitteilungen des täglichen Bedarfes. So haben sich Quittungen und Bestätigungen für Geschäfte aller Art erhalten. Wo Geschirr zerbrach, stand der Beschreibstoff kostenlos zur Verfügung. Eine äsopische Fabel (Nr. 152) berichtet, daß Zeus dem Hermes den Befehl erteilt habe, die Sünden der Menschen auf Ostraka aufzuschreiben und in einer Truhe für das Gericht aufzubewahren. Diogenes Laertios (7,173-174) erzählt, daß der Stoiker Kleanthes († 233 v. Chr.) so arm gewesen sei, daß er sich keinen Papyrus leisten konnte und sich daher Notizen auf Scherben und Leder gemacht habe. Bekannt ist die athenische Sitte des Ostrakismos, bei dem auf Tonscherben die Namen jener Personen geschrieben wurden, die in die Verbannung geschickt werden sollten. Ostraka wurden ob ihrer Billigkeit auch in Schulen verwendet; daher haben sich durch Ausgrabungen sogar literarische Texte auf Scherben erhalten; wie z. B. vier Strophen einer Ode von Sappho oder einige Verse des Euripides.

Aufschriften sind in großer Zahl auch auf griechischen *Tonvasen* erhalten. Die Inschriften auf den oft prächtig bemalten Vasen geben nicht immer nur die Namen der dargestellten Personen an; der Maler konnte unter Umständen noch einige Worte hinzufügen, etwa zum Lobe eines geliebten Mädchens oder Knaben, oder gemütsvolle Ausrufe anfügen.

Im gesamten Orient war der Gebrauch von *Leder* als Beschreibstoff üblich gewesen. Die gereinigte und gegerbte Tierhaut wurde von Ägyptern, Assyrern und Juden benützt. Die Funde in den Höhlen von Qumran seit 1947 haben hebräische Lederrollen zutage gebracht. Der griechische Arzt Ktesias hat laut einem bei Diodoros (2,32,4) erhaltenen Bericht Informationen über die Niederschrift von chronikartigen Aufzeichnungen bei den Persern vermittelt; Ktesias, der lange Zeit am persischen Hof geweilt hatte, erzählt von „königlichen Häuten" (βασιλικαὶ διφθέραι), womit Leder als Beschreibstoff gemeint ist. In Kurdistan sind griechische Urkunden auf pergamentähnlichem Leder aus dem 1. Jahrhundert v. Chr. aufgetaucht. Von den Persern scheinen die ionischen Griechen und in weiterer Folge die übrigen Griechen das Leder als Beschreibstoff übernommen zu haben. Hesychios überliefert in seinem Lexikon aus dem 5. oder 6. Jahrhundert sogar, daß auf Zypern, wo seit alter Zeit auf Leder geschrieben worden war, der Schreiblehrer nach dem Leder, das er beschrieb oder beschreiben ließ, benannt wurde; so heißt eine Hesychglosse: διφθεράλοιφος· γραμματοδιδάσκαλος. Zwar verrät die klassische griechische Literatur ganz selten etwas über Beschreibstoffe; es ist aber doch bemerkenswert, wenn man zur Bezeichnung von etwas Uraltem zu sagen pflegte, es sei älter als die Tierhaut. Das Lexikon der Suda aus byzantinischer Zeit läßt unter dem Lemma „Zeus" den Zeus sich lange in die Häute vertiefen (ὁ Ζεὺς κατεῖδε χρόνιος εἰς τὰς διφθέρας). Götter greifen zur Tierhaut, zur Schreibtafel oder zur Tonscherbe, wenn sie schreibend eingeführt werden. Ein Euripidesfragment (Fr. 629 ed. Nauck) erwähnt „diphtherai" in Tempelarchiven, was auf alte Lederrollen bezogen werden könnte. Herodot (5,58) berichtet, daß die Tierhaut in Hellas von der Papyrusrolle verdrängt wurde; er weiß noch von der Tatsache, daß die Ionier Kleinasiens die Bücher „diphtherai", also Häute nannten, da sie vordem und auch in Zeiten der Not Schaf- oder Ziegenhäute als Beschreibstoff verwendeten. Man erkennt, daß die Tierhaut im Bewußtsein des Volkes als ein altehrwürdiges Schreib- und Buchmaterial erschien. Die Spartaner kannten übrigens eine geheime Nachrichtenübermittlung dadurch, daß sie Häute in lange Streifen zerschnitten, spiralenförmig um einen Stock wickelten, sie beschrieben und abgelöst dem Adressaten zusandten, der zur Entzifferung einen gleichartigen Stock besitzen mußte. Wenn Herodot an der oben angegebenen Stelle auch von Barbaren spricht, die auf Leder schrieben, dann ist auch an die Italiker zu denken, von denen überliefert wird, daß sie ihre Verträge auf Kuhhäute schrieben; das Leder stammte dabei von jenem Rind, das bei Abschluß des Vertrages geopfert wurde. Von derartigem alten Brauch rührt wohl noch unser Sprichwort „Das geht auf keine Kuhhaut" her.

Der wichtigste Beschreibstoff des Altertums war indes der *Papyrus*. Er stand konkurrenzlos durch viele Jahrhunderte an erster Stelle. Der Name „Papyrus" ist sicher ungriechisch. Das koptische Wort „papurro" bedeutet „das dem König Gehörige, das Königliche"; dadurch wird der Gedanke an die Produkte königlicher Fabriken ins Spiel gebracht, also die Idee eines Monopolbetriebes für die Herstellung des Beschreibstoffes.

Die *Papyruspflanze* (Cyperus papyrus L.) war im Altertum hauptsächlich in Ägypten zu finden, aber auch in Syrien und am Euphrat; spätere Vorkommen gab es am Blauen Nil in Äthiopien und in Sizilien. Die Pflanze war ein ausgesprochenes Sumpfgewächs, das in stehenden Gewässern und versumpfenden Flußarmen gedieh. Am reichlichsten wuchs sie im Nildelta. Ägyptische Reliefs zeigen uns schon seit den frühesten Zeiten des Reiches Bilder und Szenen, in denen Papyruspflanzen und Papyrussümpfe vorkommen. In der Papyrussäule fand sogar eine architektonische Nachahmung des Stengelbündels statt. Die Staude ragte mitunter mehrere Meter auf und war durch die büschelartigen Enden charakterisiert. Eine ausführliche Beschreibung der Papyrusstaude liefert Theophrastos († 287 v. Chr.), der bedeutendste Schüler des Aristoteles, in seiner „Pflanzenkunde“ (Historia plantarum); darin heißt es: „Der Papyrus wächst nicht in tiefem Wasser, sondern nur in etwa zwei Ellen (0,92 m) hohem Wasser, manchmal auch in seichterem. Die Dicke der Wurzel entspricht der Stärke der Handwurzel eines kräftigen Mannes, die Größe erreicht über zehn Ellen. Die Wurzel sprießt über dem Boden seitliche Wurzeln, die sie in den Schlamm hinabsenkt, sowohl dünne wie dicke; nach oben hin entsendet sie die dreikantigen Stengel, die eine Höhe von bis zu vier Ellen erreichen; sie besitzen schwaches Haar und gar keine Frucht; diese Stengel entsendet sie nach vielen Richtungen.“ Dann beschreibt Theophrast den vielfältigen Nutzen der Staude. Sehr poetisch klingt das Lob der Pflanze, das Gregorovius in seiner „Siciliana“ (Leipzig 1861, S. 273) gibt: „Die schöne Binse erhebt sich aus dem Wasser jungfräulich, graziös, schlank, in schönster Linie gebogen, etwa 15 Fuß hoch, dreikantig und glatt und von einem herrlich glänzenden Dunkelgrün. Aber auf der Spitze überkraust sie eine reiche volle Krone von zahllosen grünen Fasern, welche fein und feiner wie geknotete Fäden und gleich strömendem Haar lang herabhängen. Das Volk nennt die Büschel recht treffend La Perucca. Diese so zierliche Gestalt des seltsamsten Gewächses, der wahren Papiernymphe der Gelehrsamkeit, ist für uns vom cimmerischen Norden kommende Wanderer überraschend genug; ganz mythisch wird ihre Erscheinung, wenn diese Stauden als dichtes Gebüsch beisammenstehen, in malerischer Verwirrung durcheinander aufgeschossen, große und kleine, königlich ragende alte und ganz zarte junge Pflanzen, alle die phantastischen Kronenbündel träumerisch gesenkt und in der azurblauen Flut der Cyane sich spiegelnd.“

Der Papyrus wurde in Ägypten vielfachen Zwecken nutzbar gemacht. Man stellte Boote her, indem man die Stengel mit Stricken zusammenband. Man nutzte den Wurzelstock aus hartem Holz als Brennmaterial. Der untere Teil des Stengels konnte in rohem oder gekochtem Zustand als Nahrungsmittel verwendet werden. Papyrus war Rohstoff für die Anfertigung von Matten und Segeln, von Kleidern und Decken, sogar von Schiffstauen. Eine überregionale Bedeutung erlangte der Papyrus jedoch durch die Herstellung eines Beschreibstoffes aus dieser Sumpfpflanze.

Über die Arbeitsvorgänge bei der *Anfertigung des Beschreibstoffes* liegt ein Bericht in der „Naturalis historia“ des älteren Plinius (13,74-82) vor. Herodot hat hingegen bei der Erwähnung der Papyruspflanze (2,92,5f.) über ihre Verarbeitung kein Wort verloren. Stücke des entschälten Stengels, der aus porösem Mark bestand, wurden in feinste Längsstreifen zerschnitten. Die Streifen vom unteren Teil der Pflanze waren wohl an die drei bis vier Zentimeter breit, jene des oberen Teiles etwas schmäler. Möglicherweise wurden auch die Seitenränder etwas beschnitten, damit die einzelnen Streifen ohne Lücken dicht nebeneinander gelegt werden konnten. Im Rahmen eines Sortierverfahrens wurden jeweils gleichartige Streifen zusammengetan. Eine erste Schicht des künftigen Papyrusblattes wurde durch das enge Nebeneinanderlegen von Papyrusstreifen gebildet, die sich auch ein wenig überdeckten. Über diese Schicht wurde in gleicher Weise eine zweite Schicht aus Streifen im rechten Winkel darübergelegt. Diese beiden Schichten wurden sodann mit einem glatten Fauststein oder mit einem Holzhammer solange geklopft, bis sie sich unter dem Druck zu einem fest zusammenhängenden Blatt formten. Die kreuzweise Lage der Markstreifen trug wesentlich zur Festigung des Blattes bei; der eigene Saft der Pflanze genügte im wesentlichen als Klebstoff. Als Unterlage diente ein unter Nilwasser gesetztes Brett; das Wasser trug bei zur Auflösung des im Mark befindlichen klebefähigen Saftes. Nur zum Satinieren und sodann zur Verbindung der fertigen Blätter zu Rollen verwendete man einen Leim, der aus feinem Mehl, heißem Wasser und etwas Essig angefertigt wurde. Der Leim hatte übrigens nur dann seine volle Wirkung, wenn er einen Tag lang abgestanden war und seine Teile sich bereits durchdrungen hatten. Die genauen Vorschriften des Plinius zeigen an, wie wichtig die richtige Bereitung des Leims war. Photios berichtet noch im 9. Jahrhundert in seiner „Bibliotheke“ (cap. 80), daß die Athener dem Philtatios eine Statue zum Dank für eine Verbesserung der Bereitung oder Anwendung des Leims in der Papyrusherstellung gesetzt hätten.

War das Papyrusblatt gepreßt und an der Sonne getrocknet, wurde es noch einmal geglättet, da die natürlichen Pflanzenfasern auch nach dem ersten Preßvorgang noch etwas hervortraten. Wie vervollkommnet die Technik sein konnte, zeigen noch heute die ausgegrabenen Papyri; oft können die einzelnen Streifen nicht mehr isoliert erkannt werden; ihr Zusammenhalt hat sich über Jahrtausende trotz vieler Unbill der Zeit erhalten.

Da man für kürzere Texte unter Umständen mit einem Blatt auskommen wollte, wurden schon früh neben kleineren Blättern auch Einzelblätter größeren Ausmaßes angefertigt. Blattlängen von 60 bis 100 cm waren nicht unbekannt. Die natürliche Größe des Staudenstücks setzte selbstredend der Blattgröße Grenzen. Wo die Einzelblätter nicht mehr ausreichten - was bei literarischen Texten im Normalfall galt -, klebte man Blätter mit den Schmalseiten aneinander, um auf diese Weise längere Rollen herzustellen.

Im Altertum wurde das Papyrusblatt umso höher geschätzt, je dünner es war; es sollte aber zugleich auch dicht und sorgsam zusammengefügt sein; es sollte eine glatte Oberfläche und eine möglichst helle Farbe besitzen. So verlangte auch Plinius (Nat. hist. 13,78) vom fertigen Fabrikat besonders „tenuitas“ (Zartheit), „densitas“ (Dichte), „candor“ (helle Farbe) und „levor“ (Glätte). Die Bevorzugung der hellen Farbe ist aus dem Wunsche nach gut und deutlich erkennbarer Schrift zu verstehen. Die erhaltenen Papyri weichen allerdings in ihrer Farbe stark voneinander ab. Es gibt technisch einwandfreie Exemplare von dunkler, ja brauner Farbe neben zahllosen hellgelben und weißlichen Papyri. Mag Papyrus auch mit der Zeit nachdunkeln und mag Feuchtigkeit auch einen Einfluß auf die Haltbarkeit und Farbe gehabt haben, so gibt es doch so viele hell gefärbte Papyri, daß ein ursprünglicher Unterschied nicht zu leugnen sein wird, der auf entsprechende Herstellungsverfahren zurückzuführen sein wird.

Selbstverständlich gab es durch alle Jahrhunderte der Antike *Papyrussorten* von verschiedener Güte und Qualität. Plinius überliefert für das erste Jahrhundert der römischen Kaiserzeit sechs Güteklassen des Papyrus; er berichtet auch über einige ältere Klassifikationen des Beschreibstoffes. So soll in der Epoche vor Plinius die beste Qualität die „hieratica" gewesen sein, die in der Zeit des Kaisers Augustus die Bezeichnung „Augusta" erhielt. Möglicherweise ist diese Sorte identisch mit der „charta regia", von der Catull spricht und deren Qualität er rühmt. Es kann vermutet werden, daß der alte Name „hieratica" in der Zeit der Ptolemäer in „Königspapier" geändert und nach der Eroberung Ägyptens durch Octavian, dem späteren Kaiser Augustus, in „Augusta" umgetauft wurde. Die Benennung einer Papyrussorte nach dem Herrscher ist nicht ungewöhnlich. Der erste kaiserliche Statthalter in Ägypten, Cornelius Gallus, benannte denn auch eine Sorte des Beschreibstoffes nach seinem Namen als „Corneliana". Die nächste Qualität der Papyrussorten erhielt in augusteischer Zeit nach der Gattin des Kaisers die Bezeichnung „Livia". Die dritte Qualitätsstufe bekam den alten Terminus „hieratica". Die vierte Sorte hieß nach der Lage der Fabrik beim alexandrinischen Amphitheater „amphitheatricia". Nach den Lokalitäten der Produktion im Nildelta nannte man die fünfte Sorte „Saitica" und die sechste „Taeneotica". Die letztgenannte Sorte war eine grobe Ware, die nur mehr als Packpapier diente und wegen ihrer Verwendung im Handel auch „emporitica" (= Kaufmannspapier) genannt wurde. Das Alter dieser Klassifikation ist nicht mehr bekannt; immerhin gehören die Termini der alexandrinischen und nicht der römischen Tradition an, sodaß der Status quo in der augusteischen Zeit wohl auf einer schon länger feststehenden Differenzierung der Sorten beruhte.

In der römischen Kaiserzeit gab es gewisse Neuerungen. So spezialisierte sich die Fabrik eines Fannius auf die Sorte der „amphitheatricia" und verbesserte deren Qualität; das Produkt genoß unter der Bezeichnung „Fannia" Wertschätzung. In der Epoche des Kaisers Claudius verstärkte man die allzu feine „Augusta"; die neue „Claudia" rückte damit an den ersten Platz. Aus Nachrichten dieser Art ist zu entnehmen, daß es doch zwischen den einzelnen Papyrussorten merkbare technische Abweichungen gab; zum anderen geht daraus hervor, daß die Produktion für den internationalen Bedarf immer noch in Ägypten angesiedelt war; in Rom bezog man fertige Ware und brachte an ihr einzelne Verbesserungen an, für die natürlich ebenfalls technische Kenntnis nötig war. Für die „Kleber" in solchen römischen Fabriken sind die Berufsbezeichnungen „glutinatores" und „glutinarii" überliefert.

Für die *Beschriftung* der Blätter kam in erster Linie jene Seite in Frage, auf der die Fasern des Marks horizontal verliefen; diese Seite wird daher als Rectoseite bezeichnet, die Außenseite mit den vertikal verlaufenden Fasern hingegen als Versoseite. Die Rectoseite lag im Inneren der Rolle. In der Regel sind die Blätter nur auf der Rectoseite beschrieben; opisthograph beschriebene Blätter sind meist spätere Beschriftungen. Ulrich Wilcken und Hugo Ibscher haben nach der Untersuchung tausender Papyri diesen Grundsatz formuliert. Bei genauerem Hinsehen gilt diese Beobachtung aber nur für die Zeit von etwa 250 v. Chr. bis um 400 n. Chr. Beobachtungen bei ägyptischen und koptischen Papyri zeigen, daß die Schrift ursprünglich im rechten Winkel die Fasern der oberen Schicht der Papyri schneidet; dabei ist aber die Schrift mit breiter Binse geschrieben, die auf der Fläche der Fasern weniger Widerstand fand als ein spitzer Kalamos. Das von Wilcken formulierte Gesetz über Recto und Verso hat für die paläographische Chronologie große Bedeutung; denn bei einem zweiseitig beschriebenen Papyrus wird damit ein sicheres Kriterium gewonnen, welche Schrift früher und welche später zu datieren ist. Freilich gibt es Ausnahmen von der Regel. Wenn die Texte der „Athenaion Politeia" des Aristoteles auf den Versoseiten eines Papyrus geschrieben sind, während die Rectoseiten nur teilweise mit Notizen zum Jahr 78-79 n. Chr. bedeckt sind, handelt es sich offenbar um eine opisthographe sekundäre Beschriftung der Rolle, die aus Gründen der Einheitlichkeit auf die Nutzung der leeren Teile der Rectoseiten verzichtete. Die Unterschiede zwischen Buchhändlerexemplar und Privatabschrift dürften allerdings nicht so hoch bewertet werden, wie dies gelegentlich in der Forschung vertreten worden war. Schubart dürfte im Recht sein, wenn er keine sichere Grundlage für eine derartige Unterscheidung erblicken kann, zumal sich der Buchhandel nicht nur auf kalligraphisch und nur einseitig beschriebene Rollen beschränkt hatte. Es gibt viele Beispiele, daß die Versoseite allein oder zuerst beschrieben wurde. Griechische Urkunden des 4. und 3. Jahrhunderts v. Chr. sind hier als Belege heranziehbar. Es bleibt aber die Beobachtung, daß die bedeutsame Epoche der Überlieferung der antiken Literatur von 250 v. Chr. bis etwa 400 n. Chr. dem Wilckenschen Gesetz vom Verhältnis von Recto- und Versoseite folgt. In byzantinischer Zeit herrschte wieder größere Regellosigkeit; beim Gebrauch von Einzelblättern und der Herstellung von Codices verlor das obengenannte Gesetz seine Gültigkeit.

Da die Papyrusrolle als ein Hieroglyphenzeichen bereits im Ägypten des 4. Jahrtausends erscheint, muß die *Verwendung dieses Beschreibstoffes* in diese Epoche zurückreichen. Die ältesten beschrifteten Papyrusstücke stammen aus dem 3. Jahrtausend v. Chr., Reste von Papyrusrollen reichen in das 2. Jahrtausend v. Chr. zurück. Die frühesten Papyruscodices können hingegen erst in das 1. Jahrhundert n. Chr. datiert werden. *Erzeugerland des Papyrus* war durch 3000 Jahre ziemlich ausschließlich Ägypten. Der ungeheure Bedarf verlangte auch künstliche Pflanzungen. Nicht nur Ägypten, sondern in der Folge auch der vorderasiatische, griechische, römische und abendländische Markt wurden vom Land am Nil versorgt. Eine staatliche Aufsicht über die Papyruserzeugung mag früh bestanden haben; möglicherweise entwickelte sich in ptolemäischer Zeit ein Staatsmonopol, das auch in der römischen Kaiserzeit und der frühbyzantinischen Epoche bestand und im 7. Jahrhundert von den arabischen Eroberern übernommen wurde. Papyruspflanzungen sind

Tafel 5: „Wiener Dioskurides", Konstantinopel, um 512 n. Chr. Widmungsbild mit Prinzessin Juliana Anikia und den Personifikationen der Hochherzigkeit und der Einsicht

Tafel 6: „Wiener Dioskurides", Konstantinopel, um 512 n. Chr. Asphodelos, Affodill

Tafel 7: Pseudo-Apuleius, Herbarium. Pflanzenbild der Herba Isatis

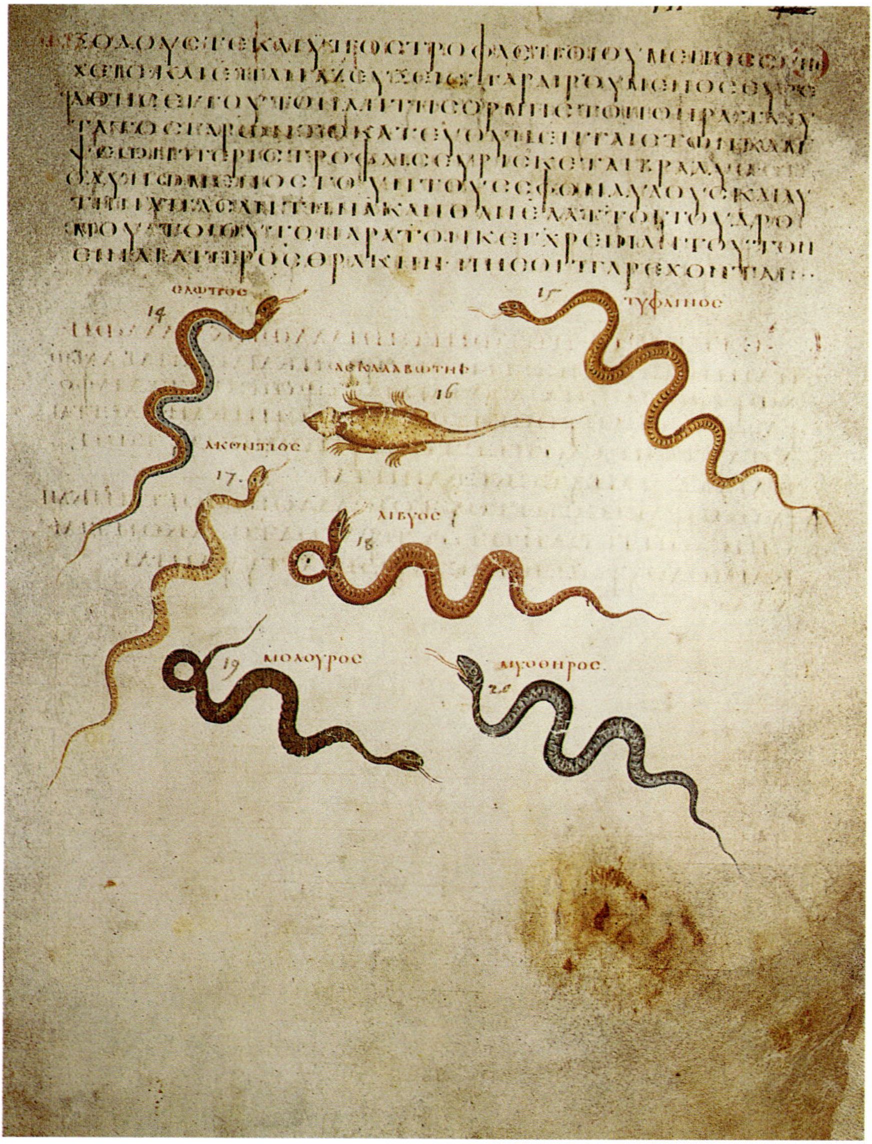

Tafel 8: „Wiener Dioskurides", Konstantinopel, um 512 n. Chr. Textseite aus der Paraphrase des Euteknios zu den „Theriaka" des Nikandros von Kolophon mit der Darstellung giftiger Reptilien

auch in Sizilien bezeugt; es ist aber fraglich, ob diese bereits in die späte Kaiserzeit zu datieren sind und damit als Rohstoff der ravennatischen Papyri gelten können. Für das 10. Jahrhundert ist um Palermo unter arabischer Herrschaft Papyruserzeugung bekannt, ebenso bis ins 13. Jahrhundert unter normannischer Herrschaft. In byzantinischer Zeit standen die Papyrusfabriken unter der Verwaltung des Comes sacrarum largitionum; sein Name stand ähnlich wie ein Fabriksstempel auf dem Protokoll, dem ersten Blatt einer Rolle. Justinian I. (527-565) erließ sogar ein Edikt, daß eine Urkunde nur gültig sein solle, wenn sie auf dem Protokoll mit dem Namen des Comes sacrarum largitionum beschrieben sei.

In den Papyrusfabriken wurden vor allem Ballen produziert. Man klebte eine größere Anzahl von Blättern aneinander, wobei die Breite der Deckungsfläche zweier Blätter etwa ein bis zwei Zentimeter betrug. Die Verdickung über der Deckungsfläche ist aufgrund der sorgfältigen Bearbeitung kaum bemerkbar; sie behinderte auch den Schreiber nicht, der sich daher durchaus nicht nach den Grenzen der einzelnen Blätter richten mußte, sondern über die Klebung hinwegschreiben konnte. Aus den Ballen konnten durch Querschnitte und Längsschnitte einzelne Blätter ohne Rücksicht auf Klebungen geschnitten werden. Durch Längsschnitte konnten aus den Ballen Rollen herausgeholt werden. Theoretisch konnte eine beliebige Anzahl von Blättern aneinandergereiht werden; doch sicher gab es Grenzen der praktischen Brauchbarkeit. Aus Plinius wurde entnommen, daß man nicht mehr als zwanzig Blätter aneinanderklebte; allerdings zeigen die erhaltenen Rollen, daß dieses Maß sehr wohl überschritten werden konnte. Die von Plinius genannte Zahl mag vielleicht ein Fabriksmaß bedeutet haben; vielleicht berechneten die Fabriken den Ballen nach Einheiten zu zwanzig Blättern. Plinius berichtet auch über die Breite der Papyrussorten, die bei den besten Sorten dreizehn Finger betrug und die bei „emporitica“ auf sechs Finger herabsank. Die erhaltenen Papyrusblätter zeigen indes große Unterschiede in der Breite, die auch nicht mit den von Plinius überlieferten Maßen im Einklang stehen. Plinius kannte wohl die in Rom auf den Markt kommenden Sorten; in Ägypten wird es aber wohl auch lokale Fabriken gegeben haben, die für den Inlandsbedarf arbeiteten und auch andere Formate als die der Exportsorten verkauften. Für die literarischen Rollen bildete eine Breite von 20 bis 25 cm einen Durchschnittswert.

Der Papyrus fand in der Antike eine umfassende Verwendung sowohl für literarische wie für urkundliche, juristische und private Zwecke. Erst ab dem 4. Jahrhundert n. Chr. wurde die Monopolstellung des Papyrus durch die Konkurrenz des Pergaments in Frage gestellt. Dennoch wurde Papyrus noch neben dem voranstrebenden Pergament durch Jahrhunderte, wenn auch in abnehmendem Maße, verwendet. Pergament setzte sich, in Verbindung mit der Buchform des Codex, vor allem als Überlieferungsträger literarischer Texte immer mehr durch, während sich Papyrus auf die Verwendung als Beschreibstoff für Urkunden und Briefe in Ost und West zurückzog. Dies gilt nicht nur für die frühbyzantinische Kaiserkanzlei; aus dem lateinischen Kulturkreis sind seit dem Ende des 5. Jahrhunderts neben einigen wissenschaftlichen, juristischen und christlichen Papyri und Urkunden der Staats- und Militärverwaltung Urkunden der germanischen Reiche der Völkerwanderungszeit zu nennen. Man denke insbesondere an Urkunden von Odoaker - z. B. die berühmte Charta Pieria, eine Schenkungsurkunde in Wien und Neapel - oder an Urkunden der ostgotischen und langobardischen Könige. Belegt sind Papyrusurkunden der merowingischen Könige aus der Zeit von 625 bis ca. 673, der Päpste bis ins 11. Jahrhundert, der Erzbischöfe von Ravenna bis in die Mitte des 9. Jahrhunderts, der Erzbischöfe von Mailand bis in die Mitte des 8. Jahrhunderts. Zu nennen sind auch spätkarolingische Kaiser- und Königsurkunden des 9. und 10. Jahrhunderts, Privaturkunden auf Papyrus, u. a. auch Gesta municipalia, aus Italien - insbesondere aus Ravenna - bis ins 9. und 10. Jahrhundert, aus Rom bis in die zweite Hälfte des 10. Jahrhunderts, aus Neapel bis ans Ende des 11. Jahrhunderts. Privaturkunden auf Papyrus sind aus dem Frankenreich bis ins 8. Jahrhundert und aus Spanien bis in die zweite Hälfte des 10. Jahrhunderts belegt. In Sizilien wurde Papyrus als Beschreibstoff wohl noch bis zu Ende des 11. Jahrhunderts verwendet.

Es kann als sicher angenommen werden, daß bei der Fülle der billig zur Verfügung stehenden Arbeitskräfte die *Herstellungskosten des Papyrus* nicht sehr hoch gewesen sein konnten. Wenn der Verkauf ein staatliches Monopol war, richtete er sich wohl nach festgesetzten Tarifen. Einen gewissen Preis mußte der Beschreibstoff indes doch gehabt haben; sonst hätte man wohl nicht jede Art von Tonscherben zum Schreiben benützt, etwa für Quittungen und Notizen aller Art; auch hätte man wohl nicht die Versoseite von Papyri benützt oder gar entwertete Schrift getilgt, um den Papyrus bis aufs letzte zu nutzen; auch ist zu bedenken, daß Mumienkartonagen aus Makulatur und nicht aus unbeschriebenem Material hergestellt wurden. Allerdings sind uns nur dürftige Nachrichten über Preise des Papyrus überliefert; sie zeigen aber dennoch, wie sehr die Bedingungen des Exports von den jeweiligen politischen Verhältnissen bestimmt waren. Für Griechenland sind Inschriften aus Athen, Epidauros und Delos (seit 407 v. Chr.) auswertbar; man zahlte danach für ein Blatt zwischen einer und zwei Drachmen. In Epidauros wird zum Jahre 267 v. Chr. sogar ein Blattpreis von zehn Drachmen genannt, was vielleicht auf eine Vorzugssorte bezogen werden kann; denn daneben steht auch ein Preis von einer Drachme und drei Obolen. Für die Periode zwischen 322 und 296 v. Chr. sank der Blattpreis unter eine Drachme.

Die Einkünfte der Papyrusbetriebe ließen sich je nach politischen und wirtschaftlichen Verhältnissen regulieren. Ein Monopol konnte unter Umständen auch ein Druckmittel sein, wenn es um erschwerten oder gar untersagten Export von Papyrus ging; die Importländer und damit das Heer der Schreiber und Autoren hing ja vom Produzenten ab. Vor dem Hintergrund derartiger Praktiken mag die von Plinius überlieferte Nachricht zu verstehen sein, daß die Einführung des Pergaments in Pergamon unter Eumenes II. (197-159 v. Chr.) eine Folge der Sperre der Papyrusausfuhr durch die Ptolemäer gewesen wäre. Strabon von Amaseia († 19 n. Chr.) berichtet sogar von Praktiken von Pächtern der Papyruskulturen am Nil, die durch verringerten Anbau Preise künstlich in die Höhe getrieben hätten. Es stellt sich allerdings die Frage, ob diese Nachricht verallgemeinert werden darf oder auf Ausnahmen Bezug nimmt. Aber auch Plinius (Nat. hist. 13,13,89) berichtet von einer Knappheit und Verteuerung des Papyrus unter Kaiser Tiberius (14-23 n. Chr.).

Wenn auch das aus Papyrus hergestellte Schreibmaterial eine gewisse Dauerhaftigkeit aufwies, konnte eine immer wieder benützte Papyrusrolle doch nur eine begrenzte *Lebensdauer* besitzen. Aus Bemerkungen antiker Schriftsteller geht hervor, daß ein Alter von 200 bis 300 Jahren für eine Papyrusrolle bereits als sehr hoch angesehen wurde. Aus Akten klingen uns immer wieder Klagen über beschädigte Rollen und über die geringe Haltbarkeit des Papyrus entgegen. Der ständige Gebrauch zerstörte zunächst die Ränder der Rolle. Der Bücherwurm zerfraß gerne das pflanzliche Produkt. Als Behelf gegen diese beiden Arten des Verfalls diente die Tränkung des Papyrus mit Zedernöl und die Verstärkung der Rolle durch untergeklebte Streifen. Ein schlimmer Feind des Papyrus war auch die Feuchtigkeit. Sie war es ja auch, die außerhalb Ägyptens die Reste der Papyrusrollen vernichtet hat. Nur die Verschüttung einer Privatbibliothek in Herculaneum durch den Ausbruch des Vesuv im Jahre 79 n. Chr. hat in Europa wertvolle Papyrusrollen erhalten. Ansonsten ist es dem trockenen Wüstensand Ägyptens zu verdanken, daß eine übergroße Anzahl von Papyri erhalten geblieben ist, wenn auch meist in verstümmeltem Zustand. Briefe und Urkunden wurden rasch zur Makulatur und wurden auf die Müllhaufen geworfen; Papyri konnten in den Häusern zurückbleiben, wenn die Bewohner sie verließen, weil der Ackerbau verfiel und die Bewässerung versagte. Der vordringende Wüstensand deckte alles zu, und damit bewahrte er auch die Papyri bis in die Gegenwart. Die Verarbeitung von Papyrusmakulatur zu Mumienhüllen hat gleichfalls interessantes Material erhalten. Etwa seit dem 3. Jahrhundert v. Chr. bis hinein in die römische Kaiserzeit verkleidete man Mumien mit einer Pappe aus nutzlos gewordenen Papyrusblättern; die Außenseite wurde mit Stuck überzogen und bemalt. Diese der Körperform des Verstorbenen angepaßte Papyruskartonage hat teilweise sogar umfängliche Texte erhalten; sie waren in der Regel an die 50 bis 100 Jahre älter als die Zeit ihrer Verarbeitung für die Mumienhülle. Sogar der Sieg des Codex über die Rolle ab dem 4. Jahrhundert n. Chr. hat für die Erhaltung literarischer Texte auf Papyrus eine gewisse Rolle gespielt; denn als die neue Buchform die Rolle verdrängte, wurden die älteren Papyrusrollen entwertet, wurden Makulatur und daher weggeworfen; auf den Schutthaufen der ägyptischen Ortschaften überdauerten sie, anstatt in den Häusern ihrer einstigen Besitzer allmählich zerstört zu werden. Die Beigabe von Rollen in die Gräber von Toten war ein weiterer günstiger Faktor für die Überlieferung dieser Schriftträger.

Die Papyri stellen für die *Kenntnis der griechischen und römischen Literatur* einen großen Gewinn dar. Da die - wenn auch meist fragmentarisch Abb. 3 überlieferten - literarischen Papyri viel ältere Textzeugen als die erhaltenen Handschriften darstellen, kann die Textgeschichte der jeweiligen Autoren viel weiter zurückverfolgt werden. In den Papyri tritt uns die Arbeit der antiken Philologen vielfach klarer vor Augen. Ferner sind viele Dutzende literarischer Papyri Zeugen von Texten, die im Verlauf der Zeit verlorengegangen sind und daher nur durch die Papyri wieder teilweise oder im Glücksfall ganz bekannt wurden. Den größten Gewinn zieht die griechische Papyrologie aus den erhaltenen Quellen; enthalten doch die griechischen Papyri das gesamte Spektrum der epischen, lyrischen, dramatischen und epigrammatischen Dichtung, der Rhetorik und Belletristik, der Fachprosa und der wissenschaftlichen Literatur, aber auch der religiösen Literatur der Antike. Es fehlt auch nicht an lateinischen Texten, die in Papyri überliefert sind; so sind Fragmente von Babrius, Cicero, Ennius, Fenestella, Josephus (in lateinischer Rezension), Juvenal, Livius, Lucanus, Sallust, Seneca, Pompeius Trogus, Vergil, Gaius, Papinianus, Paulus, Ulpianus, vom Codex Theodosianus und Codex Justinianus sowie zahlreiche Adespota bekannt geworden; die erhaltenen Reste beschränken sich also im wesentlichen auf bekannte Klassiker und die Rechtsliteratur. Durch die Masse der auf uns gekommenen Archivalien und Briefe gewinnen wir einen tiefen Einblick in das soziale, wirtschaftliche und private Leben der Antike. Alle Arten von Urkunden, Briefe offizieller und privater Natur, Beschwerden und Eingaben, Akten der Behörden und Dienststellen, Protokolle von Sitzungen der Gemeinderäte, Rechnungen, Quittungen, Listen von Bank- und Steuerbeamten, Grundbuchseintragungen, Kauf-, Pacht- und Heiratsverträge, Testamente, Geburts- und Todesanzeigen auf Papyrus haben die Jahrhunderte überlebt.

Aus dem Gebiet der griechischen literarischen Papyri seien einige Anmerkungen zu wichtigen Textfunden gemacht. Unzählige Fragmente der Ilias und der Odyssee *Homers* beweisen die weite Verbreitung der Epen, die am Beginn der europäischen Literatur stehen; die erhaltenen Fragmente reichen in die ptolemäische Zeit zurück und geben auch Auskunft über die Arbeit der alexandrinischen Philologen am Homertext; geht ja doch der heutige Text der Epen auf die wissenschaftlichen Ausgaben der Alexandriner zurück. *Hesiods* „Theogonie", die erste systematische Zusammenfassung des griechischen Götterglaubens, und die „Werke und Tage" mit Vorschriften für die Arbeiten des Bauern in der Reihenfolge der Jahreszeiten sind auch durch viele Papyri aus der römischen Kaiserzeit dokumentiert; für die „Theogonie" bieten die Papyri an vielen Stellen Lesungen, die den Text des Archetypus der Handschriften berichtigen helfen. Mit seinen „Eidyllia" war *Theokrit von Syrakus* (3. Jh. v. Chr.) der Begründer der griechischen Hirtenpoesie. Ein wichtiger Papyrusfund aus Antinoë in Ägypten etwa aus dem Jahre 500 bezeugt eine Rezension, die dem Archetypus der Handschriften ganz nahe steht; wahrscheinlich ist die Vorlage des Papyrus zugleich Vorlage des Archetypus der

Codices, von denen der wichtigste, der Ambrosianus 886 (C. 222 inf.) in Mailand, erst aus dem 13. Jahrhundert stammt!

Apollonios von Rhodos schrieb im 3. Jahrhundert v. Chr. mit seinen „Argonautika" das einzige erhaltene griechische Großepos zwischen Homer und Nonnos. Die wenigen von den Humanisten Italiens im 15. Jahrhundert geretteten Handschriften stammen aus dem 11. bis 13. Jahrhundert; sie gehören drei Textklassen an, in die sich die unmittelbaren Abschriften des Archetypus aufgespalten hatten. Die aus dem ersten bis fünften Jahrhundert gefundenen Papyri zeigen indes, daß sich die ehemals einheitliche Tradition der Antike erst im Mittelalter aufgespalten hat.

Zu den bedeutendsten Dichtern der hellenistischen Zeit zählt *Kallimachos von Kyrene* († ca. 240 v. Chr.), der auch als Bibliothekar und Philologe in der königlichen Bibliothek zu Alexandreia tätig war. Von seinem dichterischen Werk sind nur zwei Bücher erhalten, die sechs Hymnen und die 63 Epigramme; diese Werke sind erhalten, weil sie ein unbekannter Sammler mit den homerischen Hymnen, mit jenen des Orpheus, den orphischen Argonautika und den Hymnen des Proklos zu einem Corpus vereinigt hatte. Von allen Hymnen des Kallimachos außer dem fünften sind Reste auf Papyri auf uns gekommen; sie zeigen, daß die handschriftliche Tradition, die in vier Klassen mit Codices hauptsächlich aus dem 15. Jahrhundert aufgespalten ist, stark gelitten hat; sie bieten mithin Möglichkeiten der Korrektur des Textes an. Doch gerade für Kallimachos haben die Papyrusfunde eine Erweiterung unseres Wissens um die Dichtungen des Autors gebracht. So war das Hauptwerk des Dichters, die „Aitia", verloren; nun haben glückliche Funde wesentliche Züge dieser Dichtung wieder erkennbar gemacht; denn 37 Papyri vom 1. Jahrhundert v. Chr. bis zum 6./7. Jahrhundert n. Chr. haben Texte von Kallimachos überliefert, von denen ein bedeutender Anteil auf die „Aitia" entfällt. Der Prolog der „Aitia" läßt in die literarische Kontroverse des 3. Jahrhunderts Einblick nehmen, als der Streit um die Vorzüge des Großepos oder des Kleinepos ging. Kallimachos rechnet im Prolog mit seinen Gegnern ab, die er als böse Kobolde, als Telchinen darstellt, die ihn schmähen, weil er es nicht verstehe, die Taten der Heroen und Könige in einem Epos mit tausenden Versen darzustellen; Kallimachos aber preist das feine, kleine Gedicht. Die „Aitia" (= Ursachen) waren in vier Bücher gegliedert; sie waren ein Kollektivgedicht, in das eine Fülle kurzer Erzählungen in elegischem Versmaß eingebaut war. Das Werk hat seinen Namen „Ursachen" davon, daß die Erzählungen Ursachen und Anlässe von Festen, Bräuchen, Stiftungen und Benennungen angeben. Da das Werk des Kallimachos fleißig kommentiert wurde, besitzen wir neben den Fragmenten des Originaltextes auch zahlreiche Papyri von Kommentaren zu den „Aitia". Ein vielleicht ursprünglich selbständiges Gedicht des Kallimachos, das erst später mit dem vierten Buch der „Aitia" verbunden wurde, war die „Locke der Berenike", gedichtet um 246/7 v. Chr. Berenike, die Gattin des Königs Ptolemaios III. Euergetes, hatte für die glückliche Heimkehr des Gatten aus dem Krieg in Syrien die Weihung ihrer Locke gelobt. Das im Tempel niedergelegte kostbare Haar aber verschwand; da „entdeckte“ es der Hofastronom Konon als Sternbild am Himmel. Selbst diese höfische Poesie des Kallimachos ist voller Geschmack; und das Sternbild ist noch heute bekannt, wie es uns das erhaltene Papyrusfragment schildert! Aus den Papyrusfunden wird uns eine Gesamtausgabe der Dichtungen des Kallimachos erkennbar. So sind uns denn auch in weiterer Folge Fragmente der „Iamboi“ des Dichters überkommen. In verschiedenen Versmaßen bietet sich ein bunter Inhalt dar, den wir nun einigermaßen überblicken können: Mahngedichte, Streitgedichte, lyrische Gedichte, Festgedichte, Gebete ziehen in bunter Reihenfolge an uns vorbei. Das letzte große Geschenk, das uns Papyri des Kallimachos gebracht haben, sind die Reste des Kleinepos „Hekale“; dieses Epos war zugleich von großer programmatischer Bedeutung für die alexandrinische Dichtung geworden. Verse auf Resten von Papyrusrollen und Papyruscodices sowie einer Holztafel (in der Papyrussammlung der Österreichischen Nationalbibliothek) lassen uns die entzückende Handlung erkennen. Theseus ist den Nachstellungen Medeias entgangen und bei Aigeus in Geborgenheit; doch der junge Mann bricht heimlich auf, um den bösen Stier von Marathon zu bezwingen. Vom Regen überrascht, sucht er auf dem Hinweg Zuflucht beim alten Mütterchen Hekale, das ihn trotz ihrer Armut sehr umsorgt. Theseus bezwingt den Stier, findet aber bei seiner Rückkehr die alte Frau tot auf; er beklagt sie und benennt ihr zu Ehren den neu begründeten Demos Hekale, wie er auch ein Heiligtum des Zeus Hekaleios stiftet.

Die „Alexandra“ des *Lykophron von Chalkis* (3. Jh. v. Chr.) in 1474 iambischen Trimetern enthält in rätselhafter Rede die Prophezeiungen der Kassandra in Troja über die Schicksale ihrer Heimatstadt und der Griechen. Das Gedicht ist in zwei byzantinischen Rezensionen auf uns gekommen, deren ältere auf Codices des 11./12. Jahrhunderts basiert. Zwei Papyri der frühen Kaiserzeit bestätigen die Einheitlichkeit des Textes und die bessere Qualität der älteren byzantinischen Redaktion.

Die Papyri haben aus dem Bereich der *epischen und didaktischen Poesie* auch zahlreiche anonyme Fragmente und Autorenwerke der Spätzeit des Altertums überliefert, die uns sonst gänzlich unbekannt geblieben wären. Einige Beispiele seien dafür genannt. Ein Stück des 1. Jahrhunderts v. Chr. erzählt vom Raub der Persephone, der Tochter Demeters, durch den Gott der Unterwelt Hades. Ein Wiener Papyrus des 3./4. Jahrhunderts berichtet über Pan als Erfinder der Panflöte. Ein Kleinepos über das berühmte Liebespaar Hero und Leander ist durch einen Fund aus dem 1. Jahrhundert belegt. Reste alexandrinischer Epen befassen sich mit Themen wie dem Halbgott Herakles, mit einem Seesturm, mit Telephos, mit dem Kampf um Theben, mit dem Liebespaar Achilleus und Polyxena, mit einem Titanenkampf, mit dem Mythos der Leda; Götter-, Hochzeits- und Lobeshymnen sind ebenfalls in epischer Form auf uns gekommen. Religionsgeschichtliches Interesse verdient ein Papyrus aus Gizeh aus dem 4. Jahrhundert, in dem Hermes als Gründer einer Stadt (Hermupolis) geschildert wird. Historische Stoffe sind in einem Panegyrikos auf den Sieg des Germanus über die Blemmyer (5. Jh. n. Chr.) oder in einem Panegyrikos auf den Tyrer Maximus angeschnitten. Ein Wiener Papyrus überliefert zwei Gedichte, die vielleicht von Pamprepios stammen, einem Autor, der um 445 im ägyptischen Panopolis geboren wurde, vom Elementarschullehrer zum athenischen Professor und später zum kaiserlichen Diplomaten aufstieg, 488 aber ein gewaltsames Ende fand. Das erste epische Gedicht, stilistisch in der Nachfolge des Nonnos stehend, gibt eine gelungene Beschreibung der Tageszeiten und der ihnen entsprechenden menschlichen Tätigkeiten; der Kampf von Licht und Dunkel, Sonnenwärme und feuchter Kälte belebt anschaulich den Text. Das zweite Gedicht ist ein Fragment eines Enkomions auf den Patrikios Theagenes, einen athenischen Archon und Kunstförderer aus der zweiten Hälfte des 5. Jahrhunderts. Papyri haben auch eine Anzahl von Gelegenheitsgedichten eines Anwaltes aus Aphrodito in Oberägypten namens Dioskoros erhalten; Enkomien, Hochzeitsgedichte, mythologische Themen ziehen in bunter Reihe an unseren Augen vorbei.

Die Überlieferung der reichen Produktion der klassischen Tragiker ist durch die für den Unterricht in Antike und Mittelalter getroffene Auswahl von Dramen empfindlich geschmälert worden. Von den Werken des *Aischylos* (524-456 v. Chr.) sind noch 79 Titel bekannt; erhalten sind aber nur mehr sieben Tragödien. Die wichtigste Handschrift (Cod. Laurentianus Plut. 32,9) aus dem Anfang des 11. Jahrhunderts umfaßt alle sieben Stücke, die byzantinische Trias überliefert gar nur die Dramen „Prometheus", „Sieben gegen Theben" und „Perser". Seit 1932 haben indes Papyrusfunde wertvolle Beiträge zu einer umfassenderen Kenntnis des Aischylos geleistet. So schildern 22 Verse aus der „Niobe" die Not der unglücklichen Mutter, die alle ihre Kinder durch die Rache der Götter verliert. Fragmente aus den „Myrmidonen" zeigen Achilleus im Schmerz um seinen toten Freund Patroklos versunken. Erstmals lehrten uns die Papyri Aischylos auch als Dichter von Satyrspielen kennen. Komische Szenen ergeben sich in den „Netzziehern" (Diktyulkoi), die die Satyrn beim Bergen eines Kastens aus dem Meer zeigen, in dem Danae und ihr Kind Perseus ausgesetzt worden waren. Fröhlich ging es in den „Festbesuchern" zu, die die Satyrn im sportlichen Ehrgeiz zeigen.

Der Dramatiker *Sophokles* (495-406 v. Chr.) hat 123 Werke geschrieben; erhalten sind abermals nur mehr sieben Tragödien. Die Überlieferung zerfällt in zwei Hauptklassen, die auf einen mittelalterlichen Archetypus zurückgehen. Die erhaltenen Codices datieren aus dem 11. bis 16. Jahrhundert. Die byzantinische Schule hat gar nur drei Stücke (Aias, Elektra, König Ödipus) ausgewählt. Die Papyri haben das Wissen um das Werk des Sophokles nur mäßig erweitert; eine Ausnahme bildet der Fund großer Teile des Satyrspiels „Spürhunde" (Ichneutai); der Charakter der Satyrn, die von allen Moralbegriffen frei, frech, lüstern und doch liebenswürdig sind, wird in diesem Stück humorvoll eingefangen.

Der Text der Dramen des *Euripides* (486-406 v. Chr.) zerfällt in zwei Hauptklassen. Von den 100 bekannten Titeln sind 19 erhalten, davon zehn

Tragödien in kommentiertem Zustand und neun ohne Scholien. Die Codices der kommentierten Tragödien sind nicht älter als das 12. Jahrhundert, die anderen neun Stücke sind im Codex Laurentianus Plut. 32,2 aus der Zeit nach 1300 überliefert. Ein Palimpsest des Euripides stammt aus dem 10. oder 11. Jahrhundert. Die Beliebtheit des Euripides in der Antike hat aber bewirkt, daß wir von ihm die meisten Papyrustexte nach denen Homers besitzen. Die Papyri bezeugen auch die eifrige Arbeit der alexandrinischen Philologen am Text, der zu verwildern drohte. Die nicht kommentierten Dramen des Euripides sind der Rest einer alphabetisch geordneten Gesamtausgabe, die auf eine Papyrusausgabe zurückgeht, die je ein Drama in einer Rolle enthielt und deren je fünf in Behältern vereinte.

Die attische Tragödie bleibt für uns an die drei Namen der großen Dichter Aischylos, Sophokles und Euripides gebunden; die Werke der übrigen Dramatiker sind fast völlig untergegangen. Von einzelnen Dichtern wie Ion von Chios (5. Jh. v. Chr.) sind verhältnismäßig viele Fragmente gefunden worden, die aber kein ausreichend begründetes Urteil über seine tragischen Dichtungen erlauben.

Die politische Komödie der klassischen Zeit ist vor allem durch *Aristophanes* (2. Hälfte des 5. Jh.s v. Chr.) vertreten, von dessen vierzig Komödien noch elf erhalten sind. In der byzantinischen Schule wurden gar nur drei Stücke (Plutos, Wolken, Frösche) gelesen. Die Handschriften gehen ins 10. Jahrhundert zurück; jedoch reichen die Papyrusfunde in das 2. Jahrhundert n. Chr. zurück.

Die bedeutendste Erweiterung der Kenntnis um die griechische Komödie betrifft *Menandros* (342-291 v. Chr.), den größten Vertreter der „Neuen Komödie“. Vor dem Einsetzen der Papyrusfunde waren nur Fragmente von Grammatikern, Lexikographen und Florilegien bekannt; dazu traten die Nachbildungen in der römischen Komödie, besonders von Terenz. Ein Fund aus Aphroditopolis bescherte Reste eines Papyruscodex aus dem 5. Jahrhundert mit Resten von fünf Komödien Menanders. Eine Sensation bildete indes die 1959 erfolgte Veröffentlichung einer vollständigen Komödie Menanders aus einem Papyruscodex des 3. Jahrhunderts n. Chr., des „Dyskolos“ (Menschenfeind). Hier lernen wir die scharfe Beobachtungsgabe des Dichters gegenüber menschlichen Torheiten und Schwächen trefflich kennen; der menschenverachtende, griesgrämige, einsame Sonderling, der sich und anderen das Leben schwer macht, der begeisterungsfähige, aber in der Realität schwache junge Mann, der Großsprecher, der treue Sklave, die dumme Magd, die zweifelhaften Diener werden in köstlichen Szenen vorgeführt.

Eine große Bereicherung haben Papyri für die Kenntnis der *griechischen Lyrik* erbracht, auch wenn es immer wieder nur kürzere oder längere Bruchstücke sind. Da tritt uns Archilochos von Paros (um 650 v. Chr.) entgegen, der als Söldner ein wechselvolles Leben führte, dem Kampf alles bedeutete, der die Konventionen des Adels bestreitet, der aber auch von Liebe und Wein

a

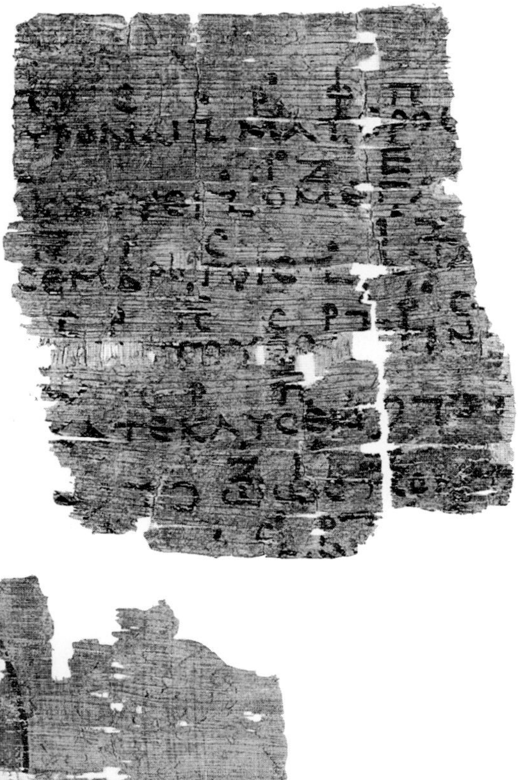

b

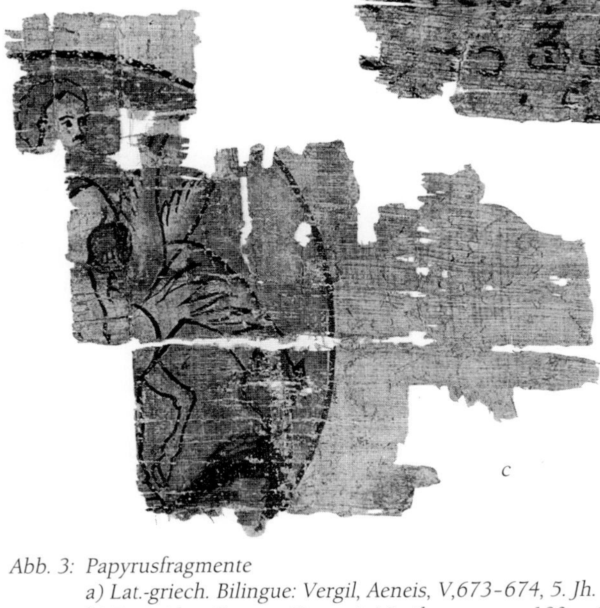

c

Abb. 3: Papyrusfragmente
a) Lat.-griech. Bilingue: Vergil, Aeneis, V,673-674, 5. Jh. n. Chr.
b) Euripides, Orestes, Text mit Musiknoten, um 180 v. Chr.
c) Illuminierter Papyrus: Bellerophon tränkt Pegasos

singt und religiöse Kultlieder dichtet. Von Semonides von Samos (7. Jh. v. Chr.) ist unter anderem der „Weiberjambus" erhalten, ein Vergleich von zehn Frauentypen mit Tieren, wobei alle (mit Ausnahme der Biene) schlecht wegkommen; ähnlich pessimistisch ist auch eine Elegie auf das schlimme Los der Menschen. Die Papyri haben Hipponax von Ephesos (Mitte 6. Jh. v. Chr.) kennenlernen lassen, der realistische Spottlieder, Parodien und Bettellieder schuf. Kallinos, der älteste bekannte Elegiendichter (7. Jh. v. Chr.), ruft zum Kampf auf und preist den Heldentod; auch der Spartaner Tyrtaios (7. Jh. v. Chr.) ist von ähnlichem Kampfesmut beseelt. Mimnermos (um 600 v. Chr.) besingt den Gegensatz von lebensfroher Jugend und leidvollem Alter. Solon von Athen (ca. 640-560 v. Chr.) vertritt seine politischen Ansichten in elegischen, jambischen und trochäischen Versen. Terpandros (7. Jh. v. Chr.), der Erfinder der siebensaitigen Lyra, gestaltete den Nomos, ein Kultlied des Apollonkultes, aus. Alkaios von Mytilene (um 600 v. Chr.) verfaßte Gedichte, die den Weingenuß, die Knabenliebe, Parteienhaß und Krieg zum Inhalt haben. Sappho (um 600 v. Chr.), die größte griechische Dichterin, hat uns Hochzeitslieder und Einzellieder zur Lyra geschenkt, in denen persönliches Erleben und innige Hingabe zu den ihr befreundeten Mädchen spricht. Die Auffassung des antiken Menschen von der Liebe als einer irrationalen Macht, die den Menschen wie eine Krankheit befällt, hat in Sapphos Versen vollendeten Ausdruck gefunden. Aus den Versen des Alkman (um 625 v. Chr.), dem ältesten bekannten Chormeister, der Hymnen, Trink- und Liebeslieder schuf, tönt frische Fröhlichkeit. Stesichoros (um 600 v. Chr.) behandelte Stoffe der Heldensage und der lokalen Überlieferung seiner unteritalischen Heimat. Theognis von Megara (Mitte 6. Jh. v. Chr.) war der Verfasser lehrhafter Gedichte, die das aristokratische Ideal gegen das aufstrebende Bürgertum verteidigten. Anakreon (Mitte 6. Jh. v. Chr.) besingt behaglichen Lebensgenuß, Liebe und Wein. Ein Papyrus aus Hermupolis hat größere Versgruppen der Korinna (5. oder 2. Jh. v. Chr.) gerettet; die Dichterin besang fast ausschließlich Sagen ihrer böotischen Heimat. Ibykos aus Rhegion (Mitte 6. Jh. v. Chr.) dichtete Chorlieder, in denen der Eros und das mythische Element vorherrschen. Vielseitig war das Werk des unsteten Dichters Simonides von Keos († um 468 v. Chr.); wir kennen Reste von Siegesliedern auf Wettkämpfer - wobei Simonides wohl als erster Chöre für diese Anlässe komponierte -, ferner Klagelieder auf Verstorbene, sodann Epigramme, Trinklieder und Dithyramben. Der größte Chorlyriker war Pindar († 445 v. Chr.). Erhalten sind von den 17 Büchern seiner Dichtungen nur vier Bücher mit Siegesliedern auf Wettkämpfer. Die mit dem Kult zusammenhängenden Dichtungen sind bis auf Reste verloren; ein wenig haben die Papyrusfunde die schmale Überlieferung verbreitert; am meisten haben sie für die Paiane erbracht, die hauptsächlich für Städte geschrieben waren und historische und politische Aspekte berührten. In den Threnoi begegnen uns Motive der Seelenwanderung und des Totengerichtes; der Kerberosdithyrambos ist voll wilder dionysischer Ekstase; historisches Interesse hat ein Preislied auf den griechenfreundlichen Makedonenkönig Alexandros.

Aus Papyrusfunden von 1896 und späteren Jahren ist die Dichtung des Bakchylides von Keos († 450 v. Chr.) wieder greifbar geworden, nachdem der Dichter für uns vordem nur schattenhaft geblieben war. Die Alexandriner hatten ihn in den Kanon der neun großen Lyriker aufgenommen und sein Werk in neun Büchern zusammengefaßt, von denen sechs Gedichte für den Kult und drei Lieder auf Menschen enthielten. Eine Papyrusrolle hat nun vierzehn Siegeslieder (Epinikia) überliefert, eine zweite Rolle Dithyramben, also Chorlieder erzählenden Inhaltes. Wir haben neu das bedeutende Erzähltalent des Dichters und seine dramatische Gestaltung der Stoffe kennengelernt. Abb. 15

Von den großen *Historikern* der klassischen Epoche wie Herodot, Thukydides und Xenophon gibt es beträchtliche Papyrusfragmente, die die Nachwirkung der Werke bis in die Spätantike verraten; doch sind in diesen Fällen die originalen Werke erhalten geblieben. Hingegen ist eine Reihe von Historikern nur durch Papyri bekannt geworden. Ktesias von Knidos (um 400 v. Chr.) wirkte lange Zeit in Persien als Leibarzt von König Artaxerxes II. Mnemon. Seine Kenntnis des Orients legte er in den „Persika", den „Indika" und dem „Periplus" nieder, die wir nur noch bruchstückhaft erfassen. Hingegen hat ein Papyrusfund aus 1906 einen anonymen Fortsetzer des Thukydides von beachtlichem schriftstellerischen Rang zutage gebracht. In 21 Spalten werden Ereignisse der Jahre 396/95 geschildert. Der Text wird in der Literatur als „Hellenika von Oxyrhynchos" bezeichnet; er ist nach 387 und vor 356 (oder 346) geschrieben worden und für die obengenannte Zeit eine wichtige Quelle. Auch Theopompos von Chios (2. Hälfte 4. Jh. v. Chr.), der die Geschichte Philipps II. von Makedonien und eine griechische Geschichte im Anschluß an Thukydides verfaßt hatte, ist uns nur mehr durch Fragmente bekannt; ein Gleiches gilt für Ephoros von Kyme (um 400 v. Chr.), der die erste Universalgeschichte der Griechen geschrieben hatte. Viele Namen kleinerer Historiker sind gleichfalls nur mehr durch Fragmente zu dokumentieren.

Der Philosoph *Aristoteles* († 322 v. Chr.) hatte eine großangelegte Sammeltätigkeit auf vielen Gebieten entfaltet, darunter auch auf dem Gebiet der Staatsverfassungen. Ein Papyrusfund des Jahres 1891 hat uns den größten Teil der „Staatsverfassung der Athener" (Athenaion politeia) geschenkt; auf einen historisch entwickelnden Teil des Textes folgt eine zusammenfassende Darstellung der staatlichen Einrichtungen Athens.

Nach der Jahrhundertwende wurde aus einem Berliner Papyrus der letzte Teil des Gedichtes „Die Perser" des *Timotheos von Milet* († 300 v. Chr.) bekannt; es handelt sich um eine lyrische Schilderung der Seeschlacht von Salamis im Stil einer Reihe typischer Einzelbilder. Abb. 12

In mehreren getrennten Funden der zweiten Hälfte des 19. Jahrhunderts ließen sich sechs Reden des attischen Redners *Hypereides* († 322 v. Chr.) zusammensetzen. Nach der Jahrhundertwende folgte der Demostheneskommentar des Didymos Chalkenteros (2. Hälfte 1. Jh. v. Chr.), eines der großen alexandrinischen Philologen. Ein Londoner Papyrus, 1890 gefunden, hat die sonst nicht überlieferten Hinkiamben des Herondas von Kos (2. Hälfte 3. Jh. v. Chr.) gebracht, die Szenen des Alltagslebens schildern.

Auch zahlreiche *Adespota* bereichern unser Wissen um die antike Literatur. So finden sich Fragmente poetischer Anthologien zu verschiedenen Themen; man denke an Blütenlesen aus Tragödien und Komödien, an Sprichwörtersammlungen und Zitate, an Epigramme, an satirische Verse, an epideiktische oder astrologische Verse, an Legenden, Mythen und Hymnen in Auswahl. Umfänglich sind anonyme Fragmente aus dem Drama, wobei manche Verse vielleicht bekannten Dichtern zugeordnet werden könnten, ohne daß letzte Klarheit gefunden werden kann, während andere Verse auf jeden Fall anonym bleiben müssen. Gering sind Papyri aus Stücken der Alten Komödie und der Mittleren Komödie, vielleicht verständlich, weil die ältere politische Komödie im Hellenismus nicht mehr aktuell war. Hingegen fließt der Strom der Überlieferung von Papyri aus der Neuen Komödie reicher, die um die alten Themen von Liebe, Intrige und Menschencharakteristik kreist und die noch in Rom ein Nachleben hatte. Im Jahre 1950 veröffentlichte Edgar Lobel einen Papyrus aus Oxyrhynchos aus der Zeit um 200 n. Chr., der die Reste eines Gygesdramas zu lesen erlaubt; ein enger Anschluß an die Erzählung von Kandaules und Gyges bei Herodot ist kenntlich. Fragmente unbekannter Tragödien sind relativ zahlreich; auch einige Satyrspiele sind greifbar geworden. Im Zeitalter des Hellenismus vermochte selbst die Neue Komödie den Stoffhunger des Publikums nicht mehr ausreichend zu befriedigen. In diese Lücke stieß der Mimos vor, der auf der Realistik des Alltags aufbaute; da gab es Gesungenes und Gesprochenes, Prosa und Vers, Solovortrag und szenische Aufführung. Aus dem 2. Jahrhundert v. Chr. ist ein hervorragendes Beispiel einer Mimetik im Sologesang auf einem Papyrus überliefert, nämlich „Des Mädchens Klage". In bewegten Rhythmen klagt hier ein Mädchen, das sein Liebhaber nach einem Streit verstoßen hat, vor dessen Tür.

Reicher fließen die Quellen für die *Epigrammdichtung*. Umfangreiche Reste sind von der epischen, hymnischen und lehrhaften Dichtung erhalten; auch Fabel und Sinndichtung kommen nicht zu kurz. Die Reste von Prosaliteratur auf Papyri umfassen die Gebiete der Alchemie, Astronomie, Astrologie, Biographie, Bibliographie, Botanik, Zoologie, Magie, Briefschriftstellerei, Lexikographie, Grammatik, Metrik, Geschichtsschreibung, Geographie, Sport, Rechtskunde, Rhetorik, Literaturkritik, Medizin, Mathematik, Metrologie, Musiklehre, Mythographie, Religionskunde, Philosophie, Romanliteratur; zuletzt sind zahlreiche Schulübungen und Aufgaben aus dem Unterricht zu nennen.

Eine besondere Bedeutung erlangten die Papyrusfunde für die Überlieferung des *griechischen Neuen Testaments*. Die handschriftlichen Zeugen reichen bis an den Anfang des 2. Jahrhunderts n. Chr., kommen also an die Schaffenszeit der letzten Autoren ganz nahe heran. Bei den antiken Dichtern ist ja der Abstand zwischen Handschriften und Lebenszeit des Autors meist sehr groß. So stammt etwa die älteste Handschrift von Vergil († 19 v. Chr.) aus dem 4. Jahrhundert n. Chr. der älteste vollständige Homercodex ist im 13. Jahrhundert geschrieben und damit an die 2000 Jahre vom Autor zeitlich entfernt. Für das Neue Testament besitzen wir hingegen 68 Papyri aus dem 2. bis 7. Jahrhundert; die 241 Majuskelhandschriften entstammen dem 4. bis 10. Jahrhundert. Freilich sind nicht alle bekannten biblischen Papyri literarische Stücke; denn einzelne Bibelverse wurden auf Papyrusblätter, Holztafeln oder Kalksplitter zu frommen oder magischen Zwecken aufgeschrieben; auch Schüleraufgaben sind erhalten. Immerhin besteht der Wert der erhaltenen literarischen Papyri des Neuen Testaments darin, daß sie um ein bis zwei Jahrhunderte über die Zeit der Vollbibeln zurückreichen. So ist ein um 120 geschriebenes Fragment, heute in der John Rylands Library zu Manchester verwahrt, ein Textzeuge des Johannesevangeliums (Joh. 18,31-33.37-38; P^{52}). Der in der Wissenschaft als P^{53} bezeichnete Papyrus mit Matthäus 26,29-40 und Apostelgeschichte 9,34-10,1 ist ein Rest einer Bibelhandschrift der Mitte des 2. Jahrhunderts. Der Papyrus Bodmer II (P^{66}), verwahrt in der Bibliotheca Bodmeriana zu Cologny bei Genf, ist eine um 200 geschriebene Handschrift in Codexform, die, von einigen Lücken abgesehen, das Johannesevangelium enthält. A. Chester Beatty konnte 1930/31 Reste von zwölf Papyruscodices erwerben. Drei dieser Stücke, die aus dem 3. Jahrhundert stammen, enthalten umfängliche Teile aus den vier Evangelien, der Apostelgeschichte, den Paulusbriefen und der Apokalypse. So besteht P^{46} aus 86 von ursprünglich 104 Blättern einer Paulushandschrift. Papyrus Bodmer XIV/XV stellt einen um 200 geschriebenen Codex mit dem Text des Lukas- und Johannesevangeliums dar (P^{75}). Seine Hauptbedeutung liegt darin, daß er mit dem Codex Vaticanus der Bibel (um 350) eng verwandt ist; es wird dadurch bewiesen, daß der Text des Vaticanus ins 2. Jahrhundert zurückreicht, und ferner wird dargelegt, daß der sogenannte neutrale Text kein rezensierter Text ist, wie man vordem gemeint hatte, der durch Ausmerzung der westlichen Lesarten von einem alexandrinischen Philologen des 4. Jahrhunderts geschaffen worden wäre. Damit wurde die neutestamentliche Textkritik auf eine neue Grundlage gestellt; hatte man doch vorher gemeint, daß der westliche Text des Neuen Testaments der ältere sei und der sogenannte neutrale Text der jüngere.

Eine außerordentliche Bedeutung haben Papyrusfunde für die Kenntnis der *gnostischen Literatur* erlangt. Ein Fund von dreizehn Papyruscodices zu Nag Hammadi in Ägypten aus dem 4. Jahrhundert machte 51 einzelne Schriften mit insgesamt 1153 Seiten von ursprünglich etwa 1257 Seiten bekannt. Davon waren 39 Texte bisher völlig unbekannt gewesen. Unter den Texten befinden sich das „Evangelium der Wahrheit“, ein Apokryphon des Johannes, das Thomasevangelium, das Philippusevangelium, die „Hypostase der Archonten“, ein Dialog zwischen Jesus und Thomas, das Ägypterevangelium, die „Sophia Jesu Christi“, die Paulusapokalypse, die Jakobusapokalypse, die Offenbarung des Adam, die „Taten des Petrus und der zwölf Apostel“, eine Offenbarungsrede der androgynen Sophia, eine gnostische Kosmogonie des

Sem, die Petrusapokalypse, die „Lehren des Zoroaster" und viele kleinere Schriften. Die Funde haben die Gnosisforschung auf eine neue Basis gestellt und von der alleinigen Abhängigkeit von häresiologischen Berichten freigemacht. Die Schriften repräsentieren eine Vielfalt von gnostischen Denk- und Verhaltensweisen; sie zeugen andererseits von der Verwobenheit von Gnosis und Christentum, aber auch von dem jeweiligen Eigengut. Die These von der nichtchristlichen Entstehung der Gnosis erhielt eine neue Bestätigung. Die Texte haben auch eine große Bedeutung für die Kirchengeschichte. Denn die Gnosis hatte sich als rechte Auslegung des Christentums verstanden und die theologische Spekulation sehr gefördert. Die Herausbildung der Orthodoxie war ein langer Prozeß gewesen, der aus einer Vielfalt frühchristlicher Denkansätze herauswuchs. Diese Vielfalt wurde erst im Lauf des Entwicklungsprozesses teilweise zur Häresie erklärt. Auch der Anteil jüdischer Traditionen und Vorstellungen an der Ausbildung der Gnosis kann durch die Funde besser interpretiert werden; nicht zuletzt ist auch der Anteil des griechischen philosophischen Denkens stärker in das Blickfeld gerückt. So zentrale Themen wie die Soteriologie werden von den Funden berührt; das Verhältnis der gnostischen Erlösergestalt zur christlichen kann besser beleuchtet werden; die Existenz einer vorchristlichen bzw. nichtchristlichen Erlösergestalt wird evident.

Die Papyri bringen uns auch in Kontakt mit dem *religiösen Leben* des Volkes in Ägypten; denn jede in Ägypten vertretene Volksgruppe verehrte ihre eigenen Gottheiten. Die alte nationale Religion ist mit den Göttern von lokaler Bedeutung verbunden, den Gottheiten eines Gaues, einer Stadt oder eines Dorfes. Es gab aber auch wichtige Zentren wie den Tempel des Ptah in Memphis, jenen des Amon-Ra in Theben oder jenen des Horus in Apollinopolis. Zahllos sind die Feste und Prozessionen, die uns durch die Papyri bekannt werden. In den von Griechen besiedelten Städten, wie Naukratis, Alexandreia oder Ptolemais, werden die hellenischen Götter verehrt. Aber auch an anderen Stätten tauchen Heiligtümer eines Zeus Olympios, einer Demeter, einer Kore auf; und sogar ägyptische Götter konnten griechische Namen erhalten. Als Ptolemaios I. die Einheit der Bevölkerung durch eine synkretistische Religionspolitik fördern wollte, stellte er die Gestalt des Sarapis in den Mittelpunkt, die die hauptsächlichsten Merkmale des ägyptischen Osiris mit jenen des höchsten griechischen Gottes (Zeus, Hades, Dionysos, Helios) verband. Von Alexandreia aus trat der Kult des Sarapis und der Isis einen triumphalen Zug an und leistete noch dem vordringenden Christentum Widerstand. Alexander der Große als Gründer der Metropole Alexandreia und die Angehörigen des Hauses der Ptolemäer genossen einen offiziellen Herrscherkult. Die römische Religion übte hingegen nur einen bescheidenen Einfluß aus. Der Kult des Jupiter Capitolinus und der römische Kaiserkult gehörten der offiziellen Sphäre der Religion an. Die jüdische Diaspora war in Ägypten recht zahlreich; Synagogen wurden an vielen Stätten gefunden. Das Christentum faßte zuerst sichtlich bei den eingeborenen Ägyptern Fuß; die sich allmählich bildende christliche Literatur fand daher in der koptischen Sprache und Schrift ihren Ausdruck. Die gebildeten Schichten der Bevölkerung setzten dem Christentum längeren Widerstand entgegen, weshalb auch die griechischen Papyri eher spätere Spuren der Christianisierung zeigen. Christen lebten jedenfalls in Alexandreia ab dem 2. Jahrhundert; deshalb gehen die Papyri des Neuen Testaments auch bis in diese Zeit zurück. Alexandreia wurde Sitz einer Katechetenschule. Die Christenverfolgungen der römischen Kaiser hinterließen ihre Spuren, aber zuletzt triumphierte der neue Glaube. Ein typisches Phänomen des spätantiken Christentums war das in Ägypten aufblühende Mönch- und Asketentum. Im Rahmen der heftigen christologischen Auseinandersetzungen nach dem Konzil von Chalkedon (451) bekannte sich die koptische Christenheit zum Monophysitismus und blieb dieser religiösen Richtung durch Jahrhunderte treu. Im 7. Jahrhundert wurde Ägypten von den Arabern erobert; eine Schicht arabischer Papyri begann sich über die griechischen zu legen.

Zuletzt sei erwähnt, daß die griechischen Papyri auch einen unschätzbaren Beitrag zur Kenntnis der *Entwicklung der griechischen Sprache* leisten. Die hellenistische Umgangssprache der Koine hatte eine breite Palette der Ausdrucksmöglichkeiten; sie war sowohl Literatur- wie Umgangssprache und stand derart auch der Volkssprache nahe. Gerade die Papyri verraten oft ihre einfachere Ausdrucksform und Vielfalt, während in der Literatur oft nach einer gehobenen, ja gekünstelten Sprache gestrebt wurde. Bereits die Änderung des Lautsystems manifestiert sich in den Papyri. Sie zeigen, daß die Schreibung nicht mehr mit der Aussprache übereinstimmt. So fielen die Laute i, ei und langes e in i zusammen, oi und y in ü und später ebenfalls in i. Die Laute ai und e wurden gleichermaßen als e gesprochen. Die alten Quantitätsunterschiede verschwanden. Da in der nachklassischen griechischen Sprache die i-Laute überwogen, spricht man auch vom Itazismus der Sprache. Auch die Konsonanten machten in der Koine einen Wandel durch. Der b-Laut ging zu v über, das Gamma wurde vor e und i zu j; der aspirierte Verschlußlaut des Phi wurde zu f, jener des Chi zu h. Morphologische Veränderungen wie der Wegfall des Dual, der „zweiten attischen Deklination", ein Streben nach Analogiebildungen im Bereich der Hauptwörter unter Abstoßung irregulärer Formen, die Bildung neuer Endungen für Feminina und Maskulina, die Verschmelzung von Deklinationstypen, das Verschwinden des Dativs, das Verschwinden des Optativs und Vereinfachungen in der Konjugation unregelmäßiger Verba seien hier beispielhaft genannt.

Aus all dem Gesagten geht mit aller Deutlichkeit hervor, welch bedeutsame Rolle die Wissenschaft der Papyrologie für die Kenntnis des Altertums besitzt. Mit der Analyse der Papyri werden umfassende Einblicke in das gesamte kulturelle Leben der Antike gewonnen, die das Bild dieser Epoche seit der Zeit der Entdeckung der Papyri entscheidend verändert und bereichert haben.

Trotz der großen Bedeutung und der Vormachtstellung, die Papyrus als Beschreibstoff in der gesamten Antike erlangt hat, hörte die Benützung von

Tierhäuten in Asien und im Mittelmeerraum nie gänzlich auf. Eine Verbesserung in der Bearbeitung der Tierhäute führte zur Erfindung des *Pergaments*, eines Beschreibstoffes, der auf Dauer dem Papyrus die Rolle als Schriftträger streitig machen sollte. Für die Überlieferung der Literaturen des Altertums und des Mittelalters sollte das Pergament eine ungeheure Bedeutung erlangen.

Eine bereits pergamentartig verarbeitete Lederrolle literarischen Inhalts im Museum zu Kairo stammt bereits aus dem 2. Jahrtausend v. Chr. Der Durchbruch des neuartigen Beschreibstoffes gelang in hellenistischer Zeit. Der griechische Arzt Galenos († 200 n. Chr.) erwähnt auf Pergament geschriebene Texte des Hippokrates aus dem 2. Jahrhundert v. Chr. Pergament unterscheidet sich vom Leder durch den Wegfall der Gerbung. Eine Verfeinerung der Methode der Pergamentherstellung knüpft sich an die Dynastie der Attaliden in Pergamon. Unter König Eumenes II. (195–158 v. Chr.) soll die heute übliche Form der Produktion erfunden worden sein. Der Terminus „pergamenon" (περγαμηνόν) hängt auf jeden Fall mit dem Namen der Residenz der Attaliden zusammen. Plinius der Ältere berichtet in seiner „Naturalis historia" (13,70) auf der Grundlage einer Nachricht bei Varro, daß König Eumenes II. in Pergamon eine große Bibliothek aufbaute und damit zum Konkurrenten der Ptolemäer wurde, die um den Ausbau ihrer Bibliothek in Alexandreia bemüht waren. Aus Eifersucht hätten die Ptolemäer die Ausfuhr von Papyrus unterdrückt, um Eumenes zu schaden. Aus dieser Notlage heraus sei in Pergamon das Pergament erfunden worden. Diese Nachricht wird wohl in den Bereich der Legende zu verweisen sein. Aus Pergamon stammende Pergamente sind zwar nicht bekannt geworden; doch die wesentliche Verbesserung in der Erzeugung des Beschreibstoffes und die besonders umfängliche Verwendung desselben in Pergamon können dem neuen Schriftträger den Namen Pergament verschafft haben.

Der am meisten übliche Terminus für das Pergament war in der griechischen Antike διφθέρα (diphthera); auch σωμάτιον (somation), δέρμα (derma), μεμβράνα (membrana), περγαμενή (pergamene) und μεμβράνα περγαμενά (membrana pergamena) sind bezeugt. Bei Sueton († 140 n. Chr.) begegnet bereits der Ausdruck „membrana pergamena", bei Hieronymus († 420 n. Chr.) finden sich die beiden Termini „membrana" und „pergamena". Gelegentlich ist auch der für den Papyrus gebräuchliche Terminus „charta" auf das Pergament übergegangen, meist mit einem unterscheidenden Adjektiv, z. B. „charta pergamena", „charta ovina", „charta vitulina", „charta montaniana". Die drei letzten Termini deuten auf die Herkunft der Häute von bestimmten Tieren, nämlich von Schaf, Kalb und Ziege.

Die Arbeitsvorgänge bei der *Herstellung des Pergaments*, speziell im okzidentalen Bereich, waren im wesentlichen die folgenden. Die Tierhaut wurde für einige Tage in eine Kalklösung gelegt, sodann wurden Haare, Oberhaut und Fleischreste abgeschabt. Die Haut wurde nach einer Reinigung gespannt, getrocknet und schließlich mit Bimsstein und Kreide geglättet und geweißt. Das fertige Pergament besitzt zwei Seiten, die Haar- und die Fleischseite. Die

Abb. 4: Elfenbeintafel. Segnender Christus im Kreis der Apostel, mit Schriftrollen, 5./6. Jh.

Fleischseite ist in der Regel weiß bis weißlich grau, die Haarseite mit einem Stich ins Gelbliche versehen; auf der Haarseite sind auch die Poren zu bemerken. In der Bearbeitung des Pergaments pflegt man bis ins Mittelalter hinein südliches und nördliches Pergament zu unterscheiden. Der Unterschied ist stärker im Urkundenwesen zu bemerken als in Büchern, in denen ja beide Seiten beschrieben werden mußten. Im Süden Europas wurde die Fleischseite schöner geglättet und kalziniert, während die Haarseite weniger glatt bearbeitet wurde, vielfach auch noch deutlichere Spuren der Ansatzstellen der Haare zeigt und einen stärkeren gelblich-grauen Farbton aufweist. Im Norden wurde hingegen das Pergament auf beiden Seiten ziemlich gleichmäßig für das Schreiben vorbereitet, sodaß der Unterschied zwischen Haar- und Fleischseite zurücktrat. Im Süden verwendete man vorwiegend Schaf- und Ziegenhäute, im Norden hingegen eher Kalbfelle. Das südliche Pergament wurde vor allem in Italien, Spanien und Südfrankreich hergestellt, in den übrigen Teilen Europas wurde im allgemeinen das nördliche Pergament gebraucht. Möglicherweise ist der Ursprung des südlichen Pergaments in den Kanzleien zu suchen, die durch die einseitige Bearbeitung des Beschreibstoffes den einseitig beschriebenen Papyrus nachahmen wollten. Wenn auch für die Codices aus praktischen Gründen frühzeitig die gleichmäßige Bearbeitung des Pergaments einsetzte, blieb das einseitig bearbeitete Pergament doch der Beschreibstoff der südlichen Kanzleien. Das feinste Pergament wurde aus der Haut neu- oder ungeborener Lämmer hergestellt, die „charta virginea, non nata". Je dünner und geschmeidiger die Haut war, desto mehr konnte sie bibliophilen Ansprüchen genügen.

Die Verfügbarkeit von Pergament in ausreichender Menge hing von wirtschaftlichen Gegebenheiten ab, von der ausreichend verfügbaren Anzahl der für die Fabrikation benötigten Tiere, damit also von den Gegebenheiten der Tierzucht, der Futterversorgung, des Klimas, der Überwinterungsmöglichkeit der Tiere, der Größe der Wirtschaftseinheiten. Größere Mengen von Pergament konnten daher teuer sein, da ja für die Fertigung eines umfangreichen Codex viele Tiere geopfert werden mußten. So ist es auch zu verstehen, daß für weniger anspruchsvolle Handschriften auch fehlerhafte, mit Löchern und Rissen versehene Pergamentstücke herangezogen werden mußten. Der Schreiber mußte die Löcher im Text aussparen. Gelegentlich sind Vernähungen und Reparaturen von Rissen und Löchern festzustellen. In der Antike konnten Löcher auch mit feinen Membranen verklebt werden.

Wie beim Papyrus gab es auch beim Pergament zahlreiche Abstufungen in der *Qualität des Beschreibstoffes*. Diese waren nicht nur in der Wahl des Tieres begründet, sondern auch durch die Sorgfalt der Bearbeitung. Der Unterschied zwischen Haar- und Fleischseite blieb freilich graduell immer bestehen. Es ist zu bemerken, daß die Haarseite des Pergaments immer etwas gelber und rauher blieb, sodaß die Tinte hier besser haftete als auf der Fleischseite, die weißer und glatter ist, was für das Haften der Tinte unter Umständen negativ sein konnte.

Das Pergament von aus der Antike erhaltenen Handschriften zeichnet sich vielfach durch außerordentliche Feinheit aus; manchmal scheint der Stoff fast durchsichtig zu sein. Hinsichtlich ihrer Feinheit, Eleganz und Gleichmäßigkeit der Bearbeitung des Pergaments stehen Handschriften der Bibel wie der Codex Sinaiticus oder spätantike Vergilhandschriften konkurrenzlos da. Diese Tradition hielt sich bis in das 6. und 7. Jahrhundert. Später wurde das Pergament dicker und undurchsichtiger. Kalbfelle sind von Natur aus dicker und ergeben daher ein stärkeres Pergament.

Die wichtigsten *Vorteile des Pergaments* bestanden in seiner Dauerhaftigkeit, in seiner Glätte und seiner hellen Farbe, die für die Aufnahme der Tinte einen ausgezeichneten Untergrund bot. Auf Grund dieser Vorteile konnte sich das Pergament eine erhebliche Geltung verschaffen, obwohl sein Aufschwung in eine Zeit fiel, die noch ganz im Zeichen des Papyrus stand. Papyrus und Tierhaut waren an sich gleichermaßen für die Anfertigung von Schriftrollen geeignet; eine Pergamentrolle oder Lederrolle war freilich weniger leicht zerreißbar. Der Siegeszug des Pergaments sollte allerdings mit der Buchform des Codex verbunden sein. Die Schrift war auf Tierhäuten leichter tilgbar als auf dem verletzlichen Papyrus. Dennoch verschaffte auch eine noch so vollkommene Technik dem Pergament nicht sofort das Übergewicht über den Papyrus; es sollte noch Jahrhunderte dauern, bis Pergament zum Durchbruch gelangte.

Sehr geeignet erwies sich Pergament für kurze Aufzeichnungen, also für Briefe und Urkunden. So nimmt es nicht wunder, daß das älteste bisher bekannte beschriftete Pergamentstück ein Vertrag aus Dura Europos von der Wende des 3. zum 2. Jahrhundert v. Chr. (Paris, Bibliothèque nationale, Suppl. gr. 1354) ist. Neben der auf 195 v. Chr. datierbaren griechischen Urkunde stammen auch weitere anderssprachige Urkunden aus der Zeit zwischen 195 und 121 v. Chr. aus dem mesopotamischen Dura Europos. Für Urkunden, Briefe und private Notizen hat Pergament außerhalb Ägyptens sicher eine größere Verbreitung gefunden. Eine griechische Inschrift aus Priene aus dem 1. Jahrhundert v. Chr. erwähnt biographische Aufzeichnungen in Pergamenthandschriften. In der Zeit Ciceros († 43 v. Chr.) wurde Pergament bereits für umfänglichere Schriftstücke verwendet. Cicero spricht in einem Brief an Atticus (13,24) von vier „diphtherai", also Pergamenthandschriften, die mit Schriften Varros in Zusammenhang gebracht werden. Plinius der Ältere bezieht sich in seiner „Naturalis historia" (7,21,85) auf eine Nachricht Ciceros über eine Handschrift der Ilias Homers auf Pergament, was bereits einen großen Umfang voraussetzt. Die oben erwähnte Inschrift aus Priene berichtet auch, daß man amtliche Schriftstücke in doppelter Ausfertigung auf Papyrus- und auf Pergamentrollen hergestellt hat. Für Notizzettel aus Pergament gibt es seit dem 1. Jahrhundert v. Chr. etliche Zeugnisse. Sehr oft ist von Entwürfen dichterischer Werke auf Pergamentblättern die Rede; davon sprechen Textstellen bei Horaz, Persius, Juvenal und anderen Autoren. Horaz spricht in seiner Satura 2,3,1 einen Adressaten an, der so selten schreibt, daß er im ganzen Jahr nicht einmal viermal Pergament erbittet. Der Autor des Briefes an Timotheos, fälschlich mit Paulus identifiziert, bittet um die in der Troas vergessenen „membranai", die vielleicht Notizzettel sein mögen. Man kann sich vorstellen, daß Gelehrte, die aus vielen Papyrusrollen Auszüge für ihre Werke machen mußten, auch mit Pergamentblättern arbeiteten, da bei vielfacher Manipulation Papyrusblätter rasch beschädigt wurden. Es erhebt sich die Frage, was zur Zeitenwende wertvoller war, Papyrus oder Pergament. Zu Anfang des 1. Jahrhunderts v. Chr. dürfte aller Wahrscheinlichkeit nach Pergament höher im Kurs gestanden sein als Papyrus; im Rom der frühen Kaiserzeit dürfte hingegen Papyrus kostbarer gewesen sein. Werte dieser Art wechseln naturgemäß nach Zeit und Ort; auch ist davon auszugehen, daß Tierhaut im mittelmeerischen Kulturraum vorwiegend ein Material des Alltagslebens war und erst allmählich zur Stellung eines Schriftträgers für literarische Werke aufstieg. Da die Herstellung des Pergaments auch nicht Monopol einer Region war, wie dies beim ägyptischen Papyrus der Fall war, erfahren wir auch nur wenig über seine Herstellung. Die Zahl der bekannten Pergamenthandschriften wächst nach der Zeitenwende nur allmählich an. Noch Quintilian († 100 n. Chr.) gab für die alltäglichen Aufzeichnungen der Schreibtafel vor dem Pergament den Vorzug (Institutio oratoria 10,3,31). Am Pergament hebt er hervor, daß es für Kurzsichtige ob der größeren Buchstaben besser geeignet sei; allerdings hemme das häufige Eintauchen des Kalamos den Fluß der Gedanken und die Schnelligkeit der Hand. In den Begleitversen zu Geschenken, den „Apophoreta" im 14. Buche der Epigramme des Martial († 102 n. Chr.), liegen wertvolle Zeugnisse für die Verwendung von Pergamentbüchern für das ausgehende 1. Jahrhundert vor. Auf die leichte Tilgbarkeit der Schrift weist Epigramm 7 (Pugillares membranei) hin: „Du glaubst, es handle sich um Wachstafeln, doch es wird Pergament (membrana) genannt; du magst (die Schrift) tilgen, sooft du aufs neue schreiben willst." Auf „Vitelliani" genannte Pergamentblättchen spielt Epigramm XIV,8 an. Von großer Bedeutung sind die paarweise in den Epigrammen 183 bis 196 zusammengestellten Büchertitel, die als Geschenke eines Reichen und eines Armen aufzufassen sind. Die Titel lauten: 183. „Homeri Batrachomachia", 184. „Homerus in pugillaribus membraneis", 185. „Vergili Culix", 186. „Vergilius in membraneis", 187. **Μενάνδρου Θαΐς**, 188. „Cicero in membraneis", 189. „Monobyblos Properti", 190. „Titus Livius in membraneis", 191. „Sallustius", 192. „Ovidi Metamorphosis in membranis", 193. „Tibullus", 194. „Lucanus", 195. „Catullus", 196. „Calvi de aquae frigidae usu". Zunächst bezeugt der Martialtext, daß Klassikerausgaben sowohl aus dem Bereich der griechischen wie der lateinischen Literatur zur Zeit des Dichters auch in Form von Pergamentcodices üblich waren, mochte auch die Rollenform noch dominieren. Explicit werden bei Martial ja Pergamenthandschriften (pugillares membranei) der Ilias und Odyssee Homers, der Gedichte Vergils, der Werke Ciceros, der Geschichte des Titus Livius, der Metamorphosen Ovids genannt. Wenn die oben genannten Titel paarweise gegenübergestellt und abwechselnd als Papyrus- und Pergamenthandschriften interpretiert werden, ergeben sich auch Hinweise auf den Wert und auf Modetrends bezüglich des Pergaments. Die Pergamenthandschriften, die Martial nennt, sind Codices umfangreicher Werke. Stimmt die paarweise Aneinanderreihung, so sind die Handschriften der Epigramme 184 (Homer), 186 (Vergil), 188 (Cicero), 190 (Livius), 192 (Ovid), 194 (Lucanus), 196 (Calvus) als Pergamentbücher aufzufassen, hingegen die Werke der Epigramme 183 (Batrachomyomachia), 185 (Vergils Culex), 187 (Komödie „Thais" des Menander), 189 (Lyrik des Properz), 191 (Sallust), 193 (Lyrik des Tibull), 195 (Lyrik des Catull) als Papyrusrollen. Gegenüber den umfänglichen Pergamenthandschriften weisen die genannten Papyrusrollen einen geringeren Umfang auf; lediglich Sallusts Werke sind wohl umfangreicher aufzufassen, wenn es sich um eine Gesamtausgabe handeln sollte und nicht um eine Einzeledition. Sollte also die Annahme stimmen, daß die umfangreichen Pergamenthandschriften teurer waren als die weniger umfänglichen Papyrusrollen, müssen erstere als die Geschenke des Reichen, letztere als die Geschenke des Ärmeren interpretiert werden. Damit wäre auch gezeigt, daß es eine aufkommende Mode im 1. Jahrhundert n. Chr. war, Pergament für literarische Texte zu benützen.

Mit dem 2. Jahrhundert n. Chr. setzen erhaltene Fragmente und später auch ganze Handschriften aus Pergament ein. Aus dem Bereich der griechischen Literatur ist ein Pergamentcodexfragment der „Kreter" des Euripides (Pap. Berol. 13.217) aus dem 2. Jahrhundert n. Chr. zu nennen, in weiterer Folge eine Fragment der Rede Περὶ παραπρεσβείας des Demosthenes (London, British Library, Add. Ms. 34.473). Einigermaßen vollständige Pergamenthandschriften sind aus dem 4. Jahrhundert in Gestalt der griechischen Bibelhandschriften des Codex Sinaiticus und des Codex Vaticanus erhalten. Ab dem 5. Jahrhundert mehrt sich die Zahl sowohl profaner wie auch sakraler Pergamenthandschriften. Denn bereits im 4. Jahrhundert hatte in verstärktem Maße die Umschrift der Papyrusrollen in Pergamentcodices begonnen, eine Revolution im Buchwesen, die zugleich einem Beschreibstoff und einer neuen Buchform zum Durchbruch verhalf. Bekannt ist der Auftrag des Kaisers Konstantin I., fünfzig kirchliche Handschriften für die 324 neu gegründete Metropole Konstantinopel schreiben zu lassen; darüber berichtet Eusebios von Kaisareia († 340) in seiner Vita Constantini (IV,36). Hieronymus überliefert in seinem 141. Brief, daß die Priester Akakios und Euzoios aus Kaisareia in Palästina die beschädigten Bücher der Bibliothek des Presbyters Pamphilos von Kaisareia († 309) auf Pergament (in membranis) umschrieben. Ab dem 4. Jahrhundert datiert mithin der Vormarsch des Pergaments, ohne daß Papyrus zunächst noch vernachlässigt worden wäre; immerhin wurde eine irreversible Entwicklung eingeleitet. Ein Pergamentmacher (membranarius, διφθεροποιός) wird übrigens im „Edictum de pretiis rerum venalium" des Kaisers Diokletian aus dem Jahre 301 erwähnt.

Zu den berühmten erhaltenen *Pergamenthandschriften* des 5. und 6. Jahrhunderts zählen unter anderem der „Wiener Dioskurides" (Wien, Österreichische Nationalbibliothek, Cod. med. gr. 1, um 512), die „Wiener Genesis" (Wien, Österreichische Nationalbibliothek, Cod. theol. gr. 31, 1. Hälfte 6. Jh.), der Codex Rossanensis (Rossano, Kathedralarchiv, 2. Hälfte 6. Jh.), der Codex Sinopensis (Paris, Bibliothèque nationale, Suppl. gr. 1286), der Codex Bembinus des Terenz (Città del Vaticano, Biblioteca Apostolica Vaticana, Vat. lat. 3226 aus dem 4./5. Jh.), der „Wiener Livius" (Wien, Österreichische Nationalbibliothek, Cod. 15, wohl aus dem 5. Jh.), der Codex Romanus des Vergil (Città del Vaticano, Biblioteca Apostolica Vaticana, Vat. lat. 3867, aus dem 6. Jh.), der syrische Rabulascodex in Florenz (6. Jh.) und der gotische Codex argenteus in Uppsala (6. Jh.). Der Schwerpunkt der Überlieferung der antiken Literatur sollte allerdings erst im Mittelalter kommen, als nach einer an Denkmälern armen Zeit im 7. und 8. Jahrhundert eine schreibfreudige Periode begann, die im Osten mit dem Auftreten der ausgebildeten griechischen Minuskel im frühen 9. Jahrhundert und im Westen mit der karolingischen Minuskel des endenden 8. Jahrhunderts und der Renovatio Karls des Großen um 800 begann und an die vierhundert Jahre dauern sollte.

Erwähnt sei, daß durch die Ausgrabungen in Ägypten eine überaus große Zahl koptischer Pergamentfragmente des 6. bis 8. Jahrhunderts bekannt geworden ist. Auf Pergament geschriebene Urkunden sind aus dem Orient seit dem Anfang des 2. Jahrhunderts v. Chr. überliefert. Im Abendland stammen die frühesten Nachrichten über die Verwendung von Pergament für urkundliche Zwecke aus Italien, näherhin aus dem langobardischen Rechtsbereich. Einschlägige Angaben finden sich im Edikt des Königs Rothari aus dem Jahre 643; die ältesten erhaltenen Pergamenturkunden Italiens sind indes erst aus dem 8. Jahrhundert überliefert. Fränkische Pergamenturkunden reichen in das 7. Jahrhundert zurück.

Antike Handschriften sind uns heute teilweise oder zur Gänze auch als sogenannte *Palimpseste* überliefert. Pergament konnte im Mittelalter ein kostspieliger Beschreibstoff sein; gutes Pergament für umfängliche Bücher in ausreichender Menge zu besitzen, war oft nicht leicht. Eine Möglichkeit, sich auf billige Art und Weise in den Besitz neuen Beschreibstoffes zu setzen, war die Wiederverwendung älterer Handschriften nach Tilgung der ursprünglichen Schrift. Die Tinte konnte mit einem Bimsstein abgeschabt oder mit einer Flüssigkeit abgewaschen werden. Antike Rußtinte auf Pergament konnte mit dem Schwamm gelöscht werden; im Abendland war im Mittelalter eine Mischung von Milch, Käse und ungebranntem Kalk als Tilgungsmittel bekannt. Derart bearbeitete Handschriften nennt man Palimpseste (παλίμψηστος = wieder abgewischt, abgekratzt); der entsprechende lateinische Fachausdruck heißt „codex rescriptus" (wieder beschriebener Codex). Das Faktum der Neubeschriftung bereits beschrifteter Handschriften geht schon auf die Antike zurück. Auf Papyrus war natürlich Kratzen und Schaben nicht leicht anwendbar, wenngleich dieses Verfahren auch vorkam. Plutarch (Maxime cum principibus philosopho esse disserendum 4) berichtet, daß bereits Platon den sizilischen Tyrannen Dionysios mit einem Palimpsest verglich, weil dieser trotz aller philosophischen Äußerlichkeiten immer wieder den alten Menschen durchblicken ließ, so wie auf einem Palimpsest die alte Schrift durchschimmert. Kaiser Justinian I. († 565) befahl den Notaren (συμβολαιόγραφοι), nur reinen Beschreibstoff zu verwenden, damit nicht die ältere Schrift den neuen Text störe. Martial spricht in den „Apophoreta" (XIV,7) von einem Pergamentcodex, auf dem die Schrift wie auf Wachstafeln gelöscht werden könne. Cicero beschimpft seinen Freund Trebatius (Ad fam. 7,18,2), der so rücksichtslos gewesen war, Ciceros Brief an ihn zu tilgen und die Antwort auf dieselbe „chartula" zu schreiben. Palimpseste konnten sogar zu Zwecken der Fälschung hergestellt werden, wie das Beispiel einer Intrige gegen Silvanus im Jahre 355 n. Chr. zeigt. Feinde am Hofe des Kaisers Constantius tilgten einen Empfehlungsbrief des Silvanus bis auf dessen Unterschrift und setzten einen hochverräterischen Text ein, was Silvanus zur Empörung treiben mußte; zu spät entdeckte sein Freund die Intrige.

An sich war die Sitte der Palimpsestierung sowohl im Orient wie im Westen bekannt. Noch im islamischen Kulturbereich konnten griechische Texte getilgt und der Codex neu beschrieben werden. Für die Textüberlieferung antiker Autoren können Palimpseste mitunter von großer Bedeutung sein. So sind etwa Ciceros Werk „De re publica", Briefe des Marcus Cornelius Fronto († 170 n. Chr.), die „Institutiones" des römischen Juristen Gaius (2. Jh. n. Chr.) und Fragmente der Geschichte des Titus Livius († 17 n. Chr.) aus Verona nur in Palimpsesten erhalten. Welche Werke getilgt wurden, gestattet öfters einen Einblick in den Geschmack und die literarische Bildung einer Schreibschule. Es war verständlich, wenn auch bedauerlich, daß die theologischen Interessen mittelalterlicher Schreiber vielfach an der Zerstörung antiker heidnischer Texte Schuld trugen. Aber es konnten auch christliche Texte dem Schabmesser zum Opfer fallen, etwa alte patristische Werke, über die aktuelle hagiographische Opera geschrieben wurden; man vergleiche dafür etwa die „Apophthegmata patrum" und Heiligenviten über Reden von Gregor von Nazianz in den Codices suppl. gr. 59 und suppl. gr. 189 der Österreichischen Nationalbibliothek zu Wien. In philologisch interessierten Zeiten wie der Epoche der Palaiologen in Byzanz (13./14. Jahrhundert) konnten aber auch hochgeschätzte Klassiker über ältere theologische Texte geschrieben werden. So steht - um zwei Beispiele aus der Österreichischen Nationalbibliothek zu erwähnen - ein Text des Pindar mit metrischen Scholien über einem Sticherarion (Cod. suppl. gr. 64) und ein etymologisches Lexikon über theologischen Texten (Cod. phil. gr. 158). Während man im 19. Jahrhundert die ältere Schrift mit Chemikalien zu reaktivieren versuchte, arbeitet die Forschung der Gegenwart mit Ultraviolettlampen, deren Strahlen im Dunkeln die alte Schrift mit einer gewissen Deutlichkeit sichtbar werden lassen.

Als Ausdruck des *Bücherluxus* färbte man bereits in der Antike den Beschreibstoff mit purpurner Farbe. Ovid († 17 n. Chr.) spielt in den „Tristien" (I,1,5: nec te purpureo velent vaccinia fuco) auf einen purpurnen Umschlag einer Buchrolle an. Martial (III,2,11) erwähnt das purpurne Titelblättchen am oberen Rand einer Rolle. Lukianos von Samosata († 180 n. Chr.) nennt in der Schrift „Adversum indoctum" (cap. 7) ein Prachtexemplar eines Buches mit purpurnem Pergament und goldenem Omphalos. Die Sitte der Herstellung von *Purpurhandschriften*, in denen mit Gold- und Silbertinte geschrieben wurde, läßt sich bis etwa in das 3. Jahrhundert n. Chr. zurückverfolgen, während die Purpurfärbung einzelner ausgezeichneter Stellen von Rollen und Codices noch weiter zurückreicht. Auf das 3. Jahrhundert würde eine Nachricht in der unter dem Namen des Julius Capitolinus überlieferten Biographie des Maximinus Thrax (römischer Kaiser 235-238 n. Chr.) weisen, die davon berichtet, daß dem jungen Mann für Zwecke der Ausbildung in der Schule eine Homerhandschrift auf Purpur in Goldschrift geschenkt wurde. Mag auch die Biographie aus der sogenannten „Historia Augusta" das Werk eines spätantiken Fälschers sein und dem 5. Jahrhundert zuzuweisen sein, könnte doch darin ältere Überlieferung verarbeitet sein. Im 4. Jahrhundert fassen wir bereits deutlichere Belege für die Sitte der Herstellung von Purpurhandschriften. Der Dichter Publilius Optatianus Porphyrius widmete um 320 Kaiser Konstantin dem Großen ein Gedicht, von dessen prachtvoller Ausstattung mit Purpur und Metalltinte die Einleitung spricht. Zu Ende des 4. Jahrhunderts eiferte Hieronymus gegen die Sitte der Purpurcodices mit Silber- und Goldschrift, was auf eine bereits größere Verbreitung schließen läßt. Ganz kraß ist das Wort des Hieronymus im Buch an Eustochium über die Bewahrung der Jungfräulichkeit, wo er dem Bücherluxus mancher Christen die bittere Not des Armen vor der Tür, der mit Christus gleichzusetzen ist, gegenüberstellt. Johannes Chrysostomos († 407) tadelt in einer Predigt (Homilia 432 in Johannem, c. 3, PG LIX, 186f.) den spärlichen Bibelbesitz der Christen und spottet darüber, daß vorhandene bibliophile Bücher mit Goldschrift eher als Schauobjekte denn als Objekte der geistlichen Nutzung gehalten würden. Doch trotz aller Kritik zog die bibliophile Mode auch in kirchliche Kreise ein, wie Nachrichten von kostbar ausgestatteten Codices belegen und wie die Wertschätzung und prachtvolle Ausstattung sakraler Handschriften in Ost und West noch bis ins Mittelalter zeigt. Die Sitte der Purpurpergamenthandschriften hielt sich durch die gesamte Spätantike. Eine letzte Blüte erlebte sie im Zeitalter Justinians I. (527-565), in einem Zeitalter, das noch einmal in politischer, kultureller und künstlerischer Hinsicht das reiche Erbe der Antike verarbeitete. Die Mehrzahl der erhaltenen Purpurpergamenthandschriften stammt denn auch aus dem 6. Jahrhundert. Unter ihnen seien an illuminierten Handschriften genannt: die „Wiener Genesis" (Wien, Österreichische Nationalbibliothek, Cod. theol. gr. 31), der Codex Rossanensis (Rossano, Kathedralarchiv), der Codex Sinopensis (Paris, Bibliothèque nationale, Ms. suppl. gr. 1286). Etwas älter ist die Cotton-Genesis (London, British Library, Otho B. VI, Bristol, Baptist College; 5. Jh.). Auch reine Texthandschriften auf Purpurpergament haben sich erhalten, so etwa der Codex Beratinus mit Evangelienbruchstücken aus dem Johanneskloster zu Berat in Albanien, oder Evangelienbruchstücke des 6. Jahrhunderts aus Kleinasien in verschiedenen Bibliotheken, benannt als Codex N. Eine der berühmtesten Texthandschriften auf Purpurpergament ist der Codex argenteus in Uppsala, der die gotische Bibelübersetzung des Wulfila aus dem 6. Jahrhundert enthält.

Die Kenntnis über die antike *Purpurherstellung* verdanken wir im wesentlichen einem Bericht des älteren Plinius in seiner „Naturalis historia" (9,124 bis 141). Plinius gliedert seine Darstellung über die Purpurfärberei in zwei Abschnitte. Im ersten (9,124–133) informiert er über die Lebensweise und den Fang der Purpurschnecken; sein Interesse konzentriert sich dabei vor allem auf die Sorten von Purpurschnecken, die für Purpur- und Conchylinfarben gebraucht werden. Im zweiten Abschnitt berichtet er über die Methoden der Herstellung der Purpur- und Conchylinfarben, dazu auch von verschiedenen Purpursorten: Einfachfärbungen, Kombinationsfarben, die aus der Kombination verschiedener Purpurfarbstoffe hervorgehen, und zuletzt Luxuspurpurfarben (9,133–141). Plinius stellt fest, daß die Purpur- und Conchylinfarben aus derselben Substanz bestehen, sich jedoch in der „Mischung" unterscheiden. In früheren Jahrhunderten wurde daher Conchylinpurpur als echter, vollwertiger Purpur, als selbständige Sorte angesehen. W. A. Schmidt hatte hingegen 1842 den Unterschied darin erblickt, daß die Purpurfarben aus reinem Schneckensaft gewonnen würden, die Conchylinfarben hingegen durch Vermischung und Verdünnung bzw. Zersetzung des Schneckensaftes mit anderen Substanzen wie Wasser, Urin oder Fucus gewonnen würden. Nach Plinius wurde der Farbstoff für beide Farbarten aus zwei Schneckenarten gewonnen, dem Bucinum (Purpura haemastoma Lam., Trompetenschnecke) und der Purpura (Murex trunculus Linné). Allerdings nennt Plinius in seinem Werk noch mindestens fünf weitere Purpurschnecken, die einen brauchbaren bis guten Farbstoff liefern; auffallenderweise nennt er die Murex brandacis nicht, deren Schalen auf Abfallhaufen antiker Purpurfabriken in Menge gefunden wurden. Plinius gebraucht das Wort „purpura" nur für rein rote bzw. rotviolette Purpurfarben oder Purpurfarben, die mit rotviolettem Purpurfarbstoff kombiniert sind, während die Conchylinfarben einen blauen Grundton besitzen. Es sei hier übrigens bemerkt, daß die Purpurfarbstoffe in den Hypobranchialdrüsen der Purpurschnecken noch keine ausgebildeten Farbstoffe sind, sondern nur Farbstoffvorprodukte (Chromogene). Die Bildung des Farbstoffes erfolgt entweder durch enzymatische Hydrolyse oder durch Säurehydrolyse. Die enzymatische Hydrolyse vollzieht sich unter der Aktivität des Enzyms Purpurase unter der Einwirkung von Luftsauerstoff und Belichtung. Beim Kochen der Drüsenextrakte unter Zusatz von Salzsäure erfolgt eine Farbstoffbildung durch Säurehydrolyse. Die Enzymreaktion ist auch an einen bestimmten Temperaturbereich gebunden, da über 70° Celsius das Enzym Purpurase denaturiert wird und die Farbstoffbildung ausbleibt. Plinius berichtet nur über grundlegende Arbeitsvorgänge, ohne das Phänomen der Farbstoffentwicklung zu erwähnen. Er schildert als Ergebnis der Prozesse drei verschiedene Purpurfarbstoffe: den „rubeus color", das „bucinum" und das „pelagium". „Bucinum" war dunkelrot und glänzend, der „color rubeus" war ein dunkles, leicht bläuliches Weinrot, das „pelagium" wird als schwärzlich und dunkel beschrieben. Aus Kostengründen ging man auch schon früh dazu über, Purpurimitate herzustellen, die durch geschickte Kombination billiger Farbstoffe zustande kamen. Rezepte für Purpurimitate sind auf Papyri bis in die Zeit um 200 n. Chr. zurück überliefert. Man konnte etwa phrygischen Alaunstein, Eisenrot, gerösteten Schwefelkies, Blüten des wilden Granatapfelbaumes verwenden; es gab mineralische, tierische und pflanzliche Farbstoffe. In den erhaltenen Purpurpergamenthandschriften finden sich mitunter stärkere Schwankungen in der Farbskala zwischen hellem Lila und dunklem Purpurviolett. Die Ursache könnte in verschiedener Konsistenz und Qualität der verwendeten Farben zu suchen sein oder in verschiedenen Lieferungen für den Vorrat des Skriptoriums, aus dem die Schreiber schöpften.

Drittes Kapitel

Die Buchformen des Altertums

Das Einzelblatt

Für jeden der beiden Beschreibstoffe, Papyrus und Pergament, bot das Einzelblatt die einfachste Form der Niederschrift. Ein einzelnes Blatt, dessen Größe variabel sein konnte, war für kürzere Aufzeichnungen bestimmt. Schon in älterer Zeit fanden sich Blattgrößen von 60 bis 100 cm; die natürliche Länge des Papyrusstengels setzte der Blattgröße eine Grenze. In der Regel wurde ein Einzelblatt in einer Spalte beschrieben. Seinen „Sitz im Leben" hatte das Einzelblatt vornehmlich für Aufzeichnungen des täglichen Gebrauches, für Notizen, Exzerpte, Rechnungen, Quittungen, Flugblätter, Ankündigungen, aber auch für Briefe und Urkunden. Einzelblätter scheinen mitunter als Amulette oder als Anfragen an Orakel auf. Auch auf bildlichen Darstellungen sind Einzelblätter zu sehen. Ein charakteristisches Beispiel eines erhaltenen Einzelblattes ist die „Klage der Artemisia" auf einem Papyrusblatt des späten 4. Jahrhunderts v. Chr. (Wien, Österreichische Nationalbibliothek, Pap. gr. 1). Abb. 11
Man konnte fallweise das Material für derartige alltägliche Aufzeichnungen aus beschriebenen Papyrusrollen gewinnen, deren Rückseite unbeschriftet war. Wenn Aktenrollen oder literarische Rollen nicht mehr aktuell waren, konnten sie ohne Rücksicht auf die erste Beschriftung zerschnitten werden. Sowohl Einzelblätter wie auch neue Rollen durch Zusammenkleben von Makulaturblättern waren das Produkt der sekundären Verwendung von nicht mehr gebrauchten Papyri. Natürlich konnten auch aus den Ballen von neuem Papyrus, wie sie aus den Fabriken kamen, Einzelblätter herausgeschnitten werden.

Die Aufbewahrung eines Einzelblattes konnte in ungebrochener, gefalteter oder gerollter Form erfolgen. An sicheren Orten verwahrte Blätter mochten ungerollt und ungebrochen bleiben. Aber in den meisten Fällen suchte man durch Falten oder Rollen das Blatt zu schützen. Die Funde zeigen, daß viele Aufzeichnungen des täglichen Lebens gefaltet waren. Beispielsweise fanden sich Steuer- und Schuldenverzeichnisse auf Blättern im Kleinoktavformat, die der Länge nach zwei- bis vierfach gefaltet waren. Eine Möglichkeit war auch, die beiden äußeren Ränder eines Blattes nach innen zu falten, so daß sie den Mittelteil des Blattes bedeckten. Diese Randstücke konnten nochmals in sich eingefaltet werden, so daß statt der zwei Faltspuren beim aufgebreiteten Blatt deren vier und mehr zutage treten. Ein Blatt konnte in der Mitte zu zwei gleich breiten Hälften gefaltet werden; diese Hälften konnten unter Umständen abermals nach innen eingefaltet erscheinen; das aufgebreitete Blatt zeigt dann statt einer Faltspur deren drei. Natürlich mußte auf lange Sicht gesehen eine Faltung dem spröden Stoff des Papyrus schaden. Über kurz oder lang brach der Beschreibstoff an den Faltstellen. Als Termini für Einzelblätter sind die Bezeichnungen „scheda", „plagula" oder „schedula" bezeugt.

Für den Kodikologen und Philologen bedeutet der Begriff Handschrift ein Buch, sei es eine Rolle oder ein Codex. Dennoch muß auch stets das Einzelblatt oder die Sammlung von Einzelblättern bei der Geschichte des Handschriftenwesens mit in die Betrachtung einbezogen werden. Die Entwicklungslinie von der ersten Notiz bis zum fertigen Buch, von den Vorstufen und begleitenden Materialien bis zum fertigen Text darf nicht außer acht gelassen werden. Es sei auch noch bemerkt, daß unter Umständen ein einzelnes Blatt einen fertigen Text enthalten kann, sei es einen Brief, ein Gedicht, eine Widmung, eine Adresse, ein Pamphlet, eine Satire, eine Sammlung von Thesen, einen Anschlag, ein Flugblatt, ein Einladungsschreiben, einen mikrographierten Text oder eine Urkunde. Diese Palette von kleinen Texten mag veranschaulichen, was alles auf Einzelblättern ohne weiteres Platz finden konnte. Es fehlt denn auch nicht an Beispielen unter den erhaltenen Papyri. Man denke an die sogenannten Skolien, geschrieben um 300 v. Chr., oder an ein Preisgedicht auf Hermes und auf einen jungen Gymnasiarchen des 3. Jahrhunderts n. Chr. Ein Preisgedicht auf Johannes aus dem 6. Jahrhundert steht auf zwei Blättern. Ein Trauergedicht auf den Tod eines Rhetors aus Berytos aus dem 4. Jahrhundert n. Chr. ist auf Codexblättern geschrieben.

Die Rolle

Die vorherrschende Buchform der Antike war die Rollenform. Sie trat in der Hauptsache als Papyrusrolle in Erscheinung. Freilich sei bereits hier erwähnt, daß auch Leder und Pergament in Rollenform gebraucht werden konnten. Tierhäute, die in allen Ländern verfügbar waren, konnten in Gestalt des Leders, also des enthaarten, gereinigten und gegerbten Materials, bei Ägyptern, Persern, Assyrern und Juden in Rollenform verwendet werden. Die berühmten Funde von hebräischen Lederrollen in Qumran seit 1947 bilden ein bekanntes Beispiel. Herodot bezeugt, daß die Tierhaut in Griechenland durch den Papyrus verdrängt wurde. Die Pergamentrolle ist ihrem Wesen nach eine Fortbildung der Lederrolle; in der Ausstattung schloß sie sich der Papyrusrolle an. Von der Bibliothek der Attaliden in Pergamon wird aus dem 2. Jahrhundert v. Chr. überliefert, daß sie Pergamentrollen besessen habe. Überlieferte Pergamentrollen stammen indes erst aus dem 3. Jahrhundert n. Chr.

An erster Stelle stand im Altertum unstreitig die *Papyrusrolle*. Sie wurde in beliebiger Länge durch das Aneinanderkleben von Papyrusblättern hergestellt. Die als χάρτης (chartes), charta, βίβλος (biblos) oder liber, κύλινδρος (kylindros) oder volumen, später auch als τόμος, tomus bezeichnete Rolle besaß im Durchschnitt eine Länge von 6 bis 10 Metern; es sind aber auch Rollen mit wesentlich größerer Länge bekannt. Die Durchschnittsbreite der Rolle betrug 25 bis 30 cm; die Breite konnte aber auch zwischen den Ausmaßen von 15 und 40 cm schwanken. Die Papyrusblätter wurden derart aneinandergeklebt, daß die horizontal verlaufenden Fasern innen zu liegen kamen; auf dieser Rectoseite konnte der Kalamos, das übliche Schreibinstrument der klassischen Zeit, leicht über die Oberfläche gleiten. Die vertikal verlaufenden Fasern der Versoseite setzten dem Kalamos einen gewissen Widerstand entgegen. Die Klebungen der einzelnen Blätter wurden meist sorgfältig ausgeführt, so daß sie kaum merkbar waren und auch ohne weiteres vom Schreiber überschrieben werden konnten. Der Schreiber konnte freilich auch seinen Zeilen gerade jene Länge geben, daß die geklebten Stellen der Rolle frei blieben. Die Breite eines Blattes zwischen den Klebestellen, also ein κόλλημα (kollema), bot in der Regel zwei Schriftkolumnen Platz. Es gibt Rollen mit mehr als hundert Kolumnen. Die Blätter wurden als σελίδες (selides) bezeichnet. Das erste Blatt einer Rolle war das πρωτόκολλον (protokollon), das letzte Blatt das ἐσχατόκολλον (eschatokollon). In ägyptischen Rollen finden sich Zeichen, die je zwanzig Kollemata begrenzen; es handelt sich wohl um eine Einheit für Fabrikation und Handel. Die Nachricht des Plinius, daß nicht mehr als zwanzig Blätter aneinandergeklebt wurden, dürfte auf diese Einheit von zwanzig Kollemata innerhalb längerer Rollen zu beziehen sein.

Wenn hier einige *Charakteristika der Papyrusrolle* beschrieben werden, so ist freilich anzumerken, daß diese auf den Beobachtungen aus den erhaltenen Funden beruhen; und der Strom der Überlieferung der antiken Rollen fließt hauptsächlich aus Ägypten und hauptsächlich aus der Zeit des Hellenismus und der Spätantike. Zugleich ist dies eine Epoche, in der das griechische und das römische Buchwesen kaum noch Unterschiede aufweist. Es erhebt sich daher die Frage nach der Entwicklung des Buchwesens und der Rolle vor dem 3. Jahrhundert v. Chr., mit dem die Funde reichlicher werden. Die Andeutungen bei Schriftstellern über die äußere Form des Buches sind relativ spärlich; die Ikonographie der bildlichen und plastischen Denkmäler muß ergänzend hinzutreten.

Bei den alten Griechen sind als Beschreibstoffe Leder und Papyrus vorauszusetzen. Beide Schriftträger sind eng mit der Form der Rolle verknüpft. Wenn in Ionien auch das Papyrusbuch mit dem Terminus „diphthera", der Tierhaut bedeutet, bezeichnet wurde, klingt darin die Erinnerung an Lederrollen nach. Wenn der Papyrus als Beschreibstoff etwa seit dem endenden 7. Jahrhundert v. Chr. in Griechenland eindrang, dann dürfte er wohl von Anfang an als Papyrusrolle in Verwendung gestanden haben. Die Denkmäler sichern für das 5. Jahrhundert v. Chr. den Gebrauch der Buchrolle; damit Abb. 5 stehen wir aber bereits im Zeitalter der großen Tragiker Aischylos, Sophokles und Euripides, in der Zeit Pindars, Herodots und Thukydides'. Auch die aufblühende Prosaliteratur und das steigende Lesebedürfnis müssen im

Abb. 5: Lehrer mit Buchrolle. Schulszene auf einer rotfigurigen Vase des Duris, ca. 480 v. Chr.

6. und 5. Jahrhundert auf die Entstehung des klassischen Buches Einfluß ausgeübt haben. Für das 5. Jahrhundert v. Chr. darf wohl bereits eine entwikkelte Buchtechnik vorausgesetzt werden. Der aus dem 4. Jahrhundert v. Chr. Abb. 12 stammende Papyrus der „Perser" des Timotheos darf als wichtiger Zeuge für die Buchtechnik vor der hellenistischen Epoche angesprochen werden. Die Datierung der Timotheosrolle in das 4. Jahrhundert v. Chr. wird gestützt durch die Gleichartigkeit der Schrift auf einer ptolemäischen Urkunde von 311 v. Chr., einem Heiratsvertrag aus Elephantine; es handelt sich um den sogenannten „Inschriftenstil", so benannt, da die Buchschrift den Schriften der Inschriften nahesteht. Die gut bearbeitete Timotheosrolle besteht aus Blättern, die eine Breite von 22 cm und eine Höhe von 19 cm aufweisen. Da die Klebungen sorgfältig ausgeführt sind, konnte die Schrift ohne Anstoß über diese darübergeschrieben werden. Die Rolle wurde in einem Friedhof von Abusir bei Kairo als Beigabe zu einer Mumie gefunden; erhalten ist nur das Ende, etwa die Hälfte des einstigen Buches. Der Text steht in fünf Kolumnen auf der Rolle; jede dieser Kolumnen hat etwa 27 Zeilen, die dem oberen und unteren Rand sehr nahe kommen. Die Kolumnen selbst sind relativ breit; im Gegensatz zu späteren Rollen ist die Länge der einzelnen Zeilen sehr ungleich; sie kann bis zu 23 cm erreichen. Auf der letzten Kolumne endet der Text mit vier Zeilen; ein Titel findet sich nicht. Sinnabschnitte werden durch waagrechte Striche getrennt. Der Verfasser der Dichtung nennt sich in der vorletzten Kolumne als Timotheos von Milet; die im Gedicht besungene Seeschlacht ist ohne Zweifel jene von Salamis aus dem Jahre 480 v. Chr. Aus literarischen Zitaten wissen wir, daß die „Perser" des Timotheos für eine Festaufführung in

Milet um 400 v. Chr. gedichtet worden waren. Damit ist die gefundene Papyrusrolle nur um Jahrzehnte von der Schaffenszeit des Dichters entfernt. Es erhebt sich nun die Frage, ob dieser frühe Fund als Beispiel für das frühe griechische Buch vor der Zeit des Hellenismus angesehen werden darf, zumal er aus Ägypten stammt. Griechen siedelten in Ägypten bereits vor der Zeit Alexanders des Großen. Wenn sie in Ägypten literarisch tätig sein oder Bücher schreiben wollten, liegt es nahe, daß sie ihre formalen Vorbilder, ihre Schriftträger aus der Heimat mitbrachten. Die ägyptischen Papyrusrollen waren zwar äußerlich vergleichbar, doch inhaltlich den Griechen nicht zugänglich und daher nur bedingt als Vorbilder nutzbar. War also die Papyrusrolle in Griechenland bereits im 5. und 4. Jahrhundert v. Chr. üblich, wird sie mit großer Wahrscheinlichkeit auch den in Ägypten siedelnden Griechen vertraut gewesen sein. Wenn die Analyse des Timotheospapyrus kleinasiatische Eigenheiten in Orthographie und Form der Buchstaben zu erkennen glaubt, dann mag auch darauf verwiesen werden, daß gerade aus Kleinasien griechische Söldner und Kaufleute in größerer Zahl nach Ägypten gekommen sind. Unter Berücksichtigung dieser Aspekte mag der Timotheospapyrus aus dem 4. Jahrhundert v. Chr. als beispielhafter Vertreter der klassischen Buchkultur angesehen werden.

Als bisher ältestes Fragment eines griechischen literarischen Textes wurde im Jahre 1963 bei Derveni in der Nähe von Thessalonike ein angekohltes Papyrusfragment als Teil eines Leichenbrandes gefunden, das in die Mitte des 4. Jahrhunderts datiert werden kann. Das Fragment enthält Reste eines Kommentars zu einem kosmologischen Werk. Erhalten sind zwölf Zeilen einer Kolumne und Spuren einer weiteren Kolumne; auch dieses Fragment, das nun aus dem griechischen Festland stammt, ist im „Inschriftenstil" geschrieben.

Der *„Inschriftenstil"* führt eine Majuskelschrift vor Augen, wie sie in den in Stein gemeißelten Urkunden auftritt. Es fehlt jegliche Ligatur; runde Formen sind weitgehend vermieden; die Buchstaben sind unverbunden nebeneinandergesetzt; Wort- und Satztrennung ist nicht zu beobachten. Sollten tatsächlich die Griechen im 5. und 4. Jahrhundert v. Chr. ausschließlich im „Inschriftenstil" geschrieben oder doch nicht bereits eine kursivere Schrift besessen haben? Die im „Inschriftenstil" geschriebene „Klage der Artemisia" Abb. 11
aus dem 4. Jahrhundert v. Chr. ist das Werk einer wenig schreibgewohnten Frau, die eine schulmäßige Schrift schreibt. Der Timotheospapyrus ist hingegen ein Werk der hohen Literatur; und der oben erwähnte Heiratsvertrag aus Elephantine stammt aus der Welt der Verwaltung. So mag die oben gestellte Frage zwar nicht völlig beantwortbar sein, aber die Bedenken gegen eine These vom Gebrauch des „Inschriftenstils" in klassischer griechischer Zeit mögen etwas abgeschwächt sein. Jedoch kommt beim Timotheospapyrus noch ein Problem hinzu. Der Schreiber der Rolle ist zwar des Schreibens relativ gut kundig, jedoch zeigt er keine Mühe, eine kalligraphische Abschrift herzustellen. Die Länge der Zeilen variiert; der Schreiber folgt nicht dem Versmaß; die Abstände zwischen den Kolumnen sind nicht gleichmäßig; be-

Abb. 12

sonders lange Zeilen rücken bisweilen an die folgende Spalte heran. Bei den meisten Buchhandschriften zeigt sich hingegen das Bemühen, den Zeilen der Kolumnen die gleiche Länge zu verleihen und die Abstände zwischen den Spalten regelmäßig zu gestalten; doch ist dies bereits ein Kennzeichen der hellenistisch-alexandrinischen Buchkunst. Es mag vermutet werden, daß der Timotheospapyrus entweder eine private Abschrift des Textes oder ein Exemplar einer billigen Buchausgabe darstellt. Vielleicht hatte der Tote, bei dem die Rolle gefunden wurde, den Text selbst geschrieben oder für sich abschreiben lassen. Die Noten für das dithyrambische Gedicht fehlen; entweder war der Schreiber nur am Text interessiert oder ein Sänger, der die Melodien auswendig kannte. Privatabschriften hat es sicher in größerer Anzahl gegeben; und von im Buchhandel erhältlichen billigen Exemplaren ist uns auch Kunde überkommen. So ist der Timotheospapyrus des 4. Jahrhunderts ein wertvolles Dokument für die Beurteilung des klassischen Buchwesens; aber die Frage muß offen bleiben, ob der Papyrus ein in allen Aspekten gültiges Modell für die Buchtechnik der klassischen Zeit in Athen und anderen Zentren des geistigen und literarischen Lebens darstellt.

Mehr Informationen über das Buch des 5. und 4. Jahrhunderts sind kaum zu gewinnen. Die These von Theodor Birt, daß es in der Frühzeit Großrollen gegeben hat, dürfte nicht zutreffend sein. Sicherlich geht die Einteilung in Bücher bzw. Rollen in der Regel auf spätere Bibliothekare zurück und weniger auf den Autor. Indes ergäbe etwa eine Rolle für das gesamte Werk des Thukydides nach moderner Hochrechnung eine Länge von 80 Metern, die denn doch zu schwer und zu unhandlich gewesen sein dürfte. Eine Verteilung umfangreicher Werke auf mehrere Rollen von überschaubarem Umfang sollte wohl schon für die klassische Zeit angenommen werden. Dies bedeutet noch nicht, daß Rolle und Bucheinheit übereinstimmen mußten. Allmählich erst bildete sich die Idee heraus, daß eine Rolle auch unter inhaltlichem Aspekt etwas Ganzes darstellen müsse. Aus einem Zitat beim Juristen Ulpian (um 200 n. Chr.) wollte man die Existenz von Großrollen herauslesen. Ulpian sagt nämlich an einer Stelle: „Wenn jemand den ganzen Homer in einer Rolle besäße, so rechnen wir nicht 48 einzelne Bücher, sondern die eine Homerrolle hat als ein Buch zu gelten." Der Jurist wollte mit diesem Satz wohl doch eher zum Ausdruck bringen, daß im rechtlichen Sinn Rolle gleich Buch sei. Die Wahl Homers als Beispiel ist ein Extrembeispiel, das noch nicht die reale Existenz von Großrollen beweisen muß. Wenn der alexandrinische Gelehrte und Dichter Kallimachos († 240 v. Chr.) einmal ein großes Buch ein großes Übel nennt (μέγα βιβλίον μέγα κακόν), steht zu fragen, ob er diesen Ausruf ernst oder ironisch gemeint hat. Man hat in der früheren Forschung darin die Verurteilung der Großrollen erblicken wollen; doch wahrscheinlich erscheint der Ausspruch als ein Stoßseufzer über umfangreiche Werke in einem Zeitalter der Vielschreiberei.

Aus all dem Gesagten kann für die klassische Epoche des griechischen Buches postuliert werden, daß man außer sekundären Beschreibstoffen für das Buch die Lederrolle und die Papyrusrolle benützte. Letztere überwog wohl bereits in klassischer Zeit über den älteren Beschreibstoff. Der Standard in der Ausstattung begann sich zu entwickeln; durch einen Buchhandel konnte bereits in dieser Epoche für die Verbreitung von Literaturwerken gesorgt werden.

Ab dem 3. Jahrhundert strömen die Quellen für die Entwicklung des antiken Buchwesens bereits reichlicher. Durch die große Anzahl von Funden von Resten griechischer Bücher ist das Anschauungsmaterial unmittelbar gegeben. Zweifelsohne dominierte nun die Papyrusrolle; andere Beschreibstoffe, wie die von Pergamon ausgehenden Pergamentrollen, änderten noch nichts an diesem Umstand. Bereits der erste Ptolemäer legte den Grundstein zur Blüte des wissenschaftlichen und literarischen Lebens in Ägypten, als er Bibliothek und Museion ins Leben rief. Ptolemaios II. zog Gelehrte und Literaten nach Alexandreia. Es verstand sich von selbst, daß die alexandrinische Bibliothek, an der systematisch die Literatur der griechischen Welt gesammelt wurde, auch maßgeblichen Einfluß auf das hellenistische Buchwesen ausüben mußte. Denn es galt, nicht nur Texte zu beschaffen, sondern sie auch kritisch und philologisch zu bearbeiten und von älteren oder schlecht erhaltenen Exemplaren neue Abschriften anzufertigen. Damit war zwangsläufig eine Schreibschule verbunden. Die Förderung des Abschreibens literarischer Werke mußte das Buchgewerbe insgesamt stimulieren und den Trend zu einer einheitlichen Buchtechnik verstärken. Die ungeheure Masse der verwahrten Buchrollen muß ebenso zwangsläufig ein Streben nach Gleichmäßigkeit auch in den äußeren Gegebenheiten der Rollen unterstützt haben.

Ein erster Ansatz zu einer gewissen Vereinheitlichung bot sich bei der Festlegung der *Länge der Rollen*. Eine Unterteilung von Rollen durch die Autoren vor der Zeit des Aristoteles ist nicht bekannt. Ob mit „Großrollen", wie sie Theodor Birt postuliert hatte, zu rechnen ist, bleibt zweifelhaft. Zwar gibt es ägyptische Papyrusrollen in einer Länge von 40 bis 43 Metern, die aber sehr gebrechlich und sehr unhandlich zu benutzen waren. Die alexandrinischen Philologen und Bibliothekare führten konsequent eine Teilung der größeren Werke in mehrere Rollen durch, die als bibliographische Einheiten aufgefaßt wurden und auch bei statistischen Erhebungen als jeweilige Einheit galten. Es war dies sicherlich ein längerer Prozeß; doch von Anfang an mußte es unbequem erschienen sein, wenn größere Werke, wie etwa die Geschichte des Herodot oder des Thukydides, auf mehrere Rollen willkürlich und vielleicht in verschiedenen Exemplaren auch verschiedenartig verteilt waren. Der Gedanke lag nahe, das gesamte Werk in Abschnitte zu gliedern, die im Umfang voneinander nicht wesentlich abwichen und die zugleich inhaltlich mehr oder weniger in sich abgerundet waren. Unter dem Einfluß der alexandrinischen Bibliothek setzte sich allmählich die der älteren Zeit fremde Einteilung umfangreicher Werke in Bücher überschaubaren Inhalts durch. Damit war auch für die Schreibschule die Größe der Rolle vorgegeben. Man konnte ja den Umfang in etwa vorausberechnen; auf keinen Fall wurde die Rolle beim

Schreiben durch Ankleben weiterer Blätter auf das gewünschte Maß vergrößert. Natürlich unterschritten die Papyrusrollen auch nicht ein gewisses Maß. War also ein Werk eines Autors zu klein, um eine noch so bescheidene Rolle zu füllen, so fügte man ein anderes, passendes Werk in der Rolle hinzu. In den Katalogen der alexandrinischen Bibliothek wird von „einfachen" und von „gemischten" Rollen gesprochen. Schon Theodor Birt hatte die sicher das Richtige treffende Vermutung geäußert, daß unter „gemischten" Rollen solche zu verstehen seien, die mehrere kleinere Werke in sich vereinten. Die „einfachen" Rollen sind demnach solche, in denen ein geschlossenes Werk eines Autors oder zumindest ein ganzes Buch eines größeren Werkes enthalten war.

Es konnte nicht ausbleiben, daß die aus bibliothekstechnischen und bibliographischen Gründen erfolgte *Vereinheitlichung der Buchtechnik* auf das Buchgewerbe und auch auf die Autoren selbst Einfluß nehmen mußte. Ein Reflex dieser Vereinheitlichung war auch in der philologischen Tätigkeit der Bibliothekare und Gelehrten zu verspüren. Die von ihnen veranstalteten kritischen Ausgaben der älteren Literaturwerke befolgten ebenfalls die im Rahmen der Bibliotheksarbeit gewonnenen Grundsätze. Damit wurden diese Ausgaben ihrerseits zum Vorbild für die weiteren Abschriften, solange noch die Papyrusrolle für literarische Werke benützt wurde. Selbst nach der Umschrift der Rollen in Codices im frühen Mittelalter zeigen sich noch Spuren der in den Rollen üblichen kodikologischen und paläographischen Gegebenheiten. Da kaum eine Papyrusrolle in ihrer gesamten Länge erhalten ist, bedarf es der Hochrechnung, um das durchschnittliche Maß eines Rotulus zu bestimmen. Es zeigt sich, daß eine Länge von sechs oder sieben bis zehn Metern in der Regel das obere Maß bildete. Man hat beispielsweise für Platons „Symposion" oder den „Panegyrikos" des Isokrates eine Rolle von etwa siebeneinhalb Metern berechnet. Der Papyrusrestaurator Hugo Ibscher hat festgestellt, daß eine etwa sechs Meter lange Papyrusrolle im fest um einen Zylinder gewickelten Zustand einen Durchmesser von fünf bis sechs Zentimetern haben mußte; es war dies ein Maß, das für eine Hand bequem zu umschließen war. Wenn aus der späteren Antike Äußerungen von Schriftstellern über das Verhältnis von Rolle und Buchinhalt bekannt sind, dürften sie wohl Gewohnheiten widerspiegeln, die sich seit dem 3. Jahrhundert v. Chr. herausgebildet hatten. Der Historiker Diodorus Siculus (1. Jh. v. Chr.) äußert etwa den Gedanken, daß es den Autoren von Geschichtswerken zieme, in ihren Büchern die Geschichte von Städten oder Königen vollständig von Anfang bis zum Ende darzustellen. Dahinter stehe also sichtlich die Absicht, daß der Historiker jedes Buch zu einem in sich geschlossenen Abschnitt der Geschichte gestalten solle. Die hier für den Historiographen aufgestellte Forderung galt mutatis mutandis auch für andere Literaten. Ab dem 4. Jahrhundert v. Chr. beginnt sich offensichtlich die Intention durchzusetzen, umfänglich konzipierte Werke in einzelne inhaltlich in sich abgerundete Bücher bzw. Rollen unterzugliedern. Es war freilich nicht immer möglich, den annähernd gleichen Umfang einzuhalten. Wenn etwa die einzelnen Bücher der Geschichte des

Polybios (um 200-120 v. Chr.) von ungleicher Länge sind, kann man daraus folgern, daß der Autor sich die Freiheit nahm, für die einzelnen Bücher Rollen von verschiedener Länge zu wählen. Das Postulat, daß ein in sich abgerundeter Inhalt nicht von einer Rolle in die andere übergreifen solle, war mit dem Prinzip der Unterteilung größerer Werke in kleinere Bücher mehr oder weniger verbunden. Eine Folge davon war es aber auch, wenn am Beginn eines neuen Buches der Inhalt des vorhergehenden kurz rekapituliert wurde. Wenn das neue Buch zugleich eine neue Rolle darstellte, war der Leser ja rein äußerlich zu einer Pause veranlaßt; bei Wiederaufnahme der Lektüre konnte eine kurze Andeutung des Inhalts des vorangehenden Buches willkommen sein.

Ein rein formales Postulat, wie es die Untergliederung größerer Werke in kleinere Rollen darstellte, mußte für manche Schriftsteller eine Herausforderung bilden. Nicht immer mochte die Ordnung des Stoffes derart gelingen, daß sich Inhalt und Rolle entsprachen. Paulus Orosius klagt im 5. Jahrhundert n. Chr. einmal, daß sein Stoff so reich bemessen sei, daß er im vorliegenden Buch nicht zu Ende dargestellt werden könne; der Autor müsse das Ende der Rolle respektieren und in der folgenden Rolle mit dem Stoff fortfahren. Noch Isidor von Sevilla bemerkt im 7. Jahrhundert n. Chr., daß für Gedichte und für Briefliteratur ein kleineres Format und ein kleinerer Umfang als für historiographische Werke üblich sei; dahinter steht ein Reflex der normierenden Tätigkeit des Buchhandels und des Bibliothekswesens.

Das *Format der Papyrusrolle* wird in weiterer Folge durch die Höhe der Blätter bestimmt. Die Funde zeigen, daß die Durchschnittsbreite der Rolle zwischen 25 und 30 cm betrug, daß aber die Breite auch zwischen 15 und 40 cm schwanken konnte. Die Anzahl der Buchrollen mit einer Breite von über 30 cm ist nicht sehr groß. In dieser Gruppe befinden sich vornehme und bibliophil anspruchsvolle Handschriften, wenn auch solche von geringerer Sorgfalt der Ausführung nicht fehlen. Innerhalb der Ausmaße von 20/25 bis 30 cm kommen so ziemlich alle Maße vor; eine Gruppenbildung ist nicht möglich. Die Funde zeigen, daß schon seit dem beginnenden 3. Jahrhundert v. Chr. Formate zwischen 20 und 30 cm Blatthöhe bekannt waren. Frühe Texte weisen auch Ausmaße von 19-20 cm, ja sogar 15-17 cm auf. Vereinzelt stehen winzige Rollen da. So maß eine Rolle mit Epigrammen nicht einmal 5 cm; es war dies ein Taschenformat, das man bequem bei sich tragen und unter Umständen leicht verstecken konnte. Durch die gesamte Epoche der Herrschaft der Papyrusrolle ab der hellenistischen Zeit behauptete sich aber nach den erfolgten Beobachtungen ein Durchschnittsmaß von 25 bis 30 cm für die Höhe der die Rolle zusammensetzenden Blätter.

Literarische Rollen wurden mit *Kolumnen* gleichmäßiger Breite beschrieben, die parallel zum Längsrand standen und möglichst von gleicher Zeilenanzahl sein sollten. Ober- und unterhalb der Kolumnen blieb ein breiterer Streifen leer; denn das Beschreiben der Rolle bis an den Rand verbot sich ja bereits infolge der Brüchigkeit des Beschreibstoffes, insoferne beim Manipulieren der Rolle durch das Auf- und Zurollen am Rand leichter mechanische

Beschädigungen eintreten konnten. Dazu traten bibliophile Ansprüche; denn je breiter der Rand war, umso eleganter wirkte die Rolle. Aus ähnlichen Erwägungen blieb auch am Beginn und am Ende der Rolle ein breites Feld frei. Ein lustiger Ausspruch des Kynikers Diogenes (bei Diogenes Laertios 6,38 überliefert) bezieht sich auf diese Sitte; als jemand ein überaus langes Werk vorlas und die Zuhörer sichtlich ermüdet waren, rief Diogenes, als er plötzlich gegen Ende der Rolle ein unbeschriebenes Stück sah, aus: „Nur Mut, Männer! Ich sehe Land!“ Der äußere Anblick der Papyrusrolle wurde mithin wesentlich durch die Breite des oberen und unteren Randes und damit durch das Verhältnis der Schriftkolumne zur Schreibfläche bestimmt. Die Papyrusfunde zeigen zwar große Unterschiede, ohne daß aber von Regellosigkeit gesprochen werden könnte. Bibliophile Rollen weisen nicht selten Kolumnen auf, die nur zwei Drittel der Gesamthöhe der Blätter ausmachen. In anderen, weniger anspruchsvollen Rollen finden sich Verhältnisse von drei Vierteln, vier Fünfteln oder fünf Sechsteln der Rollenhöhe. Das Verhältnis von 2:3 begegnet häufig in der Gruppe der Rollen mit einer Höhe von 30 cm und mehr. Es sei an dieser Stelle betont, daß es sich dabei um keine Normen handelt, sondern um einen akzeptierten Usus bzw. um statistische Mittelwerte. Ausnahmen gab es zu allen Zeiten. So weist etwa die Rolle mit dem Kommentar des Didymos Chalkenteros zu den Reden des Demosthenes aus dem 2. Jahrhundert n. Chr., gefunden in Hermupolis Magna, ein sehr großes Format auf, ist aber bis auf das Äußerste ausgenützt. Hingegen besitzt eine Rolle mit den Paianen Pindars aus dem 2. Jahrhundert n. Chr. ein kleines Format; dennoch nimmt die Schrift kaum zwei Drittel der Höhe ein. Die erwähnte Rolle mit dem Demostheneskommentar des Didymos sei auch deshalb in ihrer Bedeutung unterstrichen, weil sie als gelehrtes philologisches Werk eine Fülle von Zitaten aus antiken Schriftstellern überliefert, die sonst verloren sind; es liegt also ein doppelter Gewinn vor.

Auch die *Abstände der Kolumnen* voneinander bestimmen das Bild der Rolle. Im Unterschied zum Codex, auf dessen Seiten die vier Ränder den Schriftspiegel umgeben, fallen in der Rolle die Zwischenräume zwischen den Kolumnen besonders ins Auge, zumal beim Abrollen der Leser immer mehrere freie Räume zwischen den Spalten vor sich sieht. Breite Zwischenräume galten zumeist als Zeichen eines bibliophilen Buches; enge Zwischenräume konnten als ärmlich angesehen werden. Beim oben erwähnten Timotheospapyrus fehlen die Abstände fast ganz; es dürfte sich ja entweder um eine private Abschrift oder eine billige Buchausgabe gehandelt haben. Hingegen sind beispielsweise bei einem Kommentar zum „Theaitetos“ Platons, der in Hermupolis Magna im 2. Jahrhundert n. Chr. geschrieben worden war und nun in Berlin verwahrt wird, die Abstände besonders breit; es handelt sich um eine erstklassige Handschrift. Zu beachten ist indes auch das Verhältnis der Höhe der Rolle zur Breite der Abstände zwischen den Kolumnen; eine kleinere Rolle läßt in der Regel nicht ebenso große Abstände zu wie eine hohe Rolle.

An dieser Stelle sei angemerkt, daß kommentierende Bemerkungen, Scholien und Glossen zwischen, ober- und unterhalb der Spalten eingesetzt werden konnten. Illustrationen fanden ihren Platz in freigebliebenen Räumen innerhalb der Kolumnen oder aber zwischen diesen und an den Rändern.

Die *Höhe der Kolumnen* wird durch die Zahl der Zeilen bedingt. Der Spielraum ist groß, wenn man die verschiedenen Größen der Schrift und der Schriftarten und den Abstand der Zeilen voneinander bedenkt; so kann man kein festes Verhältnis von Kolumnenhöhe zur Zeilenzahl erwarten. Freilich begrenzt ein niedriges Format die Zeilenzahl eher als ein hohes. Eine Rollenhöhe von 30 cm gestattet in der Mehrzahl der Fälle die Anbringung von zwanzig bis dreißig Zeilen. Indes kommen oft auch mehr als dreißig Zeilen vor. Der erwähnte Theaitetoskommentar weist an die fünfzig Zeilen auf. Unter zwanzig Zeilen sinkt die Schriftkolumne nur selten, und dies eher bei niedrigem Format der Rolle. Ein Papyrus mit den Paianen des Pindar weist etwa nur fünfzehn Zeilen auf. Die oben erwähnte winzige Epigrammrolle mit einer Höhe von vier bis fünf Zentimetern zeigt etwa sieben Zeilen. Da die ältesten Rollen ein eher mäßig hohes Format aufweisen, bewegt sich ihre Zeilenzahl zwischen zwanzig und dreißig. Eine größere Zeilenzahl zählt zu den Charakteristika jüngerer Rollen.

Es mag merkwürdig erscheinen, wenn innerhalb derselben Rolle die Kolumnen verschiedenartig gestaltet sind. So gibt es etwa eine Rolle mit Homers Ilias, in der die Zeilenzahl zwischen 63 und 42 Zeilen schwankt. An sich sind Schwankungen von fünf bis acht Zeilen keine Seltenheit. Man hat den Eindruck, daß eher das Gleichmaß der Kolumne in ihrer Ganzheit als die gleiche Anzahl der Zeilen von Bedeutung war. Es fehlt ja die bei mittelalterlichen Codices auftretende Normierung der Zeilenzahl vor Beginn der Schreibtätigkeit. Wurde etwa der Schreiber einer Rolle gegen Ende des Textes flüchtiger, mußte sich dieser Umstand auf Zeilenzahl und Aussehen der Kolumne auswirken.

In der Regel war die Höhe der Kolumne größer als deren Breite. Verszeilen eines hexametrischen Epos nach Art der Ilias und Odyssee Homers und vieler anderer epischer Gedichte waren dazu angetan, die Kolumne breit ausfallen zu lassen. Bei Prosatexten war die Freiheit in der Gestaltung des erwähnten Verhältnisses größer. Bei einer Zeilenbreite von zehn bis fünfzehn Buchstaben fiel die Höhe der Spalte natürlich besser ins Auge.

Sollte ein meßbares Verhältnis der Höhe zur Breite einer Schriftkolumne feststellbar sein, mußte eine Kolumne zur Gänze die gleiche Breite bewahren. War es leicht, jede Zeile in derselben Linie zu beginnen, traf dies nicht immer am Ende der Zeile zu; man denke an die Schwierigkeiten der Worttrennung, an zu kurze oder zu lange Wörter gegen Ende der Zeile und ähnliche paläographische Gegebenheiten. Je sorgfältiger die Buchhandschrift sein sollte, desto mehr sollte sich der Schreiber um die gleiche Breite der Kolumne bemühen. Es kam hier weniger auf die Anzahl der Buchstaben an, die doch untereinander verschiedene Ausdehnung besitzen, als vielmehr auf das Einhalten eines gewissen Maßes. Da allzu lange Zeilen einem flüssigen Lesen hinderlich waren, scheint bei literarischen Handschriften sich eine durchschnittliche Zeilenlänge nach dem Maß des mittleren epischen Verses als empfehlenswert herausgebildet zu haben. Doch auch unter dieses Maß konnten Papyri gehen; in anspruchsvollen Rollen umfaßte eine Zeile oft nur zehn bis fünfzehn Buchstaben. Ein Beispiel dafür ist der oben erwähnte Kommentar zum platonischen „Theaitetos". Häufig ist ein Maß von zwanzig bis fünfundzwanzig Buchstaben pro Zeile festzustellen.

Das Bemühen um *Zeilengleichheit* konnte leichter in Prosatexten zum Tragen kommen. In poetischen Texten konnte dieses Bemühen dann greifen, wenn die Texte als Prosa, also ohne metrische Gliederung, geschrieben wurden. Ein Beispiel für ein nach Art der Prosa geschriebenes Gedicht stellt der Timotheospapyrus dar. In der ersten Hälfte des 3. Jahrhunderts v. Chr. begann der Grundsatz der Zeilengleichheit sich durchzusetzen. Er zählt mit zu den Verdiensten der alexandrinischen Bibliothekare. Schon hier sei darauf verwiesen, daß die Zeilengleichheit eine Voraussetzung für das System der Stichometrie bildete. Unter *Stichometrie* versteht man die Zählung der Zeilen in den Kopien literarischer Texte. Einer der Gründe der Förderung dieses Systems lag wohl in der Sicherung des Textbestandes gegen Kürzungen und Interpolationen. Die Sitte wurde in hellenistischer Zeit weiter ausgebaut und der Katalogisierung und Bibliographierung dienstbar gemacht. Seit der Kaiserzeit ist auch ein kommerzieller Aspekt nachzuweisen, insoferne die Stichometrie der Berechnung des Schreiberlohnes und den Intentionen des Buchhandels dienen konnte.

Um die durch die Regel vorgegebene Breite der Zeilen einzuhalten, gab es mancherlei Hilfsmittel. Nicht selten beobachten wir, daß der Schreiber am Ende der Zeile die Buchstaben zusammendrückt; im Gegensatz dazu konnte eine nicht ganz ausgefüllte Zeile durch Häkchen oder Striche gefüllt werden. Später konnte ein Sinnabschnitt durch eine Reihe von Häkchen oder Winkeln angedeutet werden.

Metrische Schreibung empfahl sich naturgemäß bei poetischen Werken. Eine althergebrachte Gewohnheit war die zeilenweise Schreibung von Hexametern für Epen, Epigramme und Elegien. Auch der iambische Trimeter, das Versmaß des Dialogs im Drama, war zeilenweise zu schreiben. Das Prinzip der Zeilengleichheit kam hier nur insoferne zum Tragen, als die Verse wegen ihres gleichmäßigen Baues eine analoge Länge erreichten. Anders lag jedoch der Sachverhalt bei Dichtungen, die aus metrisch ungleichen Gliedern zusammengesetzt waren; man denke an die Texte der griechischen Lyriker oder an die Chorpartien in Tragödie und Komödie. Das überlieferte Material weist hier auffallende Unterschiede auf. Zu den ältesten erhaltenen Lyrikerrollen zählen der Timotheospapyrus aus dem 4. Jahrhundert v. Chr. und die nicht wesentlich jüngeren Skolien von Elephantine. Beide Papyri sind ohne Rücksicht auf metrische Gliederung in langen und ungleichen Zeilen geschrieben. Ein Pariser Papyrus mit einem „Partheneion" des Alkman aus dem 2. Jahrhundert

v. Chr. ist bereits metrisch geordnet. Aus der Kaiserzeit stammt die anspruchsvolle Rolle der Dichtungen des Bakchylides, die die Verse metrisch gliedert ohne Rücksicht auf Zeilengleichheit. Auch die Funde von Papyri mit Gedichten von Pindar, von Sappho, von Alkaios bis hinein in das 3. Jahrhundert n. Chr. befolgen die metrische Gliederung. Daneben gibt es aber auch Beispiele für die andere Schreibweise. In einer Rolle mit Dichtungen der Korinna beachtet ein Gedicht die metrische Schreibweise, ein anderes nicht. Ein Papyrus des Kerkidas aus dem 2. Jahrhundert n. Chr. verzichtet ebenfalls auf die metrische Abteilung der Verse. Ein zwiespältiges Bild bieten erhaltene Verspartien aus Tragödie und Komödie. Funde von Euripides aus dem 3. Jahrhundert v. Chr. zeigen Chorpartien ohne erkennbare Hervorhebung des Versmaßes. Ebenfalls aus dem 3. Jahrhundert n. Chr. stammt ein Berliner Papyrus mit einer Stelle aus dem „Phaëthon" des Euripides; hier werden die metrischen Glieder innerhalb der Zeile durch waagrechte Striche voneinander getrennt. Im Fragment der „Hypsipyle" des Euripides aus Oxyrhynchos (2.-3. Jh. n. Chr.) und in einem Fragment der „Ichneutai" des Sophokles aus Oxyrhynchos (2. Jh. n. Chr.) ist der Vers und nicht die Zeilengleichheit für die Gestaltung des Schriftspiegels maßgebend. Die Entwicklung dürfte derart verlaufen sein, daß man ursprünglich lyrische Texte wie Prosa, ohne Aufgliederung der Verse, geschrieben hat. Später mag dieser Usus nur bei schwierigen oder stark ungleichartigen Texten aufgeschienen haben, während die Kaiserzeit die metrische Schreibung bevorzugt hat. Dahinter dürfte mit großer Wahrscheinlichkeit die Arbeit der alexandrinischen Philologen gestanden haben. Wo wir Papyri mit sicherer Versgliederung finden, wie bei den bekannten Dichtern - etwa Pindar, Sappho, Alkaios, Bakchylides, Kallimachos -, können alexandrinische Ausgaben als Muster vermutet werden. Der Zustand der voralexandrinischen Stücke könnte sich dort erhalten haben, wo es an verbindlichen Ausgaben der Philologen fehlte. Wenn im allgemeinen die Abteilung der Verse in den einzelnen Handschriften schwankt, kann die Ursache dafür auch darin liegen, daß philologische Ausgaben nicht überall durchgedrungen sind oder daß die Metrik verschieden interpretiert wurde. Von diesen Verschiedenheiten abgesehen, hat sich jedoch der von den alexandrinischen Gelehrten erarbeitete Grundsatz metrischer Gliederung in poetischen Werken erfolgreich durchgesetzt.

Das Prinzip der Zählung der Zeilen, die *Stichometrie*, wurde bereits als Mittel erwähnt, den Umfang eines Textes zu bemessen, welche Absicht immer damit verbunden war. Bereits vor Beginn der Abschrift eines Textes hatte sich der Schreiber eine Übersicht über den Umfang desselben zu verschaffen und sich zu vergewissern, ob die ihm zur Verfügung stehende Rolle ausreicht oder nicht. Auftraggeber und Schreiber mögen sich über die Größe der Schrift, die Ausstattung der Rolle, die Höhe und Breite der Kolumnen verständigt haben. Auch gibt es Fälle - die noch in den antiken Codices beobachtbar sind -, daß ein verantwortlicher Redaktor in einer Schreibschule das Verhältnis des Textes zum Buch oder etwa das Verhältnis von Text und Bild bei illustrierten Büchern im vorhinein bestimmte. Die Abschätzung des Umfangs des Textes geht vor sich, wenn man ermitteln kann, wieviel Zeilen der Vorlage auf eine Kolumne der Abschrift gehen. Dazu bedarf es einer Zählung der Zeilen der Vorlage. Wenn des weiteren die Arbeit eines Lohnschreibers auf diese Weise geschätzt und bestimmt werden kann, ist auch eine Grundlage für die Bezahlung der Schreibarbeit gegeben. Freilich ist außer der Zeilenzahl auch die Schriftart maßgebend. Daher kennt auch das Edikt des Kaisers Diokletian über die Maximaltarife vom Jahre 306 Höchstpreise für je hundert Zeilen in drei verschiedenen Schriftarten; es dokumentiert eine Einteilung der Schrift in Schrift erster Güte, zweiter Güte und Geschäftsschrift. Das kaiserliche Gesetz nimmt also die Zeile als festes Maß an. Würde der Hexameter als Maß für eine Zeile genommen werden, könnte man vermutungsweise eine Größenordnung von je fünfzehn Silben und etwa 35 Buchstaben als Zeile bezeichnen. In manchen Papyri begegnen tatsächlich Zahlzeichen am Rand, die auf eine Zählung zu je hundert Versen hinweisen.

Der Sinn der Zeilenzählung liegt darüber hinaus auch in der authentischen Festlegung des Umfangs eines Werkes. Kallimachos, der nicht nur Dichter, sondern auch Bibliothekar in Alexandreia war, fügt seinen Bücherkatalogen auch die Zeilenzahl der zitierten Werke hinzu. Josephus Flavius († um 95 n. Chr.) schreibt am Ende seiner „Antiquitates Judaicae“: „Ich will meine Geschichte des Altertums abschließen; sie umfaßt 20 Bücher und 60.000 Zeilen.“ In einer Reihe von philosophischen Texten auf Papyrusrollen, die in Herculaneum am Fuße des Vesuvs gefunden wurden, begegnen häufig Angaben über Zeilenzählungen. So scheint es, daß sich diese Sitte über die gesamte Epoche des griechischen und römischen Buchwesens erstreckte. Interpolierte, erweiterte, gekürzte oder fehlerhafte Kopien eines Werkes konnten mit Hilfe der Stichometrie besser erkannt werden. Bibliotheken und Buchhandel mußten gleichermaßen an der Prüfung der literarischen Buchrollen interessiert sein. Spätere Autoren gebrauchten selbst ein bestimmtes Maß für ihre Werke. So benützte Galenos († 200 n. Chr.) als Maß seiner eigenen Schriften die Zeile zu 16 Silben. Theodor Mommsen fand ein Zitat über die Stichometrie in Werken des Cyprian von Karthago (3. Jh. n. Chr.), das von 16 Silben pro Zeile ausgeht. Bei poetischen Werken findet sich noch spät die Sitte der Angabe der Zahl der Verse. So erscheint in Handschriften der „Metamorphosen“ des Ovid das Distichon: „Bis sex millenos versus in codice scripto, Sed ter quinque minus continet Ovidius.“ In alten Handschriften der Biographie des Martin von Tours von Paulinus von Périgueux steht noch zu lesen: „Finit in Christo liber primus habens versus CCCLXXX ... secundus habens versus DCCXXII.“

Die Zählung der Zeilen und Verse hatte in der Antike aber kaum den Zweck, das Zitieren aus den Schriften zu erleichtern. Es fehlte noch der Sinn für eine exakte Angabe einer Textstelle; wir haben es mit ungenauen Zitaten zu tun. Zudem konnte beim Kopieren der Rollen ja niemals eine völlige Gleichheit der Abschrift mit der Vorlage erreicht werden.

Wenn es *Zählungen* gab, dann in der Urkundenrolle und im Codex. In amtlichen Registraturen wurden Akten, nach Gegenständen geordnet, zu Rollen zusammengefaßt. Eine solche Rolle hieß Tomos, das einzelne Blatt Kollema. Nur durch die Vergabe von Nummern war natürlich in der Registratur der Zugriff zur gesuchten Urkunde möglich. Diese originalen Registraturen entstanden durch das Aneinanderkleben selbständiger, bereits beschriebener Blätter. Die Abschriften derartiger Registraturen in einheitliche Rollen mußten die Zählungen übernehmen, auch wenn die Abschriften nicht an die einzelnen Blätter der Rolle gebunden waren, sondern über die Klebungen hinweggingen.

Die antiken Texte wurden in „*scriptura continua*", in zusammenhängender Schrift geschrieben. Die uns heute so geläufige Worttrennung fehlte. Sicher gab es auch für einen gebildeten Leser dadurch manche Schwierigkeiten. Wir dürfen indes nicht vergessen, daß in der Antike der Text laut oder halblaut gelesen wurde; die Verbindung des Lesens mit dem Sprechen erleichterte bereits das Verständnis des Textes. Es gibt zahlreiche Belege für die Sitte des lauten Lesens. Eines der hübschesten Beispiele ist die Geschichte von Akontios und Kydippe, die Kallimachos in den „Aitia" und danach noch im 6. Jahrhundert n. Chr. Aristainetos im ersten Buch seiner „Erotischen Briefe" als Brief einer Eratokleia überliefert. Der schöne Jüngling Akontios verliebte sich in das Mädchen Kydippe. Um sich ihrer Liebe zu versichern, nahm er einen prächtigen Apfel und ritzte darauf die Worte ein: „Bei der Artemis, ich will den Akontios heiraten." Als das Mädchen einst im Artemision saß, rollte der Jüngling diesen Apfel vor die Füße des Mädchens, das ihn natürlich neugierig ergriff und bewunderte; als es die Aufschrift erblickte, las es - mit lauter Stimme - den Text. Durch das laute Sprechen des Eides war aber Kydippe an den Eid gebunden, ohne es zu wollen. Sie warf errötend den Apfel weg, aber Artemis hatte den Schwur bereits gehört. Als nun der Vater der Kydippe seiner Tochter die Hochzeit mit einem ihm bekannten Mann bereitete, erkrankte das Mädchen schwer. Nachdem es wieder gesundete, wurde die verschobene Hochzeit wieder zugerüstet; doch noch einmal und ein drittes Mal wiederholte sich die geheimnisvolle Erkrankung. Der verzweifelte Vater wandte sich an das Orakel des Apollon; der Gott offenbarte ihm die Zusammenhänge und den von Kydippe geleisteten Eid. Nun stand dem glücklichen Ausgang nichts im Wege; da der aus edler Familie stammende Akontios dem Vater willkommen war, wurde eine prachtvolle Hochzeit gefeiert.

Der Erleichterung des Lesens bei „scriptura continua" dienten im Lauf der Zeit etliche Lesezeichen. Eine der einfachsten *Lesehilfen* war der *Akzent*. Die ältesten Papyri weisen noch keine Akzente auf. In literarischen Papyri des 1. Jahrhunderts v. Chr. tauchen Akzente auf. Sie blieben als Lesehilfen im allgemeinen auf schwierigere Texte wie etwa Dichtertexte beschränkt und werden auch dort eher sporadisch gesetzt. Wenn Akzente in den Papyri des sogenannten „Strengen Stils", der im 2. und 3. Jahrhundert n. Chr. in der griechischen Schrift dominierte, auftreten, wird dieser Usus auch dadurch verständlich, daß der Grammatiker Herodianos im 2. Jahrhundert n. Chr. seine „Katholike prosodia", ein epochemachendes Werk über die Lehre von den Akzenten, veröffentlicht hat. Seltsamerweise scheint die Häufigkeit der Akzente in den Jahrhunderten der Spätantike wieder abzunehmen. Akzente ebenso wie die Zeichen für die Behauchung, Spiritus lenis und Spiritus asper, scheinen bis ins 4. Jahrhundert n. Chr. oft auf, ohne daß eine erkennbare Regelung der Zunahme beobachtet werden kann. Die frühbyzantinischen Papyri weisen Akzente nur seltener auf. Erst die Minuskelhandschriften des Mittelalters führen im großen und ganzen das regelmäßige Akzentsystem ein. Wenn in den Papyri Akzente oft sekundär eingesetzt erscheinen, konnten diese von einem Korrektor stammen, der den Text nach Beendigung der Abschrift durchsah, oder aber vom Leser, der sich für eine nochmalige Lektüre die Mühe erleichtern wollte. In Ausgaben gelehrter oder schwieriger Texte konnten Lesezeichen bewußt von Anfang an eingesetzt worden sein; man denke an Werke von Dichtern, Philosophen und Rhetoren.

Von den Akzenten bezeichnet der nach links geneigte Strich, der Gravis, eine schwach betonte Silbe. Für voll betonte Silben werden der nach rechts geneigte Strich, der Akut, sowie der Zirkumflex verwendet. Im Usus der Papyri war aber nicht immer strenge Genauigkeit festzustellen. So konnte man entweder die schwach betonten Silben kennzeichnen oder auf die Tonsilbe einen Akzent setzen. In zusammengesetzten Wörtern oder in Fällen der Wortbrechung, bei der es auf den Zusammenhang der beiden Wortteile ankam, konnte im Wort jede Silbe den entsprechenden Akzent tragen. Im Zuge der Vereinfachung setzte man den Gravis meist dann, wenn die letzte Silbe den Ton trug. Öfters setzte man den Akzent nur auf die Tonsilbe. Allmählich kam es zu der noch heute geltenden Regel, die Tonsilbe am Wortende im fortlaufenden Text mit einem Gravis zu versehen. Über betonten Diphthongen zog man den gebogenen Zirkumflex oder schrieb den Akzent über dem ersten Laut. Häufig erhielten jene Silben den Akzent, denen schwach betonte Worte, die im Griechischen so häufigen Enklitika, folgten.

Von den Zeichen der Behauchung wurde der *Spiritus asper* recht häufig angewendet, hingegen der *Spiritus lenis* eher seltener. Zu den gewöhnlichen Lesezeichen zählt der *Apostroph*, der sich bis in byzantinische Zeit gehalten hat. Die diakritischen Punkte werden seit dem 2. Jahrhundert n. Chr. häufiger über Iota und Ypsilon gesetzt, wenn diese Vokale nach einem anderen Vokal als eigenständige Silbe gelesen werden sollten.

Die *Interpunktion* kommt bereits in alten Texten vor. Unterschieden werden der Punkt oben in der Randlinie der Buchstaben, der Punkt unten in der Höhe der Zeile und der Punkt in der Mitte; sicherlich drückte ihre Stellung einen Unterschied des Wertes aus. In älterer Zeit überwiegen der obere und der mittlere Punkt; welcher von beiden den tieferen Einschnitt bezeichnet, läßt sich meist nicht genau sagen. Erst relativ spät eroberte der Punkt auf der Zeile unten das hauptsächliche Gewicht, das ihm noch heute zukommt. Der Doppelpunkt war eines der ältesten Satztrennungszeichen; er hat sich im dramatischen Dialog an der Stelle des Personenwechsels sehr lange behauptet; in der Prosa mußte er dem einfachen Punkt weichen. Das älteste Satztrennungszeichen scheint die *Paragraphos* gewesen zu sein, ein waagrechter Strich an der Fuge, der unter dem Anfang der Zeile wiederholt wird. Dies gilt sowohl für die Prosa wie für die Gliederung des dramatischen Dialogs. Bald verschwand die Paragraphos im Inneren der Zeile und blieb nur am Satzanfang bestehen. Allein oder in Beziehung zu einer Interpunktion steht die Paragraphos fast regelmäßig in sorgfältigen Buchhandschriften. Sie konnte die dialogische Gliederung nicht nur im Drama anzeigen, sondern auch in ähnlich gestalteten Dichtungen, wie etwa in den Mimiamben des Herondas, oder in prosaischen Dialogen wie in den Dialogen Platons. Für den Abschluß eines längeren Gedankenganges genügte die einfache Paragraphos bald nicht mehr; sie wurde mit Schnörkeln verziert und zur sogenannten *Koronis* weiterentwickelt. Im Gefüge der Interpunktion griechischer Papyri und sogar noch alter Pergamenthandschriften stellt die Koronis die stärkste Form des Sinneinschnitts dar. Mit ihren schnörkeligen Zierstrichen bildet sie ein leicht erkennbares Schlußzeichen am Ende eines größeren Abschnittes einer Strophe oder eines ganzen Buches. Sie steht am linken Ende der Schriftkolumne oder etwas darunter; oft kann sie die Form eines S-förmigen Zeichens haben, das von einem waagrechten Strich durchquert wird und unten und oben in ein System paralleler, sich stets verjüngender Häkchen ausläuft. Im Timotheospapyrus des 4. Jahrhunderts v. Chr. begegnet eine vogelgestaltige Koronis am Ende eines Hauptabschnittes; allerdings dürfte diese Figur nicht mit dem Wortspiel „korone“ (κορώνη) = „Krähe“ erklärt werden können. In übertragener Bedeutung konnte Koronis später auch den Schluß oder Höhepunkt bedeuten. Der Epigrammatiker Meleagros von Gadara († 70 v. Chr.), der mit seinem „Kranz“ die älteste bekannte Anthologie griechischer Epigramme veranstaltet hatte, beschrieb am Ende der Dichtung die Koronis poetisch, „Die die letzte Wendung bezeichnet als zuverlässiger Grenzwächter für die Schriftzeilen“, und er sprach von ihr, daß „sie thront mit ihrer Schlangenwindung am Ziele der Gelehrsamkeit“.

Fallweise konnten Sinnabschnitte durch *Ausrücken* oder *Einrücken einer Zeile* hervorgehoben werden. In analoger Weise machte man Zitate kenntlich, vor allem in Kommentaren zu anderen Schriften, um derart die Worte des kommentierenden Autors von dem zu erklärenden Text zu unterscheiden. Andere Mittel der Hervorhebung waren spitze Winkel am Beginn oder, wenn auch seltener, ein Strich am Ende der Zeile. Die Paragraphos konnte dabei zusätzliche Dienste leisten. Das Aus- oder Einrücken von Zeilen spielte auch in Dichterhandschriften eine Rolle; ein besonderer Einschnitt war etwa durch den Beginn einer metrisch anders gebauten Versgruppe gegeben. Die in kurzen Zeilen geschriebenen Chorlieder von Tragödien stehen in Papyri etwas weiter rechts als der Dialog der Schauspieler. Im dramatischen Dialog hat der Doppelpunkt lange die Gliederung bestimmt. In der Kaiserzeit taucht sodann die Sitte auf, die Namen der redenden Personen in abgekürzter Form an den linken Rand zu schreiben; ausnahmsweise können diese Namen auch am rechten Rand stehen. Da diese Namen nicht zum Text gehören, sind sie oft in kleinerer oder kursiverer Schrift beigesetzt oder gar erst sekundär hinzugefügt. Für den Chor in der Tragödie hat sich die Kürzung χορ (chor) durchgesetzt. Für sich steht der Papyrus einer romanhaften Posse über das Schicksal eines nach Indien verschlagenen und von seinem Bruder wiedergefundenen Mädchens, geschrieben im 2. Jahrhundert n. Chr. und in Oxyrhynchos gefunden; hier sind die Personen durch Buchstaben (mit den Zahlwerten von eins bis sieben) gekennzeichnet. Je mehr die Dramen zu Lesestücken wurden, desto wichtiger wurde die Rolle der Lesehilfen. In den ältesten Handschriften der Dramen fehlen szenische Bemerkungen. In den Papyri der Komödientexte kommen solche Anmerkungen ab dem 2. Jahrhundert v. Chr. vor.

Nach der Vollendung der Niederschrift erfolgte die *Korrektur* der Papyrusrolle. Überflüssige Buchstaben bezeichnete der Korrektor durch Punkte über denselben, falls er sie nicht durchstrich. Auslassungen wurden am Rand nachgetragen; Korrekturen geringeren Umfanges pflegte man rechts neben die Kolumne zu schreiben; für längere Auslassungen mußten die oberen und unteren Ränder der Rolle herangezogen werden. Wenn Korrekturen in einer kursiveren Schrift als der sorgfältige Buchtext abgefaßt sind, ist in diesem Umstand oft ein willkommenes Hilfsmittel für die auf paläographischen Kriterien beruhende Datierung der Handschrift gegeben. Zu den Korrekturen konnten Anmerkungen treten, sei es vom Leser, sei es vom Korrektor, sei es vom Schreiber oder dem bearbeitenden Philologen.

Von den alexandrinischen Philologen wurden *kritische Zeichen* erfunden, die bestimmte Hinweise darstellen. Zenodotos aus Ephesos (2. Hälfte 3. Jh. v. Chr.), der erste Vorstand der alexandrinischen Bibliothek, erfand den *„obelos“* (= „Spieß“), mit dem eine unechte Textstelle angedeutet wurde. Aristophanes von Byzanz (um 220 v. Chr.), ebenfalls Leiter der Bibliothek zu Alexandreia, verbesserte die editorische Technik. Mit einem *„asteriskos“* (= „Sternchen“) kennzeichnete er Verse, die von anderen Stellen her wiederholt sind, mit *Sigma* bzw. *Antisigma* (⊂ bzw. ⊃) zwei aufeinanderfolgende Verse desselben Inhalts, die daher austauschbar sind. In den *Scholien* zu den Texten, wie sie in gelehrten Ausgaben von Klassikern auftreten, werden Sprache und Inhalt der Texte erläutert und kommentiert. Bei schwer lesbaren oder zerstörten Texten können heute die Scholien sogar zu deren Rekonstruktion herangezogen werden. Die Scholien konnten auch in zusammengefaßter Form als selbständige Schriften erscheinen, während sie sonst an den Rändern der Handschriften eingesetzt waren. Einer der kostbarsten Funde selbständiger Kommentare war jener des Demostheneskommentars des Didymos Chalkenteros. Die Papyri haben uns auch große Stücke von Homerkommentaren oder von Inhaltsangaben und Erklärungen dramatischer Werke geschenkt; ein Ähnliches gilt für die Lyriker und die übrigen Epiker, aber auch für wissenschaftliche Literatur. Es gab Spezialwörterbücher zu einzelnen Werken und lexikalische Schriften. Wenn freilich, prozentuell gesehen, die Mehrzahl der literarischen Papyri keine Scholien enthält, bedeutet dieser Umstand, daß es sich um Ausgaben für einen breiteren Leserkreis handelte; die Rollen mit Anmerkungen waren mehr oder weniger der Wissenschaft vorbehalten. Waren in den Rollen nur schmale Zwischenräume zwischen den Kolumnen gegeben, so scheint die Einsetzung von Scholien von vornherein nicht intendiert gewesen zu sein. Für den Zweck, Scholien einzusetzen, mußten breite Kolumnenabstände eingeplant werden, die der Gelehrte für die Kommentierung benützen konnte. Mitunter gab es gelehrte Buchausgaben, die ein Verleger durch einen Philologen bearbeiten ließ; man denke an die Rolle der Korinna, die bereits durch ihre Orthographie dem normal gebildeten Leser Schwierigkeiten bieten mußte.

Daß ein literarisches Werk einen *Titel* besessen hat, ist eine Selbstverständlichkeit. Da die erhaltenen Papyrusfunde meist nur Bruchstücke mitten aus ehemaligen Rollen darstellen, mußte erst aus dem Überblick über das gesamte Material eine Erkenntnis über die Gestaltung der antiken Buchtitel gewonnen werden. So scheint am Ende jeder Rolle in der Regel der Titel des Werkes (τέλος, explicit) auf, der den Namen des Schriftstellers, die Bezeichnung des Werkes und eventuell die Nummer des betreffenden Buches enthielt. Der Name des Verfassers steht dabei im Genetiv, weil der Begriff „Buch" dazuzudenken ist. Beispiele bieten etwa die Rollen aus Herculaneum aus dem 1. Jahrhundert v. Chr. mit Titeln nach dem Muster „Epikur Über die Natur II". Am Ende einer Rolle, die einen großen Teil des platonischen „Symposions" enthält, steht neben der letzten Kolumne etwa in der Mitte der Spaltenhöhe „Platons Symposion"; die Rolle stammt aus Oxyrhynchos aus dem 2. Jahrhundert n. Chr. Die Rolle mit den Meliamben des Kynikers Kerkidas von Megalopolis (3. Jh. v. Chr.) aus Oxyrhynchos, geschrieben im 2. Jahrhundert n. Chr., weist den Titel „Des Kerkidas des Hundes (= i. e. des Kynikers) Meliamben" auf. Von der Epitome aus des Peripatetikers Hermippos Schrift „Peri nomotheton" aus der Feder des Herakleides von Lembos (3. Jh. v. Chr.) ist auf einer Rolle aus Oxyrhynchos aus dem 2. Jahrhundert n. Chr. das Ende von Buch I und der Anfang von Buch II erhalten; auch hier ist der Buchtitel bekannt. Ein Gleiches gilt für die „Persika" des Choirilos (Pap. Oxy. 11,1399, 3. Jh. n. Chr.). Mehrmals begegnet auch die Sitte, innerhalb eines Werkes oder eines Buches einzelne Teile durch einen Titel an deren Enden zu bezeichnen. Man denke etwa an die Papyri mit Dichtungen der Sappho oder des Kallimachos aus den Funden von Oxyrhynchos. In einem Fragment der „Kestoi" des Sextus Julius Africanus aus Oxyrhynchos aus dem 3. Jahrhundert n. Chr. ist ein Teil des 18. Buches dieses gelehrten Werkes überliefert; unter der letzten Schriftkolumne steht denn auch „Des Julius Africanus Kesten 18". In dieselbe Kategorie gehören die Schlußtitel mit Angabe der Verszahlen der Homerpapyri. Gerade die Sitte der an das Ende einzelner Abschnitte gesetzten Titel belegt die Gültigkeit des Usus, den Buchtitel regelmäßig ans Ende des Werkes zu plazieren. Ein detailreiches Beispiel liefert der mehrmals erwähnte Demostheneskommentar des Didymos Chalkenteros. Unter der letzten

Kolumne steht der Titel „Des Didymos Über Demosthenes 28 der Philippika 3“; dann folgen untereinander die Ziffern von 9 bis 12 und neben jeder die Anfangsworte der behandelten Rede. Damit ist gemeint, daß aus dem Kommentar des Didymos zu den Reden des Demosthenes das 28. Buch vorliegt, das unter den Büchern über die „Philippischen Reden“ das dritte darstellt; es betrifft die vier im Titel angeführten Reden, nämlich Nummer 9 bis 12 der fortlaufenden Reihe.

Daß der Titel am Ende einer Papyrusrolle eingetragen wird, hat seinen guten Sinn. Der Schluß des Textes am Ende der Rolle ist vor Beschädigung oder Zerstörung am besten geschützt. Wenn allerdings alte Papyri, die das Ende literarischer Texte überliefern, auch gar keinen Titel aufweisen, so mag daraus geschlossen werden, daß sich der griechische Buchtitel erst allmählich entwickelte. Wenn in den Bibliothekskatalogen des Kallimachos neben dem Namen des Autors die Anfangsworte des Werkes zu stehen kommen, die also einen Titel vertreten, ist dies ein weiterer Beleg für die eben geäußerte Annahme.

Es versteht sich freilich von selbst, daß die Niederschrift des Titels am Ende der Rolle nicht genügen konnte. Man entdeckte diesen Titel ja erst, wenn die Rolle bis zum Ende abgewickelt war. Für die Benützung war der Titel oder ein entsprechender Vermerk auch zu Beginn der Rolle notwendig. Freilich sind die Anfänge der Rollen in den Funden selten erhalten, sodaß wir über die Ausstattung des Beginnes der Rollen wenig dokumentarisches Material besitzen. Dem Schutz des Textbeginnes diente ein freigelassenes Blatt oder ein vorne angeklebtes Schutzblatt. Fallweise konnte darauf der Titel untergebracht werden. Auf der Versoseite des Demostheneskommentars des Didymos ist der Anfang der „Ethike stoicheiosis“ des Stoikers Hierokles geschrieben; die Schrift aus Hermupolis ist in das 2./3. Jahrhundert n. Chr. zu datieren. Dieser Text ist natürlich in entgegengesetzter Richtung zum Didymostext geschrieben. Wo der Didymostext den Schluß eines Buches darstellt, dort bietet die Versoseite den Beginn des Textes des Hierokles. Auf einem leergelassenen Schutzblatt steht hier ein in kursiver Schrift gehaltener Titel. Es gibt des weiteren Fälle, wo der Titel auf der Außenseite der geschlossenen Rolle angebracht war, und zwar in vertikaler Richtung, ähnlich wie auch auf den Papyrusbriefen die Adresse auf der Versoseite oft in vertikaler Richtung geschrieben wurde. Durch die Teilung eines größeren Werkes in mehrere Rollen war eine Wiederholung des Autorennamens und des Titels zu Beginn und am Ende jeden Buches bedingt. Auch wenn der Text einer Buchrolle aus mehreren selbständigen Abschnitten bestand, schrieb man die Titel darunter, setzte aber wohl auch Überschriften über die je folgenden Werke. Es stellt ein bemerkenswertes Phänomen der Buchgeschichte dar, daß der Codex in konservativer Weise den Brauch der Papyrusrollen beibehielt, Ende und Anfang verschiedener Teile durch Titel zu bezeichnen. Die Sitte der Wiedergabe des „Incipit“ und des „Explicit“ ist in den Handschriften aus Ost und West im gesamten Mittelalter belegt und hat auch noch auf das frühe gedruckte Buch eingewirkt. Der Schlußtitel wurde im Codex oft zum *Kolophon*, zur Subscriptio erweitert, in dem neben Autornamen und Buchtitel auch der Name des Schreibers, ein Wunsch oder eine Fürbitte für den Schreiber, eine Adresse an Empfänger und Leser des Buches, sowie Angaben über Ort und Zeit der Abschrift zu stehen kommen konnten. Der Titel am Anfang des Werkes wurde im Codex freilich zur Hauptsache; nicht zuletzt war ja der Anfangstitel gut durch den Bucheinband geschützt.

Als die Rollen nicht mehr in Büchertruhen verwahrt, sondern in den Fächern eines Bücherkastens geschlichtet wurden, kam als neue Kennzeichnung des Inhalts zwecks raschen Zugriffes zur gewünschten Rolle die Sitte der *Etikettierung* auf. Kleine Pergamentstreifen (σίλλυβοι - sillyboi, tituli) mit dem Titel der Rolle wurden derart am oberen Rand der Rolle angebracht, daß sie bei der Unterbringung der Rollen im Fach herabhingen und gelesen werden konnten. Die früheste literarische Erwähnung des *Sillybos* finden wir in einer Komödie des Alexis aus Thurioi (um 372-270 v. Chr.), der in Athen lebte und 245 Komödien geschrieben hatte, von denen leider nur mehr Bruchstücke erhalten sind. Ein Fragment zeigt den Herakles als Schüler, der die Reihe von Rollen einer Büchersammlung durchmustert: „Orpheus ist da, Hesiod, Tragödie, Epicharm, Homer"; er erkennt also die Titel an den heraushängenden Titelstreifen. An der Bakchylidesrolle des 1./2. Jahrhunderts n. Chr. war noch der Sillybos mit der Aufschrift „Dithyramben des Bakchylides" befestigt. Von einer Rolle mit den „Weibermimen" (Mimoi gynaikeioi) des Sophron (2. Hälfte 5. Jh. v. Chr.) ist gar nur mehr der Titel auf einem Sillybos erhalten, der aus dem 1./2. Jahrhundert n. Chr. stammt und zu Oxyrhynchos gefunden wurde. Cicero ersuchte seinen Freund und Verleger Atticus, ihm zwei Buchbinder zu senden, die auch aus Pergamentstücken Titelstreifen anfertigen sollten (Ad Atticum IV,4b). Der Titel war bei vornehmen Rollen rot oder safranfarbig ausgestattet. Martial erwähnt in einem Epigramm (III,2,11) einen solchen roten Titel („et cocco rubeat superbus index"). Ovid klagt im ersten Lied seiner Elegien aus der Verbannung in Tomi am Schwarzen Meer, daß sein nach Rom gesandtes Buch nicht prachtvoll ausgestattet sei und unter anderem auch keinen schönen roten Sillybos trägt. Im gleichen Gedicht redet Ovid auch sein nach Rom ziehendes Buch an, das sein Haus erreichen und dort die anderen Werke des Dichters in der Bibliothek sehen wird; es wird die Bücher der Reihe nach aufgestellt erblicken, die alle derselbe dichterische Trieb des Autors zum Leben erweckt hat; die übrige Schar wird offen ihre Titel sehen lassen und ihre Namen an freier Stirne tragen; drei werde es aber abseits im dunklen Winkel lehnen sehen, wenn überhaupt; sie lehren, was jeder kennt, die Liebe. Ovid denkt dabei an seine drei Bücher „Amores", die ihre Titel scheu verbergen müssen, weil sie als unsittlich verrufen waren (Tristia ex Ponto I,1,105-12). Noch einmal taucht im selben Gedicht Ovids der Buchtitel auf, wenn der Dichter überlegt, daß jemand das Büchlein, das er als Werk Ovids erkennt, wegwerfen will, weil es erotischen Inhalts sein könne; da ruft der Autor aus: „Inspice, dic, titulum"; sieh den Titel an und du wirst erkennen, daß es sich um keine Anweisung zur Liebe handelt. Martial äußert sich einmal bissig über den Dichterling Fidentinus, der eine Seite mit eigenen Versen in Martials Buch eingeschmuggelt hatte; er meint mit köstlichem Wortspiel, da sei weder „index" (Titelstreifen) noch „iudex" (Richter), noch Ansicht, noch Einsicht nötig, um die eingeschmuggelte Seite zu erkennen, die sich selber verrate.

Die *Lektüre der Rolle* erfolgte derart, daß die rechte Hand des Benutzers den Text aufrollte, während die Linke bei fortschreitender Lektüre den gelesenen Teil wieder einrollte. Das Rollen der Bücher hieß „plicare", als Aufrollen zum Lesen ἐξελεῖν, evolvere, explicare; daher hieß es „explicitus liber", wenn das Buch zu Ende gelesen war. Von dieser Art der Manipulation stammt auch der Terminus „volumen". Nach Beendigung der Lektüre mußte die Rolle wieder zurückgerollt werden, um abermals gebrauchsfertig zu sein. Ein in die Rolle gesteckter Holzstab (ὀμφαλός, omphalos, umbilicus) konnte beim Rollen behilflich sein. Der „umbilicus" ragte meist als Knopf über die beiden Schmalseiten der Rolle hervor; bei wertvollen Werken konnte er gefärbt oder gar vergoldet sein. Dieser Rollenstab wird von Schriftstellern häufig erwähnt. Der Stab steckte in der Regel lose in der Rolle, auch wenn er hin und wieder am Rollenende angeklebt sein mochte. Der lose Stab, den man beim Lesen auch herausziehen konnte, konnte dem Leser für mehr als eine Rolle dienen. Daher ist auch keine Papyrusrolle mitsamt einem Rollenstab auf uns gekommen. Auf einen bemalten Rollenstab spielt etwa Martial (Epigr. III,2,9) an („pictis luxurieris umbilicis"). Lukian von Samosata karikiert einen ungebildeten Büchernarren (Adv. indoct. § 16), der die Rollen klebt und klopft, sie mit Krokus und Zedernöl beschmiert, sie in Futterale legt und Rollenstäbe hineintut.

Über die äußerliche *Ausstattung der Rollen* ist nur wenig bekannt, da die Funde darüber wenig aussagen. Verstreute Angaben bei antiken Schriftstellern müssen hier aushelfen. Mehrmals stoßen wir auf den Terminus „frons" („Stirn"). So spricht Ovid in den „Tristia ex Ponto" (I,1,8,110) mehrfach von der „*frons*" seiner Buchrollen; auch der Plural „frontes" kommt vor. In der Interpretation dieses Terminus war die Forschung uneinig. Theodor Birt deutete die „frons" als Stirnseite der Rolle, als Querschnitt der Rolle im Fach des Schrankes, den der Beschauer zuerst sieht. Birt wies auch auf die Sitte des Beschnittes der Basisseiten und auf die Glättung mit Bimsstein hin. Martial (Epigr. I,66,10) erwähnt eine „pumicata fronte". Wilhelm Schubart wollte indes in der „frons" die Außenfläche - oder auch die beiden Außenflächen - der geschlossenen Rolle erblicken, auf der (oder denen) der Titel gestanden wäre. Schubart wies auf den entsprechenden Platz der Briefadresse hin, die auf die Außenseite des gerollten oder gefalteten Briefes geschrieben wurde; es wäre nach Ansicht Schubarts natürlich, auch bei der Buchrolle einen entsprechenden Platz als „Stirn" zu finden, der den Titel trägt.

Im Zusammenhang mit der „frons" erwähnt Ovid auch die „*cornua*", die „Hörner". Auch in der Deutung dieses Begriffes schieden sich die Geister. Martial (Epigr. XI,107,1) spricht davon, daß das Buch „bis zu den Hörnern" (explicitum nobis usque ad sua cornua librum) durchgelesen und aufgerollt

Tafel 9: „Wiener Dioskurides", Konstantinopel, um 512 n. Chr. Sammelbild mit 24 Vögeln

Tafel 10: „Medicina Antiqua", Kopie des 13. Jh.s nach einer antiken Vorlage. Rezepte gegen Schlangenbiß

Tafel 11: Papyrusfragment eines griechischen Romans, 2. Jh. n. Chr.

Tafel 12: Wagenlenkerpapyrus, Rest eines Codex des 5. Jh.s n. Chr.

ist; damit ist gegeben, daß der Leser am Schluß auf die beiden „Hörner" trifft. Daher kann Theodor Birts Erklärung, die „cornua" seien die unbeschriebenen, verdickten Endblätter der offenen Rollen, nicht richtig sein; Birt verglich sie mit den „cornua", den Flügeln einer Schlachtordnung. Nach dieser Erklärung müßten aber die Rollen ein „cornu" am Anfang und eines am Ende haben, wogegen die Stelle Martials spricht. Ovid (Tristia ex Ponto I,1,8) spricht davon, daß sein armseliges Buch keine weißen Hörner auf der schwarzen Stirne trage. Von dieser Stelle ausgehend interpretierte Wilhelm Schubart die Hörner als die gebogenen Fortsätze des Rollenstabes. Wenn an beiden Enden des „umbilicus" ein gebogener Fortsatz angebracht war, konnte das Bild der beiden Hörner eines Rindes und damit in Zusammenhang das Bild der Stirne eines Rindes mit zwei Hörnern entstehen. Wenn die „Stirne", die Außenseite der Rolle, gefärbt war, hob sie sich von der hellen Farbe des übrigen Papyrus ab. Victor Gardthausen interpretierte die „cornua" als hornförmige Fortsätze des Rollenstabes, die die Funktion einer Kurbel gehabt hätten, um die Windungen einer Rolle fester anzuziehen. Diese Interpretation hätte aber die feste Verbindung des Rollenstabes mit der Rolle zur Voraussetzung, wogegen der papyrologische Befund spricht.

Papyrus konnte mit Zedernöl bestrichen werden, was sowohl eine bleichende Wirkung ausgeübt haben mag wie einen Schutz gegen Feuchtigkeit und Würmer bedeutete. Zedernöl erscheint jedenfalls stets unter den Verschönerungsmitteln der Rollen.

Bibliophile Papyrusrollen konnten in purpurfarbenen Pergamentumschlägen bzw. *Futteralen* verwahrt werden. Man fand dafür die passende bildhafte Bezeichnung „paenula", griechisch „phainola" (φαινόλα, φαινόλης, korrumpiert φαιλόνης), was eigentlich Reisemantel bedeutet. Wilhelm Schubart erinnert in diesem Zusammenhang an die indische Sitte, Handschriften aus Palmblättern in einer Hülle aus Bambusrohr mit einem Überzug aus rotem Stoff aufzubewahren. Für die Sitte des Futterals gibt es eine Reihe von Belegen. So spricht Lukian von Samosata (Adv. indoct. 7) den Ungebildeten an, der eine prachtvolle Handschrift in Händen hat, die eine purpurfarbene Hülle und einen goldenen Rollenstab besitzt. Tibull erwähnt in einer seiner Elegien (III,1) die purpurne Hülle, die das schneeweiße Buch umgibt. Ovid klagt in den Tristien (I,1,5), daß sein armes Buch kein purpurner Überzug schützt. Die gesamte Stelle bei Ovid (a. a. 0. 12-14) charakterisiert das vom Autor nach Rom gesandte Werk, das dem traurigen Anlaß entsprechend keinen äußeren Glanz aufweist; in negativer Form wird dabei die Ausstattung einer bibliophilen Papyrusrolle charakterisiert. Es heißt hier: „Du kleines Buch, du wirst (ich neide es dir nicht) in die Stadt gehen; weh mir, daß dies nicht deinem Herrn gestattet ist. Gehe, aber ungepflegt, wie es einem Buch eines Verbannten ziemt, du unglückliches, besitze das Äußere, das dieser Zeit entspricht. Nicht möge dich eine von Purpursaft getränkte, hyazinthfarbige Hülle umgeben; der Trauer steht diese Farbe nicht an. Der Titelstreifen sei nicht durch Zinnoberfarbe ausgezeichnet, der Beschreibstoff nicht mit Zedernöl behandelt; auch sollst du nicht weiße Hörner auf der schwarzen Stirne tragen. Solche Instrumente mögen die glücklichen Bücher zieren. Nicht sollen mit zerbrechlichem Bimsstein die Außenseiten poliert sein; struppig mit zausigen Haaren sollst du aufscheinen. Der Tränenflecken sollst du dich nicht schämen; wer jene sieht, soll spüren, daß sie durch meine Tränen verursacht wurden." Mit positiv gehaltenen Worten spricht Martial im dritten Buch seiner Epigramme (III,2) von einem schönen Buch, das ein Geschenk für einen Faustinus werden soll und das wählen darf, wem es zu eigen sein will, bevor es etwa verschleppt wird und gar in einer Küche als Packpapier dient. Es heißt hier: „Wessen Geschenk willst du werden, Büchlein? Beeile dich, dir einen Beschützer zu bereiten, damit du nicht in eine schwarze Küche verschleppt werdest und dort mit feuchtem Papyrus junge Thunfischbrut bedeckest oder Hülle für Weihrauch und Pfeffer seiest. Du flüchtest in den Schoß des Faustinus? Du bist klug. Nun ist es dir gestattet, mit Zedernöl getränkt einherzugehen und anmutig durch die zweifache ehrenhafte Ausstattung der Stirne mit bemalten Knöpfen der Rollenstäbe zu prangen. Ein kostbarer Purpur möge dich einhüllen, und der stolze Titelstreifen soll von Purpur prangen. Mit jenem Beschützer bei dir brauchst du auch nicht den Protus zu fürchten." Der Autor des zweiten Timotheusbriefes innerhalb des Corpus Paulinum, der sich hinter dem Namen des Apostels Paulus verbirgt, beauftragt im Schlußkapitel (2 Tim 4,13) den Adressaten, zu ihm zu kommen und Gegenstände aus der Troas mitzubringen; aufgezählt werden ein „phelones", Bücher und Pergamente. Die Bücher (biblia) und die Pergamente werden Rollen und Pergamentblätter bzw. Pergamentcodices gewesen sein; das Wort „phelones", in der Vulgata mit „paenula" übertragen, haben die deutschen Bibelübersetzer mit „Mantel" wiedergegeben. Wenn aber in einem Satz zwei Begriffe des Buchwesens erwähnt sind, läge es nahe, auch in „phelones" den „Mantel" für Bücher als die Buchhülle (meist aus Pergament gefertigt) zu verstehen. Eine feste Buchhülle könnte ja für den reisenden Apostel von großem Wert sein. Martial (Epigr. XIV,84) erwähnt sogar eine hölzerne Buchhülle, die besser als ein einfacher Überzug die Rollen vor der Beschädigung und dem Zerfasern schützt.

Die Papyrusfunde haben wenige Spuren von *Bücherluxus* der angedeuteten Art erbracht. Ein amtliches Schreiben des römischen Statthalters Subatianus Aquila vom Jahre 209 n. Chr., bei dem es sich um die originale Ausfertigung handelt, weist einen dem Papyrusblatt vorgeklebten naturfarbenen Pergamentstreifen auf, der das Blatt im eingerollten Zustand bedeckt hat. Eine luxuriöse Rolle mit einem Osterbrief des Patriarchen von Alexandreia aus dem 8. Jahrhundert von etwa 6 Metern Länge bewahrt noch einen kleinen Pergamentfetzen am Beginn als Rest einer vorgeklebten Pergamenthülle. Vom eigentlichen Luxusbuch etwa nach Art der kaiserlichen Homerrolle mit Goldbuchstaben liefern die Papyri leider keine Zeugnisse. Immerhin sind etliche illustrierte Papyrusrollen oder Reste von solchen gefunden worden, die einen Einblick in die Ausstattung von Rollen mit Bildern und Illustrationen vermitteln. Einerseits handelt es sich um wissenschaftliche Texte, die der Illustration

Abb. 6: Lehrer und Schüler mit Buchrollen, Schulszene. Relief auf einem Grabmal, gefunden bei Neumagen, um 180/190 n. Chr.

bedürfen; man denke an mathematische, geometrische, astronomische, medizinische, botanische oder zoologische Werke. Porträts der Verfasser scheinen nicht selten gewesen zu sein; so hatte Varro seine Lebensbeschreibungen berühmter Männer mit 700 Abbildungen ausgestattet. Funde illustrierter literarischer Texte legen Zeugnis ab von der frühen Entwicklung der antiken Buchmalerei; darüber wird im Kapitel über die Buchmalerei ausführlicher zu handeln sein.

Den *antiken Leser* führen uns zahlreiche Reliefs und Statuen vor Augen. So sitzt etwa der Leser und hält die auf seinen Knien liegende geöffnete Rolle mit beiden Händen. Anfang und Ende der Rolle sind zusammengerollt und werden von der rechten und linken Hand festgehalten; in der Mitte liegt nur ein kleiner Teil offen vor dem Auge des Lesers. Hatte man einen Tisch oder ein Pult vor sich, konnte die Rolle darauf liegen; unachtsame Leser konnten den gelesenen linken Teil der Rolle von der Unterlage herabhängen lassen. Als der Papyrus des „Theaitetos" Platons erworben wurde, befand sich der Anfang im Inneren der Rolle; ein fauler Leser hatte offenbar das Rückwickeln unterlassen.

Das vielfache Rollen mußte zweifelsohne der Erhaltung nachteilig sein; vielgelesene Rollen werden rasch verbraucht worden sein. Es kam im Altertum daher immer wieder darauf an, vor der Zerstörung einer Rolle rechtzeitig Abschriften herzustellen. Antike Schriftsteller bezeugen, daß es schon eine Ausnahme war, wenn eine Papyrusrolle an die zweihundert Jahre alt war und noch in Gebrauch stand.

Die Papyrusrolle war im ägyptischen Kulturbereich bereits im 4. Jahrtausend v. Chr. bekannt. Die ältesten überlieferten Stücke stammen aus dem 3. Jahrtausend, ganze Rollen aus dem 2. Jahrtausend. Zu den Griechen gelangte die Papyrusrolle möglicherweise seit dem 7. Jahrhundert v. Chr., sicher aber seit dem 6. Jahrhundert v. Chr. Die Rolle hielt sich für literarische Werke wie für geschäftliche Aufzeichnungen durch mehr als tausend Jahre. Die letzten literarischen Papyrusrollen finden sich im 6. Jahrhundert n. Chr., nachdem Abb. 7

bereits ab dem 4. Jahrhundert n. Chr. der Codex seinen Siegeszug angetreten hatte. Rechnet man einen erhaltenen Osterbrief des Patriarchen von Alexandreia hinzu, wäre ein Beleg für die Rollenform noch im beginnenden 8. Jahrhundert n. Chr. gegeben. Papyrusrollen urkundlichen Inhalts begegnen wir bis in die zweite Hälfte des 11. Jahrhunderts.

Die Bezeichnungen des Beschreibstoffes Papyrus wie χάρτης (chartes) und charta, βύβλος (byblos) und das jüngere βίβλος (biblos) konnten auch als *Termini technici* für die Papyrusrolle verwendet werden. Auch der lateinische Begriff „liber" war zunächst der Rollenform zugeordnet. Von der äußeren Gestalt stammt der griechische Terminus κύλινδρος (kylindros), von der Tätigkeit des Aufrollens der lateinische Begriff „volumen". Erst in wesentlich späterer Zeit wurde dieser Terminus auf die Codexform übertragen; unser Wort „Wälzer" erinnert noch an den Wortstamm. Die Bezeichnung τόμος bzw. tomus kommt vom Verbum τέμνειν (temnein) für „schneiden" und bedeutete ursprünglich einen größeren, von der Rolle abgeschnittenen Teil; in zweiter Linie wurde die Rolle selbst als „tomus" angesprochen. Mit dem gleichen Wort konnten später sowohl Sinnabschnitte in Werken als auch Bücher und Bände in Codexform bezeichnet werden. Eine spätlateinische Form stellt der Terminus „rotulus" dar, der die Bedeutung Rolle durch das ganze Mittelalter hindurch bis in die Neuzeit bewahrt hat und in vielen neueren Sprachen übernommen wurde (rotolo, roule, rouleau, rodillo, rodel, roll).

Für das noch relativ späte Vorkommen der Begriffe „volumen" und „tomus" zur Bezeichnung der Rolle seien noch einige Beispiele erbracht. Wenn der Jurist Ulpianus († 228 n. Chr.) in den Digesten als Form der Schriftwerke zwischen „volumina" und „codices" unterscheidet, dann versteht er unter „volumina" offenbar noch Rollen. Auch Autoren wie Prudentius († 410), Symmachus († nach 402), Rutilius Namatianus (416), Paulus Orosius (Anfang 5. Jh.) und Martianus Capella (5. Jh.) gebrauchen den Ausdruck „volumen" noch eindeutig für die Rolle. Auch noch Hieronymus († 420) dürfte den erwähnten Begriff als Rolle verstanden haben. Der Ausdruck „omne volumen volvimus" in einem Schreiben des Papstes Zosimus vom 21. März 418 an eine Synode zu Karthago kann nur auf Rollen bezogen werden. In den griechischen Akten des Konzils von Chalkedon von 451 wird der Terminus „tomos" für die Rolle verwendet und dementsprechend in der lateinischen Fassung mit „volumen" wiedergegeben. Da indes in der Kirche für Akten und Synodalkonstitutionen alsbald auch Codices üblich waren, ist das „chartaceum volumen" in einem Brief des Papstes Vigilius über den Dreikapitelstreit von 553 nicht mehr sicher für eine Rolle in Anspruch zu nehmen. Die in einer Urkunde des Langobardenkönigs Aistulf von 751 als „munimina voluminum quattuor" bezeichneten spoletinischen Herzogsurkunden dürfen hingegen noch als Rollen interpretiert werden.

Der Begriff „tomus" ist für Briefe und Urkunden in Rollenform lange in Gebrauch gewesen. So wurden die Briefe des Papstes Leo I. (440-461) von den Päpsten Pelagius II. (585-586) und Gregor I. (590-604) sowie im „Liber pontificalis" und im „Liber diurnus" als „tomi" bezeichnet. Das Schreiben des Papstes Vigilius an Kaiser Justinian I. vom 14. Mai 553 spricht von der Unterfertigung einer Urkunde als „subscriptio tomi". Wenn im „Liber pontificalis" „tomi" des Papstes Agatho und daneben auch „libri" und „quaterniones" erwähnt werden, dann haben wir es im ersteren Fall sicherlich mit Rollen zu tun. Ähnliche Fälle liegen für die Päpste Sergius I. (687-701) und Johannes VII. (705-707) vor. Noch Papst Nikolaus I. bezeichnet in einem Schreiben an Kaiser Michael I. vom 28. September 865 päpstliche Briefe als „tomi", mithin als Papsturkunden in Rollenform. Die Transsumpte römischer Notare des 11., 12. und beginnenden 13. Jahrhunderts charakterisieren römische Privaturkunden des 5. bis 10. Jahrhunderts sowie eine Papsturkunde des 9. Jahrhunderts, die nachweislich Rollenform besaßen, als „tomi". Noch neapolitanische Urkunden des 10. und 11. Jahrhunderts sprechen von „Charta de tumo, de tummo, de tumbo"; da sie diese ausdrücklich von Pergamenturkunden unterscheiden, dürfte hinter dieser Bezeichnung der Terminus „tomus chartaceus" und damit eine Papyrusurkunde in Rollenform stehen.

Der Codex

Zu den bedeutsamsten Ereignissen im Verlauf der Buchgeschichte zählt die Ersetzung der Buchrolle durch den Codex. Der Codex - eine Buchform, die uns auch heute noch geläufig ist - besteht aus einer Mehrzahl gefalteter und gehefteter Blätter, die zu ihrem Schutz einen Einband erhielten. Die Funde der Reste antiker Bücher haben erst seit relativ kurzer Zeit ein neues Licht auf die Entstehung der Codexform geworfen.

Als *Urform des Codex* dürfen wir die antiken Diptycha, Triptycha und Polyptycha ansprechen, einen Verband aus zwei, drei oder mehreren Holz- oder Wachstäfelchen, die durch Scharniere zusammengehalten wurden. Holz- und Wachstäfelchen hatten eine lange Geschichte hinter sich, bevor sie zum Prototyp des literarischen Codex wurden. Vielleicht haben die Griechen die Sitte der Holztäfelchen von den Hethitern übernommen. Nochmals erinnert sei an das von Homer (Ilias VI,168ff.) genannte Diptychon, in das Proitos die verhängnisvolle Aufforderung zur Tötung des Überbringers, des Helden Bellerophon, schrieb. Schon im 5. Jahrhundert v. Chr. waren Polyptycha bekannt; die Zahl der einzelnen Stücke dieses Verbandes von Tafeln war natürlich beschränkt und hat die zehn nicht überschritten. Aus der Mitte des 3. Jahrhunderts v. Chr. hat sich ein Polyptychon aus sieben Tafeln erhalten; die Oberflächen waren mit z. T. schwarzem, z. T. rotem Wachs überzogen und enthielten Aufstellungen über Ausgaben während einer Reise auf dem Nil. Wenn Euripides in seiner „Iphigenie auf Tauris" (V,727) von den „vieltorigen Faltungen der Tafel" spricht, ist das nicht, wie Wilhelm Schubart meinte, bereits auf ein frühes Specimen eines Codex mit gefalteten Blättern aus Tierhaut oder Papyrus zu beziehen, sondern immer noch auf ein hölzernes

Polyptychon. Auch in Rom waren Holz- und Wachstäfelchen früh in Gebrauch; sie dienten nicht nur den vielfältigen Bedürfnissen des Alltags, sondern auch offiziellen Schriftstücken und juristischen Dokumenten als Schriftträger. Der jüngere Plinius gibt in einem Brief (Epistulae III,5,15ff.) ein lebendiges Bild von der Arbeit seines Onkels, des älteren Plinius († 79 n. Chr.). Neben dem Gelehrten stand ein Sklave mit einem Buch, aus dem Informationen zu entnehmen waren, und mit Schreibtafeln, auf welche in Kurz- und Eilschrift all das notiert wurde, was für die weitere Arbeit exzerpiert und verarbeitet werden sollte. Von diesen Täfelchen, den pugillares, stammte mithin das wissenschaftliche Material der „Naturalis historia" des älteren Plinius, die 160 Rollen füllte.

Die Mehrzahl von Tafeln oder mehrfach gefalteten Tafeln wurde in Rom als „codex" bezeichnet. Ein Beleg für diesen Usus ist eine Stelle beim jüngeren Seneca († 65 n. Chr.), der in seiner Schrift „De brevitate vitae" (XVIII,4) der Frage nachgeht, warum einer der Konsuln des Jahres 264 v. Chr., Claudius Caudex, diesen Namen erhalten habe; dabei heißt es: „quia plurium tabularum contextus caudex apud antiquos vocabatur, unde publicae tabulae codices dicuntur" („weil der Verband mehrerer Tafeln bei den Alten caudex genannt wurde, woher auch die öffentlichen Tafeln Codices benannt werden"). Die ursprüngliche Bedeutung des Wortes „caudex" ist die des Holzscheites, wodurch das Material bezeichnet erscheint, aus dem der Schriftträger hergestellt wurde. Bereits in der Zeit von Marcus Porcius Cato (234-149 v. Chr.), dem bekannten Zensor des Jahres 184, waren die Begriffe „tabulae" und „codex" austauschbar. Auch bei Cicero scheinen beide Begriffe zur Bezeichnung von Wachstafeln für geschäftliche Zwecke auf. Zu dieser Zeit war der Terminus aber noch nicht für das Buch geläufig.

Man hat in der früheren Forschung eine historische Begebenheit des Jahres 52 v. Chr. für die frühe Existenz von Pergamentcodices in Rom zu deuten versucht. Als Publius Clodius im Jahre 52 v. Chr. auf offener Landstraße von einer Bande seines Gegners Milo ermordet wurde, brachte der leidenschaftlich erregte Mob seine Leiche in die Kurie des Senates, wo er aus Tischen, Stühlen und den „Codices librariorum" einen Scheiterhaufen aufschichtete und anzündete; bei diesem revolutionären Begräbnis ging die gesamte Kurie in Flammen auf. Wilhelm Schubart wollte in den „Codices librariorum" die Aktenbände der Senatsschreiber erblicken und implicite damit Pergamentcodices in ihnen sehen. Es gibt jedoch keinen Anhaltspunkt für diese These; man wird davon ausgehen dürfen, daß diese „Codices" nichts anderes als Serien von Wachstafeln gewesen sind. Zudem kann vom feuertechnischen Standpunkt aus bemerkt werden, daß Wachstafeln stark entflammbar sind, während Pergament nur sehr schwer brennt.

Viel gerätselt wurde auch über eine Stelle in der „Naturalis historia" des älteren Plinius (7,21,85), wonach Cicero von einem Exemplar der Ilias Homers auf Pergament, das in einer Nuß eingeschlossen werden konnte, gesprochen habe. Man hat diese Stelle vielfach als absurd abgetan; der Gelehrte

Sanders meinte sogar sarkastisch, zur Aufnahme einer Ilias müsse man eher eine Kokosnuß als eine gewöhnliche Nuß heranziehen; auch dachten andere Gelehrte an eine übertragene Erklärung der Stelle, etwa an einen Einband aus Nußholz für einen Codex. Doch kennt man heute extreme Beispiele von Mikrographie, so daß die Stelle bei Plinius nicht gar so absurd klingt. Für die Kenntnis der Entwicklung des Pergamentcodex bringt die kuriose Überlieferung allerdings nichts. Es bleibt also zweifelhaft, ob in den Tagen Ciceros schon literarische Werke in der Buchform des Pergamentcodex existiert haben.

Doch sollte es nicht mehr lange dauern, bis die ersten *Belege für literarische Pergamentcodices* vorliegen. Der Schritt zu dieser Entwicklung wurde offensichtlich bei den Römern und nicht bei den Griechen gemacht. Die Römer waren seit dem 2. Jahrhundert v. Chr. mit Pergament als Beschreibstoff vertraut gewesen. Der Wachstafelkomplex war im römischen Bereich zum unmittelbaren Vorläufer des Codex geworden. Ersetzt man die inneren Tafeln durch eine oder mehrere Lagen von Pergament oder Papyrus, war die Buchform des Codex geboren. Es sei bereits an dieser Stelle angemerkt, daß der Papyruscodex dem Pergamentcodex nachgebildet ist und daher von seiner Entstehung her jünger ist.

Die Belege aus den letzten Jahren der römischen Republik für eine eventuelle Existenz von Pergamentcodices sind in der Deutung etwas umstritten. Man kann sich vorstellen, daß für Sammlungen von Akten und Geschäftsstücken von Behörden und Geschäftsleuten sich die Codexform in besonderer Weise eignete. So werden vom Juristen Neratius Priscus aus der ersten Hälfte des 1. Jahrhunderts n. Chr. sieben Bücher als „membranae" bezeichnet, was auf Pergamentcodices hindeuten kann. Diese „septem libri membranarum", deren Bezeichnung auf jeden Fall mit dem Pergament als Beschreibstoff zusammenhängt, boten viele feinsinnige Fallentscheidungen. In einem Brief an Atticus (Ad Atticum XIII,24,1) schreibt Cicero, daß vier „diphtherai" im Besitz des Adressaten seien. Handelt es sich dabei auch um Schriftstücke auf Pergament, können diese ohne weiteres noch in Rollenform gewesen sein. Der Dichter Catull († 54 v. Chr.) erwähnt im Carmen XXII,4-8 die Begriffe „Palimpsest" und „membrana derecta plumbo". Kann die „membrana" hier auch als Pergamenthülle für die Papyrusrolle interpretiert werden, hat die Nennung eines Palimpsestes Anlaß zur Vermutung gegeben, hier die Spur eines abgeschabten und wieder neu beschriebenen Pergamentcodex zu finden. Doch wurde der Terminus „palimpsestos" (παλίμψηστος) im griechischen Kulturbereich erfunden; die Wiederverwendung eines Beschreibstoffes durch Tilgen der Schrift konnte auch bei Papyrus vollzogen werden. Das Verbum ψάω (psao) muß nicht nur „kratzen, reiben, schaben" bedeuten, sondern kann auch für „säubern" stehen. Die Stelle bei Catull zeigt an, daß es für einen Autor nicht ungewöhnlich sein konnte, alte Papyrusrollen vom ursprünglichen Text durch Abwaschen zu befreien und die so bearbeiteten Rollen abermals zu benützen. Catull macht sich im besagten Gedicht über einen

Suffenus lustig, der für seine wertlosen Schriften nicht einfach alte Rollen wiederverwendet, sondern nur das feinste und teuerste Material benützt.

Sueton († 150 n. Chr.) berichtet in seiner Biographie des Julius Caesar (Divus Julius 56,6), daß Caesar eine neue Form für seine Berichte an den Senat gefunden hätte; die Stelle ist allerdings in ihrem Sinn etwas dunkel; es heißt dort: „Epistulae quoque eius ad senatum extant, quas primum videtur ad paginas et formam memorialis libelli convertisse, cum antea consules et duces non nisi transversa charta scriptas mitterent" („Es existieren auch noch seine Briefe an den Senat, die er erstmals nach Art der Seiten und der Form eines Notizbuches abgeändert zu haben scheint, während früher die Konsuln und Heerführer solche nur mit Schrift parallel zur Schmalseite geschrieben sandten"). Die Nachricht über die vorcäsarianischen Berichte an den Senat, die „transversa charta scriptas" abgefaßt gewesen wären, muß wohl dahingehend interpretiert werden, daß die Verfasser dieser Schreiben den Text parallel zur Schmalseite der Blätter geschrieben hätten, eine Sitte, die fallweise in ptolemäischen Papyri des 3. Jahrhunderts v. Chr. und dann wieder in byzantinischen Papyri aufscheint, doch die Ausnahme bleibt. Was Caesars Neuerung angeht, so dürfte darin eine Änderung der Form der Berichte und nicht des Materials zu erblicken sein. Wenn unter dem „memorialis libellus" ein Notizbuch verstanden werden kann, mag Caesar eine Reihe von Blättern zusammen befestigt haben, um sie für seine Berichte zu verwenden; doch wird nicht gesagt, daß dieses Notizbuch aus Pergament bestanden habe.

Festen Boden betreten wir erst mit dem Zeitalter des Kaisers Augustus († 14 n. Chr.). Der Dichter Horaz († 8 v. Chr.) spricht an zwei Stellen offensichtlich von Pergament als Beschreibstoff für literarische Entwürfe. In der 3. Satire des zweiten Buches der Satiren (Vers 1-2) tadelt Horaz den Adressaten, daß dieser so selten schreibe, daß er nicht einmal viermal im Jahr Pergament verlange. In der „Ars poetica" (Vers 386-390) erwähnt Horaz die lange Dauer literarischer Arbeit, die Prüfung des niedergeschriebenen Textes und die Möglichkeit der Tilgung nicht erwünschter Stellen; diese Stelle belehrt uns, daß es zur Zeit von Horaz ein eingebürgerter Brauch war, Pergament für literarische Entwürfe zu benützen. Auf die Möglichkeit der Tilgung unerwünschter Textpartien macht der Dichter besonders aufmerksam und hebt damit einen der offensichtlichen Vorteile des Beschreibstoffes Pergament hervor. Wenn auch nicht ausdrücklich von Pergamentcodices bei Horaz gesprochen wird, so geht doch mit großer Wahrscheinlichkeit aus der Stelle hervor, daß es sich um Pergamentblätter bzw. aus Pergamentblättern hergestellte Codices gehandelt hat, zumal Horaz die „membranae" als Alternative zu den Wachstafeln erwähnt.

Deutlicher ist bereits eine Stelle beim römischen Satiriker Aulus Persius Flaccus († 62 n. Chr.). In der 3. Satire (Vers 10-11) nennt der Dichter unter den Utensilien, die der Student benötigt, auch „membranae", die „enthaart" seien und „zweifarbig" erscheinen. Die Tierhaut wird ja im Zuge der Herstellung des Pergaments von den Haaren befreit; die Zweifarbigkeit bezieht sich offensichtlich auf den Unterschied zwischen der Haar- und der Fleischseite eines Pergamentblattes. Dieser Unterschied fällt in einer Pergamentrolle nicht auf, wohl aber in einem Pergamentcodex; wenn man darin blättert, stößt man unweigerlich laufend auf die verschiedene Farbtönung von Haar- und Fleischseiten der Pergamentblätter. So scheint es klar, daß zur Zeit des Persius in der Mitte des 1. Jahrhunderts n. Chr. „membranae" als Notizbücher aus Pergament in Verwendung standen.

Quintilian († 100 n. Chr.) faßte in seiner „Institutio oratoria" die Erfahrung seiner Lehrtätigkeit als Lehrer der Beredsamkeit in Rom und Prinzenerzieher am Hofe Domitians zusammen. Wenn er in der genannten Schrift (Inst. orat. 3,31) von der vorteilhaften Schreibtätigkeit auf Wachstafeln spricht und nur für schlechte Augen den Gebrauch von Pergament empfiehlt, auf dem man größer schreiben könne, dann ist mit dieser Stelle eine Etappe in der Entwicklung des Codex bezeichnet, in der er bereits über das Stadium des Notizbuches hinaus gewachsen und auf dem Wege zum Buch war. In ähnlicher Weise kann eine Stelle beim Juristen Ulpianus (um 200 n. Chr.) gedeutet werden, der von einem Legat des Gaius Cassius, Konsul im Jahre 30 n. Chr. und verstorben unter Kaiser Vespasian (69-79 n. Chr.), spricht, in dessen Rahmen auch „membranae" zu den Büchern des Legats gezählt werden müßten. Die „libri legati" sind offensichtlich Papyrusrollen, die eigens erwähnten „membranae" hingegen die Notizbücher des Autors. Auf die „membranae" des Juristen Neratius Priscus, eines Zeitgenossen des Kaisers Trajan (98-117 n. Chr.), wurde bereits hingewiesen. Daß das Notizbuch aus Pergament eine römische Erfindung war und nicht eine griechische, kann auch aus der bereits zitierten Stelle des pseudopaulinischen zweiten Timotheusbriefes (2 Tim 4,13) erschlossen werden, wo der Autor die Überbringung der in der Troas zurückgelassenen Bücher erbittet; die dabei genannten „membranai" (μεμβράναι), die neben den „biblia" (βιβλία) extra erwähnt werden, verraten schon durch die Tatsache eines lateinischen Lehnwortes in der griechischen Sprache die Herkunft des Begriffes und damit auch der Sache aus dem römischen Kulturbereich. Die „membranai" werden Pergamentzettel oder Notizbücher aus Pergament gewesen sein.

Noch vor dem Ende des ersten Jahrhunderts n. Chr. hat der Codex aus Pergamentblättern den definitiven Schritt in den literarischen Bereich getan. Der Dichter Martial (ca. 40-102 n. Chr.), der bedeutendste lateinische Epigrammatiker, liefert die ersten unmißverständlichen Hinweise auf literarische Werke, die in Codexform veröffentlicht wurden. Diese Stellen, aus Carmen I,2 und aus den „Apophoreta" entnommen, fallen in den Zeitraum der Jahre 84 bis 86 n. Chr. Zwar war noch für Jahrhunderte die Rolle die für die gebildete Gesellschaft gegebene Buchform; die gehobenen sozialen Klassen hatten eine Abneigung gegen die Codexform noch bis in die Spätantike. So entschuldigt sich noch Augustinus († 430) in einem Brief (Epistula 171), einen Brief in Codexform geschrieben zu haben; und Hieronymus († 420) schrieb seine Briefe auf Rollen, obwohl er seine Bücher in Codexform besaß.

Dennoch zeigen sich zu Ende des 1. Jahrhunderts n. Chr. die ersten kräftigen Lebenszeichen der neuen Buchform, die alsbald zur Herausforderin der Papyrusrolle werden sollte. Als der Epigrammatiker Martial eine zweite Ausgabe seiner beiden ersten Bücher von Epigrammen veranstaltete, gab er dem Buch ein Einleitungsgedicht (Carm. I,1) voran; der Dichter empfiehlt darin seine Gedichtsammlung auch als Reiselektüre; daher sollten die Texte auf kleinen Blättern aus Pergament geschrieben sein; damit kann nur ein Codex gemeint sein, dessen kleines Format ihn für die Mitnahme auf der Reise geeignet erscheinen läßt. Martial empfiehlt zugleich auch einen Buchhändler, damit der Leser nicht dem Buch durch die ganze Stadt nachlaufen müsse. Die köstlichen Verse lauten: „Wenn du meine Büchlein überall bei dir haben möchtest und als Begleiter einer langen Reise besitzen willst, dann kaufe diese, die das Pergament auf kleinen Blättchen zusammendrängt. Die großen Bücher laß für die Büchergestelle; mich umfaßt bereits eine Hand. Doch damit du auch wissest, wo ich käuflich bin, und nicht durch die ganze Stadt irrest, führe ich dich sicher den Weg. Suche den Secundus, den Freigelassenen des gelehrten Lucensis, gleich nach dem Markt der Minerva und dem Tempel der Pax." Martial war sich klar, daß ein Reisender sich nicht mit Rollen belasten könne, die viel Platz einnehmen und auch leicht beschädigt werden konnten. Dies war wohl auch ein Grund, neben der sicher in Rollenform vorliegenden „normalen" Ausgabe der Epigramme eine handliche, kleinere Ausgabe in Gestalt von Pergamentcodices zu veranstalten.

Im Buch XIV der Epigramme des Martial werden Geschenke, die man aus Anlaß des Festes der Saturnalia zu geben pflegt, mit kleinen Gedichten begleitet, den sogenannten „Apophoreta". Unter den Geschenken scheinen auch Bücher auf. Ihre Spannweite reicht von kostbaren Schreibtafeln über Papyrusrollen bis hin zu Pergamentcodices. Daß bei einigen dieser geschenkten Bücher tatsächlich an handliche, kleine Pergamentcodices zu denken ist, verraten schon die Überschriften und legt auch der Text nahe. Die in Frage kommenden Epigramme sind die folgenden:

XIV,184: „Homer auf Pergamentblättern. Die Ilias und den Odysseus, den Feind des Reiches des Priamos, enthält die vielfach geschichtete Tierhaut zugleich."

XIV,186: „Vergil auf Pergament. Was für ein kleines Pergament umfaßt den gewaltigen Maro! Das vorderste Blatt bietet dir auch sein Porträt dar."

XIV,188: „Cicero auf Pergament. Wenn dich dieses Pergament begleitet, so kannst du dir denken, daß du den langen Weg immer mit Cicero machst."

XIV,190: „Titus Livius auf Pergament. In winzigen Tierhäuten wird der ungeheure Livius zusammengedrängt, den meine ganze Bibliothek nicht zu fassen imstande ist."

XIV,192: „Ovids Metamorphosen auf Pergament. Dieses massige Werk, das aus zahlreichen Blättern gebildet ist, bietet dir fünfzehn Gesänge Nasos dar."

Zur Zeit Martials muß das Buch in Codexform noch etwas Neues dargestellt haben. Martial preist immer wieder die Vorteile an, die es dem Codex gestatten, mehr Text als die Rolle aufzunehmen. Deshalb mußte der Codex nicht der Vornehmheit entbehren; der Codex mit den Werken Vergils, von dem Martial spricht, trug auf dem ersten Blatt das gemalte Porträt des Autors! Die wiederholte Propaganda Martials zeigt, daß das Leserpublikum noch nicht mit dem Codex sehr vertraut war. Unter den von Martial angepriesenen Buchgeschenken finden wir Homer, Vergil, Ovid, Cicero und Livius, also die am meisten gelesenen griechischen und römischen Autoren, die Schriftsteller auch der Schule und des Unterrichts. Man hat in der modernen Forschung mitunter auch die Frage erhoben, ob es sich bei den beschriebenen Codices um echte Bücher oder um eine Auswahl oder ein Anthologie gehandelt habe. Doch wenn der ganze Homer angepriesen wird und wenn vom „ungeheuren Maro" die Rede ist, den das kleine Buch faßt, dann hat das Epigramm nur dann einen Sinn, wenn es sich um komplette Textausgaben handelt. Das die „Metamorphosen" des Ovid betreffende Epigramm erwähnt ausdrücklich die fünfzehn Bücher des Werkes. Beim Cicerocodex muß es sich natürlich um eine Auswahl aus dem Gesamtwerk des Autors gehandelt haben. Das größte Problem liefert der zitierte Liviuscodex, da es doch fraglich erscheint, die 142 Bücher der „Römischen Geschichte" in einem Codex unterzubringen. Das Verbum „artare" kann nämlich sowohl „einen Text kürzen" als auch „zusammenpressen" bedeuten. Sollte es sich um den gesamten Text des Livius gehandelt haben, müßten freilich mehrere Codices dafür in Anspruch genommen werden, was den Wert des Geschenkes erheblich erhöhen hätte müssen. Die Standpunkte der Forscher sind sehr konträr. Während Kenyon meint, daß ein „Weihnachtsgeschenk" eines kompletten Livius absurd wäre, meint Oliver ironisch, daß der komplette Livius immer noch billiger gewesen wäre als das in Apophoreta XIV,203 angepriesene spanische Mädchen oder der Koch von XIV,220 oder gar die Schauspielertruppe von XIV,214.

Daß die von Martial angepriesenen Codices tatsächlich eine Neuheit darstellten, ergibt sich auch aus dem Umstand, daß vor Martial kein Schriftsteller literarische Werke als Codices erwähnt, nicht einmal der ältere Plinius in seiner „Naturalis historia", in der doch ausführlich über Beschreibstoffe und Bücher gehandelt wird. Martials Bücher waren denn auch eher für den Reisenden als für den Bibliophilen bestimmt. Es handelte sich um wiederholte Ausgaben von klassisch gewordenen Autoren in Taschenbuchformat, vergleichbar in etwa mit den Aldinen, den Elzevierausgaben, den Penguin-Books oder den Reclam-Ausgaben der Neuzeit.

In zeitlicher Nähe zu Martial steht der Fund eines Fragments eines Pergamentcodex mit einem Bruchstück eines Berichtes über einen Krieg (der Römer) gegen die Makedonen (genannt „De bellis Macedonicis"), gefunden in Oxyrhynchos, heute in der British Library zu London (Pap. lit. Lond. 121, Pap. Oxy. 1,30) verwahrt; das Fragment wird neuerdings in das Ende des 1. Jahrhunderts n. Chr. datiert. Der Fundort Oxyrhynchos muß nicht notwendigerweise den ägyptischen Ursprung des Stückes nahelegen. Jedoch steht bislang dieses Stück isoliert da. Der nächstälteste Fund eines lateinischen

Pergamentcodex ist vermutlich ein Londoner Fragment der „Sententiae" des Paulus, das in das 3. Jahrhundert datiert wird. Die literarischen Erwähnungen von Codices setzen auch erst um 200 n. Chr. ein. Autoren wie der jüngere Plinius, Suetonius, Aulus Gellius, Lukian von Samosata, Aelius Aristides oder Galenos erwähnen noch nirgends die Existenz von Pergamentcodices. So kann vermutet werden, daß die Bemühungen Martials und seines Buchhändlers Secundus zunächst nicht von großem Erfolg begleitet waren. Möglicherweise haben die sozial höherstehenden Schichten noch lange nicht die Assoziation des literarischen Pergamentcodex mit dem Notizbuch des täglichen Bedarfes aufgegeben.

Ein soziologisches Moment dürfte auch entscheidend für die Entwicklung der Codexform in der Spätantike mit im Spiel gewesen sein. Zunächst kann festgestellt werden, daß sich die Christen von früh an für die Verwendung des Codex entschieden haben, so daß einige Gelehrte sogar den Christen die entscheidende Rolle in der Propagierung der neuen Buchform zusprachen. Zum anderen waren es die Juristen, die sehr bald den Codex als die ihnen genuine Buchform wählten. Über beide Gruppen von Autoren und Benutzern wird noch ausführlicher zu sprechen sein. Zusätzlich wurde jedoch festgestellt, daß von den aus der Wende vom 2. zum 3. Jahrhundert n. Chr. stammenden Resten von zwölf nichtchristlichen Codices nur deren drei klassische Texte überliefern, nämlich von Pindar, Xenophon und Platon. Die übrigen Texte waren von geringer Qualität und standen auf einem niederen Niveau. Man denke an Orakelverse, an Homerzitate für den Gebrauch im Unterricht, an technische und medizinische Texte oder an triviale Literatur. Guglielmo Cavallo vertrat daher die Auffassung, daß sich die gesellschaftlich tieferstehenden Leserschichten den Codex als ihnen konvenierende Buchform wählten, während die gebildeten und sozial höherstehenden Kreise der Rolle nach wie vor den Vorzug gaben. Da sich die frühen Christen von der zeitgenössischen Elite distanzierten, hätten auch sie für den Gebrauch des Codex optiert. Es gehört zu den buchgeschichtlich bedeutenden Ereignissen, daß ab dem 4. Jahrhundert n. Chr. der Codex einen unaufhaltsamen Siegeszug antrat und die Rolle langsam, aber sicher zurückdrängte. Cavallo wollte hinter diesem Phänomen einen Impuls der zunächst sozial niederer stehenden Schichten erblicken, die nun im Zuge einer sozialen Emanzipation zum Bewußtsein ihrer geschichtlichen Bedeutsamkeit gelangt wären und daher der ihnen vertrauten Buchform zum Siege verholfen hätten. Doch muß neben diesem sozialgeschichtlichen Phänomen auch ins Kalkül gezogen werden, wie sehr sich allmählich die Codexform als vorteilhafte Buchform empfahl; mithin müssen auch utilitaristische Erwägungen ins Spiel gebracht werden.

Die Nachrichten *römischer Juristen* sind für die Entwicklung der Codexform sehr willkommen. Ist ja doch anzunehmen, daß juristische Entscheidungen und Abhandlungen eher den gesellschaftlichen Gegebenheiten ihrer Zeit entsprechen als individuelle oder gar isolierte Phänomene zu beleuchten. Eine sehr wertvolle Stelle finden wir bei Ulpianus, einem der letzten großen Juristen der klassischen Zeit; er gehörte dem Concilium des Praefectus praetorio Papinianus an, bekleidete zuletzt selbst dieses Amt und wurde 228 von meuternden Prätorianern ermordet. Er verfaßte an die 280 Bücher. Ulpianus hatte unter der Vielzahl von juristischen Problemen auch einmal die Frage zu klären, wie man zwischen Büchern und den Manuskripten eines Autors zu unterscheiden habe und was alles unter den Begriff eines Buches zu subsumieren wäre; die Frage war im Zusammenhang mit Testamenten virulent geworden. Nach Ulpianus gehören alle Rollen, seien sie aus Papyrus, aus Pergament oder aus einem anderen Material, unzweifelhaft zu den Büchern. Hingegen zögert Ulpianus bei der Behandlung der Codices, seien sie aus Pergament, aus Papyrus oder einem anderen Material; man müsse dies erst untersuchen; das gleiche gelte für die Wachstafeln. Unter Berücksichtigung eines Ausspruches von Gaius Cassius, daß auch Pergamentcodices zu den Büchern zählten, entscheidet Ulpianus dann doch, daß alles übrige, was nicht Rolle sei, auch zu den Büchern gerechnet werden könne, sofern nicht der Wille des Testators dem entgegenstehe. Unbeschriebene Rollen klammerte Ulpianus aus; beschriebene Blätter, die aber noch nicht korrigiert, geklebt oder fertig ausgeschmückt sind, wie auch noch ungebundene Pergamentblätter rechnet Ulpianus zu den Büchern. Man merkt aus diesem Erkenntnis des Juristen, daß für Ulpianus streng genommen nur die Rollen Bücher sind; der Codex ist dabei, sich gegen einen gewissen Widerstand einen Platz zu erkämpfen. Der Jurist Paulus, der nach der Ermordung Ulpianus' 223 diesem als Praefectus praetorio folgte, ging noch einen Schritt weiter. Er definierte als Buch ein in sich geschlossenes Schriftwerk (III,6,87). Daher konnte Paulus ungehindert sowohl Rollen wie auch Codices gleich welchen Materials als Bücher im juristischen Sinn ansprechen.

Bei den Juristen des 3. Jahrhunderts ist der Codex bereits arriviert. Der alte Begriff „caudex" für Holzblock hat nun auch auf diesem Sektor den Sinn von „Buch" angenommen. Die römischen Gesetzessammlungen des 3. Jahrhunderts wie der Codex Gregorianus und der Codex Hermogenianus bezeugen den Codex als publiziertes Buch und autorisierte Sammlung. Franz Wieacker hatte übrigens die These aufgestellt, daß die Werke der klassischen Juristen ursprünglich in Rollenform publiziert worden waren und um 300 n. Chr. in Codices umgeschrieben worden wären; im Zuge dieser Umschreibung wäre es zu einer extensiven Bearbeitung und Änderung der Texte zwecks Anpassung an die gesellschaftlichen Verhältnisse der Zeit um 300 gekommen. Damit wollte Wieacker auch die Aussagekraft der zitierten Stellen aus Ulpian und Paulus in Frage stellen, wenn diese interpoliert und geändert worden wären. Doch wurde Wieackers These heftig angegriffen, besonders von Ernst Schönbauer und G. G. Archi; die These hat keine Beweiskraft erreicht.

Bei der Beurteilung der Funde von Codexfragmenten in Ägypten aus der Frühzeit der neuen Buchform hat sich die Frage erhoben, inwieweit die ägyptischen Verhältnisse für das gesamte Imperium Romanum charakteristisch seien; ja selbst die punktuell an dem einen oder anderen Ort in Ägypten aufgefundenen Fragmente wurden in ihrer Aussagekraft für ganz Ägypten in

Frage gestellt. Da jedoch Funde aus vielen Stellen Ägyptens stammen, kann wohl der Befund auf ganz Ägypten ausgedehnt werden. In Oxyrhynchos, wo zahlreiche Funde gemacht wurden, hatten wohlhabende Bewohner von Alexandreia ihre Landsitze, so daß ohne weiteres der eine oder andere Codex, der in Oxyrhynchos gefunden wurde, in Alexandreia geschrieben worden sein oder eine lokale Abschrift einer alexandrinischen Textausgabe gewesen sein könnte. Schwieriger zu beantworten ist bereits die Frage nach der Aussagekraft der ägyptischen Funde für das gesamte Imperium. Man wird in diesem Zusammenhang aber auf den weitreichenden Informationsfluß im Reich hinweisen können. Beamte, Kaufleute und andere Personen waren ständig auf Reisen und brachten auch ihre Bücher mit. Andererseits besaß eine Metropole wie Alexandreia einen internationalen Ruhm auf dem Gebiet der Bibliographie und der philologischen Bearbeitung von Texten. So dürfte es doch keine wesentlichen Unterschiede in der Struktur der Bücher zwischen Ägypten und dem übrigen Reich gegeben haben.

Es dürfte von Interesse sein, das *Verhältnis von Rolle und Codex* auf Grund der Funde griechischer Papyri in Ägypten in der Spätantike zu analysieren. Eine Statistik aus den siebziger Jahren, aufgestellt von Colin H. Roberts und T. C. Skeat, bietet für die nichtchristliche griechische Literatur vom 1. bis zum 5. Jahrhundert n. Chr. folgendes Bild:

Jahrhundert	Rollen	Codices	Total	% Rollen	% Codices
I	252	1	253	100	0
I-II	203	4	207	98	2
II	857	14	871	98,5	1,5
II-III	349	17	366	95,5	4,5
III	406	93	499	81,5	18,5
III-IV	54	50	104	52	48
IV	36	99	135	26,5	73,5
IV-V	7	68	75	9,5	90,5
V	11	88	99	11	89

In der weltlichen Literatur hatte die Rolle eine dominierende Stellung durch Jahrhunderte besessen; der Codex war erst allmählich ab dem 1. Jahrhundert n. Ch. gewissermaßen als ein Hilfsmittel eingedrungen. In der Zeit um 200 besaß der Codex bereits eine gewisse Bedeutung durch das Vordringen der neuen Buchform in die nichtchristliche Literatur. Im 3. Jahrhundert war der Anteil des Codex keine vernachlässigenswerte Größe mehr; und um 300 hatte der Codex bereits annähernd die Hälfte der Buchproduktion bestritten. So war der Weg zum Durchbruch im 4. Jahrhundert vorgezeichnet. Wenn der Sieg des Codex Hand in Hand mit dem Sieg des Christentums seit der Konstantinischen Wende ging, ist die Bedeutung der Codexform für die *christliche Literatur* mit in Rechnung zu stellen. Denn auf dem Gebiet der christlichen Literatur war von Anfang an dem Codex eine bevorzugte Stellung eingeräumt worden. Nach einer Statistik von C. H. Roberts und T. C. Skeat aus den siebziger Jahren wurden 172 Fragmente von *Bibelhandschriften*, die vor 400 n. Chr. geschrieben sind, untersucht; ausgeklammert wurden jüdische Bibelhandschriften der vorchristlichen Zeit sowie alle jene Stücke - wie Schulaufgaben, Amulette, Einzelblätter -, die nicht zu einem Buch gehört hatten. Von diesen 172 Fragmenten von Bibelhandschriften entstammen 98 dem Alten Testament und 74 dem Neuen Testament. Von diesem Komplex stammen 158 Texte aus ehemaligen Codices und nur 14 aus Rollen. Eine genauere Untersuchung kann das Verhältnis noch mehr differenzieren. Von den 14 berücksichtigten Bibelrollen sind fünf Opisthographen, also Texte, die auf die Rückseite einer wiederverwendeten Rolle niedergeschrieben sind (nämlich Pap. Lipsiensis Inv. 39 mit Psalmen, P. S. I. 8,921 mit Psalmen, Pap. Lond. Inv. 2584 mit Texten aus Hosea und Amos, Pap. Oxy. 4,657 + P. S. I. 12,1292 mit Hebräerbrief). Damit reduziert sich die Zahl der genuinen Rollen auf neun. Für drei dieser Rollen (Pap. Harr. 31 mit Psalmen, Stud. Pal. 11,119 mit Psalmen, Pap. lit. Lond. 211 mit Danielbuch) hat man jüdischen Ursprung angenommen. Zwei weitere Rollen sind von außergewöhnlichem Charakter: mit Bibeltext auf beiden Seiten (Pap. Oxy. 8,1075, Exodus, Apokalypse) bzw. mit Text nur auf der Versoseite, während die Rectoseite leer blieb (Pap. Oxy. 10,1228). So bleiben eigentlich nur zwei völlig normale christliche Rollen aus der Zeit vor 400 übrig (Stud. Pal. 15,234, Psalmen; Pap. Alex. Inv. 203, Isaias). Die Bibelfragmente des 2./3. Jahrhunderts stammen aus Papyruscodices.

Man hat angenommen, daß der Papyruscodex dem Pergamentcodex nachgebildet ist. Es liegt auf der Hand, daß die Codexform für den spröden Papyrus keine glückliche Lösung bilden konnte; schon die Heftung der Blätter mußte zum Problem werden.

Von den oben genannten 172 Bibelhandschriften können elf in das 2. Jahrhundert datiert werden; sie sind alle auf Papyrus geschrieben. Wir finden darunter Reste der Bücher Genesis, Exodus, Numeri, Deuteronomium, Psalmen, Matthäusevangelium, Lukasevangelium, Johannesevangelium, Titusbrief; auch Fragmente des „Hirten“ des Hermas und solche von apokryphen Evangelien können in die gleiche Gruppe gestellt werden. Es ist mithin von ausschlaggebender Bedeutung für die Buchgeschichte geworden, daß von Anfang an die christliche Bibel eine enge Bindung mit der Codexform eingegangen war. Zu der Zeit, als die christliche Bibel in die Buchgeschichte eintrat, war sie bereits in Codexform verfaßt und auf Papyrus geschrieben; man kann sich kaum einen größeren Kontrast zum nichtchristlichen Buch des 2. Jahrhunderts n. Chr. vorstellen, zumal in Ägypten, einem Land, in dem die Papyrusrolle dominierte und wo Alexandreias Bibliothek der Rolle die beherrschende Stellung eingeräumt hatte. Die Tatsache, daß alle bekannten Specimina christlicher Papyri aus Ägypten stammen, ist natürlich ein Zufall; dies bedeutet ja nicht, daß der Codex dort entstanden wäre. Nach einer These von C. H. Roberts habe freilich der Evangelist Markus sein Evangelium in der

Form des in ärmeren Kreisen üblichen Pergamentnotizbuches verfaßt und nach Ägypten gebracht, wo nicht nur der Inhalt, sondern auch die Form weitergegeben worden wäre. Damit war auch die Frage gestellt worden, ob nicht zumindest der Papyruscodex in Ägypten aufgekommen wäre. Doch auch diese Frage kann nicht strikte beantwortet werden. Auch Syrien käme für die Entwicklung des Papyruscodex in Betracht.

Die nächste Untersuchung der Forschung galt der Frage, ob der oben besprochene Kontrast der äußeren Buchform zwischen christlicher Bibel und dem nichtchristlichen Buch auch auf dem Sektor der *nichtbiblischen christlichen Literatur* festzustellen sei. In Parenthese sei bemerkt, daß die Grenze zwischen biblischer und nichtbiblischer Literatur vor der Etablierung des neutestamentlichen Kanons im 4. Jahrhundert fließend war. Schriften wie der „Hirte" des Hermas oder der Barnabasbrief wurden in Bibelhandschriften überliefert; andere, später kanonische Schriften des Neuen Testamentes wurden in Teilen der Kirche abgelehnt, wie etwa die Apokalypse des Johannes. In der folgenden Aufstellung ist freilich der Kanon in seiner endgültigen Form ausgeklammert; die berücksichtigten Schriften verteilen sich auf apokryphe, patristische, liturgische, hagiographische Texte und Texte vermischten Charakters vor 400 n. Chr. Innerhalb dieses Bereiches finden sich 118 Texte, von denen vierzehn auf Pergament und 104 auf Papyrus geschrieben sind. Für 83 dieser Texte wurde die Codexform als Buchform gewählt; nur 35 Texte stehen auf Rollen, von denen drei außerdem opisthograph beschrieben sind. Diese Zahlen allein sind noch nicht signifikant; es bedarf der detaillierteren Analyse. Da beispielsweise kein kanonisches Evangelium auf der Rectoseite einer Rolle gefunden wurde, erhebt sich die Frage, ob auch die apokryphen Evangelien diesem Beispiel gefolgt sind oder nicht. Unter der Gruppe der Apokrypha finden sich nun zehn Beispiele für Evangelien. Zwei Beispiele, die aus dem 2. Jahrhundert stammen (British Library, Egerton Papyrus 2, unbekanntes Evangelium; Pap. Oxy. 1,1, Thomasevangelium) sind Reste von Codices. Von den verbleibenden acht apokryphen Evangelien sind drei als Codices und fünf als Rollen überliefert worden. Die übrigen 23 apokryphen Texte waren ausschließlich Codices. In der Sektion der patristischen Texte vor 400 n. Chr. wurden 39 Funde berücksichtigt. Der „Hirte" des Hermas und der Barnabasbrief besaßen ein nahezu kanonisches Ansehen; so ist denn auch der Barnabasbrief durch zwei Codices, der „Hirte" des Hermas durch zwei Rollen und neun Codices repräsentiert. Von den verbleibenden 26 Texten waren 20 Codices und nur sechs Rollen. Im Bereich der Liturgie konnte sich die Rolle bis in das Mittelalter halten; es ist daher nicht verwunderlich, daß sechs von den elf aus der Frühzeit erhaltenen liturgischen Texten in Rollenform gehalten sind. Der einzige hagiographische Text der Periode entstammt einem Codex. Unter den Miszellanhandschriften, die meistens Homilien überliefern, gibt es 16 Rollen und 21 Codices; in diesem Sektor zeigt sich noch am ehesten die Beibehaltung der literarischen Tradition der Antike, für die die Rolle die maßgebende Buchform war.

Die Untersuchung hat ergeben, daß zwar die Mehrheit der christlichen nichtbiblischen Literatur in Codexform geschrieben war, daß aber doch eine nicht zu unterschätzende Minderheit von Rollen existiert hat; die Rollen fanden sich auch in jenen schriftstellerischen Genera, wo sie in Affinität zur nichtchristlichen Literatur am ehesten zu erwarten waren. Aber dennoch bleibt der starke Kontrast der christlichen Literatur zur nichtchristlichen augenfällig bestehen.

Der enge Zusammenhang der christlichen Literatur mit der Codexform müßte wohl damit erklärt werden, daß die Option für diese Buchform bereits vor 100 n. Chr. stattgefunden hat. Es sei an dieser Stelle darauf hingewiesen, daß die frühesten Schriften des Neuen Testaments, die Briefe des Apostels Paulus, ursprünglich gar keine literarischen Texte waren. Das urchristliche Schrifttum hatte in vier Gattungen Gestalt angenommen: im Brief und in der Apokalypse, im Evangelium und in der Apostelgeschichte. Aber bereits vor diesen schriftlichen Werken existierte eine reiche christliche Überlieferung, die bestimmten Bedürfnissen der Gemeinden entsprang. Die neutestamentliche Forschung hat eine große Anzahl festgeprägter Traditionsstücke als vorliterarische Formen erkannt. Die synoptischen Evangelien sind aus solchen festgeformten Einzelstücken geradezu zusammengesetzt; auch die Apostelgeschichte umfaßt eine Anzahl vorgeformter Erzählungen. In den Briefen und Apokalypsen findet sich viel geprägtes, vom Verfasser übernommenes Material, etwa Zusammenfassungen des Glaubens, Lieder, paränetische Texte. So ist der eigentümliche Ursprung der christlichen Literatur bei der Betrachtung der christlichen Buchform mit zu berücksichtigen: ursprünglich unliterarische Texte wurden im Lauf der Entwicklung zur Literatur. Am bezeichnendsten ist dies bei den Briefen zu sehen. Der wirkliche Brief hat mit Literatur nichts zu tun; er ist Ersatz für mündliche Aussprache; auch geht der Briefcharakter nicht durch die Adressierung an einen größeren Kreis verloren. Das Literaturwerk wendet sich hingegen von vornherein an eine unbegrenzte Öffentlichkeit. Es gibt freilich Kunstbriefe, die von vornherein zur Veröffentlichung bestimmt sind; auch existieren zwischen dem Kunstbrief und dem einfachen Privatbrief Zwischenformen; man denke an „Freundschaftsbriefe“ als Ausdruck des gebildeten Gespräches getrennter Personen oder an Lehrbriefe von Philosophen oder Gelehrten; man denke an Widmungsschreiben oder Flugschriften. Indes sind die Paulusbriefe nichts anderes als wirkliche Briefe an eine Gruppe von Empfängern. Erst die „katholischen Briefe“ – mit Ausnahme des zweiten und dritten Johannesbriefes – und der Barnabasbrief nähern sich dem Kunstbrief, insofern ihr Briefcharakter problematisch ist und sie sich an eine weite, ja sogar unbegrenzte christliche Öffentlichkeit wenden. Wirkliche und unliterarische Briefe werden zu Literatur oder, besser gesagt, gelangen zum Ansehen von Büchern, wenn sie veröffentlicht werden, sei es auf Grund der Bedeutung des Schreibers oder des Briefinhalts. Durch die Veröffentlichung erhalten solche Briefe das wesentliche Merkmal der Literatur, nämlich die Richtung an eine unbegrenzte Öffentlichkeit. Das Schicksal der neutestamentlichen Briefe ist es geworden, zum Buch wider Willen zu werden. Man kann sich gut vorstellen, wie die Briefe des Apostels Paulus in den Gemeinden vorgelesen wurden, sodann aufbewahrt und gelegentlich ganz oder teilweise wieder vorgelesen wurden. Einzelne Gemeindemitglieder mochten die Briefe abgeschrieben haben, wofür wohl in der Regel einfaches Schreibmaterial benützt worden sein mag. Als in größerer Anzahl neue Gemeinden entstanden, die nicht mehr unmittelbare Beziehungen zu den Aposteln besaßen, mußte der Wunsch entstehen, die apostolischen Schriften und Briefe zu besitzen. Damit war der Weg zur Buchwerdung der Briefe vorgezeichnet. Diese kleineren Bücher müssen offenbar als Codices ins Leben getreten sein. Die Evangelien und die Apostelgeschichte waren an sich bereits richtige Bücher; doch wurde auch für sie der Codex das Mittel der Überlieferung. Die junge Kirche hat alsbald in der Codexform ihr literarisches Selbstverständnis gefunden, so daß auch die Bibel der Juden in griechischer Übersetzung, die zum „Alten Testament" der Christen wurde, aus den jüdischen Rollen in Codices umgeschrieben wurde. Die christliche Literatur ist in der Buchrolle nie wirklich heimisch geworden. Rein praktische Erwägungen können für diesen Umstand allein nicht geltend gemacht werden. So wurde die Wirtschaftlichkeit des Codex betont, der durch den Umstand der Beschriftung auf Recto- und Versoseite die Kosten der Herstellung einer Handschrift reduzieren half. Die Beschriftung einer Rolle auf beiden Seiten wurde ja als unzweckmäßig erachtet. Dieses Argument ist allerdings nicht völlig stichhältig, da ja die Schreibarbeit an sich bei Rolle und Codex die gleiche war und die Schreiber daher entsprechenden Lohn in beiden Fällen erhalten mußten. Rohe Schätzungen über die Wirtschaftlichkeit des Codex ergaben eine Ersparnis bei den Produktionskosten gegenüber der Rolle um etwa ein Viertel. Schon Martial erwähnt als einen der Vorteile des Codex dessen Kompaktheit gegenüber der Rolle. Dies trifft freilich nur für umfänglichere Texte zu. Eine Rolle eines einzelnen Evangeliums wäre nicht sehr umfänglich gewesen. Man hat berechnet, daß eine 18 cm hohe und 6 m lange Evangelienrolle zu einem Zylinder von 3-4 cm Durchmesser zusammengewickelt werden könnte, was das Argument der Kompaktheit eines Codex etwas abschwächt; denn ein Codex derselben Kapazität müßte 18 x 14 x 1 cm als Ausmaße besitzen; dazu käme noch der Einband. Bei größeren Textmengen zeigt sich freilich die Überlegenheit des Codex. So ist die Umschrift der Septuaginta in Codices wesentlich kompakter als deren Überlieferung in Rollen. Würde der Chester Beatty-Codex VI der Bücher Numeri und Deuteronomium aus dem 2./3. Jahrhundert auf eine Rolle übertragen, würde dies eine etwa 28 Meter lange Rolle verlangen, was ein bereits sehr unhandliches Format ergäbe.

Die frühen Codices bis zum 3. Jahrhundert waren von nur relativ beschränktem Umfang. Keiner der erhaltenen christlichen Codices bis zum 3. Jahrhundert hatte mehr als 150 Blätter bzw. 300 Seiten. Erst ab dem 4. Jahrhundert stieg der Umfang der Codices stark an. Bibelhandschriften des
Abb. 16 4. Jahrhunderts wie der Codex Sinaiticus und der Codex Vaticanus umfaßten

an die 1460 bzw. 1600 Seiten, der Codex Alexandrinus aus dem 5. Jahrhundert mindestens 1640 Seiten. In dieser Zeit hatte sich der Codex ob seiner Vorteile auch schon in anderen Literaturgattungen durchgesetzt. Auch die Möglichkeit, in einem Codex verschiedene Schriften, die in Rollen separat überliefert wurden, zusammenzufassen oder zusammenzubinden, wurde dafür ins Treffen geführt, daß die Christen den Codex bevorzugten. Tatsächlich gibt es markante Beispiele wie die Chester Beatty-Codices der Evangelien, der Apostelgeschichte und des Corpus Paulinum, von denen der Weg zu den Vollbibeln des 4. und 5. Jahrhunderts führt. Doch muß es zweifelhaft bleiben, ob die Vorteile der Kompaktheit bereits um 100 n. Chr. klar erkannt worden sind. Die bequeme Manipulierbarkeit des Codex gegenüber der Rolle wurde ebenfalls betont; doch mag bedacht werden, daß das Zurückrollen eines Rotulus für den antiken Menschen eine ebensogroße Routine und ein unbewußter Akt sein konnte wie das Blättern der Seiten eines Codex. Auch das Argument der leichteren Zitierbarkeit einer Textstelle in einem Codex zieht nicht, da der Antike das Bedürfnis des exakten Zitierens nach modernem Muster fremd war. Da keine Handschrift der anderen glich, hätte auch eine Paginierung oder Foliierung keinen Einfluß auf die Bevorzugung des Codex ausgeübt. Abb. 17

Die *Wahl der Codexform* durch die frühe Christenheit muß mithin andere als bloß äußerliche und pragmatische Gründe gehabt haben. Zunächst sind noch einmal die Fakten zu beleuchten. Es darf als sicher gelten, daß der Codex römischen Ursprunges ist. Die griechische Sprache hat nie eine spezifische Bezeichnung für die Codexform gefunden. Das lateinische Wort „codex" wurde als κῶδιξ (kodix) transkribiert, besaß aber stets eine gewisse offizielle, rechtliche oder administrative Bedeutung. Man denke etwa an die Formel ἀπὸ κώδικος ἀνέγνω (apo kodikos anegno), die der lateinischen Formel „ex codice recitavit" entsprach und die Vorlesung aus einem Register kaiserlicher Briefe bedeutete. Bald wurde auch das Wort „biblion" (βιβλίον) für „codex" verwendet. Am nächsten kam noch der Begriff „somation" (σωμάτιον), der einen Pergament- oder Papyruscodex bezeichnen konnte. Andererseits gibt es keinen Anhaltspunkt für die Verwendung des Notizbuches aus Pergament in Ägypten, woher die Papyrusfunde stammen. Auch dieser Umstand deutet eher auf Rom als Ursprungsort des Codex hin. Colin H. Roberts hatte die These aufgestellt, daß Markus, der älteste Evangelist, in Rom im Gefolge des Apostels Petrus das Notizbuch der Mitglieder der römischen Gemeinde kennengelernt, für die Abfassung seines Evangeliums verwendet und in Gestalt des Codex nach Ägypten gebracht habe, wo es als Papyruscodex weitergelebt hätte. Diese These stützt sich auf eine altkirchliche Tradition über Markus, die aber zweifelhaft ist. Papias von Hierapolis hat im 2. Jahrhundert Nachrichten über die Verfasser des Markus- und Matthäusevangeliums gesammelt. Für Markus berief er sich auf einen Presbyter, der folgendes berichtet: „Markus schrieb als Dolmetsch des Petrus sorgfältig alles auf, was er im Gedächtnis behalten hatte, jedoch nicht der Reihe nach, die Worte und Taten des Herrn. Denn er hatte den Herrn weder gehört noch begleitet, später aber, wie gesagt, den Petrus, der seine Lehrvorträge nach den Bedürfnissen einrichtete, aber keine zusammenhängende Darstellung der Herrenworte liefern wollte." Es war die Absicht des Papias, das Markusevangelium unter die unangreifbare Autorität des Petrus zu stellen. Denn im ersten Petrusbrief wird ein Markus als (geistlicher) Sohn Petri genannt, der als Johannes Markus auch in der lukanischen Apostelgeschichte erscheint. Doch ist sowohl die historische Zuverlässigkeit des ersten Petrusbriefes mehr als fraglich wie auch die Papiasnotiz historisch wertlos. Wir wissen heute nicht mehr, wer der Verfasser des Markusevangeliums war; ein Palästinenser - also auch der Johannes Markus, der Neffe des Barnabas - ist auszuschließen, da das Buch unrichtige geographische Angaben macht. Die Lokalisierung des Ortes der Abfassung nach Rom, die seit Clemens von Alexandreia verfochten wurde, fällt mit der Papiasnotiz und kann auch durch Latinismen im Markusevangelium nicht gestützt werden. Viel wahrscheinlicher ist die Annahme, das Markusevangelium sei in einer Gegend verfaßt worden, wo die palästinische Jesusüberlieferung noch lebendig war. Das griechische Syrien kommt hier mehr in Betracht als Rom. Die Abfassungszeit dürfte nach 70 anzusetzen sein. Auch die kirchliche Überlieferung über Markus und die Gründung der Kirche von Alexandreia, die Eusebios und Hieronymus bewahrt haben, kann nicht verifiziert werden. So kann die These von C. H. Roberts aus exegetischen Gründen nicht aufrecht erhalten werden. Roberts wies später selbst auf die schwache Tradition, die Markus mit Ägypten verbindet, hin und brachte selbst das Gegenargument ein, daß das Markusevangelium in Ägypten und auch anderswo das am wenigsten geschätzte und gelesene Evangelium war, das vermutlich sogar Textverlust durch Blattverlust im Verlauf seiner Überlieferung erlitten hat.

C. H. Roberts und T. C. Skeat stellten in späterer Folge eine neue These auf, die den Christen die entscheidende Rolle bei der Propagierung der neuen Buchform zusprach. Sie machten auf die Sitte der Kürzung der sogenannten „nomina sacra" in christlichen Handschriften aufmerksam. Es handelt sich um die Kürzung zentraler Begriffe der christlichen Gottesvorstellung und in weiterer Folge um Kürzungen sakraler Namen überhaupt. Man denke an Formen wie KC = Kyrios, ΘC = Theos, DS = Deus, SPS = Spiritus, XPO = Christo, IHS = Jesus u. a. m. Diese Art der Kürzung ist mit dem christlichen Buchwesen von Anfang an verbunden gewesen. Ludwig Traube hatte in seinem Werk „Nomina sacra" (München 1907) für den lateinischen Bereich aufgezeigt, daß alle fünf Worte - Deus, Jesus, Christus, Spiritus, Dominus - nach dem Vorbild griechischer Kontraktionen gekürzt werden, die zu der Gruppe von fünfzehn biblischen und theologischen Begriffen und Namen (wie etwa auch David, Jerusalem, Israel) gehören, die im griechischen christlichen Buchwesen kontrahiert werden; die griechische Schrift bevorzugt sonst die Suspension als Kürzung. Parallel erfolgte die Bildung von Kürzungen der „nomina sacra" im Koptischen, Gotischen und Armenischen. Traube suchte den Ursprung der Mehrzahl dieser Kürzungen im Schriftgebrauch der hellenistischen Juden, welche zuerst für das für sie unaussprechliche Tetragramm des Gottesnamens Jahwe die Symbole ΘC und KC für die griechische Übersetzung der hebräischen Bibel gebildet und daran weitere sakrale Kürzungen angeschlossen hätten. Die Nachprüfung des heute reicher als früher zur Verfügung stehenden Vergleichsmaterials läßt diese These Traubes jedoch nicht mehr aufrechterhalten. Allerdings scheint eine erste Anregung durch das Tetragramm in judenchristlichen Kreisen, etwa in Alexandreia, möglich; dies ergaben Forschungen von A. H. R. E. Paap über „nomina sacra" in den griechischen Papyri der ersten fünf Jahrhunderte. Roberts und Skeat wollten die Entstehung der „nomina sacra" im Bereich von Jerusalem oder/und Antiocheia ansiedeln, wo die Heidenmission, die griechische Texte verlangte, ausbrach und wo das jüdische Tetragramm anregend gewirkt hätte. Die beiden Autoren sahen in der Wahl der Codexform und im Aufkommen der „nomina sacra" ein einheitliches Geschehen: die Christen hätten jüdische Notizbücher aus Papyrus, zur Aufzeichnung der Mishna bestimmt, übernommen und für die ersten Vorstufen der Evangelien verwendet, zugleich auch über Anregung des Tetragramms die „nomina sacra" gebildet. Damit leugnen beide Autoren auch die Priorität des Pergamentcodex römischer Prägung vor dem christlichen Papyruscodex. Die beiden Autoren wollten damit den Christen der Zeit um 100 n. Chr. die „Erfindung" des literarischen Papyruscodex zuschreiben.

Gegenüber dieser gewagten exklusiven These, die die römischen Verhältnisse nicht berücksichtigt, dürfte die von Guglielmo Cavallo propagierte Hypothese auf einer breiteren Basis stehen, die von einem allgemeinen soziologischen Phänomen ausgeht. Wie bereits betont, war die Rolle die kongeniale Buchform der gehobenen und gebildeten Kreise der antiken Welt. Die sozial tiefer stehenden Schichten hätten sich nach Cavallos Ansicht den Codex zu eigen gemacht, zumal die große Majorität der frühen Codices ein Schrifttum von keineswegs hohem literarischen Niveau überliefert. In Absetzung von der zeitgenössischen gesellschaftlichen Elite hätten sich die Christen für die Buchform des einfachen Volkes entschieden. Diese Option kam in der Spätantike zum Durchbruch, als auch das aus den einfachen Schichten des Volkes herausgewachsene Christentum den Sieg errungen hatte. Cavallo sah darin einen „Schub von unten" aus den Reihen einer zum historischen Selbstbewußtsein gelangten Bevölkerungsschicht. Insgesamt werden wohl bei der Durchsetzung der Codexform sowohl soziale wie auch pragmatische und utilitaristische Gründe eine Rolle gespielt haben.

Freilich hatte auch die These von Guglielmo Cavallo Kritik gefunden. Zum ersten wurde darauf verwiesen, daß auch bereits früh Vertreter höherer Gesellschaftsschichten Angehörige des Christentums waren. Zum anderen zeigt die Untersuchung populärer Literatur, daß Trivialliteratur nach Art der Romane durchaus noch zahlreich in Rollenform gelesen wurde. Von Fragmenten des Liebesromans des Achilleus Tatios und der „Phoinikika" des Lollianos sind vom 1. bis 3. Jahrhundert 29 Rollen, aber nur drei Codices nachweisbar.

Die „Acta Alexandrinorum" sind vom 1. bis 3. Jahrhundert nur in 28 Rollen gefunden worden.

Die *weltliche Literatur* konnte sich allmählich nicht mehr dem Druck des Vormarsches des Codex entziehen. Es ist interessant, zu beobachten, welche Texte der nichtchristlichen Literatur in der Frühzeit in Codexform gefunden wurden. Die zwei frühesten Beispiele von Pergamentcodices sind die folgenden:

1. Demosthenes, De falsa legatione (2. Jh., R. A. Pack, The Greek and Latin Literary Texts from Greco-Roman Egypt. 2. ed., 293)
2. Euripides, Kreter (2. Jh.?, Pack² 437)
   Die weiteren fünfzehn Funde früher nichtchristlicher Codices sind (bis auf Nr. 16) Reste von Papyruscodices. Es handelt sich um folgende Texte:
3. Achilleus Tatios, Leukippe und Kleitophon (2. Jh., Pack² 3)
4. Kommentar zu Demosthenes, In Aristocratem (2. od. 3. Jh., Pack² 311)
5. Homeromanteion (2./3. Jh., Pack² 645)
6. Homer, Ilias, Buch V (2./3. Jh., Pack² 747)
7. Homer, Ilias, Buch II (2. od.3. Jh., Pack² 868)
8. Pindar, Paiane (2. Jh., Pack² 1362)
9. Xenophon, Kyrupaideia (2. Jh., Pack² 1546)
10. Grammatikalisches Handbuch (3. Jh., Pack² 2145)
11. Grammatikalisches Handbuch (3. Jh., Pack² 2155)
12. Medizinischer Traktat (2. Jh., Pack² 2340)
13. Medizinisches Handbuch (1./2. Jh., Pack² 2355)
14. Lexikon zu Homer (spätes 2. Jh., Pap. Oxy. 30,2517)
15. Lollianos, Phoinikika (E. G. Turner, Typology of the early codex 223 a; spätes 2. Jh.)
16. Platon, Parmenides (2. od. 3./4. Jh., Typology 254)
17. Platon, Politeia (2. Jh., Pap. Oxy. 44,3157)

Der erste Eindruck dieser Serie von Texten ist der einer bunten Mischung literarischer, technologischer, wissenschaftlicher und belletristischer Literatur. Die Frage drängt sich auf, ob es sich um Handschriften mit je einem Text gehandelt haben könnte. Berechnungen für die „Politeia" Platons haben ergeben, daß nach Berücksichtigung von Gegebenheiten der Paläographie und Stichometrie es sich um einen Codex mit hundert Blättern gehandelt haben dürfte; als Ausmaße des Codex wurde 13 x 22 x 3 cm errechnet. Ein zeitgenössischer Papyrus aus Oxyrhynchos enthielt hingegen nur das achte Buch der „Politeia" auf einer etwa sieben Meter langen Rolle. Man kann also vermuten, daß einige der Texte in der oben angeführten Liste - am ehesten Xenophons „Kyrupaideia", die Paiane Pindars oder der Roman des Achilleus Tatios - Codices mit dem geschlossenen Werk waren. Da medizinische und grammatikalische Fragmente aufscheinen, kann an die Stellung des Codex in Unterricht und Lehre gedacht werden. Dann wäre aber vielleicht auch der eine oder andere Homercodex ein Überbleibsel aus dem literarischen Unterricht gewesen. Doch muß berücksichtigt werden, daß diesen wenigen Codices des 2./3. Jahrhunderts eine Zahl von 857 Rollen der gleichen Epoche gegenübersteht. Dies zeigt, daß in der nichtchristlichen Literatur die Bedeutung des Codex gegenüber dessen Stellung in der christlichen Literatur noch sehr unbedeutend war.

Der kritische Zeitpunkt war um 300 n. Chr. gekommen, als der Codex in der Überlieferung die Parität mit der Rolle erlangt hatte. So ließ Basileios von Kaisareia seine Werke teils auf Papyrusrollen, teils in Codices schreiben. Hieronymus sammelte in Rom eine Reihe von Klassikertexten in Pergamentbänden, bezeichnete aber seine eigenen Schriften als „chartulae".

Mit dem 4. Jahrhundert begann bereits die Zeit der kostbaren Codices. Es überwogen bei der Bevorzugung der Codexform einerseits die technischen Vorteile, wie die größere Widerstandskraft, die leichte Konservierbarkeit, die bessere Bearbeitungsmöglichkeit und der Vorteil der leichten beiderseitigen Beschriftung. Der Codex bot zudem bessere Möglichkeiten für die Buchkunst Taf. 1
und kam dem Repräsentationsbedürfnis und dem kulturellen Selbstverständ- Taf. 2
nis auch der Kirche besser entgegen. Konstantin I. befahl Eusebios von Kaisareia, fünfzig Codices für den liturgischen Gebrauch in den Kirchen der von ihm gegründeten Metropole Konstantinopel herstellen zu lassen. Von zwei Nachfolgern des Eusebios von Kaisareia weiß Hieronymus zu berichten, daß sie die im Verfall befindliche Bibliothek des Origenes und Pamphilos in Kaisareia durch Umschreiben in Pergamentcodices retteten; eine Subscriptio in Cod. theol. gr. 29 der Österreichischen Nationalbibliothek aus dem 10./11. Jahrhundert hat diese Nachricht über Jahrhunderte bewahrt. Mit dem 4. Jahrhundert begann auch der Bücherluxus um sich zu greifen. Hieronymus (Epist. 22,32) schimpft gegen Ende des 4. Jahrhunderts auf die Oberflächlichkeit aristokratischer Kreise, die sich auch in Prachtausgaben der Bibel manifestierte; er geißelt den Luxus, der in Kontrast zu vielem sozialen Elend stand, wenn er sagt: „Man färbt das Pergament mit Purpur, schreibt die Lettern mit Gold und schmückt die Bücher mit Edelsteinen, während Christus nackt vor euren Türen steht und stirbt." Allerdings war der Bücherluxus nicht auf biblische Texte beschränkt. Denn der Codex verdrängte nun auch die Papyrusrolle aus ihrer Stellung im Bereich der klassischen Literatur. Aristokratische Kreise in West und Ost und große Bibliotheken wie jene in Konstantinopel unter Kaiser Constantius II. waren Initiatoren für das Umschreiben der Klassikertexte aus Papyrusrollen in Pergamentcodices. Die Schreibschulen, denen im ausgehenden Altertum die Zukunft gehören sollte, wie die Klöster Cassiodors und der Benediktiner, fertigten Pergamentcodices und keine Rollen mehr an. Auch im byzantinischen Bereich wurde ab dem 7. Jahrhundert der Codex zur Normalform des Buches.

Eine Reihe prachtvoller *Pergamenthandschriften* hat sich noch aus der Spätantike erhalten. Erwähnt seien die beiden Vergilcodices, der Vergilius Vaticanus und der Vergilius Romanus aus dem 4. bzw. 5. Jahrhundert, der Codex Bembinus des Terenz aus dem 4. Jahrhundert im Vatikan, die Ilias

Ambrosiana des späten 5. Jahrhunderts in der Biblioteca Ambrosiana zu Mailand, der „Wiener Dioskurides" aus der Zeit um 512 in der Österreichischen Nationalbibliothek zu Wien, die Cotton-Genesis des 5. Jahrhunderts in der British Library zu London, die „Wiener Genesis" der ersten Hälfte des 6. Jahrhunderts in der Österreichischen Nationalbibliothek, der Codex Rossanensis in Rossano und der Codex Sinopensis in der Bibliothèque nationale zu Paris, beides Handschriften des 6. Jahrhunderts. Zu diesen illuminierten Codices treten auch bedeutsame reine Texthandschriften, darunter so berühmte wie der „Wiener Livius" (Österreichische Nationalbibliothek, Cod. 15) aus dem 5. Jahrhundert, die einzige Handschrift der Bücher 41 bis 45 der „Römischen Geschichte" des Titus Livius, die sich erhalten hat. Als man in der Spätantike den Bestand der Bibliotheken auf die neue Buchform umarbeitete, traf man vielfach eine Auswahl unter den bis dahin erhaltenen Schriftdenkmälern. Diese Auswahl orientierte sich am Zeitgeschmack, an den Bedürfnissen des Unterrichts und an der literaturkritischen Einschätzung der alten Autoren. Viele Texte, ja das ganze Schaffen mancher Autoren ging dabei verloren. Von anderen Autoren wurden nur wenige Stücke ausgesucht; so blieben von den 44 Komödien des Aristophanes nur elf erhalten; von den großen Tragikern Aischylos, Sophokles und Euripides überlebte nur ein Bruchteil; die Reihe ließe sich beliebig fortsetzen.

Die *ältesten Codices* - seien es Pergament- oder Papyruscodices - waren wohl sämtlich einlagig. Die Konstruktion des Buches verlief derart, daß eine Anzahl von Bögen in der Mitte gefaltet und wieder geöffnet übereinander gelegt wurde. Die beschriebenen Doppelblätter wurden im Falz mit einem Heftfaden vernäht. Ein bekanntes Beispiel für einen einlagigen Papyruscodex ist der Papyrus Bodmer mit dem vollständigen Text der Komödie „Dyskolos" und größeren Teilen der Komödien „Samia" und „Aspis" von Menander, datierbar in die Zeit um 300 n. Chr. Dieser Codex besteht aus 16 Papyrusbögen mit den Ausmaßen 27,5 cm Höhe und 26 cm Breite; der fertige Codex umfaßte 32 Blätter bzw. 64 Seiten mit den Ausmaßen 13 cm Breite und 27,5 cm Höhe. Die bis jetzt bekanntgewordenen Papyruscodices aus den ägyptischen Funden sowohl in griechischer wie in koptischer Sprache bis zum Ende des 3. Jahrhunderts weisen nur einlagige Struktur auf. Nach Meinung von Hugo Ibscher hatten nach Ägypten verbrachte einlagige Pergamentcodices als Vorbild für die Papyruscodices gedient. In der älteren Zeit wurden die für Papyruscodices bestimmten Blätter aus den von den Fabriken gelieferten Rollen herausgeschnitten; die Schreiber verschafften sich auf diese Art die für die Lagen des Codex benötigten Blätter. Man kann aus den Blättern erhaltener Codices oft noch die ursprünglichen Rollen rekonstruieren. Für die Manibücher der ersten Hälfte des 4. Jahrhunderts sind jedoch bereits eigens für die Codexform hergestellte Papyrusblätter nachweisbar.

Ein *einlagiger Codex* hat technische Nachteile. Zunächst konnte ein solcher Codex nicht über eine gewisse Stärke hinausgegangen sein. Selbst bei dünnstem Pergament dürften 50 Doppelblätter das Maximum gebildet haben.

Auch nahm bei Einlagigkeit die Breite der Codexblätter nach innen zu immer mehr ab, was den Schriftspiegel beeinträchtigte. Hugo Ibscher konnte bei einem Codex der Sammlung Chester Beatty zwischen dem äußeren und inneren Doppelblatt eine Differenz von etwa zehn Zentimetern in der Breite feststellen. Verwendete man gleich breite Bögen für die Zusammensetzung des Codex, mußte die Breite der Seiten infolge der Biegung und Faltung der Blätter abnehmen; um einen einheitlichen Buchblock zu erhalten, mußte man einen entsprechenden Beschnitt der Buchkanten durchführen. Eine andere Möglichkeit war, von vornherein für die inneren Seiten des Codex zunehmend schmäler werdende Blätter zu verwenden; ein Beispiel für diese Methode der Herstellung des Buchblocks bietet ein Iliascodex der Pierpont Morgan Library. Ein weiterer Nachteil eines einlagigen Codex war es, daß die Blattmitte umso heftiger vom Heftfaden angegriffen wurde, je dicker der Codex war; denn die vielen ineinander gelegten Blätter widerstrebten dem Schließen des Buches; dadurch straffte sich der Heftfaden und konnte entweder den Rücken einreißen oder in die inneren Bögen einschneiden. In Papyruscodices wurden daher oft Pergament- oder Lederstreifen als Falze eingelegt, die die Papyrusblätter vor der Beschädigung durch den Heftfaden schützen sollten.

All diesen Nachteilen weicht der *mehrlagige Codex* aus, der sich ab dem 4. Jahrhundert durchsetzte. Wir kennen mehrlagige Pergamentcodices denn auch erst seit dem 4. Jahrhundert. Der Codex besteht nach diesem Konstruktionsprinzip aus einer größeren Anzahl von Heften bzw. Lagen aus einer jeweils geringeren Anzahl von Einzelbögen. Die verschiedenen Lagen werden jede für sich geheftet; sie werden übereinandergelegt und am Rücken des auf diese Weise entstehenden Buchblockes miteinander vernäht. Zuletzt gibt der feste Einband dem Buchblock den Schutz vor mechanischer Beschädigung. Ein Doppelblatt wird als Unio angesprochen; zwei Doppelblätter bilden einen Binio, drei Doppelblätter einen Ternio; deren vier einen Quaternio, fünf Doppelblätter einen Quinternio (oder Quinio). Höhere Zusammensetzungen wie Sexternio, Septernio, Octernio, Nonio sind schon seltener. In der formelhaften Darstellung werden Lagen eines Codex am besten nach der von Anton Chroust in den „Monumenta palaeographica" entwickelten Methode beschrieben. Eine I bedeutet einen Unio (2 Blätter, 4 Seiten), II einen Binio (4 Blätter, 8 Seiten), III einen Ternio (6 Blätter, 12 Seiten), IV einen Quaternio (8 Blätter, 16 Seiten) und so weiter. Ausgefallene Blätter einer Lage werden durch arabische Ziffern mit Minusstrich, hinzugefügte Blätter mit Pluszeichen und arabischen Ziffern zum Ausdruck gebracht. Die Anzahl gleicher aufeinanderfolgender Lagen wird durch eine Multiplikationsformel einer arabischen Zahl mit der römischen Lagenbezeichnung gegeben. Der besseren Übersicht halber geben Exponenten nach den Teilen der Lagenformel das jeweils letzte Blatt an. Ein Beispiel dafür sei gebracht. So bedeutet die Formel $\mathrm{III}^{6} + 4.\mathrm{IV}^{38} + (\mathrm{IV} - 2)^{44} + 3.\mathrm{IV}^{68} + (\mathrm{V} + 1)^{79}$, daß auf einen Ternio vier Quaternionen folgen, sodann ein Quaternio, dem zwei Blätter fehlen, dann wieder drei Quaternionen, zuletzt ein Quinternio, dem ein Einzelblatt hinzugefügt ist. Die Exponenten bezeichnen die Zahl des Blattes, mit dem der jeweilige Teil der Lagenformel endet.

Die antiken mehrlagigen Codices bevorzugten die Quaternionen als Einzellagen. Freilich gab es auch die gesamte Palette von Unionen bis Nonionen; auch fehlen nicht Codices mit wechselnder Zusammensetzung der Lagen. Wir finden oft kleine Lagen von zwei, drei und vier Doppelblättern; neun Doppelblätter bildeten die beobachtete Obergrenze. Fallweise kann man auch bei fragmentarisch erhaltenen Codices Berechnungen über deren ehemalige Zusammensetzung anstellen. Wilhelm Schubart erwähnt das Beispiel eines Fragments eines Codex mit den Komödien des Aristophanes in Berlin, bei dem Lagen mit Ziffern gekennzeichnet sind; die Lagenziffer 9 auf Seite 65 belegt, daß die fehlenden 64 Seiten sich auf acht Lagen zu je acht Seiten gleich zwei Doppelblättern gleich vier Blättern (Binionen) verteilten. Die erhaltenen Seiten fallen in die Mitte der Komödie „Die Acharner", die bei Zugrundelegung der durchschnittlichen Länge eines Stückes des Aristophanes etwa auf Seite 42 begonnen haben dürften. Am Beginn muß also eine andere Komödie etwa gleichen Umfanges gestanden haben; dazu passen die „Frösche", von denen - neben den „Vögeln" - Reste aus derselben Handschrift erhalten sind.

Zu den *Vorteilen des Codex* zählte die Möglichkeit der Beschriftung der Blätter auf beiden Seiten. In einem Papyruscodex verlor damit der alte Unterschied zwischen Recto- und Versoseite seine Berechtigung. Allerdings scheint man auf den Vorzug der Rectoseite, auf der die Fasern des Papyrus horizontal verliefen, nicht ganz vergessen zu haben. Die Rectoseiten waren besser geschont, wenn sie nach innen zu liegen kamen. In der ersten Hälfte der Lagen geht also die Versoseite voraus, in der zweiten Lagenhälfte die Rectoseite. Allerdings wurde diese Abfolge nicht zur feststehenden Regel; es gibt Beispiele - wie ein Iliascodex -, bei dem die ersten erhaltenen Blätter mit Verso beginnen, dann folgt ein Blatt mit Recto, und das letzte entspricht wieder dem ersten. Man wird im allgemeinen bemüht gewesen sein, beide Seiten der Blätter möglichst gleichmäßig zu glätten. Damit war die Versoseite bei entsprechender Behandlung nicht absolut ungünstig für die Beschriftung; sonst hätte es wohl nicht die große Anzahl von Papyruscodices gegeben. Wilhelm Schubart verwies auf das Verhältnis der gefundenen griechischen Papyruscodices zu Pergamentcodices fünf zu drei; unter Einbeziehung der koptischen Bücher verschiebt sich das Verhältnis noch einmal zugunsten des Papyrus.

Das *Format des Codex* ist grundsätzlich durch die Größe der Blätter bestimmt. Freilich konnten Blätter derselben Größe durch Faltung zu kleineren Codices verarbeitet werden. Die frühesten erhaltenen Codices aus dem 2. und 3. Jahrhundert weisen ein hochrechteckiges Format auf. Seit dem 4. Jahrhundert wurden die Pergamentcodices häufiger; damit in Zusammenhang steht eine Tendenz zur Herstellung größerer und annähernd quadratischer Formate. Zu den bisher umfangreichsten bekannt gewordenen Papyruscodices zählt ein koptisches Psalmenbuch manichäischer Herkunft aus dem 4./5. Jahrhundert, das mindestens 638 Seiten umfaßte. Der Pergamentcodex Vaticanus graecus 1209 aus dem 4. Jahrhundert mit dem Text der gesamten Bibel besitzt 1600 Seiten; der Codex Alexandrinus der Bibel aus dem 5. Jahrhundert besaß ursprünglich mindestens 1640 Seiten. Die Seiten des Codex Abb. 16 Sinaiticus haben die Ausmaße 35 x 40 cm, jene des Codex Alexandrinus Abb. 17 26,4 x 31,6 cm. Auf der anderen Seite stehen auch Kleinformate. So weist der Manicodex der Kölner Universitätsbibliothek im Umfang von 192 Seiten die Seitenmaße 45 x 38 mm und die Ausmaße der Schriftkolumne von 35 x 24 mm auf; das Büchlein wird zwischen dem 4. und 6. Jahrhundert datiert. Als Amulett dürfte ein gefaltetes Papyrusblatt im Ausmaß von 40 x 26 mm gedient haben, das den Text des Vaterunsers enthielt. Johannes Chrysostomos bezeugt die Sitte mancher Christen, Evangelientexte als Amulette zu tragen. Zu den Kleinformaten, die nicht älter als das 4. Jahrhundert sind, zählen Codices mit etwa sechs Zentimetern Höhe und vier Zentimetern Breite, andere mit den Ausmaßen 7,5 x 6,5 cm. Die größeren Formate teilen sich auf die Höhen zwischen zwölf und vierzig Zentimetern auf. Beachtenswert ist auch das Verhältnis von Höhe zu Breite. Typische Vertreter der annähernden Gleichheit von Höhe und Breite sind Codices mit den Ausmaßen 14 x 12 cm, 16 x 16 cm, 24 x 22 cm, 26 x 23 cm. Vertreter des Hochformates weisen Ausmaße auf von z. B. 27 x 14 cm (Ilias der Pierpont Morgan Library), 28 x 14 cm (Euripidescodex), 27 x 14,5 cm (Grammatikercodex), 30 x 15 cm (Stockholmer Chemiebuch).

Zu den *Vorarbeiten für die Beschriftung* gehörte die Präparierung der Blätter. Bei Pergamenthandschriften konnte ein Glätten mit Kreide stattfinden. Löcher und Risse im Pergament konnten vernäht oder verklebt werden, rauhe Stellen mußten geebnet, schmutzige gereinigt werden. Vor der Festlegung des Schriftspiegels wurden am oberen, äußeren und unteren Rand des Blattes Einstiche mit einem Zirkel gemacht, zumeist durch vier bis acht Blätter hindurch. Die entsprechenden Stiche wurden mit einem blinden Griffel verbunden und damit das Zeilenschema hergestellt; oft wurden auch Rahmen um die Schriftspiegel oder als Begrenzung von Kolumnen gezogen. Diese Blindlinierung ist bereits in den Pergamenthandschriften des 5. und 6. Jahrhunderts nachweisbar. In Papyrushandschriften machte der Lauf der horizontalen Fasern eine Linierung unnötig. Dem Aufbau und der Struktur von *Linienschemata* wird in der modernen Kodikologie besondere Aufmerksamkeit geschenkt, da sich nicht zuletzt aus gewissen Regeln und Übereinstimmungen Schlüsse auf die Provenienz von Handschriften aus bestimmten Skriptorien ziehen und Erkenntnisse über die Bevorzugung gewisser Typen des Schriftspiegels bei bestimmten Buchtypen gewinnen lassen. In arbeitsteiligen Schreibschulen, in denen mehrere Schreiber und auch Illuminatoren an einer Handschrift arbeiten konnten, war es möglich, die einzelnen Lagen eines Codex in verschiedener Weise für die Schreib- und Malarbeit vorzubereiten. Dies sei an einem Beispiel einer berühmten spätantiken Handschrift, der

„Wiener Genesis“ (Wien, Österreichische Nationalbibliothek, Cod. theol. gr. 31) aus dem 6. Jahrhundert dargelegt. Von der ehemals 96 Blätter umfassenden Handschrift sind noch 24 Blätter erhalten; der Codex besaß einst zwölf Lagen zu je vier Doppelblättern, also zwölf Quaternionen. Der Text der Genesis ist in die oberen Blatthälften geschrieben, während die unteren Hälften den Miniaturen vorbehalten blieben. Ein verantwortlicher Redaktor der Schreibschule hat das Verhältnis von Text und Bild vorgegeben, an das sich Schreiber und Maler zu halten hatten. Auf den erhaltenen Blättern sind acht verschiedene Lagenschemata festzustellen; eine Lage blieb sogar unliniert. Nicht nur die Zeilenzahl wechselte, sondern auch das Vorkommen und die Zahl der seitlichen Begrenzungslinien der Kolumnen. Da die eingeritzten Zeilen über die Falze der Doppelblätter laufen, wurden sie auf den noch ungefalzten Doppelblättern hergestellt und jeweils über zwei Seiten gezogen. Das Eindrücken der Linien geschah offensichtlich von den Innenseiten der ungefalzten Doppelblätter her. Die Aufstellung der Linienschemata der „Wiener Genesis“ lautet wie folgt:

1. 22 Zeilen (zwei isolierte Zeilen, 10 Zeilen zwischen Doppellinien), keine Vertikalen: Blatt 1 (Lage 1)
2. 21 Linien (eine isolierte Zeile, 10 Zeilen zwischen Doppellinien). 2 + 1 Vertikalen: Blatt 2/3 (Lage 2)
3. Keine Linierung: Blatt 4/5 (Lage 3)
4. 25 Linien (eine isolierte Zeile, 12 Zeilen zwischen Doppellinien), 2 Vertikalen: Blatt 6/7 (Lage 4)
5. 26 Linien (zwei isolierte Zeilen, 12 Zeilen zwischen Doppellinien), 2 Vertikalen: Blatt 8 (Lage 5)
6. 28 Linien (14 Zeilen zwischen Doppellinien), 2 Vertikalen: Blatt 9-14 (Lage 6, 7)
7. 14 einfache Linien für die Zeilen, zwei Vertikalen: Blatt 15-18 (Lage 8, 9)
8. 15 einfache Linien für die Zeilen, zwei Vertikalen: Blatt 19-24 (Lage 10 bis 12)

Die *Beschriftung der Blätter* eines Codex erfolgte in der Regel vor dessen Bindung. Der Schreiber mußte den vorgegebenen Text kalkulieren und danach den Beschreibstoff in die erforderliche Anzahl von Lagen bringen. Auch die Anzahl der Blätter einer Lage mußte vor dem Schreiben feststehen, da während des Schreibvorganges die Seitenzahl der Lage nicht mehr geändert werden konnte (außer man schnitt Blätter weg oder fügte Blätter auf Falzen hinzu).

Die Zahl der *Schriftkolumnen* konnte in frühen Handschriften bis zu vier betragen; später schwankte sie zwischen einer und zweien. Vor allem die großen Bibelhandschriften des 4. und 5. Jahrhunderts wiesen drei oder gar vier Kolumnen pro Seite auf. Man hat in der Sitte der schmalen Kolumnen, die zu zweit und zu mehreren auf das Blatt eines Codex geschrieben wurden, den Nachhall der Beschriftung der Rolle erblicken wollen. Dies ist an sich möglich, nur im konkreten Fall nicht immer erweislich. Wenn in schmalen Kolumnen auch noch an entsprechenden Stellen Illustrationen eingesetzt sind, erscheint allerdings die Nachwirkung illustrierter Rollen ziemlich plausibel. Es gab natürlich auch beim Codex erhebliche Unterschiede der Ausstattung. So stehen neben Handschriften mit breiten Kolumnen solche mit schmalen Kolumnen und breiten Rändern. Die Proportionen der Kolumnen und der Ränder waren unter anderem auch davon abhängig, ob sie zur Aufnahme von Glossen und Scholien gedacht waren oder nicht. Wenn Kolumnen gegen den inneren Rand der Seiten verschoben erscheinen, war neben der Möglichkeit der Anbringung von Glossen auch die Überlegung im Spiel, daß die äußeren Ränder des Codex eher bei der Manipulation leiden könnten.

Die *Bezifferung der Kolumnen* in der antiken Rolle war über Versuche nicht hinausgekommen. Die Codexform bot hingegen eine Möglichkeit und schuf auch das Bedürfnis nach einer Seitenzählung. Gleichwohl machte man im Altertum von dieser Sitte keinen starken Gebrauch. Der Ursprung der Seitenzählung war in dem Umstand gesucht worden, daß der frühe Codex vielfach Aktenband der Juristen und Überlieferungsträger der christlichen Schriften war, beides Textformen, in denen häufig nachgeschlagen und aus denen häufig zitiert werden mußte. Tatsächlich ist Seitenzählung in einigen einlagigen Codices und teilweise auch in den Manibüchern des 4. Jahrhunderts nachzuweisen. Wenn in vielen Fällen eine Untersuchung ergab, daß die Paginierung erst sekundär nach dem Binden des Codex eingesetzt wurde, dann folgt daraus, daß sie wohl weniger in einer Orientierungshilfe für den Schreiber bestand als vielmehr als Erleichterung für den Leser gedacht war, bestimmte Textstellen schneller auffinden zu können. Der antike Brauch der Seitenzählung geriet indes wieder in Vergessenheit und wurde im Frühmittelalter äußerst selten angewendet.

Es existierte auch eine *Lagenbezeichnung*, die als Hilfe für den Buchbinder gedacht war. Sie tritt erstmals in den Manibüchern des 4. Jahrhunderts auf, erschien im spätantiken Buch und wurde im Frühmittelalter sehr gebräuchlich. Die Lagen wurden nach ihrer Abfolge im Buche gekennzeichnet. Die dafür verwendeten Zeichen nennt man Kustoden. Sie stehen entweder in der rechten oberen Ecke des ersten Blattes oder später auch unten oder aber in der Mitte der Versoseite des letzten Blattes. Verwendet wurden Unzial- und Minuskelbuchstaben, Zahlzeichen, Kreuze, Striche oder Verzierungen in einfachster Ornamentik.

Die *Stellung des Buchtitels* war in den ältesten Codices noch vom Usus der Rollen bestimmt. Der Haupttitel stand am Ende des Textes. Er konnte einfach nur den Namen des Autors und den Inhalt anzeigen; allmählich machte sich eine Tendenz zu größerer Ausführlichkeit bemerkbar. Bald nannte auch der Schreiber oder der Korrektor seinen Namen; Gebete und längere Schlußbemerkungen konnten hinzutreten. Um 400 n. Chr. war man aber bereits gewohnt, einen Buchtitel am Anfang des Codex zu suchen. War dieser meist einfach, konnte sich der Schlußtitel zu einer längeren Subscriptio wandeln. Die einzelnen Teile des Codex konnten durch Unter- bzw. Zwischentitel gekennzeichnet werden.

Für die Entwicklung der Buchmalerei bot der Codex neue Möglichkeiten. Das geschmeidige Pergamentblatt war dauerhafter als Papyrus, auf beiden Seiten in gleicher Weise benutzbar und lieferte erstmals dem Maler wie dem Schreiber durch seine rechteckige Form die Möglichkeit zu bewußter Komposition von Schrift und Bild. Auch die Anfänge der Zierbuchstaben reichen in die Antike zurück. Über die Entwicklung der Buchmalerei wird in einem eigenen Kapitel zu berichten sein; ebenso wird der Betrachtung der Entwicklung des antiken Bucheinbandes ein eigenes Kapitel gewidmet werden.

Eine Anzahl von *Bezeichnungen für die Buchform* der Rolle wurde allmählich auf den Codex übertragen, so die Termini „biblos“, „liber“, „volumen“ und „tomus“. Der älteste für die Codexform gebrauchte Begriff war die Bezeichnung „pugillares membranei“ gewesen, wohl auch „membranei“ allein. Eindeutig ist der Begriff „codex“. Seneca (De brevitate vitae 18,4) zitierte bereits den Begriff für den Wachstafelkomplex, wenn er schreibt: „plurium tabularum contextus caudex apud antiquos vocabatur, unde publicae tabulae codex dicuntur“ („Der Verband mehrerer Tafeln wurde bei den Alten caudex genannt, woher die öffentlichen Tafeln codex genannt werden“). Seit dem 3. Jahrhundert ist der Name „Codex“ für die neue Buchform eingeführt. Man unterschied auch „Codices membranei“ von „Codices chartacei“, wenn man den Unterschied zwischen Pergament- und Papyruscodices bezeichnen wollte. Die juristischen Sammlungen und Rechtsbücher wurden ab dem 3. Jahrhundert als Codices bezeichnet; man denke an den Codex Gregorianus oder den Codex Hermogenianus. Ihnen folgte im Jahre 438 der Codex Theodosianus, die unter Kaiser Theodosios II. veröffentlichte Sammlung der seit Konstantin I. erlassenen allgemeinen Konstitutionen. Sie stellten eine wichtige Vorstufe zu dem unter Justinian I. (527-565) publizierten Codex iuris civilis dar. Hieronymus († 420) zitiert die biblischen und patristischen Schriften als Codices latini, Codices graeci oder auch Codices hebraici; er spricht von „vielen Codices“ oder von „alten Codices“, bezeichnet aber auch profane Werke als Codices. In einem Brief an Lucinius aus dem Jahre 398 erwähnt Hieronymus seine eigenen „opuscula in chartaceis codicibus“. In den Akten des Konzils von Chalkedon (451) wird die Lektüre von Texten aus Codices genannt; aus Codices werden Kanones und das Glaubensbekenntnis, Briefe und amtliche Schreiben von Päpsten, Kaisern und Bischöfen verlesen. Papst Leo I. beauftragte im Jahre 453 den Bischof Julianus von Coene, die Verhandlungen des Konzils von Chalkedon in einem Codex zusammenzustellen. In Schreiben des Papstes Pelagius II. aus den Jahren 585 und 586 wird immer wieder auf Codices hingewiesen; Beachtung findet die Nennung von „Codices scrinii sanctae sedis apostolicae“. Papst Gregor I. (590-604) erwähnt im Jahre 595 in einem Brief an Leander von Sevilla, daß er sein Werk „Moralia“ in 35 Bücher und in sechs Codices eingeteilt habe. Der Papst gibt dem Abt Augustinus, der zur Missionierung nach England aufbricht, Codices mit. Die Reihe der Belege läßt sich ab dem 4. Jahrhundert beliebig fortsetzen; das Wort „codex" blieb bis in die Neuzeit der eindeutigste Terminus für die bis heute verwendete Buchform.

Bereits ab der Mitte des 5. Jahrhunderts ist auch die Bezeichnung „liber" für die Codexform nachweisbar. In den Akten des Konzils von Chalkedon (451) wird mehrfach die Vorlesung aus einem „biblion" erwähnt, für das in der lateinischen Version der Akten „codex" oder auch „liber" verwendet wird; die drei Begriffe konnten also um die Mitte des 5. Jahrhunderts austauschbar sein. Da „liber", „volumen" und „tomus" noch lange Zeit für die Rolle wie auch für den Codex gebraucht wurden, ist es im Einzelfall nicht immer eindeutig, ob nur mehr die Codexform mit diesem Terminus gemeint ist oder nicht. Es darf aber als sicher gelten, daß etwa die Papstregister des 6. Jahrhunderts bereits Codices gewesen sind; Gregors I. „libri chartacei" dürften Papyruscodices gewesen sein.

Der Begriff „volumen" wurde noch im 5. Jahrhundert für die Rolle verwendet. Allerdings dürfte Avitus von Vienne in der Zeit um 490-518 das Wort bereits für den Codex gebraucht haben, wenn er von biblischen und kirchenrechtlichen Büchern sprach. Auch in einer Urkunde des Papstes Vigilius von 553 dürfte mit „volumen" schon der Codex gemeint sein. Im 6. Jahrhundert erscheint „volumen" und „codex" bereits mehrfach gleichgesetzt; ein Beispiel dafür sind die entsprechenden Wörter in den beiden gleichwertigen Rezensionen der „Historia Apollonii regis Tyri". Papst Martin I. übersandte 649 ein „volumen synodale" nach Maastricht; der Mönch Milo berichtete darüber im 9. Jahrhundert, daß es „in papyreis schedis editum" wäre, also aus mehreren Blättern bestand und mithin ein Codex gewesen sei. Die Belege mehren sich für die folgenden Jahrhunderte.

Am längsten hat sich der Begriff „tomus" für die Rolle erhalten. Der eventuell früheste Beleg für die Benennung eines Codex in den „Vitae patrum" (5./6. Jh.) ist zweifelhaft. Erst wieder im 9. Jahrhundert wird „tomus" für die Codexform gebraucht. Die „tomi chartacei" der Papstkanzlei des 10. und 11. Jahrhunderts, in denen wir sicher Papyruscodices zu erblicken haben, zeigen die Anwendung des Terminus auch für offizielle Bücher; doch damit ist der Bereich der Antike bereits lange überschritten.

Viertes Kapitel

Schreiben und Lesen in der Antike

In Antike und Mittelalter bestand die erste Voraussetzung für die Verbreitung des geschriebenen Buches in der Abschrift des Textes. Die des Schreibens Kundigen konnten aus den verschiedensten Kreisen stammen; die Absicht der Abschrift konnte sehr verschiedenartig sein. Ein Privatmann mochte Interesse an einem Text besessen und diesen für sich kopiert haben; ein Gelehrter konnte seine Bibliothek durch eine persönliche Abschrift eines Buches bereichern; Lohnschreiber und Schreibsklaven (tachygraphoi, scribae mercennarii) konnten von Berufs wegen oder um Lohn Texte vervielfältigen. Die Bedeutung der Funktion des Schreibers für die Handschriftenkunde geht allein aus der Tatsache hervor, daß - von wenigen Ausnahmen abgesehen - kein Werk im Autograph, in dem vom Autor oder seinem Sekretär geschriebenen Zustand erhalten ist. Erst das Schriftwesen der Neuzeit, das nach der Erfindung des Buchdrucks eine veränderte Funktion erhalten hat, kennt in ungleich höherem Maße das Autograph. In Antike und Mittelalter war es jedoch oft ein langes Intervall, das die überlieferten Handschriften von den Originaltexten trennte. Werke der Antike sind oft hunderte von Jahren vor den frühesten erhaltenen Kopien entstanden. Lediglich die neuzeitlichen Funde von Papyri haben in zahlreichen Fällen diese Lücken etwas verkleinern helfen können. Da es sich bei der Mehrzahl der Handschriften um Kopien, ja um Kopien zahlreicher vorhergehender Kopien des Originals handelt, stellt das Problem der Kopie und des Kopierens durch Schreiber einen der Schwerpunkte handschriftenkundlicher Betrachtung dar.

Die Voraussetzung für die Kunst des Schreibens war naturgemäß die *Erziehung zum Schreiben und Lesen*. Wie bedeutsam schon in der Antike die Grundlegung der Alphabetisation angesehen wurde, zeigt das Motto, das ein Lehrer des 6. Jahrhunderts n. Chr. seine Schüler in ihre Hefte schreiben ließ und das sich durch die Papyrusfunde erhalten hat: ἀρχὴ μεγίστη τοῦ βίου τὰ γράμματα (arche megiste tu biu ta grammata). Man kann diesen Satz verschiedenartig übersetzen: „Der wichtigste Anfang im Leben ist der Elementarunterricht" oder „Ein ganz großer Anfangspunkt des Lebens ist die Schrift". Da das Wort „arche" nicht nur „Anfang", sondern auch „Macht" bedeutet, könnte eine andere Deutung des Verses lauten „Die größte Macht im Leben ist die Schrift", ganz im Sinne des Ausspruches „Wissen ist Macht".

Nach der Übernahme der phönikischen Schrift durch die Griechen im 9. Jahrhundert v. Chr. blieb die Kenntnis des Schreibens sicher nur auf eine kleine Schicht der Bevölkerung beschränkt. Archäologische Funde lassen erkennen, daß Bildung Sache einer aristokratischen Oberschicht war. Bereits in homerischer Zeit galt Erziehung innerhalb der Adelsschicht als wichtig. Feste Formen der Schule sind aber erst seit dem 6. Jahrhundert v. Chr. bekannt. Wenn freilich seit dem 7. Jahrhundert v. Chr. die ersten Inschriften aus Griechenland, die für die Öffentlichkeit bestimmt waren, auftauchen, so muß eine gewisse Verbreitung der Kunst des Lesens vorausgesetzt werden. Es handelt sich um Gesetzestexte und um Inschriften auf Grabdenkmälern, die natürlich von einer möglichst großen Anzahl von Menschen gelesen werden sollten. Im 7. Jahrhundert tauchen auch Inschriften auf Vasen auf, seien es erklärende Namen und Bemerkungen zu den dargestellten Figuren oder Szenen, seien es die Namen der Künstler. Ausgrabungen auf der Agora in Athen förderten zahlreiche Tonscherben zutage, auf denen Mitteilungen angebracht waren. Ein köstliches Beispiel aus dem Agoramuseum zu Athen zeigt die Aufschrift: „Thamneus, lege die Säge unter die Schwelle der Tür"; es handelt sich also um einen „Brief" auf einem Ostrakon, mit dem jemand bittet, die ausgeborgte Säge wieder unter die Türe zu schieben. Berühmt ist die Inschrift der griechischen Söldner, die 591 v. Chr. unter dem Pharao Psammetich II. an einem Feldzug gegen die Äthiopier teilnahmen, auf den Kolossalstatuen von Ramses II. in Abu Simbel. Man darf mithin davon ausgehen, daß ab dem 7. Jahrhundert v. Chr. die Kenntnis der Schrift sich in weiteren Kreisen der Bevölkerung Griechenlands verbreitete. Da die Belege aus verschiedenen Teilen der griechischen Welt stammen, muß man auf eine schulmäßige Unterweisung in Lesen und Schreiben schließen. Für die frühe Zeit des 7. und auch des 6. Jahrhunderts fehlen indes die Belege für eine Schulorganisation. Man kann eventuell an den individuellen Unterricht der Kinder durch Eltern oder Privatlehrer denken. Aus der Mitte des 6. Jahrhunderts sind feste Formen der Ausbildung aus Sparta bekannt. Hier wurden vom achten bis zum zwanzigsten Lebensjahr die freigeborenen Jungen und Mädchen durch Spielen, Exerzieren und Übungen in Selbstzucht, Beherrschung und Gehorsam erzogen; der Elementarunterricht in Lesen, Schreiben und Musik spielte demgegenüber eine untergeordnete Rolle. Die Jahrgänge wurden in drei Klassen eingeteilt, von denen die erste die Sieben- bis Elfjährigen, die zweite die Zwölf- bis Fünfzehnjährigen und die dritte die Sechzehn- bis Neunzehnjährigen umfaßte.

Ein Katastrophenbericht bei Herodot (VI,27) bezeugt die Existenz einer Elementarschule auf der Insel Chios im Jahre 494 v. Chr.; er berichtet vom Einsturz des Daches eines Schulgebäudes, wodurch 119 Kinder den Tod fanden, als sie gerade die Buchstaben erlernten. Derselbe Herodot weiß auch zu berichten (IV,78), daß um die Wende vom 6. zum 5. Jahrhundert eine Griechin aus Istros an der Donaumündung, die mit einem Skythenfürsten vermählt wurde, ihrem Sohn die griechische Sprache und das Schreiben beibrachte. Pausanias (6,9,6-7) überliefert gleichfalls eine Nachricht von einer Katastrophe, die die Existenz einer Schule auf der Insel Astypaleia im Jahre 496 v. Chr. bezeugt; der um seinen Siegespreis geprellte Boxer Kleomedes warf aus Wut die Säule des Didaskaleion um, weshalb das Haus einstürzte und sechzig Kinder tötete.

Die archäologischen Funde haben auch viele bemalte Vasen zutage gebracht, deren Szenen uns tiefe Einblicke in die griechische Kultur nehmen lassen. Unter den vielen figürlichen Szenen finden sich auch Darstellungen aus dem Schulunterricht. Eines der bekanntesten Beispiele bietet die Schale des Duris (Berlin, Staatliche Museen) aus dem 5. Jahrhundert v. Chr. Auf der Abb. 5
Innenseite der Schale sieht man Szenen aus der sportlichen Ertüchtigung, auf der Außenseite Bilder aus dem Unterricht in Musik, Lesen und Schreiben. Da sitzt auf einem Stuhl ein bärtiger Lehrer mit einer Lyra in Händen; vor ihm sitzt ein Knabe, der eben auf einem gleichen Instrument spielt. Rechts sitzt in weiterer Folge ein bärtiger Lehrer mit einer geöffneten Papyrusrolle in seinen Händen und hört einem Knaben zu, der vor ihm steht und offensichtlich auswendig gelernte Verse heruntersagt; dieser Szene hört ein sitzender bärtiger Mann aufmerksam zu. Eine dritte Szene zeigt einen jüngeren Mann, der sitzend auf einer Doppelflöte bläst; ihm hört ein Knabe zu. Die vierte Szene der Außenseite zeigt, wie ein junger Mann mit Schreibtafelkomplex und Griffel vor einem stehenden Knaben sitzt; er dürfte wohl die Aufgaben des Schülers kontrollieren; auch hier beobachtet ein alter Mann, wohl der Paidagogos, die Szene. Darstellungen dieser Art belegen, daß ab dem 5. Jahrhundert in Athen, im Zeitalter der Demokratie, die Fertigkeit in Lesen, Schreiben und Musikausübung als ein wesentlicher Bestandteil der bürgerlichen Bildung angesehen wurde. Vereinzelte Szenen aus der zeitgenössischen Literatur verdeutlichen dies noch. Man denke etwa an ein Fragment des Aischylos (Fragm. 530,21s Mette), wonach die Göttin der Gerechtigkeit, Dike, auf der Schreibtafel des Zeus die Vergehen der Menschen korrigiert; man denke an das Testament, das Herakles in den „Trachinierinnen" des Euripides (47; 157) seiner Gattin Deianeira hinterläßt; man denke an die Rolle von Briefen in der Dichtung (z. B. Euripides, Hippolytos 856ff., Iphigenie in Tauris 584ff., Iphigenie in Aulis 98ff., 111ff., 314ff.). Selbst über einen Analphabeten macht sich Euripides in seinem „Theseus" (Fragm. 382 Nauck^2) lustig, was nur dann eine Pointe sein kann, wenn Analphabeten eher eine Minderheit gewesen waren. Die Komödien sind voll der Szenen, in denen auf die Kenntnis von Lesen und Schreiben angespielt wird; wenn Orakelsprüche gelesen werden, wenn öffentliche Anschläge verstanden werden, wenn vom Lesen aus Büchern oder sogar von Buchhändlern die Rede ist, dann sind dies weitere Belege für die verbreitete Schreib- und Lesekunst im Athen der klassischen Zeit.

Die Sitte des Ostrakismos in Athen, ab 487 v. Chr. belegt, hatte den Zweck, Bürger, die des Machtmißbrauches und der Arrogierung von zu viel Macht beschuldigt wurden, aus der Stadt zu verbannen. Auf der Agora kamen die Bürger zusammen und ritzten den Namen eines solchen Verdächtigen auf ein Ostrakon, eine Tonscherbe. Waren mehr als 6000 Bürger erschienen und hatten ihre Stimme abgegeben, so mußte derjenige Bürger, der am häufigsten auf den Scherben genannt wurde, Athen für maximal zehn Jahre verlassen.

Von solchen Ostraka wurden durch die Ausgrabungen über zehntausend Stück gefunden; auch sie bezeichnen eine Verbreitung des Schreibens im Volk, zumindest bei der Mehrheit der attischen Bürger.

Protagoras aus Abdera (ca. 485-415 v. Chr.), der genialste unter den griechischen Sophisten, weilte mehrmals längere Zeit in Athen; der erste Aufenthalt fiel etwa in die Jahre 450-444. Schon damals muß er die Freundschaft des athenischen Staatsmannes Perikles gewonnen haben. Dieser beauftragte ihn mit der Ausarbeitung einer Verfassung für die von ihm ins Leben gerufene panhellenische Kolonie Thurioi in Unteritalien. Es ist bezeichnend, daß in dieser Verfassung der Schulzwang für alle Kinder aller Bürger unter Übernahme der Besoldung der Lehrer durch die Staatskasse festgeschrieben war.

Für die Zeit des Hellenismus und die römische Kaiserzeit haben die Papyrusfunde wichtige Einblicke in die Praxis des Unterrichts und die Verbreitung der Schriftlichkeit erbracht. Freilich war gerade in Ägypten die Zahl der des Schreibens Unkundigen relativ groß und nahm gegen Ende der Kaiserzeit noch zu. Dazu ist allerdings zu beachten, daß die Ägypter, die nur in ihrer eigenen Sprache schreiben konnten, für Griechen und Römer als „agrammatoi“ galten. Daneben gab es natürlich viele Analphabeten, aber auch viele „bradeos graphontes“ („langsam Schreibende“), denen der Umgang mit der Schrift etwas schwer fiel. Ein lustiges Beispiel aus dem 2. Jahrhundert n. Chr. ist ein Fund des Dorfarchivs von Ptolemais Hermu im Faijum. Dort bekleidete ein gewisser Petaus die Funktion eines Komogrammateus. Auf einem Papyruszettel hat Petaus zu Übungszwecken zwölfmal untereinander seine offizielle Unterschrift geschrieben, wohl um bei offiziellen Anlässen richtig signieren zu können. Der gleiche Petaus meldete, mit der Untersuchung seines Amtskollegen in einem Nachbardorf beauftragt, daß dieser kein Analphabet sei, da er doch seine Unterschrift unter offizielle Dokumente setzen könne.

Die *griechische Elementarschule* war in der Regel auf privater Basis organisiert. Der Lehrer, dessen Beruf nicht gerade hoch geachtet war, war auf die Zuwendungen seiner Schüler angewiesen, wenn es keine staatliche Besoldung gab. Die Schüler wurden vom 7. bis zum 14. Lebensjahr vom Paidotribes (παιδοτρίβης) in Sport, vom Kitharistes (κιθαριστής) in Musik und vom Grammatistes (γραμματιστής) in Lesen und Schreiben unterrichtet. Der Paidagogos (παιδαγωγός), meist ein Sklave, begleitete seinen Schützling zum Sportplatz und zu den Unterrichtsräumen. Wachstafel und Griffel gehörten zu den Utensilien des Unterrichts; viele Schüleraufgaben auf Wachstafeln haben sich auch unter den Papyrusfunden erhalten. Bücher waren teuer; daher spielte auch aus diesem Grunde das Auswendiglernen von Klassikertexten eine große Rolle. Ein wichtiges Utensil war offenbar der Rohrstock; denn die Prügelstrafe für faule und unbotmäßige Schüler war sehr häufig. In den Mimiamben des Herondas (3. Jh. v. Chr.) lesen wir, daß eine Mutter, die mit ihrem schlimmen Buben nicht mehr fertig wurde, zum Lehrer der Elementarschule mit der Bitte ging, den Buben tüchtig durchzupeitschen. Vielleicht ist es kein Zufall, daß unter den Beispielen für die Konjugation von Verben in antiken Grammatiken das Zeitwort τύπτω (typto = schlagen) einen großen Platz einnimmt.

Die Kinder mußten zuerst die Namen und Formen der Buchstaben lernen; das Alphabet mußte auswendig vorwärts und rückwärts beherrscht werden. Die Buchstaben mußten sodann fehlerfrei geschrieben werden. Papyri haben uns Proben dieser ersten Stufe des Elementarunterrichts vermittelt. Die Buchstaben wurden zu allen möglichen Silbenkombinationen verbunden; Vokale und Konsonanten wurden in alphabetischer Reihenfolge aneinandergesetzt. Auf die Silben folgten Wortteile und einzelne Wörter. Zu den frühesten Übungen gehörte es auch, den eigenen Namen und Namen anderer Personen zu schreiben. In einem nächsten Schritt konnten häufig verwendete Anrufungen und Formeln geübt werden; in christlicher Zeit gehörten hierher Anrufungen der Dreifaltigkeit und Christi. Sowohl literarische Belege wie auch Funde bezeugen, wie im Elementarunterricht zuerst einfache, dann immer schwierigere Wörter und Namen geschrieben wurden. Auf einer nächsten Stufe schrieb der Lehrer einzelne Sätze vor, oft Sentenzen moralisierenden Inhalts in Versform, die der Schüler abzuschreiben hatte. Platon erwähnt im Dialog „Protagoras“ (326c–e), daß der Lehrer auf den Tafeln der Schüler Linien zog, innerhalb deren die Kinder schreiben mußten, ohne die Ober- und Unterzeile zu überschreiten. Tatsächlich verwahrt das British Museum in London eine solche linierte Schreibtafel aus dem 2. Jahrhundert n. Chr., auf Abb. 1
der der Lehrer einen zweizeiligen Spruch in schöner Schrift geschrieben hat (Σοφοῦ παϱ’ ἀνδϱὸς πϱοσδέχου συμβουλίαν. Μὴ πᾶσιν εἰκῇ τοῖς φίλοις πιστεύεται) („Nimm den Rat eines weisen Mannes an. Nicht wird unüberlegt allen Freunden geglaubt“), den der Schüler zweimal etwas weniger schön kopiert hat. Häufig übte man fiktive Briefanfänge und Teile von Urkundentexten. In christlicher Zeit traten Gebetstexte und Psalmverse hinzu. Lesen und Schreiben gingen nun Hand in Hand. Für das Lesen kam der gleiche Plan wie für das Schreiben zum Tragen: auf die einzelnen Buchstaben folgten einzelne Silben, dann einzelne Wörter in steigender Schwierigkeit der Aussprache. Es folgten Übungen im Deklinieren und Konjugieren. Dann kamen Diktate von literarischen Mustertexten; kurze Geschichten aus ausgewählten Stellen aus den Werken berühmter Dichter und Prosaiker wurden herangezogen; man denke an Homer, Euripides, Menander, Demosthenes, Hypereides oder Isokrates. Bei den Fabeln des Äsop wurde orthographische Schulung mit moralischer Unterweisung verbunden. Unter den Papyrusfunden gibt es etliche Beispiele für das Verfassen von Aufsätzen. Bezeugt ist auch das laute Lesen der Texte, auch wenn der Lesende allein war.

Als höhere Form der Schule, die teilweise auch mit staatlicher Unterstützung rechnen konnte, entstand im 4. Jahrhundert v. Chr. das *Ephebengymnasium.* In hellenistischer Zeit wurden in vielen städtischen Zentren Gymnasien errichtet. Hier gab es Stätten der körperlichen Ertüchtigung und des höheren Schulunterrichtes in geistigen Fächern; hier lehrte der Grammatikos. Die Jungen erhielten unter der Aufsicht des Gymnasiarchen eine Ausbildung im Sinne der „enkyklios paideia", zu der der literarische Unterricht und die Fächer Geometrie, Arithmetik, Musik und Astronomie gehörten. Die sprachlich-literarische Bildung erfolgte an Hand der Texte von großen Dichtern und Schriftstellern, nun aber in einer Form, in der der Schüler sich aktiv mit den Werken auseinanderzusetzen hatte. Papyri haben uns zahlreiche Schüleraufgaben erhalten, nicht selten auf den Versoseiten gebrauchter Rollen. Zu den Aufgaben des Gymnasiasten zählte die Erläuterung des Textes; neben einem Passus aus einem Autor - etwa Homer - mußte in einer weiteren Kolumne eine Erklärung der vom Dichter gewählten Wörter gegeben werden. Man konnte paraphrasieren, also Nacherzählungen einer Geschichte aus einem größeren literarischen Werk verfassen, oder über vorgegebene Themen schreiben. Verse mußten dem Metrum entsprechend gelesen und in Versfüße zerlegt werden; Texte mußten mit Akzenten versehen werden; es gab Übungen im Schönschreiben, und auch das Auswendiglernen hatte immer noch einen Stellenwert. Für die Zwecke des Unterrichts wurde eine Auswahl aus „Klassikern" getroffen. Zum festen Kern gehörten Homer, die großen Tragiker, darunter hauptsächlich Euripides, die Komiker Aristophanes und Menander, der attische Redner Demosthenes und die Lyriker Alkman, Sappho und Pindar. Andere Autoren konnten hinzutreten, erlangten aber nicht die gleiche kanonische Geltung wie die Schriftsteller des festen Kerns. Innerhalb des Werkes der einzelnen Autoren wurden bestimmte Stücke ausgewählt. Es ist interessant zu beobachten, wie sich die Auswahl von Stücken für den Schulunterricht auf die Textüberlieferung ausgewirkt hat. Es verstand sich von selbst, daß die Gymnasien Bibliotheken besaßen; diese konnten durch Zuwendungen von Schülern und Sponsoren bereichert werden.

Durch Redner und Sophisten konnte in *Rhetorenschulen* ein hochschulartiger Unterricht erteilt werden. Seit dem 5. Jahrhundert v. Chr. bis ans Ende der Antike wurde dem Studium der Redekunst höchste Bedeutung zugemessen. Die Lehrer genossen dementsprechend ein hohes Ansehen und konnten auch hohe Honorare verlangen. Die Ausbildung umfaßte theoretische und praktische Übungen zur Rhetorik und Philosophie und war auch auf eine allgemeine sittliche Erziehung ausgerichtet. Die philosophische Ausrichtung war meist von den Schulgründern abhängig. Das Studium der Rhetorik richtete sich vornehmlich auf das Prosaschrifttum; dem jeweiligen Zeitgeschmack entsprechend wurden bestimmte Vorbilder bevorzugt. Die Attizisten etwa richteten sich nach den großen attischen Rednern des 4. Jahrhunderts v. Chr. aus, wie Demosthenes, Lysias, Aischines und Isokrates. Daher haben sich gerade von diesen Rednern zahlreiche Reste auf Papyri erhalten. Die Stilrichtung des Asianismus hingegen huldigte einem barocken Wortschwulst. Zur praktischen Übung der Studenten wurden Themen vorgestellt, über die sie eigene Reden ausarbeiten mußten; zahlreiche fingierte Fälle und Fakten wurden dabei von den Lehrern ausgedacht.

Neben den allgemeinbildenden Schulen gab es auch Fachschulen, so für Medizin, Malerei oder Rechtswissenschaft.

Abb. 7: Der Schreiber Laris Pulenas mit geöffneter Schriftrolle. Sarkophag des Laris Pulenas

Die Betrachtung lateinischer Graffiti auf Wänden, der Aufschriften auf Gefäßen und der ungezählten öffentlichen und privaten Inschriften im *Römischen Reich* belegt die Tatsache, daß auch in Rom und in den städtischen Zentren der späten Republik und der Kaiserzeit die Fähigkeit des Schreibens und Lesens verbreitet war. Wie weit damit ein Verhältnis zur Literatur impliziert war, mag dahingestellt bleiben. Die Quellenlage für die Frühzeit Roms ist ärmlich. Die von Plutarch (Romulus 6) überlieferte Notiz, daß Romulus und Remus nach Gabii zum Unterricht gesandt wurden, ist hinfällig, zumal im 8. Jahrhundert v. Chr. die Schrift in Mittelitalien noch gar nicht eingeführt war. Immerhin stammen aus Gabii älteste Dokumente der lateinischen Schrift wie ein um 600 v. Chr. zu datierendes Gefäß. Belege für Elementarlehrer liegen für das 5. und 4. Jahrhundert v. Chr. vor. Die hohe Kultur der Etrusker äußerte sich auch in ihrer Schriftlichkeit und der hohen Stellung der Schreiber. Zahlreich sind Darstellungen von Etruskern auf Sarkophagen und Aschenurnen, die eine Schreibtafel oder eine Buchrolle halten. Auf der Rolle des Laris Pulenas (Museo Nazionale in Tarquinia) ist sogar eine Biographie des Verstorbenen zu lesen. Livius (9,36,3) berichtet, daß Römer ihre Söhne zur Ausbildung in etruskische Metropolen wie Caere gesandt hätten. Plutarch (Quaest. conv. 59) weiß davon, daß Spurius Carvilius, ein Freigelassener des Konsuls von 234 v. Chr., Spurius Carvilius Ruga, als erster in Rom eine Schule gegen Bezahlung eröffnet habe; dies darf dahingehend interpretiert werden, daß Spurius nicht etwa die erste Schule gegründet habe, sondern erstmals eine besondere Form der Honorarzahlung eingeführt habe. Das *römische Schulsystem* ist in weiterer Folge mit geringen Änderungen vom griechischen übernommen worden. Auch hier war die Elementarschule (der ludus litterarius) eine private Institution. Der Lehrer (ludi magister) stand in keiner hohen sozialen Achtung; er hielt Unterricht in öffentlichen Läden am Forum, wo er die Kinder ab dem siebenten Lebensjahr in Lesen und Schreiben unterwies. Solche Schulen sind bereits im 5. und 4. Jahrhundert v. Chr. belegt. Im 1. Jahrhundert n. Chr. waren sie bereits bis in kleine Gemeinden des Reiches verbreitet, wie Nachrichten beim älteren Plinius (Nat. hist. 9,25) und bei Sueton (Caligula 45,2) bezeugen.

In hellenistischer Zeit eigneten sich die Römer - speziell deren Oberschicht - auch die Literatur und Wissenschaft der Griechen an. Es gab Übersetzungen griechischer Werke ins Lateinische; so wird berichtet, daß Livius Andronicus in der zweiten Hälfte des 3. Jahrhunderts v. Chr. die Odyssee Homers ins Lateinische übertragen habe. Griechische Komödien bildeten die Vorbilder für das Schaffen der lateinischen Komödiendichter Plautus († 184 v. Chr.) und Terenz († 159 v. Chr.). Allmählich wurde es für die gebildeten Römer zum Teil der höheren Bildung, auch des Griechischen mächtig zu sein.

Um die Wende vom 3. zum 2. Jahrhundert v. Chr. liegen die Anfänge eines höheren Schulwesens in Rom. Die Grammatikerschule Roms ist eine direkte Übernahme aus dem Griechischen. Die Jungen wurden bis zum 17. Lebensjahr zunächst durch griechische Lehrer unterrichtet. Der erste lateinische Lehrer der Literatur war Livius Andronicus aus Tarent (ca. 285-204 v. Chr.); er kam als Kriegsgefangener ins Haus eines vornehmen Römers; nach seiner Freilassung unterrichtete er in einer eigenen Schule römische Kinder in Latein und Griechisch. Um ein Schulbuch zu besitzen, übersetzte er Homers Odyssee fast wörtlich in lateinische saturnische Verse. Nach dem Ende des Ersten Punischen Krieges (241 v. Chr.) führte er als erster griechische Tragödien und Komödien in lateinischer Übertragung auf; sein Prozessionslied für einen Mädchenchor war die erste Lyrik in Rom. Livius Andronicus stellte in entscheidender Weise die Weichen für die Ausrichtung der lateinischen Dichtung nach der griechischen. Quintus Ennius (239-169 v. Chr.), aus Rudiae bei Tarent, kam während des Zweiten Punischen Krieges nach Rom, wo er als Lehrer des Griechischen wirkte und dem Kreis der Scipionen nahestand. Auch Ennius wurde zu einem der ersten Vermittler griechischer Kultur an die Römer. Mit seinen „Annales", die die römische Geschichte von Aeneas an darstellten, wandte er erstmals den daktylischen Hexameter an und schuf eine lateinische Literatursprache; das Werk blieb bis zur Aeneis Vergils das Nationalepos der Römer. Ennius bildete griechische Tragödien nach, ebenso auch Komödien, und verfaßte kleinere Dichtungen in verschiedenen Versmaßen.

Unter Kaiser Augustus (31 v. Chr.-14 n. Chr.) nahm der Unterricht der lateinischen Grammatiker feste Formen an. Es gab nun lateinische Schulen mit lateinischen Texten; man denke etwa an die Epen Vergils oder an die

Komödien des Terenz. Das Epos Vergils behauptete seine Vorrangstellung im Unterricht durch alle Zeiten hindurch. Als Schullektüre traten Werke von Ovid, Horaz, Lucan und Statius hinzu; gegen Ende des 1. Jahrhunderts n. Chr. wurden ältere Klassiker wieder interessanter. Als wichtigste Vertreter der Prosaschriftstellerei galten Cicero und Sallust. Die Zweisprachigkeit bedingte, daß der gebildete Römer neben dem „grammaticus latinus" auch den „grammaticus graecus" besuchte. Literarisch gebildete Sklaven waren als Sekretäre, Vorleser oder Bibliothekare angestellt. Ein stärkeres staatliches Interesse am Schulwesen zeigte sich unter Kaiser Vespasian (69-79 n. Chr.), der den Lehrern der höheren Schulen Steuerfreiheit gewährte. Die lateinische Sprache konnte sich im Osten des Reiches im Unterricht erst seit Kaiser Diokletian (284-305 n. Chr.) durchsetzen, als das Lateinische als Amtssprache oktroyiert wurde. Seit dieser Zeit finden sich unter den Papyri Ägyptens auch Anleitungen zur Erlernung des Lateinischen; man denke an Listen von Vokabeln, an bilingue Geschichten, griechisch-lateinische Konversationstexte, lateinische Texte mit griechischen Glossen oder gar bilingue Ausgaben von Klassikern wie Vergil oder Cicero.

Der hochschulartige Unterricht bei Rednern und Philosophen war zunächst auch auf griechische Texte beschränkt. Allmählich setzten sich lateinische Rhetorenschulen durch, bis im 1. Jahrhundert n. Chr. die zweisprachige Unterweisung an den Rhetorenschulen zur Regel wurde. Spezielle Zentren bildeten sich für bestimmte Disziplinen; so stand in Rom die Rhetorik im Vordergrund, in Athen die Philosophie, in Berytos die Rechtswissenschaft.

In der griechisch-römischen Antike war das Lesen und Schreiben mithin eine Fähigkeit, die grundsätzlich jedermann verfügbar war; es lag bei den sozialen und finanziellen Verhältnissen des einzelnen, wieweit er davon Gebrauch machen wollte. Im Unterschied zu Ägypten und dem Alten Orient war die Schriftlichkeit an keinerlei Kaste oder Berufsstand gebunden. Im Unterricht prägte ein bestimmter Kreis von klassisch werdenden Autoren den literarischen Geschmack; dieses Phänomen hat sich auf die Überlieferung der antiken Autoren in das Mittelalter in nachhaltiger Weise ausgewirkt.

In einer Welt, in der die Vervielfältigung des Buches durch Abschreiben vor sich ging, mußte dem Schreiber eine eminente kulturgeschichtliche Bedeutung zukommen. Der *Schreiber* stand vor der Aufgabe, eine bestimmte Vorlage getreu wiederzugeben. Er sah sich vor die Notwendigkeit gestellt, die Irrtümer der Transkription nach Möglichkeit auszuschalten und die auf Unachtsamkeit zurückgehenden Mängel möglichst hintanzuhalten. Immer wieder bemerkt freilich der Schreiber auf fast jeder Seite seiner Vorlage nicht nur materielle Beeinträchtigungen des Textes, sondern auch Usancen der Orthographie, der Akzentuierung, der Interpunktion, die nicht mehr die seinen oder die seiner Zeit sind. Ob bewußt oder unbewußt, „verjüngt" jeder Schreiber seine Vorlage, normalisiert sie, paßt sie seiner Zeit an und korrigiert sie nach Bedarf.

Es mag grotesk klingen, wenn man als Philologe diejenigen Schreiber als gute Schreiber bezeichnet, die die Fehler der Vorlage übernehmen. Oft kommt auch in Schreibersprüchen zum Ausdruck, daß die Fehler nicht dem Schreiber, sondern der Vorlage anzulasten seien. Wenn nämlich Irrtümer der Vorlage übernommen werden, hat der Philologe oft ein Mittel in der Hand, dem Archetypus, der antiken Vorlage, näher und der Lesart, die der Autor gewählt hatte, auf die Spur zu kommen. Moderne Herausgeber antiker Texte waren oft verleitet, bei irregulären Schreibungen von der „negligentia librarii", der Nachlässigkeit des Schreibers, zu sprechen. Doch ist dabei oft vorschnelles Urteil im Spiel. Wenn durch Jahrhunderte - um ein Beispiel zu zitieren - in Pindars Pythischer Ode II, Vers 28 und Pyth. III,24 die Lesart ἀυάταν tradiert wurde, in der der Buchstabe υ phonetisch das in früher Antike verschwundene Digamma F (ἀFάταν) repräsentiert, haben antike und mittelalterliche Schreiber eine bessere philologische Leistung erbracht als moderne Philologen, die den Buchstaben F unterdrückten und ἀάταν schrieben; erst die rezenten Ausgaben haben hier die Lesart ἀυάταν wieder gerechtfertigt. Auch lateinische Schreiber haben mehrfach gute Arbeit geleistet. So konnte festgestellt werden, daß die erhaltenen Handschriften des Dichters Lukrez noch Praktiken der Orthographie der ausgehenden republikanischen Ära Roms widerspiegeln, um ein signifikantes Beispiel zu nennen.

Neben den skrupulösen Schreibern gab es auch solche, die die Vorgänge der Abschrift und der Korrektur verbanden. Dies ist nicht zu verwechseln mit den Bedürfnissen der Textkritik, die zu allen Zeiten von Philologen vorgenommen wurde. Periodisch waren ja die alten Texte Objekt notwendiger Revisionen. Inkriminierbar ist hingegen die Vorgangsweise eines Schreibers, der - abgesehen von mangelnder Sorgfalt bei der Kopierarbeit - ohne kritische Grundlage die zu transkribierenden Texte verändert. Sueton (De grammaticis, cap. 24) hatte als Etappen der kritischen Bearbeitung eines Textes „distinguere, emendare, adnotare" angegeben; gemeint ist die Setzung der Interpunktion, die Korrektur der Fehler und die Anbringung von Anmerkungen. Von solcher akribischer Arbeit entfernt waren aber jene Schreiber, die bei laufender Schreibarbeit die Texte veränderten.

Bei der Betrachtung der Frage der Verbreitung von Texten stellt sich das Problem, ob Texte diktiert oder nach Vorlagen vervielfältigt wurden. Das Diktat erscheint in manchen Fällen nicht auszuschließen zu sein. Wollte ein antiker Verleger rasch einen begehrten Text vervielfältigen, konnte dieser einer Gruppe von Schreibsklaven diktiert werden. Das gleiche gilt für Briefe. Das Diktat spielte eine größere Rolle bei der Konzeption eines Werkes als bei dessen Kopierung. Vom älteren Plinius wissen wir, daß er sich im Zuge der Vorarbeiten zu seiner Naturgeschichte von Sklaven griechische wissenschaftliche Texte vorlesen ließ; nach jeder Passage wandte er sich an einen anderen Sklaven, der Schreibtafel und Griffel bereithielt, und diktierte diesem auf Lateinisch die Adaptierung und Übersetzung des gelesenen griechischen Abschnittes. Wenn auf antiken Denkmälern Redner zu sehen sind, deren Rede von Schreibern mitgeschrieben wird, dann handelt es sich um Tachygraphen bzw. Stenographen, die den Text in Rohform erstellten, der erst für eine Veröffentlichung redigiert werden mußte und erst dann in endgültiger Form kopiert werden konnte. Selbst Fehler, die auf Hörfehler zurückgehen, müssen kein stringentes Argument dagegen sein, daß das Diktat bei der Vervielfältigung von Texten eher den Ausnahmefall gebildet hat. Wie noch zu zeigen sein wird, erfolgte selbst bei der Abschrift einer Vorlage von einem Schreiber gleichsam ein „inneres Diktat" des Kopisten, das Quelle von Fehlern nach Art von Hörfehlern sein kann. Das Bibliotheksexemplar eines Textes ist in der Regel ein abgeschriebenes Buch, nicht ein diktiertes. Die vielen Schreiberbilder in griechischen, lateinischen und orientalischen Handschriften zeigen immer wieder den Kopisten vor seiner Vorlage im Akt des Schreibens begriffen. Die Erwähnung, daß Texte ἀπὸ φωνῆς (apo phones) eines Autors geschrieben sind, bezieht sich auf die Redaktion des Textes, nicht auf den Akt des Kopierens. Auch die disziplinierte Schrift zahlreicher Handschriften ist ein Beleg für das Abschreiben, da nur bei diesem Vorgang eine bewußte Komposition der Buchstaben, ein kalligraphisches Dokument entstehen kann.

Die Betrachtung der Arbeit des Schreibers hat sowohl materielle wie psychologische Gegebenheiten zu berücksichtigen. Die materielle Grundlage des Schreibens sind Beschreibstoff und Schreibwerkzeuge. Da über die Beschreibstoffe bereits ausführlich in einem vorangegangenen Kapitel gehandelt wurde, verbleibt es hier, das *Schreibwerkzeug* des antiken Schreibers näher zu beschreiben.

Im alten Ägypten wurden als Schreibinstrumente dünne Binsen verwendet, die mit ihrem gekappten Ende je nach dem Ansatz dicke oder dünne Striche herstellten. In Schreibpaletten aus Holz wurden Vertiefungen geschnitten, die Farbe aufnehmen oder zum Mischen von Tinte verwendet werden konnten. Die Binsen steckten in röhrenförmigen Vertiefungen.

Zum Ritzen von Schrift auf harten Untergrund - Stein, Ton, Ostraka - genügte an sich jeder spitze Metallstift. Als spezielles Schreibwerkzeug diente der Schreibgriffel, mit dem man die Schrift in die Wachsschicht der Wachstafeln eingravierte. Ein derartiger *Griffel* - griechisch γραφίς (graphis), lateinisch „stilus" genannt - besaß ein unteres spitzes Ende zum Schreiben, während das obere Ende oft spachtelförmig verbreitert war, um nach Belieben das beschriebene Wachs wieder glätten und damit die Schrift tilgen zu können. Der Ausdruck „den Griffel umdrehen" (stilum vertere) erhielt daher die Bedeutung von „radieren" bzw. „tilgen". Viele dieser Griffel sind noch im Original erhalten; zahlreiche Griffel sieht man auch auf Darstellungen von Personen, die im Akt des Schreibens abgebildet sind. Die Originale bestehen mehrheitlich aus Bronze; es gibt aber auch Griffel aus Knochen, Elfenbein oder Edelmetall. Ein Prachtexemplar eines Griffels fand sich in einem etruskischen Grab bei Orvieto aus dem 6. Jahrhundert v. Chr. (Berlin, Antikenmuseum). Der obere Teil des bronzenen Stilus besteht aus der Figur eines nackten Jünglings, der seinerseits eine Schreibtafel und einen Griffel hält; zum Glätten des Wachses dient ein eichelförmiger Abschluß des Stilus. Zum Auftragen von Wachs auf die Schreibtafeln benützte man breite Spachteln. Auch solche Werkzeuge sind im Original gefunden worden. Wie viele Abbildungen zeigen, beschrieb man Holz- und Wachstafeln im Sitzen; das Täfelchen wurde auf den Oberschenkel gelegt. Doch gibt es auch Darstellungen stehender Figuren im Akt des Schreibens. Man verwahrte die Griffel in einer „graphiotheke" (γραφιοθήκη) bzw. einem „graphiarium". Martial XIV,21 nennt ein solches Graphiarium unter den Geschenken der Saturnalia. Griffel konnten auch als Waffe dienen. Julius Caesar durchbohrte in verzweifelter Abwehr gegen seine Mörder den Arm eines Verschwörers mit einem Griffel. Kaiser Claudius hatte derartige Sorge vor den Griffeln, daß er jedem Schreiber und Beamten, der zu ihm kam, die Schreibwerkzeuge abnehmen ließ (Sueton, Claudius 35). Auch unter den Märtyrern ist ein mit Griffeln getöteter Mann zu finden: der heilige Felix in Pincis (Fest am 14. Januar) soll der Legende nach von Kindern, die er unterrichtete, am Monte Pincio mit Griffeln erstochen worden sein; er wird denn auch in Bildern im Chorhemd mit Griffeln dargestellt.

Das klassische Schreibinstrument der Antike war der *Kalamos*, ein gespitztes Schreibrohr, das man aus Schilfrohr gewann. Die Termini lauteten κάλαμος, calamus, δόναξ γραφεύς (donax grapheus), σχοῖνος (schoinos), canna, γραφίς (graphis). Die besten Kalamoi kamen vom Nil, zusammen mit dem Papyrus. Auch Rohrfedern aus Knidos wurden sehr geschätzt. Nach Martial XIV,38, der von „fasces calamorum" spricht, wurden die Schreibrohre bündelweise verkauft. Verwahrt wurden die Kalamoi in der „kalamotheke" (καλαμοθήκη, auch καλαμίς, kalamis, oder κανών, kanon genannt); der lateinische Terminus lautete „calamarium". Martial XIV,19 erwähnt einen derartigen Rohrbehälter als Geschenk. Im Edikt des Kaisers Diokletian über die Maximaltarife scheinen die Federbehälter unter den Lederarbeiten auf („thecam cannarum numero V. den. XL.").

Die Spitze des Kalamos war eingeschnitten wie die Spitze einer modernen Metallfeder. Der Vorteil des Kalamos lag mithin in der Möglichkeit, feiner zu schreiben; allerdings bot die Versoseite des Papyrus dem Kalamos mehr Widerstand als der Binse. Natürlich wurde die Spitze des Kalamos mit der Zeit stumpf, gleichgültig ob man auf Papyrus oder Pergament schrieb. Daher mußte man sie immer wieder mit einem Messer oder einem Bimsstein spitzen. Beide Utensilien scheinen auf vielen Bildern auf oder werden in Gedichten erwähnt. Schreibrohre konnten auch aus Metall sein; so hat sich in einem attischen Grab der zweiten Hälfte des 5. Jahrhunderts v. Chr. ein bronzenes Schreibrohr gefunden. Im Abendland trat seit dem frühen Mittelalter die Gänsefeder auf den Plan. Die erste Erwähnung der Vogelfeder taucht beim Anonymus Valesianus (14,79) aus dem 6. Jahrhundert n. Chr. auf.

Für die Beschriftung von Pergament zog man Linien; auf Papyrus war dies nicht nötig bzw. möglich. Zur Linierung bedurfte man eines *Lineals* (κανών, kanon) und eines *Bleirädchens* (κυκλομόλυβδος, kyklomolybdos), das eine dezente Bleispur auf den Blättern hinterließ. Mit einem Griffel konnte man Linien durch das Pergament drücken. Die Linien wurden auf den ungefalteten Blättern der Codices eingeritzt und meist über den Falz gezogen. Es gab fallweise auch vertikale Begrenzungslinien von Schriftkolumnen. Damit die Linien eine gleichmäßige Entfernung voneinander besitzen, stach man mit einem *Zirkel* (διαβάτης, diabates) an den Rändern der Blätter Löcher in regelmäßigen Abständen ein, die der Setzung des Lineals dienten. Die Löcher wurden durch mehrere Blätter gestochen. Bei etlichen Handschriften, deren Ränder nicht oder nur wenig beschnitten wurden, sind die Zirkellöcher noch heute erkennbar.

Ein *Schwamm* zum Löschen von Tinte und ein Messer zum Abschaben von Schrift vervollständigten die Schreiberausrüstung. Die Tinte war in den altägyptischen Schreibzeugen in kleinen Vertiefungen verwahrt. Frühzeitig gab es eigene *Tintenfässer*, meist paarweise für schwarze und rote Tinte. Als Tintenfaß konnte auch ein Horn dienen, das man durch eine Öffnung des Schreibpultes steckte. Die antiken Tintenfässer (μελανοδοχεῖον, melanodocheion, κανικλεῖον, kanikleion) sind meist einfache Näpfe von runder, sechs- oder achteckiger Form, oft auch mit einem Henkel zum Anfassen versehen. Kleine Tintenfäßchen stehen oft auf den Tischchen, die schreibende Autoren bzw. Evangelisten auf mittelalterlichen Miniaturen neben sich haben. Sie konnten auch am Pult befestigt oder ausklappbar an einem Schrank angebracht sein. Tragbare Tintenfässer hatten kaiserliche Beamte, die neben ihrem Herrn standen und diesem den Kalamos für die Unterschriften reichten. Sogar am Chiton konnte ein Kanikleion befestigt sein. Längerfristig wurde Tinte wohl in Flaschen aufbewahrt.

Die *antike Tinte* (μέλαν - melan, atramentum) wurde durch die Mischung eines Klebestoffes mit Ruß unter Beisatz von Wasser hergestellt. Erstaunlich ist die Haltbarkeit dieser Tinte; auch ihre Widerstandsfähigkeit gegen Feuchtigkeit ist beachtlich. Nach der Zubereitung mit Feuer hieß die Tinte auch „encaustum" („incaustum"). Auf dieses Wort gehen die Termini „inchiostro" (italienisch), „inkoust" (böhmisch), „encre" (französisch), „ink" (englisch) und „inkt" (niederländisch) zurück. Der deutsche Name „Tinte" und das spanische „tinta" kommen indes von „tinctura" bzw. „tinta". Seit frühbyzantinischer Zeit ist das Aufkommen einer braunroten Metalltinte und in manchen Handschriften einer durch das Pergament durchschlagenden bläulich-grünen Tinte mit dem Beisatz von Kupfervitriol festzustellen. Das älteste Dokument, das mit einer aus Eisenvitriol und Gallussäure gewonnenen Tinte beschrieben ist, stammt aus dem Jahre 111 n. Chr. Vermutlich bot die Einführung des Pergaments einen Anstoß zum Wechsel der Tintenrezepte, weil die früher gebräuchlichen Tinten nicht auf dem neuen Beschreibstoff haften blieben. Galläpfel und Kupfervitriol blieben auch im Mittelalter die wichtigsten Ingredienzien der Tinte, wozu man noch Wein und Essig hinzufügte. Rote Tinte wurde aus Mennige hergestellt. Die rote Tinte auf der etruskischen „Agramer Mumienbinde" enthält Zinnober. Schon die Ägypter pflegten Überschriften in roter Farbe zu schreiben; eine analoge Sitte findet sich bei griechischen und römischen Schreibern. Im Mittelalter trat die Sitte der Rubrizierung von Handschriften hinzu, die in der roten Auszeichnung von Teilen der Texte bestand.

Die Griechen kannten zwei Arten der schwarzen Tinte: τρύγινον μέλαν (tryginon melan) und ἐλεφάντινον μέλαν (elephantinon melan); erstere wurde unter Benützung von Weinhefe, letztere mit Elfenbeinruß angefertigt. In beiden Fällen war es jedenfalls Kohlenschwärze, die mit Gummi arabicum zerrieben und dann in Wasser gelöst wurde. Nach Dioskurides (De materia medica 5,182) mischte man die beiden Bestandteile im Verhältnis von eins zu drei. Plinius (Nat. hist. 35,6,41) erwähnt auch Ofenruß als Surrogat für Tinte. Nach Plinius (Nat. hist. 27,7,52) sollte der Zusatz von Absinth die Tinte den Mäusen verleiden. Verschiedentlich benützte man als Tinte auch den Saft des Tintenfisches (sepia). Belege dafür finden sich bei Cicero (De natura deorum 2,50,127), Persius (Sat. 3,13) und Ausonius (Epist. 4,76). Lustig ist die Stelle in der dritten Satire des Persius, in der der faule reiche Jüngling spät erwacht, sein Schreibzeug fordert und mit der Tinte unzufrieden ist: schon hat er das Pergamentbuch und das Schreibzeug in Händen, da beklagt er sich, daß am Kalamos dicke Flüssigkeit klebt, daß die Sepiatinte beim Zusatz von Wasser verblaßt, daß das Rohr die aufgelösten Tintentropfen verdoppelt, d. h. doppelte statt einfache Linien zieht.

Je nach der Bereitung mit oder ohne Feuer unterschied man Tinte als ἔγκαυστον (enkauston) oder ἀτέραμνον (ateramnon). Die lateinische Form „encaustum" ist erstmals bei Augustinus († 430) und Fortunatus nachzuweisen; später wurde die Form „incaustum" gebräuchlich. Lucifer von Cagliari gebraucht im 4. Jahrhundert den Terminus „tincta".

Tinte aus Sepia ließ sich fast vollständig abwaschen; je frischer die Tinte an sich war, desto leichter war sie mit dem Schwamm zu tilgen. An diese Sitte erinnern manche köstlichen Texte oder Aussprüche aus der Antike. Als Kaiser Augustus von seinen Freunden gefragt wurde, was seine Tragödie „Aiax" mache (die der Kaiser inzwischen wieder getilgt hatte), antwortete er, Aiax habe sich nicht in sein Schwert, sondern in den Schwamm gestürzt. Martial (IV,20) sandte mit einem eben vollendeten Buch, dessen Tinte gleichsam noch naß war, einen Schwamm als Geschenk an seinen Freund Faustinus, damit dieser den Text, wenn er ihm nicht gefalle, gleich wieder löschen könne. Ähnlich schreibt Ausonius (Epist. 7) über den Schwamm, als er ein Begleitschreiben zu einem Geschenk von dreißig Austern absendet. Von grausamer Tyrannenwillkür hingegen berichtet Sueton in der Vita des Kaisers Caligula; dieser habe anläßlich eines literarischen Wettstreites diejenigen Autoren, die am wenigsten gefallen hätten, gezwungen, ihre eigenen Werke mit einem Schwamm oder der Zunge zu löschen, falls sie nicht erwürgt oder ertränkt werden wollten.

Die Antike kannte auch Geheimtinten, die unsichtbar waren und erst bei entsprechender Behandlung zutage traten. Philon von Byzanz, ein griechischer Mechaniker des 2. Jahrhunderts v. Chr., berichtet von einer Tinte für geheime Botschaften, die eine Art von Gallustinte dargestellt haben muß, die erst durch Benetzen mit einer metallischen Lösung sichtbar wurde. Ovid gibt in seiner „Ars amatoria" (3,627ff.) Ratschläge für geheime Botschaften, wenn er rät, mit eben gemolkener Milch zu schreiben, die durch Bestreuung mit Kohlenpulver sichtbar wird; auch Leinstengel könne als ein unsichtbare Schrift hervorbringendes Schreibinstrument verwendet werden. In magischen Papyri werden Rezepte für zauberkräftige Tinten überliefert. So nennt ein solcher Papyrus als Ingredienzien vier Drachmen troglodytische Myrrhe, drei karische Feigen, sieben Dattelsteine, sieben trockene Pinienzapfen, sieben Stücke Wermutmark, sieben Ibisfedern; diese Ingredienzien müssen verkohlt und mit Wasser aufgeschwemmt werden.

Die *rote Farbe* spielte im Buchwesen eine verschiedenartige Rolle. Schon die ägyptische rote Farbe bestand aus Zinnober; daneben gab es allerlei Surrogate; zu den wichtigsten gehörte Mennige (μίλτος, miltos, minium). Rote Farbe diente der Ausschmückung und Auszeichnung der Handschriften. Cicero erwähnt rote Korrekturen. Purpurtinte wurde aus dem Saft der Purpurschnecke erzeugt; später traten auch Surrogate an ihre Stelle, etwa Kermes (coccus ilicis), Kochenillefarbe aus Coccus cacti (κόκκος, kokkos, πρινοκόκκιον, prinokokkion), Drachenblut (auch indischer Zinnober genannt) und Pflanzenfarbstoffe wie Krapp, Safflor, Lackmusflechte und Columbinfarbe. Die Purpurtinte war Reservat des Kaisers. So regelte ein Verbot des Kaisers Leon aus dem Jahre 470 die alleinige Verwendung der Purpurtinte durch den Kaiser; Zuwiderhandelnde sollten mit dem Tode bestraft werden. Die kaiserliche Tinte war einem eigenen Beamten anvertraut, der nach dem Tintenfaß (kanikleion) den Titel ὁ ἐπὶ τοῦ κανικλείου (ho epi tu kanikleiu) trug.

Goldene Schrift war in der Antike für Luxushandschriften beliebt. So berichtet der Scholiast zu Pindars siebenter Olympischer Ode von einer Nachricht eines Gorgon, daß dieses Gedicht im Athenatempel zu Lindos in einem Exemplar in Goldschrift aufliege. Plutarch (Quaest. conviv. V,II,9) erzählt, daß im Schatzhaus von Sikyon ein goldenes Buch verwahrt werde, das die Dichterin Aristomache, die zu den Isthmien einen Sieg errungen hatte, gestiftet habe. Hier dürfte es sich aber um ein Weihegeschenk aus Gold gehandelt haben. Spätantike und byzantinische Prachthandschriften sind nicht selten mit Gold- und Silbertinte geschrieben worden. Auf Purpurpergament konnten ja nur metallene Tinten gebraucht werden. Man spricht von Chrysographie als der Kunst, in goldenen Lettern zu schreiben; es gab eigene Chrysographoi zur Ausübung dieser Kunst.

In einer Reihe von *Epigrammen griechischer Schreiber* werden nicht selten liebevoll die Schreibwerkzeuge aufgezählt. Acht Epigramme der „Anthologia Palatina" sind hier zu nennen. Die Autoren stammen meist aus der Spätantike; mit Ausnahme des Philippos von Thessalonike (1. Jh. n. Chr.) und eines Phanias stammen die Epigramme von Dichtern des 6. Jahrhunderts wie Paulos Silentiarios, Damocharis oder Julianos, Präfekt von Ägypten. Sämtliche acht Epigramme sind im sechsten Buch der „Anthologia Palatina" überliefert, das größtenteils Weiheepigramme enthält. Viele dieser Gedichte waren zur inschriftlichen Fixierung bestimmt, zahlreiche Epigramme stellen aber auch fingierte Weiheepigramme dar; die Grenze ist nicht immer genau zu ziehen. Grundsätzlich dürften die Epigramme der christlichen Byzantiner fiktiv und nicht öffentlich graviert worden sein.

Phanias verfaßte ein Epigramm über den Schreiber Akestondas, der sein Schreibgerät den Pieriden weiht, nachdem er einen einträglichen Posten bei der Zollverwaltung gefunden hatte. Der Text (Anthologia Palatina VI,295) lautet in deutscher Nachdichtung:

„Von Akestondas ein Messer zum Federschneiden, ein Schwämmchen, das des knidischen Rohrs Schriftzug ihm lohnend gelöscht, dies Lineal zum Richten des Blattes, der Stein zum Beschweren und zur Markierung, ein Glas, trefflicher Tinte noch voll, kreiseinhaltende Zirkel, den glänzenden Bimsstein und dieses Blättchen aus blauem Türkis, das ihm die Sonne gedämpft; nun er am leckeren Kuchen des Zolls ein Plätzchen gefunden, hat er sein Armutsgerät den Pieriden geweiht."

Philippos von Thessalonike berichtet in seinem Epigramm vom Schreiber Kallimenes, dessen Augen im Alter trüb wurden, so daß er seinem Beruf nicht mehr nachgehen konnte; so weihte er sein Arbeitsgerät den Musen. Das Epigramm VI,62 der „Anthologia Palatina" lautet in deutscher Nachdichtung:

„Rundliches Plättchen aus Blei, die Seiten der Blätter zu zeichnen, und ein Messer, des Rohrs Spitze zu schneiden damit, ferner ein Richtlineal und den trockenen porenduchzogenen Bimsstein, den an des Meeres Strand man einstens geholt, weihte Kallimenes hier den Musen, da er der Arbeit heute entsagte; denn trüb wurde vor Alter sein Blick."

Das Epigramm des Damocharis (Anth. Pal. VI,63) hat einen nahezu gleichen Anlaß; der Schreiber Menedemos, dessen Auge nun trüb ist, bringt Hermes sein Werkzeug dar: ein mit Schwärze gefügtes Rundblei, ein Lineal, Behälter mit Tinte, trefflich geglättete Schreibrohre, einen rauhen Stein zum Spitzen, ein Federmesser mit breiter Klinge und Spitze; der Weihende bittet den Gott, daß er auch fürderhin mit Nahrung versorgt werden möge.

Paulos Silentiarios, epischer und epigrammatischer Dichter und Hofbeamter unter Kaiser Justinian I. (527-565), hat gleich drei Weihepigramme für altgewordene Schreiber verfaßt; die Motive sind überall die gleichen. Der Schreiber Philodemos (Anth. Pal. VI,64) kann nicht mehr arbeiten, da das altgewordene Augenlid ihm über das Auge hängt. Der Schreiber Kallimenes (Anth. Pal. VI,65 und 66) gönnt sich Ruhe, da ihm im Alter die Hände zittern. Sehr poetisch wirkt Epigramm 65:

„Dieses Rädchen aus Blei, das stets auf dem gerade gestreckten Lineale vorbei ebene Pfade beschreibt, diesen gehärteten Stahl, den Verzehrer der Rohre, jedoch auch das Lineal, das stets sicher die Zeilen bestimmt, und einen rauhen Stein, auf dem das Rohr seine beiden Zähne sich wetzt, wenn viel Schreiben sie stumpf ihm gemacht, diesen Schwamm, der Triton, dem Gotte des Meeres, als Bette drunten gedient und heilt, wenn sich die Feder geirrt, endlich mit zahlreichen Fächern ein Kästchen, das neben der Tinte alles Geräte vereint, wie es die Schreibkunst verlangt: weihte Kallimenes hier dem

Tafel 13: Ilias Ambrosiana, 5. Jh. n. Chr. Schlachtenszenen

Tafel 14: Ilias Ambrosiana, 5. Jh. n. Chr. Opfer des Achilleus

Tafel 15: Vergilius Vaticanus, frühes 5. Jh. Miniatur zu den „Georgica", Kampf zweier Stiere um eine Kuh

Tafel 16: Vergilius Vaticanus, frühes 5. Jh. Zerstörung Trojas durch die eingedrungenen Griechen

Hermes; nach Jahren der Arbeit gönnt er den Händen, die ihm zittern vor Alter, nun Ruh."

Zuletzt sind von Julianos, einem Präfekten von Ägypten im 6. Jahrhundert, zwei Epigramme für den Schreiber Philodemos (Anth. Pal. VI,67 und 68) erhalten, die die gleiche Thematik zum Inhalt haben. Wieder werden die Schreibwerkzeuge aufgezählt und die Widmung des gealterten Schreibers an Hermes ausgesprochen.

Die ursprüngliche Bedeutung des griechischen Wortes für das Schreiben γράφειν (graphein), verwandt mit dem deutschen Begriff „graben", ist das Einritzen oder Eingravieren von Zeichen. Der Ausdruck in der Ilias Homers (XVII, 599): σήματα γράψας ἐν πίνακι zeigt noch den Nachhall dieser alten Bedeutung. In den Unterschriften später griechischer Kalligraphen kommt auch der Ausdruck ξύειν (xyein, wörtlich „schaben, glätten") vor. Das lateinische „scribere" hat in seinem Etymon gleichfalls die Bedeutung des Ritzens und Zeichnens; später ist es der allgemeine Ausdruck für „schreiben" und „verfassen" geworden. Von der Wachstafelschrift ist der Terminus „exarare" genommen. Den griechischen und lateinischen Termini bedeutungsgleich ist das gotische „vreitan", althochdeutsch „rizan", angelsächsisch „writan", altnordisch „rita", alles Worte, die vom Einritzen der Runen genommen sind. Das gotische Wort für Schreiben lautete „meljan", d. i. „malen". Für das Abschreiben konnte im Lateinischen das Wort „exemplare" verwendet werden.

Die *Benennungen für den Schreiber* waren bereits in der Antike vielfältig. Bei den Griechen war der γραμματεύς (grammateus) der Inhaber eines öffentlichen Amtes. Für die Stenographen bildeten sich die Begriffe ὀξύγραφος (oxygraphos), σημειογράφος (semeiographos) oder νοτάριος (notarios) aus. Diese Schreiber schrieben auch die Urkunden. Die Schreiber von Büchern hießen βιβλιογράφοι (bibliographoi) oder καλλιγράφοι (kalligraphoi). Die Fähigkeit des schönen Schreibens war hochgeschätzt. Der Kaiser Theodosios II. († 450) wurde ob seiner Liebe zum Buch und zur Schönschrift mit dem Beinamen „Kalligraphos" ausgezeichnet. Die χρυσογράφοι (chrysographoi) waren für die Auszeichnungsschriften in Gold verantwortlich.

Eusebios von Kaisareia berichtet in seiner Kirchengeschichte (VI,23), daß der große Kirchenschriftsteller Origenes († 254) stets mehr als sieben Tachygraphen um sich hatte, die einander zu festgesetzten Zeiten ablösten; sie hatten also offensichtlich für das Diktat des Autors bereitzustehen. Eusebios merkt dann an, daß Origenes ebensoviele Bibliographoi und auch Mädchen, die im Schönschreiben geschult waren, um sich hatte; sie hatten also offenkundig die vom Autor fertig redigierten Texte zu vervielfältigen. Bekannt ist der Auftrag Kaiser Konstantins I. († 337) an Eusebios, für die von ihm gegründete Metropole Konstantinopel fünfzig liturgische Codices schreiben zu lassen; der Auftrag ergeht an in ihrer Kunst sorgfältig geschulte τεχνῖται καλλιγράφοι (technitai kalligraphoi). In späterer Zeit konnten die oben genannten Termini für die verschiedenen Arten von Schreibern vermengt werden; ja selbst Notarioi schrieben Bücher.

Im antiken Griechenland gab es frei arbeitende Berufsschreiber (λογογράφοι, logographoi); sie setzten für Leute, die sich mit dem Schreiben schwer taten, Eingaben an Behörden und Bittschriften auf und schrieben diese ins reine. Berufsschreiber gab es überall, wo Verwaltungsbehörden arbeiteten. Dies war bereits in den Monarchien des Alten Orients der Fall, und dies galt auch für die Staaten der griechisch-römischen Antike und für das Byzantinische Reich. Sozial gesehen, konnten Berufsschreiber Sklaven oder Freigelassene sein; Kalligraphen gab es hingegen auch in den sozial höher stehenden Kreisen. Wenn Kaiser Valens im Jahre 372 an der kaiserlichen Bibliothek zu Konstantinopel vier Griechen und drei Lateiner als Schreiber anstellte, mußten sich diese Männer wohl aus dem Kreise der Kalligraphen rekrutieren; hatten sie sich doch um die Restaurierung alter Codices und um die Verfertigung neuer Codices zu kümmern. Der erwähnte Auftrag Kaiser Konstantins I., für die neuen Kirchen Konstantinopels fünfzig biblische und liturgische Codices anzufertigen, war nur realisierbar, wenn es an Bischofssitzen und in den Klöstern entsprechend ausgebildete Berufsschreiber gab.

Die Tachygraphen mußten eine besondere Qualifikation aufweisen; sie waren in Staat und Kirche wie auch im privaten Bereich unentbehrlich. Das Beispiel des Origenes, der stets mehr als sieben Stenographen um sich hatte, wurde bereits erwähnt. Von Gregor von Nazianz (2. Hälfte 4. Jh.) ist bezeugt, daß mehrere Stenographen seine Predigten mitschrieben; auch die Homilien des Johannes Chrysostomos († 407) wurden in Antiocheia auf diese Weise schriftlich festgehalten. Auf den lokalen und ökumenischen Synoden hatten Stenographen die Verhandlungen mitzuschreiben, die von Berufsschreibern in den Akten der Synoden reingeschrieben wurden. Kaiserliche Reden konnten gleichfalls mitstenographiert werden. Auch für Urkundentexte, die der Kaiser diktierte, bedurfte es der Tachygraphen. Nicht zuletzt sind Tachygraphen als Geheimschreiber bezeugt. Aus Byzanz werden Beispiele überliefert, wonach versteckte Schreiber Gespräche am kaiserlichen Hof mitschrieben; ihre Niederschrift diente im folgenden Prozeß als Grundlage für die Urteilsfindung.

In der Spätantike traten neben die profanen Schreiber auch die Mönche, die im Mittelalter eine dominierende Rolle im Schriftwesen spielen sollten. Bereits aus der Frühzeit des Anachoretentums gibt es Belege für das Arbeiten von Mönchen als Kopisten. Im Mittelalter wurde ihre Arbeit reglementiert und in den Schreibschulen kontrolliert.

Im lateinischen Bereich treten als Termini für den Schreiber die Begriffe „scriba", „scriptor", „librarius", „antiquarius", „notarius" und „tabellio" auf. In diesen verschiedenen Bezeichnungen sehen wir Hinweise auf verschiedene Bedeutungen, mochten sie später auch teilweise vermengt worden sein. Sprachlich am fruchtbarsten sind die Worte „scriba" und „scribere" geworden, an die sich auch die meisten Weiterbildungen in den modernen Sprachen knüpften. Im Altertum war wohl auch der „librarius" in erster Linie der Bücherschreiber, neben dem „notarius", dem der Schnellschrift Kundigen bzw. dem juridischen

Schreiber. Als „tabellio" bezeichnete man den Schreiber von Aufsätzen, Verträgen, Testamenten und Urkunden; er kann also als Notar und Urkundenschreiber angesehen werden. Im Edikt Kaiser Diokletians über die Maximaltarife werden verschiedene Abstufungen von Schrift mit den entsprechenden Schreibern in Verbindung gebracht. So soll der Schreiber mit der besten Schriftklasse (in scriptura optima) für hundert Zeilen 25 Denare erhalten, der Schreiber der nächstfolgenden Schriftart für hundert Zeilen 20 Denare, der Tabellio für die Abfassung von „libelli" und „tabulae" pro hundert Zeilen zehn Denare. Auch für den Unterricht im Schriftwesen waren Honorare im gleichen Edikt ausgeworfen. So sollte der Notarius pro Schüler im Monat 75 Denare fordern dürfen, der Librarius oder Antiquarius pro Schüler im Monat nur fünfzig Denare. Hieronymus (Epist. 75,4) schreibt an die Witwe des Lucinius, daß infolge des Mangels an Kenntnis der lateinischen Sprache an seinem Aufenthaltsort auch Notare Bücher schreiben müßten. Der Ausdruck „antiquarius" wurde in Diokletians Edikt gleichgesetzt mit „librarius". Isidor von Sevilla berichtet indes von librarii als Schreibern und Buchhändlern und von „antiquarii" als Abschreibern alter Bücher. Der Codex Theodosianus (lib. XIV, tit. 9, c. 2 de studiis liberalibus urbis Romae) überliefert ein Gesetz der Kaiser Valentinian, Valens und Gratian vom Jahre 372, in dem „antiquarii" beauftragt werden, für die kaiserliche Bibliothek Codices zusammenzustellen und alte Bücher zu reparieren; es sollten vier Griechen und drei Lateiner sein. Auch die vier „antiquarii", die nach dem Codex Kaiser Justinians I. (lib. XII, tit. 19, c. 1,10) „in scrinio memoriae habentur", mögen mit alten Schriften vertraut gewesen sein. Im allgemeinen dürfte jedoch „antiquarius" ebenso wie „librarius" den Bücherschreiber bedeutet haben. So meint Augustinus (Sermo 44), daß die Hand des „antiquarius" zu loben sei, wenn man einen schön geschriebenen Codex erblickt. Cassiodor spricht im 6. Jahrhundert davon (Institutiones divinarum litterarum c. 30), daß der Satan ebenso viele Wunden empfängt, als der „antiquarius" Worte Gottes schreibt. Da im Mittelalter lange Zeit hindurch nur Geistliche als Schreiber in Betracht kamen, findet sich als Berufsbezeichnung auch der Terminus „clericus". Der Lektor Ursicinus von Verona, der 517 die Handschrift des Sulpicius Severus für die dortige Kapitelbibliothek anfertigte, ist der erste bezeugte Weltgeistliche als Schreiber. Waren später Weltgeistliche vielfach auch als Kanzleibeamte tätig und kennen wir Lohnschreiber, so waren doch die eigentlichen Bücherschreiber des frühen und hohen Mittelalters die Mönche geworden.

Als Schreiber sind nicht zu vergessen Gebildete und Intellektuelle, die ihre Bücher selbst schrieben oder abschrieben. Es finden sich darunter nicht nur die Philologen, die die Texte der klassischen und hellenistischen Zeit bearbeiteten und tradierten, sondern praktisch Vertreter aller Wissenszweige aus dem Bereich des antiken Wissenschaftskanons. Gebildete konnten aus Geldmangel veranlaßt sein, selbst kopieren zu müssen, da sie keinen Berufsschreiber bezahlen konnten. Bei der Zusammenstellung persönlicher Bücher mochte ein fremder Schreiber schon aus Gründen der Diskretion ausscheiden. Schließlich erforderten wissenschaftliche Texte Spezialkenntnisse, die man nicht bei jedem Schreiber voraussetzen konnte. Da die Gebildeten ihre Texte für den eigenen Gebrauch schrieben, sind an ihre Handschriften meist keine hohen ästhetischen Ansprüche zu stellen; die Schrift ist meist kursiv und reich an Abkürzungen und Ligaturen.

Sehr aufschlußreich für die Kenntnis der antiken und mittelalterlichen Textüberlieferung ist die Analyse des *Aktes des Schreibens*, sei es in seinen materiellen Gegebenheiten, sei es unter seinem psychologischen Aspekt betrachtet. Für uns befremdlich wirkt vielfach bereits die Haltung des Schreibers. Die Beschriftung des Papyrusblattes, der Rolle, der noch ungebundenen Pergamentblätter eines Codex erforderte an sich eine feste Unterlage. Die Skulpturen altägyptischer Schreiber zeigen die Lösung des Problems im Nilland. Der Schreiber sitzt mit gekreuzten Beinen, im sogenannten „Türkensitz", auf dem Boden, wodurch sich sein Schurz straff zwischen den Oberschenkeln spannte und so die benötigte Unterlage bot. Andere Bilder zeigen, wie der Schreiber mit eingewinkeltem linken Bein am Boden sitzt, das rechte Bein vorstellt und damit eine Stütze für den angewinkelten linken Arm herstellt, auf dem die Papyrusrolle zur Beschriftung auflag.

Griechen und Römer haben jedoch diese Schreiberhaltung nicht übernommen. In Reliefs und vor allem in ungezählten Miniaturen von Autoren und Evangelisten mittelalterlicher Handschriften ist kein Pult oder Tisch als Unterlage für den Akt des Schreibens zu sehen. Rollen und Codices liegen zusammen mit anderen Schreibutensilien auf Pulten oder Tischchen; der Autor hingegen hält die zu beschreibende Rolle oder die zu beschriftenden Blätter auf den Knien und beugt sich mit krummem Rücken darüber im Akt des Schreibens. Manchmal schlägt der Schreiber ein Bein über das andere
Abb. 39 oder stellt ein Bein hoch, schreibt aber nichtsdestoweniger auf dem Oberschenkel oder dem Knie. Die Antike kannte offensichtlich nicht den uns heute so vertrauten Schreibtisch. Nur vereinzelt tauchen in spätantiken Reliefs Szenen auf, in denen auf Tischen geschrieben wird; es sind Szenen aus dem Handels- und Behördenleben. So etwa zeigt ein Relief aus Ostia einen stehenden Mann auf einem Podest, der etwas vorträgt, während zu seinen beiden Seiten Sekretäre die Rede in Polyptychen mitschreiben. Ein anderes Relief aus Ostia zeigt einen protokollierenden Beamten vor einem Schreibtisch, während ein Schiff entladen wird.

Es wundert nicht, wenn der Akt des Schreibens oft in seiner ermüdenden Art vorgestellt wird: während drei Finger schreiben, partizipiert der ganze Körper an der Mühe. Man vergleiche den lateinischen Schreiberspruch: „Scribere qui nescit, nullum putat esse laborem: tres digiti scribunt, totum corpusque laborat." Auf einem Papyrus des 3. Jahrhunderts n. Chr. liest man den Schreiberspruch: κάλαμος μ' ἔγραψε, δεξιὰ χεὶρ καὶ γόνυ („Der Kalamos, die rechte Hand und das Knie haben mich geschrieben"). Noch im 10. Jahrhundert klagt Leon von Novara: „Dorsum inclinat, costas in ventrem mergit, et omne fastidium corporis nutrit." Eine aufgerollte Papyrusrolle bot schon aus ihrer Stellung heraus Schwierigkeiten der Beschriftung, wenn die Linke den beschriebenen Text hielt, während der lange, noch unbeschriebene Teil vom rechten Bein herabhing. Es war verständlich, daß die Schriftkolumnen nicht immer völlig vertikal verliefen, sondern leicht geneigt sein konnten. Der Gebrauch des Codexblattes machte das Schreiben etwas leichter, da der Schreiber den Beschreibstoff orientieren konnte. Aus der Haltung des Schreibers entstanden bestimmte Duktusformen, deren Studium für die Entwicklung der Schrift von Bedeutung ist. Je nach Lage und Neigung von Blatt und Schreibwerkzeug bildete sich eine bestimmte Neigung der Schrift, die auf die Form der Buchstaben Einfluß hatte.

Im Zeitalter des Codex schrieb man auf die losen Blätter, die in weiterer Folge zu Lagen zusammengestellt wurden und erst zuletzt in ihrer Gesamtheit den Buchblock ausmachten. Zunächst wurde die erste Hälfte der Lage beschriftet; dann wurden dieselben Blätter mit ihrer bisher leer verbliebenen zweiten Hälfte in umgekehrter Reihenfolge wieder aufgegriffen und mit Schrift bedeckt.

Die erste Sorge des Schreibers war die Beschaffung einer *geeigneten Vorlage* des zu kopierenden Textes. Entweder besaß die Institution, in der eine Schreibschule existierte, eine genügende Auswahl von Vorlagen, oder aber man entlehnte die Vorlage oder bekam sie als Auftrag in die Hände. Gelegentlich konnte der Text vor der Kopierung durch einen philologisch geschulten Mann einer kritischen Prüfung unterzogen werden. In großen Bibliotheken wie in Alexandreia, Pergamon, Antiocheia, Athen, Rom, später auch in Konstantinopel, Thessalonike, Berytos, Gaza lagen Musterexemplare auf, die als Vorlagen verwendet werden konnten.

Die Vorlage konnte unter Umständen während der Schreibarbeit geändert werden. Alphonse Dain hat beim Studium des Codex A. N. TT. 14 der griechischen Taktiker aus der Universitätsbibliothek Basel festgestellt, daß der Schreiber oder der verantwortliche Leiter der Schreibschule, in der dieser Codex entstanden war, während der Arbeit die laurenzianische Rezension der Taktika Leons VI. mit der ambrosianischen Rezension desselben Traktates vertauscht hatte. Ähnliche Fälle konnten - etwa bei lückenhaften Exemplaren - auch schon im Altertum aufgetreten sein.

Im allgemeinen kopierte der Schreiber den ihm vorgelegten Text getreu zur Gänze. Wurden verschiedene Texte sekundär zu einem Sammelband vereinigt, konnte der so entstandene neue Band seinerseits Ausgangspunkt einer neuen Tradition werden, die dann nicht mehr den Unterschied in der Herkunft der einzelnen Texte erkennen läßt. Auf diese Weise konnten auch heterogene Texte, etwa auf leeren Seiten der Vorlage sekundär eingeschrieben, in den kopierten Codex eindringen. Sorgfältige Schreiber konnten sogar Subskriptionen und Schreibersignaturen der Vorlage ebenso übernehmen wie außertextliche Elemente in Form von Anhängen und Ergänzungen. Derartige Appendices konnten sich im Verlauf der Textgeschichte vermehren. Manche wertvolle Notiz aus einer alten Subscriptio hat sich durch Schreibersorgfalt erhalten. Erinnert sei etwa an die Nachricht des Hieronymus, daß zwei Nachfolger des Bischofs Eusebios von Kaisareia in Palästina die im Verfall befindliche alte Bibliothek des Origenes und Pamphilos durch Umschreiben in Pergamentcodices retteten; diese Nachricht wird durch eine durch Jahrhunderte tradierte Subscriptio im Codex theol. gr. 29 der Österreichischen Nationalbibliothek in Wien aus dem 10./11. Jahrhundert bestätigt. Wie verschiedene Schichten eines Textes ineinanderfließen konnten, zeigt beispielhaft einer der wichtigsten Codices der Tragödien des Sophokles, der Laurentianus Plut. 32,9 aus dem 10. Jahrhundert. Man erkennt darin zwei Serien von Scholien, davon eine Serie der ursprünglichen Vorlage, eine zweite später hinzugefügte, und damit nun eine doppelte Serie von Kollationen und Glossen der verschiedenen Bearbeiter des Textes.

Der moderne Philologe kann bei der Arbeit der *Textherstellung* eines antiken Autors zum Zwecke einer kritischen Textausgabe oft noch tiefe Einblicke in die Tätigkeit der Schreiber der Antike und des Mittelalters machen. Seine Aufgabe ist es ja, denjenigen Text zu erarbeiten, der dem Archetypus bzw. der Fassung aus der Feder des Autors möglichst nahe kommt. Von wenigen spätantiken Handschriften und von den Papyri abgesehen, sind erhaltene Handschriften klassischer Autoren oft nicht älter als aus dem 9. Jahrhundert n. Chr. Es können auch noch so späte Zeugen wie Codices des 16. Jahrhunderts von Belang sein; wenn Handschriften verlorengingen, müssen sogar Erstausgaben des frühen Buchdruckes als Zeugen dienen. Es gibt Autoren, die nur mehr durch einen einzigen Codex - einen „Codex unicus" - überliefert sind; bei anderen Autoren wiederum können Textzeugen in die Hunderte gehen. Von Handschriften mit vollständigen Texten abgesehen, können Teile eines Werkes auch in Anthologien, Exzerpten, Epitomae, Paraphrasen und Übersetzungen überliefert sein, deren Wert für die Textherstellung nicht unerheblich sein kann.

Bei der „recensio" des Textes der Handschriften hat der Philologe festzustellen, was als überliefert gelten kann und darf. Das Ziel der Recensio ist es, mit Hilfe der vorhandenen Textzeugen den Archetypus des literarischen Werkes zu rekonstruieren. Die Überlieferung ist auf ihre Originalität zu prüfen (examinatio); ist sie als nicht original erwiesen, muß durch Vermutung (divinatio) versucht werden, den originalen Text wiederherzustellen.

Beim Abschreiben einer Vorlage mußten sich fast zwangsläufig *Fehler* einschleichen. Allerdings gibt es Fälle, in denen der Schreiber Irrtümer in seiner Vorlage festgestellt und korrigiert hat, gegebenenfalls auch ohne Rekurs auf eine andere Kopie. So gesehen kann eine Abschrift unter Umständen besser sein als die Vorlage. Im allgemeinen überwiegen jedoch begangene über korrigierte Fehler; auch können Korrekturen selbst wieder falsch sein. Selbst äußerlich prachtvolle Handschriften wie etliche Luxuscodices der Spätantike müssen nicht die besten Zeugen in der Textüberlieferung sein. So ist etwa der im 4. Jahrhundert geschriebene berühmte Codex Bembinus mit den Komödien des Terenz trotz seiner schönen Miniaturen für den Philologen enttäuschend ob seiner zahlreichen Nachlässigkeiten. Gerade die Überlieferung des Terenz zeigt, wie sehr ein Text Veränderungen unterworfen sein kann. Bereits aus der Antike sind drei verschiedene Ausgaben des Terenz zu orten; der Philologe Protus hat sich mit Terenz befaßt; den Codex Bembinus hat im 6. Jahrhundert ein Jovialis korrigiert; ein Calliopius hat eine antike Ausgabe veranstaltet, die sich in zwei Klassen gespalten hat. Im Codex Bembinus liegt eine direkte antike Handschriftentradition vor; die weitere antike Überlieferung des Terenz ist aus kontaminierten mittelalterlichen Handschriften zu rekonstruieren. Auch der Text des berühmten Vergilius Romanus, der in sorgfältiger Capitalis geschrieben ist und von Miniaturen begleitet wird, ist von einem wenig sorgfältigen Schreiber kopiert worden.

Beim Kollationieren von Handschriften mit anderen Exemplaren des Textes konnten Varianten als Interlinear- oder Marginalglossen hinzugefügt werden. Bei darauffolgender Abschrift konnten entweder Haupttext und hinzugefügte Varianten, wie sie in der Vorlage standen, übernommen werden; es konnten die Varianten aber auch wieder weggelassen werden oder aber gar in den Text eingearbeitet werden. Das Zusammenfließen von Lesarten aus mehreren Exemplaren ist als Kontamination bekannt.

Der moderne Philologe, der die Texttradition eines antiken Autors, dessen Werk durch viele Schreiberhände gegangen war, analysiert, sieht sich vor die Schwierigkeit gestellt, die Abhängigkeit der erhaltenen Handschriften voneinander festzustellen und in einem Stemma festzuhalten. Von allen Handschriften, die jemals von einem Text existierten, ist ja in der Regel nur mehr ein kleiner Teil erhalten. Läßt sich von den überlieferten Handschriften ein zufriedenstellendes Stemma erarbeiten, das einen klaren Überblick über die gegenseitigen Abhängigkeitsverhältnisse gibt, liegt eine geschlossene Rezension vor. Läßt sich kein Stemma erarbeiten, das den Abhängigkeitsverhältnissen Rechnung trägt, liegt eine offene Rezension vor.

Es gibt mehrere Möglichkeiten, wie abweichende Lesarten oder Diskrepanzen in den Text eindringen konnten. Das falsche Abschreiben ist keineswegs die einzige Ursache dafür. Bereits der Autor konnte nach der Veröffentlichung seines Werkes Änderungen anbringen, so daß schon ab der Lebenszeit des Verfassers zwei Redaktionen vorliegen konnten. Der Autor konnte sein Werk neu bearbeiten oder ergänzen, woraus verschiedene Fassungen erflossen. Als Beispiel sei die Kirchengeschichte des Eusebios von Kaisareia († 339) genannt, die vom Autor vor Beginn der diokletianischen Christenverfolgung im Jahre 303 in sieben Büchern veröffentlicht wurde. Die folgenden weitreichenden historischen Ereignisse von der Verfolgung der Christen bis zum Triumphe Konstantins I. zwangen Eusebios jedoch, mehrere Erweiterungen und Fortsetzungen hinzuzufügen; die letzte Ergänzung kam bald nach 324, nach dem Sturz des Kaisers Licinius, hinzu. Auch die Schrift „Über die Märtyrer von Palästina" des Eusebios liegt in zwei verschiedenen Ausgaben vor. Dramen wurden nicht selten durch Interpolationen von Schauspielern und Regisseuren geändert. In die Texte von Epen konnten Rhapsoden, die die Texte vorzutragen hatten, Erweiterungen und Änderungen einbauen. Auch die Freizügigkeit von Kopisten konnte zu verschiedenen Rezensionen führen. So ist etwa der Alexanderroman allein in sechs verschiedenen Versionen überliefert, die zwischen 300 und 700 n. Chr. datiert werden können.

Veränderungen des Textes sind an Stellen möglich, die aus Zitaten bestehen. Ein ungenaues Gedächtnis oder die Anpassung des Zitats an den syntaktischen Zusammenhang des umgebenden Satzes konnten Ursache der Veränderung des originalen Wortlautes einer zitierten Textstelle sein. Spätere Kopisten konnten auch an freizügigen, obszönen und weltanschaulich nicht konvenierenden Textstellen Anstoß nehmen und sie daher verändern. Auch die Anpassung eines älteren Textes an die Orthographie der Zeit des Schreibers konnte verändernd wirken. Im Gegensatz dazu kann man unter Umständen ein bewußtes Archaisieren von Textstellen in späterer Zeit beobachten.

Neben bewußten Veränderungen des Textes gab es auch halb- und unbewußte Änderungen. Dazu zählen Fehler, die aus phonetischen oder psychologischen Gründen begangen wurden. So konnte die gleiche Aussprache verschieden geschriebener Wörter den Austausch der Schreibungen bedingen. So findet sich beispielsweise in Handschriften von Mimnermos 9,1 ἐπεί als Variante von αἰπύ, da beide Worte in spätgriechischer und byzantinischer Zeit als „epi" ausgesprochen wurden; oder man denke an das Beispiel εὗρον für Ἕβρον in Theokrit 7,112, da die späte Aussprache gleichermaßen „evron" lautete. Nicht selten sind an legasthenische Tendenzen erinnernde Vertauschungen von Buchstaben, etwa „suscipit" für „suspicit", βαλών (balon) für λαβών (labon) u. a. m. Konsonantenhäufungen konnten vereinfacht werden, wie etwa das Beispiel „astersi" für „abstersi" zeigt. Durch Assoziationen können Varianten eindringen, die an sich nicht phonetischer Natur sind; so sind die beiden Wörter für „Türen" im Griechischen, nämlich πύλαι (pylai) und θύραι (thyrai), nicht selten Varianten. Reminiszenzen aus ähnlichen Textstellen können neue Lesarten an anderen Stellen einbringen. So taucht für χρυσοπέδιλον (chrysopedilon) bei Hesiod (Theogonie 454) in einer Handschrift die Variante χρυσοστέφανον (chrysostephanon) auf, da dieses Wort im gleichen Gedicht in Vers 17 und 136 aufscheint. In der Passage der „Metamorphosen" Ovids 12,103 wurde in einer Handschrift „inritamina cornu" verdorben zu „inritamenta malorum" als Reminiszenz zu Metam. 1,140. Durch den Vorgang des geistigen Behaltens einer größeren Textstelle konnten beim Niederschreiben derselben Worte vertauscht werden. Ein Instinkt zur Vereinfachung schwieriger Stellen konnte im Spiel sein. Man vergleiche die Lesart in Ovids „Amores" 1,14,1 „dicebam desiste tuos medicare capillos" für „dicebam medicare tuos desiste capillos". Die Tendenz zur Vereinfachung ist auch beim Ersatz ungewöhnlicher Formen durch gewöhnliche im Spiel, z. B. „deinde" für „dein", „laudaverit" für „laudarit", ὅσοις für ὅσσοισι u. a. m. Auch die Auflösung von Asyndeta durch Hinzufügung von Konjunktionen gehört hierher.

Eine bekannte Erscheinung ist das Eindringen von Glossen in den Text. Die Glossen können entweder als zusätzliche Lesungen neben die Originale treten oder aber letztere verdrängen; Glossen konnten auch als Korrekturen mißverstanden werden und derart die älteren Lesungen verdrängen.

Eine falsche Schreibung gelangte ohne falsche Lesung der Vorlage in den Text, wenn eine lautliche Assimilation zu benachbarten Wörtern auftrat; meist wurden Vokale in andere verwandelt und Endungen verändert. Zitiert sei beispielsweise aus Euripides „Herakles" 372: χέρας πληροῦντας statt χέρας πληροῦντες (Akkusativ von χέρας hat den Akkusativ des Partizipiums zur Folge), oder 412: ἀγορῶν ἁλίσας φίλων statt ἄγορον ἁλίσας φίλων oder 456: ὦ μοῖρα δυστάλαιν' ἐμῶν τε καὶ τέκνων für ὦ μοῖρα δυστάλαιν' ἐμή τε καὶ τέκνων.

Beliebte Typen psychologisch bedingter Fehler sind Haplographie, Dittographie und einfache Auslassung. Haplographie bedeutet die einfache Schreibung eines Wortes oder des Bestandteiles eines Wortes, das zweimal geschrieben gehört. Dittographie liegt im umgekehrten Fall vor, wenn eine Silbe, ein Wort oder eine längere syntaktische Einheit verdoppelt wird. Auslassung betrifft oft kurze Wörter; Hand und Geist sind beim Schreiben mitunter schlecht koordiniert. Gleiche Worte an relativ benachbarten Stellen bedingen oft ein Springen vom ersten zum zweiten Wort („saut du même au même") und damit die Auslassung der dazwischen liegenden Partie des Textes. Besonders in Gedichten sind Homoioteleuton und Homoioarchon an solchen Übersprinpungen in Textpartien schuldtragend.

Fehler können sich auch durch die falsche Lesung von Buchstaben ergeben. Bekannt sind die Fehler der Kopisten von Unzialhandschriften. Verwechslungen griechischer Majuskeln ab 300 n. Chr. sind etwa: Α = Δ = Λ; Γ = Τ; Ε = Θ = Ο = C; Η = ΕΙ; Η = Ν = Κ = ΙC; ΛΛ = Μ; ΑΙ = Ν; Τ = Υ. Verwechslungen lateinischer Kapitalbuchstaben bis zum 6. Jahrhundert sind etwa: B = R; C = P; C = G = O; D = O; E = F; H = N; I = L = T; M = NI; N = AI; O = Q; P = T. Verwechslungen lateinischer Unzialbuchstaben (3.–8. Jahrhundert) sind etwa: B = R; C = E = G = O; CI = U; D = O = U; F = P = R; I = L = T; M = CO; N = AI; O = Q. Verwechslungen lateinischer Minuskelbuchstaben ab dem 8. Jahrhundert sind etwa: a = u; b = h; c = e; cl = d; c = t; t = c; in = m = ui; n = u. Ganze Worte und Wortblöcke konnten auf diese Weise durch falsche Trennung der Buchstabenteile falsch gelesen werden; so wird etwa aus einem „finit" ein „sunt", aus einem „mucius" ein „iuvenis" u. a. m.

Die fortlaufende Schreibung (scriptura continua) antiker Handschriften, aber auch unvollständige Worttrennung in späteren Handschriften konnten zu falschen Lesungen führen. Der Schreiber konnte einen Teil eines Wortes zu einem anderen ziehen. Man vergleiche die Korruptel bei Properz 2,35,2 „deportantes sed abitur" für „deportant esseda Tibur" oder die Verderbnis bei Catull 36,1 „annuale suo lusi" für „annales Volusi".

Der Gebrauch von Abkürzungen war eine weitere gewöhnliche Quelle von Fehlern. In der Antike war die Verwendung von Abbreviaturen noch relativ gering; man denke an die Andeutung der Nasale m und n nach Vokalen durch Striche über dem Vokal, an die Endungen b. = -bus und q. = -que, an Zahlzeichen, an die „nomina sacra". Aber selbst die Fehldeutungen einfacher Abkürzungen konnten Fehler zur Folge haben. Als Beispiel sei „domini" für „diu" in Catull 61,125 angeführt; der christliche Schreiber war gewohnt, den Genetiv „domini" als „dni" zu lesen, da es sich um ein „nomen sacrum" handelt, und verfiel daher in den Fehler, das Wort „diu" als Abkürzung für den genannten Genetiv zu interpretieren. Andererseits konnten Abkürzungen übersehen werden und daher unentdeckt bleiben. Das Übersehen eines Striches über einem Vokal zur Andeutung eines Nasals kann häufig auftreten; so wird aus einem „incendere" ein „incedere". Leicht zu übersehen war der wellige Strich für die Silbe -er; ein „lateraliter" wird so zu „lataliter", ein „potero" zu „poto". Ähnlich verhält es sich mit der Kürzung für die Passivendung -ur; ein „contristantur" wird so zu „contristant". Die Zahl der Buchstaben muß nicht notwendigerweise die gleiche im authentischen und im korrupten Wort sein. Aus einem „nuo" wird „uno" statt „numero", aus einem „exo" ein „ex" statt „exemplo". Eine andere Fehlerquelle bestand darin, daß der Schreiber Worte, die keine Abkürzungen darstellen, als solche ansah und entsprechend auflöste. So kann aus einem „tu" ein „tamen" werden, ein „iter est" zu „interest" verschrieben werden, ein „addidit" zu „addiderit" aufgelöst werden.

Zusammenfassend kann zum *psychologischen Aspekt* des Problems des Schreibens folgendes gesagt werden. Im Akt der Kopie können vier grundlegende Operationen unterschieden werden: der Schreiber liest den vorgegebenen Text, merkt sich diesen, diktiert ihn sich innerlich und schreibt ihn auf. Es handelt sich hier zwar um eine rein logische Differenzierung, da die genannten Operationen einander begleiten und in einem Hauptakt zusammenfließen; dennoch ist diese Unterscheidung wichtig, da jedes Stadium eine Reihe von Änderungen im Akt der Kopie herbeiführen kann. Am Anfang steht die Lektüre der Vorlage. Ein Unterschied ist bereits darin zu erblicken, ob der Akt der Lektüre mit lauter Stimme vor sich ging oder ob eine stille Kenntnisnahme des Textes erfolgte. Qualität und Schnelligkeit der Lektüre hingen ferner vom Grad der visuellen Fertigkeit, der Bildung und der Schulung des Schreibers ab. Ein bereits besprochener Faktor ist die Lesbarkeit des Textes der Vorlage. Gerade die antiken Texte in Majuskeln, ohne Interpunktion oder gar in „scriptura continua" geschrieben, boten der Lektüre keine geringen Schwierigkeiten. Die verschiedenen Typen der gleichen Schrift hatten keineswegs die gleiche Lesbarkeit. Die Länge des auf einmal vom Schreiber erfaßten Textes variierte mit dem Typus der Schrift und der Fähigkeit des Lesens. Das Durchschnittsmaß dürften etwa zwölf Buchstaben gewesen sein. Die Mehrzahl der Fehler geht auf das „innere Diktat" des Schreibers zurück. Vor allem phonetische Besonderheiten, die dem Schreiber geläufig waren, schlichen sich gerne ein. Der Itazismus der griechischen Handschriften ist dafür das bekannteste Beispiel. Auch die Handführung im Akt der Kopie führte manchmal zu Fehlern, vor allem bei schwierigen Buchstabenfolgen.

Alle Möglichkeiten von Fehlern - seien es direkte oder indirekte, auditive oder visuelle, durch die Vorlage oder vom Schreiber hervorgerufene - mehren sich von Kopie zu Kopie. Vor allem Epochen der kulturellen Dekadenz, Zeiten, in denen kein besonderer Wert auf exakte Kopien gelegt wurde, entsprechen in der Textgeschichte einer Vervielfachung der Fehler.

Der Philologe steht vor der Arbeit der *Rekonstruktion* der antiken Überlieferung. Ist die Pionierarbeit der Lesung der Textzeugen, die den betreffenden antiken Text überliefern und uns Einblick in das Wirken und das Nachleben antiker Schreiber geben, geleistet, sind die erhobenen Daten in eine Ordnung zu bringen. Es setzt die Recensio ein, in deren Rahmen die Qualität der verschiedenen Quellen zu prüfen und die Verwandtschaft der Zeugen zu erheben ist. Das Material kann mitunter sehr inhomogen sein; man denke etwa an einen Komplex von mittelalterlichen Handschriften, einigen Papyri und einigen antiken Zitaten, die nun in Zusammenhang zu bringen wären. Jeder Textzeuge hängt entweder von einer erhaltenen oder einer verlorenen Vorlage ab; im letzteren Fall kann die Vorlage entweder rekonstruierbar sein oder nicht mehr rekonstruiert werden können. Wenn nach der Eliminierung wertloser Textzeugen noch mehrere berücksichtigungswerte Zeugen mit verschiedenen Lesarten verbleiben, liegt eine Spaltung der Überlieferung vor. Deren Ursache liegt darin, daß von einer Vorlage zwei oder mehrere Abschriften gemacht wurden; auf diese Weise können Zweige der Überlieferung entstehen, die sich in den erhaltenen Textzeugen widerspiegeln. Als Archetypus bezeichnet man diejenige Vorlage, bei der die erste Spaltung begann. Der Text dieses Archetypus wird frei sein von allen nach der Spaltung entstandenen Fehlern; daher steht er dem Original näher als die übrigen Zeugen. An der Quelle von Spaltungen stehen die sogenannten Hyparchetypen. Im Falle von offenen Rezensionen kann die Rekonstruktion eines Archetypus nicht mehr möglich sein, oder es gibt mehrere nicht miteinander verwandte Handschriften, die sich aus der Antike ins Mittelalter gerettet haben.

Der letzte Schritt des Philologen ist die Examinatio, die Prüfung der Überlieferung im Hinblick auf die Rekonstruktion des originalen Textes des antiken Autors. Der Archetypus ist in der Regel keine real existierende Handschrift, sondern eine Fiktion, dem insoferne Realität zukommt, als er aus der Kombination aller in den erhaltenen Handschriften überlieferten Fakten rekonstruiert wurde und damit als die allen Handschriften gemeinsame Vorlage angesehen werden kann. Die auf die Recensio der Handschriften folgende Stufe der Textkritik führt nun zur Herstellung des mutmaßlichen Wortlautes des antiken Originals.

Um festzustellen, was der Autor ursprünglich schrieb, kann man im besten Fall zwischen den überlieferten Varianten wählen; ein anderes Mal muß man den Text durch Konjekturen emendieren. Für eine Emendation durch eine Konjektur des Philologen muß beachtet werden, daß die Konjektur dem Sinne nach dem entsprechen muß, was der Autor sagen wollte; die Konjektur muß in Sprache, Stil, Metrum, Prosarhythmus und anderen Gegebenheiten der Art und Weise entsprechen, in der der Autor den Sinn natürlicherweise ausgedrückt haben dürfte; zuletzt muß die Konjektur kompatibel sein mit den Gegebenheiten der Textüberlieferung, das heißt, es muß klar sein, wie das angenommene Original in eine überlieferte verschiedene Lesart verdorben worden sein könnte.

Die bisherigen Ausführungen haben Einblicke in die materiellen und psychologischen Aspekte der Schreiberarbeit gegeben. Daher steht der moderne Philologe, der alle Gegebenheiten, unter denen Schreiber zu beurteilen sind, kennt, vor der Aufgabe, wieder durch die Überlieferung der Schreiber zum originalen Text des Autors durchzustoßen.

Einige abschließende Bemerkungen mögen noch einige Aspekte der Schreiberarbeit beleuchten. Die Aufgabe des Schreibers war in der Regel nur die Wiedergabe des Textes. Buchmaler vollendeten das Werk, wenn es sich um eine illuminierte Handschrift handelte, in der Regel zu einem späteren Zeitpunkt. Der Schreiber hatte freilich deren Arbeit im voraus zu berücksichtigen und den Platz für Miniaturen und Zierbuchstaben freizulassen.

Die Regelmäßigkeit der Schrift zählte zu den besonderen Qualitäten des Schreibers. Es gibt disziplinierte Schreiber, die auf Hunderten von Blättern eine gleichmäßige Schrift erzeugten. Daneben stehen Schreiber, die ungleichmäßig arbeiteten, so daß das Urteil, ob eine oder mehrere ähnliche Hände vorliegen, öfters schwer zu fällen ist. Nicht selten arbeiteten aber auch mehrere Schreiber am gleichen Text. Es bleibt die mühevolle Aufgabe des Paläographen, die Scheidung der Hände vorzunehmen; der Gewinn dieser Arbeit ist nicht selten der Überblick über die Schreibgewohnheiten eines größeren Skriptoriums.

Nach Beendigung der Schreibarbeit hatte die Korrektur von Fehlern stattzufinden. Dem Leiter der Schreibschule oblag eine Revision des Textes, falls sie nicht vom Schreiber selbst vorgenommen wurde. Fehler waren zu verbessern, Lücken zu füllen, Irrtümer richtigzustellen. Illuminatoren konnten nun ihr Werk beginnen. Im Falle der Herstellung eines Codex war zuletzt die Kollation des Buchblockes vorzunehmen, um die richtige Reihenfolge der Blätter und Lagen zu gewährleisten. Der fertige Codex konnte zuletzt dem Buchbinder übergeben werden. In einem eigenen Kapitel dieses Buches wird über den antiken Bucheinband zu sprechen sein.

Die Texte der antiken Autoren wollten natürlich auch gelesen werden. Über die Art und die Methode der *antiken Lektüre* sind uns zahlreiche Nachrichten überliefert. Ein erstes, dem modernen Leser eher fremdes Merkmal war das laute oder halblaute Lesen der Texte. Zumindest literarische und dichterische Texte pflegte man auch bei alleiniger Lektüre mit der Stimme zu lesen; Abweichungen von diesem Usus wurden in der Literatur gelegentlich als auffallendes Phänomen vermerkt. Bereits in einem früheren Kapitel dieses Buches wurden einige Belege für das laute Lesen vorgebracht, darunter die hübsche Geschichte von Akontios und Kydippe. Das laute Lesen wurde bereits in der antiken Schule geübt und gelernt. Natürlich konnten sich reiche

Leute auch die Texte von Sklaven vorlesen lassen. Das leise Lesen ist freilich nicht völlig auszuschließen; im Lesesaal einer öffentlichen Bibliothek würde eine laute Lektüre ja gestört haben.

Der Autor mußte dem Leser bereits bei der Abfassung seines Werkes entgegenkommen. Ein durch die Mittel der Kunstprosa, durch Wort- und Satzrhythmus, durch Vermeiden von Hiatus, durch klare Verhältnisse der Satzglieder und Perioden zueinander geschmückter Text mußte auch beim Lesen mit Stimme angenehm klingen. Sogar Briefe, die nicht nur für den Adressaten bestimmt waren, sondern auch in kleinerem oder größerem Kreis vorgelesen werden sollten, mußten mit entsprechenden Stilmitteln in gefälliger Weise abgefaßt sein, wollten sie ihren Zweck erreichen. In den Kreisen der antiken Gebildeten war also bereits der Brief ein gutes Stück Rhetorik. Um wieviel mehr mußte die Pflege der Rhetorik für die literarischen Werke gelten. Die ganze Mühe der Autoren, letzten Schliff an ihre Werke zu legen, wäre nicht verständlich, gälte es nicht, das fertige Opus allein oder im Kreise interessierter Zuhörer laut zu lesen. Texte, die nicht für den eigenen Gebrauch kopiert wurden, sondern für die Lektüre bestimmt waren, mußten auch in einer entsprechenden Schrift und unter Zuhilfenahme von Lesehilfen abgefaßt sein, um beim Vortrag keine allzu großen Schwierigkeiten zu bereiten. Damit ist ein Zusammenhang zwischen Schrift und Zweckbestimmung des Werkes gegeben, der bei der Beurteilung von Handschriften mitberücksichtigt werden muß.

Bereits die griechische Kunst hat seit dem Beginn des 5. Jahrhunderts v. Chr. das Motiv des lesenden Menschen aufgegriffen und in ungezählten Variationen abgehandelt. Das Thema blieb bis in die Spätantike hinein beliebt. Griechische und römische Denkmäler können Personen zeigen, die stehend eine Buchrolle in der Hand halten. Häufiger sind Darstellungen, die den Leser bequem auf einem Stuhl sitzend präsentieren. Auf etruskischen Sarkophagen und Urnen sehen wir liegende Gestalten mit Buchrollen in den Händen. In der Regel wurde die Buchrolle in der Hand gehalten. Die Lektüre erfolgte derart, daß die rechte Hand des Benützers den Text aufrollte, während die Linke bei fortschreitender Lektüre den gelesenen Teil der Rolle wieder aufrollte. Nach Beendigung der Lektüre mußte die Rolle wieder zurückgerollt werden, um abermals gebrauchsfertig zu sein. Ein in die Rolle gesteckter Holzstab (omphalos, umbilicus) konnte beim Rollen behilflich sein.

Auf einigen wenigen Darstellungen liegt die Buchrolle auf einem Lesebrett. Martial nennt unter den Geschenken in seinen „Apophoreta", den die Geschenke begleitenden Gedichten, auch ein „manuale", ein solches Lesebrett, und bezeichnet als dessen Aufgaben das Verhindern der Beschädigung der Ränder der Papyrusrolle; denn beim Lesen mit der bloßen Hand schabte der Blattrand unter Umständen am Gewand des Lesers.

Die zahlreichen Denkmäler - Malereien, Reliefs, Skulpturen - aus der griechischen und römischen Welt führen uns auch die verschiedenen Stadien der Lektüre vor. Man sieht da ebenso die noch aufgewickelte Rolle vor der

Lektüre; man verfolgt den Beginn des Lesens, als die linke Hand des Lesers gerade den Anfang der Rolle erfaßt und aufzuwickeln beginnt. Man beobachtet den Leser inmitten seiner Aktivität, als er bereits einen größeren Teil der Rolle durchgelesen hat. Man wird Zeuge einer Pause beim Lesen, wenn der Mittelteil der Rolle zwischen den beiden Händen oder in einer Hand schlaff durchhängt. Sogar der Humor kommt zu seinem Recht: auf einer Vase des Eretria-Malers (Paris, Louvre) hat der Lehrer Linos seine Rolle verdreht aufgewickelt und blickt die Bescherung gerade mit ernstem Blick an, während vor ihm der Jüngling Musaios erwartungsvoll steht. Spätantike Dokumente setzen an die Stelle der Rolle den Codex.

Die Ikonographie des Menschen mit der Buchrolle in der Hand eignete sich vorzüglich für die repräsentative Darstellung von Dichtern, Schriftstellern, Gelehrten, Philosophen und anderen Männern des Geistes. Es sei daran erinnert, daß auch die verschiedenen Stadien des Schreibens in ähnlicher Weise auf Abbildungen vorkommen. Die antike Ikonographie des Schreibens und Lesens wurde von der christlichen Ikonographie übernommen. Das Buch erscheint als Rolle oder Codex in den Händen Christi, der Apostel und der Heiligen. Als selbständiges Motiv liegt das Buch aufgeschlagen auf einem Altar oder Thron. Man vergleiche dazu etwa das Baptisterium der Katholiken in Ravenna aus dem 5. Jahrhundert oder aus derselben Epoche eine Darstellung des Evangelienbuches auf einem Altar in Hagios Georgios in Thessalonike. In Konzilien ruhte das Buch als Vertreter des göttlichen Wortes auf einem Thron; es ist dies die Sitte der sogenannten *Hetoimasia*. Der erste sichere Beleg einer Ehrung des göttlichen Thrones ist das Medaillon im Mittelfeld des Triumphbogens von Santa Maria Maggiore in Rom, das vermutlich zur Verherrlichung des Konzils von Ephesos (431) geschaffen wurde. Auch die ersten literarischen Zeugnisse für das inthronisierte Evangelium beziehen sich auf das Konzil von Ephesos. So heißt es unter anderem in dessen Akten: „In der Mitte des Thrones wurde das heilige Evangelium niedergelegt, das uns Christus selbst als anwesend zeigt." Kyrillos von Alexandreia, der den Vorsitz im Konzil führte, berichtet in seinem „Apologetikos" an Kaiser Theodosios II.: „Dann wurde die heilige Synode nicht ohne Schwierigkeit in der heiligen Kirche, die nach Maria benannt wird, versammelt, und sie machte zu ihrem Mitglied, ja zu ihrem Haupte Christus; in der Tat, auf den heiligen Thron wurde das ehrwürdige Evangelium gestellt, das sozusagen den heiligen Bischöfen laut zurief: Richtet nach Gerechtigkeit, entscheidet zwischen den heiligen Evangelisten und dem Geschrei des Nestorios." Auch für das Konzil von Chalkedon (451) ist die Sitte des inthronisierten Evangeliums bezeugt, wenn es in den Akten heißt: „Nachdem das heiligste und unversehrte Evangelium in die Mitte gestellt war." Die inthronisierten Evangelien gingen auch in das kaiserliche Zeremoniell über. So inthronisierte Justinian I. (527-565) die Evangelien in den Gerichtsräumen. In der Ikonographie der Hetoimasia von Santa Maria Maggiore in Rom bis zum Baptisterium der Arianer in Ravenna und Santa Prassede in Rom waren die Gestalten der Apostelfürsten Petrus und Paulus einbezogen, um ein Zeichen der apostolischen Tradition zu setzen. Der Thron bezeichnete ja bereits in vorchristlicher Zeit göttliche Majestät und Autorität. Seit dem 5. Jahrhundert - und vielleicht bereits seit dem 4. Jahrhundert - bedeutete die Darstellung des leeren Thrones die Erwartung des Gerichtes Christi. Für die Väter der ersten Konzilien waren die Schriften identisch mit dem Logos, mit Christus. Durch die Inthronisierung des Evangelienbuches wollte man bekennen, daß Christus mit der Macht und Würde göttlicher Richtergewalt bekleidet ist. Wo auf dem thronenden Evangelium eine Taube ruht, die zum Fluge ansetzt, wollte man ausdrücken, daß im Konzil das Licht von Christus kommt, der einst den Aposteln den Heiligen Geist sandte und ihn daher auch den Nachfolgern sendet.

Schriftbänder kennt bereits die Antike als textliche Ergänzungen bildhafter Darstellungen. Man denke an beschreibende Verse auf Schriftband mit der Darstellung des Parisurteils auf der Kypseloslade nach Pausanias V,17 oder an eine Bilderchronik von Herakles aus dem 1. Jahrhundert n. Chr. Die Antike kennzeichnete Gelehrte durch geöffnete Buchrollen in beiden Händen. Diesen Bildtypus übertrug die christliche Kunst auf Christus, auf die Apostel und Propheten. Wenn auf der Buchrolle der Anfang der Bücher der jeweiligen Autoren oder wörtliche Aussprüche derselben standen, sah dies wie eine Wiedergabe direkter Rede aus. Und so kam es auch dazu, daß nach Ablösung der Rolle durch den Codex die Buchrolle als genuiner Ausdruck der Wiedergabe direkter Rede in Bildern angesehen wurde. So sind etwa im Evangeliar von Rossano, dem Codex Rossanensis aus dem 6. Jahrhundert, den Darstellungen aus dem Leben Jesu alttestamentliche Propheten beigegeben, die Schriftrollen in Händen halten; die darauf geschriebenen Texte sind als Hinweise auf deren Erfüllung in den Szenen der Evangelien des Neuen Bundes aufzufassen. Von dieser Ikonographie machte die byzantinische und postbyzantinische Kunst regen Gebrauch. Auf dieser Tradition aufbauend fixierte das byzantinische Athos-Malbuch nicht nur bei einzelnen Bildbeschreibungen, sondern auch in eigenen Kapiteln Texte für die Schriftbänder von Propheten und Mönchen, so aus der Liturgie des Basileios und des Johannes Chrysostomos, aus Marienhymnen und Gebeten an Maria auf verschiedenen Marienbildtypen.

Die Buchrolle spielt auch in der christlichen „*Traditio legis*" eine Rolle, die ab dem 4. Jahrhundert zu belegen ist. Sie dürfte im römischen Kulturkreis entstanden sein. Die Darstellung zeigt Christus zwischen Petrus und Paulus stehend und eine entfaltete Rolle vorweisend; Petrus naht sich mit verhüllten Händen, Paulus akklamiert den Herrn. Die Interpretation als Gesetzesübergabe trifft nicht den Sinn der Darstellung; eine Übergabe eines Gesetzes setzt eine geschlossene Rolle voraus, ebenso einen sitzenden Christus. Eher wird man an die Erscheinung des Auferstandenen, die Selbstoffenbarung des Gesetzes und eine eschatologische Vision denken. Den Parusiecharakter der Szene können Lämmer unterstreichen, die sowohl Apostel als auch Märtyrer und Gläubige symbolisieren, ebenso das Kreuzeslamm auf dem Parusieberg, das die Szene bereichern kann.

Nicht zu vergessen ist das Buch als Attribut konkreter Heiliger - etwa des heiligen Benedikt von Nursia -, wo es eine bestimmte, konkrete Symbolkraft besitzt (z. B. die Regula Benedicti kennzeichnet) oder einen Gattungsbegriff zum Ausdruck bringen will, etwa bei Aposteln oder Evangelisten.

Fünftes Kapitel

Der Autor und die Veröffentlichung seines Werkes

Die vielen erhaltenen Werke der Antike sind unter sehr verschiedenen Vorzeichen zur Ausgabe gelangt. Wenn der moderne Leser die Reihen der Bände klassischer Autoren durchgeht - sei es in der „Bibliotheca scriptorum Graecorum et Latinorum Teubneriana", in den „Oxford Classical Texts", in der „Loeb Library", der „Collection Budé" und anderen Serien -, ist er sich kaum bewußt, welche Wege die Texte oft bis zur Edition gegangen waren. Naturgemäß war es der Wille der meisten Autoren, daß ihre Schriften veröffentlicht würden. Für sehr viele Texte war der Weg vorgezeichnet: der Autor notierte auf Wachstäfelchen, auf Papyrus oder auf Pergamentblättern seinen Text, den er sodann ins reine schrieb oder von Schreibern vervielfältigen ließ. Das Autograph des Autors bot die Grundlage für die Edition; es gehörte in der Regel nicht zur Edition und wurde daher nicht konserviert, falls nicht außergewöhnliche Umstände dafür sprachen. Wenn Aulus Gellius im zweiten Jahrhundert davon spricht (IX,14,7), daß Grammatiker vor seiner Zeit Vergils Autograph der „Georgica" eingesehen hätten, erinnert dieser Umstand an den Kult, der sich bald an die Person des gefeierten Dichters knüpfte. Auch Hyginus († 17 n. Chr.) hat laut Gellius (I,21) einen „liber" der „Georgica" Vergils gekannt, der aus dem Hause und der Familie Vergils stammte. Doch nicht immer war der Weg ein so einfacher. Ein „Werk" konnte lange Zeit eine Tradition durchlaufen, bis es - wie die Heldengesänge der Antike - eine feste Gestalt annahm, die auch wieder nicht so fest war, wie man glauben möchte, da doch Sänger und Rhapsoden die Epen sangen und zersangen. Bühnenwerke waren primär für die Aufführung bestimmt und erst sekundär für die Lektüre; Schauspieler und Regisseure konnten interpolieren und ändern. Lyrische Dichtungen konnten erst spät in Sammlungen zusammenfließen; diese Sammlungen konnten einem steten Erweiterungsprozeß unterworfen sein, wie die Textgeschichte der „Anthologia Palatina" zeigt. Werke konnten für den internen Betrieb einer Schule bestimmt sein und erst spät veröffentlicht worden sein. Bei Gelegenheitsgedichten oder Briefen dachte der Autor vielleicht anfänglich gar nicht an eine Edition und bequemte sich erst zu einem späteren Zeitpunkt zu einer solchen. Eine Schrift konnte gegen den Willen des Autors ans Licht des Tages treten; eine andere Schrift mochte gar erst nach dem Tod des Autors aus seinem Nachlaß veröffentlicht worden sein. Ein Autor konnte sich genötigt sehen, mehrere Fassungen seines Werkes zu erstellen. Aber auch die Freizügigkeit von Kopisten konnte an der Entstehung mehrerer Rezensionen eines Buches Schuld tragen. Die christliche Literatur bietet Beispiele dafür, wie nichtliterarische Texte zu Literatur werden konnten. All diese verschiedenartigen Andeutungen zeigen bereits, welch verschlungene Wege Werke der antiken Literatur gehen konnten, bis sie in der heute bekannten Form einer Ausgabe vorlagen. Für all diese Möglichkeiten sei in der Folge beispielhaftes Material zusammengetragen.

Die großen Epen *Ilias und Odyssee*, die mit dem Namen Homers in Verbindung gebracht werden, sind bereits Endpunkt einer längeren Tradition des Heldengesanges, die in die mykenische Zeit des 2. Jahrtausends v. Chr. zurückreicht. In dieser langen Tradition mündlicher Dichtung mußte der Sänger vor allem mit der Kenntnis des Schatzes an Sagen seines Volkes und zugleich mit den formelhaften Elementen epischen Gesanges vertraut sein; der frühe Sänger kannte noch keinen fest vorgegebenen Text, sondern schuf ihn für den Vortrag neu. Doch ist der kunstvolle Bau der Ilias bereits ein Beleg für den Prozeß des Überganges vom Aoiden mit der Lyra zum rezitierenden Rhapsoden, vom mündlich geformten Heldensang zur schriftlich entworfenen Dichtung. Dieser Übergang ist mit Homer im 8. Jahrhundert v. Chr. zu verbinden. Auch die Odyssee hat etliche vorausgehende Formungen des Stoffes - vom Schiffermärchen bis zum Anknüpfen an den troischen Sagenkreis - besessen. Für die Abenteuer des Odysseus und seine Heimkehr dürfen wir ältere Fassungen vermuten; die vorliegende Odyssee verrät aber eine kompositorische Einheitlichkeit, die das Werk eines Dichters gewesen sein muß, der um 700 v. Chr. wirkte. Ob es Homer war, wurde lange Zeit debattiert; doch liegt es wohl näher, im Dichter der Odyssee eine zweiten, nach Homer tätigen Autor zu erblicken.

Es darf als sicher gelten, daß die Verfasser von Ilias und Odyssee ihre Werke niedergeschrieben haben. Man kann zugleich postulieren, daß diese Handschriften das feste Gerüst für die Rhapsoden boten, die die Dichtungen verbreiteten und vortrugen. Das hat nicht gehindert, daß Erweiterungen einflossen; so ist die „Nekyia" in der Odyssee, die Fahrt in die Unterwelt, problembehaftet und möglicherweise eine Interpolation. Die Edition der homerischen Epen ist also ein Produkt eines längeren Prozesses gewesen. Auch wenn Homer der erste schreibende Epiker gewesen ist, war er doch nicht sofort der Ausgangspunkt einer festen, ganz an das Buch gebundenen Überlieferung. Noch lange lag die Tradierung der Epen in der Hand der Rhapsoden, die familien- und gildenmäßig zusammengeschlossen waren. Für die archaische Zeit ist noch eine mündliche Tradition auf der Basis schriftlicher Fixierung zu postulieren. Damit war aber die Sicherung des Textes nur in beschränktem Maße gegeben. Wenn die Nachricht, daß Solon oder der Peisistratide Hipparchos in Athen den geschlossenen Vortrag der homerischen Epen an den Panathenäen angeordnet habe, mit einer peisistratischen Redaktion in Verbindung gebracht wurde, so kann doch gesagt werden, daß Athen für die Sicherung des homerischen Textes Wichtiges geleistet hat. Die heutige Textgestalt der Ilias und der Odyssee geht erst auf die wissenschaftliche Leistung der alexandrinischen Gelehrten zurück. Vor allem drei Philologen haben sich mit Homer beschäftigt: Zenodotos von Ephesos, der erste Vorstand der alexandrinischen Bibliothek (1. Hälfte 3. Jh. v. Chr.), Aristophanes von Byzanz (ca. 257-180 v. Chr.) und Aristarchos von Samothrake (217-145 v. Chr.). Wie die Papyri gezeigt haben, war der Homertext fluktuierend gewesen; Verse fehlten, Verse waren hinzugefügt; Lesarten waren verschieden. Die Alexandriner trafen denn auch eine Fülle verschiedener Texte an, von denen einige den Namen einer Stadt trugen, andere nach einem Manne benannt waren, der die Ausgabe besaß; andere waren Ausgaben aus dem Schulunterricht oder dem Gebrauch für Festvorträge; eine Rezension ging auf die Arbeit des Antimachos von Kolophon zurück. Aristarchos hat entweder zwei Textausgaben Homers besorgt oder nach anderer Auffassung die „Vulgata" der homerischen Epen geprüft und daneben in einer eigenen Arbeit seine Textvorschläge erstellt. Wie immer die Einzelheiten waren, so steht doch fest, daß die kritische Arbeit der Alexandriner für die Folgezeit von entscheidender Bedeutung geworden ist; denn der letzte erreichbare Homertext geht auf die Alexandriner zurück; nur kümmerliche Reste sind vom voralexandrinischen Text erhalten. Allerdings ist es nicht gelungen, die zahlreichen erhaltenen Handschriften Homers in eine überschaubare Stemmatik einzubinden. Die Frage, wie viele Hyparchetypen durch Umschrift eines antiken Exemplars entstanden sind, muß derzeit unbeantwortet bleiben. Der Anteil der byzantinischen Philologen des Mittelalters dürfte nicht gering gewesen sein.

Auch die Epen *Hesiods*, des im 8. oder 7. Jahrhundert v. Chr. lebenden nachhomerischen Dichters, dürften auf ähnliche Weise wie die Homerica überliefert worden sein; das gleiche gilt für den homerischen Kyklos und die Lieder der Lyriker. Wo die Vorträge der Rhapsoden und Sänger gefielen, bemühte man sich um Abschriften der Werke; dies war vor allem an den Kulturzentren und den Tyrannenhöfen der Fall. Besonders in Athen ist seit dem 6. Jahrhundert v. Chr. ein lebhaftes literarisches Interesse feststellbar. Der heutige Archetypus Hesiods geht auf die Zeit des Photios im 9. Jahrhundert n. Chr. zurück, auf eine Zeit, in der byzantinische Philologen die älteren Majuskelhandschriften in Minuskelcodices umschreiben ließen. Der in der Epoche des Photios entstandene Archetypus enthielt die antike Auswahl der hesiodeischen Gedichte, die „Theogonie" die „Werke und Tage" und die vermutlich apokryphe „Aspis". Die letzten Rezensionen entstanden in palaiologischer Zeit, als Philologen wie Thomas Magistros, Manuel Moschopulos und Demetrios Triklinios an der Erstellung maßgebender Textausgaben antiker Klassiker arbeiteten.

Die Werke der *ionischen Philosophen* und Naturwissenschaftler des 5. Jahrhunderts v. Chr. waren bereits echte Bücher, in denen die Verfasser ihr Publikum anredeten, also nicht ein Auditorium vor sich hatten wie die Rhapsoden, sondern sich an ein unbekanntes Lesepublikum wandten. Bereits Hekataios von Milet (um 500 v. Chr.), einer der ältesten griechischen Historiker und Geographen, der „Stammbäume" und eine „Reise um die Welt" schrieb, sprach sein Lesepublikum in stolzer Weise an. Der Verfasser sorgte nun selbst für das Zirkulieren von Abschriften und ermächtigte Interessenten, sein Werk zu kopieren. Herakleitos von Ephesos (um 500 v. Chr.) dürfte aus einer ähnlichen Absicht heraus sein Werk „Über die Natur" im Tempel der Artemis zu Ephesos niedergelegt haben. Noch ist in dieser Zeit kein Verlagswesen zu greifen, jedoch bereits ein lebhafter Handel mit Kopien. Die Arbeiten der ionischen Philosophen und die Werke der Sophisten und der attischen Redner wurden in ähnlicher Weise veröffentlicht. Nach dem Vortrag ließ der Verfasser Abschriften des ausgearbeiteten Werkes anfertigen und bewahrte ein Exemplar für eine spätere Gesamtausgabe auf.

Ein eigenes Problem stellte die *attische Tragödie* dar. Von ihrem Wesen her waren die Dramen kein Lesestoff, zunächst nicht einmal Bücher im strengen Sinn des Wortes. Der Dichter wandte sich mit Wort und Gebärde an sein Publikum im Rahmen der theatralischen Aufführung. Die Athener besaßen eine gute Kenntnis der großen Tragiker, die sie sich wohl im Theater erwarben. Sicher gab es auch Handschriften von Stücken der Tragiker; wenn Aristophanes die Tragiker in seinen Komödien parodierte, mußte der Stoff derselben bekannt sein, also auch gelesen worden sein. Handschriften von Stücken, die gefielen, kursierten sicherlich; aber sie waren für die Überlieferungsgeschichte kaum von Belang. Schon für Dramen des *Aischylos* († 456 v. Chr.) waren Wiederaufführungen nach dem Tode des Autors vorgesehen; Wiederaufführungen älterer Dramatiker haben sich seit 386 v. Chr. in steigendem Maße durchgesetzt. Bei solchen Gelegenheiten wurde sicher manches geändert. Der Redner Lykurgos ließ um 330 v. Chr. ein Staatsexemplar der Tragiker anfertigen und verbot weitere Interpolationen. Dieses Exemplar wurde von Ptolemaios Euergetes zum Zwecke der Abschrift für die alexandrinische Bibliothek entlehnt und nicht wieder zurückgegeben. Aristophanes von Byzanz hat sodann in Alexandreia die entscheidende Arbeit für den Text der attischen Tragiker geleistet. Mit dem Absinken der Bildung in den Jahrhunderten der Römerherrschaft trat der große Verlust von Stücken der Tragiker ein. Die Auswahl bedingte, daß von Aischylos nur mehr sieben Dramen erhalten sind. Die wichtigste Handschrift des Aischylos ist heute der Codex Laurentianus 32,9 aus dem beginnenden 11. Jahrhundert, der alle sieben Tragödien umfaßt, allerdings Lücken aufweist, die aus Handschriften einer anderen Klasse ergänzt werden müssen. In Byzanz wurde sogar nur eine Trias von Stücken (Prometheus, Sieben gegen Theben, Perser) bevorzugt überliefert. Aber auch für Aischylos haben byzantinische Philologen wie Thomas Magistros und Demetrios Triklinios wichtige Arbeit geleistet.

Die Überlieferung der Dramen des *Sophokles* († 406 v. Chr.) ist unter ähnlichen Umständen wie jene des Aischylos erfolgt. Entscheidend für die Textgestalt war auch hier die Arbeit der Alexandriner, besonders des Aristophanes von Byzanz. Etwa im 2. Jahrhundert n. Chr. führte der Bedarf der Schule zu einer Auswahl von sieben Stücken des Sophokles; ein Salustios hat diese Stücke im 4. Jahrhundert n. Chr. bearbeitet. Die erhaltenen Handschriften zerfallen zwar in zwei Klassen, gehen aber auf einen mittelalterlichen Archetypus zurück, der seinerseits auf einer Handschrift basiert, die die dunklen Jahrhunderte bis zur Zeit des ersten byzantinischen Humanismus überdauerte. Maximos Planudes im 13. Jahrhundert und die palaiologischen Philologen Manuel Moschopulos, Thomas Magistros und Demetrios Triklinios haben sich um den Sophoklestext verdient gemacht.

Daß wir heute von *Euripides* neunzehn Dramen kennen, geht auf einen Zufall der Überlieferung zurück. Euripides († 406 v. Chr.), der zu seinen Lebzeiten schwer um seine Anerkennung ringen mußte, wurde bereits im 4. Jahrhundert v. Chr. zum beliebtesten Tragiker. Die Sitte der Wiederaufführung alter Dramen ab 386 v. Chr. kam vor allem dem Euripides zugute. Das bot natürlich Gefahren für seinen Text. Es besteht kein Zweifel, daß Schauspielerinterpolationen in größerer Zahl in das Werk gerieten. Die Verwilderung des Textes wurde durch die philologische Arbeit der Alexandriner beendet. Dies bedeutet aber auch, daß die letzte für uns erreichbare Gestalt des Euripidestextes jene der Alexandriner ist. Aristophanes von Byzanz hat die entscheidende Ausgabe veranstaltet und kommentiert. In der Schule der römischen Zeit wählte man zehn Dramen aus: Alkestis, Andromache, Hekabe, Hippolytos, Medeia, Orestes, Rhesos (unecht), Troerinnen, Phoinissen, Bakchen. Zu diesen Stücken wurden auch Scholien verfaßt, die gleichfalls erhalten sind. Die Byzantiner der Spätzeit edierten gar nur mehr die drei Stücke Hekabe, Orestes und Phoinissen. Durch eine glückliche Fügung kennen wir aber weitere neun Dramen des Euripides, die in der Antike nicht mehr kommentiert wurden: Helena, Elektra, Herakliden, Herakles, Hiketiden, Iphigeneia in Aulis, Iphigeneia in Tauris, Ion, Kyklops. Man hat vermutet, daß hier ein Teil einer alphabetisch geordneten Gesamtausgabe erhalten geblieben ist. Diese Überlieferung geht auf eine Papyrusausgabe zurück, die je ein Drama in einer Rolle enthielt und deren fünf in Behältern oder Kapseln vereinigte. Die Hekabe, die zur Auswahl gehörte, ferner Helena, Elektra, Herakles und Herakliden bildeten den Inhalt des einen Behälters, Kyklops, Ion, Hiketiden und die beiden Iphigeneiadramen den Inhalt des anderen. Ein Liebhaber muß diesen Überrest einer vollständigen Euripidesausgabe in spätantiker Zeit aufgefunden und in eine einzige Handschrift übertragen haben. Heute finden sich diese Dramen, zusammen mit den kommentierten Stücken, im Laurentianus Plut. 32,2, geschrieben nach 1300.

Als Vertreter der klassischen Komödie sei *Aristophanes* († 386 v. Chr.) genannt, dessen Überlieferung - die uns nur mehr elf Stücke beschert hat - drei Epochen durchlief. Die Alexandriner waren an dem Dichter sehr interessiert; der Dichter Lykophron hatte die Komikertexte zu betreuen, Aristophanes von Byzanz hat die kritische Ausgabe gemacht. Der Kommentar des Didymos faßte im 1. Jahrhundert n. Chr. die Ergebnisse der philologischen Arbeit zusammen. Entscheidend für die Überlieferung der aristophanischen Komödien war auch, daß die attizistischen Grammatiker und Schriftsteller den Autor als sprachliches Muster erster Qualität ansahen; in Kommentaren wurde der Text immer wieder zitiert; das byzantinische Lexikon der Suda aus der Zeit um 1000 besitzt noch über 3000 Zitate aus Aristophanes. In Byzanz las man nur mehr drei Komödien: Plutos, Wolken, Frösche. Bei der Umschrift der antiken Majuskelhandschriften in Minuskelcodices wurden aber elf Stükke gerettet, die heute im Codex Ravennatus gr. 137a aus dem 10. Jahrhundert überliefert sind. Die meisten Handschriften enthalten allerdings nur mehr die byzantinische Trias, um deren Text sich die Gelehrten der Palaiologenzeit besonders annahmen.

Wenn wir heute in Gestalt geschlossener *Anthologien* eine Fülle lyrischer Dichtungen der Antike kennen, so hat auch deren Textgestalt eine lange Entwicklung durchlaufen. Die Dichtungen der einzelnen Lyriker kursierten mit aller Zufälligkeit des jeweiligen Kopierens, bis in hellenistischer Zeit das Bedürfnis nach deren Sammlung erwuchs. Der kynische Philosoph Meleagros von Gadara (ca. 140-70 v. Chr.) stellte eine Blütenlese aus 47 Dichtern zusammen und schuf damit die älteste bekannte Sammlung griechischer Epigramme. Um 900 n. Chr. faßte Konstantinos Kephalas, ein hoher Geistlicher unter Kaiser Leon VI. (886-911), den Plan, alle erreichbaren Anthologien antiker Epigrammatik zu vereinen. Er verwendete das Florilegium des Meleagros und des Philippos von Thessalonike (40 n. Chr.), die Anthologie eines Diogenianos (um 150), die Gedichte des Straton (um 150), des Rufinos und Palladas (um 400), eine Theokritausgabe und eine Ausgabe der Gedichte des Leonidas von Alexandreia aus der frühen Kaiserzeit. Von Agathias von Myrina († 582) übernahm er die Disposition der Gedichte nach Sachgruppen; Agathias selbst hatte eine Sammlung zeitgenössischer und eigener Epigramme in sieben Büchern veranstaltet, von der noch über hundert in der „Anthologia Palatina" erhalten sind. Die Sammlung des Kephalas umfaßte die heutigen Bücher 4 bis 7, 9 und 10 bis 12 der „Anthologia Palatina". Ein unbekannter Redaktor dieser Anthologie erweiterte die Sammlung des Kephalas um die Bücher 1 bis 3 (christliche Inschriften, Inschriften aus Kyzikos), Buch 8 (Gregor von Nazianz) und 13 bis 15 (mit Anhängen verschiedenster Art). Diese „Anthologia Palatina" ist in einer einzigen Handschrift aus der Bibliotheca Palatina in Heidelberg erhalten geblieben (heute aufgeteilt auf die Universitätsbibliothek Heidelberg, Cod. Pal. gr. 23, und die Bibliothèque nationale zu Paris, Ms. suppl. gr. 384), geschrieben im 10. Jahrhundert. Maximos Planudes veranstaltete 1299 eine zweite Anthologie aus zwei Vorlagen; er hat vieles weggelassen, anderes erhalten, was der Redaktor der „Anthologia Palatina" übergangen hatte; es sind insgesamt 388 Gedichte, die heute als „Appendix Planudea" das 16. Buch der Ausgaben bilden.

Die Überlieferung der Gedichte des *Theokritos* (1. Hälfte 3. Jh. v. Chr.), des großen hellenistischen Bukolikers, und der anderen Bukoliker zeigt mit Deutlichkeit, wie eine fluktuierende Textgestalt durch Jahrhunderte verlief, bis sie die Form der heutigen Werkausgaben erlangte. Etwa zur Lebenszeit des bereits erwähnten Meleagros von Gadara wurden die Gedichte der Bukoliker gesammelt; der Schöpfer der Gesamtausgabe, die die Verse von Theokrit, Bion und Moschos enthielt, ist unbekannt. Wir wissen auch nicht, ob Theokritos selbst eine Gesamtausgabe seiner Gedichte veranstaltet hat. In der Kaiserzeit gab es mehrere Theokriteditionen; anders ließe sich die jeweils verschiedene Anordnung der Gedichte in den Papyri nicht erklären. Die Grammatiker Artemidoros von Tarsos (1. Jh. v. Chr.) und dessen Sohn Theon dürften die Urheber der antiken Theokritausgaben gewesen sein. Ein Papyrusfund aus der Zeit um 500 n. Chr. bezeugt eine Rezension, die dem Archetypus der Handschriften sehr nahe steht; vielleicht hat erst der Bearbeiter des Archetypus die Figurengedichte des Theokrit mit den übrigen bukolischen Gedichten verbunden. Die erhaltenen Handschriften teilen sich in den bedeutsamen Codex Ambrosianus 886 aus dem 13. Jahrhundert sowie eine Laurentinische Klasse und eine Vatikanische Klasse; der letzteren Klasse entstammt die Reihenfolge, in der heute Theokrits Gedichte 1 bis 18 gezählt werden; die weitere Zählung 19 bis 30 wurde gar erst vom französischen Philologen Henricus Stephanus 1566 festgelegt.

Eine lange Geschichte hat die Textausgabe des Philosophen *Platon* (427 bis 347 v. Chr.) hinter sich, bis sie in der heutigen Form vorlag. Die Autographen des Lehrers wurden von den Schülern und Mitgliedern seiner Schule, der Akademie, verwahrt; eine erste Gesamtausgabe könnte mithin kurz nach dem Tode des Philosophen unter fachlicher Leitung der Akademie veranstaltet worden sein. Man kann sich ja gut den Wunsch der Schulgemeinschaft vorstellen, die Werke des Meisters in einer zuverlässigen Ausgabe zu besitzen. Antigonos von Karystos berichtet im 3. Jahrhundert v. Chr., daß man die Texte entlehnen konnte. Die alexandrinischen Philologen haben den Text Platons nicht bearbeitet. Die heute übliche Einteilung der Dialoge Platons in Tetralogien ist erstmals durch Thrasyllos, den Hofastronomen des Kaisers Tiberius (14-37 n. Chr.), bezeugt; er fand sie bereits vor und glaubte, Platon habe sich die tragische Tetralogie (drei Tragödien und ein Satyrspiel) zum Vorbild genommen. Vielleicht geht die Idee, je vier Dialoge zusammenzufassen, tatsächlich auf Platon selbst zurück. Die Tetralogien folgen teilweise sachlichen Kriterien, wenn etwa die Ereignisse um den Prozeß des Sokrates im Mittelpunkt der ersten Tetralogie stehen, um ein Beispiel zu erwähnen. In der Kaiserzeit wurde das Rollensystem aufgegeben und Platons Werke in zwei umfangreichen Codices zusammengefaßt. Trotz der Überwachung des Textes durch platonische Philosophen drangen in der Antike unechte Schriften in das Corpus ein, so z. B. die gesamte vierte Tetralogie. Vielleicht gelangte nach Schließung der neuplatonischen Akademie in Athen im Jahre 529 n. Chr. ein Schultext nach Byzanz, wo er die mittelalterliche Überlieferung beeinflußt haben könnte. Die mittelalterliche Platonüberlieferung gehört zu den seltenen Fällen, wo ein dem Urheber des Archetypus nicht bekanntes antikes Exemplar auf spätere Textzeugen einwirkte; es mußte also eine mehrfache Transkription antiker Handschriften in Minuskelschrift vorgenommen worden sein. Man kann denn auch drei byzantinische Platonausgaben nachweisen: die des

Photios (geteilt in die Tetralogien I bis VI und VII bis Ende), eine jüngere (geteilt in die Tetralogien I bis VII und VIII bis Ende; vergleiche Cod. Parisinus gr. 1807 aus dem 9. Jahrhundert) und die des Arethas von Kaisareia aus dem 9. Jahrhundert. Jüngere Handschriften bezeugen aber, daß es auch antike Exemplare gegeben haben muß, die in den bisher genannten Ausgaben nicht berücksichtigt wurden; so spiegelt der Codex suppl. gr. 39 der Österreichischen Nationalbibliothek eine weitere antike Rezension wider.

Eine abenteuerliche Geschichte hat das Werk des *Aristoteles* (384-322 v. Chr.) hinter sich. Aristoteles hatte zwei Gruppen von Schriften verfaßt: solche, die für das Lesepublikum seiner Zeit bestimmt waren, und solche, die nur für den internen Schulbetrieb gedacht waren. Viel spricht dafür, daß Aristoteles selbst seine Hauptwerke nicht veröffentlicht hat. Die Schüler des Meisters ordneten den Nachlaß, allerdings ohne rechte ernstliche Bemühung, zumal im 3. Jahrhundert v. Chr. das wissenschaftliche Leben der Schule zu erlahmen begann. Die handschriftlichen Exemplare des Aristoteles gelangten zunächst an dessen Schüler Theophrastos und von diesem an Neleus von Skepsis, einen Sohn des Koriskos, der in Assos Aristoteles gehört hatte. Die Nachkommen des Neleus versteckten die Bücher aus Angst vor der Sammelwut der Könige von Pergamon, die in ihrer Residenz eine große Bibliothek aufbauten. So wurden die Rollen zu Skepsis in ein unterirdisches Versteck gebracht, was ihnen nicht gut bekam. Im 1. Jahrhundert v. Chr. entdeckte der Bibliophile Apellikon von Teos die Bücher, kaufte sie, brachte sie nach Athen und versuchte sich mit schlechtem Erfolg an einer Edition. Apellikons Bibliothek gelangte als Kriegsbeute des römischen Feldherrn Sulla nach Rom, wo sich ein Mann namens Tyrannion ohne besonderen Erfolg um eine Ausgabe bemühte. Die Edition, an der die gesamte Überlieferung der Folgezeit hängt, veranstaltete noch im 1. Jahrhundert v. Chr. der Peripatetiker Andronikos von Rhodos, der auch Tyrannions Mitteilungen verwertete. Die exoterischen Schriften des Aristoteles gingen in der späteren Antike verloren; erhalten sind nur die Lehrschriften für die Schule, die esoterischen Schriften. In das Corpus Aristotelicum drang freilich später auch apokryphes Schriftgut ein. Handschriften aus dem 9. Jahrhundert aus Byzanz verraten noch die Bemühungen der byzantinischen Philologen aus der Zeit des ersten Humanismus um Gesamtausgaben des Corpus Aristotelicum.

Ein klassischer Fall, wie erst Schüler eines Philosophen dessen Werk in seine Gestalt bringen, liegt bei *Epiktetos* (um 50-135 n. Chr.) vor. Dieser stoische Popularphilosoph, erst Sklave, dann Freigelassener und Lehrer der Philosophie in Rom und Nikopolis, hat selbst nichts geschrieben; es gab also gar keinen Text des Autors. Sein Schüler Arrianos (ca. 95-175 n. Chr.) machte Aufzeichnungen der Vorträge des Meisters; als nach dem Tode Epiktets Unbefugte die im Freundeskreis zirkulierenden Aufzeichnungen herausgaben, entschloß sich Arrianos selbst zu deren Edition. Die Ausgabe Arrians wurde maßgebend für den Ausgangspunkt der Überlieferung des erhaltenen Textes des „Handbüchleins“ Epiktets.

Das Werk des literarischen Begründers des Neuplatonismus, *Plotinos* (ca. 205-270 n. Chr.), hatte ebenfalls in der Aktivität der Schule seinen Ursprung. Plotinos hatte erst im 49. Lebensjahr zu schreiben begonnen und war durch ein Augenleiden stark behindert. Seine Schriften sind ohne System aus dem mündlichen Vortrag erwachsen; sie sind knappe Zusammenfassungen seiner Vorlesungen. Im Kreise der Schüler und Freunde zirkulierten Kollegskripten; sie wurden auch an Interessenten versandt. Jedenfalls gab es zu Lebzeiten Plotins weder Einzelausgaben noch eine Gesamtausgabe. Die Edition kam erst durch den Schüler des Philosophen, durch Porphyrios, zustande, der selbst ebenfalls eine umfassende philosophische Schriftstellerei entfaltete. Porphyrios brachte im Jahre 301, also dreißig Jahre nach dem Tode Plotins, das Corpus heraus, das er in drei „Bände" teilte, von denen der erste in dreimal neun Schriften die Varia, der zweite zweimal neun Schriften zur Seele und zum Geist und der dritte neun Schriften über die Kategorienlehre und das Eine enthielt. Diese sechs Neunergruppen haben dem Gesamtwerk Plotins den bis heute gängigen Titel „Enneaden" verliehen. Natürlich ging diese Einteilung nicht ohne Willkür vor sich; einige Schriften mußten unterteilt oder gar zerteilt werden, um das Neunerschema zu ermöglichen. Auch die Titel der einzelnen Schriften rühren erst vom Herausgeber her, da sie keinen authentischen Titel besaßen. Die Ausgabe des Porphyrios ist für die Textgeschichte maßgebend geworden. Der Archetypus der erhaltenen Handschriften, die zumeist erst im 13. Jahrhundert geschrieben wurden, muß eine zwischen dem 9. und 12. Jahrhundert geschriebene Minuskelhandschrift gewesen sein. Moderne Forscher wollten eine weitere Plotinausgabe durch Eustochios, einen anderen Schüler des Philosophen, orten, die aber kaum Spuren hinterlassen hat.

Kaiser *Mark Aurel* (161-180 n. Chr.) hat seine philosophischen Gedanken in den letzten Lebensjahren (etwa zwischen 171 und 173 ist das dritte Buch entstanden) abgefaßt. Von einer Edition wissen wir nichts, so daß die Annahme berechtigt ist, daß vielleicht erst die Erben des Kaisers die Notizen aus dem Nachlaß herausgegeben haben. Die Bezeugung des Buches ist spärlich und hört mit dem 5. Jahrhundert auf. Erst vor 907 hat Arethas von Kaisareia den authentischen Titel (τὰ εἰς ἑαυτόν = „An sich selbst") bekanntgegeben und den Text aus dem vor Alter fast zerstörten, einzigen uns bezeugten Exemplar abschreiben lassen und damit der Nachwelt gerettet.

Das Schicksal des Werdens eines Corpus und einer Textgestalt wissenschaftlicher Werke sei am Beispiel des *Corpus Hippocraticum* dargelegt. Unter dem Namen des berühmten Arztes Hippokrates (um 460-370 v. Chr.) ist eine Sammlung von 58 Schriften erhalten, die am Anfang des Mittelalters sogar noch umfangreicher war. Es ist heute bekannt, daß in diesem Corpus Werke sehr verschiedener Autoren zusammengeflossen sind; der Anteil der echten Schriften des Hippokrates ist nicht mehr exakt zu bestimmen. Vielleicht haben erst die alexandrinischen Gelehrten die gesamte Fachliteratur unter dem Namen des bekannten Autors aufgestellt. Das heutige Corpus ist auf jeden Fall erst in der Zeit des Klassizismus nachweisbar und erreichte frühestens im 2. Jahrhundert n. Chr. seinen kanonischen Umfang. Die Sprachform war damals bereits Veränderungen unterworfen gewesen, wenn etwa der ionische Dialekt durch modernere Ausdrucksweisen ersetzt worden war. Man weiß von zwei Ausgaben des Corpus Hippocraticum: durch Artemidoros Kapiton und durch Dioskurides; um 150 n. Chr. entstanden auch die Kommentare des Galenos († 200 n. Chr.). Artemidors Ausgabe und die Kommentare Galens setzten sich durch; in der ausgehenden Antike bevorzugte man die Textform Galens; ansonsten blieb der Wortlaut Artemidors erhalten. Die Rezension des Archetypus der überlieferten Handschriften ist mithin das Produkt eines Mischungsprozesses, der erst am Beginn des Mittelalters zum Abschluß kam. Auch die byzantinischen Herausgeber haben an der Fixierung des Textes mitgearbeitet. Beim Corpus Hippocraticum wird die antike Methode besonders deutlich, den Text des Autors durch Kollation immer wieder zu verändern; jedes spätantike Exemplar des Hippokrates dürfte eine andere Fassung besessen haben, was eine stemmatische Erfassung der Tradition des Altertums unmöglich macht.

Bereits erwähnt wurde das Beispiel der Kirchengeschichte des *Eusebios von Kaisareia* († 339), die in mehreren Fassungen vorlag. Eusebios hatte sein Werk bis an den Vorabend der diokletianischen Christenverfolgung geschrieben; die großen politischen Umwälzungen und das Zeitalter der Verfolgungen veranlaßten den Autor, erweiterte Fassungen bis zum Triumph Konstantins I. (324) zu erstellen.

Die Märtyrerbriefe des *Ignatios von Antiocheia* wurden bereits im 4. Jahrhundert derart interpoliert und verfälscht, daß sich die moderne Patristik seit langem bemüht, die echte Fassung zu rekonstruieren.

Auch die *lateinische Literatur* bietet verschiedene interessante Beispiele, wie das Werk eines Autors zur Veröffentlichung kommen konnte. Vor allem vor der Einführung philologischer Methoden in Rom war die Existenz und die Textgestalt älterer Autorenwerke nicht gesichert. *Marcus Porcius Cato* († 149 v. Chr.) hat etwa seine Reden selbst nicht in einem Corpus veröffentlicht; sie waren in einzelnen Exemplaren abgeschrieben worden. Erst Cicero, der besonderes Interesse an der altlateinischen Redekunst hatte, veranstaltete eine Sammlung von 150 Reden Catos, von der heute leider nur mehr Bruchstücke erhalten sind.

Die Antike hat 130 Komödien von *Plautus* († 184 v. Chr.) gekannt; viel Unechtes war dabei; eine Textverwilderung hatte eingesetzt. Varro hat schließlich nur 52 Komödien als echt anerkannt; auf uns sind 20 Komödien gekommen, das Ergebnis der sogenannten Palatinischen Rezension von 21 Stücken (das letzte ging verloren). Aus der Antike sind drei Ausgaben des Plautus faßbar. Varro dürfte eine solche veranstaltet haben, deren erste Klasse uns erhalten ist. Mit dem Grammatiker Probus wird eine Ausgabe verbunden, und aus dem 4. Jahrhundert ist eine weitere Edition erschließbar.

Der Komödiendichter *Terenz* († 159 v. Chr.) wurde in Altertum und Mittelalter eifrig gelesen. Das hatte einerseits sorgfältige Betreuung, aber andererseits auch den Austausch von Textformen zur Folge. Schon der zweite Schluß der Komödie „Andria", den Handschriften überliefern, zeigt, wie Schauspieler einen in ihren Augen zu verhaltenen Schluß eines Stückes durch einen sentimentaleren ersetzen konnten. Der Codex Bembinus des Terenz (Vaticanus lat. 3226) aus dem 4./5. Jahrhundert ist mehrfach durchkorrigiert worden; ein Jovialis hat noch im 6. Jahrhundert am Codex gearbeitet. Die weitere antike Überlieferung ist aus vielfach kontaminierten mittelalterlichen Handschriften zu rekonstruieren; man kann hier zwei Klassen feststellen. Sowohl diese beiden Klassen als auch der Codex Bembinus bringen jede für sich die sechs Komödien des Terenz in anderer Reihenfolge; der Text selbst ist vielfach durch banalisierende kleinere Einschübe entstellt worden.

Der römische Philosoph und Dichter *Lucretius* († 55 v. Chr.) ist vor der Vollendung seines großartigen Lehrgedichts „De rerum natura" gestorben. Cicero hat als Freundesdienst das Werk veröffentlicht, wie er es vorgefunden hatte. Dabei blieben unfertige Doppelfassungen von Textpartien stehen; damit aber erreichen wir den Zustand des Autorenexemplars.

Ovid († 17 n. Chr.) bietet uns das Beispiel einer „zweiten Auflage". Die „Amores" des Dichters im Umfang von fünf Büchern waren im Umlauf gewesen, als sich der Dichter zu einer zweiten Auflage entschloß, die er auf drei Bücher gekürzt hat. Ovid hat der neuen Ausgabe ein Gedicht vorangestellt, worin er scherzhaft bemerkt, daß der Leser, wenn er auch keinen Geschmack an den Gedichten finden sollte, doch dankbar sein sollte, wenn er weniger zu lesen habe. Die erste Ausgabe der „Amores" ist denn auch verlorengegangen; dies bedeutet, daß man den Willen des Autors zur Verbreitung einer veränderten Gestalt seines Werkes respektiert hat. Im Fall der „Metamorphosen" liegt der Sachverhalt nicht so klar vor Augen. Nach seiner Verbannung nach Tomi schrieb Ovid in einer Trauerelegie (Tristien I,1), daß er gar nicht letzte Hand an die „Metamorphosen" gelegt hatte, ja er habe nun sein eigenes Exemplar verbrannt; aber es kursierten doch Abschriften des Werkes, so daß Ovid schließlich sein Opus dem Publikum empfiehlt.

Ein anderer Fall einer „zweiten Auflage", die aber die erste nicht verdrängte, ist von *Cicero* († 43 v. Chr.) bekannt. In seinen „Academica" wollte Cicero seine philosophischen Ideen darlegen; er schrieb zunächst einen Dialog in zwei Büchern, in denen er die Konsulare Quintus Lutatius Catulus (Konsul 78 v. Chr.) und Lucius Licinius Lucullus (Konsul 74 v. Chr.) als Gesprächspartner einführte; die beiden Bücher werden daher „Catulus" und „Lucullus" genannt. Cicero merkte alsbald, daß sich schwierige philosophische Probleme im Munde honoriger römischer Staatsbeamter seltsam ausmachten und wollte sie durch Cato und Brutus ersetzen; aber auch der Philologe Varro hätte gerne eine Rolle gespielt, worauf Ciceros Freund Atticus aufmerksam machte. So erweiterte Cicero das Werk auf vier Bücher und führte als Dialogpartner Varro, Atticus und sich ein. Allerdings hatte Cicero die erste Fassung bereits an Atticus gesandt; nun mußte er sich entschuldigen, daß Atticus durch die Vervielfältigung dieser Auflage, die man nun zurückziehen wollte, einen Verlust erlitten habe. Allerdings hat man Ciceros Wunsch nach Zurückziehung nicht respektiert; und so ist von der ersten Fassung noch der „Lucullus" erhalten wie auch Fragmente der anderen Bücher. Entweder hatte Atticus seine Exemplare doch weitergegeben, oder Cicero hatte Abschriften ermöglicht; auch der römische Philologe hat sichtlich Ciceros Willen nicht respektiert.

Es gab Fälle, in denen ein Autor die zu frühe Veröffentlichung eines Werkes bedauerte. *Cicero* bereut in seiner Schrift „De oratore" (I,5), daß er sein Opus „De inventione" in seiner Jugendzeit zu früh aus dem Stadium der Notizen (commentarioli) herausgegeben habe, die nun seiner Zeit nicht mehr angemessen wären. Der Redner *Fronto* hatte eine Rede gegen einen Asklepiodotos in den Buchhandel gegeben; als er erfuhr, daß Kaiser Verus dem Angegriffenen seine Gunst schenke, wollte er die Rede zurückziehen; doch es war bereits zu spät, da schon zu viele Exemplare im Umlauf waren.

Bei manchen Autoren war es zuerst gar nicht beabsichtigt, eine Ausgabe zu veranstalten. Der Lyriker *Catull* († 54 v. Chr.) las seine Verse wohl seiner Geliebten und im Freundeskreis vor; er hat seiner Freundin auch die „codicilli" mit den Versen geliehen, bis er diese schließlich zornig zurückfordern mußte. Aber erst spät, nachdem sein Verhältnis zu Clodia vorbei war, sammelte Catull die Stückchen zu einer Ausgabe.

Cinna ließ seine „Zmyrna" durch neun Jahre liegen; er besserte und änderte ständig daran, bis endlich die Herausgabe erfolgte, die nun natürlich keine Änderung mehr erlaubte. Daran knüpft sich die Mahnung des Horaz „nonum prematur in annum"; man solle das Werk durch neun Jahre liegen lassen, denn jedes einmal veröffentlichte Werk kann nicht mehr zurückgenommen werden.

Berühmt ist die Verfügung *Vergils* († 19 v. Chr.), nach seinem Tode nichts aus seinen unveröffentlichten Manuskripten herauszugeben und das Manuskript der Aeneis, an das noch nicht letzte Hand angelegt worden war, zu verbrennen; Vergil versuchte das Epos zu vernichten, als er todkrank darniederlag. Doch Kaiser Augustus befahl, das einzigartige Werk durch eine Ausgabe zu retten, die postum von Lucius Varius veranstaltet wurde. Die Nachwelt ist dem Kaiser dankbar, der das größte römische Epos auf diese Weise der Menschheit erhalten hat. Vergil wurde in der Antike derart häufig gelesen, daß es unzählige Handschriften gab. Noch acht antike Majuskelcodices sind vollständig oder bruchstückhaft erhalten; viele mittelalterliche Handschriften gehen auch direkt auf aus dem Altertum ins Mittelalter gerettete Codices zurück. Der Text des Varius hat sich durchgesetzt; der Grammatiker Probus veranstaltete auf deren Basis eine kritische Ausgabe. Der moderne Vergiltext ist einheitlich und hat nichts mit interpolierten Ausgaben zu tun.

Manche Autoren berieten sich mit Freunden, Kollegen oder Verwandten, bevor sie eine Veröffentlichung unternahmen. Plinius der Jüngere berichtet von seinem Onkel, *Plinius dem Älteren* († 79 n. Chr.), daß dieser regelmäßige Konsultationen vor der Edition von Texten machte. Ciceros Briefwechsel mit seinem Freund und Verleger Atticus zeigt deutlich, welchen Einfluß der Autor dem Gutachten seines Freundes beimaß. Synesios von Kyrene († um 412 n. Chr.) legte sein Jugendwerk „Lob der Kahlheit“ seinen Freunden Nikandros und Pylaimenes vor. Luxorius überließ dem Gutachten seines Freundes Faustus die Herausgabe seiner Gedichte. Martial veranstaltete zusammen mit dem Buchhändler Secundus eine Sonderausgabe seiner Epigramme in Gestalt handlicher Pergamentcodices, die man vor allem auf Reisen mitnehmen konnte.

War einmal ein Werk veröffentlicht, konnte ein *organisiertes Versenden von Abschriften* einsetzen. Stellen aus Horaz, Properz, Ovid und Martial zeigen, daß das Versenden eines Opus durch Italien und in die Provinzen durchaus den Usancen des Buchhandels entsprach, was natürlich eine eifrige Kopierung zur Voraussetzung hatte. In der Technik der Buchherstellung, deren Bogen sich von den eigenhändigen Skizzen oder dem Diktat über die Korrektur und die Reinschrift bis zur Deponierung in einer Bibliothek oder einem Archiv spannte, herrschte im übrigen in der Antike eine ziemliche Konstanz. Auch die spätantike christliche Wissenschaft und Philologie hat die antiken Traditionen auf diesem Gebiet übernommen.

Wenn heute von der *„Bibel“*, vom „Alten Testament“ und dem „Neuen Testament“ gesprochen wird, erweckt dies den Eindruck eines geschlossenen Buches; zuwenig wird bedacht, daß die heilige Schrift der Juden (in der griechischen Übersetzung) 46 Bücher und das Neue Testament der Christen 27 Bücher bzw. Texte umfaßt, die zu verschiedenen Zeiten entstanden sind, von verschiedenen Verfassern mit unterschiedlichen theologischen Konzeptionen stammen und erst sekundär zu einer Einheit zusammengewachsen sind. Ja selbst in einzelnen Büchern können mehrere Quellen unterschieden werden, die von einem Redaktor zu einem neuen Buch verarbeitet wurden; man denke etwa, um ein Beispiel zu zitieren, an den Jahwisten, den Elohisten und die Priesterschrift, aus denen das Buch Genesis komponiert wurde, oder an das Markusevangelium, die Spruchquelle und diverses Sondergut, aus deren Stoff das Matthäus- und das Lukasevangelium zusammengesetzt sind.

An Hand des *neutestamentlichen Kanons* sei geschildert, wie eine Buchwerdung heterogener Einzelteile in der Antike vor sich gehen konnte. Nicht alle Teile des Neuen Testamentes waren von vornherein Literatur. Die Briefe des Paulus waren an sich unliterarische Stücke, Privatbriefe an verschiedene Gemeinden oder einzelne Adressaten und Adressatengruppen, geschrieben in den fünfziger Jahren des 1. Jahrhunderts, die erst zu einem späteren Zeitpunkt als Corpus zu einem literarischen Werk wurden. Man hat hier von einer „Buchwerdung wider Willen“ gesprochen. In das Corpus Paulinum haben sich auch apokryphe Briefe eingeschlichen. Der älteste echte Paulusbrief ist der erste Brief an die Thessalonicher, der 50/51 in Korinth geschrieben sein dürfte. Der zweite Thessalonicherbrief hingegen dürfte unecht sein und eine polemische Schrift in Briefform bilden, die vielleicht in der zweiten Hälfte der achtziger Jahre des 1. Jahrhunderts entstanden ist. Der Galaterbrief könnte zwischen 52 und 53 verfaßt worden sein. Die beiden Korintherbriefe dürften Briefkompositionen aus mehreren Briefen des Paulus an die Gemeinde von

Korinth darstellen, die zwischen 55 und 58 liegen könnten. Der Philipperbrief, in dem noch die Bruchstücke dreier selbständiger Briefe kenntlich sind, dürfte aus etwa der gleichen Zeit wie die Korintherbriefe stammen. Aus der Gefangenschaft, wahrscheinlich in Ephesos, rührt der Philemonbrief her. Der letzte Brief des Paulus ist der Römerbrief, der den Apostel der Gemeinde von Rom vorstellen und eine Spanienmission vorbereiten sollte; auch er kann in die späten fünfziger Jahre datiert werden. Der Kolosserbrief ist sicher unecht und bildet ein interessantes Denkmal für den innerkirchlichen Kampf gegen die christliche Gnosis. Sehr eng mit ihm verwandt ist der Epheserbrief, der um die Wende vom 1. zum 2. Jahrhundert anzusetzen ist. Deuteropaulinisch sind auch die drei Pastoralbriefe, die bereits eine nachpaulinische Gemeindeordnung voraussetzen, also in den Anfang des 2. Jahrhunderts gehören. Der Hebräerbrief kann in die achtziger oder neunziger Jahre des 1. Jahrhunderts fallen. Das älteste Evangelium des Kanons des Neuen Testamentes ist das Markusevangelium, das nach 70 angesetzt werden dürfte. Das lukanische Doppelwerk umfaßt das Lukasevangelium und die Apostelgeschichte; man vermutet eine Entstehung des Evangeliums um 80 und der Apostelgeschichte um 90. Das Matthäusevangelium könnte in die beiden letzten Jahrzehnte des 1. Jahrhunderts datiert werden. Der johanneische Kreis hat der Kirche ein Evangelium, einen Traktat in Briefform und zwei Briefe beschert. Das Johannesevangelium muß um die Wende vom 1. zum 2. Jahrhundert entstanden sein. Der erste Johannesbrief ist ein antihäretischer Traktat, die beiden anderen Johannesbriefe sind hingegen wirkliche Briefe. Man hat also mit drei Verfassern der Schriften des johanneischen Kreises zu rechnen, der ein eigenständiges gnostisierendes Christentum repräsentiert. Der Apokalyptiker Johannes, der nichts mit dem johanneischen Kreis zu tun hat, schreibt von Patmos aus etwa in der Zeit um 92/93. Zu späten Bestandteilen des Neuen Testamentes zählen die sogenannten katholischen Briefe. Der Jakobusbrief ist ein singulärer Vertreter urchristlicher Paränese, der innerhalb des Zeitraumes von 80 bis 130 angesetzt werden kann. Der erste Petrusbrief datiert in die Wende vom 1. zum 2. Jahrhundert; der zweite Petrusbrief ist das jüngste Buch des Kanons und reicht etwa in die Mitte oder zweite Hälfte des 2. Jahrhunderts hinein. Der Judasbrief war um 200 in Rom bekannt, mag aber schon um die Wende vom 1. zum 2. Jahrhundert entstanden sein.

Als Vorstufen des Kanons des Neuen Testaments haben sich Einzelsammlungen gebildet, so jene der vier Evangelien und jene der dreizehn Schriften des Corpus Paulinum. Vor der Mitte des 2. Jahrhunderts besaßen die Evangelien noch nicht das volle kanonische Ansehen wie die Bücher der jüdischen Bibel, die vom Christentum als „Altes Testament" übernommen wurden. Justinus bezeugt um 155 erstmals ausdrücklich die Vorlesung der Evangelien im Gottesdienst, womit diese dem Alten Testament gleichwertig zur Seite traten. Tatian hat um 170 aus den vier Evangelien eine Evangelienharmonie hergestellt. Zu Beginn des 2. Jahrhunderts ist eine Sammlung von Paulusbriefen in Griechenland, Kleinasien und Italien greifbar, ohne daß deren Umfang bekannt wäre. Markion hat eine Sammlung von zehn Paulinen und das Lukasevangelium zu einem Kanon zusammengestellt und damit der Kanonbildung der Kirche - trotz seiner Verurteilung als Ketzer - einen großen Impuls verliehen. Im 2. Jahrhundert hatten die Paulinen allerdings noch nicht den gleichen Rang wie die Herrenworte; als „Bücher“ galten nur das Alte Testament und die Evangelien. Erst im Verlauf der zweiten Hälfte des 2. Jahrhunderts rückten andere Schriften zur gleichen kanonischen Geltung wie die Evangelien auf: die Paulinen, die Apostelgeschichte, die Apokalypse und einige katholische Briefe, besonders der erste Johannesbrief und der erste Petrusbrief. Dem Ansehen der Paulusbriefe hat deren besondere Wertschätzung bei Markion und bei Gnostikern wie Basileides oder Valentinos zeitweise geschadet. Theophilos von Antiocheia kennt aber um 190 die dreizehn Schriften des Corpus Paulinum. Das älteste kirchliche Dokument über den Kanon des Neuen Testaments ist der wohl aus dem endenden 2. Jahrhundert stammende „Kanon Muratori“, ein von Lodovico Antonio Muratori 1740 aus einer Handschrift des Klosters Bobbio veröffentlichtes Verzeichnis kanonischer und nichtkanonischer Bücher. Es handelt sich wohl um ein autoritatives Schriftstück; denn es will gegenüber Unsicherheiten in der Kirche berichten, wie die Kirche den Umfang des Kanons bestimmt. So sagt der Autor des Textes etwa, daß zwei auf den Namen des Paulus gefälschte Briefe nicht in die „katholische Kirche“ aufgenommen werden können, und vom „Hirten“ des Hermas, daß er zwar gelesen, aber nicht öffentlich in der Kirche dem Volke mitgeteilt werden dürfe. Der Autor ist mit der römischen Kirche verbunden, wenn nicht gar das Stück in Rom entstanden ist. Zum Kanon Muratori gehören 22 (23) Schriften: die vier Evangelien in der Reihenfolge Matthäus, Markus, Lukas und Johannes, dann die Apostelgeschichte, dreizehn Briefe des Paulus (1 und 2 Korinther, Epheser, Philipper, Kolosser, Galater, 1 und 2 Thessalonicher, Römer, Philemon, Titus, 1 und 2 Timotheus), zuletzt der Judasbrief und zwei Johannesbriefe (auf jeden Fall 1 Joh.) sowie die Apokalypse des Johannes und die des Petrus; von letzterer heißt es allerdings, daß sie von Teilen der Kirche abgelehnt wurde. Der Hebräerbrief fehlt, der bis um 370/80 nicht in der abendländischen Kirche zum Kanon gerechnet wurde. Der Jakobusbrief wird nicht erwähnt. Überraschend ist das Fehlen des ersten Petrusbriefes, der doch von Irenäus, Tertullian, Klemens von Alexandreia und Hippolytos als kanonisch anerkannt worden war. Die Petrusapokalypse war im Abendland verschiedentlich zum Kanon gerechnet worden. Um 200 war also der Kanon des Neuen Testamentes noch keine abgeschlossene Größe und noch für die Aufnahme weiterer Schriften offen. Bei diesem Stand der Dinge blieb es im Abendland bis zum 4. Jahrhundert; erst nach der Mitte des 4. Jahrhunderts erfolgte eine rasche Angleichung des Westens an den fortgeschritteneren Osten.

In der östlichen Kirche ist der Anfang der Kanonbildung bis auf Klemens von Alexandreia dunkel. Klemens († nach 217) kannte und benützte alle Schriften des Neuen Testamentes, vielleicht mit Ausnahme des Jakobusbriefes, des zweiten Petrusbriefes und des 3. Johannesbriefes. Klemens hielt aber noch weitere frühchristliche Schriften für inspiriert und zitierte etliche Bücher. So kommentierte er den Barnabasbrief und die Petrusapokalypse; für inspiriert galten ihm die Didache, der „Hirt" des Hermas, das „Kerygma" des Petrus, vielleicht auch der erste Klemensbrief, nicht aber das Ägypterevangelium, das Hebräerevangelium und die „Traditionen" des Matthias. Klemens kannte also noch keine scharfe Grenze zwischen kanonisch und nichtkanonisch. Besondere Bedeutung für die Kanonbildung erlangte der universale Gelehrte Origenes (185-255 n. Chr.), der Nachfolger des Klemens in der Leitung der alexandrinischen Katechetenschule. Als großer Philologe teilte Origines die in Betracht kommenden Schriften in drei Klassen ein. In die erste Klasse, die ὁμολογούμενα oder ἀναντίρρητα, also die allgemein anerkannten und unumstrittenen Schriften, gehören nach Origenes die vier Evangelien, dreizehn Paulusbriefe, die Apostelgeschichte, der erste Petrusbrief, der erste Johannesbrief und die Apokalypse des Johannes. Die zweite Klasse bilden die ἀμφιβαλλόμενα, die umstrittenen Schriften, über deren Zugehörigkeit zum Kanon bei den einzelnen Kirchen keine Einhelligkeit herrsche. Dazu zählten der zweite Petrusbrief, der zweite und dritte Johannesbrief, der Hebräerbrief und der Jakobusbrief. Den Barnabasbrief und die Didache zitiert Origenes zwar als „Schrift" (γραφή), doch scheint er sie nicht als kanonisch anzuerkennen, wiewohl er ihnen eine gewisse Autorität und Inspiration zuschreibt. Vom Hebräerevangelium, von dessen partieller Ablehnung er weiß, sagt er: „Wenn es einer annehmen will", läßt also seinen Charakter offen. Als dritte Klasse nennt Origenes die „unechten" (νόθα) Schriften, nämlich das Ägypter-, Thomas-, Basileides- und Matthiasevangelium, die als häretisch abgelehnt werden. Den Hebräerbrief zitiert Origenes als heilige Schrift und folgt damit dem Usus der alexandrinischen Kirche; er erkennt aber dessen nichtpaulinischen Charakter. Den Charakter des Judasbriefes ließ er offen. Interessant ist die Wertschätzung der Apokalypse des Johannes durch Origenes; denn bald danach sollte diese Schrift in der Ostkirche abgelehnt werden. Dionysios von Alexandreia († 264) sprach die Apokalypse dem Johannes und Autor der übrigen johanneischen Schriften ab; daher blieb die Apokalypse durch Jahrhunderte in den orientalischen Kirchen suspekt.

Noch Eusebios von Kaisareia († 339) ist ein Zeuge für die Unabgeschlossenheit des neutestamentlichen Kanons. Er unterschied nämlich wie Origenes drei Klassen von Schriften des Neuen Testamentes. An erster Stelle stehen die, über deren Zugehörigkeit zum Kanon Einstimmigkeit herrscht; dies sind die vier Evangelien, die Apostelgeschichte, die Briefe des Paulus, der erste Johannesbrief und der erste Petrusbrief. Die Johannesapokalypse könne dazugezählt werden, sei jedoch umstritten. Als zweite Gruppe nennt Eusebios die ἀντιλεγόμενα, die bestrittenen Schriften, die er in zwei Unterklassen teilt. Die erste Unterklasse besteht aus Schriften, die bei den meisten in Ansehen stehen, nämlich der Jakobusbrief, der Judasbrief, der zweite Petrusbrief und der zweite und dritte Johannesbrief. Die zweite Unterklasse sind eigentlich unechte Schriften (νόθα), nämlich die Paulusakten, der „Hirt" des Hermas, die Petrusapokalypse, der Barnabasbrief und die sogenannte Apostellehre. Viel länger, als in der westlichen Kirche die Ablehnung des Hebräerbriefes gedauert hat, hat die östliche Kirche den ersten Klemensbrief, den Barnabasbrief und die Didache hochgeschätzt. Noch Bibelhandschriften wie der Codex Sinaiticus aus dem 4. Jahrhundert und der Codex Alexandrinus aus dem 5. Jahrhundert enthalten auch Schriften wie den Barnabas- oder Klemensbrief. Kyrillos von Jerusalem († 386) zählt im Jahre 348 alle Schriften mit Ausnahme der Johannesapokalypse auf; auch Hieronymus bezeugt, daß zu seiner Zeit die Apokalypse in Palästina nicht als kanonisch gelte. Durch die Autorität des Athanasios von Alexandreia († 373) setzte sich die Zugehörigkeit sämtlicher katholischer Briefe zum neutestamentlichen Kanon durch. Nur die Kirche von Antiocheia anerkannte noch bis ins 5. Jahrhundert nur den Jakobusbrief, den ersten Petrusbrief und den ersten Johannesbrief und verwarf auch die Apokalypse. Theodoros von Mopsuestia verwarf überhaupt alle katholischen Briefe, während Johannes Chrysostomos die drei großen katholischen Briefe für kanonisch hielt. Bis zur Mitte des 5. Jahrhunderts hat kein Anhänger der antiochenischen Schule mehr als drei von den katholischen Briefen zur Bibel gerechnet. Erst im Verlauf des 5. Jahrhunderts schlossen sich die syrischen Theologen den anderen Kirchenprovinzen in der Anerkennung aller katholischen Briefe an. Nur die Apokalypse hat sich von dem Schlag, den ihr Dionysios von Alexandreia versetzt hatte, nicht mehr erholt; bis in die Neuzeit blieb sie in der Ostkirche umstritten.

Im 4. Jahrhundert glich sich die westliche Kirche in der Kanonbildung der östlichen Kirche an, bis um 400 die Kanonbildung im Westen zum Abschluß kam. Von einer römischen Synode des Jahres 382 liegt ein Verzeichnis der Bücher des Neuen Testamentes vor, das nun alle 27 Schriften aufzählt: die vier Evangelien, die Apostelgeschichte, 14 Briefe des Paulus, die Johannesapokalypse, die sieben katholischen Briefe. Sichere Information bietet ein Brief des Papstes Innozenz I. an Bischof Exuperius von Toulouse vom Jahre 405 mit folgender Liste: vier Evangelien, 14 Briefe des Paulus, drei Briefe des Johannes, zwei des Petrus, einer des Judas, einer des Jakobus, Apostelgeschichte, Apokalypse des Johannes. Die Ablehnung des Hebräerbriefes wirkte allerdings noch länger nach; auch die Apokalypse mußte noch im 6. und 7. Jahrhundert von spanischen Synoden verteidigt werden.

Der Kanon im Umfang von 27 Schriften, wie er im 5. Jahrhundert in der lateinischen und griechischen Kirche weitgehend anerkannt wurde, wurde vom lateinischen Mittelalter übernommen und ohne weitere Kritik festgehalten. Merkwürdigerweise fand der apokryphe Laodicenerbrief, der dem Paulus zugeschrieben wurde, viele Verteidiger seiner Echtheit bis ins 16. Jahrhundert; er taucht ebenso wie der „Hirt" des Hermas und der apokryphe dritte Korintherbrief in manchen Vulgatahandschriften auf.

Sechstes Kapitel

Geschichte der griechischen Schrift und Sprache in der Antike

Die höchste Entwicklungsstufe im Bereich der Schriftkultur stellt ohne Zweifel die Schaffung der Einzellautschrift oder Buchstabenschrift dar. Diese Stufe wurde allerdings nur an wenigen Stellen der Erde erreicht, und die Entwicklung auf diesem Gebiet verlief nicht ohne Umwege. Im semitischen Kulturkreis griff man die Konsonanten der Silben heraus und ließ die Vokale unbezeichnet. Die semitischen Schriften sind demnach nur phonetische Konsonantenschriften. Erst dem Einfluß der Indogermanen auf die Kulturgeschichte der Schrift ist die Entstehung der alphabetischen phonetischen Schrift zu verdanken, die sowohl Konsonanten wie Vokale bezeichnet. Diese für die europäische und heute internationale Schriftgeschichte so folgenschwere Leistung ist das Verdienst der Griechen gewesen, die auf der dem semitischen Kulturkreis zuzurechnenden Schrift aufbauten.

Doch bereits bevor es zu dieser Übernahme und Neuschöpfung kam, hatte es zwei Versuche gegeben, griechische Sprache in Schriftzeichen umzusetzen, die aber nur ephemer blieben. So steht die griechische Schrift im Strom einer jahrhundertelangen Entwicklung der Schrift im orientalischen Raum.

Das Bedürfnis des Menschen, Gedanken, Eindrücke und Erlebnisse festzuhalten und sich seinen Mitmenschen mitzuteilen, ist wohl so alt wie die Menschheit selbst. Allerdings verstrich eine unermeßlich lange Zeit, bis es zur Entwicklung einer Schrift kam, die diese Bedürfnisse befriedigen konnte. Denn Schrift hat ein bestimmtes Kulturniveau und gewisse soziologische Gegebenheiten zur Voraussetzung, die erst im Verlauf von vielen Jahrtausenden erreicht werden konnten. Bereits die Sprache mußte eine lange Entwicklung von einer primitiven Gebärden- und Lautsprache bis hin zur morphologisch und syntaktisch gegliederten Sprache durchmachen. Doch Sprache allein vermag nicht über Raum und Zeit hinweg zu wirken. Es war erst die Schrift, die die Überwindung von Raum und Zeit ermöglichte und den Menschen zum geschichtlichen Wesen gemacht hat.

Als Hauptmerkmale der Schrift sind zu benennen: die Anbringung auf einem festen, für diesen Zweck bestimmten Untergrund oder Beschreibstoff und der Zweck der Mitteilung an andere oder als Gedächtnisstütze des Schreibers selbst. Man kann von *Vorstufen der Schrift* sprechen, wenn eines der Merkmale fehlt. So spricht man von einer Gegenstandsschrift, wenn der Zweck der Mitteilung klar ausgedrückt erscheint, doch das Merkmal der Anbringung auf einem speziellen Beschreibstoff fehlt. Beispiele für Mitteilungen durch Gegenstände sind etwa die Knotenschnüre der Inkas, die Wampungürtel indianischer Stämme, die zu Verrechnungszwecken verwendeten Kerbhölzer, aufgehäufte Steine, Jagdpfeile als Wegweiser, Grabdenkmäler oder Wegmarken. Bereits von größerer Bedeutung waren zeichnerische Vorstufen der Schrift, die sogenannten *Piktographien* oder Ikonographien. Hier liegt die graphische Äußerung evident vor, jedoch ist der Mitteilungscharakter nicht immer im gleichen Maße deutbar. Bereits für die Altsteinzeit sind Malereien, Felsritzungen, Gravierungen auf Stein, Horn und Bein bezeugt und bieten ein breites Quellenmaterial für die interpretierende Archäologie. Der Bogen mag sich spannen von spielerischen Äußerungen eines primitiven Kunsttriebes über magische und religiöse Symbole hin zu Zauberbildern, Kultdarstellungen und Erlebnisberichten. In eine ähnliche Kategorie gehören Schmuck- und Merkzeichen, Eigentumsmarken, Hauszeichen, Töpferzeichen oder Tätowierungen. Es versteht sich von selbst, daß bildliche Darstellungen der genannten Art sehr entwicklungsfähig waren. Die Piktographien stellen den eigentlichen Ausgangspunkt der Schrift dar, sobald der Zweck der Mitteilung in eindeutiger Weise mit ihnen verbunden wurde.

Werden ein Gedanke oder eine Folge von Gedanken in Gestalt einer bildlichen Darstellung umschrieben, stehen wir vor einer *Ideenschrift* oder Inhaltsschrift. Sie steht naturgemäß zur Sprache noch in keinem Verhältnis; sie kann ja völlig verschieden gelesen und gesprochen werden; sie ist auch nicht an eine bestimmte Sprache gebunden. In der Regel wurden im Falle einer Ideenschrift die hauptsächlichen Momente des Gedankenganges herausgegriffen und in einfacher Art, etwa in Umrißzeichnung, dargestellt. Viele Bildzeichen konnten später zu Symbolen werden. Ideenschriften haben bei den nordamerikanischen Indianerstämmen eine reiche Ausbildung gefunden. Belege sind auch aus Sibirien, Afrika und Ozeanien vorhanden. Auch die Schriften der ältesten großen Kulturvölker waren in ihren Anfängen Ideenschriften. Wurde dieses Stadium auch an etlichen Stellen der Erde überwunden, so blieben doch einzelne Völker auf dieser Stufe stehen; man denke an die Indianer Nordamerikas, an die Azteken Mexikos und die Maya auf Yukatan.

Im weiteren Verlauf der Entwicklung wurde bei vielen Völkern ein engerer Zusammenhang zwischen Bildzeichen und Wort hergestellt. Dies war dort umso notwendiger, wo es galt, wichtige Aufzeichnungen wirtschaftlicher, geschichtlicher und religiöser Natur zu machen. Das Piktogramm verwandelte sich in ein Logogramm, wenn das Bildzeichen zum Ausdruck eines einzigen Wortes verwendet wurde. Damit war das Stadium der *Wort-Bildschrift* erreicht. Da nicht für jedes Wort ein eigenes Zeichen gesetzt werden konnte und da zugleich der Unterschied zwischen Form und Bedeutung der Bilder immer größer wurde, gewann im Laufe der Phonetisierung der Laut oder Lautkomplex die Oberhand. Es darf als ein schöpferischer Akt besonderer Qualität angesprochen werden, als das Bild nicht mehr eine Idee und auch nicht mehr einen Begriff, sondern einen ganz bestimmten Lautkomplex darstellte. Damit war die Entwicklungsstufe der *Wort-Lautschrift* erreicht. Da es Wort-Lautschriften nur im Bereich zwischen Mittelmeer und Gelbem Meer gibt, muß an einem Punkt dieses Gebietes die schöpferische Idee aufgetaucht sein, an die Stelle des gesehenen Bildes das gehörte Wort einzusetzen. Es versteht sich, daß es jetzt leichter war, auch abstraktere Begriffe auszudrücken. Homonyme konnten nun mit denselben Zeichen vorgestellt werden. Für die Kennzeichnung von Abstrakta griff man vorzugsweise zu lautähnlichen Worten aus dem Bereich der Konkreta und suchte die Mehrdeutigkeit durch die Beifügung von determinierenden Sinnzeichen zu beseitigen.

Die Wort-Lautschrift ließ die Schwelle zur *phonetischen Schrift* überschreiten. Als das Zeichen zum Lautzeichen wurde, wandelte sich das ehemalige Pikto-, Ideo- oder Logogramm zum Phonogramm. Nach der Bindung des Zeichens an Laute konnte eine Zergliederung der Worte in Lauteinheiten vorgenommen werden. Damit waren die Weichen für die *Silbenschrift* gestellt. Eine Silbenschrift konnte freilich nur aus einer Wort-Lautschrift entstehen, die einsilbige Komplexe bezeichnete. Ideal dafür waren Sprachen, die Häufungen von Konsonanten vermieden und eine regelmäßige und einfache Silbenstruktur aufwiesen.

Die Entwicklung der Schrift konnte aber noch eine Stufe höher gehen. Den Endpunkt der Entwicklung bildete die *Einzellautschrift* oder Buchstabenschrift. Diese Form der Schrift bot sich vor allem dort an, wo das lautliche Gefüge einer Sprache kompliziert war, wo Konsonantenhäufungen in größerem Maße aufschienen. Im semitischen Kulturkreis kam es zur Entwicklung der phonetischen Konsonantenschriften, die nur für Konsonanten eigene Buchstaben schufen und die Vokale unbezeichnet ließen. Den Endpunkt der Entwicklung bildete die Schrift der Griechen, die zwar ihre Schriftzeichen aus dem semitischen Bereich übernahmen, aber die Vokale hinzufügten und damit die alphabetische phonetische Schrift ins Leben riefen.

Die *Entwicklung der Buchstabenschrift* konnte auf zweierlei Weise vor sich gehen. Eine erste Möglichkeit bot sich in der Methode, Silben vom Typ Konsonant + Vokal zum Einkonsonantenzeichen zu machen, indem der auslautende Vokal vernachlässigt wurde. Ein Beispiel hierfür liegt in den Einkonsonantenzeichen der ägyptischen Schrift vor. Einen anderen Weg gingen die altsemitischen Schriften. Hier wurde der Anfangsbuchstabe eines Wortes isoliert und das Wortzeichen nunmehr als Ausdruck des ersten Buchstabens geschrieben. Man nennt diese Vorgangsweise akrophonisches Prinzip. So schrieb man etwa das Zeichen „Haus" für den Buchstaben B, da Haus „Bait" hieß, oder das Zeichen „Hand" für K, da Hand „Kaph" hieß, und so fort. War bei den Bilderschriften noch kein großer Zwang zu einer geregelten Reihenfolge der Laute gegeben, so kam es bei der Lautschrift sehr wohl auf die genaue Reihenfolge der Laute an. Die Schriftrichtung war freilich im Lauf der Geschichte verschieden gewesen. Bei den Semiten schrieb man von rechts nach links; bustrophedon, d. h. wie der Ochse die Ackerfurchen abwechselnd nach links und rechts zieht, konnte bei Semiten und im Altgriechischen geschrieben werden; die Schriftrichtung von links nach rechts kennzeichnet den späteren griechischen und den lateinischen Schriftenkreis.

Das phonetische Alphabet war in seiner Endphase an eine bestimmte Sprache gebunden; es war aber adaptierbar und konnte an andere Kulturkreise weitergegeben werden. So hat der lateinische Kulturkreis sein Alphabet von den Griechen übernommen und für seine Bedürfnisse ausgestaltet und weiterentwickelt. Nun war in erhöhtem Maße die Entstehung nationaler Literaturen und einer über die Volkssprachen hinweggreifenden Schriftsprache ermöglicht. Diese wieder waren wesentliche Faktoren für den Höhenflug der Kulturen und damit des Entstehens der modernen Wissenschaft und Zivilisation. Das phonetische Alphabet muß daher als eine der größten menschlichen Erfindungen angesehen werden.

Eine Reihe orientalischer Schriften weist die Entwicklungsstufe der Wortschrift auf, bei der jedem Wort ein Bildzeichen entsprach. Dies war der Fall bei den Hieroglyphen der Ägypter, bei der ältesten sumerisch-babylonischen Keilschrift und bei der chinesischen Schrift. Das Prinzip des Rebus war in diesen Schriften gegeben, wenn der Sinn des Zeichens nicht mehr unmittelbar an der Sache, sondern am Lautkomplex haftete; denn dann konnte man in diesen Schriften dasselbe Zeichen zur Wiedergabe von Wörtern gebrauchen, deren Gleichheit oder Ähnlichkeit sich auf den Lautbestand bezog. Bei einsilbigen Wörtern war bereits in der Wortschrift das Prinzip der Silbenschrift vorweggenommen.

Im Rahmen der Silbenschrift mußte man so viele Zeichen bilden, als es Silben in der jeweiligen Sprache gab. Diese Entwicklungsstufe kennzeichnet die kretische Schrift, die kyprische Silbenschrift und die altindische Brahmi-Schrift. Die Keilschrift entwickelte sich weitgehend zur Silbenschrift; gefördert wurde diese Entwicklung durch den Bau der sumerischen Sprache mit ihren vielen ähnlich oder gleich klingenden einsilbigen Wörtern; aber es wurden auch in vielen Fällen Wortzeichen beibehalten. In der hethitischen Bilderschrift, die inschriftlich vom 14. bis zum 8. Jahrhundert v. Chr. belegt ist, überwiegt die Silbenschrift; aber es treten auch Ideogramme, Determinativa und einzelne Buchstabenzeichen auf. Wie bereits erwähnt, kannte auch die ägyptische Schrift teilweise Silbenzeichen (Mehrkonsonantenzeichen), wobei die Vokale unberücksichtigt blieben. Mit Einkonsonantenzeichen kannten die Ägypter aber auch schon das Prinzip der Buchstabenschrift. Man hat versucht, aus den ägyptischen Sinai-Inschriften des 15. Jahrhunderts v. Chr. die Herkunft der semitischen Buchstabenzeichen abzuleiten. Hier scheinen einfache Hieroglyphen, näherhin ihr Sinnwert, ins Semitische übersetzt und die anlautenden Konsonanten der semitischen Wörter mit dem überkommenen ägyptischen Zeichen fest verbunden worden zu sein. Die südsemitischen Schriften wie das Sabäische und das daraus abgeleitete Safatenische, Thamudische, Lihjanische, Äthiopische und in weiterer Folge das Amharische zeigen noch deutliche Verwandtschaft mit Formen der Sinai-Inschriften. Im Bereich der nordsemitischen Schriften machte sich auch der Einfluß der Keilschrift bemerkbar; man denke an die Buchstabenschrift von Ugarit.

Als Wiege der semitischen Buchstabenschrift gilt *Byblos*; den Namen dieser Stadt haben später die Griechen mit dem Begriff des Beschreibstoffes und des Buches verbunden. Das aus 22 Konsonanten bestehende nordsemitische Alphabet ist in drei verschiedenen Ausprägungen bekannt: Phönizisch (daraus Punisch), Althebräisch (Kanaanisch, daraus Samaritanisch) und Aramäisch (daraus die hebräische Quadratschrift, Palmyrenisch, Syrisch und das Nabatäische, die Wurzel der arabischen Schrift). Mit den Namen Sinai, Ugarit und Byblos sind entscheidende Orte für die Schriftentwicklung genannt, die in einer langen Entwicklungslinie über den semitischen zum griechischen und abendländischen Schriftenkreis führen sollte. Das syrisch-palästinensische Gebiet des 2. Jahrtausends v. Chr. war ein fruchtbarer Boden für Schrifterfindungen. Das Land lag zwischen den großen Macht- und Kulturzentren des Altertums: zwischen Ägypten im Süden, dem Hethiterreich im Norden, Babylon und Assur im Osten; hier begegneten sich Europa, Afrika und Asien. Der Handel florierte mit Ägypten, mit Kreta und Mykene, mit der Ägäis, mit Anatolien und den östlichen Völkern. Die Beherrschung mehrerer Sprachen war für die international orientierten Handelsstädte von Wichtigkeit. Auch die Schreiber standen vor großen Herausforderungen. Für Kult und Diplomatie war die akkadische Keilschrift notwendig; nicht weniger wichtig war die Hieroglyphenschrift der Großmacht Ägypten; das Hethitische, Churritische, Kretische und Mykenische gesellten sich dazu. So war es verständlich, daß das Bedürfnis nach einer vereinfachten und allgemein verständlichen Schrift wachsen mußte.

Seit etwa 3000 v. Chr. arbeiteten Sklavenkolonnen in den Kupfer- und Malachitminen der *Halbinsel Sinai*; erst um 1200 v. Chr., unter Ramses III., wurden die Minen stillgelegt. Der englische Ägyptologe Flinders Petrie fand 1904 bei einem Heiligtum der Hathor Schrifttäfelchen mit bisher unbekannten Schriftzeichen, die flüchtigen Hieroglyphen ähnelten. Ägyptische Sinn- und Lautwerte konnten aber nicht festgestellt werden. Ein anderer englischer Ägyptologe, Sir Alan Gardiner, bot 1916 eine erste Lösung an. Als er die Zeichen semitisch zu lesen versuchte, stieß er auf eine immer wiederkehrende Zeichengruppe b-^{c}-l-t, die er als „Ba^{c}alat" entzifferte, dem Namen einer semitischen Göttin, die den Ägyptern als Hathor bekannt war. Gardiner hatte die Lösung nach dem akrophonischen Prinzip gesucht; dieses Prinzip besagt, daß man nur den ersten Buchstaben eines Wortes benützt und den Rest unberücksichtigt läßt; Gardiner nahm an, daß der Hieroglyphenname ins Semitische übersetzt und dann dessen erster Buchstabe als Wert für das ursprünglich ägyptische Zeichen genommen wurde. So lautet das ägyptische Wort für „Haus" p-r, im Semitischen „bait" (oder „bet"); nimmt man nun das ägyptische Zeichen für Haus für das semitische Wort „bait" und berücksichtigt nur dessen ersten Buchstaben, ist der Buchstabe B erfunden. Mit dieser Methode konnten von den insgesamt 150 Zeichen 32 verschiedene Zeichen der Sinaischrift entziffert werden. Es kann also als sicher gelten, daß ägyptische Hieroglyphen wie auch die aus der Mitte des 2. Jahrtausends v. Chr. stammenden Inschriften vom Sinai eine der Quellen der semitischen Buchstabenschrift gewesen waren.

Die Stadt *Ugarit*, an der syrischen Küste gegenüber Zypern gelegen, war der nördlichste Hafen der semitischen Phöniker. Hier florierte seit dem Beginn des 2. Jahrtausends v. Chr. der Handel mit Kreta und Ägypten, später auch mit Mykene und Zypern. Ständig strömten viele Ausländer in die Stadt. Im 14. Jahrhundert v. Chr. wurde Ugarit von den Hethitern erobert; nach dem Einbruch der Seevölker um 1200 v. Chr. wurde die Stadt zerstört. Ab 1929 wurden beim Hügel Ras Schamra auf dem Gebiet des alten Ugarit Grabungen durchgeführt, die das alte Ugarit wieder zutage förderten. Riesige Bestände von Tontafeln wurden dabei gefunden, die Auskunft über das politische, religiöse und literarische Leben der Stadt gaben; selbst eine Bibliothek und eine Schreiberschule konnten nachgewiesen werden. In Ugarit wurden sechs Sprachen in Verwendung erkannt: das Babylonische, das Sumerische, das Hethitische, das Churritische, das Ägyptische und das Phönikische. Auf Keilschrifttafeln fanden die Archäologen die älteste Buchstabenschrift in Keilschriftzeichen, eine reine Konsonantenschrift aus 29 verschiedenen Buchstabenzeichen. Ein Musteralphabet auf Tafeln der Schreibschule lehrte das ugaritische Alphabet kennen; die Lautwerte waren die folgenden: ʾ(a), ʾ(e, i) ʾ(u), b, g, d, h, w, z, ḥ, ḫ, ṭ, y, k, l, m, n, s, ṡ, ^{c}, ġ, p, ṣ, ẓ, q, r, š, ž, t, ṯ. Mochte auch die Ras-Schamra-Schrift nur in Ugarit festgestellt worden sein, mindert dies nicht die revolutionäre Leistung des Erfinders dieser Schrift. An die Stelle von Hunderten von Zeichen waren nun bloß 29 Zeichen getreten; die Schrift, bisher der Besitz weniger Kundiger, konnte nun Ausdrucksmittel vieler Menschen werden. Wenn auch die Erkenntnis, daß die menschliche Sprache sich aus verhältnismäßig wenigen Konsonanten zusammensetzt, im 2. Jahrtausend v. Chr. gleichsam in der Luft gelegen haben mag, darf doch die Erfindung des anonymen Schreibers aus Ugarit als genial angesprochen werden.

Das erste Beispiel des *phönikischen Alphabetes*, das die Urform unseres Alphabetes darstellt, wurde in der Stadt Byblos gefunden. Diese syrische Hafenstadt nördlich von Beirut verdankte ihren Aufstieg im 3. Jahrtausend v. Chr. dem Handel mit dem Zedernholz des Libanon, das man in Ägypten zum Bau von Tempeln und Grabbauten benötigte. Die semitische Bevölkerung von Byblos stand auch wirtschaftlich und politisch unter der Kontrolle von Ägypten. Aus der Zeit zwischen 2000 und 1500 v. Chr. stammen aus Byblos Inschriften mit verkürzten hieroglyphischen Zeichen, die vermutlich die ersten Versuche einer alphabetischen Schrift in phonetischer Schreibweise darstellen: das Abdo-Fragment (17./16. Jh.), die Šapaṭba^{c}-Inschrift (16./15. Jh.) und die Azrubal-Spachtel (14. Jh.). Die frühesten Urkunden des phönikischen Alphabets sind zwei Zeilen auf dem 1923 vom Franzosen Montet in Byblos entdeckten Sarkophag des Königs Ahiram von Byblos, der auf die Wende vom

13. zum 12. Jahrhundert v. Chr. datiert werden kann. Hier liegen Zeichen vor, die zwar Beziehungen zu den ägyptischen Hieroglyphen zeigen, die aber eindeutig zu reinen Konsonanten geworden sind. Das Alphabet besteht aus 22 Konsonanten. Der Text der Ahiram-Inschrift lautet in deutscher Übersetzung: „Diesen Sarkophag machte Eth ba^{c}al, Sohn des Ahiram, des Königs von Gebal, seinem Vater. Hier setzte er ihn hin für die Ewigkeit." Aus dem 12. Jahrhundert stammt eine Bauinschrift des Königs Jeḥimilk von Gebal auf einem weißen Kalksteinblock, ebenfalls in Byblos gefunden. Ihre Buchstabenformen stimmen mit den Formen der Ahiram-Inschrift überein. Aus dem 10. Jahrhundert v. Chr. stammen Inschriften des Königs ^{c}Azarba^{c}al und des Königs Abiba^{c}al (gleichzeitig zu datieren mit der Regierungszeit des ägyptischen Pharaos Scheschonk I., des Begründers der 22. Dynastie, etwa 945-924 v. Chr.). Aus dem Ende des 10. Jahrhunderts v. Chr. stammt eine Inschrift des Eliba^{c}al, des Nachfolgers von Abiba^{c}al (zur Zeit des Pharaos Osorkon I., 924 bis 895). Die Zeichen dieser Inschriften stimmen im wesentlichen mit der Jeḥimilk-Inschrift überein. In die Zeit des 12. bis 10. Jahrhunderts datiert man eine kurze Inschrift auf einer in Nabatiya südlich des Libanon gefundenen Pfeilspitze. Als Beispiel der phönikischen Schrift gilt auch die Stele des Moabiterkönigs Meša, die 1868 bei Diban (dem biblischen Dibon) im alten Moabiterland gefunden wurde; darin zählt der König Meša seine Kämpfe gegen den israelitischen König Omri sowie seine Bauten auf; heute steht der Stein im Louvre zu Paris. Die Sprache ist das Althebräische. Die 34zeilige Inschrift zeigt Verwandtschaft mit den Zeilen des Ahiram-Sarkophags. Man datiert allgemein die Inschrift in das Jahr 842 v. Chr. Gelegentlich wurde die Stele als Fälschung bezeichnet; doch gilt noch mehrheitlich ihre Echtheit. Die Schrift der Meša-Stele weist bereits kursivere Formen auf, was auf einen längeren Schriftgebrauch schließen läßt. Der Text der Stele lautet in deutscher Übertragung: „Ich bin Meša, des Kemosmelek Sohn, König von Moab aus Dibon. Mein Vater war König von Moab 30 Jahre, und ich wurde König nach meinem Vater, und ich habe errichtet dieses Heiligtum dem Kemoš in Querihoh für die Rettung des Meša. Denn er rettete mich von allen den Königen und ließ mich meine Lust sehen an all meinen Feinden. Omri wurde König von Israel und bedrückte Moab lange Zeit, denn es zürnte Kemoš auf sein Land."

Altphönikische Buchstaben finden sich auf einer 1876 auf Zypern entdeckten Inschrift; es handelt sich um acht Bruchstücke von zwei Bronzeschalen, die als Widmungen von Statthaltern der tyrischen Besitzung Qarthadašt (= Kition) auf Zypern aufzufassen sind. Eine Schale, die vermutlich König Hiram II. von Sidon erwähnt, kann auf etwa 750 v. Chr. datiert werden. In Phönikien finden sich Inschriften erst wieder aus dem 5. bis 3. Jahrhundert v. Chr. Sie sind Vertreter der mittelphönikischen Schrift. Zu den besten Dokumenten gehört die 1855 entdeckte Inschrift auf dem Sarkophag des Königs Ešmun^{c}azār von Sidon. Zu nennen sind auch Graffiti phönikischer Söldner des ägyptischen Pharaos Psammetich I. oder II. (also zwischen 650 und 595 v. Chr.) auf den Schenkeln eines der Kolosse des Tempels zu Abu Simbel in Südägypten. Aus der phönikischen Schrift hat sich die punische Schrift in der phönikischen Kolonie Karthago entwickelt, die bald eigene Wege ging und neue Formen schuf.

Wie immer die Beeinflussung des nordsemitisch-phönikischen Alphabetes durch ägyptische Hieroglyphen, die Sinaischrift oder ägäische Elemente beschaffen war, mag doch postuliert werden, daß dieses Alphabet die bewußte Schöpfung eines einzigen Erfinders war, freilich nicht denkbar ohne die im 2. Jahrtausend v. Chr. in Ägypten, Kreta und Mesopotamien gebräuchlichen Schriften. Der geniale Erfinder des nordsemitischen Konsonantenalphabetes konnte eklektisch vorgehen; sein Verdienst bestand nicht so sehr in der Schaffung neuerer äußerer Buchstabenzeichen als vielmehr in der Erfindung eines Buchstabensystems von nur 22 Konsonanten. Dadurch, daß das semitische Alphabet von den Griechen übernommen und verbessert wurde, hat die Erfindung des anonymen Genies wahrhaft welthistorische Bedeutung erlangt.

Die Namen der *semitischen Buchstaben* sind erst aus später rabbinischer Überlieferung bekannt; dazu tritt die griechische Transkription durch die Handschriften der Septuaginta, in denen die nach dem Alphabet geordneten Verse der Klagelieder Jeremiä durch griechische Bezeichnungen erläutert sind. Auch Eusebios von Kaisareia († 339 n. Chr.) nennt die Buchstaben. Die semitischen Buchstaben müssen von Anfang an eine feststehende Reihenfolge besessen haben; diese wurde bereits bei der Entlehnung durch die Griechen um 1000 v. Chr. übernommen. Die in hebräischer Sprache überlieferten Namen der semitischen Buchstaben lauten: ʾāleph, bēth, gīmel, dāleth, hē, wāw, zajin, ḥēth, ṭeth, jōdh, kaph, lāmedh, mēm, nūn, sāmekh, ʿajin, pē, ṣādhē, qōph, rēš, šīn, tāw. Durch Vergleiche mit den in den verschiedenen semitischen Sprachen überlieferten Buchstabennamen versuchte der Orientalist Theodor Nöldeke die ältesten erreichbaren Namen der semitischen Buchstaben zu rekonstruieren und gelangte zu folgender Liste: ʾālf, bēt, gaml (geml), delt, hē, wau, zai (zain?), ḥēt, ṭēt, jōd, kaf, lamd, mēm, nūn, semk (samk), ʿain, pē (pā?), ṣādē, qōf, rōš (rēš), šīn, tau.

Die Deutung der semitischen Buchstabennamen ist zum Teil noch umstritten. Zwar wird die Schwierigkeit des Fehlens einer Übereinstimmung zwischen der Form und der Benennung des Zeichens gemindert oder gar beseitigt, wenn man auf das der semitischen Schrift zugrundeliegende Vorbild zurückgeht; doch bleiben Schwierigkeiten bestehen. Sicher zu deuten sind folgende Zeichen: aleph = Rind; beth = Haus; daleth = Türflügel; waw = Haken; zajin = Waffe; jodh = Hand; kaph = gekrümmte Handfläche; mem = Wasser; nun = Fisch (auch nahas = Schlange); ajin = Auge; pe = Mund; reš = Kopf; šin = Zahn. Nicht sicher festzustellen sind die Bedeutungen der Zeichen gimel (Kamel), he (Gitterfenster), heth (Zaun?), teth (Windung? Schlauch? Ballen?), lamedh (Ochsenstachel?), samekh (Stütze? Baum? Zweig?), sadhe (Fischerhaken? Treppe?), qoph (Hinterkopf? Affe? Helm?), taw (Kreuz? Lebenszeichen?). Die Möglichkeit muß offen bleiben, daß auch kretische Wörter oder deren Verstümmelungen hinter den noch nicht gedeuteten Zeichen stehen.

Die Sprache, aus der die griechischen Buchstabennamen genommen wurden, ist eher das Phönikische als das Aramäische gewesen; darauf verweisen die griechischen Buchstabennamen. So existiert aleph, aus dem das griechische alpha wurde, im Phönikischen und Althebräischen, nicht aber im Aramäischen, oder die Termini iota, pi, rho entsprechen eher dem phönikischen jodh, pe und roš als dem aramäischen jad, pum und reš. Das Schluß-Alpha der griechischen Namen beruht auf einer Einführung der Griechen, die die auslautenden Konsonanten nicht schätzten.

Bevor die Griechen das phönikische Alphabet übernahmen, hatte es im griechischen Kulturraum aber bereits zwei Versuche der Einführung und Verwendung einer Schrift gegeben: die kypriotische Schrift und die kretische Linear-B-Schrift. Beide Schriften erwiesen sich aber als ungeeignet; ihr Gebrauch blieb daher relativ kurzlebig.

Kreta, das im 3. Jahrtausend Einflüssen aus Kleinasien ausgesetzt war und mit Ägypten im Austausch stand, konnte sich im 2. Jahrtausend von diesem Wechselspiel losreißen; die Insel wurde zum bedeutendsten Vertreter der ägäischen Kultur. Durch lange Zeit unberührt von den Wanderungen der indoeuropäischen Völker, entfalteten die Kreter eine hochstehende Kultur, die nach dem Namen des sagenhaften Königs Minos als minoische Kultur in der Forschung benannt wird. Die Ausgrabungen im 20. Jahrhundert haben prächtige Palastanlagen in Knossos, Phaistos, Hagia Triada, Mallia und Kato Zakros zutage gefördert; in einer mutterrechtlich bestimmten Kultur wurden ungeahnte schöpferische Kräfte frei; auf den Gebieten der Architektur, Malerei, Töpferei und Goldschmiedekunst wurden großartige Leistungen erbracht. Aber auch bemerkenswerte Schriftdenkmäler tauchten nun auf; Schriftlichkeit war notwendigerweise verbunden mit der Verwaltung der großen Herrschaftszentren und dem weit ausgreifenden Seehandel. Viele der gefundenen Texte erwiesen sich denn auch als Buchungen, als Belege für importierte oder exportierte Waren, als Kontrollen von Wirtschaftsgütern.

Ab etwa 2000 v. Chr. ist als älteste *kretische Schrift* eine piktographische oder Hieroglyphenschrift nachweisbar. Denkmäler haben sich vorzugsweise auf Siegeln und Tonleisten gefunden. Dieses wohl älteste Schriftsystem der Ägäis ging auf die ägyptischen Hieroglyphen zurück. Die Schriften zeigen einen Mischcharakter, als neben den reinen Ideogrammen vermutlich bereits früh eine Laut- und Silbenschrift entwickelt wurde. Es wurden auf Kreta verschiedene Hieroglyphen gefunden, die wohl belegen, daß es auf der Insel in der mittelminoischen Zeit von 2000 bis 1700 v. Chr. eine Reihe von Bilderschriftsystemen gab, die untereinander mehr oder weniger verwandt waren. Sogar ein Druckverfahren mit Matrizen konnte nachgewiesen werden. Ein einzigartiges Denkmal der hieroglyphischen Formenwelt ist der im minoischen Palast zu Phaistos in Südkreta gefundene „Diskos von Phaistos", der ins 17. Jahrhundert v. Chr. datiert wurde. Es handelt sich um eine flache Tonscheibe mit einem Durchmesser von 16 cm, die auf beiden Seiten mit Bildzeichen bedeckt ist, die in spiralförmigen Zonen vom Rand zur Mitte hin angeordnet sind. Die Scheibe ist in 61 Felder und damit wohl ebenso viele Wörter eingeteilt; jedes der 45 Zeichen ist mit Matrizen in den Ton eingepreßt. Nicht zu Unrecht hat man hier einen Vorläufer der Druckkunst mit beweglichen Lettern gesehen. Die Zeichen zeigen Darstellungen von Menschen, Tieren, Häusern und Gegenständen. Möglicherweise handelt es sich bereits um eine Silbenschrift, die nur äußerlich den bildhaften Charakter beibehalten hat.

Offenbar war das Bedürfnis nach einer Vereinfachung der Schrift dringend. So nimmt es nicht wunder, daß schon ab 2000 v. Chr. auch lineare Schriften entwickelt wurden. In Kreta sind Tafeln in Phaistos gefunden worden, die aus der Zeit um 2000 v. Chr. stammen und die sogenannte Schrift „*Linear A*" aufweisen. Linear A war ab dem 17. Jahrhundert v. Chr. im gesamten minoischen Raum in Gebrauch. Allein an die 205 Texte wurden in Hagia Triada gefunden. Die Schrift war offenbar eine Silbenschrift; etwa 70 Silbenzeichen lassen sich feststellen; die meisten Zeichen bestehen aus Konsonant plus Vokal. Linear A wurde vermutlich linksläufig geschrieben. Soweit die meist kurzen Texte - rechteckige Schriftfelder mit vier bis neun Zeilen - interpretiert sind, handelt es sich um wirtschaftliche Aufzeichnungen. Jan Best entzifferte Vorratslisten über Wein und Getreide.

Zu den ägäischen Schriften gehört auch das kyprische Silbensystem, das der kretisch-minoischen Schrift nahesteht und deshalb als „*kyprisch-minoische Silbenschrift*" bezeichnet wird. Die bisher älteste bekannt gewordene Tafel stammt aus dem 15. Jahrhundert v. Chr. Viele Tafeln wurden in der Hafenstadt Enkomi gefunden; ähnliche Tafeln fanden sich in Ugarit, wo es eine kyprische Kolonie gab. Die kyprischen Tafeln bestehen aus gebranntem Ton, nicht aus sonnengetrocknetem Ton wie sonst in der Ägäis. Die kyprisch-minoische Schrift wurde für eine nichtgriechische Sprache gebraucht. Jedoch diente diese Schrift in ihrer Weiterentwicklung, der klassischen kyprischen Schrift des 1. Jahrtausends v. Chr., auch erstmals für die griechische Sprache. Spätestens vom 6. bis zum 3. oder 2. Jahrhundert v. Chr. findet sich hier ein Versuch der Adaptierung eines fremden Alphabetes für das Griechische.

Die 55 Zeichen enthalten nur Silbenzeichen, und zwar für bloße Vokale und für Silben von der Form Konsonant plus Vokal. Also endet jedes Zeichen mit einem Vokal und niemals mit einem Schlußkonsonanten. Soll daher ein griechisches Wort geschrieben werden, das auf einen Konsonant endet, muß noch eine Silbe mit Vokal hinzugefügt werden. So wird etwa auf einer Vase der Name Thales als Ta-le-se geschrieben. Es wird weder zwischen kurzen und langen Vokalen noch zwischen stimmhaften, stimmlosen und hauchexplosiven Lauten unterschieden. So muß etwa dasselbe Zeichen für die Silben da, ta und tha oder für ba, pa und pha geschrieben werden. Nasale vor Konsonanten werden nicht bezeichnet, also pa-ta für panta oder to-ko-re-ne für ton choron geschrieben. Konsonantengruppen werden durch Zwischenvokale beseitigt, und zwar in der Weise, daß beim Anlaut das erste Silbenzeichen den Vokal des zweiten erhält; so schreibt man den Namen Stasikrates als Sa-ta-si-ka-ra-te-se. Bei inlautender Konsonantengruppe richtet sich die Schreibung nach dem Vokal des zweiten Konsonanten, wenn die Konsonantengruppe im Griechischen auch anlautend vorkommt, sonst nach dem vorhergehenden Vokal. So schreibt man a-po-ro-di-ta-i für Aphroditai, aber a-ra-ku-ro für argyro. Diese Unzulänglichkeiten machen manchmal eine sichere Lesung sehr schwer. So könnte die Zeichengruppe a-to-ro-po-se außer ἄνθρωπος (anthropos, Mensch) auch als ἄτροπος (atropos, unwandelbar), ἄτροφος (atrophos, nicht gut ernährt) oder ἄδορπος (adorpos, nüchtern) gelesen werden. Dieser Umstand läßt daher eindeutig den Schluß zu, daß das klassische kyprische Alphabet nicht für einen griechischen Dialekt, sondern für eine fremde Sprache geschaffen und von den Griechen sekundär adaptiert worden war. Die Funde von Tafeln in eteokretischer Sprache, die mit kyprischer Schrift geschrieben sind, belegen diese Tatsache zusätzlich. Offenbar brachten die nach Zypern einwandernden Griechen noch nicht die spätere griechische Schrift mit; sie hätten diese ja wohl kaum zugunsten der für ihre Sprache sehr ungünstigen Silbenschrift aufgegeben. Die kyprischen Zeichen stehen für folgende Silben: a (α, αι), e (ε, η), i, o (ο, ω), u, ka, ke, ki, ko, ku, ta, te, ti, to, tu, pa, pe, pi, po, pu, la, le, li, lo, lu, ra, re, ri, ro, ru, ma, me, mi, mo, mu, na, ne, ni, no, nu, ja, je, f(v)a, fe, fi, fo, sa, se, si, so, su, za, ze, cha, che.

Der zweite Versuch einer Adaptierung einer fremden Schrift für das Griechische liegt in der Schrift *Linear B* vor. Es war eine der aufregendsten Entdekkungen, als von dem Engländer Michael Ventris und zum Teil auch seinem Mitarbeiter John Chadwick 1952 nachgewiesen werden konnte, daß die Sprache von Linear B Griechisch sei. Damit war zur Tatsache geworden, daß Linear B die Schrift der Altgriechen in der voralphabetischen Zeit der zweiten Hälfte des 2. Jahrtausends v. Chr. gewesen war.

Die Schrift Linear B wird als eine Umbildung der kretischen Schrift Abb. 8
Linear A angesehen. Auf Kreta wurden Täfelchen in Linear B nur in Knossos gefunden; sie datieren in die Zeit kurz vor der Zerstörung des neuen Palastes in der Epoche zwischen 1400 und 1350 v. Chr., mag diese durch eine Naturkatastrophe oder durch kriegerische Vernichtung herbeigeführt worden sein. Auf dem Festland wurden in Pylos 1939 und 1952 Tafeln in Linear B gefunden; dazu traten Funde aus Mykene, Orchomenos, Eleusis, Theben und Tiryns hinzu. Ventris und Chadwick stellten 87 Zeichen fest. Ventris ging also davon aus, daß diese Zahl zu klein für ein Ideogrammsystem, zu groß aber für ein Alphabet sei. Allmählich erkannte er unzweifelhaft griechische Wörter wie poimen = Hirte, kerameus = Töpfer, chalkeus = Bronzeschmied, chrysurgos = Goldschmied. Es handelte sich um eine Silbenschrift, die für das Griechische adaptiert wurde. So bedeutete etwa ti-ri-po-de den Dual von τρίποδε (tripode, zwei Dreifüße) oder di-pa que-to-ro-we „vierhenkeliges Gefäß" (dipa = griech. δέπας, Gefäß, quetoro = lat. quatuor, vier, owe = griech. οὖς, ous, Ohr, Henkel). Als Chadwick dies alles erkannte, lösten sich für ihn die meisten Eigen-

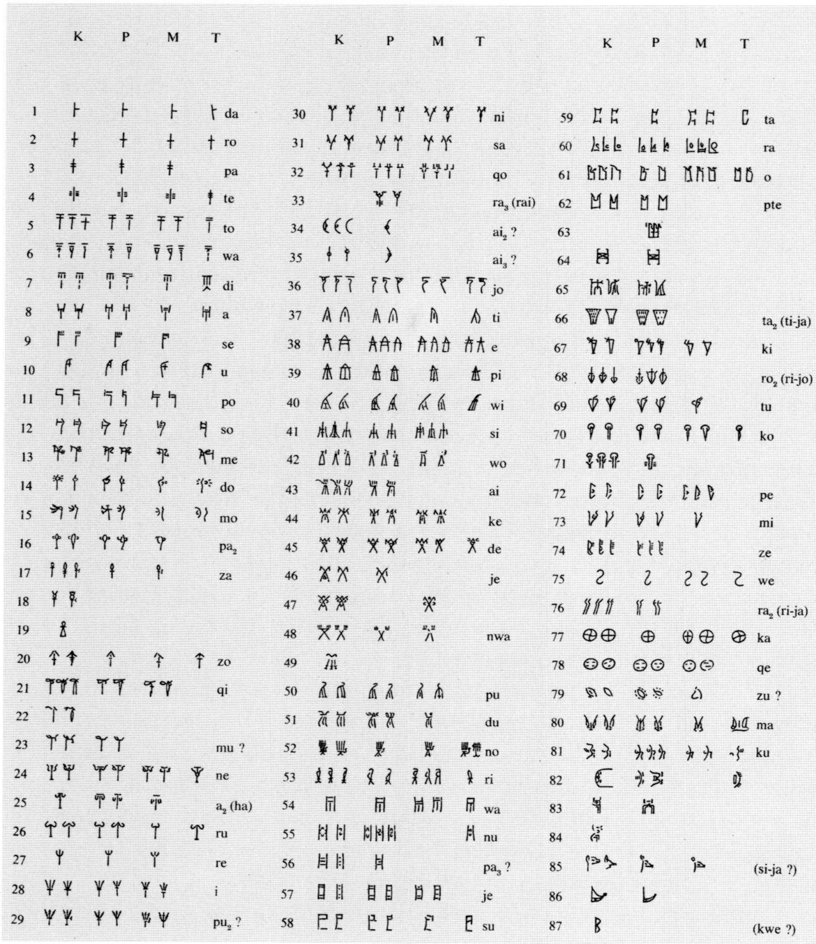

Abb. 8: Silbenzeichen der Schrift Linear B für die mykenisch-griechische Sprache. Form der Zeichen aus Funden in Knossos, Pylos, Mykene und Theben

heiten der Sprache und Orthographie; er stand vor einem altertümlichen Griechisch, das 500 Jahre älter war als Homer, das freilich in einer dem Griechischen nicht adäquaten Schrift wiedergegeben war. Damit war auch der Schluß zu ziehen, daß Knossos schon im 15. Jahrhundert von mykenischen Griechenstämmen besetzt war und daß andererseits die Griechen der mykenischen Zeit ihre Schrift Linear B aus der kretischen Schrift entwickelt hatten. Die Mykener beherrschten bis zum Einfall der Dorer den ägäischen Raum. Aber die Schrift Linear B überlebte den Untergang der mykenischen Kultur nicht. Sie war nur im Bereich der fürstlichen Verwaltung angesiedelt, nach der Invasion der Dorer geriet sie in Vergessenheit. Zu stark hatte sie noch im kretisch-minoischen Kulturkreis gewurzelt.

Linear B ist von Linear A abgeleitet und muß von Schreibern erfunden worden sein, die zwei Sprachen beherrschten, das Minoische und das Griechische. Die beiden Sprachen existierten sichtlich einige Zeit nebeneinander, da sich Linear A außerhalb von Knossos bis zum Ende des 15. Jahrhunderts gehalten hat. Noch Homer bezeichnet Kreta als eine vielsprachige Insel. Die Mykener übernahmen Künstler wie Schreiber. Da in klassischer Zeit griechische Götter und Heroen mit nichtgriechischen Namen begegnen, können wir schon daraus schließen, daß nicht nur Kunstformen, sondern auch Gedankengut übernommen wurde. Die Einheitlichkeit von Schrift und Sprache in den Linear-B-Inschriften aus Knossos, Pylos, Mykene und Theben deutet zumindest auf eine einheitliche Schreibersprache hin; vermutlich kann auch eine einheitliche Hofsprache und Dichtersprache angenommen werden. Allerdings fehlen literarische Aufzeichnungen. So wie wir die Schrift Linear B besitzen, wurden die Texte nur zu Aufzeichnungen innerhalb des Palastes verwendet, die auch nur von den Schreibern gelesen wurden, die sie niedergeschrieben hatten. Die Mykener mußten aber auch eine Schrift besessen haben, die sie zur Aufzeichnung von Dichtung benutzen konnten, falls sie diese benötigten; ferner mußte eine Schrift zum Schriftverkehr zwischen den mykenischen Palästen und zwischen diesen und Orten außerhalb der mykenischen Welt gedient haben. Wenn etwa der König der Hethiter an den König von Ahhijawa schrieb, mußte dieser imstande gewesen sein, zu antworten. Als ein Grund der Ähnlichkeit der Schriften von Linear B allerorten läßt sich wohl vermuten, daß Linear B für den Schriftverkehr unter den mykenischen Königen benützt wurde. Noch Homer zeichnete eine mykenische Welt, in der ein großer Heerführer wie Agamemnon eine großangelegte Übersee-Expedition mit zahlreichen Fürsten unternimmt, die zu ihm in einem Treueverhältnis stehen. Für solche Unternehmungen war ein schriftliches Verständigungsmittel zweifelsohne praktisch. Erinnert sei auch an den von Homer überlieferten verhängnisvollen Brief des Königs von Argos an den König von Lykien, in dem er diesem aufträgt, den Überbringer Bellerophon wie einen lästigen Räuber aus dem Wege zu räumen. Juridische Texte fehlen aus der mykenischen Welt, sei es, daß sie nicht erhalten sind, sei es, daß sie auf vergänglichem Material geschrieben waren. Doch belegen Befehle zur Küstenverteidigung, Anweisungen für Opfer, Beschreibungen von Streitwagen, Zusammenfassungen des Landpachtwesens aus späterer epischer Überlieferung, daß entsprechende mykenische Texte existiert haben. Homer überliefert auch, daß der mykenische König der oberste Richter war; er berichtet von Satzungen, die der König wahrt und aus denen er im Einzelfall die passende auswählt. Dasselbe Wort kommt bei Homer und auf Knossostäfelchen vor, das einen Lehenszins bedeutet, der eine besondere königliche Satzung darstellte. Vielleicht wurden auch Gerichtsentscheidungen aufgezeichnet.

Die Schrift Linear B war sehr flüchtig, fast kritzelig, dünnlinig in scharfer Ritzung, fast labil im Ausdruck. Einerseits ist eine Ordnung gegeben, die durch eingegrabene waagrechte Linien begradigt ist; andererseits zeigen die

Zeichen eine variable Unbekümmertheit und expressive Sprunghaftigkeit. Die
Abb. 8 Silbenwerte der 87 festgestellten Zeichen lauten: 1) da, 2) ro, 3) pa, 4) te, 5) to, 6) na, 7) di, 8) a, 9) se, 10) u, 11) po, 12) so, 13) me, 14) do, 15) mo, 16) pa$_2$, 17) za, 18) unbestimmt, 19) unbestimmt, 20) zo, 21) qi, 22) unbestimmt, 23) mu, 24) ne, 25) a$_2$ (ha), 26) ru, 27) re, 28) i, 29) pu$_2$, 30) ni, 31) sa, 32) qo, 33) ra$_3$, 34 und 35) unbestimmt (ai$_2$? ai$_3$?), 36) jo, 37) ti, 38) e, 39)pi, 40) wi, 41) si, 42) wo, 43) ai, 44) ke, 45) de, 46) je, 47) unbestimmt, 48) nwa, 49) unbestimmt, 50) pu, 51) du, 52) no, 53) ri, 54) wa, 55) nu, 56) pa$_3$, 57) ja, 58) su, 59) ta, 60) ra, 61) o, 62) pte, 63) unbestimmt, 64) unbestimmt, 65) ju, 66) ta$_2$ (ti-ja), 67) ki, 68) ro$_2$ (ri-jo), 69) tu, 70) ko, 71) unbestimmt, 72) pe, 73) mi, 74) ze, 75) we, 76) ra$_2$ (ri-ja), 77) ka, 78) qe, 79) zu, 80) ma, 81) ku, 82 bis 84) unbestimmt, 85) si-ja (?), 86) unbestimmt, 87) kwe (?).

Wie die Tabelle zeigt, unterscheidet auch Linear B nicht zwischen unbehauchten und behauchten Konsonanten; für k und ch, für p und ph werden gleiche Zeichen verwendet. Die griechischen Laute s, n, m, l, r werden am Silben- und Wortschluß nicht geschrieben. Die Laute l und r werden nicht unterschieden. Die Aspiraten werden wie auch teilweise die Media nicht von den Tenues unterschieden. Auch das s als echter Bestandteil einer anlautenden Konsonantengruppe wird nicht bezeichnet; so wird pe-ma für sperma geschrieben. Konsonantenhäufung gibt es mit wenigen Ausnahmen nicht. Die Zeichen stellen nur vereinzelt Gruppen dar, z. B. pte oder nwa. Meist sind es einfache Silben in der Form Konsonant plus Vokal oder nur Vokal. Zum Teil gibt es Dubletten, so anscheinend für a, ai, ta, ro. Die Wortformen wirken teilweise fremdartig durch die mangelnde Unterscheidung von verwandten Konsonanten und durch die Auflösung der Worte in Silben. Man vergleiche Beispiele wie tu-ka-te-re für θυγατέρει (thygaterei), su-qo-ta für συβώτης (sybotes), e-re-u-te-ro für ἐλεύθερος (eleutheros). Bei den meisten Konsonantengruppen wird der erste Konsonant mit dem Vokal des zweiten geschrieben, z. B. de-ke-sa-to für δέξατο (dexato), pa-ra-ke-re-u für πραξεύς (Praxeus), ku-su-pa-ta für ξύμπαντα (xympanta). Die Quantitäten der Vokale sind nicht unterschieden. Zwischen i und folgendem Vokal wird meist der Laut j (w) geschrieben, z. B. i-je-re-u für ἱερεύς (hiereus), e-ni-ja-u-si-jo für ἐνιαύσιος (eniausios), e-u-wa-ko-ro für εὔαγρος (euagros). Vor einem anderen Konsonanten und dem Wortende bleiben s, r, l, m, n unbezeichnet, z. B. po-pu-re-ja für πορφύρεια (porphyreia), wo-wo für ϜόρϜος (worwos, später horos, ὅρος), ka-to-ro für κάστορος (Kastoros), pa-i-to für Φαιστός (Phaistos), pa-ka-na für φάσγανα (phasgana) u. a. m. Die Konsequenz der unvollkommenen Schreibweise ist natürlich gelegentlich die Mehrdeutigkeit des Schriftbildes; so kann pa-te für πατήρ (pater) und πάντες (pantes) stehen, pa-si für πάνσι (= πᾶσι, pasi) und φασί (phasi). Doch für die Schreiber der Tafeln dürften die Texte eindeutig gewesen sein; die scheinbare Armut an Zeichen könnte sogar überlegte Rationalisierung gewesen sein.

All das Gesagte erhellt mit großer Deutlichkeit, welch ungeheure Bedeutung die Schaffung des vollständigen Alphabets durch die Griechen auf

Tafel 19: Vergilius Romanus, 6. Jh. Autorenporträt des Vergil

Tafel 20: Vergilius Romanus, 6. Jh. Gastmahl der Dido

Grund der Adaptierung des phönikischen Alphabets haben mußte. Das System des minoischen Linear B ging in der Wanderungszeit der Dorer wieder unter; die Griechen waren wieder schriftlos. Die Geschichte Griechenlands in der Zeit zwischen 1200 und 700 v. Chr. ist vielfach in Dunkel gehüllt; es war das Ende der Bronzezeit und der Beginn der Eisenzeit. Die homerischen Epen werfen im Gewand der Heldensage und der Schiffermärchen einiges Licht auf diese Epoche. Und doch kam gerade in dieser dunklen Periode nach 1000 v. Chr. die entscheidende Geistestat zustande: die Schaffung des aus der phönikischen Schrift entlehnten und der griechischen Sprache angepaßten *frühgriechischen Alphabets.*

Die fremden Ursprünge waren bereits den Griechen bewußt, und auch noch lateinische Quellen besinnen sich auf die Phöniker. Plinius der Ältere († 79 n. Chr.) weiß im fünften Buch seiner „Naturalis historia" zu berichten, daß dem Volke der Phöniker großer Ruhm in der Erfindung der Buchstaben gebühre. Der römische Dichter Lucanus († 65 n. Chr.), ein Neffe des Philosophen Seneca, der das Epos „Der Bürgerkrieg" (auch „Pharsalia" genannt) schrieb, spricht im dritten Buch von den Phönikern und meint, daß man der Überlieferung wohl glauben dürfe, daß diese es als erste wagten, den Klang der Stimme mit einfachen Figuren aufzuzeichnen. Allerdings war der Philosoph Platon der Meinung gewesen, daß die Schrift ägyptischen Ursprunges gewesen sei. Diesem Urteil schloß sich der römische Historiker Tacitus († 120 n. Chr.) an, wenn er schrieb (Annales 11,14): „Als erste stellten die Ägypter die Begriffe durch Figuren von Tieren dar; diese ältesten Denkmäler menschlicher Erinnerung sind noch in Stein geschnitten zu sehen. Sie geben sich als die Erfinder der Schrift aus. Von ihnen sollen die Phöniker als Beherrscher des Meeres die Schrift nach Griechenland gebracht und den Ruhm erlangt haben, als hätten sie erfunden, was sie nur übernommen hatten." Diodorus Siculus berichtet im 5. Buch seiner Weltgeschichte (5,74,1), daß das Alphabet von den Musen auf Kreta erfunden worden und von dort zu den Phönikern gekommen sei; diese hätten die Formen der Buchstaben umgestellt. In all diesen Versionen spiegeln sich die engen Beziehungen zwischen Ägypten, Babylonien, Palästina, Syrien und dem ägäischen Raum wider.

In der griechischen Überlieferung schrieb man die Erfindung der Schrift mythischen Personen wie dem Gott Hermes, dem Heros Prometheus oder sagenhaften Erfindern wie Linos, Orpheus, Palamedes, Musaios zu. Eine interessante Nachricht, die auf den phönikischen Ursprung des griechischen Alphabetes hinweist, findet sich bei dem weitgereisten Historiker Herodot von Halikarnaß im 5. Jahrhundert v. Chr.; seine Erwähnung der „phoinikaia grammata" ist für das Problem der Provenienz der Schrift nicht ohne Belang. Herodot schreibt im 5. Buch (5,58), daß Kadmos, der König der Phöniker, auf der Suche nach seiner durch Zeus entführten Schwester Europa mit seinem Gefolge auch nach Griechenland gekommen sei; diese mit Kadmos eingewanderten Phöniker hätten durch ihre Ansiedlung in Griechenland viele Wissenschaften und Künste zu den Griechen gebracht, darunter auch die Schrift, die

die Griechen bis dahin nicht kannten. Anfangs hätten die Kadmeier die gleichen Buchstaben wie alle anderen Phöniker gebraucht, dann aber im Laufe der Zeit mit der Sprache auch die Form der Buchstaben verändert. Die Ionier, die Nachbarn der Kadmeier waren, hätten durch Unterweisung die Buchstaben von den Phönikern übernommen, sie im Gebrauch ein wenig umgebildet und sie „phönikische Buchstaben" genannt. Herodot berichtet auch (5,59), daß er Buchstaben aus der Zeit des Kadmos auf einer alten Weihinschrift im Tempel des Apollon Ismenios in Theben gesehen habe. Der Philologe Eratosthenes († 194 v. Chr.), Leiter der Bibliothek zu Alexandreia, war der Meinung, daß das phönikische Alphabet 1313 v. Chr. in Griechenland eingeführt worden sei. Plinius der Ältere überliefert einige mythische Nachrichten. So soll nach einer seiner Informationen den sechzehn Buchstaben, die Kadmos aus seiner phönikischen Heimat mitgebracht hatte, zur Zeit des Trojanischen Krieges der sagenhafte Palamedes vier weitere Buchstaben hinzugefügt haben; Palamedes, der Sohn des Nauplios, des Königs von Euboia, und Ratgeber der Griechen im Trojanischen Krieg, soll auch die Waage, den Leuchtturm, den Diskos und das Schachspiel erfunden haben. Der Lyriker Simonides von Keos (556-468 v. Chr.) soll das Alphabet abermals um vier Buchstaben erweitert haben. Nach einer anderen Nachricht bei Plinius soll das ursprüngliche Alphabet achtzehn Zeichen umfaßt haben und vom sizilischen Komödiendichter Epicharmos um zwei Buchstaben erweitert worden sein.

Vermutlich waren es griechische Kaufleute, die um 1000 v. Chr. die phönikische Schrift in Syrien kennenlernten. Es können Ionier gewesen sein, die ja in enger Verbindung zum Orient gestanden waren. Wenn die ersten Beispiele der alphabetischen Schreibweise aus dem 8. Jahrhundert v. Chr. stammen, so mag die Übernahme des phönikischen Alphabets im 10./9. Jahrhundert vor sich gegangen sein. Schon hier sei darauf verwiesen, daß sich das Alphabet in den verschiedenen Gegenden Griechenlands je nach den Dialekten unterschiedlich entwickelte, bis erst im 4. Jahrhundert v. Chr. die ionische Version sich allgemein durchsetzte.

Die Beweise für die Entlehnung des griechischen Alphabets aus dem nordsemitisch-phönikischen sind eindeutig. Man denke in erster Linie an die sehr ähnlichen oder gleichen Formen der frühgriechischen und der altphönikischen Buchstaben. Auch in der Reihenfolge des Alphabets herrscht Übereinstimmung. Auf einer böotischen Vase wurden 23 griechische Buchstaben gefunden, die ebenso wie das ionische Zahlenalphabet der ursprünglichen nordsemitischen Reihenfolge entsprechen, die im 119. Psalm des Alten Testamentes erhalten ist. Im Originaltext des Psalms haben immer acht Verse den gleichen Anfangsbuchstaben nach alphabetischer Ordnung. Nicht zuletzt weisen die Namen der griechischen Buchstaben - bis auf einige griechische Zusatzzeichen - auf den semitischen Ursprung hin. Semitisches 'ālf ('āleph) wird zu alpha (ἄλφα), bēt (bēth) zu bēta (βῆτα), gaml (gīmel) zu gamma (γάμμα, bei den Ioniern gemma, γέμμα), delt (dāleth) zu delta (δέλτα), hē zu εἶ (ē; der Name epsilon = ἒ ψιλόν, d. h. kahles e, entstand erst, als aus dem Zeichen für ḥēt ein neues ē, das Eta, ἦτα geworden war). Aus wāw wurde vaū (Faῦ); zajin ist im Griechischen nicht erhalten; das zēta (ζῆτα) entstand erst nach dem Vorbild von ēta und thēta; vielleicht hat aber neben dem semitischen zajin auch ein zajit gestanden. Semitisches ḥēt wurde zu hēta bzw. ēta (ἧτα, ἦτα), ṭēt zu thēta (ϑῆτα), jōd zu iōta (ἰῶτα), wohl nach ētha, thēta gebildet. Semitisches kaph wurde zu kappa (κάππα), lāmedh bzw. lamd zu lambda (λάμβδα), älter labda (λάβδα), mēm durch Angleichung an den folgenden Namen zu mū (älter noch mō, μῶ, später mȳ, μῦ), nūn zu nū (später nȳ, νῦ), samk (sāmekh, semk) zu sigma (σίγμα). Das ʿajin ist im Griechischen nicht erhalten; das Zeichen wurde o (ου) genannt, später omikron (ὂ μικρόν). Semitisches pē wurde zu peī (πεῖ), später pī (πῖ). Während ṣādē nicht erhalten ist, wurde qōph zu qoppa (qόππα), rēš (rōš) zu rhō (ῥῶ), šīn zu san (šan), tāw zu taū (ταῦ). An das auslautende alpha einiger griechischer Buchstaben knüpften sich verschiedene Hypothesen, u. a. solche vom aramäischen Ursprung der Laute. Doch ist aus gewichtigen Gründen am phönikischen Ursprung der Buchstaben festzuhalten; das auslautende alpha dürfte auf die Abneigung der Griechen gegenüber konsonantischem Auslaut zurückzuführen sein.

Das *griechische Mutteralphabet* wurde wohl erst im Handels- und Geschäftsverkehr in der Zeit des 10. oder 9. Jahrhunderts v. Chr. eingeführt; der ältere Ansatz um oder bald nach 1000 v. Chr. dürfte wohl eher anzunehmen sein. Doch dieses Alphabet war nicht ohne weiteres zur vollständigen Wiedergabe der griechischen Sprache verwertbar; fehlten doch vor allem die Zeichen für die Vokale, die im Griechischen als einer indoeuropäischen Sprache eine den Konsonanten gleichwertige Stellung einnehmen. Deshalb verwendete man phönikische Konsonantenzeichen, für die die griechische Sprache keine entsprechenden Laute besaß, als Vokalzeichen. Der gutturale Laut ʾāleph wurde für a verwendet, das hē für e, das jōdh für i, das ʿajin für o. Für u wurde das phönikische Zeichen wāw benützt, jedoch an das Ende des Alphabets gesetzt, und zwar als später ypsilon (ὖ ψιλόν, im Gegensatz zum als ü gesprochenen οι), und zwar hinter t, da auch ein konsonantisches w vorhanden war, für welches das Zeichen F (Digamma) geschaffen wurde, das an sechster Stelle des Alphabetes an die Position des alten wāw trat. Aus dem Zeichen ḥēt wurde im Griechischen sowohl ein Hauchlaut (h) als auch ein langes e (ēta). Das semitische Alphabet wurde vermutlich zuerst von solchen Griechen übernommen, bei denen das h bereits verstummt war; daher war das Zeichen hē für e frei; dieser Lautwert erklärt sich auch aus dem Übergang des Terminus hē zu e. Doch auch Griechen, bei denen das h noch nicht verstummt war, übernahmen das Alphabet; sie gebrauchten das Zeichen hēt – 日 oder H – für das h. In den h-losen Gebieten – vor allem im ionischen Kleinasien und auf Lesbos – wurde das H-Zeichen, dessen Name hēta nun zu ēta wurde, für das lange offene e benützt, später auch für langes geschlossenes e, so daß nun die beiden qualitativ verschiedenen e-Laute E und H auch äußerlich voneinander unterschieden waren. Die Quantität der beiden Vokale war ursprünglich nicht berücksichtigt; später unterschieden sich epsilon als kurzes und ēta als langes e. In den archaischen Alphabeten auf Thera, Melos und Kreta konnte H sowohl noch den Wert h als auch schon den Wert e besitzen.

Doch es gab noch weitere Veränderungen, sei es in der Verwendung von phönikischen Zeichen, sei es durch die Schaffung von Zusatzzeichen. Das phönikische Alphabet besaß vier verschiedene Zischlaute: zajin, sāmekh, ṣādē und šīn. Die Griechen hatten hingegen nur den stimmhaften z-Laut und den s-Laut auszudrücken. Für den stimmhaften z-Laut wählte man fast allgemein das zajin als griechisches Zeta; nur die archaischen Alphabete benützten dafür das alte s-Zeichen ⊞. Für den s-Laut wurde in einigen Gebieten wie Kreta, Thera und seiner Kolonie Kyrene, in Melos, Argos, Korinth mit seinen Kolonien, sowie in Sikyon, Achaia und Phokis das phönikische ṣādē (M, griechisch wahrscheinlich san, σάν, genannt) verwendet, in anderen Gebieten wie dem kleinasiatischen Ionien, den ionischen Inseln, auf Euboia mit seinen Kolonien, in Lakonien, Messenien, Elis und Arkadien das phönikische šīn (Σ, ⟆ , griechisch sigma, σίγμα). Der altphönikische Konsonant ṣādē wurde, als er in der Schrift aufgegeben war, als Zahlzeichen für 900 gebraucht; der byzantinische Name Sampi (σαμπῖ,ϡ) erklärt sich aus ὡς ἂν πῖ (hos an pi = so wie pi).

In der griechischen Sprache gibt es drei konsonantische Hauchlaute, nämlich das interdentale th, das gutturale kh und das labiale ph. Auch für diese drei Laute mußte eine Lösung bei der Adaptierung des phönikischen Alphabets gefunden werden. Für das Theta wurde das phönikische ṭēt verwendet. Für die beiden anderen konsonantischen Hauchlaute gebrauchte man zunächst eine Kombination der einfachen Tenues, also der stimmlosen Verschlußlaute, mit dem phönikischen ḥēt, das für die Griechen den Lautwert h hatte, für die Ostgriechen allerdings den des langen e. Daher bedeutete die Kombination KH (oder ϘH) den Lautwert kh, die Kombination ΠH den Lautwert ph. In ähnlicher Weise wurden die Laute ks und ps zunächst durch die Kombination zweier Buchstaben zum Ausdruck gebracht. So schrieb man das ks als KΣ (oder KM) bzw. als Σ (oder ϘM). Später allerdings schufen die Griechen anstelle der eben genannten Buchstabenkombination eigene Zusatzzeichen, die naturgemäß nach dem u-Laut (Y oder V) an das Ende der alphabetischen Reihe zu stehen kamen. Für den Laut ph wurde das Phi (Φ) geschaffen. Die Gruppe der ostgriechischen Alphabete – so an der Westküste Kleinasiens, auf den ägäischen Inseln, in Korinth, Argos und Megara – bildeten für den kh-Laut das Chi (X) und für den ps-Laut das Psi (Ψ). Athen, Aigina und Sikyon, die an sich das ostgriechische Alphabet verwendeten, blieben noch eine Zeitlang bei der Kombination ΦΣ für den ps-Laut und der Kombination XΣ für den ks-Laut. Die rein ostgriechischen Alphabete entschieden sich für das phönikische sāmekh (⊞, später Ξ) als ks-Laut. Hingegen drückten die westgriechischen Alphabete – auf dem übrigen griechischen Festland, auf Euboia und dessen Kolonien – den ks-Laut durch das Zeichen X und den kh-Laut durch das Zeichen Ψ aus. Da für den ps-Laut ein eigener Buchstabe fehlte, verwendete man dafür in Athen die Kombination ΦΣ (seltener auch ΠΣ). Woher die genannten Zusatzzeichen stammen, wurde in der Forschung lebhaft diskutiert. Ohne die Möglichkeit kyprischer oder kretischer Einflüsse leugnen zu wollen, wird vielleicht doch eher an sekundäre Bildungen aus dem alten Material zu denken sein, mögen die Details auch noch strittig sein. Das letzte Zusatzzeichen war das Omega. Die ostgriechischen Ionier, die bereits zwei verschiedene Zeichen für das e benützten - das Epsilon für das kurze e und das Eta für das lange e - führten analog dazu neben dem kurzen o-Laut Omikron das lange und gedehnte o als Omega (Ω) ein, das nun den tatsächlichen Abschluß des griechischen Alphabetes bildete.

Auf den deutschen Philologen Adolf Kirchhoff und dessen „Studien zur Geschichte des griechischen Alphabets" (1863, 4. Auflage 1877) geht eine noch heute anerkannte Einteilung der alten Alphabete der Griechen zurück. Die Einteilung basiert auf den Abweichungen der lokalen Alphabete, die, dem Dialekt entsprechend, gewisse Buchstaben des Phönikischen nicht verwendeten oder diesen eine andere Bedeutung verliehen. Es sind dies die folgenden Alphabetgruppen: Abb. 9

1. Die archaischen Alphabete der südlichen dorischen Inseln Melos, Thera und Kreta, die den phönikischen Formen am ähnlichsten sind;

2. die östlichen Alphabete der Westküste Kleinasiens, der östlichen Hälfte der Ägäischen Inseln und der nordöstlichen Peloponnes mit Argos und Korinth, sowie der ionischen Kolonien in Italien und der ältesten Inschriften in Attika und auf Aigina;

3. die westlichen Alphabete der Peloponnes, von Böotien, Euboia, Phokis, Thessalien und der nichtionischen Kolonien in Italien.

Die *archaischen Alphabete* der dorischen Inseln Thera, Melos und Kreta weisen noch die den phönikischen Buchstaben ähnlichsten Formen auf. Die vertretenen Laute sind die folgenden: a, b, g, d, e, z, h(ē), th, i, k, l, m, n, o, p, s, q, r, t, u, ks und ō. Auffällig ist das Zeichen ǂ für z, das alte s-Zeichen. Das Beta hat mehrere variierende Formen. Das phönikische wāw wurde für das u benützt, jedoch an das Ende des Alphabets gestellt. Auf Thera kannte man noch ein langes o in der Form Θ. Von den Zusatzbuchstaben fehlen noch das Phi, das Chi und das Psi. Man verwendete für den Laut ph die Kombination Pi + Heta, für kh die Kombination Kappa + Heta oder Qoppa + Heta und für ps die Kombination Pi + San bzw. Sigma. Nach diesem Vorbild schrieb man überflüssigerweise auch für th die Kombination Theta + Heta. Der Doppelkonsonant ks wurde durch die Kombination Kappa + San (Sigma) bzw. Qoppa + San (Sigma) ausgedrückt; daneben gab es für ks als eigenes Zeichen einen nach Art eines verkehrten Pfeiles (↓) gestalteten Buchstaben.

Die *ostgriechischen Alphabete* gliedern sich in zwei Untergruppen. Die erste Untergruppe umfaßt die Alphabete der Westküste Kleinasiens, näherhin das ionische oder milesische Alphabet, sodann die Schrift der östlichen Hälfte der Ägäischen Inseln und der nordöstlichen Peloponnes (Argos, Korinth, Megara), zuletzt die Schriften der ionischen Kolonien im Ionischen Meer und

Abb. 9: Vergleichende Tabelle der drei frühgriechischen Schriftengruppen mit dem altphönikischen und dem klassischen griechischen Alphabet

auf Sizilien. Zur zweiten Untergruppe gehören die Alphabete der nordwestlichen Kykladen sowie der älteren Inschriften von Attika und Aigina. In allen östlichen Alphabeten finden sich die beiden Zusatzzeichen Φ (Phi) für ph und X (Chi) für kh. Für das ps gebrauchte die erste Untergruppe das Zeichen Ψ. Die zweite Untergruppe bildete ps durch die Kombination von Phi und Sigma ab. Die erste Untergruppe kennt das phönikische s-Zeichen ǂ für ks, die zweite

Untergruppe benützt für den ks-Laut die Kombination ΧΣ (kh-s). Das Qoppa existierte noch in allen Alphabeten. Gegenüber dem Sigma-Zeichen für s im milesischen und athenischen Alphabet verwendete das korinthische Alphabet das San-Zeichen M für s. Das milesische Alphabet kannte auch bereits das lange o, das Omega. Das Digamma hielt sich noch im korinthischen Alphabet.

Zu den ältesten Inschriften aus dem Bereich der ostgriechischen Alphabete zählen Niederschriften ionischer Griechen, die als Söldner im Heere des Pharaos Psammetich II. (594–588 v. Chr.) dienten und an den Kolossalstatuen des Felsentempels zu Abu Simbel in Oberägypten rohe Aufschriften anbrachten. Die bedeutendste Inschrift lautet in deutscher Übertragung: „Als König Psammetich nach Elephantine kam, schrieben die Leute des Psammetich, des Sohnes des Theokles, dieses. Sie segelten und gelangten bis oberhalb Kerkis, soweit der Fluß es gestattete. Die Fremden führte Potasimto, die Ägypter Amasis. Der Schreiber dieses war Archon, Sohn des Amoibichos, und Peleqos, Sohn des Eudamos." In diesen alten Schriften sind zwar die Zusatzzeichen Phi, Chi und Psi bereits vorhanden, aber das Qoppa noch in Verwendung; das He kann noch sowohl h wie langes e bezeichnen. In den Inschriften des 6. Jahrhunderts v. Chr. aus Milet ist aber das Qoppa bereits verschwunden; das kurze und das lange o sind bereits unterschieden; das Zeichen H drückt nur mehr das lange e aus. Im 6. Jahrhundert haben die Buchstaben mit Ausnahme der Zeichen für k, m, n, s schon die Formen, wie sie für das klassische Alphabet eigentümlich geworden sind.

Für die zweite Untergruppe der ostgriechischen Alphabete charakteristisch ist die Inschrift auf der Dipylon-Kanne aus Athen aus der zweiten Hälfte des 8. Jahrhunderts v. Chr., die mithin zu den ältesten griechischen Schriftdenkmälern gehört. Die Kanne aus Ton wurde in der Nähe des Dipylon, des Abb. 10 Haupttores der Stadt Athen, in einer antiken Begräbnisstätte gefunden. Die Inschrift auf dem Bauch der Kanne lautet in deutscher Übertragung: „Wer jetzt von den Tänzern am anmutigsten tanzt, der soll dies bekommen." Manche Zeichen wie das liegende Alpha haben noch ganz phönikisches Aussehen.

Die dritte Gruppe der Alphabete bilden die *westgriechischen Alphabete*, die aus der Peloponnes (Lakonien, Arkadien, Elis), Boiotien, Euboia, Phokis, Thessalien sowie aus den nichtionischen Kolonien Siziliens und Süditaliens stammen. Im allgemeinen kennen sie das Zeichen Φ für ph; jedoch benützen sie für kh das Zeichen ↓ oder ϒ. Später wurde das Zeichen X übernommen, das nun aber den Laut ks bedeutet. Für das ps findet sich in Arkadien und Lokris das Zeichen ⋇; in anderen Gebieten wird dafür p-s oder ph-s geschrieben. Das Zeichen H bedeutete überall noch den h-Laut. Die langen und kurzen Vokale waren noch nicht differenziert.

Zu den alten Schriftdenkmälern gehört die Inschrift auf dem Becher der euböischen Kolonie Pithekussai auf Ischia aus dem 8. Jahrhundert v. Chr.; ihr Text lautet in deutscher Übertragung: „Der Becher des Nestor war gut für das Trinken. Wer aber aus diesem Becher trinkt, den wird sogleich das Verlangen nach der schönbekränzten Aphrodite überkommen." Die Inschrift des Damon

Abb. 10: Dipylon-Kanne aus Athen mit Inschrift im östlichen Alphabet, 1. Hälfte des 8. Jh.s v. Chr.

aus der Mitte des 5. Jahrhunderts bildet ein Beispiel des lakonischen Alphabets; ihr Text lautet: „Und bei (dem Rennen) der Ariontia siegte Damon achtmal selber lenkend, mit Füllen von seinen eigenen Stuten und seinem eigenen Hengst, und auch das Rennpferd siegte."

In der weiteren Entwicklung der griechischen Schrift wurden die lokalen Schreibgewohnheiten vereinheitlicht. Obsolet gewordene Zeichen wie das Digamma (F), das San (M), das Qoppa und das Hē (für den h-Laut) wurden weggelassen. Das folgenschwerste Ereignis für die Entwicklung der griechischen Schrift geschah im Jahre 403 v. Chr. Der athenische Redner und Politiker Archinos beantragte in einer Denkschrift anläßlich einer Gesetzesrevision unter dem Archon Eukleides eine Schriftreform in Gestalt der Einführung des ionischen Alphabetes für den amtlichen Gebrauch und den Schulunterricht. Er setzte sich auch für die Notwendigkeit der Buchstaben Chi und Psi ein. Der Antrag wurde angenommen; die alten Gesetze wurden in ionischer Schrift neu herausgegeben. Diese Reform bescherte den Athenern vier neue Buchstaben, nämlich Eta, Chi, Psi und Omega. Damit war die lokale athenische Schrift aufgegeben und das ionische (milesische) Alphabet offiziell durchgesetzt, dessen Spuren sich in attischen Urkunden bereits im 5. Jahrhundert angekündigt hatten. Bald folgten die übrigen griechischen Stadtstaaten dem Beispiel Athens, so Boiotien bereits um 370 v. Chr. Das euklidische Alphabet wurde ab dem 4. Jahrhundert zum gemeingriechischen *klassischen Alphabet* in folgender Zusammensetzung: alpha (Α), beta (Β), gamma (Γ), delta (Δ), epsilon (Ε), zeta (Ζ), eta (Η), theta (Θ), iota (Ι), kappa (Κ), lambda (Λ), my (Μ), ny (Ν), xi (Ξ), omikron (Ο), pi (Π), rho (Ρ), sigma (Σ), tau (Τ), ypsilon (Υ), phi (Φ), chi (Χ), psi (Ψ), omega (Ω). Die drei obsoleten Zeichen stigma, qoppa und sampi wurden für die Zahlzeichen 6, 90 und 900 verwendet.

Seit dem 4. Jahrhundert v. Chr. hat das griechische Alphabet keine durchgreifenden Veränderungen mehr durchlaufen, sondern sich nur paläographisch und stilkundlich gewandelt. Für den Hauchlaut h (spiritus asper) entwickelten die Ionier in Lukanien im 4. Jahrhundert durch Halbierung des H das Zeichen ⊢, das später allgemein gebräuchlich wurde; aus dieser Form entwickelte sich im Mittelalter über ∟ der über den Vokal gesetzte spiritus asper ʽ. Für die Hauchlosigkeit wurde der spiritus lenis gebildet, ein ähnliches Zeichen in Gegenrichtung, das sich über die Formen ⊣ und ⅃ zum über den Vokal gesetzten spiritus lenis ʼ entwickelte.

Ab dem 4. Jahrhundert stehen für das Studium der griechischen Schrift und der Entwicklung des griechischen Buches Papyri und andere Beschreibstoffe zur Verfügung. Fragmente von Papyrusrollen und Codices, Ostraka, Holz- und Wachstäfelchen und einige andere sekundäre Beschreibstoffe bieten ein breitgefächertes Quellenmaterial an.

Die Schrift der epigraphischen Denkmäler ist eine reine Großbuchstabenschrift. Die ältesten Zeugen der griechischen Buchschrift stehen der epigraphischen Majuskel nahe; auch hier treten die Großbuchstaben unverbunden, ohne Wort- und Satztrennung nebeneinander. Ligaturen und runde Formen sind weitgehend vermieden. Die meisten Buchstaben sind in ein Zweizeilenschema einzufügen. Man kann füglich von einem „*Inschriftenstil*" sprechen. Der älteste bisher bekannt gewordene griechische literarische Papyrus ist ein 1963 bei Derveni in der Nähe von Thessalonike gefundenes angekohltes Fragment einer Papyrusrolle mit einem philosophischen Text, der um die Mitte des 4. Jahrhunderts v. Chr. geschrieben worden war. Bekannte Beispiele sind ferner die sogenannte „Klage der Artemisia" in der Papyrussammlung der Österreichischen Nationalbibliothek (Pap. gr. 1) und der Berliner Papyrus der „Perser" des Timotheos (Pap. gr. Berol. 1), die beide in das späte 4. Jahrhundert datiert werden. Ein Vergleich mit der ältesten datierten

Abb. 11
Abb. 12

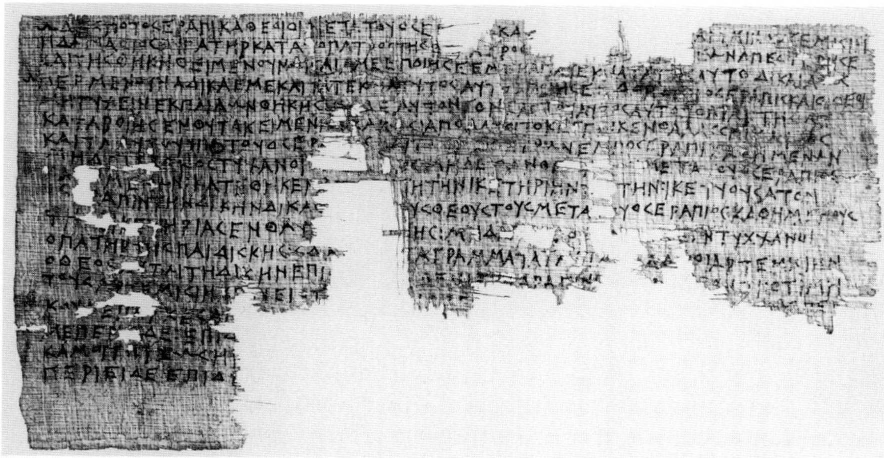

Abb. 11: „Die Klage der Artemisia". Griechische Buchschrift im „Inschriftenstil", Ende 4. Jh. v. Chr.

Urkunde von 311 aus Elephantine stützt die Datierung. Die genannten Stücke sind freilich von ungleichem Niveau. Der Schrift einer wenig im Schreiben geübten Frau in der „Klage der Artemisia" steht die Schrift eines besseren Schreibers im Timotheospapyrus und jene eines Geschäftsschreibers im Vertrag von Elephantine (Pap. gr. Berol. 2) gegenüber. Allgemein kann zum „Inschriftenstil" gesagt werden, daß er noch viele eckige Formen wie in den Inschriften aufweist; an sich runde Buchstaben wie Omikron, Theta, Rho und Beta sind noch unregelmäßig gebildet; das Phi trägt an Stelle eines Kreises ein Dreieck. Nur wenige Buchstaben (wie Omega, Zeta, Xi, Omikron, Theta) füllen das Zweizeilenschema nicht voll aus, das sonst für das gesamte Alphabet verbindlich erscheint. Selbst die Geschäftsschrift im Ehevertrag von Elephantine aus 311 v. Chr. ähnelt dem Stil der Inschriften. Es erhebt sich immer wieder die Frage, ob diese frühen erhaltenen Beispiele repräsentativ für die Schrift der klassischen Zeit sind; sollte man sich die literarischen Texte Griechenlands, die Erstausgaben der griechischen Tragiker und Komödiendichter, der Philosophen und Rhetoren im „Inschriftenstil" vorstellen? Die Frage wird nicht völlig exakt zu beantworten sein; allerdings ist zu beachten, daß bereits die genannten Beispiele unterschiedlicher Herkunft sind, sei es privater, sei es literarischer, sei es administrativer Provenienz, so daß eine Gemeinsamkeit in verschiedenem Milieu festzustellen ist. Auch läßt sich vom „Inschriftenstil" eine gleitende Entwicklung zu einer ptolemäischen Geschäftsschrift und Kursive des 3. bis 1. Jahrhunderts v. Chr. wie auch zu einer ptolemäischen Buchschrift beobachten; dies zeigt, daß der „Inschriftenstil" nicht außerhalb der paläographischen Entwicklung gestanden haben dürfte.

Ein Kalender aus Sais (Hibeh Pap. I,27) um 300 v. Chr. steht noch dem „Inschriftenstil" nahe; die ungelenken Buchstaben halten weder Richtung noch Abstände; die Schrift oszilliert zwischen Buch- und Geschäftsschrift.

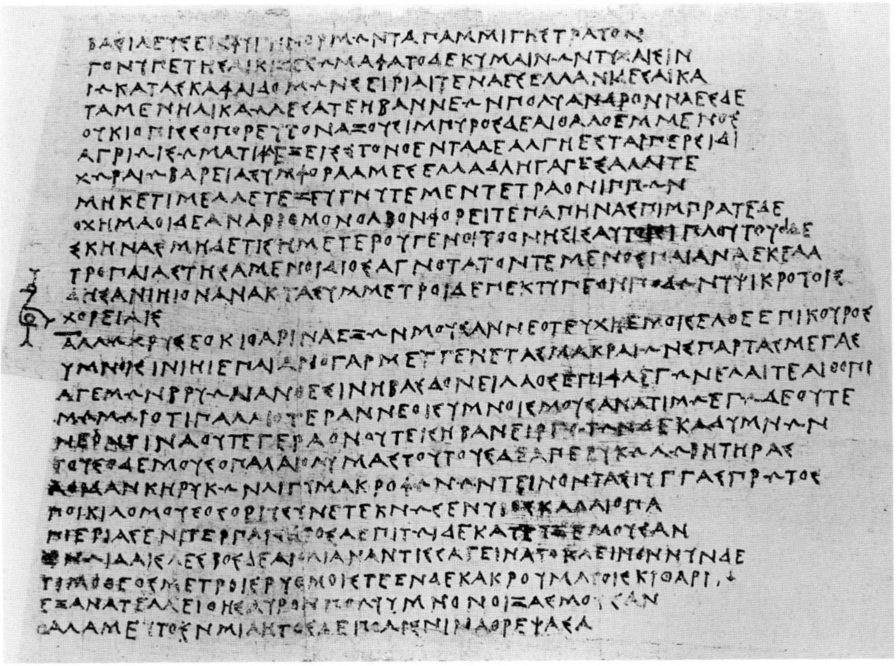

Abb. 12: Timotheos, „Die Perser". Papyrusfragment mit griechischer Buchschrift im „Inschriftenstil", Ende 4. Jh. v. Chr.

Mit dem 3. Jahrhundert v. Chr. treten uns bereits elegante, aber durchaus aus dem „Inschriftenstil" abzuleitende Buchschriften entgegen; man kann von einer „*ptolemäischen Buchschrift*" sprechen. Zwei charakteristische Beispiele des 3. Jahrhunderts v. Chr. sind der Berliner Papyrus (Pap. Berol. 9771) mit einem Fragment des „Phaëton" des Euripides und der Londoner Papyrus (Pap. lit. Lond. 73) des „Hippolytos" des Euripides. Die größere Geschmeidigkeit dieser Schrift beruht auf der Verwendung flacher Rundungen. Man beachte etwa die konkaven Striche in Alpha, Delta, Epsilon, Sigma, My, Eta, Pi. Die Zweizeiligkeit ist indes noch beibehalten, mag auch das Phi bereits Ober- und Unterlängen aufweisen. Kümmerformen zeigen das Omikron und das Omega, die beide an der oberen Zeile zu hängen scheinen. Beliebt sind unechte Ligaturen, die dadurch entstehen, daß zwei Buchstaben ganz eng aneinander rükken, ohne indes in einem Zug geschrieben zu sein. Solche Scheinligaturen liegen gerne vor bei Epsilon + Tau. Es tauchen auch bereits Zierstriche an den Unterlängen der Buchstaben Rho, Ypsilon und Phi, vereinzelt auch bei Kappa, Pi und Tau auf. Noch erscheinen Horizontale und Vertikale gut ausgewogen. Buch- und Geschäftsschrift gehen im 3. Jahrhundert v. Chr. noch parallel; doch schwanken manche erhaltenen Schriften - man vergleiche den rhetorischen Dialog der Berliner Klassikertexte VII.P.13045 - zwischen Buch- und Geschäftsschrift.

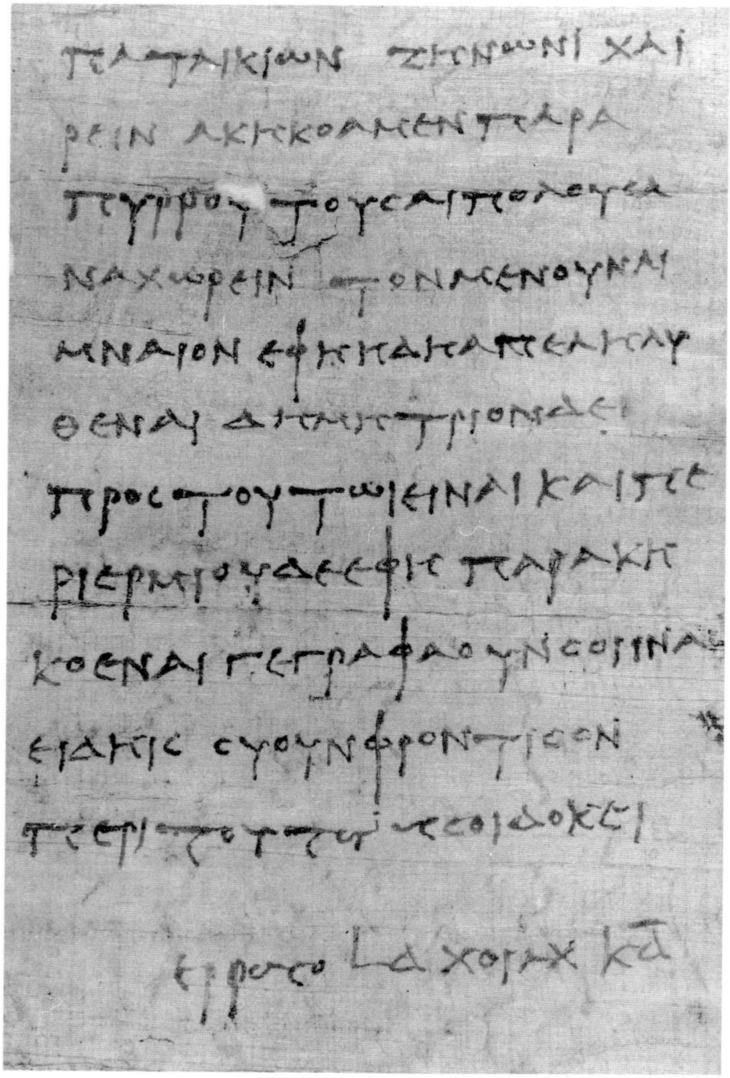

Abb. 13: Brief des Pataikion an Zenon, 244 v. Chr. „Ptolemäische Geschäftsschrift“ des 3. Jh.s v. Chr.

Bereits um die Mitte des 3. Jahrhunderts v. Chr. ist auch schon eine *„ptolemäische Geschäftsschrift“* zu beobachten. Markante Beispiele hierfür sind die Papyri des Briefwechsels des Zenon aus der Mitte des 3. Jahrhunderts v. Chr. (Pap. Lond. 2084, auf 244 v. Chr. datiert). Diese Schrift, die offenbar für Urkunden und Briefe der Zeit vornehmlich galt, unterscheidet sich schon beträchtlich von der Buchschrift. Ein allgemeines Charakteristikum der „ptolemäischen Geschäftsschrift“ ist die Aufgabe der Zweizeiligkeit zugunsten eines Vierlinienschemas. Man beobachtet markante Unterlängen bei Phi, Rho, Ypsilon, Iota, Kappa, Tau; außer den bisher hochgestellten Buchstaben Omikron und Omega rücken nun auch kleingeschriebene Formen von Alpha, Delta und Sigma an die gedachte Oberlinie. Dadurch wird die Grundlinie verwischt, während die Schrift an der Oberlinie zu hängen scheint. Die Buchstaben Tau, Pi, Gamma und Zeta erhalten kräftige Querbalken. Den Einfluß der Kursive verrät ein treppenförmiges Ny. In manchen Texten des 2. Jahrhunderts wirkt die Schrift vielfach wie eine Kette kleiner Bogen, aus denen einzelne Buchstaben nach oben und nach unten herausragen.

Der Dualismus von Buchschrift und Kursive (Geschäftsschrift) setzte sich ab der ptolemäischen Zeit immer stärker durch. Während die Majuskel nach Möglichkeit die Ligaturen vermeidet, tendiert die Kursive immer stärker zur Verbindung mehrerer Buchstaben und zur Anwendung von Abbreviaturen. Das Zweizeilenschema der Majuskel - das in der Spätphase durchbrochen wird - wurde in der Kursive konsequent zugunsten des Vierzeilenschemas aufgegeben.

Die Trennung der Schrift in eine ptolemäische und eine kaiserzeitliche ist zu künstlich; politische Zäsuren fallen nicht unbedingt mit paläographischen zusammen. Immerhin handelt es sich bei der Periode vom 1. Jahrhundert v. Chr. zum 1. Jahrhundert n. Chr. um eine Übergangsepoche zwischen den Schriften der hellenistischen Zeit und jenen der Spätantike.

Guglielmo Cavallo hat in minutiöser Weise die Buchschriften dieser *Übergangsperiode* studiert und an Hand charakteristischer Beispiele Stilgruppen zusammengestellt. Der herausragende Stil ist der *„Stil Pap. Oxyrhynchos 136 + 2081“* (oder „Stil Epsilon-Theta“). Die Buchstaben sind breit und regelmäßig und stehen in rhythmischer Abfolge da. Leitbuchstaben sind Epsilon und Theta: ihr Mittelteil ist auf einen Punkt oder einen winzigen Strich reduziert und vom Zentrum des Buchstabenkörpers abgetrennt. Alpha hat einen geraden Mittelstrich, My wird in Winkelform in vier Zügen geschrieben, Xi hat einen winzigen Mittelstrich.

Der *„Stil Pap. Berolinensis 9775“* zeigt einen morbiden Duktus mit betonter Zweilinigkeit. An den Schäften setzen Zierstriche an. Alpha kann einen schrägen Mittelstrich haben, die runden Buchstaben Epsilon, Theta, Omikron, Sigma können kreisrund oder oval sein. Das Epsilon weist ein hochgestelltes Mittelstrichlein auf, das die obere Rundung berühren kann. Ypsilon hat die Form eines Kelches; der Mittelstrich des Zeta kann auch vertikal sein.

Der *„Stil Pap. Herculanensis 1050“* zeigt eine regelmäßige Schrift mit elegant gerundeten Formen. Die unteren Teile der Buchstabenschäfte biegen sich leicht nach links. Alpha und Delta erhalten eine Verbindung des ersten und zweiten Schriftzuges in Gestalt einer Schlinge. Der Mittelstrich des Epsilon ist vom Buchstabenkörper abgesetzt. Kappa kann mit einer Schleife geschrieben werden; My hat einen gerundeten letzten Schaft; Ypsilon weist einen sehr kurzen Schaft auf. Der Stil ist unter den in Herculaneum am Vesuv gefundenen Papyri sehr verbreitet, kündigt sich aber bereits in ptolemäischen Papyri des 2. Jahrhunderts v. Chr. an.

Der *„Stil Pap. Londinensis 134“* zeigt regelmäßige, zarte und elegant mit Zierstrichen versehene Züge. Eine Tendenz zur Bildung von Augen und zur Brechung von Linien kündigt sich an; ebenso sind Scheinligaturen beliebt. Epsilon und Theta haben einen kurzen Mittelstrich, Alpha einen oft schlingenhaft gestalteten Anstrich; der rechte Schaft des Eta ist elegant gebogen. Die inneren Züge des My tendieren zu einer Kurve, die äußeren zur Rundung. Rho zeigt gerne eine Unterlänge.

Der *„Stil Pap. Fayum 6“* weist einen harten Duktus ohne wesentlichen Unterscheid zwischen Haar- und Schattenstrichen auf. Die Schrift neigt sich öfters leicht nach rechts. Alpha hat einen schiefen Mittelstrich. Beim Beta kann der Punkt der Konvergenz der beiden Bäuche vom Schaft abgetrennt sein. Epsilon kann oben ein Auge aufweisen. Die Mittelstriche des My bilden eine Kurve. Xi kann in einem Zug geschrieben sein. Das Rho hat eine Unterlänge.

Der *„Stil Pap. Herculanensis 1425“* zeichnet sich durch eine betonte Kontorsion und Kurvatur bestimmter Züge aus. Die Schriftachse neigt sich oft nach links.

Der *„Stil Pap. Londinensis 30“* besitzt einen morbiden, gerundeten, flüssigen Duktus, der das Helldunkel vermissen läßt. Das Zweizeilenschema ist - bis auf Phi und Psi - streng eingehalten. Die beiden ersten Striche des Alpha bilden eine Kurve; Xi wird in einem Zug geschrieben; die schrägen Hasten von Delta und Lambda können sich überkreuzen.

Der *„Stil Pap. Oxyrhynchos 2359“* weist einen auffallenden Kontrast zwischen schmalen Buchstaben (Epsilon, Theta, Omikron, Sigma) und normal breiten Buchstaben auf. Das Hell-Dunkel ist wenig differenziert. Zierelemente fehlen für gewöhnlich. Phi hat dreieckige Struktur. Die Rundungen des Omega können sich straffen. My mündet in lauter Kurven.

In der Zeit zwischen dem ersten vor- und dem ersten nachchristlichen Jahrhundert kam die sich mit dem 3./2. Jahrhundert v. Chr. abzeichnende Entwicklung der hellenistischen griechischen Buchschrift zu ihrem Höhepunkt. Die Entwicklung mündete in eine neue Gestaltung der Buchschrift im Zeitalter der Antonine und Severer, aus der die Serie der spätantiken Schriftarten hervorgehen sollte. Im 2. und 3. Jahrhundert n. Chr. gerieten die traditionellen graphischen Werte in eine Krise; man denke in diesem Zusammenhang an die weitreichende Verbreitung der Schrift, an das Auftauchen neuer Leserschichten, die wohl auch für sich selbst Bücher kopierten und dabei nicht an die herkömmlichen Buchschriften gebunden waren; man denke an archaisierende Tendenzen in der Kultur dieser Zeit, die auch auf dem Gebiet des Buchwesens durchschlagen mußten; man denke an den Aufstieg des Christentums, das sich seine eigene Buchkultur schuf und das Buch zum Medium seiner Verkündigung machte. Nicht zuletzt denke man an die Veränderungen in der Buchtechnik, an den Wechsel der Buchformen von der Rolle zum

Abb. 14: Homerpapyrus. Griechische Buchschrift im „Häkchenstil", 1. Jh. v. Chr.

Codex. All diese Faktoren waren an der Umgestaltung der Schrift beteiligt, die von der hellenistisch-römischen Phase in eine römisch-byzantinische Phase einmündete.

War in der Buchschrift vereinzelt schon im 3. Jahrhundert v. Chr., häufiger im 2. Jahrhundert v. Chr. die Sitte der Zierhäkchen feststellbar gewesen, so wurde dieser Usus um die Zeitenwende allgemeiner verbreitet. In den oben genannten, von Guglielmo Cavallo analysierten Stilformen waren Zierhäkchen nicht selten gewesen. Ein frühes Beispiel für einen konsequent durchgeführten *„Häkchenstil"* bietet der Papyrus der Schrift „Die Locke der Berenike" des Kallimachos (Florenz, P. S. I. 1092) aus dem 1. Jahrhundert v. Chr.; der Papyrus kennt einerseits bereits runde Formen, die auf die Unziale vorausweisen; andererseits zeigt er an den meisten Buchstaben an der Grundlinie, fallweise auch an der oberen Zeile waagrechte Häkchen. Solche Häkchen tragen vor allem die Buchstaben Eta, Iota, My, Ny, Pi, Rho, Ypsilon und Phi; bei Eta, Kappa und Ypsilon können Zierstriche und Häkchen auch an der oberen Zeile aufscheinen. Noch ist die Zweizeiligkeit der Schrift gewahrt. Nur Phi weist eine deutliche Oberlänge auf; die Kümmerformen sind verschwunden. Vertreter des „Häkchenstils" sind im allgemeinen die herkulanensischen Papyri, unbeschadet ihrer feineren Differenzierung in Untergruppen.

Abb. 14

In literarischen Papyri des 1. und 2. Jahrhunderts n. Chr. ist ein *„Strenger Stil"* (von Elpidio Mioni auch „onciale bacchilidea" genannt) festzustellen. Ein Musterbeispiel hiefür ist der Londoner Bakchylidespapyrus (Pap. Lond. 733) aus dem 3. Jahrhundert n. Chr. Die Buchstabenformen sind sehr regelmäßig gestaltet. Die Linien werden gut eingehalten, die Zeilenanfänge stehen genau untereinander. Alles in allem zeigen die Kolumnen eine hohe ästhetische Qualität. Die Schrift kann gerade stehen, so im genannten Bakchylidespapyrus oder in einem Alkaiostext aus Oxyrhynchos (Pap. Oxy. 1234); oder aber sie kann leicht nach rechts geneigt sein, so etwa in einem Wiener Xenophonpapyrus (Pap. Vind. gr. 24.568) oder einem Demosthenestext aus den Oxyrhynchospapyri (Pap. Oxy. 26). Das hauptsächlichste Merkmal des „Strengen Stils" ist der Gegensatz zwischen übermäßig breit und besonders schmal gestalteten Buchstaben; breit sind etwa Eta, My, Ny, Pi, Omega, wohl auch Delta, Kappa, Lambda, Chi, Alpha; zusammengedrückt erscheinen hingegen Formen von Epsilon, Sigma, Beta und Theta. Die schmalen Formen von Epsilon und Sigma wirken fast wie ein Iota, nur daß sie gerade noch erkennbare Ansätze von Querstrichen aufweisen. Kümmerformen gibt es von Omikron, bisweilen von Sigma und Omega; das Omega wirkt oft wie eine flache Schale. Ligaturen fehlen; nur sind Buchstaben immer wieder eng aneinandergerückt. Das Zweilinienschema ist streng gewahrt; nur Phi und Rho weisen kleine Unter- bzw. Oberlängen auf; fallweise gibt es auch Unterlängen von Iota, Tau und Ypsilon. Bemerkenswert ist das Auftauchen von Lesehilfen in Gestalt von Akzenten, Apostrophen und einigen Interpunktionszeichen.

Abb. 15

Die Buchschrift der spätantiken Papyri und Handschriften tritt uns im wesentlichen in drei Formen entgegen: in der sogenannten „Bibelmajuskel", in der „alexandrinischen Majuskel" und in der „geneigten Majuskel" („Spitzbogenmajuskel").

Eine hoch stilisierte Buchschrift begegnet in der *„Bibelmajuskel"* (maiuscola biblica). Die Bezeichnung dieser Schrift rührt von ihrer Verwendung in wichtigen biblischen Handschriften - wie dem Codex Vaticanus, dem Codex Sinaiticus, dem Codex Alexandrinus - her, wenngleich sie auch in profanen

Abb. 16 Abb. 17

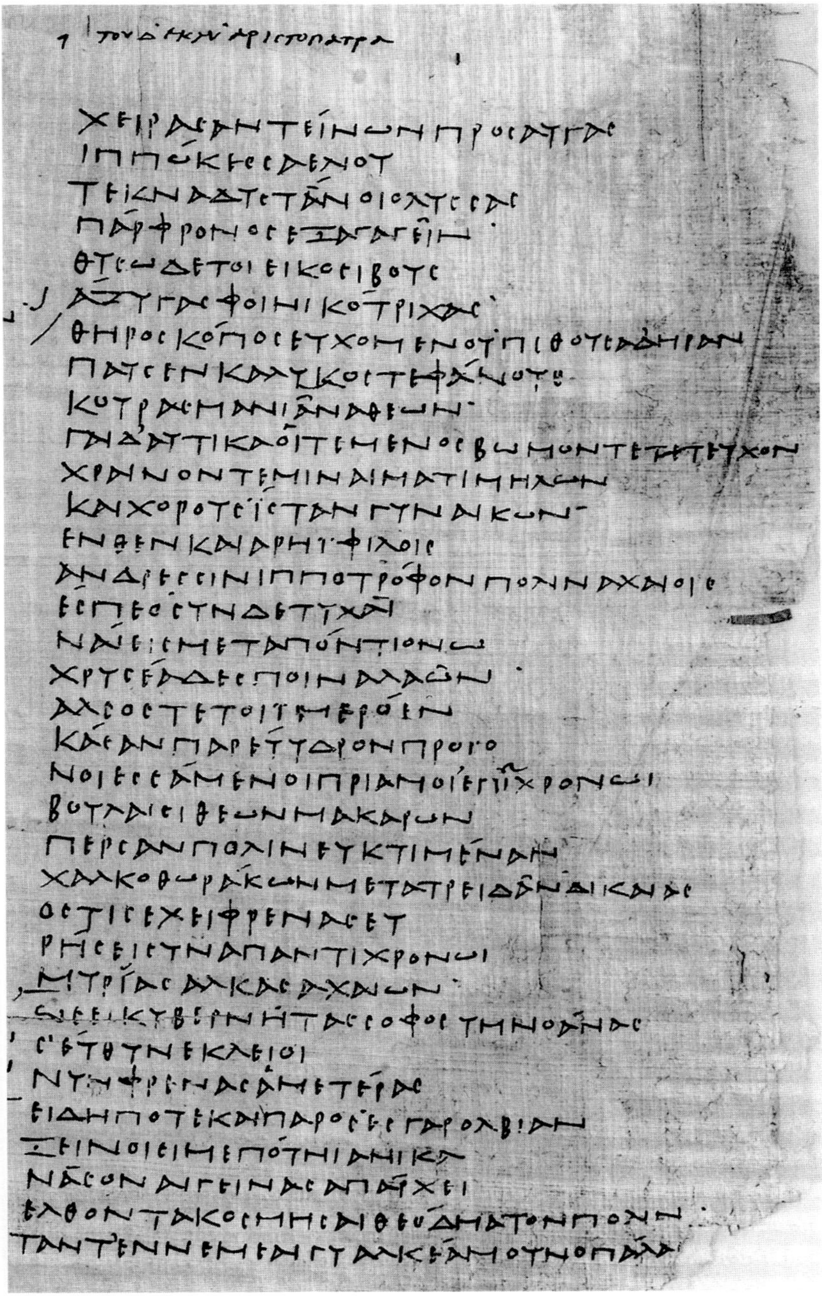

Abb. 15: Bakchylidespapyrus. Griechische Buchschrift des „Strengen Stils", 3. Jh. n. Chr.

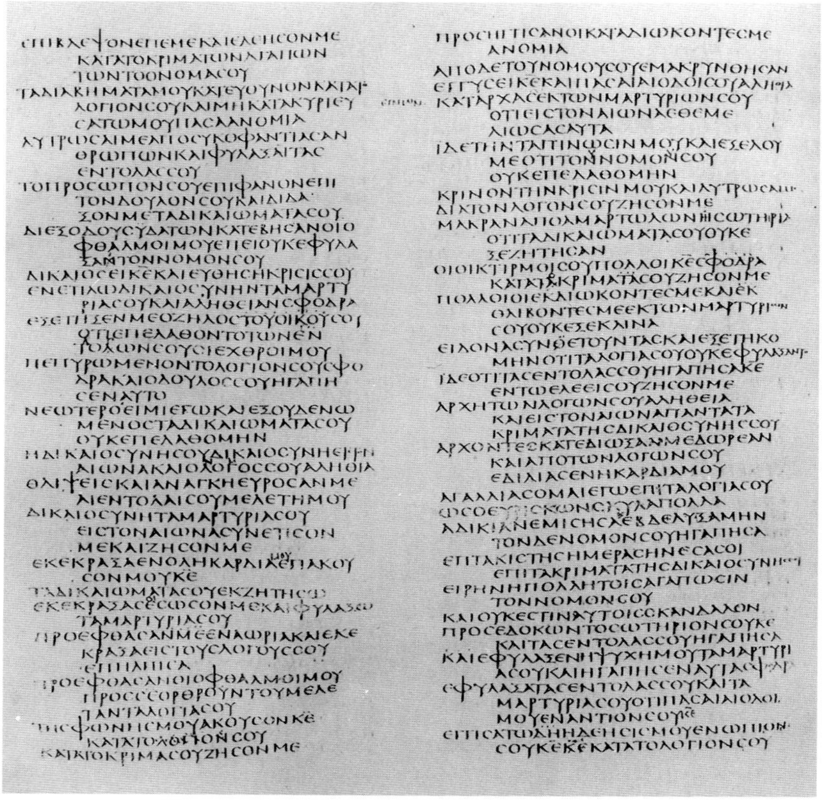

Abb. 16: Codex Sinaiticus. Bibelhandschrift des 4. Jh.s n. Chr. in griechischer Bibelmajuskel, Psalm CXVIII,132 - CXXIII,2

Abb. 18 Handschriften - etwa dem „Wiener Dioskurides" - nicht fehlt. Trotzdem war die Entwicklung dieser Art der Majuskel eng mit der Entwicklung des christlichen Buchwesens verknüpft. Die ältere Bezeichnung „Unziale" für diese Schrift wird in der neueren Forschung nicht mehr gebraucht. Die Bibelmajuskel hatte eine lange Lebensdauer: ihre Entstehung reicht in das 2. Jahrhundert n. Chr. zurück, ihre letzten Ausläufer datieren an den Beginn des 9. Jahrhunderts. Trotz aller Entwicklungsphasen während einer derart langen Zeit und trotz des Überschreitens des Höhepunktes bereits im 5. Jahrhundert n. Chr. hat die Bibelmajuskel gewisse charakteristische Züge bewahrt, so daß man von einem Kanon der Schrift sprechen kann.

Die Schrift hat eine ausgesprochene Vorliebe für geometrische Formen. Mit wenigen Ausnahmen lassen sich die Buchstaben in einen quadratischen Umriß einschreiben. Betont geschrieben werden die absteigenden vertikalen Linien, als Haarstriche erscheinen die horizontalen und aufsteigenden Striche, von mittlerer Stärke sind die schrägen absteigenden Linien. Durch den

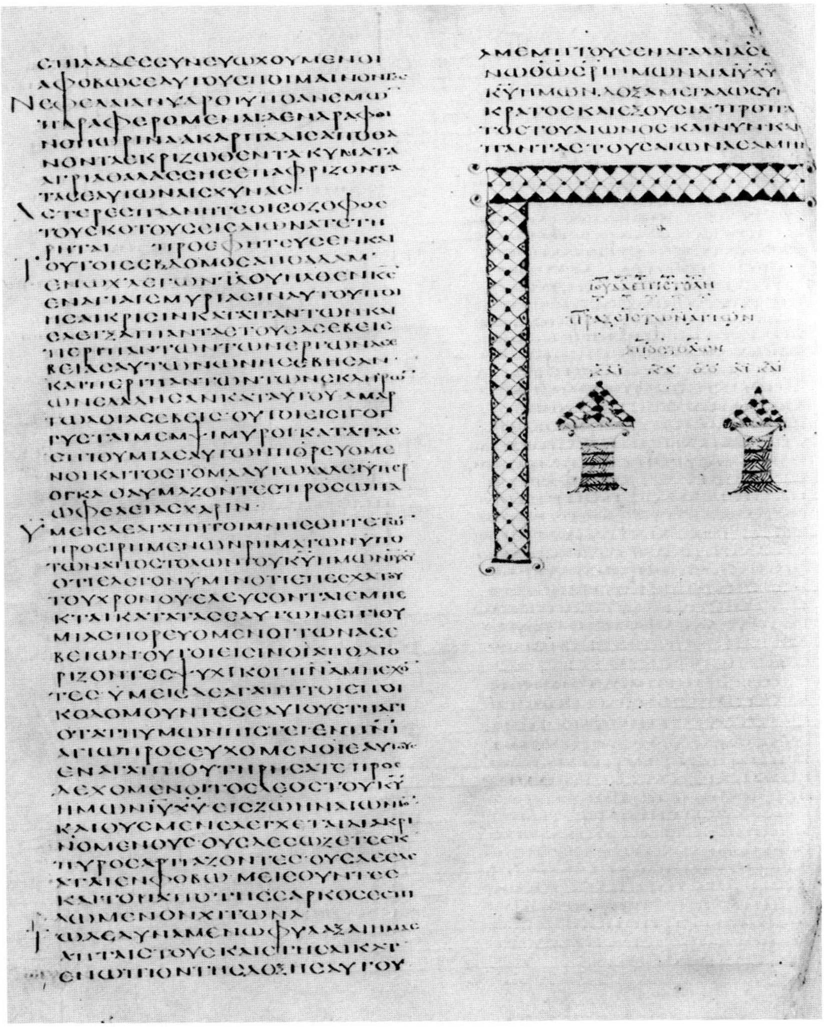

Abb. 17: Codex Alexandrinus. Bibelhandschrift des 5. Jh.s in griechischer Bibelmajuskel, Ende des Judasbriefes

Kontrast der dicken und dünnen Linien, der Haar- und Schattenstriche, entsteht ein sehr harmonisches und ansprechendes Schriftbild. Die meisten Buchstaben lassen sich auch in ein Zweizeilenschema einschreiben. Nur Phi und Psi weisen eine Ober- und Unterlänge auf, die Buchstaben Rho und Ypsilon meistens eine Unterlänge. Zierstriche fehlen anfangs gänzlich; erst mit zunehmender Dekadenz der Schrift erhalten mehrere Buchstaben markante Punkte an den Enden von Haarstrichen.

Der Kanon der voll entwickelten Schrift hat folgende Eigentümlichkeiten. Alpha wird in drei Zügen geschrieben; der erste Strich ist die von oben nach

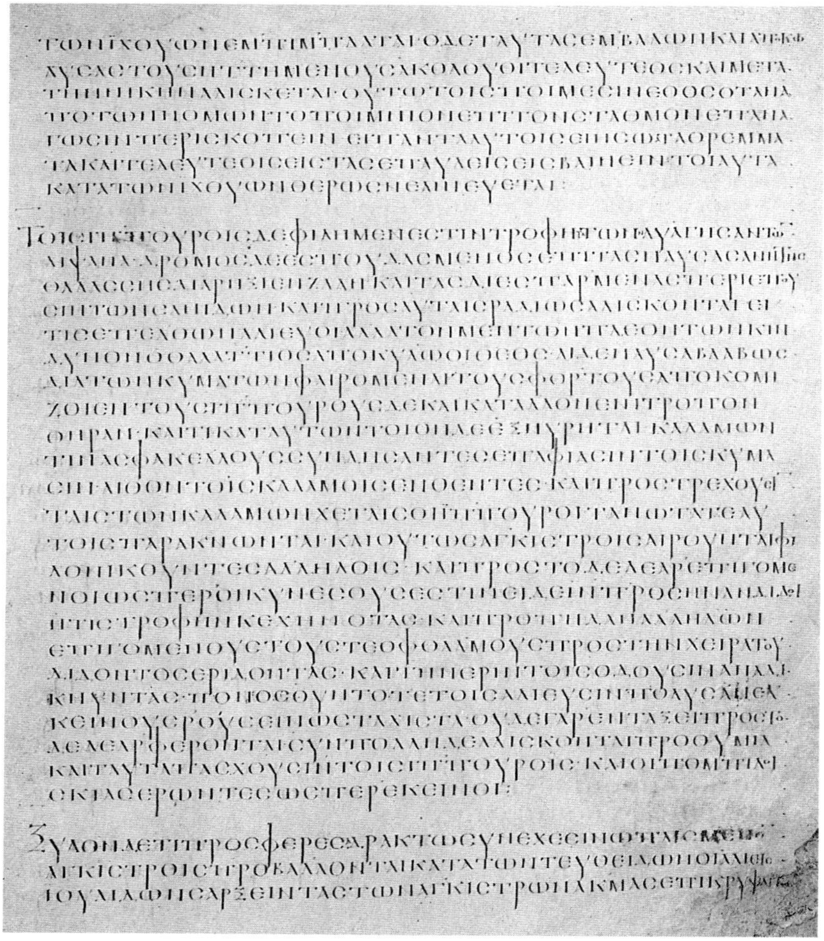

Abb. 18: Griechische Buchschrift im Stil der Bibelmajuskel des 6. Jh.s. „Wiener Dioskurides", um 512 n. Chr., Text aus der Paraphrase der „Halieutika" Oppians (IV,404-21)

unten gezogene schräge, kräftig geschriebene Haste des Buchstabens, der zweite Strich ist der von deren unterem Ende schräg nach rechts oben gezogene dünne Querstrich, der dritte Strich der abermals kräftig geschriebene schräge rechte Schaft. Gelegentlich zeigt sich die Tendenz, den ersten und dritten Strich in einem Zug zu schreiben, wie auch eine Tendenz zur Rundung des ersten und zweiten Strichs. Alpha ist ein reiner Mittelbuchstabe.

Beta wird in vier Zügen geschrieben: der kräftige vertikale Schaft, der dünne untere Teil des unteren Bauches, der obere Bauch, der Rest des unteren Bauches. Der obere Bauch ist etwa kleiner geformt als der untere Bauch. Beta ist ein Mittelbuchstabe.

Gamma entspricht weitgehend dem normalen Modell. Der absteigende Schaft ist ein Schattenstrich, der waagrechte ein Haarstrich; am Ende des letzteren kann ein Zierpunkt angesetzt sein. Gamma ist ein Mittelbuchstabe.

Delta wird in drei Zügen geschrieben: in dem dünnen absteigenden linken Schaft, der gleichfalls dünnen waagrechten Grundlinie, dem dicken schrägen rechten Schaft. An den Enden der Grundlinie scheint bei der fortgeschritteneren Form der Buchstaben je ein Zierpunkt auf, der leicht die Unterlinie durchbrechen kann. Diese Zierpunkte fehlen im älteren Schrifttypus.

Epsilon wird aus einem Halbrund und einem ungefähr in dessen Mitte ansetzenden Querstrich geformt. Die abwärts weisenden Teile der Rundung sind kräftig, die mehr waagrechten Teile dünn geschrieben, wie auch der Querstrich dünn erscheint. Verdickungen können an allen drei Enden des Buchstabens aufscheinen. Der Querstrich kann fallweise auch nach oben hin versetzt sein. Epsilon ist ein Mittelbuchstabe.

Zeta wird aus drei Zügen gebildet. Die waagrechten Striche können leicht geschwungen erscheinen und dadurch minimal die Begrenzungslinien der Mittelbuchstaben durchbrechen.

Eta entspricht dem normalen Modell des Mittelbuchstabens. Der dünne Querstrich befindet sich ziemlich genau in der Mitte der beiden kräftig geschriebenen Vertikalen.

Theta wird aus einem breiten Oval, das sich der Kreisform nähert, gebildet. In dem größtenteils kräftig geschriebenen Rund liegt ein dünner waagrechter Querstrich, der in der Regel die Rundung an beiden Seiten innen berührt.

Iota wird mit einem kräftigen Vertikalstrich geschrieben, der sich in das Zweilinienschema einfügt.

Kappa wird in drei Zügen geformt: ein dicker Vertikalschaft steht isoliert da; die beiden Schrägstriche auf der rechten Seite des Schaftes sind etwas abgesetzt und berühren daher den Schaft nicht. Der obere, von rechts und links unten zu ziehende dünne Strich kann an seinem oberen Ende einen Zierpunkt tragen; der untere, von links nach rechts unten gezogene Schrägstrich ist kräftig. Die Spitze des durch die schrägen Striche gebildeten Winkels liegt ungefähr in der Mitte des vertikalen Schaftes. Kappa ist ein Mittelbuchstabe.

Lambda entspricht in seiner Bildung in etwa dem Alpha (ohne dessen Querstrich); es besteht aus einem dünnen linken und dicken rechten Schenkel; der linke Schenkel berührt den rechten etwas unter dessen oberem Ende. Lambda ist ein Mittelbuchstabe.

My erscheint in einer geometrischen, aus vier Strichen gebildeten Form. Die Spitze des Winkels, der durch die beiden mittleren schrägen Striche gebildet wird, berührt zumeist die Grundlinie. Gelegentlich kann diese Spitze gerundet sein. Die senkrechten Hasten sind dick, die schrägen Striche etwas dünner; doch kommen auch hier dicke Striche vor. My bleibt ein Mittelbuchstabe.

Ny läßt sich in eine quadratische Form einschreiben. Die senkrechten Hasten sind kräftig, der Schrägstrich dünn. Der Schrägstrich setzt links oft etwas unterhalb des oberen Schaftendes an. Ny ist ein Mittelbuchstabe.

Xi wird in zwei oder drei Zügen geschrieben. Die gezackte Linie zwischen dem oberen und unteren Querstrich kann direkt aus dem oberen Querstrich gezogen sein oder aber nach einem Absetzen des Kalamos neu begonnen werden. An den Enden der waagrechten Striche können Verdickungen ansetzen. Der untere Querstrich kann deshalb leicht die Unterzeile durchbrechen; auch sind die beiden waagrechten Striche oft etwas gerundet.

Omikron wird aus einem in zwei Zügen geschriebenen Oval gebildet, das sich der Kreisform nähert. Eckiges, fast rautenförmiges Omikron findet sich mitunter am Zeilenende, wie auch bei Platzmangel die Rundung dem Spitzoval nahekommen kann.

Pi zeigt eine türstockartige breite Form. Der dünne obere Querstrich wird stets von den kräftigen Vertikalen begrenzt und reicht nicht über diese hinaus. Pi bleibt ein Mittelbuchstabe.

Rho weist einen relativ kleinen Bauch auf, der meist kleiner ist als der Raum zwischen den Begrenzungslinien der Mittelbuchstaben. Der vertikale Schaft hingegen reicht weit unter die Grundlinie; von seinem Ende kann ein Zierstrich nach links unten laufen.

Sigma hat eine C-förmige, halbkreisartige Gestalt. Der Halbkreis ist oft noch bis zu einem Dreiviertelkreis verlängert, so daß sich die beiden Enden der Rundung sehr nahe kommen. Diese Enden können leichte Verdickungen tragen. Am Zeilenende ist gelegentlich eine spitzovale Form zu beobachten.

Tau besteht aus einem dünnen Querstrich und einem dicken, in der Mitte des Querstriches ansetzenden vertikalen Schaft. Die Enden des Querbalkens zeigen meist keulenartige Verdickungen. Tau bleibt ein Mittelbuchstabe.

Ypsilon wird in drei Zügen geformt. Der erste schräge Strich ist etwas kräftiger als der zweite. Die Vertikalhaste reicht weit unter die Grundlinie. Am rechten Schrägstrich kann ein Zierpunkt sitzen. Von der Unterlänge kann ein nach links unten gerichteter Zierstrich auslaufen.

Phi zeigt einen kräftigen Vertikalschaft, der sowohl über die Oberlinie als auch weit unter die Grundlinie reicht und damit das Zweizeilenschema am nachhaltigsten durchbricht. Der Bauch in der Mitte des Buchstabens kann gerundet oder spitzoval, ja gelegentlich sogar rautenförmig gebildet sein.

Chi weist einen kräftigen, von links oben nach rechts unten reichenden Schaft und einen dünnen, von links unten nach rechts oben gezogenen Schrägstrich auf. An letzterem können Zierpunkte angesetzt sein, die mitunter die Begrenzungslinien überschreiten.

Psi zeigt wie Phi einen kräftigen vertikalen Schaft, der in beiden Richtungen die Begrenzungslinien der Mittelbuchstaben nachhaltig durchbricht. Die beiden schrägen Striche zu beiden Seiten der Haste bilden einen rechten bis offenen Winkel; der linke Strich ist kräftig, der rechte dünner gezogen; letzterer kann einen Zierpunkt tragen. Von der Unterlänge kann ein Zierstrich nach links auslaufen.

Omega hat die Form der späteren Minuskel aus zwei nebeneinander liegenden, nach oben offenen Kurven. Der Buchstabe wird in der Regel in drei Zügen geschrieben: die erste Kurve, der linke Teil der zweiten Kurve, zuletzt deren rechter Teil. Der größere Teil der Striche ist kräftig. Der mittlere Teil des Buchstabens kann auch gerade sein. Am Zeilenende kommen auch spitzovale Formen vor. Omega bleibt ein Mittelbuchstabe.

Über den Ursprung der Bibelmajuskel hatte die Forschung divergierende Meinungen geäußert. Die Bibelmajuskel hatte ihre größte Verbreitung erlangt, als das Pergament den Papyrus verdrängte und die Codexform über die Rolle obsiegte. Doch muß ihr Ursprung in Schriften auf Papyrus gelegen haben. Frederic G. Kenyon machte auf archaisierende Tendenzen in der Schrift aufmerksam. Victor Gardthausen prägte die Termini „biblische Unciale" oder „alte kalligraphische Unciale" und brachte die Schrift mit Papyri bereits des 1. Jahrhunderts n. Chr. in Verbindung. Wilhelm Schubart machte auf die Ursprünge im 2. Jahrhundert n. Chr. aufmerksam und leitete den „Bibelstil" vom „Strengen Stil" des 2. und 3. Jahrhunderts n. Chr. ab. Die Theorie Schubarts wurde von Antonios Sigalas und Herbert Hunger aufgegriffen. Doch die neueste Forschung, vor allem auf Grund der minutiösen Untersuchung der Bibelmajuskel durch Guglielmo Cavallo, lehnt die Abkunft vom „Strengen Stil" ab. Die Wurzeln liegen wohl im 2. Jahrhundert n. Chr.; um die Wende vom 2. zum 3. Jahrhundert zeigen sich neue graphische Tendenzen in einer Reihe von erhaltenen Papyri, die auf die Bibelmajuskel vorausweisen. Schon die Herausgeber eines Fragmentes der „Phoinissen" des Euripides in Papyrus Rylands 547 und Papyrus Oxyrhynchos 224, Bernard Grenfell und Arthur S. Hunt, haben hier von einer „Unziale" gesprochen. Einen „Bibelstil" wollte Edgar Lobel bereits im Papyrus Oxyrhynchos 2169 („Aitia" des Kallimachos) aus dem 3. Jahrhundert finden. Aus dem 3. Jahrhundert stammen auch Fragmente des „Katalogos" Hesiods (Pap. Oxyrhynchos 2075 + P. S. I. 1384) mit einer Kalligraphisierung, die der Bibelmajuskel schon sehr nahe steht. Um die Wende des 2. zum 3. Jahrhundert zeigen sich bereits wesentliche Züge der Schrift: Kontrast zwischen kräftigen vertikalen Strichen, dünnen Horizontalen und aufsteigenden schrägen Strichen, Fehlen von Zierstrichen, quadratische Umrisse der Buchstaben, sowie Formen von Alpha, Beta, My, Rho, Ypsilon und Phi, die bereits dem oben geschilderten Kanon entsprechen. Gegenüber dem Gegensatz zwischen breiten und schmalen Buchstaben im „Strengen Stil" machte sich eine Vorliebe für breite, schwere und regelmäßige Formen bemerkbar. Der Schriftwinkel änderte sich dermaßen, daß der Unterschied zwischen Haar- und Schattenstrichen zum Tragen kam. Die Bibelmajuskel entspricht der graphischen Realität des 3. und 4. Jahrhunderts; danach begann ihre Dekadenz. Während sich die lateinische Capitalis in dieser Zeit immer mehr von der graphischen Realität entfernte und sich auf wenige Schreibschulen beschränkte, verblieb die griechische Majuskel noch als Gebrauchsschrift und leistete zudem der christlichen Kultur wesentliche Dienste. Der Kanon der Bibelmajuskel erreichte seine Vollendung etwa in der Zeit zwischen 225 und 375 n. Chr. Seine größte Verbreitung fand er etwa zwischen 350 und 550; dann blieb die Schrift künstlich bis ins 8. und beginnende 9. Jahrhundert am Leben erhalten. Das Pergament erlaubte eine besonders feine Durchbildung der Schrift; und die Übernahme der Schrift durch das Christentum brachte ihr den entscheidenden Durchbruch. Infolge der konservativen Kräfte der Kirche blieb denn auch der Bibelmajuskel ein langes Leben beschieden.

Die höchste Vollendung des Kanons zeigen die Bibelhandschriften des Codex Vaticanus und des Codex Sinaiticus. Der Cod. Vat. gr. 1209 der Biblioteca Apostolica Vaticana, der *Codex Vaticanus*, enthält bis auf wenige Verluste das gesamte Alte und Neue Testament. In zwei bzw. drei Schriftkolumnen ist der Text gestaltet; zwei Schreiber haben den höchsten kalligraphischen Ansprüchen Genüge getan. Der Codex dürfte in die Zeit um 350 zu datieren sein. Vielleicht ist die Handschrift in Ägypten entstanden, wie die Verwandtschaft mit gleichzeitigen Papyri, mit griechisch-koptischen Texten und ein Konnex mit Athanasius von Alexandreia wahrscheinlich machen.

Der *Codex Sinaiticus*, in einzelnen Teilen von Konstantin Tischendorf im
Abb. 16 19. Jahrhundert im Katharinenkloster am Sinai gefunden, wird zum größten Teil heute in der British Library zu London aufbewahrt; ein kleinerer Teil liegt als *Codex Friderico-Augustanus* in Leipzig. Von den ursprünglich 730 Blättern sind nur mehr 390 erhalten, davon 242 für das Alte Testament, 148 für das Neue Testament; 43 Blätter des Neuen Testamentes bilden den Codex Friderico-Augustanus in Leipzig. Neben den biblischen Büchern enthält der Codex auch den Barnabasbrief und den „Hirten" des Hermas, die zu dieser Zeit fast kanonisches Ansehen genossen. Vier Schreiber waren am Werk gewesen, um den Text in zwei breiten Kolumnen niederzuschreiben. Der Codex kann um 360 datiert werden; ob er in Ägypten geschrieben wurde, ist nicht stichhaltig zu beweisen; Milne und Skeat plädierten für Kaisareia in Palästina.

Auch der *Codex Alexandrinus* in der British Library aus dem 5. Jahrhundert (Royal Ms. 1 D. V-VIII) gehört zu den großen Bibelhandschriften der Spätantike. Er umfaßt - von wenigen Verlusten abgesehen - die komplette
Abb. 17 griechische Bibel, dazu einige Apokrypha (alle vier Bücher der Makkabäer, einen 151. Psalm), die beiden Clemensbriefe an die Korinther, liturgische Cantica, Kanones und Beigaben von Eusebios von Kaisareia. Die 773 Blätter sind von zwei Schreibern geschrieben worden.

Nachdem mit Handschriften wie dem Codex Vaticanus und dem Codex Sinaiticus der Höhepunkt der Entwicklung der Bibelmajuskel erreicht worden war, machte sich ab dem 4. Jahrhundert eine gewisse Dekadenz bemerkbar. Trotz der oft kostbaren Ausführung der Handschriften zeigt sich an jenen Stellen, wo der klassische Kanon nur mehr mühsam gewahrt erscheint, daß der Kanon nicht mehr dem allgemeinen „graphischen Klima" entsprach. Manieristische Züge sind vor allem Anzeichen einer Dekadenz. Je nach Skriptorium und Ambiente verschieden werden Zierelemente mehr oder weniger betont. Einen großen Einfluß auf den Wandel mußte die Gebrauchsschrift aufweisen. Ab dem 4. Jahrhundert zeigt sich denn auch eine Tendenz zur Neigung der Schäfte der Buchstaben und zur Anhäufung von Zierelementen. Spannungen zwischen den neuen Gebrauchsschriften und der Bibelmajuskel, die dem Geschmack des 3. Jahrhunderts entsprochen hatte, konnten nicht ausbleiben. Dem neuen Schriftklima entsprachen neue Kalligraphisierungen wie die „spitzbögige Majuskel" (ab dem 4./5. Jahrhundert) und die „alexandrinische Majuskel" (ab dem 6. Jahrhundert). Die Bibelmajuskel trat allmählich aus dem Strom der lebendigen Schriftentwicklung heraus und blieb nur aus Gründen eines Traditionalismus gepflegt.

Die Dekadenz der Bibelmajuskel wird im allgemeinen durch den immer stärker betonten Gegensatz zwischen Haar- und Schattenstrichen bezeichnet, ebenso durch den regelmäßigen Gebrauch von Zierpunkten an den Ausläufern der dünnen Striche der Buchstaben, die sich später zu Dreiecken und Quadraten entwickelten. Weitere Charakteristika sind die verlängerten Horizontalstriche von Delta und Pi, die vom Schaft des Kappa sich absetzenden beiden Schrägstriche, die immer stärkere Rundung des Bauches des ursprünglich elliptischen Phi.

Vor allem in der Spätzeit der Bibelmajuskel lassen sich Handschriften zu Gruppen zusammenstellen und bestimmten Schriftprovinzen zuordnen. Im 5. und 6. Jahrhundert lassen sich folgende Schriftprovinzen greifen.

1. Ägyptisch-alexandrinischer Bereich: Papyrus Antinoë 19 (Dionysios von Halikarnaß?); Papyrus Antinoë 58 (hexametrisches Gedicht); Papyrus Antinoë 65 (magische Vorschriften); Papyrus Oxyrhynchos 848 (Apokalypse; Chicago, Haskell Oriental Museum); Papyrus Oxyrhynchos 1595 (Ecclesiastes; Berkeley, California Pacific School of Religion); Cotton-Genesis (London, British Library, Cotton Otho B. VI);

2. Ägyptisch-nitrischer Bereich: Codex Freer des Deuteronomium und des Buches Josue (Washington, Smithsonian Institution, Freer Gallery of Art, 06.292); Codex Nitriensis des Lukasevangeliums (London, British Library, Add. Ms. 17.211); Papyrus Berolinensis 6794 (Ilias XXI und XXII); Cureton-Homer; Ephraim rescriptus (Paris, Bibliothèque nationale, Ms. gr. 9; Fragmente des Alten und Neuen Testaments); Codex Freer der Paulusbriefe (Washington, Smithsonian Institution, Freer Gallery of Art, 06.275);

3. Konstantinopolitanischer Bereich: Wiener Dioskurides (Österreichische Nationalbibliothek, Cod. med. gr. 1); Kanones des Eusebios (London, British Library, Add. Ms. 51.111);

4. Syrisch-antiochenischer Bereich: Wiener Genesis (Österreichische Nationalbibliothek, Cod. theol. gr. 31), Codex Beratinus (Berat in Albanien, Koimesiskirche); Codex N (Evangelienfragmente, verstreut auf mehrere Bibliotheken: Athen, Byzantinisches Museum, Gr. 21; Sankt Petersburg, Publičnaja Biblioteka, Gr. 537; Lerma, Privatsammlung A. Spinola; London, British Library, Cotton Tit. C. XV; New York, Pierpont Morgan Library,

MS 874; Wien, Österreichische Nationalbibliothek, Cod. theol. gr. 31, Blatt 25-26; Patmos, Johannes-Theologos-Kloster, MS. 67; Città del Vaticano, Biblioteca Apostolica Vaticana, Vat. gr. 2305); Codex Sinopensis (Paris, Bibliothèque nationale, Suppl. gr. 1286; olim Maiupol, Gymnasialmuseum, heute verschollen); Codex Rossanensis (Rossano, Biblioteca capitolare, Handschrift des Matthäus- und Markusevangeliums).

Die exakte Datierbarkeit von Textzeugen wie des „Wiener Dioskurides" um 512 liefert wertvolle Hinweise für eine chronologische Einordnung der Handschriften.

Die *„Wiener Genesis"* gehört zusammen mit dem Codex Rossanensis, dem Codex Beratinus und dem Codex N der Evangelien dem syrisch-antiochenischen Bereich an; es handelt sich um Purpurpergamentcodices mit Beschriftung in Gold und Silber und zum Teil mit prachtvoller Illuminierung. Die genannten Codices sind sämtlich dem 6. Jahrhundert zuzuweisen. Die übersteigerte Form des Hell-Dunkel und die feierliche Monumentalität der Formen zeichnen die Handschriften aus. Buchstaben in der Größe bis zu acht Millimetern in Höhe oder Durchmesser treten auf. Zierstriche bestücken vor allem die Enden der schrägen Haarstriche und der Horizontalen von Delta und Pi. Unterlängen enden oft mit einem betonten Zierstrich.

Im 7. und 8. Jahrhundert wurde die Bibelmajuskel nur mehr für Luxusexemplare sakralen Inhalts verwendet. Dem 7. Jahrhundert können Codices wie der Coislinianus 186 mit einem griechisch-lateinischen Psalter in der Bibliothèque nationale zu Paris und der Dioskurides von Neapel (Napoli, Biblioteca nazionale, Cod. Vindob. gr. 1) zugewiesen werden. Etwas später ist der Codex mit Homilien des Johannes Chrysostomos in der Herzog-August-Bibliothek zu Wolfenbüttel (Guelf. 75a Helmst.). Ins 7. Jahrhundert dürfte auch der Coislinianus 1 mit dem griechischen Oktateuch in der Bibliothèque nationale zu Paris gehören. Ins 8. Jahrhundert gehört der Basiliensis AN III 12 (Basel, Universitätsbibliothek) mit den Evangelien und der Vaticanus gr. 1666 des Jahres 800 mit den Dialogen Gregors I., wohl in Rom hergestellt.

Die *spitzbögige Majuskel* (majuscule ogivale) besaß zwei Grade der Stilisierung: eine geneigte und eine vertikale Form. In ihrer älteren Ausformung in der Zeit zwischen dem 3. und 6. Jahrhundert war die Schrift geneigt. Die Zeichnung erscheint eckig, die Buchstaben sind - mit Ausnahme von My, Phi und Omega - mehr hoch als breit; einzelne Buchstaben - wie Epsilon, Theta, Omikron und Sigma - sind besonders schmal. Der Kontrast der Schriftzeichen ist mäßig. Das Zweizeilenschema wird zugunsten von Unterlängen (bei Rho und Ypsilon) und Oberlängen (bei Phi und Psi) durchbrochen. In der Spätantike war die spitzbögige Majuskel hauptsächlich in der Buchproduktion von Laienkreisen vertreten; im sakralen Bereich wurde sie eher für patristische, homiletische und hagiographische Texte als für Bibeln oder liturgische Lektionare verwendet. Innerhalb der geneigten spitzbögigen Majuskel kann man drei graphische Traditionen unterscheiden: die westliche oder italogriechische, die palästinensische und die konstantinopolitanische Tradition. Die vertikale spitzbögige Majuskel, anfänglich nur für akzessorische Texte gebraucht, wurde ab dem 7. Jahrhundert für ganze Texte angewendet; das Hauptverbreitungsgebiet dieses bereits in das Mittelalter reichenden Typus war Kleinasien.

Die *alexandrinische Majuskel* ist für die Spätantike und die frühe mittelbyzantinische Zeit charakteristisch, vor allem für das 6. bis 10. Jahrhundert. Typisch ist der Wechsel von breiten und schmalen Buchstaben; bei großer Regelmäßigkeit werden Epsilon, Theta, Omikron und Sigma ganz schmal ausgeführt, auch Alpha zusammengezogen und My eingesattelt. Dicke Knoten betonen öfters die Enden der Hasten auf der unteren Zeile. Die Buchstaben Phi, Rho und Chi zeigen große Unterlängen. Der Gesamteindruck der Schrift ähnelt einem Gitter, das lediglich durch große Buchstaben und Spatien unterbrochen wird. Eine Stilisierung in Richtung auf eine Kanzleischrift scheint von der Patriarchatskanzlei in Alexandreia ausgegangen zu sein. Die alexandrinische Majuskel schied im 8. Jahrhundert aus der griechischen Buchpraxis aus, hielt sich aber länger im koptischen und griechisch-koptischen Bereich.

Die *Geschäftsschrift der Kaiserzeit* knüpfte an die ptolemäische Entwicklungsstufe der Geschäftsschrift an. Neue Buchstabenformen wie ein oben spitzes Epsilon werden typisch. Nicht selten ist eine richtungs- und stilisierungslose Schrift zu finden. Oft verschwinden die charakteristischen Buch- Abb. 19
stabenformen zugunsten variabler Duktusformen in ein und demselben Text. Abb. 20
Man denke beispielsweise an das Tau, das neben der normalen Form eine gespaltene ypsilonartige Form oder eine Form ähnlich einem L mit dem zweiten Strich auf der Grundlinie besitzen kann. Ein Ny mit horizontalem Querstrich ähnelt dem My, ein verlängertes Schluß-Sigma einem Pi; ein vereinfachtes Eta ähnelt einem Ypsilon. Im 1. und 2. Jahrhundert n. Chr. wächst die Zahl neuer Buchstabenformen, im 2. Jahrhundert jene der immer kühner werdenden Ligaturen. Im 4. Jahrhundert bewahrten nur noch die Kanzleien der hohen Dienststellen einen ausgeprägten Stil, der zur zuchtlosen Geschäfts- Abb. 21
schrift in starkem Gegensatz stand. Der Kanzleistil besitzt betonte Senkrechten; die gleichmäßig ausgeführten Buchstaben sind stets höher als breit und erwecken in ihrer Gesamtheit den Eindruck eines lockeren Gitters. Sehr schmal werden Epsilon, Omikron, Rho, Sigma, wohl auch Alpha und Ypsilon geschrieben. Charakteristisch sind des weiteren ein hohes zweiteiliges Epsilon, ein nach rechts geöffnetes Delta, Kümmerbuchstaben, Unterlängen bei Zeta, Iota, Chi, Rho, Phi und Psi sowie Zierhaken. Damit stehen wir bereits am Beginn der Stilisierung der frühbyzantinischen Kanzleischrift. Unter ihrem Einfluß bildete sich bereits im 4. Jahrhundert eine byzantinische Kursive aus, die durch zahlreiche Papyri vom 4. bis zum 7. Jahrhundert belegt ist. Schon um die Wende vom 4. zum 5. Jahrhundert wurde die Kursive durch die Ausbildung vieler Ober- und Unterlängen zu einer echten Vierzeilenschrift. Über die Oberzeile erstrecken sich Beta, Eta, Iota und Kappa, aber auch Delta, Abb. 22
das in der lateinischen d-Form aufscheint, und das Epsilon, das mit seinem

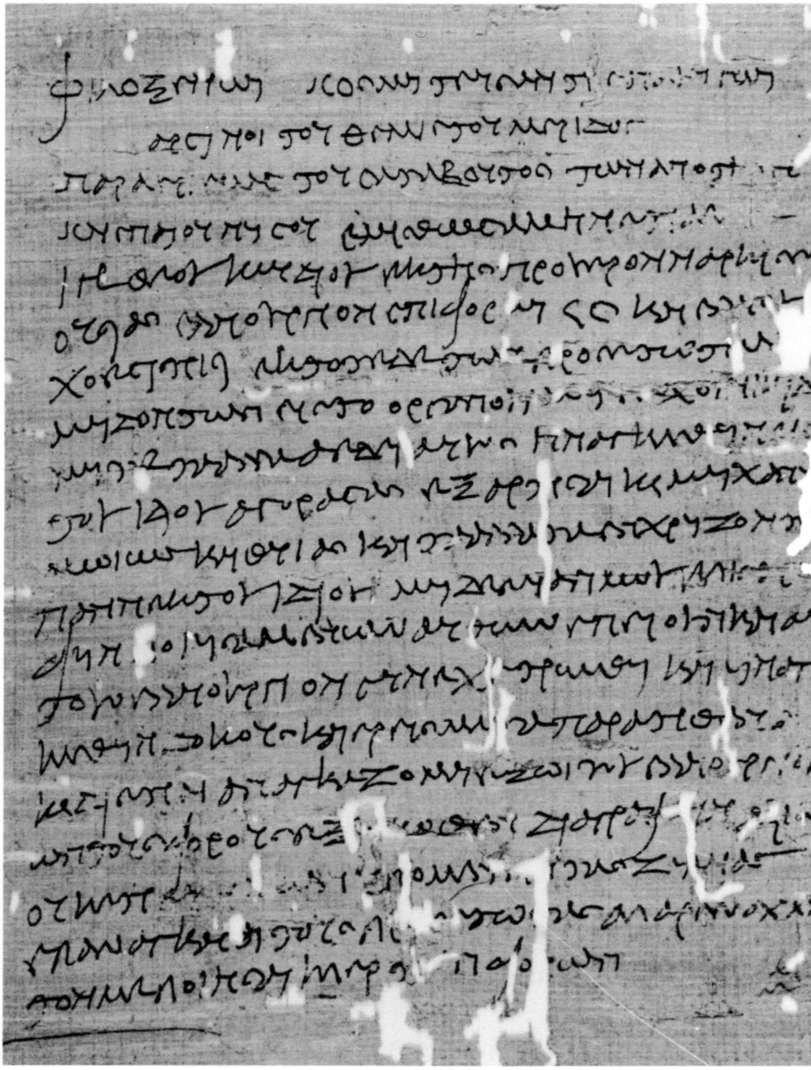

Abb. 19: Griechische Geschäftsschrift der Kaiserzeit. Urkunde des 1. Jh.s n. Chr.

nach oben weisenden Schnabel zum Leitbuchstaben der Schrift wird. Unter die Zeile ragen Beta, Gamma, Iota, Phi, Chi, Psi, aber auch My mit einem Anstrich, das unter die Zeile gesunkene Lambda und Tau mit einer oft schlingenförmigen Unterlänge. Neue Ligaturen bilden sich; man denke an die Verbindung Alpha-Iota, Epsilon-Iota, Epsilon-Sigma, Epsilon-Ypsilon oder an Verbindungen mit Rho. Die Schrift erweckt mitunter einen hierarchischen Eindruck; so wie am Kaiserhof und in der Verwaltung eine abgestufte Hierarchie bestand, stehen sich große und kleine Buchstaben in geregelter Über-

Abb. 20: Griechische Geschäftsschrift des 2. Jh.s n. Chr. Seefrachtvertrag, geschrieben in Muziris in Indien

und Unterordnung gegenüber. Die Rolle des Lateins in der spätantiken Verwaltung hat auch bewirkt, daß es in der spätantiken griechischen Schrift gewisse Annäherungen an lateinische Buchstabenformen gab.

Die *griechische Literatur der Antike* artikulierte sich in einer *Mehrzahl von Dialekten*, die erst in hellenistischer Zeit von der Gemeinsprache der Koine verdrängt wurden. Die einzelnen literarischen Gattungen konnten sogar in verschiedenen Dialekten verfaßt sein. So ist eine kurze Betrachtung der Ent-

Abb. 21: Frühbyzantinischer Kanzleistil. Urkunde aus dem Jahr 325 n. Chr.

wicklung der griechischen Sprache auch für die Beurteilung der antiken Buchkultur und Buchkunst von Belang.

Ein *„mykenisches" Griechisch* ist durch die Entzifferung der Tontafeln aus Kreta und dem Festland in Linear-B-Schrift bekannt geworden. Diese Sprache ist für die Literatur insoferne von Bedeutung, als die epischen Stoffe, die in den homerischen Dichtungen der Zeit um und nach 800 v. Chr. gestaltet wurden, sich bereits im 2. Jahrtausend v. Chr. gebildet haben müssen, wenn auch bislang kein literarischer Text gefunden wurde. Der Inhalt der Tafeln besteht aus Registrierungen verschiedener Art, z. B. Listen von Abgaben, Bodenbesitz, Sklaven und Handwerkern, aus Inventaren von Geräten, Wagen und Waffen, um markante Beispiele zu nennen. Trotz der Funde aus weit voneinander entfernten Orten ist die mykenische Sprache von auffallender Einheitlichkeit gewesen. Es liegt die Vermutung nahe, daß Linear B eine Kanzleisprache der Palastverwaltungen festhielt, mochte diese auch ursprünglich auf einem lebenden Dialekt beruhen. Die Personennamen, die auf den Tafeln aufscheinen, haben bereits einen Aussagewert für die homerischen Epen. Namen homerischer Helden tauchen in Namenslisten der Pylostäfelchen auf, ja manche bisher nicht gedeutete Namen lassen sich jetzt erklären, die man für nichtgriechisch gehalten hatte. Von besonderem Interesse sind Namen, deren erstes Glied ein Verbalstamm ist; man denke an Typen wie Ekhe-damos = „das Volk haltend", Orti-nawos = „die Schiffe antreibend", Philo-wergos = „Tätigkeit liebend". Solche Vollnamen konnten auch gekürzt werden, z. B. Tele-makhos zu Telemos, Ekhe-lawos zu Ekhelos. Der homerische Held Nestor stammte aus der Dynastie von Pylos; und so suchte man

Abb. 22: Griechische Kursive des 5. Jh.s. n. Chr. Schriftstück aus dem Jahr 487

dort nach seinem Namen. Die Wurzel „nes“ bedeutet „heil“ bzw. „retten“; die Silbe „-tor“ ist ein Typ eines Nomen agentis, das eine Handlung ausdrückt; für Nestor brächte dies die Interpretation „heil zurückbringen“. Die Parallelen Mentor : Menelawos, Hektor : Ekhelawos, Aktor : Agelawos eröffnen die Möglichkeit eines Namenspaares Nestor : Neselawos; und tatsächlich fand sich der Name eines Vornehmen auf Pylos als „neerawo“; ebenso fand sich ein netijawore = Nestianor. Nestors Vater Neleus ist offenbar eine Kurzform von Neselawos = „das Volk rettend“. Wir sehen übrigens am Beispiel Nestor/Neleus den Brauch, dem Sohn einen Bestandteil des Vaternamens zu verleihen. Der Vater des Odysseus hieß Laertios = „der das Volk antreibt“, in älterer Form La-wer-tas. In Pylos fand sich ein ähnlicher Name, der bloß die beiden Bestandteile vertauschte, nämlich Erti-lawos, geschrieben etirawo. Sensationell war der Fund des Dativs eines Namens „akirewe“ zu „akireu“, was als Achilles deutbar ist. Der Name „achi-lawos“ bedeutet aber „der Leid über sein Volk bringt“. Nun ist das zentrale Thema der Ilias der Schmerz und das Leid, das dem Volk durch den Zorn des Achilleus zugefügt wird. Achilleus ist offenbar ein redender Name, der untrennbar mit der homerischen Erzählung verbunden ist. Gregory Nagy hat 1976 die These aufgestellt, daß ein pylischer Adeliger, der Achilleus hieß, diesen an sich ungünstigen Namen nur tragen konnte, wenn der epische Stoff bereits bekannt war. Sollte das Motiv vom Zorn des Peleiaden Achilleus schon in Pylos im 2. Jahrtausend v. Chr. geläufig gewesen sein?

Mit dem Beginn der literarischen Überlieferung tritt uns die griechische Sprache in dialektischer Differenzierung entgegen. Bereits die Sprache der homerischen Epen beweist durch die Mischung ionischer und äolischer Elemente die Existenz verschiedener Dialekte. Durch die Verwendung in Denkmälern der Literatur ist uns das Ionische und Attische, das Äolische von Lesbos, das Böotische und das Dorische in verschiedenen Abstufungen bekannt. Dazu treten die zahlreichen Inschriften, die die authentische Kenntnis der griechischen Dialekte erschlossen haben. Da sich die urgriechischen Stämme gleichsam schichtenweise nach dem Süden geschoben haben, waren sie von Anfang an wohl bereits sprachlich differenziert. Die griechischen Lokaldialekte waren in vorhellenistischer Zeit autonom; sie waren nicht dem Druck einer normierenden Hochsprache ausgesetzt. Diese Entwicklung trat erst nach dem Verlust der politischen Freiheit und der Errichtung einer Zentralgewalt unter den Makedonen ein. Für das Griechische charakteristisch ist die Herausbildung literarischer Standardsprachen, die auch außerhalb ihres dialektischen Ursprungsgebietes Anerkennung fanden.

Eine *Einteilung der griechischen Dialekte* kann wie folgt geschehen:

1. Arkadisch-Kyprisch. Der Dialekt von Kypros ähnelt auffallend demjenigen von Arkadien im zentralen Hochland der Peloponnes und von Triphylien im südlichen Elis, was auf eine Kolonisierung von Kypros von der Peloponnes aus schließen läßt.

2. Westgriechisch. Das Westgriechische zerfällt in die zwei Untergruppen des Dorischen und der nordwestgriechischen Dialekte. Das dorische Gebiet in Kleinasien beschränkt sich auf die Küste gegenüber den südlichen Sporaden, die sich von Rhodos bis Kos und Kalymnos erstrecken. Über die Inseln, wie Karpathos, Kreta und Kythera, reicht das dorische Gebiet zur südlichen und östlichen Peloponnes mit Messenien, Lakonien und Korinth und von dort aus bis an die Grenze zum attischen Gebiet. Die nordwestgriechischen Dialekte sind vor allem in der Aiolis, in Lokris und Phokis (mit Delphi) konzentriert, während in Elis ein Übergangsdialekt zwischen Nordwestgriechisch und Dorisch gesprochen wurde.

3. Eine dritte Dialektgruppe kann als Ionisch-Attisch bezeichnet werden. Das ionische Gebiet in Kleinasien reicht von Halikarnassos bis Smyrna; diese Region einschließlich der vorgelagerten Inseln (der nördlichen Sporaden und Chios) ist das Gebiet des Ostionischen. Westlich davon lebte das Ionische der Kykladen und das Westionische in Euboia und Oropos (Nordostattika). Das Attische ist dem Ionischen eng verwandt und war im wesentlichen der Dialekt von Athen.

4. Eine vierte Gruppe umfaßt die äolischen Dialekte. Die Küstengegend Kleinasiens von Smyrna bis zum Hellespont war von Griechen bewohnt, die den lesbischen Dialekt sprachen. Diese Mundart ist eng verwandt mit den Dialekten in Thessalien und Boiotien, mit denen zusammen sie das Äolische bildet.

Ad 1: *Arkadisch-Kyprisch*

Die Arkader waren der Rest der alten vordorischen Bevölkerung der Peloponnes. Arkadisch und Kyprisch zeigen Berührungen zu den äolischen Dialekten; bevor der Dialekt in hellenistischer Zeit von der attischen Koine verdrängt wurde, schob sich die dorische Koine über den Dialekt. Die Besiedlung Zyperns durch die Griechen erfolgte gegen 1000 v. Chr., nachdem bereits früher enge Handelsbeziehungen der Mykener zu Zypern bestanden hatten. Eigenheiten des Arkadisch-Kyprischen sind besonders die folgenden: Labiovelare vor hellem Vokal werden zu Dentalen (z. B. ἐσδέλλοντες, esdellontes = ἐκβάλλοντες, ekballontes; τεισάτω, teisato = πεισάτω, peisato u. ä.). Nominative wie ἱερής (hieres) statt ἱερεύς (hiereus) sind ebenso typisch wie ein Genetiv Singular der maskulinen a-Stämme auf -αυ (au), z. B. Μιλτιάδαυ (Miltiadau) statt attisch Μιλτιαδέως (Miltiadeos). Zu nennen sind das Pronomen ὄνυ (hony) statt ὅδε (hode, „dieser"), die Präposition πος (pos) für ποτί (poti) bzw. πρός (pros, „zu"), die Verbindung von ἀπύ (apy, „von") und ἐξ (ex, „aus") mit Dativ statt attisch Genetiv, die Konjunktion κας (kas) statt καί (kai, „und"). Das Arkado-Kyprische steht der mykenischen Sprache von Linear B nahe.

Ad 2: *Westgriechische Dialekte*

a) *Die dorischen Dialekte*

Das Verbreitungsgebiet der dorischen Dialekte erstreckte sich auf folgende Regionen: Lakonien und Kythera mit den Kolonien Tarent und Herakleia in Unteritalien; Messenien; Argolis mit Aigina; Korinth mit Kerkyra und anderen Kolonien; Phlius und Sikyon; Megara mit seinen Kolonien; Kreta; Melos und Thera mit Kyrene; Rhodos mit Gela und Akragas; Karpathos; die Inseln Kalymnos, Kos, Knidos, Pholegandros, Astypaleia, Anaphe, Telos und Nisyros; die dorischen Gebiete Siziliens. Die Dorer hatten sich im Verlauf der „dorischen Wanderung" zu Ende des 2. Jahrtausends v. Chr. nach Osten und Süden Griechenlands vorgeschoben und die achäischen Länder überflutet. Die Ionier verschwanden aus der Peloponnes; nur in Arkadien konnte die ältere Bevölkerung ihren Dialekt bewahren. Von der Peloponnes gingen im 9. und 8. Jahrhundert dorische Kolonien aus; allerdings wurde dadurch das Dorertum über das Mittelmeer zersplittert und versprengt. Da die dorischen Stämme lange in abgeschlossener Lage gegenüber der mittelmeerischen Kultur gelebt hatten und an altererbten Wirtschaftsformen und Bräuchen festhielten, bewahrten sie auch altertümliche Formen der Sprache, die dadurch einen konservativen Zug erhielt. So ist das urgriechische a unverändert geblieben; man vergleiche dorisch μάτηρ (mater, „Mutter") gegenüber ionisch μήτηρ (meter), δᾶμος (damos, „Volk") gegenüber ionisch δῆμος (demos), ἁμέρα (hamera, „Tag") gegenüber ionisch ἡμέρα (hemera) u. a. m. Auch der w-Laut (F, Digamma), der im Ionischen schon im 8. Jahrhundert v. Chr. verloren ging, lebte im Dorischen noch bis in die hellenistische Zeit fort; z. B. Fάναξ (wanax, „Herr"), Fέργον (wergon, „Werk"), λαFός (lawos, „Volk"), νέFος (newos, „neu") gegenüber ionisch ἄναξ (anax), ἔργον (ergon), λαός (laos), νέος (neos). Die Kombination der Vokale Alpha mit Omikron oder Omega wird zu langem a kontrahiert, z. B. πολιτᾶν (politan, aus πολιτάων, attisch πολιτῶν); δραχμᾶν (drachman) statt attisch δραχμῶν. Die Endung -ti der 3. Person Einzahl und Mehrzahl, die im Ionischen zu -si wurde, blieb erhalten, z. B. δίδωτι (didoti, „er gibt") statt ionisch δίδωσι (didosi), φέροντι (pheronti, „sie tragen") statt ionisch φέρουσι (pherusi). Das alte Wort für „du" (τύ) blieb gewahrt. Besonderheiten der Flexion, Konjugation und Betonung seien hier nur angedeutet. Folgende lokale Dialekte gehören zu den dorischen Dialekten: das Lakonische, die Dialekte von Tarent und Herakleia in Süditalien, das Messenische, der Dialekt von Argolis, der korinthische Dialekt, der Dialekt von Megara, das Kretische, der Dialekt von Thera, Melos und Kyrene, der Dialekt von Rhodos und Karpathos, der Dorismus Siziliens. Das älteste literarische Denkmal des lakonischen Dialekts sind Lieder des Lyrikers Alkman (um 625 v. Chr.), des ältesten bekannten Chormeisters. Auch die Sprache des Dithyrambikers Philoxenos von Kythera (um 400 v. Chr.), von dem wir umfängliche Fragmente besitzen, ist in der Grundhaltung dorisch. Zitate bei attischen Schriftstellern und Glossen in griechischen und byzantinischen Lexika haben Lakonismen überliefert. Unter den Namen von Pythagoras und seiner Schüler Philolaos und Archytas von Tarent sowie Timaios von Lokris sind mehrere Schriften überliefert, die aber zum Teil in der Periode des kaiserzeitlichen Neupythagoreismus gefälscht wurden. All diese Schriften sind - ob echt oder unecht - in einem dorisch-italischen Dialekt gehalten; wir haben aber hier ein Pseudo-Dorisch vor uns, dem ionische und äolische Formen beigemischt sind. Das Argolische ist literarisch nur durch Fragmente der Dichterin Telesilla von Argos sowie des Lasos und Kydias von Hermione bekannt. Für das Korinthische liegen aus der Literatur Fragmente der Dichterin Praxilla und des Dithyrambikers Ariphron aus Sikyon vor, ferner des Eumelos von Korinth. Literarische Quellen für den Dialekt von Melos und Thera sind Fragmente der Dithyrambendichter Diagoras und Melanippides aus Melos. Bescheidene literarische Quellen liegen auch für Rhodos vor, so das „Schwalbenlied", das Athenaios überliefert, sowie einige Fragmente des Melikers Timokreon von Rhodos aus dem 5. Jahrhundert. Für den Dorismus Siziliens können Fragmente der syrakusischen Komödiendichter Epicharmos, Deinolochos und Sophon herangezogen werden. Dichter wie Stesichoros oder Theokrit können natürlich nicht als Vertreter des gesprochenen sizilischen Dialektes gelten, da sie eine Kunstsprache verwenden. Der Physiker Archimedes von Syrakus kann hingegen als Repräsentant des jüngeren sizilischen Dorismus gelten, der den Übergang zur Koine darstellt. Es versteht sich von selbst, daß für all die genannten Dialekte die erhaltenen Inschriften die Hauptquelle bilden. Die dorische Mundart, deren sich zahlreiche Dichter bedienen, stellt eine dorische Kunstsprache dar, die sich über die lokalen Unterschiede erhob, mag es da und dort auch nicht am Lokalkolorit gefehlt haben. Über diese Kunstsprache der dorischen Literatur wird noch Näheres zu sagen sein; erwähnt sei bereits hier, daß wir es mit Vertretern der melischen und dithyrambischen Poesie zu tun haben; die großen Lyriker Pindar, Stesichoros,

Ibykos, Simonides und Bakchylides, das Chorlied der attischen Tragödie, zahlreiche Epigramme, die bukolischen Dichtungen von Theokrit, Bion und Moschos sowie Hymnen des Kallimachos von Kyrene sind im Zusammenhang der dorischen Kunstsprache zu nennen.

b) Zu den *nordwestgriechischen Dialekten* zählen der Dialekt von Phokis und Delphi, der lokrische Dialekt, die Dialekte der Ainianen und Malier, von Aitolien und Akarnanien, der Dialekt von Epiros. Literarisch spielen diese Dialekte kaum eine Rolle.

Ad 3: *Das Ionisch-Attische*

Das Ionische und Attische sind zwar eng verwandt, können aber dennoch als zwei verschiedene Dialekte aus den Quellen belegt werden. Auch die ionischen Gebiete wurden im Verlauf ausgedehnter Wanderungen und Kolonisierungsmaßnahmen besiedelt. So sind ionische Griechen von der Nordküste des Schwarzen Meeres bis nach Massalia in Gallien verbreitet; aus allen Teilen dieses weiten Raumes sind ionische Inschriften erhalten. Die engere Heimat, von der die jüngere Kolonisation im Osten und Westen ausging, bestand aus Euboia, den Kykladen und dem kleinasiatischen Festland von Phokaia bis Halikarnassos samt den vorgelagerten Inseln. Die Grenzen des ionischen Dialektes sind noch in historischer Zeit nicht starr geblieben. So war etwa Halikarnassos ursprünglich eine dorische Stadt, verwendete aber ab dem 5. Jahrhundert v. Chr. das Ionische; das äolische Smyrna wurde später von den Kolophonern erobert; ein Nebeneinander von Ioniern und Äolern zeigt sich in Chios, Phokaia, Erythrai. Örtliche Verschiedenheiten der ionischen Dialekte lassen sich in drei Hauptzweige gliedern: die Dialekte von Euboia, von den Kykladen und von Kleinasien. Das frühe Eindringen attischer Elemente hat die Eigenart des Ionischen früher als bei anderen Dialekten verwischt. Seit dem 5. Jahrhundert v. Chr. bahnt sich die sprachliche Novellierung an, die auch die lokalen Besonderheiten des kleinasiatischen Ionisch beseitigte. Ab dem 4. Jahrhundert v. Chr. gibt es vielfach nur mehr eine ionische Koine.

Die ionische Sprache war zunächst in jenen Gebieten am reinsten geblieben, in denen sich auch das ionische Volkstum aus geopolitischen Gründen gut erhalten konnte, also auf Euboia und den Kykladen. Am stärksten änderte sie sich in Athen, in einer Metropole, die durch ihre wirtschaftliche, politische und künstlerische Entwicklung am nachhaltigsten den Charakter eines einheitlichen Volkstums ablegte. Das auffälligste gemeinsame Merkmal des Ionisch-Attischen ist die Ersetzung des urgriechischen a durch ä, geschrieben als Eta. Man vergleiche die Entwicklung von μάτηρ (mater, „Mutter") zu μήτηρ (meter), von δᾶμος (damos, „Volk") zu δῆμος (demos), von τιμά (tima, „Ehre") zu τιμή (time), von φάμα (phama, „Gerücht, Ruf, Wort") zu φήμη (pheme) u. a. m. Das zweite charakteristische Merkmal ist das Umspringen der Quantität. Treffen nämlich ein langer und ein kurzer Vokal zusammen, wird der erste lange Vokal gekürzt und der zweite kurze Vokal gelängt; so wird aus λαϜός (lawos) über λαός und ληός ein λεώς (leos). Besonders zahlreich sind die

Beispiele für das Umspringen von Eta + Omikron (und Eta + Omega) in Epsilon + Omega. Der w-Laut (Digamma) ist im Ionischen um 800 verschwunden. Besonders früh kontrahierte das Ionische zwei im Wortinneren zusammentreffende Vokale. So werden Epsilon + Omikron und Epsilon + Omega bereits im 7. Jahrhundert v. Chr. zu Diphthongen; in Athen assimiliert sich das Epsilon dem Omikron, und so entsteht über doppeltem Omikron bzw. Omikron + Omega ein u-Laut bzw. ein Omega. Man vergleiche die Wandlung von φιλέομεν (phileomen, „wir lieben") zu φιλοῦμεν (philumen) bzw. φιλέωμεν (phileomen) zu φιλῶμεν (philomen). Das Schluß-n in der dritten Person Singular (ny ephelkystikon) ist typisch attisch (z. B. ἔφερεν [epheren] neben ἔφερε [ephere, „er trug"]). Hauptsächlich im Attischen und auf Euboia wird Doppel-s in Doppel-t verwandelt, z. B. θάλασσα (thalassa, „Meer") wird zu θάλαττα (thalatta), πλήσσω (plesso, „ich schlage") zu πλήττω (pletto), τέσσαρες (tessares, „vier") zu τέτταρες (tettares) u. a. m.

Die ionische Sprache ist in einer großen Zahl literarischer Denkmäler überliefert; allerdings stehen wir hier vielfach vor einer Kunstsprache. Schon die Sprache der homerischen Epen gehört zwar im allgemeinen dem ionischen Dialekt an, hat aber auch Elemente anderer Dialekte in sich aufgenommen. Zur ionischen Kunstsprache gehören die Werke der jüngeren Epiker, vor allem Hesiod und der Kyklos, aber auch die gesamte epische Poesie bis zum Ende der Antike, ferner das philosophische Lehrgedicht und die übrigen lehrhaften Dichtungen in epischer Sprache; man denke an die kosmologischen Dichtungen des 6. Jahrhunderts v. Chr. und an die Werke der Philosophen Xenophanes, Parmenides und Empedokles. Aus alexandrinischer Zeit kommen besonders die „Phainomena" des Aratos von Soloi, die „Theriaka" und „Alexipharmaka" des Nikandros von Kolophon in Betracht, aus der Kaiserzeit die „Halieutika" und „Kynegetika" der beiden Oppiane, die unter dem Namen des Orpheus überlieferten Schriften, die „Ekphrasis" des Christodoros von Koptos und die philosophischen Hymnen des Neuplatonikers Proklos. In der Epigrammdichtung klingt epischer Einfluß durch. Das ionische Griechenland war die Heimat der Elegie und der iambischen Dichtung. Hauptvertreter der Elegie sind Kallinos aus Ephesos, Mimnermos aus Kolophon, Phokylides aus Milet, Vertreter der iambischen Poesie Archilochos von Paros, Semonides von Amorgos, Hipponax von Ephesos. Melische Dichtung in ionischem Gewand wurde von Anakreon aus Teos gepflegt. Die Mimiamben des Herondas sind durch einen Papyrusfund bekannt geworden. Das ionische Kleinasien ist aber auch die Heimat der ältesten griechischen Kunstprosa gewesen. Leider ist die älteste ionische Prosa wie die Geschichte des Hekataios von Milet, die kosmologische Prosa des Pherekydes von Syros, die philosophische Prosa des Anaxagoras von Klazomenai und Herakleitos von Ephesos nur mehr aus Fragmenten bekannt. Eine ionische Kunstsprache schreibt der Historiker Herodotos. Im Corpus der Schriften des Arztes Hippokrates liegt ebenfalls ionische Kunstprosa vor. In späteren Jahrhunderten gab es eine pseudo-ionische Literatur, als Schriftsteller die ionische Prosa nachahmten; hervorzuheben sind Fälschungen von Briefen des Herakleitos, Demokritos und Hippokrates, aber auch historische, geographische und medizinische Werke, unter denen die „Indike" des Arrianos aus Nikomedien (1./2. Jh. n. Chr.), die dem Lukianos von Samosata zugeschriebenen Abhandlungen über Astrologie und über die syrische Göttin sowie Werke des Mediziners Aretaios von Kappadokien zu nennen sind.

Die ältesten attischen Literaturwerke sind keine reinen Quellen des Attischen, da sie eine Kunstsprache verkörpern. Nur bei einigen Autoren mag die Umgangssprache durchklingen, etwa beim Komödiendichter Aristophanes oder in der jüngeren Komödie. Zu den Quellen des Attischen im engeren Sinn gehören die attizistischen Grammatiker der Kaiserzeit, die in Reaktion zur hellenistischen Umgangssprache den attischen Wortschatz behandelten. Obwohl die Tragödie sich erst in Athen entfaltete, ist ihre Sprachform in Anlehnung an die ionische und dorische Dichtersprache entstanden. Eine rein attische Prosa lag in den alten Gesetzen und Urkunden des Staates vor. Die Schaffung einer Kunstprosa fällt in das Zeitalter der Sophisten.

Ad 4: *Die äolischen Dialekte*

Aus einem altachaischen Dialekt, der einst in Thessalien gesprochen wurde, gingen Dialekte hervor, die in historischer Zeit weit voneinander entfernt waren: das Mittelthessalische, das Äolische in Kleinasien und das Boiotische (soweit die Elemente seiner Mischung äolisch sind).

Gemeinsame Merkmale des Lesbischen, Thessalischen und Boiotischen sind folgende. Die indogermanischen Labiovelare erscheinen auch vor hellen Vokalen als Labiale, z. B. wird indogermanisches q^w zu p auch vor hellen Vokalen; vergleiche πέσσαρες (pessares, „vier") statt τέσσαρες (tessares), πέμπε (pempe, „fünf") statt πέντε (pente), πῆλε (pele, „weit entfernt") statt τῆλε (tele). Der Dativ Plural der 3. Deklination endet auf -essi. Patronymische Bezeichnung geschieht nicht durch den Genetiv des Vaternamens, sondern durch patronymische Adjektive, z. B. Nikiaios = Sohn des Nikias. Das Zahlwort für „eins" in der weiblichen Form lautet ἴα (ia) statt μία (mia). Feststellbar ist die Verdoppelung von Liquiden und Nasalen statt der Ersatzdehnung des vorhergehenden Vokals, also ἔμμι (emmi, „ich bin") statt εἰμί (eimi, entstanden aus esmi). Dazu treten viele Gemeinsamkeiten je zweier der drei genannten Dialekte.

Zu den boiotischen literarischen Texten gehören Fragmente der Dichterin Korinna aus Tanagra. Der Boioter Pindar hat hingegen den Kunstdialekt der dorischen Lyrik angewendet. Am wichtigsten sind die Fragmente der Dichterin Sappho und des Lyrikers Alkaios für den lesbischen Dialekt; durch diese beiden Autoren ist der lokale Dialekt zur Kunstsprache weitergebildet worden. Der lesbische Dialekt wurde noch gelegentlich in der Kaiserzeit nachgeahmt; man denke an Epigramme der Hofdame Balbilla aus der Zeit Kaiser Hadrians.

Abschließend seien noch einige Bemerkungen zu den *Sprachformen der klassischen griechischen Literatur* gemacht.

Den Beginn der griechischen Literatur bezeichnen die homerischen Epen. Die Sprache dieser Epen verrät aber bereits eine lange Geschichte. In der Grundsubstanz handelt es sich um den ionischen Dialekt; doch hat sich die epische Sprache Elemente anderer Herkunft einverleibt, die bis in die mykenische Zeit zurückreichen. In die Sprache beider Epen sind äolische Elemente eingeflossen; auch arkadisch-kyprische Formen fehlen nicht. Es ist ausgeschlossen, daß ein derartiger Mischdialekt einer tatsächlich gesprochenen Sprache entsprach; die epische Sprache war vielmehr das Produkt einer langen Tradition. Die Urelemente der homerischen Epen reichen in die mykenische Zeit zurück, die Standardausgabe ist aber erst der Text der alexandrinischen Philologen aus hellenistischer Zeit.

Alle hexametrische Dichtung nach Homer blieb ohne Rücksicht auf ihr Alter und ihren Inhalt mit der epischen Kunstsprache verbunden.

Die Elegie und der Iambos waren originelle Schöpfungen der Ionier. Im Inhalt vom Epos völlig verschieden, lehnte sich die Elegie dennoch an das Epos an, indem sie Hexameter und Pentameter zum Distichon verband; sie verband aber auch den lebenden ionischen Dialekt mit dem epischen.

Die verbreitetste Dichtungsart war das Epigramm, dessen Vers gewöhnlich der Hexameter oder das Distichon, gelegentlich der Iambos war. In der Praxis benötigte man Epigramme für Geschenke, Weihegeschenke oder Grabsteine. So ist es verständlich, daß die Sprachform des Epigramms die Mundart der Stadt des Auftraggebers war. Natürlich gab es Anleihen bei den Epikern und Elegikern in Wortschatz und Wortformen. Je älter das Epigramm, desto weniger ist ein derartiger Aufputz zu bemerken. Erst im 4. Jahrhundert v. Chr. verlor die Sprache des Epigramms ihren lokalen Charakter und lehnte sich immer mehr an Epos und Elegie an. Das Epigramm wuchs aus der Rolle des Gelegenheitsgedichtes zur anerkannten Kunstform empor.

Der Iambos war ein volkstümlicher Vers der Ionier gewesen. Auch der Trochäus war eine ionische Form, die schon im 7. Jahrhundert bekannt war. Die Sprache von Iambos und Trochäus ging aus dem schmucklosen ionischen Dialekt hervor, der im täglichen Leben verwendet wurde. Solon von Athen hat die attische Mundart zugrunde gelegt. Die iambische und trochäische Dichtung sollte im attischen Drama ihren Höhepunkt erreichen.

Das Melos war ein melodischer Gesang, von Flöte oder Lyra begleitet; als literarische Gattung entstand es zuerst auf Lesbos, war also mit der lokalen äolischen Mundart verbunden. Durch Sappho und Alkaios ist uns die Kunstform der äolischen Melik gut vertraut. Eine Dichtungsgattung, die an Persönlichkeiten und Augenblicksstimmung gebunden ist, konnte sich freilich nicht an einen einzigen Dialekt binden. So dichtete Anakreon, ein Ionier aus Teos, seine Mele im ionischen Dialekt seiner Heimat. Die lyrische Dichterin Korinna aus Tanagra schrieb im einheimischen boiotischen Dialekt über lokale Themen. Das Melos hat sich also keine einheitliche Kunstsprache geschaffen.

Das Chorlied war vom dorischen Adel in Sparta, Korinth, Argos und Theben künstlerisch ausgebildet worden. Daher wurde das Dorische der konventionelle Dialekt dieser Gattung. Später traten auch epische Elemente hinzu. Es entwickelte sich eine polymorphe Kunstsprache mit alternativen Dialektformen, unter denen der Dichter wählen konnte. Die Chorlyrik ähnelte zuletzt dem Epos und der Lyrik insoferne, als sie wie diese ein sprachliches Medium verwendete, das nicht mit einer echten Mundart identisch war, sondern eine künstlich komponierte Sprachform bildete, die eigene Konventionen entwickelte.

Die attische Tragödie wuchs aus zwei verschiedenen Dichtungsgattungen zusammen. Schon auf den ersten Blick erkennt man den deutlichen Unterschied zwischen dem Attisch der in iambischen Trimetern gesprochenen Redepartien und der dorischen Sprache der Chorlieder. Der Chor war das Herzstück gewesen; die Schauspielerpartien wuchsen hinzu, bis im letzten Drittel des 6. Jahrhunderts v. Chr. die ersten dialogisch gestalteten Tragödien aufgeführt wurden. Freilich war die Sprache der Chöre in der entwickelten Tragödie nur mehr dorisch gefärbt; es fehlte nicht an Attizismen, und auch epische Elemente kommen vor.

Beispiele künstlerischer Prosa gab es in Griechenland erst im 5. Jahrhundert v. Chr. Erst die Ionier schufen den entwickelten Prosastil. Die Bedeutung dieses Faktums kann nicht hoch genug eingeschätzt werden; war doch mit der neuen Prosa ein Mittel wissenschaftlichen Ausdrucks und kraftvoller Erzählung gegeben. Die neuen Wissenschaften wie die Astronomie und Geometrie, die die Ionier von den alten Kulturen des Orients übernahmen, konnten nicht mehr in epischer Sprache ausgedrückt werden. Der ionische Dialekt wurde auch von den Historiographen aufgegriffen. Ein Pionier auf diesem Gebiet war Hekataios von Milet. Einen farbigen ionischen Dialekt schrieb der „Vater der Geschichtsschreibung", Herodot von Halikarnassos.

Zu Ende des 5. Jahrhunderts v. Chr. blühte die attische Prosa auf. Die Sophisten formten im Rahmen ihrer enzyklopädischen Bildung auch die Rhetorik aus; in diesem Kreis erfolgte auch die Loslösung von der ionischen bzw. ionisierenden Sprache. Das erste attische Prosawerk von Weltrang wurde die „Geschichte des Peloponnesischen Krieges" von Thukydides. Er verwendete den altattischen Dialekt, wie ihn die von den Sophisten geschulte Generation erworben hatte. Mit dem Redner Isokrates (436-338 v. Chr.) erreichte die griechische Kunstprosa ihre technische Vollendung.

In der schöpferischen Periode war Griechenland politisch zersplittert; die „griechische" Sprache war, genau genommen, eine Ansammlung lokaler Mundarten. Eine Verbreiterung der Basis der Sprache konnte vor allem durch politische Gegebenheiten bewirkt werden. So wandelte sich etwa das Attische aus Attika im Zeitalter des großen attischen Bundes zu einem „Reichsattisch", in dem sich verschiedene Einflüsse mischten, die schon auf die hellenistische Koine vorauswiesen.

Einen Wendepunkt in der Geschichte der griechischen Sprache brachte die Epoche der Eroberungen Alexanders des Großen. Die griechische Sprache trat aus der Enge des klassischen griechischen Raumes heraus in die Weite der östlichen Provinzen des Mittelmeeres und des Orients. Die Menge der lokalen und literarischen Dialekte mußte allmählich einem kosmopolitisch verstandenen Idiom weichen. Im Zeitalter des Hellenismus mußte eine Vereinfachung um sich greifen; mit ihr entwickelte sich eine mehr oder weniger einheitlich gebrauchte Volkssprache, die *Koine*, als hellenistische Gemeinsprache. Die Koine stellte eine Weiterentwicklung des volkstümlichen attischen Dialekts dar, in den gewisse Elemente des Ionischen und einige Dorismen eingeflossen sind. Sicher war die Auseinandersetzung der Koine mit den lokalen Idiomen ein längerer Prozeß; doch auf lange Sicht gesehen mußten die alten Dialekte untergehen. Schon im 2. Jahrhundert n. Chr. werden die Dialektinschriften seltener, im 4. Jahrhundert n. Chr. verschwinden sie gänzlich.

In der Entwicklung des Griechischen müssen zwei Strömungen berücksichtigt werden, nämlich das gesprochene Griechisch und das Griechische der schriftlichen Tradition: dieses Phänomen sollte in die byzantinische und neugriechische Diglossie einmünden. Der *Attizismus*, wie er im 2. Jahrhundert n. Chr. verfochten wurde, hielt sich pedantisch an die Regeln der attischen Literatursprache. Der Asianismus huldigte hingegen einem barocken Stilideal. Im Lauf der Kaiserzeit wurde der Kanon des gültigen Griechisch erweitert; in der byzantinischen Epoche hat die als „attisch" bezeichnete Sprache auch Anleihen bei nichtattischen Autoren gemacht. Die Einsprengsel in die gehobene Sprache reichten von homerischen Wendungen, von Anleihen bei Sophisten und Kirchenvätern bis zu semitisierenden Elementen des biblischen Griechisch. Das künstlich gepflegte Attische konnte freilich nicht die sich weiter entwickelnde Koine der gesprochenen Sprache verdrängen. Die Koine hatte ihrerseits eine breite Palette der Ausdruckskraft; sie war sowohl Umgangssprache wie Literatursprache. Wo sie sich dem Alltagsgebrauch anpaßte, lagen die Wurzeln der Volkssprache. Allerdings verhinderte das Monopol der gebildeten Schicht das Aufsteigen der Volkssprache zur Literatursprache.

Zu den markanten Charakteristika des *nachklassischen Griechisch* zählte bereits die Änderung der Aussprache. Das Lautsystem wurde umgestaltet. So fielen die Laute Iota, Epsilon + Iota und Eta in den i-Laut zusammen, Omikron + Iota und Ypsilon in ü und später ebenfalls in den i-Laut. Man spricht hier vom Phänomen des Itazismus. Die Diphthonge fielen weg, als ai zu e und oi zu i wurden. Die Diphthonge au und eu wandelten sich zur Verbindung des Vokals mit Konsonant, näherhin au zu af und eu zu ef. Die musikalische Sprachmelodie wurde durch eine dynamische ersetzt. Die älteren Quantitätsunterschiede gingen verloren; jeder betonte Vokal war nun halblang, jeder unbetonte kurz. Auch die Konsonanten wandelten sich in der Koine. So ging b in w (v) über, d in stimmhaftes dh, Theta in stimmloses th, g vor e und i zu j. Auch morphologische Veränderungen kennzeichnen die Koine. Man denke an das Verschwinden des Duals, an die Verschmelzung von Deklinationsmodellen, an Neubildungen von Kasusformen, an das Verschwinden des Optativs und der Verba contracta, um einige typische Beispiele zu erwähnen. Nicht zuletzt sei auf syntaktische und lexikographische Änderungen hingewiesen. In die Koine drangen auch Lehnwörter aus anderen Sprachen und Kulturen ein; man denke etwa an semitische oder lateinische Formen. Die byzantinische Epoche übernahm derart ein reiches, buntes und vielfältiges sprachliches Erbe. Vor allem war Byzanz an der Diglossie, der „Zweisprachigkeit", der Neuzeit schuld, insoferne sich eine künstlich gepflegte Hochsprache und eine Volkssprache (die ab dem 12. Jahrhundert hervorbrach) nebeneinander entwickelten.

Siebentes Kapitel

Die etruskische Schrift und die italischen Schriften der Antike

Das griechische Alphabet hat auf der Apenninenhalbinsel eine Reihe von altitalischen Schriften hervorgebracht. Wesentliche Einflüsse gingen von den griechischen Kolonien in Süditalien aus. Eines der bedeutendsten Zentren war hier die von der Stadt Chalkis gegründete Kolonie Kymae (Cumae) in Kampanien nahe dem heutigen Neapel gewesen. Rege Handelskontakte hatten in diesen Städten einen beachtlichen Wohlstand hervorgerufen; zur materiellen Kultur trat auch die Schriftlichkeit, die in weiterer Folge an die Italiker und Etrusker weitergegeben werden konnte. Daß die alten Schriften Italiens in engem Konnex zur griechischen Schrift standen, war bereits in der Antike bewußt. So berichtete der in Rom wirkende Rhetoriker und Historiker Dionysios von Halikarnassos, daß die Zeitgenossen des Königs Servius Tullius dieselben Buchstaben wie die alten Griechen benutzten.

Bereits aus dem 8. und 7. Jahrhundert v. Chr. haben sich Schriften aus dem etruskischen Bereich erhalten, die in der Forschung als prototyrrhenische Schrift bezeichnet wurden. Das *etruskische Alphabet* war zunächst die kulturgeschichlich bedeutsamste Entlehnung, bis die lateinische Schrift auf den Abb. 23
Plan trat. Zweifelsohne haben die Etrusker ihre Schrift aus dem west- Abb. 24
griechischen Alphabet entnommen; jedoch ist bis heute die Frage offen, wo und von wem konkret die Etrusker das Alphabet übernommen haben. Die Frage nach der Herkunft des Alphabets wurde in der Forschung meist auch mit dem Problem der Herkunft der Etrusker verquickt. Als ein in Italien greifbares Volk haben die Etrusker auf jeden Fall um 700 v. Chr. das Alphabet besessen.

Eine erste Hypothese sieht in der Stadt Kyme, der um 750 v. Chr. von Chalkis auf Euboia aus gegründeten Kolonie, die Vermittlerin der etruskischen Schrift. Es ist aber ebenso möglich, und sogar viel wahrscheinlicher, daß die alten Tyrrhener (wie die Etrusker genannt wurden) ihr Alphabet bereits vor der griechischen Kolonisation übernommen haben, näherhin in einer Zeit, in der die Differenzierung des von den Phönikern übernommenen Uralphabetes bereits begonnen hatte. So weist das auf einem Täfelchen im „Fürstengrab" von Marsiliana d'Albegna aus dem 7. Jahrhundert v. Chr. erhaltene Musteralphabet Zeichen auf, die zwar nach Anordnung und Lautwert zur Gruppe der westgriechischen Alphabete gehören, aber keinen direkten Zusammenhang mit einem der bekannten griechischen Alphabete zeigen. Das Musteralphabet enthält neben dem Sigma der westgriechischen Alphabete das Ṣādē der semitischen und ostgriechischen und das Sāmekh des semitischen

Abb. 23: Schrifttafeln zur etruskischen, umbrischen, oskischen und faliskischen Schrift

Alphabets, während die ältesten Inschriften von Kyme nur das Sigma aufweisen. Eine dritte Hypothese berücksichtigt das Alphabet einer Stele auf Lemnos, einer Inschrift aus dem 6. Jahrhundert v. Chr., die in einer dem Etruskischen verwandten Sprache abgefaßt wurde. Allerdings ist zu vermuten, daß beide Alphabete voneinander unabhängig Adaptierungen des griechischen Alphabets darstellten.

Abb. 24: Etruskische Inschrift. Steinerner Cippus aus der Gegend von Perugia

Sehr bedeutsam ist der Umstand, daß an mehreren Stellen des südetruskischen Gebietes auf Vasen, Schalen und Steinen angebrachte Alphabete gefunden wurden, die als Musteralphabete gedient haben. Neben der Tafel aus Marsiliana d'Albegna sind zu nennen die „Vase Regolini-Galassi" aus Cerveteri (dem alten Caere) und das auf einer Felswand eines etruskischen Grabes bei Siena (dem alten Senae) befindliche Musteralphabet. Weitere Alphabete stammen aus Capena, Viterbo, Formello sowie aus dem etruskisch-faliskischen Narce und Lepignano. Das „Modellalphabet" besteht aus 26 Zeichen mit den Lautwerten a, b, g, d, e, v, z, h, th, i, k, l, m, n, s*, o, p, ś, q, r, s, t, u, ṡ, ph, kh. Auf einem Tintenfaß aus der Tomba Regolini-Galassi sind außer dem Alphabet auch Kombinationen eines Vokals mit Konsonanten eingeritzt; diese Silben gaben einem ungeübten Schreiber wohl eine zusätzliche Hilfe.

Die etruskische Sprache kannte nicht die Laute o, b, d und g. Da diese Laute jedoch in den Musteralphabeten aufscheinen, dürften diese Zeichen einfach aus dem griechischen Mutteralphabet mitgeschleppt worden sein. Sie wurden später in den Gebrauchsalphabeten nicht mehr verwendet oder adaptiert. Die etruskische Schrift ist linksläufig. Diese Linksläufigkeit haben die Etrusker bis zur letzten Phase ihrer Geschichte durchgehalten; erst im letzten Jahrhundert v. Chr. konnte unter dem Einfluß des Lateinischen von links nach rechts geschrieben werden; zu dieser Zeit war aber das Etruskische bereits im Verschwinden.

Im entwickelten etruskischen Gebrauchsalphabet fehlten die Laute o, b, d und g. Damit entfielen die Buchstaben Omikron, Beta und Delta. Das Gamma, C geschrieben, trat für den k-Laut vor den Vokalen e und i ein. Vor dem Vokal a schrieb man das Kappa für den k-Laut, vor dem Vokal u das Qoppa; die Kombinationen lauteten daher KA, CE, CI, QV. Der stimmlose f-Laut wurde zunächst als Kombination des Digamma mit dem Eta ausgedrückt (FH), später vereinfacht als F, bis im 6. Jahrhundert für den f-Laut das neue Zeichen 8 eintrat. Es ist aber bemerkenswert, daß dasselbe Zeichen 8 für f auch im Lydischen aufscheint. Damit ist wieder die Frage nach der Herkunft der Etrusker angeschnitten. Es gab und gibt Theorien, wonach die Etrusker ein autochthones Volk Italiens seien, während nach anderen Theorien - wie auch bereits der griechische Historiker Herodot meinte - die Etrusker aus Lydien in Kleinasien stammen sollen. Wahrscheinlich steckt in beiden Theorien ein Teil der Wahrheit; es dürfte eine Überlagerung italischer Autochthonen durch kleinasiatische Einwanderer vorliegen. Während Ferdinand Sommer das lydische und das etruskische Zeichen 8 als selbständige Entlehnungen aus einer mittelgriechischen Quelle ansah, verfocht M. Hammarström die Meinung, daß eine der Gruppen, die in Italien einwanderten, zunächst in Lydien gesessen wäre und von dort das genannte Zeichen nach Italien mitgebracht habe, wo es sich von einem lokalen Zeichen zum allgemein gebrauchten Zeichen für den f-Laut entwickelte.

Die vier Sibilanten (s-Laute) des Musteralphabetes wurden im 5. Jahrhundert v. Chr. auf zwei reduziert. Für das stimmlose s steht im Südetruskischen das Sam (M), für das weiche s das Sigma (ʃ). Im Nordetruskischen war die Verwendung der beiden Zeichen gerade umgekehrt. Da die etruskische Sprache anscheinend nur stimmlose Verschlußlaute kannte, verwendete die Schrift die Zeichen für th (⊗), ph (Φ) und kh (↓) unterschiedslos mit denjenigen für t, p und k. Von den ursprünglich vier k-Lauten (C, K, Q, ↓) hat sich später nur das K erhalten. Das ausgebildete etruskische Gebrauchsalphabet bestand demnach zunächst aus den 21 Zeichen für die Laute a, k, e, z, h, th, i, k, l, m, n, p, ś, q, r, s, t, u, ph, kh und f. Die stete Linksläufigkeit weist auf eine Zeit zurück, in der das griechische Mutteralphabet noch überwiegend eine linksläufige Schriftrichtung aufwies. Man wird also an das 8. Jahrhundert v. Chr. zu denken haben. Die mittel- und norditalischen Völker ihrerseits haben das etruskische Alphabet für ihre durchaus verschiedenen Sprachen übernommen, wobei das Mutteralphabet freilich im Laufe der Entwicklung oft erheblich abgeändert wurde.

Die meisten etruskischen Inschriften - etwa 9000 an der Zahl - sind kurze Grabinschriften, die nur den Namen des Verstorbenen, sein Lebensalter und seine Stellung angeben. Man vergleiche Texte wie „Partunus vel velϑurus satlnalc ramϑas clan avils XXIIX lupu" (Partunus Vel, des Velthur und der Satlnei Ramtha Sohn, im Alter von 28 Jahren verstorben) oder „Ramϑa huzcnai ϑui cesu ati nacna larϑial apiatrus zileterais" (Ramtha Huzcnai hier liegt, die Mutter, die erhabene (?) des Larth Apaiatru, des Praetor peregrinus). Andere Typen von Inschriften sind Besitzerinschriften, Dedikationsinschriften, Votivinschriften, Signaturen von Künstlern und Handwerkern, Bauinschriften, Inschriften mit „cursus honorum", Inschriften von Unfreien. Umfangreichere Texte umfassen zwischen 28 und 300 Wörter; man denke etwa an die „Agramer Mumienbinde" oder die Goldbleche von Pyrgi. Texte dieser Art befinden sich in europäischen Museen wie in Zagreb, Florenz, Rom und Berlin.

Auch die Etrusker besaßen eine Buchkultur und Literatur, die aber nicht mehr erhalten ist. Obwohl es sich um ein historisches Volk handelt, muß die etruskische Kultur vorwiegend mit archäologischen Methoden, wie sie für prähistorische Kulturen erarbeitet wurden, studiert werden. Die zahllosen Inschriften enthalten zweifelsohne wichtige Aussagen zur politischen und sozialen Organisation, zur Religion und Prosopographie; sie können freilich nicht das Fehlen einer nationalen Literatur wettmachen, wie sie für die Griechen und Römer überliefert ist. Während zahlreiche Zeugnisse der griechischen und römischen Literatur durch Jahrhunderte hindurch stets aufs neue kopiert wurden und damit erhalten sind, erregten die originalen Schriften der Völker des vorrömischen Italien, und damit auch der Etrusker, bereits in der römischen Kaiserzeit kein Interesse mehr. Da die Sprache nicht mehr verstanden wurde, kam es auch nicht mehr zur Rettung der Literatur und damit zu einer Kopistentätigkeit. Griechische und römische Quellen bezeugen indes, wenn auch nur indirekt, eine literarische Aktivität der Etrusker. Die Rede ist von religiösen Büchern, die durch Übersetzungen und Bearbeitungen den römischen Priestern und Gelehrten bekannt wurden. Sie wurden in drei Gruppen unterteilt, in die Libri haruspicini, die Libri fulgurales und die Libri rituales. Die erstgenannte Gruppe behandelte die Weissagung auf Grund der Leberschau, die zweite behandelte die Lehre von den Blitzen, die ebenfalls der Weissagung dienstbar gemacht wurden. In den Libri rituales wurden die Normen des Kultes, die Modalitäten für die Weihe von Heiligtümern, für die Gründung von Städten und die Unterteilung der Felder sowie zivile und militärische Ordnungssysteme zusammengefaßt. Die Libri fatales enthielten Schriften über die Zeiteinteilung und die befristeten Zeiten des Lebens der Menschen und Völker. Die Libri Acherontici umfaßten Schriften über das Jenseits und die zur Rettung notwendigen Riten, während in den Ostentataria die Interpretation von Vorzeichen und Wundern niedergelegt war. Die Etrusker schrieben diesen Büchern ein hohes Alter und eine göttliche Inspiration zu. Man wußte von den Lehren des Gaius Tages oder der Nymphe Vegonia. Doch mag der vorwiegend normative Charakter des Schriftkomplexes, auch wenn er alte Überlieferungen enthielt, in die Spätphase der kulturellen Entwicklung der etruskischen Gesellschaft gehört haben. Die religiöse Literatur enthielt sowohl poetisch und metrisch strukturierte Teile (carmina) als auch streng rituelle Teile und Vorschriften. Es bleibt ein Problem, inwieweit sich bei den Etruskern auch eine vom Religiösen unabhängige Literatur entwickelt hat. Varro erwähnt „Tuscae historiae", was auf die Existenz annalistischer oder historischer Dokumente hinweist. Hingegen gibt es keine Hinweise auf eine epische oder mythologische Literatur. Die figurative etruskische Kunst verarbeitete in der Hauptsache Götter- und Heroensagen der griechischen Welt. Reflexe von Elogien auf verstorbene Persönlichkeiten sind in längeren Grabinschriften zu erblicken. Möglich ist auch, daß es Parallelen zu Tischliedern und satirischen Feszenninen (benannt nach der faliskischen Stadt Fescennium) in Etrurien gab. Als ein Autor etruskischer Tragödien wird von Varro ein gewisser Volonius genannt; diese dramatische Dichtkunst ist aber wahrscheinlich erst in der Spätphase als Nachahmung des griechischen Theaters entstanden. Sakrale Lieder, Hymnen oder Gebete waren offensichtlich metrischer Art und wurden gesungen. In etruskischen Texten wurden mehrfach Gruppierungen von Worten und Silben, Wiederholungen, Alliterationen und Reime gefunden. Eine von Gesang begleitete Musik, mehr aber noch die gesanglose Musik hat bei den Etruskern eine große Rolle gespielt; dies gilt sowohl für das öffentliche wie für das private Leben. Die Instrumente entsprachen den griechischen; man kennt die Kithara, die Lyra, das Barbiton, die Doppelflöte, die gerade und die gebogene Trompete, die Kastagnetten und Krotalen der Tänzerinnen. Die enge Beziehung zwischen Musik und Gebärde zeigt sich auch in mimischen Darstellungen maskierter Tänzer. Damit ist nicht die Inszenierung wirklicher dramatischer Dialoge ausgeschlossen, die ab dem 4. Jahrhundert v. Chr. durch Einflüsse des griechischen Theaters gefördert werden konnten.

Tafel 21: Vergilius Romanus, 6. Jh. Schlachtenszene

Tafel 22: Terenz, Komödien. Schauspielszenen

Tafel 23: Prudentius, „Psychomachia". Patientia und Ira, Kampfszenen

Tafel 24: Cotton-Genesis, 5. Jh. Abraham mit Engeln

Unter den Funden etruskischer Texte muß die „Agramer Mumienbinde“ hervorgehoben werden. Es handelt sich dabei um das einzige Sakralbuch auf Leinen, das sich aus der Antike erhalten hat. Ursprünglich handelte es sich um ein rechteckiges, gefaltetes Leinentuch; es wurde später in Streifen geschnitten und zum Einwickeln der Mumie einer ägyptischen Frau aus ptolemäischer oder römischer Zeit gebraucht. Es ist unklar, wie ein etruskischer religiöser Text nach Ägypten gelangen konnte. Die Mumie wurde von einem kroatischen Reisenden nach Europa gebracht und dem Nationalmuseum zu Zagreb geschenkt, wo J. Krall die Schrift auf den Binden als etruskisch erkannte. Durch Zusammenfügen der Binden konnte man einen in wenigstens zwölf Kolumnen geschriebenen Text rekonstruieren; er besteht derzeit aus etwa 1200 lesbaren Wörtern. Das Buch von Zagreb ist das längste und wichtigste aller schriftlichen Zeugnisse der Etrusker, die wir heute besitzen. Den Text bilden Gebete und rituelle Vorschriften für Opfer.

Aus dem etruskischen Alphabet wurden die Alphabete der Stämme der Umbrer und Osker übernommen. Da beide Alphabete das aus dem frühen 6. Jahrhundert v. Chr. stammende Zeichen 8 für den f-Laut enthalten, ist die Zeit der Übernahme auf das 6. oder 5. Jahrhundert v. Chr. zu datieren. Das *umbrische Alphabet* ist, von kleineren Inschriften abgesehen, aus den sieben Erztafeln von Iguvium aus dem 3. Jahrhundert v. Chr. bekannt, die einen umfangreichen Ritualtext enthalten, von dem die gute Hälfte in umbrischer Schrift, der kleinere Teil in lateinischer Schrift aufgezeichnet ist. In der umbrischen Schrift treten als nationale Sonderzeichen ein Zeichen für rsch (etwa dem tschechischen ř vergleichbar) und ein Zeichen für ç (dem deutschen tsch vergleichbar) hinzu. Das ausgebildete umbrische Alphabet umfaßt 19 Zeichen mit den Lautwerten a, b, e, v, z, h, i, k, l, m (zwei Formen), n, p, r, s, t, u (zwei Formen), f, ř und ç. Abb. 23

Das *oskische Alphabet*, das ebenfalls im 6. oder 5. Jahrhundert v. Chr. aus einer jüngeren Form des etruskischen Alphabets entlehnt wurde, ist vornehmlich bekannt aus einer Weihinschrift von Agnone (im alten Samnium) und dem „cippus Abellanus“, einem Tempelvertrag zwischen Nola und Abella, ferner aus Inschriften aus Pompeji und Capua. Im oskischen Alphabet entsprechen die Zeichen ⊦ und V̇ einem offenen i bzw. einem o, für das im Etruskischen ja kein Buchstabe mehr vorhanden war. Das oskische Alphabet umfaßte 21 Zeichen mit den Lautwerten a, b, k, d, e, v, z, h, i, k, l, m, n, p, r, s, t, u, f, i und o. Die Schriftrichtung ist linksläufig. Bemerkenswert ist die Qualität der Schriftgestaltung, die das Oskische erreichen konnte. So ist etwa die Schrift einer oskischen Inschrift aus Pompeji aus dem 2. Jahrhundert v. Chr. ein Beispiel für eine schöne Majuskel mit verhältnismäßig fetter Zeichnung und regelmäßiger Ausführung, wie sie im damaligen Italien noch selten war. Abb. 23

Die *faliskische Schrift* wurde in Falerii gebraucht, einer Stadt am rechten Tiberufer in der Nähe von Veji (das 241 v. Chr. von den Römern zerstört worden war). Die Falisker hatten lange unter etruskischer Herrschaft gelebt, Abb. 23

weshalb ihre Sprache, die eigentlich ein Dialekt der Latiner war, auch eine gewisse Eigenentwicklung durchmachte. Die faliskische Schrift entstand daher auch unter etruskischer Vermittlung; sie ist am nächsten mit der archaischen Lateinschrift verwandt. Das Alphabet umfaßte 23 Zeichen für die Laute a, g = k, d, e, f (v), z, h, th, i, k, l, m, n, o, p, ś, q, r, š, t, u, ks und kh.

Als *alpine Schriften* werden Alphabete zusammengefaßt, die im Alpengebiet des alten Rätien auf Inschriften aufscheinen. Schon Livius wußte von der Verwandtschaft der Räter mit den Etruskern. Die erhaltenen, vorwiegend linksläufigen Inschriften stammen wohl aus den drei letzten Jahrhunderten vor der Zeitenwende. Das Fehlen der Buchstaben für b, d, g weist die alpinen Schriften als Entlehnungen aus dem Etruskischen aus. Man unterscheidet die Alphabete meist nach den Fundorten. So kennt man das Lugano-Alphabet (lepontische Schrift), die Alphabete von Bozen/Magré/Trient und Sondrio (zusammengefaßt als rätische Schrift) und die venetische Schrift. Die lepontischen Inschriften sind wohl in keltischer Sprache mit etruskischen Einschlägen abgefaßt, die rätischen in einem keltische Einflüsse aufweisenden etruskischen Dialekt. Norditalische Inschriften in gallischer Sprache sind in einem mit dem lepontischen Alphabet fast identischen Alphabet geschrieben. Auch die Schrift der illyrischen Veneter stammt vom etruskischen Alphabet ab, wie unter anderem das Fehlen der Buchstaben für b, d, g zeigt; das venetische o (ĭ) steht als später Zusatz am Ende des Alphabetes, was darauf hinweist, daß es im ursprünglichen venetischen Alphabet gefehlt hat. Die wichtigste venetische Inschrift besteht aus den Bronzetafeln von Este (5./4. Jh. v. Chr.). Das venetische Alphabet umfaßt 21 Zeichen mit den Lautwerten a, e, v, z, h, th, i, k, l, m, n, o, p, š, r, s, t, u, ph, kh, ĭ (o).

Als *adriatische Schriften* faßt man rein äußerlich mehrere teilweise voneinander erheblich abweichende Schriften zusammen, die nicht aus dem etruskischen Alphabet abgeleitet sind, aber Verwandtschaft mit dem griechischen Alphabet aufweisen. Die Formen des messapischen Alphabets aus Kalabrien, das aus Inschriften der beiden letzten Jahrhunderte vor der Zeitenwende bekannt ist, sind mit denen des griechischen ziemlich identisch. Stärker weicht das Alphabet von Novilara ab, das aus drei Sandsteinstelen aus dem 5./4. Jahrhundert v. Chr. (gefunden bei Pesaro in Picenum) bekannt ist. Das vorsabellische Alphabet tritt in Grabsteinen in Picenum auf, deren Sprache illyrisch zu sein scheint. Die sikulische Schrift erscheint in drei aus dem 5. Jahrhundert v. Chr. stammenden Inschriften aus Centuripe und Adernò auf Sizilien.

Die Herkunft der adriatischen Schriften ist teilweise umstritten. Das sikulische Alphabet scheint chalkidischen Ursprungs zu sein. Das messapische Alphabet ist wohl dem lakonischen bzw. tarentinischen Alphabet verwandt, nicht ohne ionischen Einfluß erlitten zu haben. Das Novilara-Alphabet steht dem Etruskischen näher, während das vorsabellische Alphabet vielleicht aus dem prototyrrhenischen Alphabet abgeleitet wurde, aber durch ein ostgriechisches Alphabet beeinflußt worden zu sein scheint.

Achtes Kapitel

Geschichte der lateinischen Schrift und Sprache in der Antike

Zu den wichtigsten Schriften der Welt zählt heute die lateinische Schrift; sie ist im größten Teil Europas und in erheblichen Teilen anderer Kontinente, vor allem in Amerika, zur Basis der schriftlichen Mitteilung geworden. Indes ist die lateinische Schrift keine Schöpfung der Römer gewesen, sondern wie alle altitalischen Schriften - direkt oder indirekt - aus der griechischen Schrift abgeleitet. Freilich hat die lateinische Schrift, als Medium der Kommunikation der Stadt Rom und später des Imperium Romanum, es verstanden, alle ihre Konkurrenten - die etruskische, die umbrische, die oskische, die faliskische Schrift sowie die alpinen und adriatischen Schriften - zu verdrängen.

Hinsichtlich des *Ursprunges der lateinischen Schrift* waren die Meinungen der Forscher geteilt. Fest steht die Ableitung aus dem westgriechischen Alphabet, das in griechischen Kolonien verwendet wurde; abermals ist auf die kulturelle Vorrangstellung von Kyme (Cumae) hinzuweisen. Ob aber eine direkte Übernahme aus dem Westgriechischen oder aber eine indirekte Ableitung durch die Rezeption des etruskischen Alphabetes stattfand, ist eine noch nicht völlig geklärte Frage. Seit Theodor Mommsen und A. Kirchhoff war die Meinung vorherrschend gewesen, daß das faliskisch-lateinische Alphabet eine Parallelentlehnung zum etruskischen aus dem durch chalkidische Kolonisten nach Italien gebrachten westgriechischen Alphabet gewesen wäre. Aber bereits M. Bréal wies auf das etruskische Alphabet als Quelle des lateinischen hin; eines seiner Hauptargumente war, daß der Buchstabe C, der dem Gamma entsprach, wie im Etruskischen ein k-Laut wäre, aus dem erst später das Graphem für G abgeleitet wurde. M. Hammarström wies in überzeugender Weise die Entlehnung des lateinischen Uralphabetes aus dem etruskischen nach. Er postulierte nur die Entlehnung jener Buchstaben, die das Etruskische nicht kannte - also B, D, O und X - aus dem griechischen Alphabet Unteritaliens. Hammarström wies vor allem auf die Verwendung von C für die Laute G und K, die Schreibung des K vor A, des C vor E und I, des Q vor O und U in der ältesten Schrift hin; auch der Mangel an der Unterscheidung von stimmlosen und stimmhaften Verschlußlauten entspricht dem Usus des Etruskischen. Die lateinischen Buchstabennamen, wie sie heute noch gebräuchlich sind, entstammen gleichfalls dem Etruskischen und nicht dem Griechischen. Zuletzt ging B. L. Ullman noch über die Hypothese Hammarströms hinaus; er meinte, daß die Buchstaben B, D, O und X im Falle einer Entlehnung aus dem Griechischen wohl an den Schluß des lateinischen Uralphabetes gestellt wor-

Abb. 25: Der „Schwarze Forumstein" (Lapis niger), um 600 v. Chr., mit der ältesten lateinischen Inschrift

den wären. Ullman postulierte vielmehr eine Entlehnung des lateinischen Alphabetes aus dem frühen etruskischen (prototyrrhenischen) Alphabet, das nach Aussage der Musteralphabete noch die griechischen Buchstaben für B, D, O und X als Relikte der Mutterschrift mitgeschleppt habe; die Entlehnung hätte also vor der Eliminierung von B, D, O und X in den etruskischen Gebrauchsalphabeten stattgefunden, also etwa um 700 v. Chr. Vom Standpunkt der rein formalen Analyse der beiden Alphabete des Lateinischen und

Griechischen schiene eine direkte Übernahme der Lateinschrift aus dem westgriechischen Alphabet einleuchtend zu sein. Doch die etruskische Vorherrschaft in Latium, der kulturelle Niveauunterschied zwischen Italikern und Griechen und auch sprachlich-orthographische Eigenheiten sprechen für eine Vermittlung der Schrift durch die Etrusker an die Latiner.

Inschriftlich ist das lateinische Alphabet seit etwa 600 v. Chr. bekannt. Die Entwicklung der Schrift läßt sich auf Denkmälern aus Stein und Erz ablesen, da die vergänglicheren Beschreibstoffe zugrunde gegangen sind. Berühmte Denkmäler sind die Inschriften des „Schwarzen Steins“ auf dem Forum Romanum (um 600 v. Chr.), die Spange des Manios aus Praeneste (datiert an den Anfang des 6. Jahrhunderts, zuletzt aber in ihrer Echtheit bestritten), aus dem 4. Jahrhundert v. Chr. ein Täfelchen aus dem See von Fucino, eine Weihinschrift für Juno Lucina in Norba und die sogenannte Duenos-Inschrift auf einem Topf, aus dem 3. Jahrhundert v. Chr. die Grabinschrift der Familie der Scipionen, aus dem Jahre 186 v. Chr. das „Senatus consultum de Bacchanalibus“ auf einer Bronzetafel.

Das *älteste lateinische Alphabet* bestand aus 21 Buchstaben: A, B, C, D, E, F, Z, H, I, K, L, M, N, O, P, Q, R, S, T, V, X. Die behauchten Laute des Griechischen (th, ph, kh) waren weggelassen worden, da sie in der lateinischen Sprache fehlten. Erst um 150 v. Chr. wurden die Schreibungen CH, TH und PH für griechische Fremdwörter mit behauchten Lauten wieder eingeführt.

Die äußeren Formen der lateinischen Buchstaben durchliefen eine lange Entwicklung, bis sie sich in der Kaiserzeit stabilisierten. Bereits der erste Buchstabe, das A, ist in archaischer Zeit reich an Varianten gewesen; konstant Abb. 26
blieb nur der Winkel der gespreizten Schäfte mit der Spitze nach oben. Der Querbalken zwischen den beiden Schäften war bald waagrecht, bald geneigt, bald fiel er überhaupt fort. Die Schäfte konnten auch wie Kreisabschnitte geformt sein, oder ein Schaft war gerade, der andere gebogen. Der Querstrich konnte auch durch eine kleine Vertikale ersetzt werden.

Die Bäuche des B konnten in archaischer Zeit aus zwei Dreiecken gebildet werden; jedoch ist der Typus mit runden Bäuchen in allen Epochen vertreten.

Der Buchstabe C kam in archaischer Zeit in drei Formen vor. Zum einen konnten zwei gerade Striche einen mehr oder weniger scharfen Winkel bilden. Eine zweite Form konnte aus drei Strichen zusammengesetzt sein, in der der Winkel abgeschnitten erscheint. In allen Zeiten konnte das C auch die runde, halbkreisförmige Form besitzen; meist war der Bogen schmal, bis in der Kaiserzeit die eigentliche Kreisform regulär wurde.

Beim Buchstaben D erscheint das ursprüngliche gleichseitige Dreieck des griechischen Delta um 90° gedreht, so daß seine Basis zum Schaft des lateinischen Zeichens wurde. In einer weiteren Form ist ähnlich wie beim C der Scheitel des Dreiecks des D senkrecht abgeschnitten oder gerundet. Eine dritte Form bietet die Rundung als am Scheitel hängend dar, aber unten nicht an den Schaft angeschlossen; anderswo konnte der Bauch oben offen sein. Erst am Ende der republikanischen Zeit wurde das D breit gerundet.

Abb. 26: Archaische Lateinschrift des 6.-4. Jh.s v. Chr.

Die älteste Lateinschrift übernahm die archaische Form des griechischen Epsilon mit nach unten verlängertem Schaft und drei kurzen, manchmal in ziemlich scharfem Winkel angesetzten Querstrichen. Der Schaft konnte auch geneigt oder nach oben verlängert sein. Noch in republikanischer Zeit kommen die nach unten geneigten Querstriche vor, bis allmählich deren horizontale Ausrichtung überwog. In kursiven Inschriften aus republikanischer Zeit tritt die kursive Form des E in Gestalt zweier senkrechter, paralleler Striche auf.

Einen ähnlichen Gestaltwandel durchlief das F. Archaische Formen boten einen geneigten oder senkrechten Schaft dar; die beiden Querstriche konnten nach unten oder nach oben gewendet sein. Früh trat daneben eine Form mit horizontalen Querstrichen auf, wobei der untere oft kürzer war. Das kursive F bestand aus einem Schaft und einem kurzen Parallelstrich.

Im archaischen Alphabet war an siebenter Stelle das Z, entsprechend dem griechischen Zeta, gestanden. Hier erfolgte im Lauf der Entwicklung eine Umstellung. Ab dem 6. Jahrhundert v. Chr. vollzog sich nämlich eine Umwandlung des c-Lautes. Da dieser den g-Laut verloren hatte, mußte für letzteren ein eigener Buchstabe geschaffen werden. Man bildete das G aus dem C durch die Ansetzung eines Schlußstriches im 3. Jahrhundert v. Chr. Das C wurde nunmehr zum alleinigen k-Laut; das alte K konnte im Lateinischen zurücktreten und fand seine Renaissance erst wieder in den modernen Sprachen. Das Z an siebenter Stelle des Alphabets verschwand, als der stimmhafte Laut im Wortinneren zu r geworden war; seinen Platz nahm das neugeschaffene G ein. Erst im 1. Jahrhundert v. Chr. wurde das Z zusammen mit dem Y wieder aus dem Griechischen entlehnt und mußte daher an das Ende des Alphabets treten.

Der Buchstabe G, der ab dem 3. Jahrhundert v. Chr. belegt ist, wies anfänglich nur einen kurzen Zusatzstrich zur C-Form auf; in den runden Formen ist dieser Strich senkrecht; erst am Beginn der Kaiserzeit ist eine Tendenz zur Biegung nach links zu verzeichnen.

Die älteste Form des H war oben und unten geschlossen; so gleicht sie einem Rechteck mit einem im Inneren in der Mitte verlaufenden Querstrich. Erst später fielen die obere und untere Seite des Rechtecks fort, so daß zwei senkrechte Schäfte übrigblieben, die in der Mitte durch einen Querstrich verbunden sind.

Das I hat sich kaum verändert. Lediglich ab dem 1. Jahrhundert v. Chr. wurde der Buchstabe manchmal über die anderen Buchstaben hinaus hochgezogen.

Das K weist eine archaische Form mit senkrechtem Schaft und kurzen Schenkeln, die von der Schaftmitte im Winkel auseinanderstreben, auf. Bis zum 3. Jahrhundert v. Chr. kommt auch eine Form mit kurzen parallelen Mittelstrichen vor. Erst im 3. Jahrhundert n. Chr. hat sich die heute gebräuchliche Form stabilisiert.

Das L behielt seine archaische Form mit den beiden in scharfem Winkel verbundenen Strichen bis zur Mitte des 2. Jahrhunderts v. Chr.; erst dann drang die Schreibung des Querbalkens in waagrechter Lage durch.

Der Buchstabe M besitzt bereits auf dem Cippus vom Forum Romanum zwei Formen. Die erste Form ist eine getreue Nachbildung des archaischen griechischen My; sie zeigt einen senkrechten Hauptschaft, an dem der Scheitel in Gestalt eines modernen W ansetzt. Die zweite Form besteht aus fünf gleich langen Schäften in Zickzackzeichnung; diese Form blieb typisch für die archaische Lateinschrift. In der römischen Monumentalschrift des 4.-3. Jahrhunderts v. Chr. bildete sich bereits die aus vier gleich langen Zügen gestaltete, breit ausladende Form, die auch in die moderne Lateinschrift einfloß. Aus republikanischer Zeit sind Nebenformen überliefert; so konnten die inneren, v-förmigen Schäfte kürzer sein als die äußeren; oder die äußeren Schäfte waren gerade und die inneren klein und schräge. Die heutige Form mit vertikalen Schäften und mit dem Scheitel des Winkels auf der Grundzeile tritt erst im 1. Jahrhundert n. Chr. auf.

Die älteste Form des N zeigt alle Striche schräg; Nebenformen gab es mit senkrechtem rechten Schaft oder beiden Schäften in senkrechter Ausführung. Die erstgenannte Form hielt sich in republikanischer Zeit.

Auch das O konnte in archaischer Zeit Varianten aufweisen. So gibt es eine aus zwei eckigen Klammern zusammengesetzte Gestalt, die unverbunden oder verbunden sein konnten. Auch eine Form aus zwei Halbkreisen ist belegt. Die offenen Formen verschwanden um die Mitte des 2. Jahrhunderts v. Chr. Das kreisförmige O ist in archaischen Inschriften meist viel kleiner als die benachbarten Buchstaben.

Die älteste Form des P, die sich noch bis an das Ende des 2. Jahrhunderts v. Chr. halten konnte, entsprach dem eckigen Pi der archaischen griechischen Schrift. Der rechte Winkel des Querstriches entwickelte sich in der Folge zu einem Bogen, der aber zunächst offen blieb. Ein P mit geschlossener Rundung tritt erst um 100 n. Chr. häufiger auf.

Die archaische Form des Qoppa wurde als Zeichen für Q übernommen; sie bestand aus einem kleinen Ring, der auf einer kurzen Vertikale aufsaß. Eine kursive Form zeigte eine Wellenlinie ähnlich einem verkehrten S, deren obere, größere Schleife den Ring des alten Zeichens ersetzte. Die griechische Urform entwickelte sich in dem Sinn weiter, daß der Kreis seinen Durchmesser bis zur Größe der übrigen Buchstaben erweiterte, während das auf ein Minimum reduzierte Anhängsel schließlich horizontal unter dem Buchstaben verlief. In der Kaiserzeit wurde das Anhängsel zu einem langen, gekrümmten und nach rechts unter den benachbarten Buchstaben weisenden Schweif.

Die archaische Form des R entsprach der eckigen alten Form des griechischen Rho. Allmählich bog sich die Schleife der Rundung in einem stumpfen Winkel zurück; hierin liegt die Wurzel der späteren klassischen Form. Der Bauch des R konnte rund oder dreieckig, geschlossen oder offen sein. Der lange Ansatzstrich, der bis zur Grundzeile reicht, kam erst in der entwickelten Monumentalschrift der republikanischen Zeit zur Geltung.

Bis zur Mitte des 2. Jahrhunderts v. Chr. hielt sich die archaische Form des S mit einer nach links oder auch nach rechts gewendeten eckigen Zeichnung. Durch die Verbindung der drei Striche der alten Form zu einer einzigen Wellenlinie entstand die Rundform. In älteren Inschriften ist diese Rundform sehr flach; erst allmählich wölbten sich die Bogenlinien stärker, ohne daß die Tendenz zur schmalen Schreibung ganz verlorenging. Das ungleiche Verhältnis der beiden Schleifen des S stabilisierte sich erst in der klassischen Monumentalschrift.

Der Buchstabe T wurde ohne Veränderungen aus dem griechischen Alphabet übernommen. Nur der Querbalken konnte nach links oder rechts unten geneigt sein; doch überwog dessen horizontale Schreibung schon seit alter Zeit. Das Verhältnis der Länge der beiden Striche blieb variabel, bis erst in der klassischen Monumentalschrift infolge der Tendenz zur Einschreibung der Buchstaben in quadratische Umrisse die volle Schaftlänge erreicht wurde.

Der Buchstabe V wurde sowohl für den Konsonanten V wie für den Vokal U verwendet. Die Form war ziemlich stabil, von einer fallweisen Linksneigung abgesehen. Auf dem Cippus des Forum Romanum scheint auch eine y-artige Form auf. Abb. 25

Das X konnte in der ältesten Zeit durch eine Überkreuzung eines horizontalen Striches mit einem vertikalen zustande kommen. Durch eine Drehung dieses archaischen Kreuzes um 90° kam die heute übliche Form in Verwendung.

Die erst am Ende der republikanischen Zeit in der bereits vollentwickelten und stabilisierten Monumentalform aus dem griechischen Alphabet übernommenen Buchstaben Y und Z blieben in der weiteren Schriftentwicklung konstant. Nochmals sei daran erinnert, daß das Z Bestandteil des lateinischen Uralphabetes war; als der Buchstabe aus sprachlichen Gründen obsolet geworden war, wurde er im 4. Jahrhundert v. Chr. beseitigt. Die Überlieferung schreibt diese Maßnahme dem Zensor Appius Claudius zu. Abb. 27 Martianus Capella (3,261) berichtet, daß der Zensor des Jahres 312 v. Chr. den Laut verabscheute, weil man bei seiner Aussprache die Zahnstellung eines Totenkopfes nachahmen müsse. An die durch die Tilgung des Z freigewordene Stelle rückte um die Mitte des 3. Jahrhunderts v. Chr. das G ein. Plutarch (Quaest. conviv. 54 und 59) überliefert, daß der Grammatiker Spurius Carvilius der Erfinder des G gewesen sei. Die Wiedereinführung von Y und Z war nötig geworden, als man griechische Fremd- und Lehnwörter im Lateinischen adäquat schreiben mußte.

Im 1. Jahrhundert v. Chr. lag nunmehr das klassische Alphabet von 23 Buchstaben vor: A, B, C, D, E, F, G, H, I, K, L, M, N, O, P, Q, R, S, T, V, X, Y, Z. Der Buchstabe W, der in den germanischen Sprachen verwendet wird, ist erst eine Schöpfung des 11. Jahrhunderts. Die Unterscheidung der Buchstaben I und J sowie U und V ist gar erst eine Einführung der Neuzeit.

Nach einer archaischen Periode vom 7. bis zum 5. Jahrhundert v. Chr., in der linksläufig oder bustrophedon (d. h. in abwechselnder Richtung) geschrieben wurde, setzte sich die Rechtsläufigkeit der lateinischen Schrift durch. Damit nahmen auch die Buchstaben die klassische Form an. Bei linksläufiger Schriftrichtung besaßen ja viele Buchstaben eine zur modernen Form spiegelbildlich symmetrische Gestalt.

Infolge der Tatsache, daß aus archaischer Zeit keine Bücher erhalten sind, läßt sich die Entwicklung der lateinischen Schrift in vorchristlicher Zeit hauptsächlich aus Inschriften auf Stein und Metall ablesen. Die älteste greifbare Form ist die der *archaischen Kapitale*, die aus durchwegs unverbundenen Großbuchstaben bestand. Kürzungen fehlten fast gänzlich. Denkt man sich die auf Erz oder Stein eingegrabenen Zeichen mit der Rohrfeder auf Papyrus geschrieben, hat man ein ziemlich anschauliches Bild der archaischen Schrift vor Augen, die wohl auch einen „Inschriftenstil" gekannt haben mag.

Abb. 27: Römische Monumentalschrift, 3.-2. Jh. v. Chr.

Seit dem 1. Jahrhundert v. Chr. kennen wir aber auch neben der Scriptura monumentalis eine schmälere und flüssigere Form des Alphabets in Gestalt Abb. 28 der *Scriptura actuaria*. Sie ist bereits durch den Wechsel von Haar- und Schattenstrichen sowie durch eine flüssigere Durchbildung der Buchstaben gekennzeichnet. Die Quellen für diese Schrift, die sicher noch näher an die Buchschrift ihrer Zeit herankam, sind vor allem mit dem Pinsel aufgetragene Wandinschriften in Pompeji; es handelt sich um Wahlaufrufe, private Kritzeleien und Sgraffiti verschiedenster Art. Seit dem 3. Jahrhundert v. Chr. machten sich auch kursivere Formen in weniger anspruchsvollen In- und Aufschrif-

Abb. 28: Römische Dokumentarschrift vor 79 n. Chr.

ten bemerkbar; man denke an die Gestaltung des E mittels zweier paralleler Striche oder des F mittels eines langen und eines kurzen Striches, die parallel geführt sind.

Am Rande sei bemerkt, daß der gelehrte Kaiser Claudius (41-54 n. Chr.) noch drei zusätzliche Buchstaben erfand und darüber sogar ein Buch schrieb: das Digamma inversum für den konsonantischen v-Laut (also z. B. ℲVLGVS = vulgus), das Antisigma Ↄ für den psi-Laut und das Zeichen Ⱶ für einen Vokalwert zwischen i und u. Doch diese Erfindung hatte wenig Glück und war bald wieder vergessen.

Die älteste Form der römischen Buchschrift, die uns in erhaltenen Stükken ab der Mitte des 1. Jahrhunderts v. Chr. vor Augen tritt, ist die *römische Capitalis*. Die ältesten Stücke sind Urkunden und Briefe. So stammt aus der Mitte des 1. Jahrhunderts v. Chr. der Brief eines Sklaven; aus der Zeit des Kaisers Augustus stammen Abrechnungen und Briefe auf Papyrus. Bedeutsam ist der Berliner Papyrus mit der Rede des Claudius (datierbar 43-54 n. Chr.). In die Zeit von Augustus bis in die Mitte des 1. Jahrhunderts n. Chr. können auch die ersten lateinischen literarischen Papyri datiert werden. Man denke etwa an ein Gießener Fragment von Ciceros zweiter Verrine oder an die vor 79 n. Chr. anzusetzenden lateinischen Papyri aus Herculaneum. In diesen Dokumenten liegt einerseits die kalligraphische Capitalis vor; aber auch Kursive ist bereits in verschiedenen Abstufungen vertreten. Zu den bekanntesten literarischen Texten zählte bislang das „Carmen de bello Actiaco", ein Fragment einer Dichtung über die Schlacht bei Actium im Jahre 31 v. Chr., das allerdings in der neuesten Forschung als Fälschung entlarvt wurde.

Die kanonisierte Bücherkapitale ist die sogenannte *Capitalis rustica*, eine Abb. 29 aus der Scriptura communis isolierte und kalligraphisch stilisierte Form. Schon die ältesten Beispiele zeigen die Elemente der kalligraphischen Stilisierung, so die Anbringung der Schrift mit einer breit zugeschnittenen Feder, ein Umstand, der einen betonten Wechsel von Haar- und Schattenstrichen bewirkte; die horizontalen Striche sind sehr fett, die vertikalen sehr dünn ausgeführt; in den Rundungen verteilen sich die Schatten auf die Scheitel- und Fußpartien der Buchstaben. Die klassische Form der Capitalis rustica blieb in ihrer kanonischen Form bis in die Spätantike als Buchschrift bestehen und in ihrem Rang unangefochten, mochten daneben auch zahlreiche Texte in Kursive verbreitet gewesen sein und allmählich neue Schriftformen aufgetreten sein. Mit dem 4. Jahrhundert setzt die Überlieferung der Capitalis rustica auf Pergamentcodices ein. Den Anfang der erhaltenen Stücke dürfte der Gelliuspalimpsest im Vaticanus Pal. lat. 24 darstellen. Gut datierbare Pergamenthandschriften sind der 494 vom Konsul Turcius Rufius Apronianus Asterius revidierte Vergilius Mediceus und der Prudentiuscodex aus dem Besitz des Konsuls des Jahres 527, Vettius Agorius Basilius. Merkwürdigerweise sind biblische Texte nur ganz selten in Capitalis geschrieben worden; christliche Prosatexte sind überhaupt nicht in Rustica überliefert. Für deren Überlieferung hat man offensichtlich Unziale und Halbunziale bevorzugt. Allerdings ist auch ein großer Teil der klassischen Literatur in Unziale geschrieben worden. Hingegen sind Vergilcodices in Capitalis als illuminierte Handschriften und großformatige bibliophile Exemplare angefertigt worden.

Die Buchstaben der kanonischen Rustica sind schwungvoll gestaltet. Ihre Schriftachse ist etwa bei 45° geneigt. Die Zeichen sind relativ schmal und zart; die Höhe übersteigt die Breite. Beim A fehlt meist der Querstrich. Die horizontalen Striche von E, F, L und T sind kurz. Die Buchstaben F, L und B überschreiten die obere Begrenzungslinie des Normalalphabets, G, L, N und V die untere Linie. Der obere Querstrich von F ist gerne geschwungen. Auch das Y

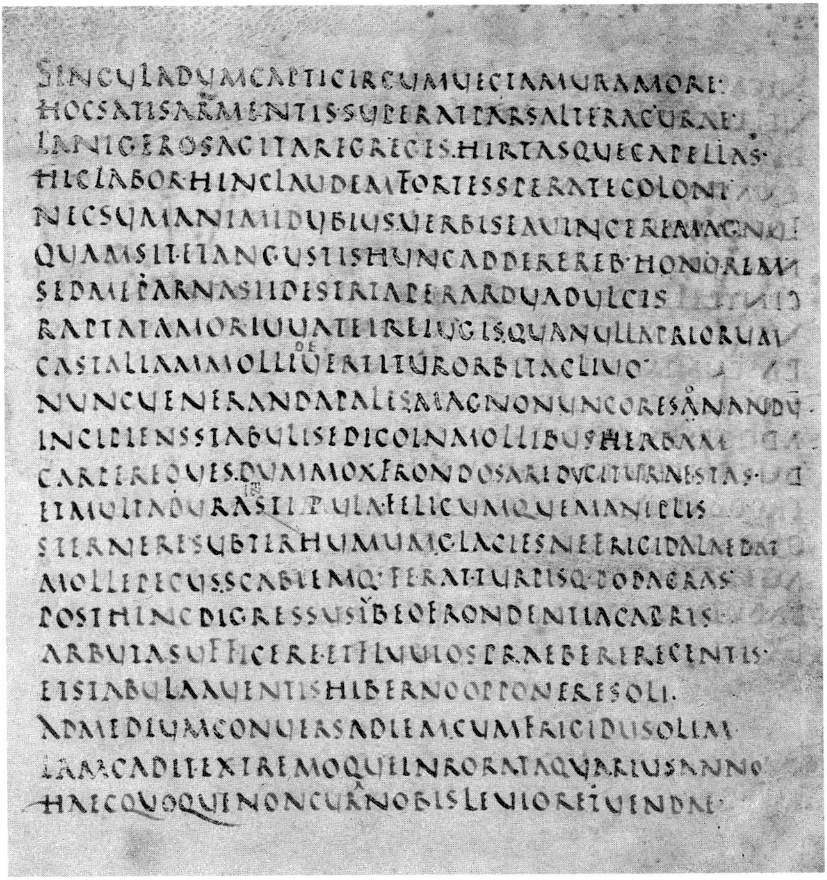

Abb. 29: Capitalis rustica des frühen 5. Jh.s. n. Chr. Vergilius Vaticanus

ragt weit nach oben hinaus. Das H besitzt verschiedene Formen, bald die epigraphische Grundform, bald eine Form mit links von der ersten Haste angesetztem Querstrich, bald mit hakenförmig umgebogener rechter Haste, bald eine Form ähnlich dem K. Kleinere Buchstaben und Ligaturen am Zeilenende sind nicht ungewöhnlich, auch nicht der Ersatz von M und N durch einen Querstrich über einem Vokal; als Abkürzungen sind die Endungen B(us) und Q(ue) häufig.

Eine kalligraphische Spielform der Capitalis im 4. Jahrhundert n. Chr. war die sogenannte *Capitalis quadrata* (oder elegans), deren breite und gedrungene Buchstaben sich in quadratische Umrißformen einschreiben lassen. In ihrem feierlichen und schweren Duktus steht die Schrift der Monumentalschrift der Inschriften nahe. Nur die Buchstaben F, L und B überschreiten die obere Begrenzungslinie unbedeutend, während G, N, Q und gelegentlich V etwas unter die Grundlinie reichen können. Die Schrift hat für die Vergiltradition

Abb. 30

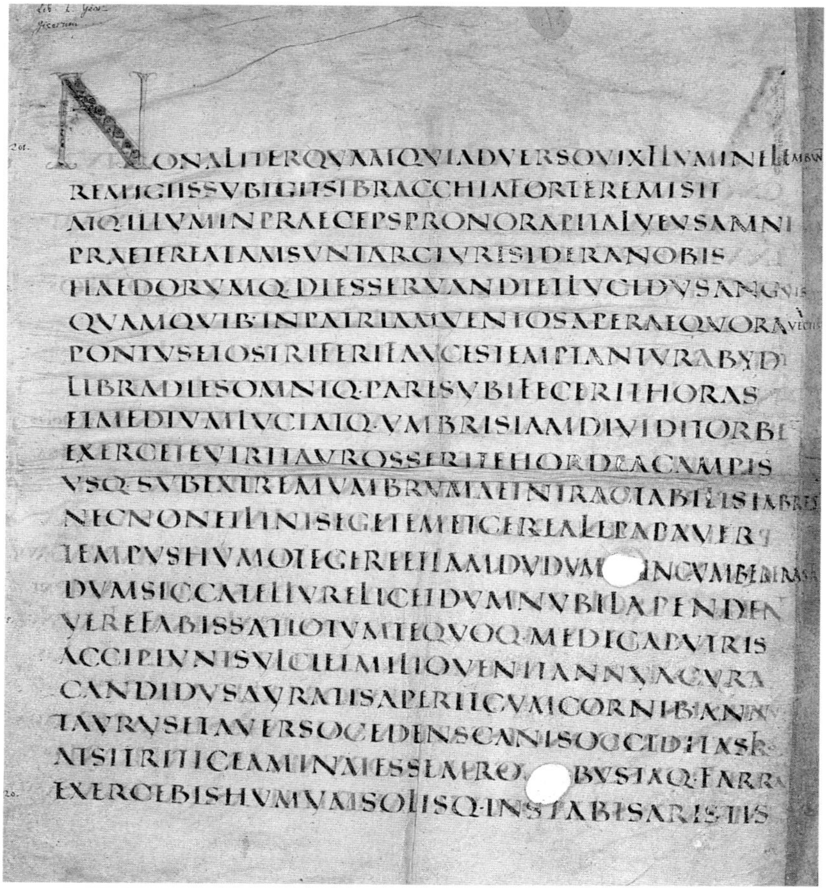

Abb. 30: Capitalis quadrata des 4. Jh.s. n. Chr. Vergilius Augusteus

eine besondere Bedeutung erlangt, weshalb sie vielleicht im 8./9. Jahrhundert die Bezeichnung „litterae Vergilianae“ erhielt. In Capitalis quadrata geschrieben sind der Vergilius Augusteus und der Vergilius Sangallensis. In ihrer Eigenschaft als christliche Epiker haben auch die Dichter Prudentius und Sedulius eine Überlieferung in Capitalis quadrata erfahren.

Seit dem 5. Jahrhundert wurde Capitalis in Verbindung mit Unziale gerne als Auszeichnungsschrift verwendet, sei es für Seitentitel, Kapitelüberschriften, Textanfänge und Textenden. Noch im 7. Jahrhundert war die Capitalis in Spanien zur Hervorhebung und für Dichterzitate in Verwendung gestanden. Als die Luxushandschriften mit dem Zusammenbruch der weströmischen Zivilisation verschwanden, war die Rolle der Capitalis als kalligraphische Schrift für hohe Ansprüche zu Ende gegangen. Im Mittelalter und in der Renaissance sollte die Capitalis aber wieder zu Auszeichnungszwecken verwendet werden.

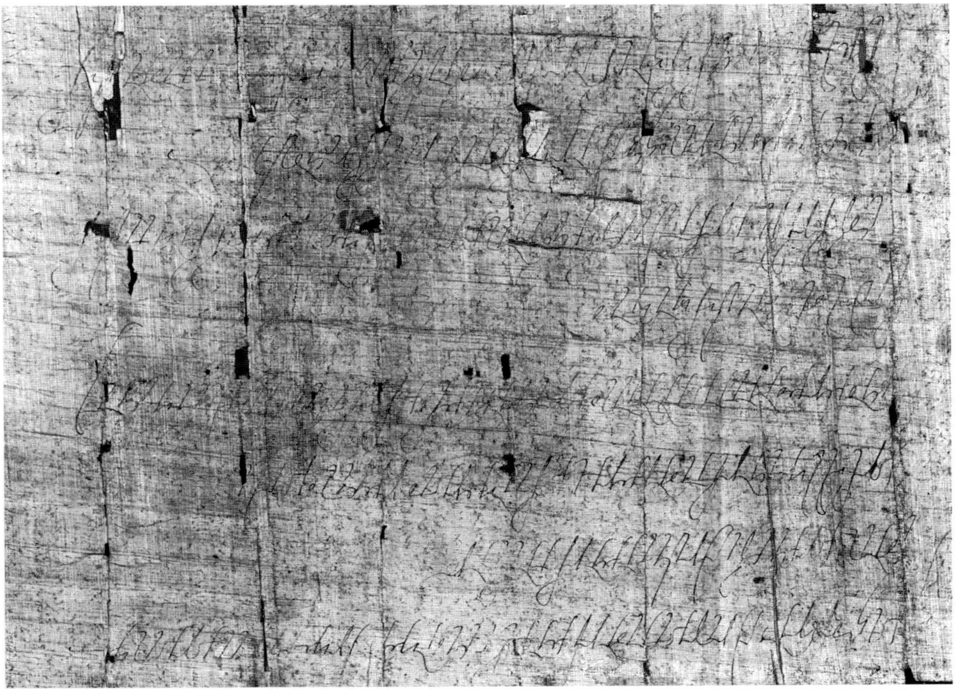

Abb. 31: Majuskelkursive. Kaiserliches Rescript des 5. Jh.s n. Chr.

Den Bedürfnissen des Alltags war die *ältere römische Kursive* - auch Kapitalkursive oder Majuskelkursive genannt - angepaßt. Sie ist durch Wachstäfelchen, Sgraffiti, Tabellae defixionum, Inschriften und Papyri gut bezeugt. Bereits im 3. Jahrhundert v. Chr. lassen sich kursive Tendenzen fassen, die zur Aufspaltung der Schrift führten; halbkursive Modifikationen gaben die Konstruktion der Majuskeln in bloß flüchtiger Skizzierung wieder. Spätestens in augusteischer Zeit erfolgten einschneidende Eingriffe in die Form der Buchstaben, die viel weiter gingen als die frühen Wachstafel- und Sgraffitischriften. Es entstand eine Schrift, die sich im Alltag, im Geschäftsverkehr, in Briefen, aber auch in geringerwertigen Büchern behauptete. Das Alphabet der Schrift - der écriture commune classique - bestand zwar zur Gänze noch aus Großbuchstaben, doch sind diese an die rasche Ausführung angepaßt und daher oft radikal umgeformt worden. So ließ man unbequeme Ecken, lästige Züge, Krümmungen und Bogen weg; hingegen verlängerte man gerne Linien, die mit dem Schreibwerkzeug leicht zu ziehen waren. Noch waren Buchstabenverbindungen selten. Ein Charakteristikum der Schrift ist die Reduzierung von Buchstaben auf ihre Grundform, wobei sich freilich Unterschiede je nach dem verwendeten Beschreibstoff ergaben; so unterschieden sich Buchstaben auf Wachstäfelchen oft nicht unwesentlich von solchen auf Papyrus.

Das A verlor den Mittelstrich und wurde gebogen. Das B büßte seinen oberen Bogen ein, während der untere Bauch auf die linke Seite des Längsstriches rückte. Das D erhielt durch Rundung und rasche Schreibung den Duktus des griechischen Delta der Minuskelschrift. Das E konnte auf den senkrechten Strich und mittleren Querstrich oder gar auf zwei parallele senkrechte Striche reduziert werden oder aber eine C-förmige Gestalt annehmen. Die Cauda des G wird oft stark verlängert. Das H erhielt einen gebogenen zweiten Schaft, der auch verkürzt erscheint und oft mit dem Mittelstrich in einem Zug geschrieben wird, wodurch bereits eine Minuskelform erzielt ist. M und N werden in seitlicher Richtung zerdehnt und bestehen aus wellenförmigen Strichen. Der Kreis des O wird verkleinert, ebenso jener des Q, dessen Cauda verlängert erscheint. Das R verliert den unteren Ansatz des Schulterstriches; der Rest des Bogens tritt an den Schaft heran. Das T wird häufig nach rechts umgebogen. Das V kann eine U-förmige Rundung erfahren. Die Formen von A und R, B und D, C, P und T nähern sich einander an. Durch Ligaturen werden Gruppen von Buchstaben zusammengefaßt und oft auch verähnlicht.

Die ältere römische Kursive blieb bis in das 3. Jahrhundert in Gebrauch. Wie eine Liviusepitome zeigt, existierte bereits in der ersten Hälfte des 3. Jahrhunderts eine Minuskelkursive. Aber es versteht sich, daß der Übergang von der älteren zur jüngeren römischen Kursive ein durch mehrere Generationen laufender Prozeß gewesen war.

Ab dem 2. Jahrhundert erhielt die Kursive in den juristischen und administrativen Dokumenten einen relativ einheitlichen und bald auch erstarrenden Charakter. Unter wechselnden Bedingungen war die Kursive fähig, durch Rückstilisierung wieder zum Ursprung neuer kalligraphischer Schriftarten zu werden, so für die primitive Minuskel, die Unziale und die Halbunziale. Zwar kam die ältere römische Kursive mit dem 3. Jahrhundert außer Gebrauch; doch höhere Dienststellen hielten an ihr noch länger fest. So hatte die ältere Kursive ein längeres Nachleben in der kaiserlichen Kanzlei. Schließlich erhob die Kanzlei der Kaiser eine stilisierte, schmale, schräge, sehr gebundene Form der Kapitalkursive zu ihrem Privileg als *„litterae caelestes“*. Ihre Anwendung durch andere Kanzleien wurde 367 verboten; die Schrift ist noch im 5. Jahrhundert nachzuweisen.

Im 3. Jahrhundert n. Chr. wurde die zweite große Phase in der Entwick-
Abb. 32 lung der römischen Kursive erreicht, die sodann im 4. Jahrhundert fest etabliert erscheint: die *jüngere römische Kursive*, auch Minuskelkursive genannt. Ein erster klarer Beleg für den Schriftwechsel ist ein kaiserlicher Erlaß (P. S. I. 111) aus der Zeit zwischen 287 und 304. Mischformen zwischen alter und neuer Kursive zeigen sich in Dokumenten von der Wende des 3. zum 4. Jahrhundert.

Durch die jüngere römische Kursive wurde eine bis heute fortdauernde Zweiheit zwischen Majuskel und Minuskel erzielt. Die neue Schrift ließ sich infolge ihrer Ober- und Unterlängen in ein Vierlinienschema einschreiben,

Abb. 32: Minuskelkursive. Schenkung an die ravennatische Kirche um 600 n. Chr.

während die Majuskel im allgemeinen in ein Zweizeilenschema paßt. Die neuen Formen lassen sich aus den älteren kursiven Formen durch Änderungen in der Richtung, im Ansatz und in der Schreibdynamik ableiten. Wesentliche Merkmale der bis ins 8. Jahrhundert verwendeten jüngeren römischen Kursive sind nicht nur die flüchtigen Formen der Buchstaben, sondern auch die ungleiche Höhe derselben und die Tendenz zu Buchstabenverbindungen. Manche Buchstaben konnten in ihrer Höhe reduziert werden, bei anderen sank der charakteristische Teil auf ein Mittelmaß herab; es werden Ober- und Unterlängen ausgebildet und Vereinfachungen der Grundform vorgenommen. In den Verbindungen erlitten einzelne Buchstaben oft wesentliche Veränderungen der Grundform, so daß man eher von Duktusformen als von Buchstabenformen sprechen muß. Mittelbuchstaben sind a, m, n, o, u, t, Buchstaben mit Oberlängen b, d, h, l, Buchstaben mit Unterlängen g, p, q. Die übrigen Zeichen c, e, f, i, r, s, x, y, z besitzen verschiedene Formen. Das a wird durch seine oben offene Form dem u sehr ähnlich. Das b erhält allmählich rechts unten einen Bogen. Das c ist oft zweistöckig hoch, kann aber auch niedrig sein. Die Oberlängen von b, d, h, l werden in zwei Strichen auf- und abwärts geführt und bilden auf diese Weise oft Schleifen. Da das e mit vorangehendem und folgendem Buchstaben Verbindungen eingehen konnte, erhielt es eine Form mit einem Auge, die neben der unzialen Form etabliert wurde. Bei f wird der obere Horizontalstrich durch den leicht nach rechts gerichteten Hauptschaft ersetzt. Die Rundung des g verkümmert, während der Schwanz überdimensional lang wird und sich auch vom Bogen löst. Die Zeichen m und n weisen die niedere Minuskelform auf. Gelegentlich gibt es noch Majuskelformen von L und N. Die Linien des o bilden oft eine sich überkreuzende Spitze; p und q weisen oft offene Rundungen auf, besonders in Ligaturen. Die Buchstaben r und s ähneln einander sehr. Das t kann gerade oder gestürzt geschrieben werden; sein horizontaler Balken erfährt durch Verbindungen mannigfache Wandlungen in Form und Stellung. Bei u wechseln eine unziale, eine spitze verkleinerte und eine hochgestellte Form. Die Schrift ist im wesentlichen stark aufgerichtet, wodurch Ober- und Unterlängen besonders hervortreten. Durch das Mitschreiben von Luftlinien wurde eine auffallende Schleifenbildung erzielt.

Ein interessantes Phänomen ist durch den Umstand gegeben, daß vom 4. bis zum 6. Jahrhundert die griechische und die lateinische Kursive sehr ähnliche Formen hervorbrachten. Manche Buchstaben wie Eta und H, Rho und P weisen identische Formen auf.

Die jüngere römische Kursive wurde für das Schriftwesen der Antike und des Mittelalters von entscheidender Bedeutung; denn aus ihr entwickelten sich die Halbunziale und die kontinentalen Minuskelschriften.

Die klassische Capitalis war bereits in ihren Anfängen vollendet; sie blieb ohne Einfluß auf die weitere Schriftentwicklung. Impulse zur Entwicklung neuer römischer Buchschriften gingen von der Kursive aus. Durch Fixierung, Rückstilisierung und kalligraphische Ausführung eines bestimmten in der

Kursive erreichten Zustandes konnte ein neuer Typus einer Buchschrift kanonisiert werden.

Bereits zu Ende des 1. Jahrhunderts n. Chr. scheinen Belege für eine Fortentwicklung der römischen Majuskel unter kursivem Einfluß auf. Hier wurde eine kursivierte Schrift wieder zu einer kalligraphischen Schrift rückstilisiert. Ein Fragment einer juristischen Papyrusrolle aus Aberdeen (Pap. Aberdeen 130; 2. Jh.?) und der älteste Rest eines lateinischen Pergamentcodex mit einem Text „De bellis Macedonicis“ (um 100 n. Chr.) in London bilden wertvolle Zeugen der neuen Entwicklung. Man hat für die auf die Entstehung der späteren Unziale vorausweisenden Schrift in der Forschung den Begriff der *„Gemischten römischen Buchschrift“* eingeführt, um die Verbindung von Majuskel- und Minuskelelementen zu charakterisieren. Im Papyrus Aberdeen 130 entsprechen die gestrafften Formen der Buchstaben in etwa der zwischen den Jahren 60 und 166 belegten Art der Kursive; hinzuweisen ist besonders auf A, R, B, D, E und eckiges H. Der Schreibwinkel der Schrift beträgt etwa 50°. Das vereinfachte A, das bauchige D in Minuskelform, das eckige H aus drei Strichen, das M aus drei Strichen und das Q mit schmalem Kopf und langer Cauda sind eindeutig aus analogen kursiven Formen verdichtet. E und F sind noch schmal wie in der Capitalis, L und P sind unten etwas spitzoval. Das R mit langem senkrechtem Schaft und wie in der Capitalis eingeschnürtem rechten Teil ist eine künstliche Schöpfung. Der Querstrich des T ist leicht gewellt, V und X weisen einen geschwungenen ersten Diagonalstrich auf.

An gemischten Schriften dieser Art setzt die römische *Unziale* an. Ihr Ursprung liegt im 2. Jahrhundert n. Chr., als noch die ältere römische Kursive von Einfluß war und noch keine Modelle der jüngeren römischen Kursive bestimmend sein konnten. Doch beginnt die Überlieferung erst mit dem 4. Jahrhundert, was wohl nicht zuletzt mit der Umstellung des abendländischen Buchwesens auf Pergamentcodices zusammenhängt; ab dieser Epoche Abb. 33
ist die Unziale in rund einem halben Tausend Handschriften überliefert. Einzelne Elemente der neuen Schrift zeigen sich bereits vor dem breiten Strom der Überlieferung, so das gerundete M in afrikanischen Inschriften des 3. Jahrhunderts. Für die Priorität Afrikas als Entstehungsort der Unziale reichen die Argumente nicht völlig aus; die Unziale kann ohne weiteres auch in Italien geschaffen worden sein. Die Schrift fand sowohl für die klassische Literatur Anwendung, wie sie auch von den Christen aufgegriffen wurde, ohne daß an eine Schöpfung in christlichen Kreisen gedacht werden müßte.

Die Unziale ist eine Majuskelschrift geblieben; sie läßt sich nahezu lückenlos in ein Zweizeilenschema einschreiben. Nur vereinzelt gibt es Durchbrechungen dieses Schemas; erst in der letzten Phase der Schrift im Frühmittelalter wurde das Zweizeilenschema nachhaltig durchbrochen. Schreibtechnisch stand die Unziale zunächst im Gefolge der Capitalis, deren Schriftwinkel von 40° bis 50° bewahrt erscheint, bis die Unziale mit Drehung der Feder oder mit griechischem Schreibwinkel geschrieben wurde. Zu den Charakteristika der Unziale zählen die breiten und runden Formen sowie eine

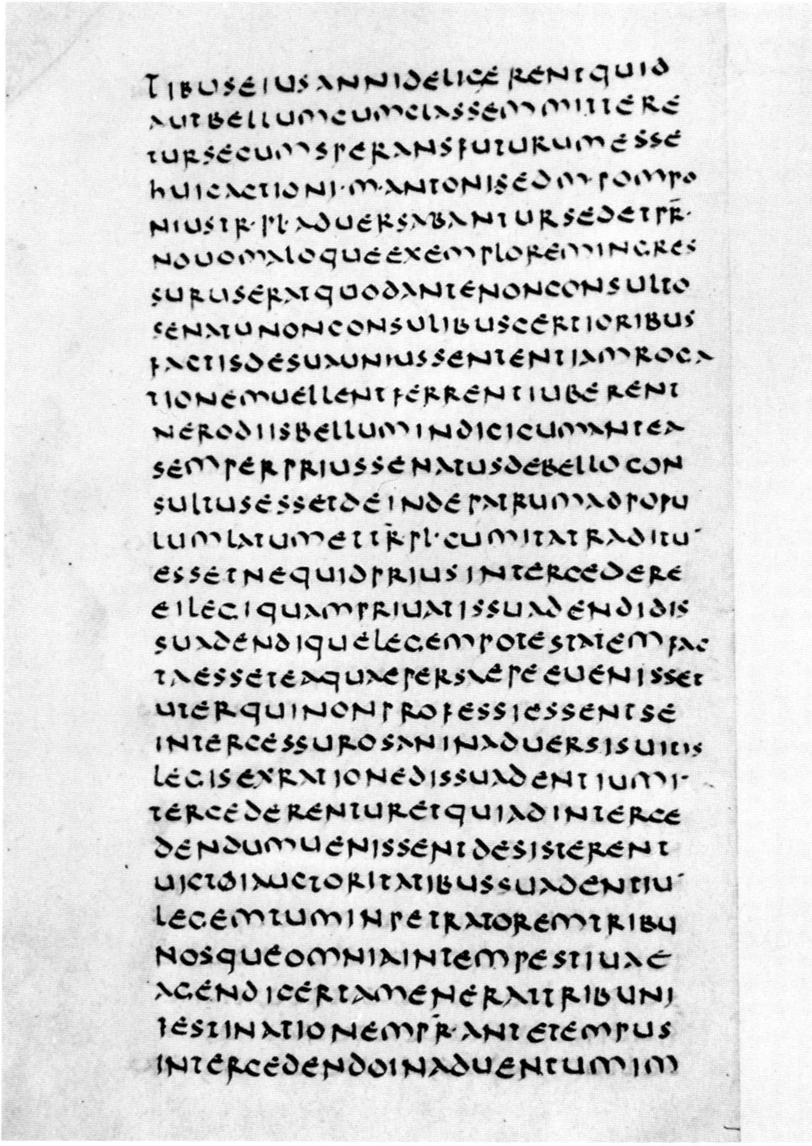
TIBUSEIUSANNIDELIGERENTQUID
AUTBELLUMCUMCLASSEMMITTERE
TURSECUMSPERANSFUTURUMESSE
HUICACTIONIM·MANTONISEDMPOMPO
NIUSTR·PL·ADUERSABANTURSEDETPR·
NOUOMALOQUEEXEMPLOREMINGRES
SUSUSERATQUODANTENONCONSULTO
SENATUNONCONSULIBUSCERTIORIBUS
FACTISDESUAUNIUSSENTENTIAMROGA
TIONEMUELLETFERRETIUBERENT
NERODIISBELLUMINDICICUMANTEA
SEMPERPRIUSSENATUSDEBELLOCON
SULTUSESSETDEINDEPATRUMADPOPU
LUMLATUMETTR̄PL·CUMITATRADITU
ESSETNEQUIPRIUSINTERCEDERE
LEGIQUAMPRIUATISSUADENDIDIS
SUADENDIQUELEGEMPOTESTATEMFAC
TAMESSETEAQUAEPERSAEPEEUENISSET
UTETQUINONPROFESSIESSENTSE
INTERCESSUROSANIMADUERSISUITIIS
LEGISEXORATIONEDISSUADENTIUMI
TERCEDERENTURETQUIADINTERCE
DENDUMUENISSENTDESISTERENT
UICTIAUCTORITATIBUSSUADENTIU
LEGEMTUMINPETRATOREMTRIBU
NOSQUEOMNIAINTEMPESTIUAE
AGENDICERTAMENERATTRIBUNI
TESTINATIONEMPR·ANTETEMPUS
INTERCEDENDOINADUENTUMIM

Abb. 33: Unziale. Titus Livius, Historia Romana, lib. 41–45, Italien, 5. Jh. n. Chr.

konsequente Kalligraphie. Als Leitbuchstaben können die Lettern A, D, E und M fungieren. Das A erhält einen Winkel und später einen Bogen als ersten Teil, an dem der schräge zweite Strich ansetzt. Das D läßt aus einem gerundeten Bauch eine Hast schräg nach links oben auslaufen. Das E ist gerundet wie ein C und setzt in der Mitte oder der oberen Hälfte der Rundung den Querstrich an. Das M besteht aus gerundeten Bögen. Die Formen des H und Q sind der

Minuskelform angenähert, die sich bereits in der älteren römischen Kursive angebahnt hatte. Die übrigen Buchstaben sind Kapitalbuchstaben mit mehr oder weniger eigenen Zügen. B und R, die nicht aus der Kursive verdichtet sein können, sind aus der älteren Buchkapitale wiederhergestellt worden, die übrigen Buchstaben aus ihrer kursiven Form rückstilisiert. G zeigt einen langen Schwanz, T einen gewellten Querstrich, V krümmt die linke Haste; die Rundungen von P, S, T und V sind stärker betont.

Ab dem 4. Jahrhundert hatte die Unziale ihre klassische Gestalt erreicht und sich als vollendete Buchschrift neben Capitalis rustica und quadrata gestellt. In der Folge avancierte sie zur meistgebrauchten Buchschrift bis ins 8. Jahrhundert. Freilich erlitt sie im Verlauf eines derart langen Gebrauches gewisse Veränderungen. Stilistische Unterschiede gab es schon in der frühen Unziale des 4. und 5. Jahrhunderts, etwa eine kantiger gestaltete nordafrikanische Gruppe, eine byzantinische Unziale mit zweistöckigem B und Vergrößerung des Bauches von R bis auf die Grundzeile herab oder eine Gruppe mit in Einzelstriche zerpflückten Buchstaben. Die meisten Spielformen lassen jedoch die haarfeinen Enden der Bögen genau ineinanderfließen. Nach der Reifephase des 4. und 5. Jahrhunderts zeigt sich eine gewisse Dekadenz im 6. Jahrhundert infolge des Verlustes der Spontaneität und des Hinzutretens akzessorischer Elemente. So erhält die italische Unziale feine Gabelungen an den Enden der Horizontalen und der kleineren oberen Bögen. Der Schreibwinkel verschiebt sich stärker; eine Tendenz zum Vierlinienschema macht sich bemerkbar. Im 6. Jahrhundert nehmen F, L und T einen größeren Raum als bisher ein, denn die beiden Querstriche des F werden gleichlang, und das L erhält oft eine Cauda. P und R bekommen einen großen, aber noch offenen Bauch, N erhält einen Zierstrich an der dritten Haste, im 7. Jahrhundert auch einen solchen auf dem ersten Strich. In dieser Epoche verbreiten sich die Zierstriche auch auf anderen Buchstaben, so auch auf H und L. Das P wird geschlossen und R noch größer. Im 8. Jahrhundert schließt sich der erste Bogen des M; das N ähnelt dem H. Oberlängen von D, H und L stehen neben Unterlängen von F, G, P und Q. Zuletzt wird die Schrift durch Ansätze an den Oberlängen und herabhängende Zacken an den Horizontalstrichen bis zur Entstellung verändert. Waren Ligaturen ursprünglich meist an den Zeilenenden festzustellen, drangen sie in der Spätphase auch in das Zeileninnere vor.

Datierbare Zeugen der frühen reifen Unziale sind folgende Handschriften: ein Augustinuscodex von 396/7 in Sankt Petersburg (CLA XI,1613), der „Computus paschalis" von 447 in Berlin (CLA VIII,1053), ein Fragment der ersten Ausgabe der Digesten (CLA Suppl. 1713), die ältesten Handschriften der zweiten Ausgabe der Digesten, darunter der Florentiner Codex (CLA III,295) von 529 und 533 und von ca. 533, die Fuldaer Handschrift des Viktor von Capua von spätestens 536/7 (CLA VIII,1196) und Codices aus dem Umkreis Gregors I. (vor 604, vgl. CLA VI,838).

Die Unziale war im gesamten Imperium Romanum verbreitet; sie beherrschte auch noch abendländische Schreibschulen bis ins 9. Jahrhundert

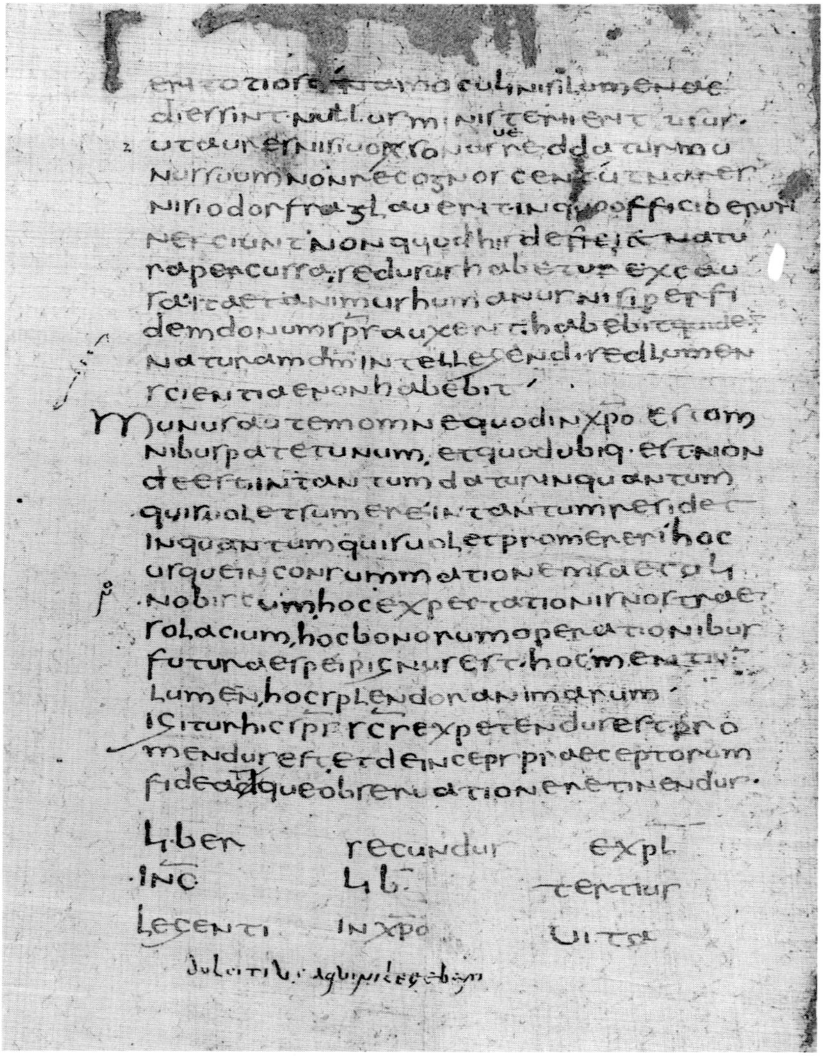

Abb. 34: Halbunziale. Hilarius von Poitiers, De trinitate. Papyruscodex des 6. Jh.s n. Chr.

und drang durch die Mission Gregors I. sogar nach England vor. Sie trat in den Schriftenvorrat der karolingischen Renovatio ein und wurde im ganzen Mittelalter als Auszeichnungsschrift verwendet.

Auch in der *Halbunziale* liegt eine Rückstilisierung und Kalligraphisierung einer Buchschrift aus der Kursive vor. In einer älteren Gruppe, die sich in der Zeit vom 3. bis zum 5. Jahrhundert bildete und als *„ältere“ bzw. „östliche Halbunziale“* angesprochen wird, machte sich bereits der Einfluß der jüngeren römischen Kursive geltend. Die erhaltenen Denkmäler stammen aus Ägypten, ohne daß deshalb ausschließlich eine ägyptische Herkunft postuliert werden müßte. Der bekannteste Zeuge ist eine Liviusepitome, eine Papyrusrolle aus der ersten Hälfte des 3. Jahrhunderts (CLA I^2,208). Während hier die Schrift gerade steht, weisen andere Schriftzeugen der östlichen Halbunziale eine konsequente Neigung nach rechts auf, ohne daß in dieser schrägen Form die Buchstaben verändert würden.

Da den Ursprung dieser Schrift eine Minuskelkursive bildete, kann die Halbunziale als erste Minuskelschrift bezeichnet werden. Nur wenige Buchstaben, wie N, gelegentlich H und M, ferner O, S und U, treten in Majuskelform auf. Das Alphabet bildet im allgemeinen Oberlängen bei b, d, h, l und Unterlängen bei f, p, q, r; Ober- und Unterlängen bleiben jedoch relativ kurz. Der linke Teil des a kann in Gestalt eines spitzen Winkels oder eines kleinen Bogens geformt sein. Das d ist aufgerichtet und läßt seinen Schaft auf der Zeile enden. Das l schwingt gerne unter die Zeile aus; das m kann Minuskel- oder Majuskelgestalt aufweisen. Aus dem gewellten Deckstrich des kursiven r ist ein Schulterstrich des halbunzialen r geworden, der stufenförmig geknickt ist. Das b wendet den Bogen nach rechts. Da die senkrechten Schäfte die volle Breite der Feder erhalten, ist der gleiche Schreibwinkel angewendet wie in griechischen Handschriften mit Bibelmajuskel. Auch in der schrägen Halbunziale kann eine Nachahmung einer schrägen griechischen Schrift vorliegen. Da mit Ausnahme eines bilinguen Vergilcodex (CLA III,306) die im schrägen Stil geschriebenen Handschriften - unter ihnen das „Fragmentum de formula Fabiana“ (CLA VIII,1042) - aus dem vorjustinianischen Recht stammen, kann in Kombination mit der Nachahmung griechischer Schreibgewohnheiten vermutet werden, daß der Ursprung dieser ersten Minuskelschrift im Osten lag. Gewiß mag der lateinischen Rechtsschule von Berytos eine Rolle bei der Pflege der Halbunziale vom 3. bis zum 5. Jahrhundert zugekommen sein. Spätere Handschriften stammen aus dem Bereich der Schulbücher und Bilinguen. Die ältere Halbunziale hat im Westen keinen großen Widerhall gefunden; lediglich einige Inschriften aus Afrika, Griechenland und Italien aus dem 3. und 4. Jahrhundert zeigen Bekanntschaft mit einzelnen Minuskelbuchstaben (b, d, f, h, m, r, s).

Als eine wichtige Buchschrift der Spätantike und des Frühmittelalters entwickelte sich die *jüngere Halbunziale*. Auch sie beruht auf der nun bereits entwickelten jüngeren römischen Kursive. Schon im 4. Jahrhundert machte sich in der Kursive die Tendenz zu einem ausgeprägten Ligaturensystem bemerkbar, zur seitlichen Bindung der Buchstaben, zur Betonung neuer Oberlängen - etwa von i, s, c, e, f - und neuer Unterlängen - etwa der Cauda des g. Auf der Basis dieses Stadiums der Minuskel entstanden im Westen Gebrauchsschriften mit einem reduzierten Anteil von Ligaturen und mit flachen Proportionen. Wir finden ihre Belege ebenso in Scholien und Marginalien wie in einigen wichtigen Grammatikerhandschriften der Spätantike, so von Probus oder Claudius Sacerdos, die in das 4. und 5. Jahrhundert zu datieren sind. Man kann hier bereits von einer „kursiven Halbunziale“ sprechen. Die eigentliche jüngere Halbunziale brachte noch eine weiter fortgeschrittene Kalligraphisierung mit sich. Im allgemeinen blieben die Buchstaben isoliert, wenn auch Ligaturen nicht fehlen. Zu den Charakteristika der neuen Schrift, deren Blütezeit vom 5. bis zum 9. Jahrhundert reichte, zählen folgende Elemente. Das a ist voll, anfangs offen, bald aber oben konvex, konkav oder flach geschlossen. Das b ist offen oder geschlossen; c ist klein; d ist offen oder geschlossen und besitzt eine ausgesprochene Minuskelform. Der obere Teil des e ist geschlossen. Die Zunge des meist langen f liegt tief. Das g ist flach gedeckt und schwingt s-förmig gebogen unter der Zeile aus. Das h besitzt Minuskelform, das i hat eine kurze und eine lange Form. Das in einem Zug geschriebene l ruht auf der Zeile. Das m ist immer Minuskel, während das n meist Kapitalform aufweist. Das p ist offen oder geschlossen; r ist kurz und besitzt meist einen weit herabgezogenen Schulterstrich. Das s ist kurz, sein Kopf bildet einen Bogen nach rechts, während der Schaft gerade steht und auf der Zeile aufruht. Der Vertikalschaft des t ist gerundet; rund ist auch das u. Die Zeichen für x, y und z sind gleichsam verkleinerte Majuskelformen. Die Ligaturen werden häufiger; vor allem können mittels der transversalen Striche Verbindungen zu den folgenden Buchstaben hergestellt werden; sehr gut eignen sich für diese Methode die Buchstaben e, f, g, r und t. Oberlängen können mit einer leichten keulenförmigen Verdickung enden.

Als alte Bezeichnung für die Halbunziale ist der Terminus „litterae Africanae" belegt. Damit erscheint eine Provenienz der Schrift aus Afrika bezeugt. Auf die Periode der Ausformung der Schrift folgte im 5. und 6. Jahrhundert eine Epoche der Perfektionierung, sodann im 7. und 8. Jahrhundert eine Zeit der Dekadenz. Zu den ältesten abendländischen Halbunzialhandschriften zählt der in St. Gallen verwahrte Codex Σ der Vulgata-Evangelien (CLA VII,984), der vielleicht aus dem Umkreis des Hieronymus († 420) stammt. Datierbar sind die Veroneser „Didascalia apostolorum" vor 486 (CLA IV,508), der 509/10 in Cagliari korrigierte Hilarius Basilicanus D.182 (CLA I,1a) und der 517 vom Lektor der Veroneser Kirche Ursicinus geschriebene Codex des Sulpitius Severus (CLA IV,494). Die erhaltenen Handschriften in Halbunziale bieten meist Werke der christlichen Literatur, patristische Texte, Kanonessammlungen und Rechtsbücher dar. Wohl bereits im 5. Jahrhundert wurde die Schrift mit der Mission nach Irland gebracht und dort zur insularen Schrift umgestaltet. Im allgemeinen war die Halbunziale weniger verbreitet als die Unziale; zu ihren Zentren zählten Italien, Spanien und Gallien, wo sie auch in den vorkarolingischen Jahrhunderten weiterlebte.

Die *lateinische Sprache* zählt zum italischen Zweig des Indogermanischen, der seinerseits in zwei Hauptgruppen unterteilt werden kann, nämlich in die latinische und die oskisch-umbrische Gruppe. Zur ersteren Gruppe gehört ein Teil der Stämme in der Landschaft Latium; in diesem Gebiet entstand jene Stadt, die zum Zentrum eines Weltreiches werden sollte und damit ihre Sprache über drei Kontinente verbreiten sollte: Rom am Tiber. Die lange etruskische Vorherrschaft in Italien dürfte auch im Namen Rom anklingen, das als Siedlung des etruskischen Geschlechts der Rumlna gedeutet werden könnte. Das Lateinische verdrängte schon in republikanischer Zeit die meisten italischen Dialekte; so hat sich im 3. Jahrhundert v. Chr. die Latinisierung der Sabiner, Äquer und Herniker vollzogen, im 2. Jahrhundert v. Chr. jene der Volsker, Falisker und Marser, ferner von Umbrien, Ligurien, Venetien und dem zisalpinen Gallien, im 1. Jahrhundert v. Chr. die Latinisierung der Päligner, Maruciner, Vestiner und von Südetrurien. Das Etruskische hielt sich noch bis in augusteische Zeit. Natürlich hat die Begegnung mit so zahlreichen italischen Dialekten auch zum Einfluß derselben auf das Lateinische geführt; im Laufe der Sprachenmischung wurden dem lateinischen Wortschatz zahlreiche fremde Elemente zugeführt. Das Griechische war die Sprache der zahlreichen griechischen Kolonien in Unteritalien und auf Sizilien, mit denen Rom früh in Beziehung trat; daher floß auch eine stattliche Anzahl griechischer Lehn- und Fremdwörter ins Lateinische ein, was sogar noch in den romanischen Sprachen greifbar wird. Auch das Etruskische mußte infolge der politischen und kulturellen Hoheit dieses Stammes seine Spuren hinterlassen. Nicht unerwähnt seien auch gallische und punische Einflüsse.

Als *älteste Belege* lateinischer Rede treten uns Reste sakraler Dichtung und liturgischer Formelsprache entgegen. Die Priesterschaft der Salii sang bei festlichen Aufzügen im März und Oktober die „carmina Saliaria", begleitet von einem Waffentanz. Das „carmen arvale" wurde von der Flurbrüderschaft der Fratres Arvales im Mai im Tempel der Dea Dia gesungen. Autoren wie Varro und Cato überliefern feierliche Prosasprüche, die uns die Sprache der alten religiösen Formeln erkennen helfen. Als Rest prosaischer Juristenrede kennen wir das Zwölftafelgesetz. Freilich sind derartige Texte in der späteren Überlieferung oft „modernisiert" worden. Daher geben älteste Inschriften ein genaueres Bild vom Stand der Sprache. Von einer römischen Literatur kann nicht vor der Mitte des 3. Jahrhunderts v. Chr. gesprochen werden. Der Grund zur juristischen Literatur war bereits gelegt; Ansätze zu geschichtlicher Darstellung mochten die öffentlichen Amtsbücher, die Leichenreden und die Aufschriften unter den Ahnenbildern liefern. Neben diesen einheimischen Ansätzen war es die Berührung mit den Griechen, die Impulse zur Entwicklung einer nationalrömischen Literatur gab. Livius Andronicus wurde zum Begründer der dramatischen Dichtung, Quintus Ennius zum Schöpfer der epischen Poesie der Römer. Auch die Lyrik Roms schloß sich an griechische Vorbilder an. Sogar die ältesten Annalisten bedienten sich des Griechischen und gingen erst später zur lateinischen Sprache über. Mit diesem Phänomen der Anpassung war gegeben, daß die neue Literatur eine neue, stilisierte Sprache schuf, die sich stark vom urwüchsigen Idiom des Alltags abhob. Freilich war die Anpassung verschieden stark; in den Komödien des Plautus spüren wir noch die Umgangssprache seiner Zeit, während die Komödien des Terenz bereits eine Kunstsprache aufweisen. Daher steht schon am Beginn der römischen Literatur eine Aufspaltung in Volks- und Schriftsprache in variabler Abstufung. Das spätere Vulgärlatein fand daher manche Anknüpfungspunkte an das alte Latein, dessen Fortsetzung die Verkehrssprache des Volkes war. In der

Schriftsprache zeigte sich andererseits eine Differenz zwischen prosaischer und poetischer Ausdrucksweise. Die Verstärkung des griechischen Einflusses machte sich auch im Wechsel der Metrik deutlich; der altitalische saturnische Vers wurde durch griechische Versmaße verdrängt, vorab durch den daktylischen Hexameter.

Im 2. Jahrhundert v. Chr. arbeiteten drei römische Dichter an den Anfängen der römischen Grammatik. Auf Ennius († 169 v. Chr.) ging auch die Doppelschreibung der langen Konsonanten zurück, die bis dahin nicht üblich gewesen war (z. B. esse statt ese, vellet statt velet u. ä.). Auch Gaius Lucilius († 102 v. Chr.) und Lucius Accius († ca. 86 v. Chr.) befaßten sich mit Orthographie und anderen grammatischen Problemen. Vor allem Ennius war erfolgreich bemüht, feste Normen in die teilweise schwankenden Schreibungen zu bringen und damit die prosodische Geltung der Silben festzuschreiben. Seit dem 3. Jahrhundert v. Chr. wurde auch in den öffentlichen Urkunden die Schreibung des auslautenden m und s durchgeführt (z. B. optimum statt optumo, censor statt cesor, urbem statt urbe, aedem statt aide u. a. m.). Bis zur Zeitenwende dauerten die Bemühungen um die Gleichmäßigkeit der Schreibung.

In der *klassischen Latinität* setzte sich die genannte Entwicklung insoferne fort, als die Sprache immer fester in grammatische und stilistische Formen eingespannt wurde. Der Klassizismus der römischen Literatur mag als Produkt von deren Nahverhältnis zur griechischen Literatur angesprochen werden. Der klassischen Sprache, wie sie von Cicero († 43 v. Chr.) und Caesar († 44 v. Chr.) geformt wurde, haftet ein ausgesprochener Purismus an. Hervorstechende Merkmale des Lateins Ciceros, das den Gipfelpunkt der römischen Kunstprosa darstellt, waren peinliche Beobachtung eines Ebenmaßes in Wortfügung und Satzbau sowie ein kunstvoll gegliederter Rhythmus; dazu trat eine gewissenhafte Wahl der Wörter. Caesar meinte, daß man ein ungewöhnliches Wort wie eine Klippe meiden müsse. Die gebildeten Stadtrömer ließen sich von der Mode beeinflussen und rühmten sich ihrer „urbanitas" im Gegensatz zur „rusticitas" des Landes. Varro definierte die Latinitas als die Beobachtung richtiger Sprechweise nach der Sprache von Rom, und der „Auctor ad Herennium" spricht von der Reinhaltung der Sprache von Solözismen und Barbarismen. Freilich war diese Mode nicht universell. Schriftsteller wie Sallust († 34 v. Chr.) sahen ihr Ideal in der Vergangenheit und ahmten den Sprachstandard der Zeit eines Cato († 149 v. Chr.) nach. Fachschriftsteller wie Vitruv näherten sich hingegen der zeitgenössischen Volkssprache.

Mit Vergil († 19 v. Chr.) erreichte die poetische Sprache ihren Höhepunkt. Vergil schuf eine epische Sprache durch seine Dichtungen, die für die lateinische Poetik der ganzen Folgezeit maßgebend blieb. Sogar auf die Prosa färbte Vergils Sprache ab; sie ist eine geschickte Mischung von Altertümlichem, kühnen Neuerungen und Gräzismen. Dagegen stoßen wir in den Satiren des Horaz auf den unter Gebildeten herrschenden Gesprächston, der auch Volkstümliches anklingen läßt. Der Einfluß der alexandrinischen Gelehrsamkeit zeigt sich im ersten systematischen Werk auf dem Gebiet der lateinischen

Grammatik, bei Varros Schrift „De lingua Latina"; darin hatte Varro die Lehren und Forschungen seines Lehrers Aelius Stilo, der als eigentlicher Begründer der lateinischen Grammatik angesehen werden kann, systematisch verarbeitet. Für die Geschichte des Lateinischen von großer Bedeutung wurde die lexikographische Arbeit des Marcus Verrius Flaccus, dem wir einen nicht geringen Teil unseres Wissens vom alten Latein verdanken.

Das *nachklassische Latein* war noch stärker von rhetorisch-stilistischen Motiven bestimmt. Ein Merkmal war der Individualismus der Schriftsteller, ein Haschen nach Originalität. Der Stil konnte durch poetische Wörter aufgeputzt werden; so machte sogar der große Historiker Tacitus Anleihen bei Vergil. Die „silberne Latinität" war nicht zuletzt durch das Verschwimmen der Grenzen zwischen prosaischer und poetischer Diktion gekennzeichnet. Als Fortentwicklung klassizistischer Bestrebungen kam vornehmlich im 2. Jahrhundert ein Archaismus zum Tragen. Tacitus und Statius knüpften etwa auch an vorciceronisches Latein an. Seit Kaiser Hadrian († 138 n. Chr.) entwickelte sich daraus eine Modeströmung. Von diesem Kaiser berichtet sein Biograph Spartianus, daß er Cato vor Cicero, Ennius vor Vergil, Coelius vor Sallust gestellt habe. Im Konnex dieser Strömung stand Aulus Gellius, der in seinen „Noctes Atticae" zahlreiches Material aus verlorenen alten Schriftstellern überliefert. Auch Macrobius und Martianus Capella liefern im 4. Jahrhundert enzyklopädisches Material. In diese Periode fällt auch die Aktivität des Kreises um die römischen Patrizierfamilien der Symmachi und Nicomachi, die einen wenn auch erfolglosen Kampf für die alten Ideale der antiken Kultur und Götterwelt gegen das aufstrebende Christentum führten. Die christlichen Schriftsteller erleichterten den Eintritt volkstümlicher Redeweise in die Schriftsprache, was aus soziologischen Gründen leicht verständlich wird. Damit wurde die seit dem 2. Jahrhundert n. Chr. hervortretende Neigung, die volkstümliche Redeweise auch in der Schrift- und Literatursprache zu begünstigen und derart einen Ausgleich zwischen den Sprachebenen herbeizuführen, gefördert. Es entwickelte sich eine mit Vulgarismen durchsetzte neue Schriftsprache. Mochte sich auch die Aussprache des Lateins in den einzelnen Provinzen auf der Grundlage der vorrömischen Sprachen verschieden entwickelt haben, blieben zunächst noch Flexion, Syntax und Wortschatz des Lateins im ganzen einheitlich. Mit der Verbreitung der Bildung in breiteren Bevölkerungskreisen bahnte sich der Aufstieg vulgärer Sprachelemente in die Literatur an; also muß auch von Seiten der Literatur dem Vulgärlatein mehr Beachtung geschenkt werden. Viele Inschriften spiegeln das volkstümliche Idiom gut wieder. Veränderungen in Konstruktionen oder in der Flexion machten sich breit; so konnte der Akkusativ für den Ablativ oder Nominativ zu stehen kommen, was noch in den romanischen Sprachen nachwirkt. Die einreißende Unsicherheit machte das Bedürfnis nach grammatischen Regelbüchern geltend. Viel vulgäres Sprachgut ist in volkssprachlicher Literatur wie lateinischen Bibelübersetzungen, Pilgerberichten oder Mönchsregeln enthalten. Allmählich gingen aus dem Vulgärlatein in den Provinzen die verschiedenen romanischen Sprachen hervor.

Neuntes Kapitel

Die antike Buchmalerei

Die Aufgabe des Buchmalers war es, den gesamten, mehr oder weniger reichen und vielschichtigen Schmuck von Handschriften herzustellen. Der Zweck der künstlerischen Ausstattung der Handschrift bestand in der Erläuterung des Textes, mag es sich um wissenschaftliche Zeichnungen und Abbildungen in fachwissenschaftlichen Werken oder aber um figürliche und szenische Illustrationen in literarischen Texten handeln. Die visuelle Darstellung war als Hilfe für den Leser gedacht, sich bestimmte Details des Textes anschaulich einzuprägen; im besten Fall konnte sogar eine reiche Illustrierung zur Popularität von Texten beitragen. Die Ausbildung der Buchmalerei konnte in einer ersten Stufe noch in enger Verbindung mit der Schrift stehen; schon eine kalligraphisch gestaltete Buchseite besaß ja einen künstlerischen Wert, der durch Zierbuchstaben, Zierschriften und Ziertitel noch erhöht werden konnte. Die Verzierung der durch Größe, Farbe und Schmuck hervorgehobenen Anfangsbuchstaben, der sogenannten Initialen, konnte noch in engem Zusammenhang mit der Arbeit des Schreibers stehen. Die ornamentale Verzierung und die Initialkunst standen an sich in keinem notwendigen Konnex mit dem Text des Buches. Gleichwohl ist die Sitte der Zierbuchstaben bereits bis in die Antike zurückzuverfolgen. Hingegen waren mit gewissen Gruppen von Texten Illustrationen von Anfang an notwendigerweise verbunden. Dazu zählen mathematische, geometrische, naturwissenschaftliche, astronomische, medizinische und technische Schriften. Hier hatte die Illustration in ihrer Abstufung von schematischen Zeichnungen bis hin zu figürlichen und gegenständlichen Zeichnungen und Malereien die Aufgabe, den Text unmittelbar zu erklären und zu ergänzen. Pflanzenbücher mit der Abbildung und Beschreibung von Heilpflanzen, zoologische Texte mit Tierdarstellungen, medizinische und veterinärmedizinische Werke mit anatomischen und therapeutischen Bildern, astronomische Schriften mit der Ikonographie von Sternbildern, Bücher über Architektur, Mechanik oder Kriegstechnik mit architektonischen Details, Maschinen, Apparaten und Belagerungsmaschinen seien vorab als bekannte und oft kopierte Beispiele wissenschaftlicher Buchmalerei genannt, deren Anfänge bis in die Antike zurückverfolgt werden können.

Eine andere Gruppe von illuminierten Handschriften führt einen Buchschmuck vor Augen, der eine bewußte Verschönerung des Buches bringen will, abgesehen vom Zweck der Miniaturen, auch in dieser Gruppe Hilfe für die Erfassung des Textes zu sein. Der Zweck der Verschönerung ist bereits bei der oben erwähnten ornamentalen Kunst zu bemerken; in höherem Maße gilt dies natürlich für die Ausstattung mit figürlichen Bildern. Mochten auch Bilder in einem Buch nicht notwendiger Bestandteil des Textes sein, so gab doch vielfach der Text selbst Anregung zur figürlichen Ausstattung, vor allem in bibliophilen Exemplaren. Bereits die Antike kannte illustrierte Papyrusrollen mit Texten Homers und der Epiker, mit Tragödien und Komödien, mit Lyrik und Romanen. Die in der griechischen Welt ausgebildete Kunst wurde auch im römischen Kulturkreis übernommen. Unter dem Einfluß der antiken Kunst gab es eine Zeitlang sogar eine jüdische figurale Malerei. Auch das Christentum öffnete sich der antiken Kunst, so daß bereits in der späten Antike eine hochstehende christliche Buchkunst zu verzeichnen war. Reich mit Bildern ausgestattete Einzelbücher der Bibel - und keineswegs Vollbibeln - standen am Beginn der christlichen Buchmalerei. Vor allem die historischen Bücher des Alten Testaments, die Psalmen, das Buch Hiob, die Evangelien und die Apokalypse gaben in der Folgezeit Anlaß für immer neue ikonographische Gestaltungen.

Bei der Betrachtung der antiken Buchmalerei muß auf die beiden vorzüglichen Medien, die als Bildträger in Frage kamen, Bedacht genommen werden: auf die Rolle und auf den Codex. Auf den antiken Papyrusrollen, die der Längsseite nach in Kolumnen beschrieben wurden, konnten Illustrationen in der Regel nur zwischen oder in den Kolumnen oder an den Rändern Platz finden. Durch die auf- und zurollende Benützung hatte der Leser eine ständig wechselnde Ansicht der Rolle und des Verhältnisses von Bild und Text vor sich. Papyrus war ein sprödes Material, auf dem keine technisch höher entwickelte Malerei möglich war. Das geschmeidige Pergamentblatt war hingegen dauerhafter und auf beiden Seiten in gleicher Weise benützbar; es bot dem Schreiber wie dem Maler durch seine rechteckige Form mehr Möglichkeiten zu bewußter Komposition von Schrift und Bild.

Bereits die *ägyptische Kultur* kannte eine hochentwickelte Buchkunst; stammen doch die ältesten illustrierten Totenbücher aus dem 20. Jahrhundert v. Chr.! Zufallsfunde lassen noch die Etappen der Entwicklung erkennen; leider ist viel Material im Lauf der Jahrhunderte verlorengegangen. Eine Hieroglyphenrolle mit einem zeremoniellen Drama für Pharao Sesostris I. um 1980 v. Chr. - bekannt als Ramesseumpapyrus - zeigt an die dreißig Figuren in einfacher Zeichnung und stellt den ältesten bisher bekannten Typus einer illustrierten Rolle dar. Das Totenbuch zählte zu den am häufigsten illustrierten Texten. In ihm wird das Schicksal des Toten nach seinem Hinscheiden in Bildern veranschaulicht; die Texte sollen das ewige Heil des Verstorbenen garantieren. Beispiele sind der Huneferpapyrus (London, British Library, Pap. 9901), eine Rolle der Österreichischen Nationalbibliothek in Wien (Pap. aeg. 10.110) mit Goldauflage und der Anipapyrus im British Museum (Pap. 10.470). Freilich gab es neben den qualitativ hochstehenden Specimina auch einfachere, eher kommerziell hergestellte Totenbuchrollen. Der statische

Charakter der ägyptischen Kunst verhinderte trotz aller technischen Perfektion eine lebendigere Entwicklung. Nichtsdestoweniger beeinflußte der ägyptische „Papyrusstil" auch die griechisch-hellenistische Buchillustration. Nicht von ungefähr wurde Alexandreia das Buchzentrum der alten Welt. Als die vertikale Hieroglyphenschrift von der horizontalen hieratischen Schrift abgelöst wurde, entstand das System des Schreibens in Kolumnen auch im ägyptischen Bereich, wobei eventuelle Illustrationen nicht mehr zyklisch in Bildfriesen an den Rändern entlang laufen mußten, sondern in der Nähe der auf sie bezüglichen Textstellen in die Kolumnen eingefügt wurden. Auch hierin ergab sich eine Konvergenz zur griechischen Buchkunst.

Die sehr spärliche Überlieferung von illustrierten Papyrusrollen aus dem griechischen Kulturbereich macht eine Rekonstruktion der Entwicklung der antiken Buchmalerei schwer. Neben den erhaltenen Originalen müssen daher auch spätere Kopien und selbst andere Kunstzweige herangezogen werden.

Zunächst sei darauf verwiesen, daß es noch antike Papyrusillustrationen in der Nachfolge pharaonischer Bildtraditionen gab. So bietet der Papyrus Oxyrhynchos 31,2552 aus dem 2. Jahrhundert v. Chr. eine partiell erhaltene männliche Figur in ägyptischem Bildtypus über griechischen Textresten wohl religiösen Inhalts dar. Der Papyrus P. S. I. 1452 aus dem 2. Jahrhundert n. Chr. überliefert einen ganz in pharaonisch-ptolemäischer Tradition stehenden Sepulkraltext; er zeigt im Bildstreifen über den in hieratischer Schrift abgefaßten Textkolumnen einen mit Handlungen des Totenzeremoniells beschäftigten Priester. Ebenfalls aus dem 2. Jahrhundert n. Chr. stammt Papyrus P. S. I. 14,1451; ein offensichtlich ausgeschnittenes und daher ohne Textkonnex erhaltenes, rot gerahmtes Bildfeld zeigt einen mißgestaltigen Mann mit Atifkrone und Ankh-Zeichen bei der Verehrung ägyptischer Gottheiten wie der Uräusschlange und dem Apisstier. All diesen kaiserzeitlichen Papyri ist die Weiterführung ägyptischer Traditionen und die Bindung an die religiöse Sphäre gemeinsam. Wir stehen hier vor auf den Kult bezogenen Texten.

Eine genuine *griechische Buchmalerei* konnte erst dann zur Blüte kommen, als Papyrus allgemein verbreitet und die Popularität auch illustrierter Texte gegeben war. Der Import von Papyrus aus Ägypten nach Griechenland geht zwar schon mindestens auf das 7. Jahrhundert v. Chr. zurück. Immerhin war noch in klassischer Zeit Papyrus relativ beschränkt, bis erst die hellenistische Periode und die Kaiserzeit für die Buchkunst günstige Voraussetzungen und Bedingungen schufen.

Es besteht kein Zweifel, daß *wissenschaftliche Texte* von Anfang an Illustrationen enthalten haben, wenn das Bild eng mit dem Text verbunden und zu dessen Verständnis nötig war. Das älteste Beispiel dieser Art ist ein Papyrus des 2. Jahrhunderts v. Chr. mit einer astronomischen Schrift des Eudoxos von Knidos (ca. 407-355 v. Chr.); weitere Papyri sind aus dem 2. Jahrhundert Abb. 35
v. Chr. bis zum 6. Jahrhundert n. Chr. überliefert. Die einfachste Form einer Illustration ist das Diagramm. Insbesondere mathematische Texte benötigen derartige Darstellungen; so können geometrische Ausführungen kaum ohne

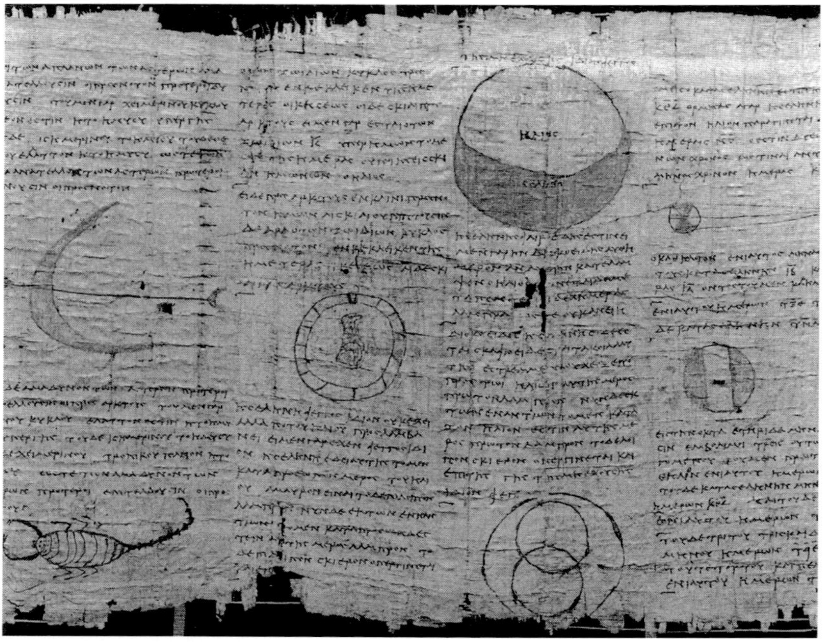

Abb. 35: Eudoxosrolle, 2. Jh. v. Chr. Kolorierte Zeichnungen von Sternkonstellationen

Diagramme auskommen. Die Österreichische Nationalbibliothek in Wien besitzt mit ihrem Papyrus gr. 19.996 das Fragment einer Papyrusrolle in der Länge von etwa zweieinhalb Metern aus dem 1. Jahrhundert v. Chr.; in den mathematischen Text sind an passender Stelle stereometrische Diagramme eingesetzt. Der Schreiber hatte also im Laufe seiner Arbeit in den Kolumnen den entsprechenden Platz freizulassen; ein derartiges System erforderte eine enge Kooperation zwischen Schreiber und Illustrator. Der Papyrus Berolinensis 11.529 aus dem 2. Jahrhundert n. Chr. weist geometrische Zeichnungen auf. Wohl speziell der Landvermessung dienten die Zeichnungen des Pap. 1 der Field Collection in Chicago (Pap. lit. Goodspeed 3) aus dem 1./2. Jahrhundert. Hier handelte es sich offensichtlich um Rollenfragmente. Hingegen gehören zwei weitere Papyri mit geometrisch-schematischen Zeichnungen nicht in den Bereich der Lehrbuchrollen, sondern als Einzelblätter zu den Urkunden. Pap. Lille 1 aus 259/258 v. Chr. enthält einen Geländeplan und einen Kostenvoranschlag für Terrassierungsarbeiten. Papyrus Oxyrhynchos 24.2406 aus dem 2. Jahrhundert n. Chr. bildete mit einem Grundriß eines Hauses wohl das Begleitdokument eines juristischen Textes.

Aus dem Gebiet der Astronomie ist das oben erwähnte älteste Beispiel einer illustrierten Papyrusrolle zu nennen, die Eudoxosrolle aus dem Louvre in Paris (Pap. Louvre 1), die in das 2. Jahrhundert v. Chr. zu datieren ist. Auf ein metrisch abgefaßtes Prooimion, das nicht illustriert ist, folgt der Haupttext des Eudoxos von Knidos, in dessen Kolumnen kolorierte Konstellations-

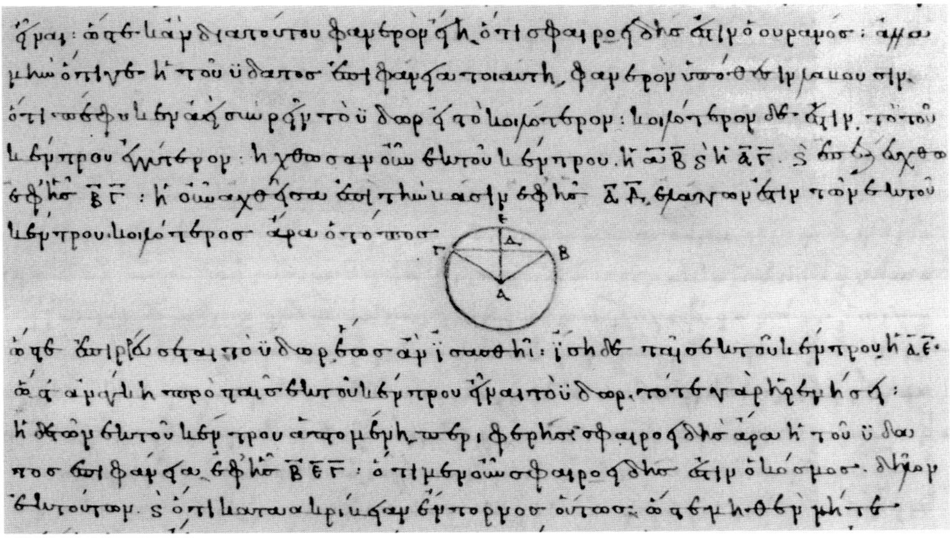

Abb. 36: Beweis für die Kugelgestalt der Wasseroberfläche. Figur zu Aristoteles, De caelo 287b 7ff.

zeichnungen eingesetzt sind. Die Diagramme des Tierkreises und der Konstellationen sind relativ roh gezeichnet und koloriert; die Methode der Zusammenarbeit zwischen Schreiber und Illustrator ist dieselbe wie die oben für den Wiener mathematischen Papyrus genannte. Man kann von einem „*Papyrusstil*“ oder „*Rollenstil*“ sprechen, wenn die Darstellungen an den passenden Stellen direkt in die Kolumnen eingesetzt sind. Wie noch zu zeigen sein wird, hat der „Papyrus- bzw. Rollenstil“ noch in mittelalterlichen Handschriften nachgewirkt, insoferne es auch dort schmale Schriftkolumnen mit an geeigneter Stelle eingesetzten Bildern gab. Man vergleiche, um ein Beispiel für viele zu nennen, die schönen Figuren der Sternbilder in einer Wiener astronomisch-chronologischen Sammelhandschrift aus dem Salzburg des frühen 9. Jahrhunderts (Wien, Österreichische Nationalbibliothek, Cod. 387); die 36 Miniaturen und sechs astronomischen Zeichnungen zeigen, wie in dieser Zeit die wissenschaftliche Buchillustration antiker Herkunft neu belebt wurde. Diese Reproduktion verrät sich im impressionistischen Stil, in den etwas gebrochenen Farben, in der ausgesprochenen Raumbezogenheit der Figuren; die fehlerlose Wiedergabe der aus der Arat-Tradition stammenden Sternbilder läßt auf die Nähe eines antiken Originals schließen. Die Einschaltung der Bilder in die schmalen Kolumnen des Textes geht zweifelsohne auf die Sitte der Papyrusrollen zurück, Bild und Text in den parallel zur Schmalseite der Rolle verlaufenden Spalten zu vereinen. Wie in den antiken Vorlagen wurden die Bilder auf den Untergrund ohne die Andeutung eines Hintergrundes gemalt.

Der Zeichner der Eudoxosrolle ging teilweise über das Minimum an notwendigen Diagrammen hinaus; so setzte er in die Zeichnung des Sternbil-

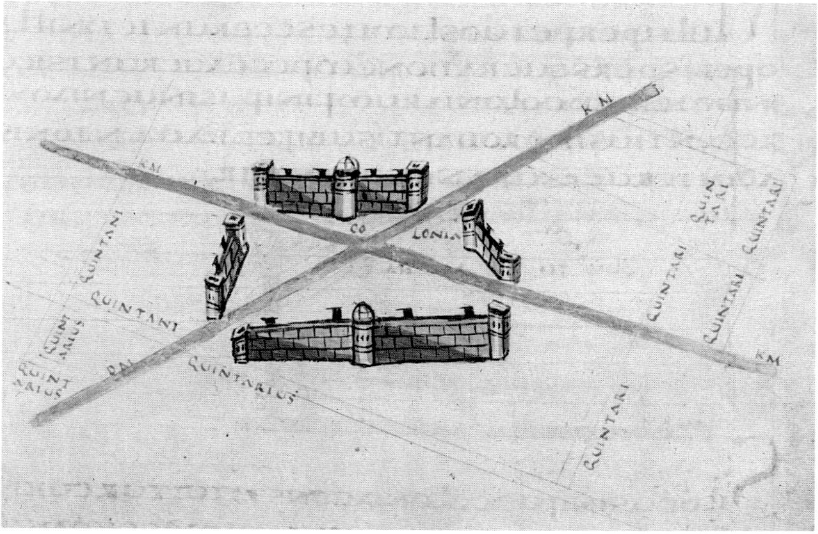

Abb. 37: Agrimensorencodex, 6. Jh. n. Chr. Stadtdarstellung

des Orion eine kleine Figur des Gottes Osiris ein und in das Zentrum eines Diagramms des Tierkreises einen Skarabäus als Symbol der Sonne. Auf diese Weise wird im Eudoxospapyrus der Einfluß ägyptischer astronomischer Texte greifbar. Bilder können also unabhängig vom Text zusätzliche Zeugen der Geschichte der Textüberlieferung bilden.

Zum Sektor der angewandten *Geometrie* zählt auch die *Landvermessung*. Die Rekonstruktion antiker Agrimensorenhandschriften ist zum Teil durch späte Codices möglich, mag es auch künstlerische Probleme geben. Die erhaltene spätantike Überlieferung der im Corpus Agrimensorum Romanorum zusammengefaßten Schriften ist im Agrimensorencodex der Herzog-August-Bibliothek zu Wolfenbüttel (Cod. Guelf. 36.23 A = Codex Arcerianus A) gegeben, der in das 6. Jahrhundert zu datieren ist; ihm ist der nicht bebilderte, nur wenig ältere Codex Arcerianus B beigebunden. Der Codex Arcerianus A ist fortlaufend illustriert, wobei die kolorierten Illustrationen der zugehörigen Textpartie in der Regel folgen und teilweise durch Rahmen gegen den Text abgegrenzt sind. Damit ist die Wolfenbütteler Handschrift ein trefflicher Beleg für die Nachwirkung des „Rollenstils" im Codex und zugleich ein Hilfsmittel für die Rekonstruktion von Agrimensorenrollen. Freilich gibt es Probleme. So ist auf Blatt 55v oben ein Achsenkreuz gezeichnet, das die Hauptachsen einer Stadt - den decumanus und den cardo - veranschaulicht; daneben ist aber eine umwallte Stadt im hellenistischen Typus gemalt. So ergibt sich eine augenscheinliche Diskrepanz zwischen der geometrischen Skizze und der perspektivisch gemalten Stadt. Der Miniator dürfte mithin das Stadtbild aus einem anderen Medium als die rein geometrisch illustrierte Vorlage kopiert haben. Auf derselben Seite unten ist denn auch eine Stadt mit schrägen Mauern, benannt Colonia Julia, aus der Vogelperspektive gemalt; didaktische Gründe mögen für derartige zusätzliche Malereien ausschlaggebend gewesen sein.

In wissenschaftlichen Texten können mithin zwei Arten der Illustrierung beobachtet werden: das *geometrische Schema* und die *perspektivische Darstellung* eines Objektes. Beide Typen kommen beispielsweise in Handschriften physikalischen und kriegswissenschaftlichen Inhalts vor. Bei dieser Gelegenheit mag auch darauf verwiesen werden, daß nicht nur byzantinische, sondern auch arabische Handschriften für die Rekonstruktion antiker wissenschaftlicher Buchillustration herangezogen werden können und müssen. So überliefert Cod. or. 51 der Universitätsbibliothek zu Leiden die „Mechanika" des Heron von Alexandreia (1. Jh. n. Chr.) in arabischer Übersetzung in einer Handschrift aus dem 13. Jahrhundert; die griechischen Originalcodices sind verloren. Der genannte arabische Codex enthält zahlreiche Zeichnungen von Maschinen und Apparaten in einfachster Federzeichnung, bei denen auch aus didaktischen Gründen die Perspektive vernachlässigt erscheint. In anderen Fällen konnten Diagramme in wissenschaftlichen Handschriften durch figurale Elemente angereichert und verschönert werden. Beispiele dafür liefern Codices mit kriegswissenschaftlichen Traktaten, bekannt unter dem Sammeltitel „Poliorketika". So zeigt der Codex Vat. gr. 1164 der Biblioteca Apostolica Taf. 3
Vaticana aus dem 11. Jahrhundert einerseits schematische Zeichnungen von Wurfmaschinen, andererseits plastisch ausgemalte Belagerungsgeräte. Auf Blatt 99r des genannten Codex, im Rahmen des Traktats Περὶ μηχανημάτων (Peri mechanematon) des Athenaios (2. Jh. v. Chr.) wird ein hölzerner Belagerungsturm an eine Mauer einer belagerten Stadt, in die ein prunkvolles Tor eingemalt ist, herangeschoben. Miniaturen dieser Art gehen mit ihrer detailreichen Ausmalung über die Bedürfnisse rein wissenschaftlicher Illustration bereits hinaus. Wenn im Codex Vat. gr. 1605 aus dem 11. Jahrhundert auch Menschen gemalt sind, die die Kriegsmaschinen betätigen, so handelt es sich hier wohl um mittelalterliche Zutaten in einer Paraphrase des Heron von Alexandreia, die sonst nicht in Heronhandschriften vorkommen. Beispiele dieser Art müssen zur Vorsicht mahnen; einerseits können und müssen mittelalterliche Handschriften zur Rekonstruktion verlorener antiker Codices herangezogen werden; andererseits müssen auch spätere Veränderungen berücksichtigt werden, die nicht jede Handschrift als getreue Kopie eines antiken Originals erscheinen lassen. Freilich ist nicht jede Einführung einer menschlichen Figur automatisch als mittelalterliche Zutat anzusprechen. Der Cod. Marcianus gr. 516 der Biblioteca Nazionale Marciana in Venedig aus dem 13. Jahrhundert zeigt einen Automaten: Herakles bedroht den Drachen, der die Äpfel der Hesperiden bewacht, mit einem Pfeil; ein Apfel liegt am Boden. Wenn laut dem Begleittext dieser Apfel bewegt wird, schießt Herakles den Pfeil ab. In einem solchen Fall sind die Figuren des Heros und des Drachen keine erklärenden Beifügungen, sondern die Apparate selbst; sie mögen also

durchaus bereits in der antiken Vorlage des Automatentraktates gestanden haben. Eine rein schematische Zeichnung eines gleichartigen Apparates ohne Figuren in Cod. Ambros. P. 110 sup. der Biblioteca Ambrosiana zu Mailand muß nicht unbedingt als Gegenargument gewertet werden.

Ein bedeutendes Kapitel wissenschaftlicher Buchmalerei begegnet uns auf dem Gebiet der *Botanik und Pharmakologie*. Als Begründer der wissenschaftlichen Botanik kann Theophrastos von Eresos (ca. 372-ca. 288 v. Chr.) angesprochen werden. Botanik wurde ja in der Schule des Aristoteles systematisch gepflegt; so nimmt es nicht wunder, daß die ältesten Lehrbücher vom Schüler und Nachfolger des Aristoteles, Theophrastos, stammen: die „Historia plantarum" und die Schrift „De causis plantarum". Der Hauptbeitrag des Autors lag in der Beschreibung und Morphologie; in der Physiologie modifizierte er die Lehren seines Meisters. Quellen für Theophrastos waren außer Beobachtungen und Experimenten auch Schriften von Ärzten und Naturforschern seiner Zeit. Mit der Einteilung der Pflanzen in Bäume, Sträucher, strauchartige Pflanzen und Kräuter bereitete Theophrastos der strukturellen Klassifizierung den Weg.

Botanik interessierte die Antike vor allem wegen der Anwendung in *Medizin* und *Landwirtschaft*. Daher kam den illustrierten Herbarien große Bedeutung zu. Plinius der Ältere berichtet in seiner „Naturalis historia" (25,4), daß Krateuas, Dionysios und Metrodoros farbige Pflanzenbilder anfertigten und sie mit der Beschreibung der Eigentümlichkeiten der Pflanzen verbanden. Diese Stelle zeigt, daß Pflanzenbilder nicht sekundäre Beifügungen zu botanischen Texten waren, sondern umgekehrt das Pflanzenbild die Hauptsache darstellte, zu der der Text erklärend hinzutrat. Papyrusfunde haben denn auch Spuren der botanischen Buchmalerei zutage gebracht. So fanden sich bei den Grabungen in Tebtunis in Ägypten Reste einer Papyrusrolle des 2. Jahrhunderts n. Chr., die die ältesten Belege für illustrierte Herbarien darbot. Tebtunis Papyrus 679 zeigt die Pflanzen in relativ roher Wiedergabe; der Text steht jeweils unter dem betreffenden Pflanzenbild; es handelt sich offensichtlich um eine Gebrauchshandschrift. Aus der Zeit um 400 n. Chr. stammen Papyri, die heute in der Johnson Collection im Wellcome Museum zu London verwahrt werden; sie bilden Reste eines Papyruscodex mit botanischen Texten. Ein Blatt zeigt die Pflanze „Symphyton" in großer, violett schattierter, farbiger Zeichung, unter der der Begleittext steht.

Zu den bedeutendsten Pharmakologen des Hellenismus zählte *Krateuas*, ein griechischer Leibarzt des Königs Mithridates von Pontos (121-63 v. Chr.). Sein „Rhizotomikon", ein Kräuterbuch, enthielt mindestens fünf Bücher und war von Anfang an illustriert. Der Aufbau und die Illustrierung des pharmakologischen Werkes des Krateuas sollten auf die späteren Kräuterbücher einen entscheidenden Einfluß ausüben. Der „Wiener Dioskurides" geht bekanntlich auf einen Archetypus zurück, der aus der Verbindung des Buches des Krateuas mit anderen Herbarien und der „Materia medica" des Dioskurides entstand. Die Werke des „Wurzelschneiders" Krateuas wurden später durch jene des Arztes Dioskurides verdrängt und gingen daher bis auf wenige Bruchstücke verloren.

Als Botaniker und Pharmakologe des 1. Jahrhunderts v. Chr. ist auch Cassius Dionysius zu nennen. Er übersetzte das einschlägige Werk des Karthagers Mago ins Griechische, schrieb ein „Rhizotomikon" (Wurzelbuch) und wohl auch eine illustrierte „Pharmakopoieia". Auch König Mithridates I. war Pharmakologe, experimentierte mit Giften, war um Immunisierung bemüht und führte zahlreiche einfache Heilmittel ein; ein universelles Antidoton wurde nach ihm „Mithridateios antidotos" benannt. Themison von Laodikeia begründete die methodische Schule und erfand eine Reihe neuer Drogen. Pharmazeutische Experimente unternahm auch Herakleides von Tarent (um 75 v. Chr.), einer der größten Ärzte der methodischen Schule. Der Empiriker Glaukias verfaßte ein Buch über Pflanzen. Die „Compositiones medicamentorum" des Scribonius Largus enthielten 271 Rezepte. Der Botaniker Pamphilos (Ende 1. Jh. n. Chr.) trat durch ein Lexikon der Pflanzen und Synonymalisten von Pflanzennamen hervor. Alle diese Werke wurden in den Schatten gestellt durch das Opus des *Dioskurides Pedanios*, eines Arztes und Pharmakologen, der in der Zeit des Kaisers Nero, in der Mitte des 1. Jahrhunderts n. Chr., wirkte. Seine pharmakologische Enzyklopädie „De materia medica" umfaßte die gesamten Ergebnisse der griechischen Forschungen auf dem Gebiet der Pharmakologie und angewandten Botanik; durch seine Systematik übertraf das Werk alle früheren Kompilationen seiner Art. Das Werk, in dem über 600 Pflanzen und deren medizinische Wirkungen beschrieben wurden, blieb über viele Jahrhunderte uneingeschränkte Autorität. Das erste Buch behandelt die Spezereien, Öle, Salben und heilkräftigen Bäume, das zweite Buch die Tiere, Honig, Milch und Fette, die Getreidesorten und Gemüsearten sowie die Gartenkräuter. Im dritten und vierten Buch werden Kräuter und Wurzeln vorgeführt, im fünften die Weinsorten, die sonstigen Getränke und die Mineralien behandelt. Der Aufbau der Beschreibungen berücksichtigt meist folgende Daten: den Namen der Pflanze, ihre Synonyma, ihre Beschreibung, die Herkunft und die Zubereitung der aus ihr gewonnenen Stoffe sowie deren medizinische Wirkung.

Trotz der Vorzüge der systematischen Anordnung des Stoffes blieb es nicht aus, daß das praktisch benützbare und alphabetisch angeordnete Bilderherbarium des Krateuas, das zu den Hauptquellen des Buches des Dioskurides zählte, auch auf letzteres einen großen Einfluß ausübte. Dies ist die Ursache, weshalb neben der in fünf Bücher gegliederten systematischen Rezension auch eine alphabetisch angeordnete und illustrierte Rezension überliefert ist, deren Hauptvertreter der „Wiener Dioskurides" (Österreichische Nationalbibliothek, Cod. med. gr. 1) darstellt. Diese Handschrift aus dem beginnenden 6. Jahrhundert ist zugleich ein Meisterwerk der wissenschaftlichen Buchmalerei und entbehrt auch nicht figürlicher Miniaturen von höchster Qualität. Die erhaltenen Handschriften der alphabetischen Rezension des Dioskuridestextes zerfallen in drei Familien. Die erste Familie wird durch jene

Codices gebildet, die das gesamte Werk des Dioskurides in alphabetischer Rezension überliefern. Hierzu ist Codex Marcianus gr. 272 (15. Jh.) und Marcianus gr. 597 (15. Jh.) der Biblioteca Nazionale Marciana zu Venedig, Cod. gr. 2184 (16. Jh.) der Bibliothèque nationale zu Paris, der Escorialensis T-II-12 (15. Jh.) im Escorial und der Phillippicus Berolinensis 1530 der Deutschen Staatsbibliothek in Berlin zu rechnen. An zweiter Stelle folgen die Codices der Wiener Redaktion, vertreten durch den „Wiener Dioskurides" und den Neapolitanus suppl. gr. 26 der Biblioteca Nazionale zu Neapel (der bis 1918 ebenfalls in Wien aufbewahrt worden war). Diese Familie ist als Bilderherbar konzipiert. Die dritte Familie ist zwar alphabetisch angeordnet, teilt aber den Stoff in fünf Bücher und arbeitet die Synonymalisten des „Wiener Dioskurides" ein. Zu dieser Familie zählen der Codex 652 der Pierpont Morgan Library in New York (10./11. Jh.), der Codex Ω 75 der Lavra am Athos (12. Jh.), der Escorialensis S-I-17 (15. Jh.), der Urbinas 6 (16. Jh.) und der Marcianus gr. 92 (13. Jh.).

In den *„Wiener Dioskurides"* ist eine lange Tradition eingeflossen. Aus-
Taf. 4-6 gangspunkt war das Bilderherbarium des „Wurzelschneiders" Krateuas aus dem beginnenden 1. Jahrhundert v. Chr. Dieses Herbar, Pflanzenbilder aus anderen Bilderherbarien und Auszüge aus den sechs „Büchern über die Kraft der Heilmittel" des Arztes Galenos († 200 n. Chr.) wurden bald nach 200 n. Chr. zu einem Sammelherbarium vereinigt, dessen Umfang noch durch den „alten Index" auf Blatt 8v-10r im „Wiener Dioskurides" bekannt ist. Der Archetypus des „Wiener Dioskurides", der im 3./4. Jahrhundert geschaffen worden sein dürfte, vereinigte in sich den Stoff des erwähnten Sammelherbariums, jüngere Ergänzungen durch Bilder nach verschiedenen Autoren, das „Lexicon synonymorum" des Pamphilos, die Pflanzenbeschreibungen aus „De materia medica" des Dioskurides Pedanios und einige Beschreibungen von Pflanzen nach anderen Autoren. Von diesem Archetypus wurden sowohl der „Wiener Dioskurides" (um 512) wie auch der „Neapolitaner Dioskurides" (7. Jh.) kopiert. Die Handschrift des „Wiener Dioskurides" wurde noch um einige pharmakologische und zoologische Texte erweitert, nämlich das „Carmen de viribus herbarum", die Paraphrase des Euteknios zu den „Theriaka" und „Alexipharmaka" des Nikandros von Kolophon, die Paraphrase zu den „Halieutika" des Oppianos und zu den „Ornithiaka" des Dionysios. Den Schlüssel zum Verständnis des Anlasses, der Datierung und der Lokalisierung der Handschrift bietet das Widmungsbild auf Blatt 6v. Auf ihm ist eine vornehme Dame dargestellt, eine byzantinische Patrikia zwischen zwei weiblichen Allegorien, bei der es sich laut der Beischrift um Juliana Anikia († 527 oder 528) handelt, die im Stadtteil Honoratae zu Konstantinopel eine Kirche gestiftet hatte und zum Dank dafür von den Bürgern und speziell von den Zünften des Bezirkes den kostbaren Codex gestiftet erhielt. Da der Chronist Theophanes zum Jahre 512 eine Marienkirche zu Honoratae als Stiftung der Prinzessin erwähnt, ist damit für die Datierung der Handschrift um 512 ein genau festlegbarer Terminus gewonnen, ebenso die Lokalisierung des Codex

in ein Atelier der Hauptstadt. Juliana war die Tochter des Flavius Anicius Olybrius, der 464 Konsul und 472 für sieben Monate Kaiser des Weströmischen Reiches gewesen war; 480 heiratete Juliana den Magister militum Flavius Areobindus Dagalaifus; aus dieser Ehe ging ein Sohn hervor, Flavius Olybrius Anicius, der 491 das Amt des Konsuls innehatte. Juliana, eine fromme und gebildete Frau, hatte theologische und wissenschaftliche Interessen; sie verwendete ihren Reichtum unter anderem zur Stiftung oder Renovierung von Kirchen. So ist für 512/13 der Neubau der Theotokoskirche in Honoratae bezeugt. Es darf nicht wundernehmen, daß die dankbaren Bürger von Honoratae 512 ausgerechnet ein Kräuterbuch stifteten; das Buch in luxuriöser Aufmachung verband den Charakter eines bibliophilen Geschenkes mit dem Nutzen praktischer Anwendbarkeit.

Der „Wiener Dioskurides" ist nicht nur ein Zeuge der botanischen Buchillustration, sondern auch ein kostbares Denkmal der konstantinopolitanischen figürlichen Malerei des beginnenden 6. Jahrhunderts; denn dem Herbarium sind zwei Ärztebilder, zwei Autorenbilder, ein Widmungsbild und ein Ziertitel vorangestellt; diese sechs Miniaturen bilden gleichsam ein bildhaftes Prooimion. Das an erster Stelle stehende Bild eines Pfaues (Blatt 1v) gehört allerdings wohl an den Beginn der Paraphrase der „Ornithiaka". Auf Blatt 2v ist in einem quadratischen Feld eine Gruppe von sieben Ärzten und Pharmakologen dargestellt. Den Vorsitz führt der Kentaur Cheiron, der mythische Erfinder der Heilkunst; er soll der Lehrer von Achilleus, Asklepios, Alkon, Machaon, Podaleirios, Kokythos, Theseus, Jason, Aktaion und Melampos gewesen sein; durch einen Pfeil des Herakles unheilbar verwundet, sei er unter die Sterne versetzt worden. Links und rechts des Kentauren sitzen je drei Ärzte, die einander anblicken und in einem imaginären Disput begriffen sind. In der linken Reihe sitzt Machaon, ein Sohn des Asklepios; bei Homer ist er ein berühmter Arzt im Lager der Griechen. Ihm folgt Pamphilos von Alexandreia (1. Jh. n. Chr.), besonders bekannt durch grammatikalische Schriften und wohl Autor des Synonymenlexikons der Pflanzen, das in den „Wiener Dioskurides" eingeflossen ist. Zuletzt sitzt links Xenokrates von Aphrodisias, der in augusteischer Zeit kompilatorische Werke über Pharmakologie und Diätetik verfaßte. Die rechte Reihe eröffnet Nigros, d. i. Sextius Niger, der im 1. Jahrhundert n. Chr. lebte und ein Buch über die zu Heilzwecken verwendeten Stoffe schrieb. Ihm folgt Herakleides von Tarent (um 75 v. Chr.), einer der bedeutendsten Empiriker, der Pharmazie und Hippokrateserklärung pflegte. Der letzte in der Reihe ist Mantias, ein Arzt des 2. Jahrhunderts v. Chr. und Lehrer des Herakleides, gepriesen als Erfinder zahlreicher zusammengesetzter Heilmittel.

Das zweite Ärztebild auf Blatt 3v, die „Galenosgruppe", vereint abermals sieben Ärzte. Den Vorsitz führt Claudius Galenos aus Pergamon (129-200 n. Chr.), der letzte große systematische Arzt der Antike; sein riesiges Œuvre umfaßt mehr als 150 Schriften, darin Arbeiten über die Prinzipien und die Einteilung der Medizin, Kommentare zu Hippokrates, Werke über Physiognomik, Anatomie, Hygiene, Pulslehre, Diätetik, Arzneimittellehre, Aitiologie, Pathologie, Diagnostik und Therapie. Eine zentrale Stellung nahm bei ihm die Humoralpathologie ein, die Lehre von den vier Säften, deren gute Mischung (Eukrasie) Gesundheit, deren schlechte Mischung (Dyskrasie) Krankheit bedeutet. Der „Wiener Dioskurides" kann übrigens als älteste Galenoshandschrift bezeichnet werden; denn Auszüge aus der pharmakologischen Schrift des Galenos sind oft dem Text der Pflanzenbeschreibungen beigegeben. In der linken oberen Ecke des zweiten Ärztebildes sitzt Krateuas, der berühmte Botaniker und Pharmakologe der Zeit um 100 v. Chr., dessen populäres alphabetisch angeordnetes Bilderherbarium eine lange Nachwirkung genoß, bis es im „Wiener Dioskurides" aufging. Unter Krateuas sitzt ein Apollonios, dessen Identifizierung nicht ganz leicht ist, da sowohl Apollonios von Kition, Apollonios von Pergamon als auch Apollonios Mys in Betracht kommen. Apollonios von Kition war ein empirischer Arzt des 1. Jahrhunderts v. Chr., der ein Spezialist für Gelenkserkrankungen war. Apollonios von Pergamon ist als Arzt um 180 v. Chr. bezeugt. Apollonios Mys aus Alexandreia lebte im 1. Jahrhundert v. bzw. n. Chr. und war einer der bedeutendsten Pharmakologen seiner Zeit; die Identifizierung des Apollonios des Ärztebildes mit Apollonios Mys ist also die wahrscheinlichste. Zuletzt sitzt in der linken Reihe Andreas, der Leibarzt von König Ptolemaios IV. Philopator (222-204 v. Chr.); er galt als Autorität auf dem Gebiet der Giftelehre und Pharmakologie. Die rechte Reihe eröffnet Dioskurides Pedanios aus Anazarbos, der zur Zeit von Kaiser Nero (54-68 n. Chr.) lebte. Er war wohl Militärarzt gewesen und hatte auf zahlreichen Reisen Erfahrungen gesammelt. Sein Buch Περὶ ὕλης ἰατρικῆς (Peri hyles iatrikes, De materia medica) wurde zum wichtigsten Standardwerk der Heilpflanzenkunde in der Antike, im Mittelalter und noch in der frühen Neuzeit. Unter Dioskurides sitzt Nikandros, der berühmte Lehrdichter des Hellenismus; die Darstellung einer Schlange zu seinen Füßen spielt auf sein Werk über die Bisse giftiger Tiere an. Den Abschluß bildet Rufus von Ephesos (1. Jh. n. Chr.), ein Hippokrateserklärer und Autor von Werken über Diätetik, Anatomie, Pharmakologie und Medizingeschichte. Die beiden Ärztebilder vereinen mythische und historische Gestalten, Griechen und Römer. Die idealisierten Gestalten sind in erdferner Transzendenz im Disput begriffen. Das formale Vorbild der beiden Gruppen dürften Darstellungen der Sieben Weisen gewesen sein, wie sie von Mosaiken und Fresken überliefert sind und in der Malerei noch bis in die Renaissance nachgewirkt haben. Ob die beiden Ärztebilder bereits im Archetypus des „Wiener Dioskurides" vorhanden waren, bleibt offen. Großflächige Kompositionen dieser Art sind erst auf Pergamentblättern eines Codex denkbar; demnach müßte das Vorbild in das 4. oder 5. Jahrhundert datiert werden, als sich der Pergamentcodex bereits durchgesetzt hatte. Doch besteht auch die Möglichkeit, daß die beiden Miniaturen erst für den „Wiener Dioskurides" geschaffen wurden. Zumindest ein Bild - die Cheirongruppe - könnte eine direkte oder indirekte Kopie eines Mosaiks darstellen, zu dem die Galenosgruppe als Pendant hergestellt wurde. Für die Wahl der dargestellten Pharmakologen gibt es Anhaltspunkte in ihrer Benützung bei Dioskurides. Sextius Niger war einer der Hauptgewährsmänner für Dioskurides; auf Pamphilos gehen die Synonymalisten zurück, von Galenos sind Exzerpte aufgenommen, auf Krateuas beruht ein Großteil der Pflanzenbilder; aus dem Werk des Dioskurides sind die meisten Pflanzenbeschreibungen entnommen, Nikandros ist Autor der im Codex paraphrasierten „Theriaka" und „Alexipharmaka"; Rufus ist möglicherweise Autor des „Carmen de viribus herbarum". Xenokrates, Mantias und Apollonios scheinen ohne Bezug zu sein, werden aber immerhin von Galenos benützt und auch kritisiert. Die mythologischen Figuren charakterisieren das ehrwürdige Alter der Heilkunst.

Auf Blatt 4v des „Wiener Dioskurides" ist ein zweifiguriges Autorenbild dargestellt, das zugleich die Gewinnung der zauberkräftigen Mandragorawurzel vor Augen führt. Ein durch eine Beischrift als Dioskurides gekenn- Taf. 4
zeichneter Arzt thront in einem Lehnstuhl und streckt einer Frauengestalt - der Heuresis, der Personifikation des glücklichen Fundes - die Rechte entgegen; Heuresis präsentiert die Mandragora; zu ihren Füßen windet sich ein sterbender Hund, der die Wurzel aus der Erde gezogen hatte. Das zweifigurige Autorenbild - etwa Dichter und Muse - war in der antiken Plastik und Malerei bekannt. Die Umformung des Autor-Musen-Bildes zum Heuresisbild des „Wiener Dioskurides" ist eine selbständige Adaption des Prototyps, die zugleich mit dem Aberglauben um die Alraune zusammenhängt. Der Typus mag in der frühen Kaiserzeit entstanden sein, als die Nachricht über die gefährliche Wurzel, deren Ausreißen tödlich ist (weshalb ein Hund diese Tätigkeit vornehmen muß), weithin bekannt war. Da das Gesicht des Arztes auf Blatt 4v nicht mit dem Porträt des Dioskurides auf dem Ärztebild übereinstimmt, sondern eher dem Krateuas ähnelt, wollte man postulieren, daß der Dargestellte eigentlich Krateuas sei, was nicht von der Hand zu weisen ist. Allerdings ist es zweifelhaft, ob das Krateuasbild das Autorenbild des ursprünglichen Krateuasherbars gewesen war. So mag zumindest ein Maler oder Mosaizist die Gewinnung der Mandragora mit dem „Wurzelschneider" Krateuas in Verbindung gebracht haben und das Bild unter formaler Inspiration durch die zweifigurigen Autorenbilder der Großkunst geschaffen haben; erst in zweiter Linie könnte nach dieser Vermutung die Person des Arztes als Dioskurides aufgefaßt worden sein.

Ein zweites Autorenbild auf Blatt 5v im „Wiener Dioskurides" steht in engem Zusammenhang mit dem ersten, insoferne hier die Verwertung der Mandragora veranschaulicht wird. Die Szene spielt im Atelier des Dioskurides. Vor einer Architektur steht eine allegorische Frauengestalt, die Epinoia als Sinnbild des Denkens, und hält die Mandragorawurzel vor sich. Rechts sitzt Dioskurides und schreibt in einem Codex auf seinen Knien; links sitzt ein Maler vor einer Staffelei und ist im Begriff, die Mandragora auf ein großformatiges Blatt zu malen. Der Kopftypus des Dioskurides entspricht auf diesem Bild jenem in der zweiten Ärztegruppe; der Codex weist in eine Zeit, in der sich diese Buchform bereits durchgesetzt hatte. So besteht einige Wahrscheinlichkeit, daß das zweite Autorenbild eine genuine Schöpfung eines Malers für den Codex der Juliana Anikia war und nicht bereits im Archetypus der Handschrift vorhanden gewesen war. Lediglich die Einzelheiten können aus älteren Vorlagen übernommen worden sein.

Auf Blatt 6v des „Wiener Dioskurides" liegt mit dem Dedikationsbild für Juliana Anikia das älteste erhaltene Widmungsbild der Buchmalerei vor. In einem achteckigen metallblauen Zierfeld thront die Empfängerin des Buches,
Taf. 5 Juliana Anikia, in der Tracht einer Patrikia zwischen zwei weiblichen Personifikationen auf einer Sella curulis; in der Linken hält sie einen Codicillus, das kaiserliche Ernennungsschreiben zur Patrikia; mit der Rechten läßt sie Goldstücke auf einen Codex gleiten, den ihr ein Erosknäblein in geöffnetem Zustand überreicht. Vor Juliana liegt eine Frau in Proskynese; sie ist die Personifikation der Dankbarkeit der Zünfte des Stadtteils Honoratae, in dem Juliana die Marienkirche gestiftet hatte. Die beiden Frauengestalten zu beiden Seiten Julianas versinnbildlichen die Megalopsychia und die Phronesis, also die Großherzigkeit und die Klugheit der Prinzessin. Der kleine Eros wird als πόθος τῆς φιλοκτίστου (pothos tes philoktistu) bezeichnet, was entweder „Wunsch der Kunstgönnerin" oder „Liebe zur Baulustigen" bedeuten kann. In den acht Zwickeln des Kreises um das Zierfeld sind auf blauem Grund in Grisaillemalerei Tätigkeiten jener Zünfte abgebildet - durch Eroten versinnbildlicht -, die den Codex stifteten. Eine stark beschädigte Inschrift im Oktogon mit dem Akrostich „Juliana" lautet in deutscher Übertragung: „Juchhe! Mit allen guten Ruhmessprüchen besingt und rühmt dich, o Herrin, die Stadt Honoratae. Denn zu dem ganzen Erdkreis zu sprechen treibt sie die Großherzigkeit der Anikier, deren Sproß du bist. Denn einen Tempel des Herrn erbautest du, der hoch und herrlich emporstieg." Das Dedikationsbild ist ein Repräsentationsbild, das durch den zeitgenössischen konstantinopolitanischen Hofstil geprägt ist. Einzelheiten sind verwandten Darstellungen wie etwa den Konsulardiptychen oder der spätantiken Bildkunst entlehnt; doch hat der Künstler aus den einzelnen Elementen eine neue selbständige Komposition geschaffen. Noch ist der plastische und malerische Stil der Spätantike vorherrschend; erst zaghaft kündigt sich ein mehr linearer Stil an. Während die Vollbilder und die Autorenbilder in gewissem Sinn retrospektiv sind, insoferne sie hellenistischen Vorbildern verpflichtet sind, ist das Repräsentationsbild ein gutes Specimen der hauptstädtischen Kunst des 6. Jahrhunderts. Es offenbart sich hier ein verfeinerter Stil, der den zeremoniellen Charakter des kaiserlichen Hofstils mit klassischer Tradition verband.

Das Bildprooimion des „Wiener Dioskurides" wird auf Blatt 7v mit einem Ziertitel abgeschlossen. Ein Lorbeerkranz umschließt eine blaue Scheibe, auf der in großen Unzialbuchstaben der Titel steht, dessen Übersetzung lautet: „Hier ist enthalten das Werk des Pedanios Dioskurides aus Anazarbos über die Pflanzen, Wurzeln, Säfte und Samen, zugleich auch die Blätter und Heilmittel. Beginnen wir daher der Reihe nach mit dem Buchstaben A."

Der „Wiener Dioskurides“ umfaßt im heutigen Zustand auf 376 Blättern bei 391 beschriebenen Pflanzen 383 Pflanzenbilder. Der vollständige Codex umfaßte einst auf 416 Blättern 435 Pflanzen; von diesen sind heute mit Bild und Text 366 erhalten, von 17 nur die Bilder, von 25 nur die Beschreibungen; ganz verloren sind 27 Stück. Die 383 Bilder von Heilpflanzen sind für die Geschichte der antiken botanischen und pharmakologischen Buchillustration von höchster Bedeutung. Wie bereits erwähnt, wurde das Kernstück, das bebilderte Herbar des Krateuas, im Laufe der Spätantike etappenweise erweitert. Dementsprechend sind auch in Stil und Zeichnung der Pflanzen mehr oder weniger große Unterschiede festzustellen. Schon eine erste Unterteilung der Pflanzenbilder in eine „Indexklasse“ und eine „spätantike Gruppe“ stellt plastische und naturalistische Pflanzen solchen gegenüber, die mehr flächig und schematisierend gezeichnet sind. Die „Indexklasse“ besteht aus jenen Pflanzenbildern, die im alten Index des Dioskurides aufgelistet sind, welcher in die Handschrift übernommen wurde, ungeachtet des Umstandes, daß die tatsächliche Anzahl der Pflanzen viel höher ist. Doch auch die beiden genannten Gruppen sind stilistisch nicht einheitlich; dazu kommt, daß zwischen der Entstehungszeit des Krateuasherbars und den Pflanzenbildern der übrigen Taf. 6
antiken Bilderherbarien bis zu 300 Jahre liegen konnten. Aus stilistischen Gründen können eigentlich drei Gruppen von Pflanzenbildern unterschieden werden. Die älteste Gruppe ruft fast den Eindruck von Naturstudien hervor. Die Pflanzen sind nach rhythmischen Gesichtspunkten auf die Buchseiten komponiert, ohne daß dadurch der Anschein des natürlichen Gewachsenseins beeinträchtigt würde. Eine mittlere Gruppe von Pflanzenbildern strebt nach klarer Übersichtlichkeit. Zwar sind die Pflanzen gleichfalls plastisch und dreidimensional wiedergegeben, wozu auch die Wirkung von Licht und Schatten herangezogen wird; doch wird die Vielfalt des natürlichen Wuchses zurückgedrängt, um die Klarheit des Aufbaues besser hervortreten zu lassen. Man gewinnt den Eindruck einer Präparierung für Lehrzwecke. Eine dritte, jüngere Gruppe von Pflanzenbildern verzichtet auf die Dreidimensionalität; jeder Teil der Pflanze wird in der Fläche dargeboten; das Kompositionsprinzip ist naturfern und dekorativ. Die Tendenz zur Übersichtlichkeit kann hier bis an die Grenze der Natürlichkeit getrieben sein.

Wie bereits erwähnt, enthält der „Wiener Dioskurides“ einige Annexe, die zum Teil ebenfalls illustriert sind, die aber bereits in das Gebiet der Zoologie übergreifen, wie noch an geeigneter Stelle zu besprechen sein wird. Auf Blatt 388r bis 392r des „Wiener Dioskurides“ wird ein anonymes Gedicht überliefert, das in 216 Hexametern über Heilpflanzen handelt; in den 16 Kapiteln dieses „Carmen de viribus herbarum“ werden 16 Pflanzen besprochen, die Götter, denen sie geweiht sind, genannt, die Zeit und Art des Sammelns und die Wirkungen der Pflanzen beschrieben. Das Gedicht ist leider unvollständig; der Autor bleibt unbekannt. Man hat als Verfasser Rufus von Ephesos vermutet, ohne es beweisen zu können. Als Illustration zur Koralle, die im Altertum als Pflanze galt, ist auf Blatt 392r eine ganzseitige Miniatur einer

Koralle, des „Meerbaumes“ bzw. der „Meereiche“, gemalt. Rechts von der Koralle sitzt eine halbnackte Frauengestalt, die sich auf ein Meeresungeheuer stützt; ihrer Stirn entwachsen zwei Hörner in Gestalt von Krebsscheren; in der Linken hält sie ein Ruder. Es handelt sich hier um die Personifikation der Meeresgöttin Thalassa. Die Ikonographie dieser Gestalt ist hellenistisch.

Der nächste Annex des „Wiener Dioskurides“ ist die Paraphrase eines Sophisten Euteknios zu den „Theriaka“ des Nikandros von Kolophon (Blatt 393r-437v); es folgt eine Paraphrase desselben Autors zu den „Alexipharmaka“ des Nikandros (Blatt 438v-459v). In den Text der Paraphrase der „Theriaka“ sind zahlreiche Bilder eingestreut, die meist giftige Tiere wie Schlangen, Fische, Reptilien und Insekten darstellen, aber auch einige Giftpflanzen sind enthalten, die nach gleichen Vorbildern wie die des Herbars gemalt sind. Auf den Blättern 446v bis 458r sind Zwischenräume für Illustrationen freigelassen, doch sind die Illustrationen nicht mehr ausgeführt worden. Nicht illustriert ist der folgende Annex auf Blatt 460r-473r, eine Paraphrase des Lehrgedichtes „Halieutika“ des Oppianos. Hingegen erfreut sich der letzte Anhang einer reichen Bebilderung. Auf Blatt 474r-485r wird eine Paraphrase der „Ornithiaka“ des Dionysios überliefert; im ersten und zweiten Buch sind 23 einzelne Vogelbilder eingemalt; dem dritten Buch ist ein Sammelbild mit 24 Vögeln vorangestellt, so daß im ganzen 52 Vogelbilder erhalten sind.

Während die Herbarien des Krateuas und des Dioskurides der griechischen wissenschaftlichen Literatur entstammen, stellt das Herbarium des *Pseudo-Apuleius* ein lateinisches Kräuterbuch des 4. oder 5. Jahrhunderts Taf. 7 n. Chr. dar, das fälschlich dem bekannten Platoniker und Sophisten Apuleius von Madaura aus dem 2. Jahrhundert n. Chr. unterschoben wurde. Auch dieser Text ist in vielen spätantiken und mittelalterlichen Handschriften überliefert und reich mit Pflanzenbildern ausgestattet; auch etliche Tierbilder kommen vor. Etwa zeitgleich mit dem „Wiener Dioskurides“ ist eine Unzialhandschrift des Pseudo-Apuleius in der Universitätsbibliothek Leiden (Ms. Voss. Q. 9). Vergleiche von Pflanzenbildern dieses Codex mit dem „Wiener Dioskurides“ zeigen große Ähnlichkeiten der Durchbildung. Der Archetypus dürfte stilistisch zwischen der mittleren und jüngeren Gruppe des „Wiener Dioskurides“ anzusetzen sein. Der Vossianus Q. 9 weist deutliche antikisierende Stilmerkmale auf; vielfach sind die Pflanzen allerdings aus didaktischen Gründen vereinfacht worden. Das Herbar des Pseudo-Apuleius hat eine reiche und verzweigte Überlieferung erhalten. Das Ur-Herbar wurde wohl um 400 n. Chr. mit Synonyma angereichert; dazu traten die Schrift „De herbis femininis“ und der „Liber Sexti Placiti“. Im 5. Jahrhundert verzweigte sich die Überlieferung in drei Stränge. Die Klasse a enthält die reinste Textüberlieferung. Zwei wichtige Codices dieser Gruppe sind allerdings durch Brand beschädigt worden: ein italienischer Codex des 9. Jahrhunderts in der Biblioteca Governativa (Ms. 296) zu Lucca und eine angelsächsische Übersetzung des 11. Jahrhunderts mit qualitätsvollen farbigen Pflanzen- und Tierbildern in der British Library zu London (Ms. Cott. Vit. C. III). Dazu tritt der süditalienische Codex 97 aus Montecassino mit abgekürzt wirkenden Illustrationen in Federzeichnung. Innerhalb der Gruppe a bilden zwei deutsche Handschriften des 12. Jahrhunderts mit interpoliertem Text eine eigene Gruppe: Eton College Ms. 204 und London, British Library, Ms. Harley 4986.

Die Klasse b des Pseudo-Apuleius weist die größte Anzahl von Handschriften auf, die zwar textlich dürftiger sind, aber dafür die am reichsten illustrierten Codices darstellen. An erster Stelle stehen zwei relativ späte süditalienische Schwesterhandschriften des 13. Jahrhunderts, nämlich Cod. 93 der Österreichischen Nationalbibliothek zu Wien und Ms. Plut. 73,16 der Biblioteca Laurenziana zu Florenz. Diese Codices enthalten außer Pflanzen- und Tierbildern zahlreiche figürliche Textillustrationen und eine Serie von Titelbildern. Sehr aufwendig illustriert sind innerhalb der Gruppe b auch drei nordfranzösische bzw. englische Handschriften des 12. Jahrhunderts: London, British Library, Ms. Harley 1585 und Ms. Sloane 1975 sowie Oxford, Bodleian Library, Ms. Ashmole 1462. Künstlerisch bescheidener ausgeführt, dafür in ikonographischer Hinsicht bedeutsam sind zwei Handschriften mit teilweise kolorierten Federzeichnungen, unter denen auch figürliche Zeichnungen vertreten sind: London, British Library, Ms. Harley 5294 (englisch, Mitte 12. Jh.) und Turin, Biblioteca Universitaria, Ms. K. IV. 3 (süditalienisch, spätes 11. Jh.; leider verbrannt). Hervorzuheben ist eine karolingische Kopie mit vorwiegend kolorierten Pflanzenbildern (Paris, Bibliothèque nationale, Ms. lat. 6862) und eine beneventanische Handschrift des 9. Jahrhunderts (Florenz, Biblioteca Laurenziana, Ms. Plut. 73,41) mit Federzeichnungen.

Zum Zweig c des Pseudo-Apuleius zählen im wesentlichen zwei Handschriften, von denen dem Cod. Vossianus Q. 9 der Universitätsbibliothek Leiden aus dem 6. Jahrhundert die früheste Überlieferung zukommt. Daneben ist die Handschrift Ms. phys. et hist. nat. F. 10 der Landesbibliothek in Fulda zu nennen, die in Fulda im 10. Jahrhundert entstanden sein mag. In allen drei Klassen sind immer noch da und dort antikisierende Stilmerkmale festzustellen; aber bereits im 6. Jahrhundert ist die Aufspaltung in die drei Bilderklassen zu fassen.

Die griechische *zoologische Buchmalerei* lebt praktisch nur mehr in byzantinischen Handschriften fort, denen mithin größte Bedeutung für die Rekonstruktion der antiken Zoologie zukommt. Die wissenschaftliche Beschäftigung mit der Zoologie geht auf die Schule des Aristoteles († 322 v. Chr.) zurück, die bereits ein umfassendes Tatsachenmaterial sammelte. Aristoteles selbst hat in etlichen Schriften zur Zoologie seine Erkenntnisse niedergelegt. Wir haben noch Hinweise auf einen anatomischen Atlas; doch leider sind die Illustrationen zu den „Anatomai" zur Gänze verloren. Eine Reihe von Textstellen der „Historia animalium" des Aristoteles bezieht sich eher auf Zeichnungen als auch Texte. Es darf als gewiß gelten, daß der peripatetische Unterricht in der Zoologie auch auf der Basis von Diagrammen und Abbildungen erfolgte. Auf Grund der Hinweise in Schriften wie „De partibus animalium", „De generatione animalium" und „De respiratione" auf die „Historia animalium" und die „Anatomai" kann geschlossen werden, daß einige der verlorenen Diagramme die Anatomie bestimmter Organe illustrierten, während andere das Innere verschiedener Tiere veranschaulichten. Auch die Schriften „De motu animalium" und „De incessu animalium" müssen mit einer Reihe von Illustrationen versehen gewesen sein, die die Bewegung der Tiere veranschaulichten. Leider haben diese Zeichnungen nicht überlebt. Wir kennen nur die Illustration des Kommentars des Michael von Ephesos († um 1120) nach der Beschreibung des Aristoteles.

Illustrierte Tierbücher sind in größerer Anzahl aus der Antike bekannt. Sofern nicht spätantike Codices erhalten sind, können aus mittelalterlichen Kopien Rückschlüsse auf die antiken Vorlagen gezogen werden.

Das einzige erhaltene illustrierte Manuskript der Lehrgedichte „Theriaka" (Mittel gegen den Biß giftiger Tiere) und „Alexipharmaka" (Mittel gegen Vergiftung durch Speisen) des *Nikandros von Kolophon*, des bedeutendsten Vertreters der hellenistischen didaktischen Poesie, der wohl im 2. Jahrhundert v. Chr. gelebt hatte, ist der Cod. suppl. gr. 247 der Bibliothèque nationale zu Paris, eine byzantinische Handschrift des 10. Jahrhunderts. Schon Tertullian war der Meinung gewesen, daß Nikandros seine Werke selbst illustriert hatte. Die Bilder in der erhaltenen byzantinischen Kopie sind zum Teil botanischen Inhalts, zum Teil zoologischen Inhalts; dazu kommen etliche menschliche Figuren, sei es in Verbindung mit Pflanzen und Tieren, seien es narrative oder mythologische Szenen. Man hat vermutet, daß die menschlichen Figuren nicht zur ursprünglichen Bebilderung der Schriften Nikanders gehört hätten, sondern mittelalterliche Einschübe aus anderen Quellen, etwa der Bibliothek des Apollodoros, gewesen wären. Der Pariser Nikandroscodex enthält 23 Bilder von mit Namen genannten Tieren, 17 Bilder von Tieren, die mit Menschen oder Pflanzen verbunden sind, 15 Bilder von Pflanzen ohne Tiere und zwei menschliche Porträts. Den Großteil der zoologischen Abbildungen nehmen Schlangen ein. Nikandros beschreibt in den „Theriaka" Aussehen und Verhalten der Giftschlangen und legt besonderen Nachdruck auf die toxischen Effekte der Gifte der einzelnen Schlangenarten. Aus historischen Gründen darf vermutet werden, daß die Pflanzen- und Tierbilder der Quelle des Pariser Codex nach der Natur gezeichnet waren. Nikandros beschreibt des weiteren sieben Skorpione, ferner Spinnentiere, Bienen und Wespen.

In Ergänzung zum Originaltext des Nikandros muß die Paraphrase des *Euteknios* - eines Sophisten aus unbekannter Zeit - zu den „Theriaka" des Nikandros berücksichtigt werden, die im „Wiener Dioskurides" auf Blatt 393r bis 437v überliefert ist. Weitere Textzeugen der Paraphrase sind ein Codex des 10. Jahrhunderts in der Pierpont Morgan Library zu New York (Ms. 652) und zwei spätbyzantinische Handschriften, der Chisianus F. VII,159 der Biblioteca Apostolica Vaticana und der Cod. gr. 3632 der Biblioteca Universitaria zu Bologna. Auch diese Paraphrase ist reich illustriert; giftige Schlangen, Fische, Reptilien und Insekten beleben den Text; aber auch einige Giftpflanzen sind enthalten, die mit den Pflanzenbildern des Herbars des Dioskurides übereinstimmen. Der „Wiener Dioskurides" enthält 50 Bilder; die Zahl der Bilder in den anderen drei Handschriften schwankt leicht um diese Größe herum. Der Prototyp des vatikanischen Chigicodex dürfte mit jenem des „Wiener Dioskurides" identisch gewesen sein; die Bologneser Handschrift mag nach dem Wiener Codex kopiert worden sein. Hinsichtlich der künstlerischen Qualität der Bilder muß bemerkt werden, daß sie hinter den Miniaturen zu den „Theriaka" zurückstehen; die meisten Bilder sind stark schematisiert und stilisiert. Nur in wenigen Ausnahmen, wie der Aspis und dem Kampf des Ichneumon mit einer Aspis, liegen gute Kopien hellenistischer Modelle vor. Es erscheint unwahrscheinlich, daß die Bilder der Eutekniosparaphrase auf hellenistischen Vorbildern der Zeit Nikanders beruhen; viel eher kann vermutet werden, daß sie bei Gelegenheit der Zusammenstellung des Archetypus hergestellt worden sind. Kunstgeschichtlich sind sie weniger interessant als die auf eine gute antike Vorlage zurückgehenden Illustrationen des Pariser Nikandercodex. In der Forschung wurde das 3. Jahrhundert n. Chr. als Zeitraum der Anfertigung der Prototypen der Nikanderbilder erwogen; es ist auch nicht ausgeschlossen, daß damals bereits menschliche Figuren in zoologische und botanische Bilder eingebracht wurden und nicht erst in byzantinischer Zeit. Die formalistischen Bilder der Eutekniosparaphrase dürften zu einem späteren Zeitpunkt geschaffen worden sein, vielleicht im 4. Jahrhundert n. Chr.; nur wenige Bilder scheinen auf ältere Vorlagen zurückzugehen.

In der Paraphrase der „Theriaka" des Nikandros durch Euteknios wird noch der „Papyrusstil" der Buchmalerei befolgt; die Illustrationen sind mitten in den Text an den vom Schreiber dafür freigelassenen Stellen gesetzt; meist stehen die Bilder, wie auch in den Papyri, ohne Hintergrund und Standfläche vor uns. Lediglich der Salamander, der Seedrache und der Fisch Trygon sind vor Hintergründe gestellt. Dem Text entsprechend handelt es sich um die Darstellung giftiger Tiere und einiger Pflanzen. Nicht immer ist auf Grund der schematischen Darstellung eine exakte Identifizierung möglich. Eine männliche und eine weibliche Natter (Echidna) scheinen im Dioskuridescodex auf Blatt 398v auf, auf Blatt 399r eine Giftschlange mit dem Namen Dipsas, was darauf verweist, daß ihr Biß heftigen Durst verursacht. Nattern und Ottern folgen auf Blatt 399v, auf Blatt 400r ein Bild der Seps, einer Schlange, deren Biß Fäulnis verursacht. Eine purpurrote Giftschlange (Aspis phoinissa) und eine schwer deutbare Aspis-Schlange folgen auf Blatt 400v und 401r. Die doppelhörnige Hornviper ziert Blatt 402r, die Kupfernatter Blatt 402v. Das fragmentarische Blatt 404 weist nur mehr Bruchstücke von Schlangenkörpern auf. Die Dipsas kommt nochmals auf Blatt 405r vor, eine amphibische Schlange (Chersydros) auf Blatt 406r. Von der auf Blatt 406v dargestellten Amphisbaina glaubte man, daß sie sowohl nach vorne wie nach rückwärts kriechen könne. Ein Bild der Wasserschlange Dryinas hydros, die auch in hohlen Eichen lebt, schließt sich an. Ein Drache und eine Schlange mit hirsekornartiger Rückenzeichnung sind Einzelbilder auf Blatt 409r und 410r, bis endlich auf Blatt 411r ein Gruppenbild folgt. Hier hat der Maler die Vorteile des Taf. 8

Pergamentblattes genützt, um in einer großräumigen Komposition eine Anzahl von ehemaligen Einzelbildern zu einer Gruppe zusammenzufassen und dadurch den „Papyrusstil" aufzugeben. Wir erblicken hier sechs Schlangen und eine Eidechse. Nun kommt die Reihe an die Insekten und Gliedertiere. An unseren Augen ziehen auf den Blättern 416r bis 422r des „Wiener Dioskurides" Spinnen, Skorpione, Asseln, Wespen, Bienen und Tausendfüßler vorbei. Den Reigen beschließen höhere Tiere, wie die Spitzmaus (422v), die Gifteidechse (422v), der Salamander (423r), der Seedrache (423v) und der Dornrochen (423v). Die Paraphrase der „Alexipharmaka" des Nikandros von Euteknios im „Wiener Dioskurides" ist nicht bebildert worden; die Zwischenräume für Bilder wurden freigelassen, doch gelangten die vorgesehenen Abbildungen nicht mehr zur Ausführung.

Vom zoologischen Standpunkt aus sind drei Handschriften der Schrift „De materia medica" des *Dioskurides* von Belang, die Tierbilder zum zweiten Buch des Werkes (Peri zoon pantoion) überliefern, wo von Drogen tierischer Herkunft gesprochen wird. Von grundlegender Bedeutung ist Codex Ms. 652 der Pierpont Morgan Library in New York aus dem 10. Jahrhundert, der auf den Blättern 200r bis 220r den Inhalt des genannten zweiten Buches illustriert. Aus dem 10. Jahrhundert stammt Cod. Vat. gr. 284 (Bl. 226v-246r), aus dem 15. Jahrhundert Cod. Chigi F. VII,159 der Biblioteca Apostolica Vaticana. Die Anzahl der Bilder schwankt in den drei Handschriften. So bringt der Codex aus New York 67 Bilder, der Vaticanus gr. 284 deren 26, der Chigicodex 67 Bilder. Die Bedürfnisse der Illustrierung waren sehr unterschiedlich; galt es doch, jeweils das hervorstechendste pharmakologische Element darzustellen, also in einem Fall ein ganzes Tier, in anderen Fällen Organe bestimmter Tiere. Die Tiere sind also sowohl vom künstlerischen wie vom wissenschaftlichen Standpunkt jeweils verschieden betrachtet. Außerdem ist die Bandbreite der darzustellenden Tiere eine sehr große. Aus der Gruppe der wirbellosen Tiere (invertebrata) finden wir vertreten die Species der Scyphozoa, Polychaeta, Chaetopoda, Crustacea, Insecta, Arachnida, Lamellibranchiata, Gastropoda, Cephalopoda und Echinoidea, aus der Gruppe der Wirbeltiere (vertebrata) die Fische, Amphibien, Reptilien, Vögel und Säugetiere. So spannt sich ein Bogen von Würmern, Schalentieren, Insekten, Spinnen, Skorpionen, Mollusken, Tausendfüßlern bis hin zu den Klassen der Wirbeltiere. Die Tiere der Dioskurideshandschriften sind nicht nur in voller Gestalt dargestellt, wo es die pharmakologisch-zoologischen Kapitel so erforderten; an bestimmten Stellen sind auch nur Körperteile wiedergegeben (z. B. ein Hirschkopf oder Elefantenstoßzähne), in anderen Fällen auch innere Organe neben dem respektiven Tierbild (z. B. eine Gallenblase). In manchen Fällen ist eine bestimmte Bewegung eines Tieres festgehalten. Wo beispielsweise über die pharmakologischen Eigenheiten tierischer Ausscheidungen gesprochen wird, werden die betreffenden Tiere im Stadium der Defäkation abgebildet. Der Biber ist in einer seiner typischen Bewegungen festgehalten; von hoher biokinetischer Beobachtungsgabe zeugen Bilder wie jene des Einsiedlerkrebses, der

Tafel 25: „Wiener Genesis", 6. Jh. Der Sündenfall

Tafel 26: „Wiener Genesis", 6. Jh. Rebekka und Eliezer

Tafel 27: „Wiener Genesis", 6. Jh. Versuchung Josephs durch die Frau des Potiphar

Tafel 28: „Wiener Genesis", 6. Jh. Das Gastmahl des Pharaos

sich in einem Schneckenhaus versteckt, oder die Bewegungsabläufe einer kriechenden Schnecke. Eine Schwalbe ist im Anflug auf ihr Nest abgebildet; kleine Schweine eilen zu den Milchdrüsen der Muttersau. Hier liegen Naturstudien vor, die bereits über den eigentlichen Text hinausgehen. Der künstlerische und der wissenschaftliche Rang der Bilder gehen öfters nicht konform. So sind die meisten Vogelbilder der Morgan-Handschrift Ms. 652 und des Chigicodex 53 der Vaticana monochrom und einfach, zeigen aber eine kühne Beobachtungsgabe; eine gewisse Ähnlichkeit mit Vogelbildern auf griechischen und italischen Vasen ist nicht zu verkennen. Vielleicht sind hier letzte Spuren der Lehrbilder aus der aristotelischen Tradition zu greifen. Die Tierbilder der Dioskurideshandschriften bilden unter dem Aspekt ihrer Vorbilder ein Konglomerat; Bilder aus hellenistischer und spätantiker Tradition stehen neben Bildern aus römischer und auch noch mittelbyzantinischer Zeit; die Mehrzahl verrät jedoch noch eine Abstammung von antiken Traditionen aus verschiedener Zeit.

Die Schrift „Peri deleterion pharmakon" (De venenis remediis), die über Gifte in der Heilkunst handelt, wurde unter dem Namen des Dioskurides überliefert, dürfte aber eher pseudepigraph sein. Illustrationen zu diesem Werk finden sich im Codex Ms. 652 (Blatt 309v-319v) der Pierpont Morgan Library in New York und dem Cod. Vat. gr. 284 (Blatt 256r-263r) der Biblioteca Apostolica Vaticana. Im Morgan-Codex sind die Bilder an den Fuß der Seiten gesetzt, im Vaticanus an die Ränder der Seiten. Im letzteren Fall handelt es sich offensichtlich sogar um spätere Beifügungen zur Handschrift des 11. Jahrhunderts. Die Vorbilder sind größtenteils in den Tierbildern des zweiten Buches der „Materia medica" des Dioskurides zu suchen. Der bereits mehrmals genannte Codex Ms. 652 der Pierpont Morgan Library ist auch der einzige illustrierte Überlieferungsträger der Schrift „Peri iobolon zoon" des Pseudo-Dioskurides; Text und Bilder finden sich darin auf Blatt 324v-326r. In dem kurzen Traktat sind insgesamt sieben Tierbilder eingesetzt: ein Skorpion, der Fisch Trygon, drei Schlangen, eine Skolopendra und ein Vierfüßler (Mygale). Hier finden sich aber kaum Gemeinsamkeiten zu den Bildern des Haupttextes des Dioskurides, was die Annahme eines späteren Machwerkes bekräftigt.

Gering illustriert ist das Werk „Peri iobolon zoon kai en autois boethematon" des *Philumenos*, das sich im Codex Vat. gr. 284 auf den Blättern 264v-288v vorfindet. Obwohl der Text an die 50 verschiedene Tiere nennt, finden sich in der genannten Handschrift nur zehn Tierbilder; davon sind deren neun Schlangen, neben denen nur ein Säugetier (Mygale) steht. Die Bilder lassen sich in zwei Gruppen einteilen. Die eine Gruppe umfaßt sehr schematische Abbildungen von geringem wissenschaftlichen Wert; die andere Gruppe ist praktisch identisch mit den Schlangenbildern in der Paraphrase des Euteknios zu Nikanders „Theriaka".

Die Paraphrase der „Halieutika" des *Oppianos* im „Wiener Dioskurides" ist nicht bebildert worden. Hingegen weist der fünfte und letzte Annex des

„Wiener Dioskurides", die Paraphrase der „Ornithiaka" des Dionysios von Philadelphia, eine Reihe zoologischer Darstellungen auf, die für die Kenntnis
Taf. 9 der antiken Vogelbilder von großem Belang sind. Wie bereits an anderer Stelle erwähnt, dürfte das prächtige Bild des Pfauen (Blatt 1v) ursprünglich als Zierblatt den „Ornithiaka" vorangegangen sein; vielleicht war der Pfau als Vogel der Hera kombiniert mit dem Adler des Zeus. In der Paraphrase der beiden ersten Bücher der „Ornithiaka" hat der Miniator den alten „Papyrusstil" beibehalten und demzufolge die Vogelbilder als Einzeldarstellungen - nur fallweise zu zweit oder zu dritt - in freie Räume des Textes gesetzt. Erst im dritten Buch hat sich der Maler den Vorteil des großformatigen Pergamentblattes zunutze gemacht und 24 Vögel zu einem Sammelbild vereint. Manchmal sind freie Räume unbesetzt geblieben. Insgesamt sind 52 Vogelbilder enthalten. Der „Papyrusstil" zeigt sich auch in der Art der Darstellung der Tiere: die Vögel sind auf den bloßen Pergamentgrund gemalt, ohne daß eine Sitzfläche oder ein Hintergrund gegeben wäre; nur in einzelnen Fällen ist bei Wasservögeln das Wasser durch eine blaue Fläche gekennzeichnet worden. Im erhaltenen Teil der Paraphrase sind folgende Vögel abgebildet: Hühnerhabicht, Sperber, Würgfalke, Weihe, Blaumeise, Eule, Papagei, Eichelhäher, Edelsittich, Wachtel, Storch, Fischadler, Strandläufer, Möwe, Taucher, Pelikan, Sumpfvogel, Sturmvogel, Kranich, Gans, Schwan. Auf Blatt 483v folgt das erwähnte Vollbild mit 24 Vögeln, das folgenden Inhalt hat: Strauß, Trappe, Sumpfhuhn, Rebhuhn, Wildente, Bleßhuhn, Brandente, Taube, Stieglitz, Haubenlerche, Feldlerche, Rauchschwalbe, Star, Goldammer, Buchfink, Pirol, Rotkehlchen, Ringeltaube, Drossel, Amsel, Rostgans, Kuckuck, Haubentaucher, Fasan. Leider sind im Text der Paraphrase einige Blätter verlorengegangen, so daß auch einige Illustrationen verloren sind. Auf Grund des Vergleiches mit dem Codex Vaticanus Chisianus F. VII,159 (Blatt 228v-231v) können die Lücken bis zu einem gewissen Grad rekonstruiert werden. Die vatikanische Handschrift weist 46 Vogelbilder auf, die von jenen des „Wiener Dioskurides" verschieden sind. Insgesamt beinhaltet der vatikanische Codex 70 Vogelbilder, die künstlerisch nur wenig tiefer stehen als jene des Dioskuridescodex. Die aristotelische Klassifikation der Vögel ist als Grundlage der Anordnung der Vögel in den Miniaturen greifbar. Allerdings ist die ornithologische Klassifikation des Aristoteles innerhalb seines Gesamtwerkes nicht konsequent. Einerseits geht der Gelehrte von der Art der Ernährung aus und unterscheidet Fleischfresser (sarkophaga), Blattfresser (akanthophaga) und Fruchtfresser (karpophaga). Andererseits geht er von anatomischen und morphologischen Gegebenheiten aus und klassifiziert auf Grund der Korrelation von Form und Lebensweise. So kommt er zu einer ersten Gruppierung in fliegende Vögel (ptetika) und flugunfähige Vögel (u ptetika). Aristoteles kennt aber auch andere Gruppierungen, wie etwa die Landvögel und die Wasservögel. Es nimmt nicht wunder, wenn in der Nachfolge des Aristoteles Vermischungen der Gruppierungen eintraten. Die Vogelbilder der „Ornithiaka" im „Wiener Dioskurides" zeugen von einem hohen künstlerischen Geschmack; sie stehen

höher als die eher diagrammatischen Illustrationen in den übrigen Dioskurideshandschriften. So können diese Vogelbilder auf gute hellenistische Modelle, wie sie in peripatetischer Tradition geschaffen worden waren, zurückgeführt werden.

Hohes Interesse verdienen auch die zoologischen Illustrationen zu den „Kynegetika" des *Oppianos* von Apamea. Der Syrer Oppianos schrieb sein Gedicht über das Jagdwesen zwischen 214 und 217 zu Ehren von Kaiser Caracalla und dessen Mutter Julia Domna. Wir kennen heute noch drei illustrierte Handschriften des Textes. Die älteste Handschrift ist Cod. gr. 2479 (= coll. 881) der Biblioteca Nazionale Marciana zu Venedig aus der Zeit Kaiser Basileios' II. (976–1025 n. Chr.). Der Codex Ms. gr. 2736 der Bibliothèque nationale zu Paris stammt erst aus dem 15. Jahrhundert; ein weiterer Text wurde gar erst 1554 von Angelos Vergetios am Hofe König Heinrichs II. von Frankreich illustriert. Für die Rekonstruktion der antiken Illustration der „Kynegetika" kommt praktisch nur der Marcianus in Betracht. Die „Kynegetika" sind in vier Bücher geteilt. Das erste Buch behandelt die beiden hauptsächlichsten Jagdtiere, das Pferd und den Hund. Das zweite Buch beschäftigt sich mit den wichtigsten Huftieren, das dritte mit den Fleischfressern. Im vierten Buch kommt die Jagd auf fleischfressende Tiere zur Sprache. Die Illustrationen sind in den Text gesetzt, um in Bildform den jeweiligen Inhalt der Textpassagen zu erläutern.

Der Marcianus wird von Sammelbildern eingeleitet. Die Tierbilder im Text sind von ungleicher Qualität. Wir sehen Bilder über die verschiedenen Arten der Jagd zu Land, zu Wasser und in der Luft; es folgen Bilder über die Jagd im allgemeinen; allerdings ist der Text nicht zur Gänze illustriert, wenn etwa keineswegs alle fünfzehn Rassen von Pferden, die der Text aufzählt, auch dargestellt sind; dafür sind auch mythologische Pferde wie das Pferd Xanthos des Achilleus oder der Pegasos und historische Pferde wie der Bukephalos Alexanders des Großen berücksichtigt. Gemalt sind verschiedene Jagdpferde oder das „Familienleben" von Pferden. Es folgen Bilder von Jagdhunden, von denen einige Rassen deutlich charakterisiert erscheinen. Bei den Hundebildern überwiegt das ethnologische Interesse; sie sind weniger vom zoologischen Standpunkt aus interessant als ob ihrer Aussagekraft über verschiedene Aspekte des Hundelebens. Die bedeutsamsten Miniaturen sind in Buch I und III zu finden; sie sind sowohl für den Kunsthistoriker wie für den Biologen von Belang. Stierbilder sind offensichtlich der Natur nachempfunden. Andere Bilder illustrieren das sexuelle und familiäre Leben des Hochwildes. Ein weiterer Zyklus beschäftigt sich mit den Hirschen, ein anderer mit den Ziegen. Die Macht des Eros über die Tiere wird veranschaulicht. Dann kommt die Reihe an Elefanten und Nashörner; aber auch kleinere Tiere wie Luchse, Igel, Affen und Maulwürfe fehlen nicht. Das Buch III beginnt mit einer Serie aus dem Leben der Löwen; sogar dramatische Bilder wie der Kampf zwischen Löwe und Stier fehlen nicht. Einen weiteren Schwerpunkt bilden Leoparden und andere katzenartige Raubtiere, in weiterer Folge Bären, Wölfe, Wildschweine, Esel, Stachelschweine, Füchse, Kamele, der Vogel Strauß, Hasen, Vögel und Reptilien. Der spezielle Wert der Miniaturen zu Oppians Werk liegt in der Darstellung des Lebens vieler Tiere, namentlich ihres sexuellen und familiären Verhaltens; Bilder dieser Art stehen nahezu ohne Parallele in der antiken Kunst da.

Es erhebt sich die Frage, welchen Beitrag die Tierbilder zur Information über die antike Zoologie leisten und bis zu welchem Grad sie die empirische Annäherung an die Natur widerspiegeln. Den einzigen Versuch, die gesamte tierische Welt zu berücksichtigen, stellen die Bilder zum Kapitel „Peri zoon pantoion" des Dioskurides dar. Die Oppianbilder befassen sich hauptsächlich mit Säugetieren, geben aber auch Bilder anderer Wirbeltiere und einiger Wirbelloser wieder. Die „Ornithiaka" überliefern Material zur Vogelkunde. In den Nikanderhandschriften bilden Schlangen und Skorpione neben Insekten und Spinnentieren den Schwerpunkt. Es kann errechnet werden, daß von den 500 bis 600 bei Aristoteles bekannten Tierarten über 200 in Handschriftenillustrationen berücksichtigt sind. So ist wohl ein nicht zu unterschätzender Teil des antiken zoologischen Wissens auch in Bildform an das Mittelalter überliefert worden. Die Bedürfnisse der Pharmakologen und Jäger waren dabei wichtige Impulse für die Darstellung und Identifizierung der Tiere.

Nicht unerwähnt sei, daß auch im lateinischen Buch des *Sextus Placitus*, das nach 410 entstanden ist, eine reiche zoologische Illustration zu finden ist, deren Vorbilder noch weiter zurückreichen; ist ja doch auch der „Papyrusstil" der Illustrierung noch bei Sextus Placitus zu finden. Das Werk des Autors befaßt sich mit - teilweise aus der Sphäre des Aberglaubens stammenden - Heilmitteln aus dem Tierreich. Die Textüberlieferung ist kompliziert, da kein Urtext für alle Sextus-Placitus-Handschriften rekonstruiert werden konnte; in der kritischen Textausgabe sind denn auch die Texte der beiden Zweige a und b nebeneinander abgedruckt. Daher ist auch die Zahl und Auswahl der in den Zweigen a und b behandelten Tiere unterschiedlich. Der Archetyp von a scheint nur ein Fragment des Sextus Placitus mit 14 abgehandelten Tieren enthalten zu haben, darunter den Skorpion und den Affen, die in b nicht vorkommen. Die Codices von b enthalten normalerweise 31 Tiere, im Gegensatz zu a auch Vögel und den Menschen. Die kunstgeschichtliche Untersuchung der Bilder ergibt indes, daß außer Umfang und Reihenfolge des Tierbildzyklus in a und b keine tiefgreifenden Unterschiede zwischen a und b aufscheinen, die einen gemeinsamen Bildarchetyp ausschließen würden. Manche anekdotische Darstellung von Tieren - wie z. B. einer Katze beim Anpirschen an eine Maus - mag aus der Fabelillustration stammen. Die Darstellung von Tierpaaren und von Landschaftshintergründen hat ihre Parallelen in antiken Tierbildern. In den Sextus-Placitus-Handschriften stehen naturferne und naturnahe Bilder nebeneinander.

Abschließend sei erwähnt, daß im Herbarium des *Pseudo-Apuleius* auch figürliche Textillustrationen zu finden sind. Man denke an Figuren im Zusammenhang mit topographischen Angaben über den Standort von Pflanzen, an

Entdecker pflanzlicher Heilkraft, an Pflanzensammler (darunter die Bilder der Gewinnung der Mandragora) oder an den Kampf von Menschen gegen bissige Hunde, Schlangen und Skorpione sowie an Bilder der Behandlung Kranker durch den Arzt. Damit ist bereits ein Übergang zur medizinischen Buchillustration gegeben.

Seit der Pflege der *Medizin* in Ärzteschulen wie jener des Hippokrates von Kos nahm die ärztliche Forschung intensiv zu und fand ihren Niederschlag in zahlreichen medizinischen Traktaten; bald trat auch eine Spezialisierung ein. Zahlreiche Werke werden schon früh der Illustrierung bedurft haben. In Analogie zu anderen wissenschaftlichen Traktaten werden die Illustratoren vermutlich mit diagrammatischen Zeichnungen begonnen haben. Man denke an die Darstellung innerer Organe des Menschen, wie sie sich noch in manchen Handschriften erhalten haben. Andere Miniaturen zeigten Teile des menschlichen Körpers, soweit sie für die Zwecke der Demonstration notwendig waren. Ein Beispiel ist etwa die Abhandlung über Verbände (Περὶ ἐπιδέσμων, Peri epidesmon) des *Soranos von Ephesos*, eines griechischen Arztes, der in der Zeit der Kaiser Trajan (98-117 n. Chr.) und Hadrian (117-138 n. Chr.) gelebt hatte. Eine Kopie dieses Werkes ist in Cod. Plut. 74,7 der Biblioteca Laurenziana zu Florenz aus dem 10. Jahrhundert erhalten. Welcher Teil des Körpers gerade bandagiert werden soll - etwa eine Hand, ein Fuß, ein Kopf -, wird als Bild dargestellt und der entsprechende Verband eingesetzt. Nur in Fällen von Brust- und Unterleibsbandagen wird der gesamte menschliche Körper abgebildet. Die Bilder sind einerseits dem „Papyrusstil" entsprechend in die Kolumnen an den passenden Stellen eingefügt, andererseits zeigen sie Züge, die über den rein wissenschaftlichen Charakter hinausgehen und künstlerische Ambitionen verraten. So zeigen die bandagierten Gesichter verschiedenartige Physiognomie und sind bald bärtig, bald bartlos. Sie sind auch gerahmt wie die antiken Porträts in Clipeusform, was die Vermutung aufkommen läßt, daß Porträtköpfe als Modell gedient haben mögen.

Antike Traktate für *Hebammen* können aus mittelalterlichen Handschriften wie dem Cod. 3714 der Bibliothèque Royale zu Brüssel aus karolingischer Zeit erschlossen werden. Hier sind die verschiedenen Stellungen des Embryos im Uterus dargestellt; die Zeichnungen haben stark diagrammatischen Charakter und sind gemäß dem „Papyrusstil" an der entsprechenden Stelle in die schmalen Textkolumnen eingesetzt. Der lateinische Text nennt als Autor einen Arzt des 6. Jahrhunderts namens Mustio; doch ist der Text eigentlich eine Übersetzung eines Werkes des Soranos aus dem beginnenden 2. Jahrhundert n. Chr. Damit ist erwiesen, daß die karolingische Handschrift ebenfalls auf einen griechischen Archetyp zurückgeht.

Da medizinische Bilder auch zu Demonstrationszwecken dienten, konnten sie teilweise als isolierte Darstellungen überliefert werden. Die Trennung von Bild und Text kommt bei medizinischen Werken häufiger vor als in anderen Gebieten der Naturwissenschaften. Ein Beispiel für dieses Faktum sind Serien von Bildern mit Darstellungen der *Kauterisation*, der Behandlung mit dem Glüheisen, die in lateinischen Codices des 11. bis 13. Jahrhunderts überliefert sind. Außer kurzen erklärenden Zeilen sind diesen Bildern keine Texte beigegeben, so daß die Trennung von Bild und Text schon früh begonnen haben muß. Kauterisation wird bereits bei Hippokrates erwähnt; der Archetypus der erwähnten Bilder mag also durchaus auf die hellenistische oder römische Zeit zurückgehen. Dem postulierten Archetypus recht nahe dürfte eine Handschrift der Biblioteca Universitaria zu Pisa, der Cod. Ronc. 99 aus dem 12. Jahrhundert, kommen; hier ist der „Papyrusstil" gut gewahrt. Die nackten Patienten füllen die für sie reservierten Zwischenräume in den schmalen Textspalten; die schwarzen Punkte an den Körpern verweisen auf die für Kauterisation vorgesehenen Stellen.

Die Entwicklung der medizinischen Buchillustration blieb nicht bei solchen einfachen Darstellungen stehen; vielmehr konnten die Szenen angereichert werden. Als erstes konnte der behandelnde Arzt hinzugefügt werden, bald auch ein Assistent des Arztes. So zeigt eine englische Miniatur im Cod. Hunter 100 der Kathedrale von Durham (Blatt 119r) aus der Zeit um 1100 eine Szene, in der ein Gehilfe des Arztes vor dem Patienten mit einer Schere steht, wohl um die zu behandelnden Körperstellen zu scheren, während auf der anderen Seite des Bettes der Arzt bereits mit dem Glüheisen arbeitet; unterhalb der Szene ist ein Diener am Werk, der die Glüheisen erhitzt. Das Datum solcher Erweiterungen ursprünglich einfacher Szenen ist in der Forschung umstritten; theoretisch kann es sich um Erweiterungen anläßlich der Umschrift von Rollen in Codices oder um mittelalterliche Erweiterungen handeln.

Ein ähnlicher Sachverhalt liegt beim Traktat „Über Gelenke" (Περὶ ἄρθρων; Peri arthron) des *Apollonios von Kition* aus dem 1. Jahrhundert v. Chr. vor. Die früheste Kopie seines Werkes liegt im Cod. Plut. 74,7 der Biblioteca Laurenziana in Florenz aus dem 10. Jahrhundert vor, in dem auch der oben erwähnte Traktat des Soranos überliefert wird. Der Archetypus muß wohl eine Papyrusrolle gewesen sein; doch die Szenen des Codex mit der Einrenkung von Gelenken spielen vor großen architektonischen Bögen mit Vorhängen, die wohl erst in Codices hinzugefügt worden sein können. Die Szene auf Blatt 208r zeigt einen nackten Patienten, der zwischen zwei ebenfalls nackten Assistenten gleichsam schwebt. Man kann vermuten, daß der Archetypus eine bandagierte Gestalt in horizontaler Lage gezeigt hatte; es fand zu einem späteren Zeitpunkt eine Anreicherung der Szene statt, ohne daß ein realistischer Eindruck entstand, zumal ja auch kein Arzt nackt praktiziert.

Als Beispiel veterinärmedizinischer Traktate sei ein hippiatrisches Werk in einer Pariser Handschrift des 14. Jahrhunderts, Cod. gr. 2044 der Bibliothèque nationale, genannt. Darin sind sowohl Bilder kranker Pferde allein als auch solche zusammen mit behandelnden Tierärzten zu sehen, so daß sich das Problem der Anreicherung von Szenen abermals stellt.

Ein dankbares Objekt für die Betrachtung der Frage, ob Behandlungsszenen mit mehreren Personen überhaupt aus einem spätantiken, figürlich illustrierten Archetypus stammen können, bietet der Codex 93 der Österreichischen Nationalbibliothek zu Wien, die *„Medicina antiqua"*, geschrieben in Süditalien im 13. Jahrhundert. In Süditalien lebten antike Traditionen intensiver als in anderen Teilen des ehemaligen Imperium Romanum weiter, weshalb dort auch spätantike Handschriften erhalten blieben, auf welche die mittelalterlichen Kopisten zurückgreifen konnten. Codex 93 der Österreichischen Nationalbibliothek ist auf das reichste illustriert. Auf Blatt 3v, 10r, 119r und 133r finden wir Autorenbilder des Hippokrates, Platon und Dioskurides, auf Blatt 9r ein mythologisches Bild mit der „Precatio terrae" und auf Blatt 12r mit der „Precatio herbarum"; auf Blatt 2r, 3r, 12v, 18r, 114r, 119v, 120r stehen Darstellungen von Heimatstädten berühmter Ärzte des Altertums; über die Handschrift verstreut sind 198 Pflanzenbilder, 45 Tierbilder und 142 Darstellungen medizinischer Behandlungen; dazu treten über hundert Federzeichnungen von einer etwas jüngeren Hand. Die Malereien sind offensichtlich Kopien antiker Vorlagen. Den Inhalt des Codex 93 bilden der angebliche Brief des Hippokrates an Maecenas, der dem Antonius Musa zugeschriebene Traktat „De herba betonica", das Herbarium des Pseudo-Apuleius, die Schrift „De taxone", das Buch „De medicamentis ex animalibus" des Sextus Placitus, die Schrift „De herbis femininis" des Pseudo-Dioskurides und eine „Epistula Apollonii" über Gicht. Während die ursprünglichen Illustrationen aus Szenen mit Krankenbehandlungen und Darstellungen der entsprechenden Heilpflanzen bestehen, wiederholen die späteren Federzeichnungen am unteren Blattrand die Gewinnung des Extrakts aus den Pflanzen und ihre Anwendung am Patienten, die in den Bildern nach der antiken Vorlage oft nur angedeutet sind. Der Codex verrät den Typus einer antiken illustrierten naturwissenschaftlichen Handschrift, in der, dem „Papyrusstil" entsprechend, das den Text erklärende Bild in die Kolumne auf den bloßen Beschreibstoff gesetzt ist. Allerdings sind architektonische und figürliche Erweiterungen nicht auszuschließen. Der Vergleich der Behandlungsszenen mit literarischen und archäologischen Quellen der Antike läßt erkennen, daß erstere eine antike Tradition ziemlich getreu weitergeben; die Vergleichsbeispiele reichen vom 5. Jahrhundert v. Chr. bis in die spätantiken bzw. frühchristlichen Jahrhunderte; sie zeigen, daß es offenbar eine breite Tradition medizinischer Darstellungen gegeben hat, deren Kenntnis die Codices des Pseudo-Apuleius noch erweitern. Damit ist auch die Anreicherung von Szenen als antike Sitte ausgewiesen; es braucht nicht postuliert werden, daß in allen Fällen Behandlungsszenen mittelalterliche Erfindungen sind. Viele Szenen, wie Operationen oder Geburtsbilder, verlangen ja die Assistenz einer oder mehrerer Personen. Es kann aber auch erwiesen werden, daß selbst architektonische Szenerien, wie sie in Codex 93 der Österreichischen Nationalbibliothek vielfach auftreten, bereits spätantiker Herkunft sind; seit dem Zeitalter der Vorherrschaft des Codex haben sich architektonische Hintergründe immer wieder durchgesetzt.

Taf. 10

Lehrgedichte versuchten, einen wissenschaftlichen Stoff in Versen und durch Popularisierung einem breiteren Publikum zugänglich zu machen.

Wenn es zu Illustrationen von Lehrgedichten kam, konnten Bilder in jenen denn auch über das bloße wissenschaftliche Bedürfnis hinausgehen; sie entwickelten sich zu einer Bildkategorie, die zwischen reiner Wissenschaft und Dichtung stand. Freilich ging diese Entwicklung nicht sofort vor sich. Vorhellenistische Texte wie das älteste Lehrgedicht, die „Werke und Tage" Hesiods, waren höchstens in diagrammatischer Weise illustriert, wie man aus späteren Kopien vermuten kann. So enthält Cod. O. IX,27 des Trinity College in Cambridge aus dem 14. Jahrhundert nur eine Miniatur auf Blatt 43v, die die Textstelle illustriert, die vom Schneiden des Nutzholzes für Wagen spricht. Das Bild gibt einen Wagen in teilweiser Vogelperspektive wieder; durch Werkzeuge wie Äxte, Hämmer und Pflüge wird das Bild erweitert. Dieses Bild ist gleicherweise in einer Reihe von Hesiodhandschriften überliefert; man vergleiche etwa Cod. phil. gr. 256 (Bl. 19v) der Österreichischen Nationalbibliothek in Wien aus dem 15. Jahrhundert. Die Analogie zu ähnlichen diagrammatischen Zeichnungen in den „Mechanika" des Heron von Alexandreia spricht für ein hohes Alter der Hesiodzeichnungen.

Die Anreicherung ursprünglich einfacher Bilder kann gut in den „Theriaka" und „Alexipharmaka" des Nikandros von Kolophon studiert werden, wo zu den Tieren allmählich Menschen, ja mythologische Szenen hinzutreten.

Die *„Aratea"* zählen zu den am reichsten illustrierten Lehrtexten im Mittelalter. Sie gehen auf das Lehrgedicht „Phainomena" des Aratos von Soloi aus der ersten Hälfte des 3. Jahrhunderts v. Chr. zurück, eine Darstellung der Sternbilder mit einem Anhang über Wetterzeichen. Zugrunde liegt das Werk des Astronomen Eudoxos. Aratos belebte die lehrhafte Aufzählung durch die Erzählung von Sternsagen. Die Dichtung, die großen Erfolg hatte, wurde oft nachgebildet, so von Cicero, Germanicus und Avienus. Zum Teil konnten die Bilder des Aratos von älteren Illustrationen des Eudoxos abhängen; sicherlich besaß bereits ein Archetypus des Aratostextes Bilder von Sternkonstellationen. Man vergleiche etwa als eine späte Kopie eines auf Aratos zurückgehenden lateinischen Textes die karolingische Handschrift Cod. 83 II der Dombibliothek zu Köln; auf Blatt 157v ist ein ziemlich ähnlicher Skorpion gemalt, wie ihn der erhaltene Eudoxospapyrus enthält. Die lateinischen Aratea bauen auf dem Text des Germanicus († 19 n. Chr.) mit Erweiterungen des Avienus (4. Jh.) auf. Ihre Illustrierung hat Elemente verschiedener Traditionen aufgenommen. So beschreibt beispielsweise Aratos das Sternbild „Engonasin" bloß als „Knienden", ohne es mit einer bestimmten Person zu verbinden. Bereits Eratosthenes von Kyrene (3. Jh. v. Chr.) identifizierte in seinen „Verstirnungen" (Katasterismoi) das besagte Sternbild mit Herakles. Und so ist denn auch in der oben genannten lateinischen Arateahandschrift, dem Cod. 83 II der Kölner Dombibliothek, Herakles als Repräsentant des Sternbildes Engonasin gemalt, wie er das Löwenfell schützend vor sich hält und seine Keule gegen den Drachen schwingt, der die Äpfel der Hesperiden bewacht. Es gab an die 27 Kommentatoren von Aratos; zudem bewahrten Manuskripte von Cicero, Germanicus, Hyginus und Beda noch Illustrationen der Arattradition. Eine Prachthandschrift der „Aratea“ wird in der Bibliothek der Rijksuniversiteit zu Leiden als Cod. Voss. Lat. Q. 79 verwahrt; es handelt sich um eine karolingische Handschrift, die in Lotharingien im zweiten Viertel des 9. Jahrhunderts illuminiert wurde. Auf den Versoseiten leerer Blätter sind 38 Miniaturen von Sternbildern in plastischer figürlicher Malerei und eine Himmelskarte enthalten; der begleitende Text in Capitalis rustica erscheint auf den dazwischenliegenden Blättern. Ein wohl aus der Mitte des 4. Jahrhunderts stammendes Werk ist in der Leidener Handschrift mit ungewöhnlicher Originaltreue wiederholt, was sowohl Maltechnik und Stil wie Gegenstand und Format betrifft, so daß es schwierig ist, spezifisch karolingische Züge zu entdecken. Während die karolingischen Schreibschulen in den religiösen Codices ihren jeweils unverwechselbaren Stil entwickelten, ist in profanen Handschriften der Drang, neue Formen bildlichen Ausdruckes zu finden, verhalten und die Anlehnung an die Antike viel enger.

Die noch zu besprechenden Miniaturen zu Vergils Lehrgedicht „Georgica“ stehen gleichsam am Endpunkt der Entwicklung didaktischer Buchmalerei. Hier ist die Landschaft in die Bilder einbezogen und der Versuch unternommen, Szenen in freier Atmosphäre lebendig zu gestalten.

Vorzugsweise seit der hellenistischen Zeit traten Illustrationen im Bereich der didaktisch-wissenschaftlichen Literatur auf. Illustrierte Lehrgedichte genossen in der Antike eine große Popularität und waren sicherlich weit verbreitet. Die Schätzung dieses Genus zeigt sich nicht zuletzt in seinem Einfluß auf die christliche Buchmalerei. Im Lauf der Entwicklung konnte eine Ausweitung der ursprünglich streng erläuternden Darstellungen in poetisierende und in historisierende Bereiche erfolgen. In solchen Fällen sollte das Bild den Wahrheitsgehalt des Textes optisch „beglaubigen“. Die Illustrationen gewannen dabei gegenüber dem Text eine gewisse Selbständigkeit, was auch zur Übertragung in andere literarische Genera führen konnte.

Die Rekonstruktion der *figürlichen Buchmalerei der Antike* stößt infolge der geringen Zahl der erhaltenen Denkmäler auf Schwierigkeiten. Es besteht wohl kein Zweifel, daß im Zeitalter des Hellenismus bereits eine entwickelte Buchmalerei existierte; allein die späteren Kopien verraten dies deutlich. Da die originalen Dokumente größtenteils verloren sind, müssen neben späten Kopien unter Umständen auch andere zeitgenössische Kunstwerke wie Vasenbilder, Sarkophage, Metallarbeiten, Friese und Stelen zur Rekonstruktion herangezogen werden. Zu den illustrierten Werken literarischer Natur zählten Epen, lyrische Dichtungen, Tragödien, Komödien und Romane. Die christliche Buchmalerei konnte auf ein großes Repertoire an ikonographischen Vorlagen zurückgreifen und hat sich dementsprechend voll in der Spätantike entwickelt.

Über die äußere Form bebilderter Papyrusrollen war in der Forschung gestritten worden. Eine ältere Theorie, vertreten von Theodor Birt und Erich Bethe, behauptete die getrennte Existenz von Bild- und Textrollen. Demnach hätte es eigene Bilderrollen gegeben, vergleichbar den modernen Bilderbüchern. Demgegenüber verfocht Kurt Weitzmann die These, daß neben besonderen Musterbüchern auch bereits der Hellenismus illustrierte Klassikertexte gekannt habe, in denen Bild und Text vereint gewesen wären.

Es fehlt nicht an Belegen für die Erkenntnis der Genese der antiken figürlichen Illustration. Zunächst seien die *erhaltenen Dokumente* an Texten literarischen und mythologischen Inhalts genannt.

An erster Stelle ist ein Rollenfragment des 2. Jahrhunderts n. Chr. zu nennen, das Bruchstücke eines Romans überliefert; das Bruchstück wird in Taf. 11 der Bibliothèque nationale zu Paris als Ms. suppl. gr. 1294 verwahrt. Auf dem erhaltenen Stück werden die Protagonisten der Handlung in kolorierter Zeichnung wiedergegeben.

Der Papyrus P. S. I. 7,847 aus dem 1./2. Jahrhundert n. Chr. überliefert ein Fragment eines Textes der Neuen Komödie, vielleicht identisch mit Menanders „Theophorumene“; kenntlich ist noch die Umrißzeichnung eines fußähnlichen Gebildes.

Der Papyrus Oxyrhynchos 32,2652/53 aus dem 2. Jahrhundert n. Chr. enthält zwei Bruchstücke einer Komödie Menanders, vielleicht der „Perikeiromene“, mit den Gestalten der Agnoia und eines Soldaten in primitiver Umrißzeichnung.

Papyrus Oxyrhynchos 42,3001 aus dem 2. Jahrhundert n. Chr. bringt vier Fragmente eines Homer-Cento. Die Situation des Textes ist jene Szene, in der dem Achilleus der Geist des Patroklos erscheint. Die ersten drei Fragmente zeigen Reste von in den Text eingefügten Illustrationen. So ist auf Fragment 1 eine mit Helm und Speer gerüstete Gestalt kenntlich, wohl Achilleus, die in heftiger Ausfallstellung nach rechts agiert.

Papyrus Oxyrhynchos 22,2331 aus dem 3. Jahrhundert n. Chr. überliefert eine dialogisch eingeleitete, metrisch gebundene Rede des Herakles über seine eigenen Taten. Erhalten ist die Zeichnung des Kampfes gegen den Nemeischen Löwen.

Der Papyrus P. S. I. 14,2,1368 aus dem 2. Jahrhundert n. Chr. bringt fünf nahezu unleserliche Textzeilen, darunter die Reste einer Figur in Exomis und Hut, die man als Hermes Psychopompos gedeutet hat. Da beide Trachtenstücke auch für Odysseus belegt sind, könnte es sich auch um ein Fragment homerischen Inhalts handeln.

Die genannten Stücke stammen aus der mittleren Kaiserzeit und haben vielfach dialogisch bestimmte Texte zum Inhalt; es handelt sich um Komödien, Romane und popularisierte mythologische Stoffe. Die Illustrationen dienen offenkundig der optischen Wiedergabe der Handlungsstruktur und stellen die entscheidenden Aktionen und Reden in Verkürzung auf die Handlungsträger vor Augen.

Eine Reihe weiterer Papyrusfunde bietet Illustrationen ohne einen erhaltenen Textzusammenhang. Dabei gibt es sowohl Bilder in reiner Umrißzeichnung wie auch kolorierte Darstellungen. Zur Gruppe der nur durch ihre

Konturen wiedergegebenen Gestalten gehören Bilder auf folgenden sechs Papyri. Der Papyrus P. S. I. 8,919 aus dem 2. Jahrhundert n. Chr. zeigt einen entspannt und bekränzt auf einer Kline liegenden und von Psyche offenbar bedienten Amor; es mag sich um eine Symposiumsszene handeln. Auffallend ist das große Format (25 x 15 cm) der qualitätsvollen Zeichung.

Der Papyrus P. S. I. 12,2,1294 aus dem 2. Jahrhundert n. Chr. bietet einen mit Strigilis und Diskos ausgerüsteten nackten Athleten; er wendet sich nach links zu einer gerade noch in Resten erkennbaren thronenden Frau. Man hat an eine mythologische Szene gedacht, etwa Diomedes in Gegenwart der Thetis bei den Leichenspielen für Achilleus. Auch diese Zeichnung hatte eine ziemliche Größe, wie aus dem Format des Streifens (5,5 x 21 cm) hervorgeht.

Der Papyrus Monacensis gr. 128 der Bayerischen Staatsbibliothek zu München aus dem 4. Jahrhundert n. Chr. bringt die Szene der Wegführung der Briseis von Achilleus. Das Format beträgt 16 x 13,2 cm.

Der Papyrus Berolinensis 9927 aus dem 5.-7. Jahrhundert trägt auf der Rectoseite eine in Federzeichung ausgeführte dionysische Figur mit Panther, auf der Versoseite eine Rechnung aus arabischer Zeit. Das Format beträgt 13,5 x 12,5 cm.

Auf der Rectoseite des Papyrus P. S. I. 8,920 ist der Rest eines privaten Testaments aus dem 4. Jahrhundert n. Chr. erhalten. Auf die Versoseite ist sekundär eine vielfigurige Zeichnung aufgetragen, die Jesus inmitten der Apostel am See Genezareth zum Thema hat. Das Format ist mit 22 x 9 cm sehr groß.

Der Papyrus P. S. I. 12,2,1295 wohl aus dem 6. Jahrhundert n. Chr. trägt auf der Rectoseite Reste zweier Schriftkolumnen in byzantinischer Kursive, auf der Versoseite hingegen in sekundärer Verwendung die Darstellung offenbar paradierender unbehelmter Soldaten mit geschulterten Lanzen.

Alle diese Zeichnungen haben einen ausgesprochenen narrativen Inhalt. Das große Format spricht eher gegen Buchrollen, da die normale Kolumnenbreite überschritten ist. Da die Rückseiten unbeschriftet sind, scheidet auch Codexillustration aus. Man hat daher an Einzelblätter mit Zeichnungen gedacht. Da die Themen der Blätter in der Monumentalkunst vorkommen, könnte es sich um Skizzen handeln, die Entwürfe für die Ausführung in anderen Kunstgattungen darstellten. Als Parallele können ptolemäische Skizzenbücher genannt werden. Wenn diese Annahme richtig ist, dann scheiden die genannten Papyri zunächst als Belege für Buchmalerei aus. Das heißt natürlich nicht, daß Bilder dieser Art nicht auch als Buchillustrationen vorkommen konnten.

Drei Papyri überliefern kolorierte Illustrationen. So ist auf Papyrus Oxyrhynchos 27,2470 aus dem 3. Jahrhundert n. Chr. eine Akrobatenszene kenntlich, die im Zusammenhang mit Zirkusspielen stand; Reste eines Namens und Spuren von Faltung sind zu beobachten. Das Format beträgt 15 x 12,7 cm.

Aus der späten Kaiserzeit stammt der Papyrus Berolinensis 5004, auf dem ein mit Helm und Rundschild bewaffneter Mann eine anspringende Löwin mit einer Lanze erlegt. Eine Parallele dazu bieten Palastmosaiken zu Konstantinopel (5./6. Jh.) mit Jagdszenen analoger Art. Eine Zirkusszene scheidet aus waffentechnischen Gründen aus, da die „bestiarii" nicht mit Helm und Schild ausgerüstet waren. Das Format beträgt 13,5 x 8,5 cm.

Der Papyrus Berolinensis 13.982 dürfte ebenfalls aus der späten Kaiserzeit stammen. Er präsentiert einen nackten, bärtigen Gefangenen, der von zwei Männern in Orientalen- bzw. Soldatentracht nach rechts geleitet wird. Vielleicht liegt eine mythische Szene vor. Das Format beträgt 15 x 14 cm.

Auch diese kolorierten Papyri kommen nicht als Belege für Buchmalerei in Betracht, da jeder Textzusammenhang fehlt. Die reiche Kolorierung spricht auch gegen die Funktion als Entwürfe oder Skizzen. Es gibt reich kolorierte Papyri als Vorlageblätter für koptische Stoffe, doch kann dies hier auch nicht zutreffen. Wohl aber könnte es sich um Vorlagen für Malereien handeln.

Die oben besprochenen Papyri mit Illustrationen zu literarischen Texten bringen gute Beispiele für den „Papyrusstil" bzw. „Rollenstil", wonach die Illustration sich in die Textkolumne einpaßt, wobei auch oft nur wenige Textzeilen zwischen den einzelnen Bildern liegen können. Trotz aller Kolorierung ist die Umrißzeichnung vorherrschend. Das Niveau der Qualität ist nicht besonders hoch. Nahezu durchgehend wird auf eine Rahmung verzichtet; das Bild wird also nicht als selbständige Einheit gegenüber dem Text aufgefaßt; damit entfällt auch ein räumliches Ambiente. Es besteht ein augenscheinlicher Unterschied zwischen der breiten Überlieferung wissenschaftlich-didaktischer Illustrationen und der schmalen Überlieferung narrativer Illustrationen.

Die Verwendung der Codexform und des Pergaments war für die Buchmalerei von umwälzender Bedeutung. Erst durch diese beiden Faktoren war die Entstehung der reich illuminierten antiken Handschriften möglich geworden. War auf Papyrus nur Federzeichnung und Aquarellmalerei möglich und üblich, konnte das Pergamentblatt, das beiderseits bemalbar war, Deckfarben- und Gouachemalerei aufnehmen. Das Bild löste sich nun allmählich aus dem Textgefüge und verselbständigte sich. Die Einfassung durch Rahmen betonte die Eigenständigkeit der Miniaturen. Die Bildung von Zyklen und Bildgruppen war nun erleichtert. Auch war auf dem großflächigen Blatt eines Codex bewußte Komposition von Bild und Text möglich geworden. An die Stelle der mehr oder weniger willkürlichen Verteilung von Bildern in die Kolumnen einer Rolle trat nun die Möglichkeit der symmetrischen Verteilung von Bild und Text, sei es nebeneinander, ineinander oder untereinander. Auch der Einfluß der monumentalen Malerei konnte nun in der Buchmalerei zum Tragen kommen, als letztere über das Medium des großflächigen Pergamentblattes verfügte. Die Technik der Ilias Ambrosiana, der spätantiken Vergilhandschriften oder der Quedlinburger Italafragmente entspricht der antiken Wand- und Tafelmalerei, die durch räumliche Illusion, impressionistische

Farbgebung, Perspektive und naturalistische Gebärden- und Ausdruckssprache gekennzeichnet war. Daneben haben sich freilich auch Darstellungen nach der Manier des „Rollenstils“ erhalten.

Für die verschiedenen Phasen der Umsetzung älterer Papyrusillustration in die neuen Gegebenheiten ist der *„Wiener Dioskurides“* ein gutes Beispiel. Die von den Papyri her bekannte Illustrationsweise beschränkt sich in dieser Handschrift auf die Paraphrase des Euteknios zu Nikanders „Theriaka“ und „Alexipharmaka“ (wobei die Bebilderung nicht vollständig zur Ausführung gelangte) und auf die anonyme Paraphrase der „Ornithiaka“ des Dionysios. Aber bereits in letzterer Schrift kam als neues Element ein Sammelbild mit 24 Vögeln hinzu, mit dem der Maler die neuen Möglichkeiten des Pergamentblattes ausnützte. Das Herbarium des Dioskurides ist hingegen anders organisiert, insoferne die 383 Pflanzenbilder als Vollblattminiaturen ausgeführt sind. Doch war die regelmäßige Abfolge Bild/Text sichtlich noch nicht geläufig; dies verrät der Positionswechsel der Miniaturen, die sowohl auf der Recto- wie auf der Versoseite zu stehen kommen; ferner steht der Text nicht immer dem Bild gegenüber, sondern mehrfach auf der umzublätternden nächsten Seite; und schließlich konnten Bild und Text auf derselben Seite nebeneinander stehen. Wir stehen hier vor einem Stadium des Experimentierens, das für den „Rollenstil“ typische Nacheinander von Bild und Text in ein Gegenüber zu verwandeln. Dies bedeutet die Auflösung des integrierten Bild-Text-Komplexes und die Isolierung des Bildes. Zuletzt präsentiert der „Wiener Dioskurides“ ganzseitige figürliche Miniaturen am Beginn des Buches ohne jeden Textzusammenhang: zwei Bilder von Ärztegruppen, zwei szenische Autorenbilder, ein Widmungsbild und einen Ziertitel. Diese einleitenden Miniaturen unterscheiden sich grundlegend von den übrigen rahmenlos ohne Szenerie auf den Pergamentgrund gesetzten Miniaturen, auch wenn diese als Vollblattminiaturen ausgeführt sind. Denn die einleitenden Bilder der Dioskurideshandschrift sind mit reichen Schmuckrahmen ausgestattet, was den ornamentalen Aspekt unterstreicht; sie geben figürliche, szenische und räumliche Bildkomponenten, und sie beziehen Personifikationen ein wie auch mythische und historische Figuren, die die Darstellung überhöhen.

Auch die sogenannte *„Alexandrinische Weltchronik“*, ein Papyruscodex des Puschkin-Museums in Moskau wohl aus dem 7. Jahrhundert, bietet mit ihrem fragmentarischen Bestand von 16 farbigen Illustrationen die Kriterien des „Rollenstils“ dar. Doch neu ist die Tendenz zur Zerteilung des Schriftspiegels durch Bildstreifen. Auffallend ist das ausgeprägte Bestreben zur Verdrängung der Bildelemente an die Ränder des Schriftspiegels, was wiederum in den unteren Seitenabschnitten zur Ausbildung streifenartiger Bilder führt. Dazu tritt die Ausbildung von Sammelminiaturen, deren Elemente - wie Inseln, Stadtvignetten, Monatsbüsten - zu rasterartigen Gittern und Streifen zusammengefaßt werden. Vereinzelt sind auch narrative Elemente einbezogen; man denke an die Ausspeiung des Jonas durch den Wal oder an die Zerstörung des Serapeions.

Auch der sogenannte „*Wagenlenkerpapyrus*" in London aus der Zeit um
Taf. 12 500 n. Chr., ein Fragment eines illustrierten Codexblattes mit Textspuren auf beiden Seiten sowie einer kolorierten Zeichnung von fünf Wagenlenkern, kann hier eingereiht werden. Entweder handelt es sich um Zirkusspiele oder um einen historischen Text oder gar eine Iliasillustration. Ähnlich wie in der „Alexandrinischen Weltchronik" greift die Miniatur über die Textreste hinaus, muß also einem Bildstreifen im unteren Seitenabschnitt entsprochen haben. Die Figuren sind frontal gereiht und neben- bzw. übereinander ohne räumliche Perspektive gestaffelt.

Kurt Weitzmann hat in seiner grundlegenden Arbeit „Illustration in Roll and Codex" (Princeton 1970) drei verschiedene Arten der Beziehung zwischen einem literarischen Text und dessen Illustrierung in einer der bildenden Künste unterschieden. Bereits in der archaischen Periode der griechischen Geschichte wurde der Einfluß der Literatur auf die Künste spürbar. In den Denkmälern läßt sich eine Methode greifen, die mehrere Teile eines Handlungsablaufes in einem Bild zusammenfaßt. Weitzman spricht hier von der „*simultanen Methode*". Eine spartanische Schale des 6. Jahrhunderts v. Chr. (heute in der Bibliothèque nationale zu Paris verwahrt) zeigt das Abenteuer des Odysseus mit dem Kyklopen Polyphemos. Der Kyklop sitzt aufrecht und hält in seinen Händen die Beine eines Gefährten des Odysseus, den er gerade verspeist hat. Vor ihm steht Odysseus und bietet dem Riesen einen Becher Wein an, den dieser ja gar nicht erfassen kann, da er keine Hände frei hat. Zudem trägt Odysseus mit der anderen Hand bereits den Pfahl, den er dem Riesen ins Auge stoßen will. Der Maler der Schale hat also drei Momente einer Handlung als eine einzige Szene gestaltet, ohne daß die Protagonisten wiederholt worden wären; damit ist die Einheit der Zeit durchbrochen. Ein anderes Beispiel sei der sogenannten François-Vase in Florenz entnommen, auf der die Szene rund um die Tötung des Troilos dargestellt ist, die ihre literarische Fassung im verlorenen Epos „Kypria" hatte. In einer friesartigen Komposition verfolgt im Zentrum Achilleus den Troilos auf dem Pferd, während Polyxena davonläuft; Athena, Hermes und Thetis stehen als Schutzgötter hinter Achilleus. Aber zu beiden Seiten sind komplementäre Figuren gemalt, die wiederum die Einheit der Zeit durchbrechen. Antenor berichtet Priamos den Tod des Troilos, der noch gar nicht stattgefunden hat, und Polites und Hektor stürmen aus der Stadt, um Rache zu nehmen; zuletzt schöpfen in einem Brunnenhaus ein Jüngling und ein Mädchen friedlich Wasser. Hier sind also um die zentrale Szene Geschehnisse dargestellt, die sowohl vor als auch nach der zentralen Szene spielen, auf dem Bild aber simultan vorgeführt werden.

Bereits im 5. Jahrhundert v. Chr. greift eine neue Darstellungsmethode um sich, die die Einheit von Raum und Zeit wahrt. Deshalb ist eine einzige Aktion in einem Bild wiedergegeben; alle Handlung, Gestik, Mimik und Dynamik ist auf einen bestimmten Moment abgestimmt. Die Methode - die „*monoszenische Methode*" - beherrschte das 5. und 4. Jahrhundert v. Chr. Zur

Wiedergabe eines größeren Inhalts mußten daher viele unabhängige ikonographische Einheiten verwendet werden. War zunächst das Epos der vorherrschende Stoff der Illustration gewesen, ist ab dem 4. Jahrhundert v. Chr. auch der Einfluß des Dramas zu spüren.

In der hellenistischen Epoche wurde abermals eine neue Methode angewendet, die sogenannte „*zyklische Methode*". Der Künstler konzipierte zwar jede wechselnde Situation des Textes als Bild in sich selbst, schuf jedoch eine Serie von einander folgenden Kompositionen mit eigenen Handlungen, die die Protagonisten jedesmal wiederholen und so die Einheit von Raum und Zeit wahrten. Damit waren sowohl die Nachteile der simultanen Methode wie die Begrenzungen der monoszenischen Methode überwunden; das Bild im Rahmen von Bilderfolgen konnte besser dem Text angepaßt werden. Die Bilderfolge konnte gleichermaßen „gelesen" werden. Der Zunahme der ikonographischen Einheiten steht aus ökonomischen Gründen eine Abnahme der komplementären Figuren gegenüber. Die zyklische Methode hat also einen polyszenischen Charakter. Stand der Einfluß der literarischen Genera auch Pate bei der Erfindung der zyklischen Methode, so gab diese auch Raum für die Gestaltung von Zyklen, die von literarischen Texten unabhängig waren. Biographische Zyklen oder Themen der Liebe aus mythischen Exempla sind etwa in Denkmälern belegt.

Zyklische Szenen können in friesartiger Form aneinandergereiht werden; die Szenen können ohne Trennung nebeneinander stehen oder durch Rahmen isoliert sein oder auch in Beziehung zueinander treten.

Die ersten Denkmäler der griechischen Kunst, die die zyklische Methode aufweisen, sind die sogenannten „Homerischen Becher" oder „Megarischen Becher", die ins 4./3. Jahrhundert v. Chr. zu datieren sind. Auch die „Tabulae Iliacae" des 1. Jahrhunderts mit Szenen aus Ilias und Odyssee können hier genannt werden. Szenen aus Dramen sind auf Gefäßen erhalten. Vasen und Sarkophage bilden gleichfalls Denkmälergruppen, auf denen die zyklische Methode studiert werden kann.

Eine andere Methode der Anordnung zyklischer Szenen besteht in ihrer Verteilung in ein dekoratives System. In Handschriften bietet sich die Möglichkeit, daß der Schreiber an dem ihm genehmen Platz in der Kolumne den Ort der Miniatur festlegt; hier steht der Irregularität der Anordnung die Einheit von Bild und Text gegenüber. Der letzte Schritt konnte in der Desintegration eines Zyklus bestehen, gleichsam in einem Rückfall in die monoszenische Methode.

Kurt Weitzmann kommt aufgrund der eingehenden Analyse der Denkmäler zum Schluß, daß Handschriften das primäre Medium für die Anwendung der zyklischen Methode darstellten. Noch aus epitomierten Zyklen in anderen Medien könne auf die Existenz größerer Zyklen geschlossen werden, die nur in Handschriften denkbar sind. Strittig in der Forschung ist der Zeitpunkt des Auftretens narrativer Bildzyklen in Handschriften. Während Kurt Weitzmann umfangreiche narrative Bildzyklen bereits für die hellenistische und kaiserzeitliche Buchrollenproduktion postuliert, nimmt Angelika Geyer in ihrer Arbeit „Die Genese narrativer Buchillustration" (Frankfurt a. M. 1989) eine Entstehung erst an der Wende vom 4. zum 5. Jahrhundert n. Chr. an und lehnt die Ableitung der narrativen Codexillustration aus der Rollentradition ab. Doch basiert dieser Schluß auf der Zufälligkeit des erhaltenen Materials, so daß Vorsicht geboten erscheint.

Mehrfach wurde bereits darauf verwiesen, daß mit dem Übergang von der Rolle zum Codex größere Änderungen in der *Struktur der Illustration* verbunden gewesen sein konnten. Das Kolumnenbild, das von der Rolle übernommen wurde, nahm an Größe und Ausstattung zu, bis es als selbständiges Bild vervollkommnet wurde und sogar eine ganze Seite einnehmen konnte. Bereits im 4. Jahrhundert n. Chr. waren die technischen Möglichkeiten ausgeschöpft, wie dies Prachthandschriften nach Art des Vergilius Vaticanus zeigen.

Wurde der Raum der Schriftkolumne vergrößert, konnte auch die Illustration vergrößert werden; oder es konnten mehrere Bilder oder Szenen in den freien Raum eingesetzt werden. War einmal der enge Zusammenhang zwischen Bild und Text gelockert, war der Schritt bis zur völligen Trennung nur mehr folgerichtig. Schon bei der Zusammenstellung zweier oder mehrerer Szenen in einem freien Raum war nur mehr die erste Szene unmittelbar im Text verankert, die anderen hingegen bereits disloziert. Der Endpunkt dieser Entwicklung bestand darin, alle Bilder vom Text zu trennen und sie nach rein formalen Gesichtspunkten in die Handschrift einzukomponieren. Dieses Stadium ist in der „Wiener Genesis" (Österreichische Nationalbibliothek, Cod. theol. gr. 31) aus der ersten Hälfte des 6. Jahrhunderts bereits erreicht. Hier reservierten die Maler die untere Hälfte aller Seiten für die bildhafte Ausstattung, die obere für den Text, anstatt die Bilder unregelmäßig in den Text einzubauen. Der Fortschritt bestand in der systematischeren und einheitlicheren Verteilung von Bild und Text. Daß damit aber auch Kürzungen des Genesistextes in Kauf genommen werden mußten, war eine marginale Konsequenz.

Die Übernahme von Szenen aus dem „Papyrusstil" bzw. „Rollenstil" in die Bilder und Bildfolgen der zyklischen Illustrationen und bewußten Komposition, wie sie etwa in der „Wiener Genesis" zutage tritt, kann nach den Forschungen von Kurt Weitzmann noch rekonstruiert werden. Weitzmann hat diesen Sachverhalt beispielhaft an Hand zweier Bilder der Genesis dargelegt. In der Miniatur mit Abrahams zweiter Verheißung (Bild 11 der „Wiener Genesis") steht oben links Abraham vor dem ihm eine Verheißung erteilenden Engel; rechts kehrt Abraham zu den auf ihn wartenden Knechten zurück. Diese beiden Bilder, die beide etwa die gleiche Breite einnehmen und Seite an Seite ohne formale Verbindung stehen, können ohne Schwierigkeiten als ehemalige Einzelbilder in Schriftkolumnenbreite erkannt werden. Auch die nächstfolgende Szene, in der Abraham vor dem Brunnen von Beerseba die Nachricht von der Nachkommenschaft seines Bruders Nachor erhält, paßt in eine Schriftkolumne; der Felsen in der rechten Bildhälfte ist die Füllung eines

Leerraumes, da keine vierte Szene zur Verfügung stand. Kolumnenbilder aus Papyrusrollen konnten einerseits in Codices mit schmalen Spalten übernommen werden; andererseits konnten sie, wie dies das Beispiel der „Wiener Genesis" zeigt, zu breiteren Miniaturen zusammengestellt werden.

Daß Szenen bei ihrer Zusammenfügung aus Einzelbildern auch Kürzungen und Verdichtungen erfahren konnten, zeigt Weitzmann am Beispiel der Miniatur 10 der „Wiener Genesis" mit der Darstellung von Lots Trunkenheit. In diesem Bild sind drei Szenen in einer aufsteigenden Diagonale aneinandergereiht; die erste Berauschung des Vaters, die zweite Beratung der Mädchen, der zweite Beischlaf. Es fehlen also die Szenen der ersten Beratung, des ersten Beischlafes und der zweiten Berauschung. Weitzmann postuliert die Existenz aller sechs Szenen im Archetypus und deren Versetzung in einen Innenraum. Der Maler der Genesis hat den kleinen Zyklus epitomiert und dabei alle Accessoires getilgt, so daß die Szenen in einer freien Felslandschaft spielen.

Die letzte Entwicklungsstufe im Verhältnis von Bild und Text besteht in der völligen Trennung dieser beiden Komponenten. Im Codex Rossanensis aus dem 6. Jahrhundert, dem Fragment einer Evangelienhandschrift auf Purpurpergament, sind alle Bilder - Szenen aus dem Leben Jesu, ergänzt durch Propheten des Alten Testaments - als Bildprooimion in einem geschlossenen Zyklus dem Text der Evangelien vorangestellt.

Zur Isolierung des Bildes traten im Codex noch weitere künstlerische Mittel hinzu, die die Eigentümlichkeit der Miniaturen unterstreichen sollten. Schon früh muß die Sitte der *Rahmung der Bilder* aufgekommen sein, da sie bereits in der Ilias Ambrosiana in Mailand aus der Zeit um 400 n. Chr. zu beobachten ist. Auch die Bilder des „Wiener Dioskurides", die Bilder in der Quedlinburger Itala, dem Vergilius Vaticanus und Vergilius Romanus und in Teilen der „Wiener Genesis" sind gerahmt. Schuf bereits der Rahmen eine gewisse räumliche Vorstellung, so konnte diese durch die Hinzufügung von *Hintergrund und Landschaft* noch gesteigert werden. Auch diese Errungenschaften müssen früh erfolgt sein, da sie in den Quedlinburger Italafragmenten und dem Vergilcodex Vat. lat. 3225 bereits aufscheinen. Als Modelle für die Einsetzung von Landschaften dienten augenscheinlich Fresken. In diesem Kunstmedium war die Landschaftsmalerei bereits in den ersten Jahrhunderten der Zeitrechnung voll entwickelt.

Die Hinzufügung von Landschaft geschah nicht immer in Einklang mit den ikonographischen Notwendigkeiten. So ist etwa die Szene der Segnung der Söhne Josephs in der „Wiener Genesis" (Bild 45), die in einem Hause anzunehmen wäre, ins Freie verlegt. Die schmale Szene erinnert noch an die Breite eines Kolumnenbildes einer Rolle. Die aktuelle größere Breite des Bildes ist mit illusionistischer Landschaft sekundär ausgefüllt. Im Bild von Jakobs Tod und Beweinung (Bild 48) ist die Landschaft nur für die Bestattungsszene gerechtfertigt; der Künstler hat sie aber auch auf die Szene der Beweinung des Toten ausgedehnt, die eigentlich in einem Hause stattfinden sollte.

Im Folgenden sei der narrative Schmuck antiker Handschriften näher besprochen und die Serie der erhaltenen illuminierten Codices vorgeführt.

Zu jenen Texten der klassischen Antike, die sich einer großen Popularität erfreuten und reich an Handlung waren, gehört unstreitig Homers Ilias. Schon die große Anzahl der erhaltenen Homerpapyri belegt dieses Faktum. In verschiedenen Kunstgattungen gab es eine Illustration zu den homerischen Epen. Der Münchener Papyrus aus dem 4. Jahrhundert n. Chr. mit der Wegführung der Briseis von Achilleus besitzt zwar keinen Textzusammenhang, kann aber als Musterzeichnung für eine Illustration in einer Gattung der bildenden Künste interpretiert werden. Aus dem 1. Jahrhundert ist eine Reihe von Tafeln in Piombino (= pulverisierter Marmor) erhalten, die ob der dargestellten Themen als „Tabulae Iliacae" benannt wurden. In Pompeji - z. B. der „Casa del Criptoportico" - haben sich Fresken mit Darstellungen aus der Ilias gefunden; auch ein koloriertes Stukkofragment ist dort erhalten. Auch die Gruppe der Terrakottabecher aus hellenistischer Zeit, die als „Megarische Becher" bekannt sind, treten als Belege der Homerillustration hinzu. Zwar sind bis jetzt keine illustrierten Homerrollen aufgefunden worden, doch kann aus diesem Schweigen kein absoluter Schluß gezogen werden, zumal illustrierte Rollen von Romanen und mythologischen Texten gute Anhaltspunkte für die Vorstellung von illustrierten epischen Rollen liefern. Die Reste einer Prachthandschrift der Ilias, bekannt als „Ilias Ambrosiana", weisen ebenfalls darauf hin, daß eine längere Tradition der Illuminierung von Epen existiert haben muß. In den Papyrusrollen waren freilich ob der Vergänglichkeit des Materials kaum große Künstler zu deren Ausschmückung am Werk; doch tat dies der Beliebtheit narrativer Illustration keinen Abbruch. Es ist schwer verständlich, wenn die Ilias Ambrosiana erst ein Beginn gewesen sein sollte und nicht bereits ein Glied in einer längeren, schon früher einsetzenden Tradition der Homerillustration.

Die *Ilias Ambrosiana*, der Codex F. 205 inf. der Biblioteca Ambrosiana in Mailand, besteht aus 58 ausgeschnittenen Miniaturen zur homerischen Ilias. Die Fragmente wurden in der Forschung zwischen dem 3. und 5. Jahrhundert n. Chr. datiert; das 4. Jahrhundert n. Chr. dürfte das wahrscheinlichste Datum sein. Die 58 Miniaturen sind sehr ungleich über die 24 Bücher der Ilias verteilt; während z. B. Buch I allein über zehn Miniaturen verfügt, fehlen solche zu den Büchern XVIII bis XX. Nach einer Hochrechnung könnte der Codex an die 720 Miniaturen umfaßt haben. Die Bilder sind gerahmt und zeigen eine beachtliche Verschiedenheit der Kompositionsschemata; so stehen - um ein Beispiel zu erwähnen - Einzelkämpfer neben vielfigurigen Schlachtenbildern. Auch dieser Umstand könnte einen Hinweis darauf bilden, daß die Iliasillustration bereits mehrere Entwicklungsstadien durchlaufen hat. Manche Szenen finden sich auch in anderen Medien, wie etwa in den „Tabulae Iliacae", so daß an gemeinsame Vorlagen gedacht werden könnte. In die gerahmten Bilder konnten auch mehrere Szenen zugleich eingemalt werden. Deshalb ist die Zahl der Einzelszenen größer als die der gerahmten

Bilder. Kurt Weitzmann berechnet auf Grund der erhaltenen Fragmente eine Zahl von durchschnittlich 30 Bildern pro Buch der Ilias, was für die gesamte ursprüngliche Handschrift eine Zahl von 720 Miniaturen bedeuten würde. Auch dieser Umstand deutet darauf hin, daß nur Handschriften ein adäquates Medium für Bilderzyklen dieses Umfangs sein konnten.

Die Bilderfolge der erhaltenen Miniaturen der Ilias Ambrosiana hat folgende Zusammensetzung:

1. Der Priester Chryses betet zu Apollon; die Pest wütet im griechischen Lager (I,37,51ff.)
2. Versammlung der griechischen Fürsten, Ausbruch des Streites zwischen Achilleus und Agamemnon (I,190)
3. Achilleus verläßt zürnend die Versammlung der Achäer und zieht sich in sein Zelt zurück (I,221,245,254,306)
4. Agamemnon opfert in Gegenwart der Fürsten, um das Heer zu reinigen (I,313)
5. Achilleus empfängt in seinem Zelt Talthybios und Eurybates, die ihn um die Rückgabe der Briseis ersuchen (I,320)

Die Miniaturen 6 und 7 stellen ein Bild in zwei Streifen dar:

6. Talthybios und Eurybates führen Briseis weg (I,345)
7. Thetis tröstet Achilleus, der um Briseis trauert (I,357,362)
8. Odysseus fährt nach Chrysa, um Chrysis ihrem Vater zurückzugeben (I,430,438)
9. Thetis, Zeus anflehend, und die Versammlung der Götter (I,500,540)
10. Das Mahl der Götter; Hephaistos reicht Hera einen Becher dar; Apollon schlägt die Leier (I,584,598,603)
11. Odysseus, von Athene bewegt, hält die Griechen von der Abfahrt zurück (I,150,168)
12. Kalchas opfert mit den Griechen in Aulis; Kalchas erklärt das Zeichen mit dem Drachen, der die Sperlinge mitsamt der Mutter verschlang (II,303,322)
13. Agamemnon bringt Zeus in Gegenwart der griechischen Fürsten ein Opfer dar (II,400,402,419)
14. Schlachtordnung des trojanischen Heeres (II,815)
15. Menelaos wird von Pandaros verwundet; er wird von Machaon gepflegt (IV,105,210)

Die Miniaturen 16 und 17 stellen ein Bild in zwei Streifen dar:

16. Die Schlacht des 5. Gesanges (V,4-8,19)
17. Athene hält Ares vom Kampf zurück; Pandaros verwundet Diomedes (V,35,95)
18. Apollon stellt sich Diomedes entgegen und drängt ihn zurück (V,440)
19. Aphrodite zeigt Zeus die von Diomedes verwundete Hand; Hera und Athene spotten ihrer (V, 70,418)

Die Miniaturen 20 und 21 stellen ein Bild in zwei Streifen dar:

Taf. 13 20. Episoden der Schlacht des 5. Gesanges; man erkennt Hektor und Aias Telamonios (V,608,620)
21. Tlepolemos wird von Sarpedon erschlagen, der seinerseits verwundet wird (V,657,663,693)
22. Athene ermutigt Diomedes, Ares anzugreifen, der unter den Trojanern ficht (V,837-855)
23. Ares klagt Zeus in Gegenwart von Hera, Athene und Apollon, daß er von einem Sterblichen verwundet wurde (V,872,888,907)
24. Hektor begegnet Hekabe in Begleitung von Andromache (VI,252)
25. Die Frauen Trojas bringen Athene einen Peplos dar (VI,286ff.); Hektor ermahnt Paris, am Kampfe teilzunehmen (VI,326)
26. Zwiegespräch zwischen Hektor und Andromache (VI,390)
27. Das Lager der Achäer wird befestigt; gemeinsames Mahl der Krieger (VII,436,466)
27bis. Fragment (zwei Farbstreifen) zum Beginn des 8. Buches
28. Zeus, Agamemnon erhörend, sendet den Griechen durch einen Adler ein günstiges Vorzeichen (VIII,236,247)
29. Fortsetzung der Schlacht. In der vordersten Reihe kämpfen die größten Helden; links Agamemnon, Teukros lobend; Hera und Athene schicken sich an, den Griechen zu helfen; neben ihnen Iris, die Zeus senden wird, um die beiden Göttinnen zurückzuhalten (VIII,278,350,397)
30. Beim Einbruch der Nacht versammelt Hektor die Krieger, läßt sie sich stärken und befiehlt, große Feuer anzuzünden (VIII,489,554)

Die Miniaturen 31 und 32 stellen ein Bild in zwei Streifen dar:

31. Agamemnon versammelt die Fürsten und schlägt vor, in die Heimat zurückzukehren (IX,1ff.)
32. Diomedes und Nestor reden gegen Agamemnons Vorschlag (IX,31)
33. In der Nacht halten die achäischen Fürsten Rat und senden Diomedes und Odysseus aus, das trojanische Lager zu bespähen (X,194,203)
34. Odysseus und Diomedes fangen den Trojaner Dolon und töten ihn (X,314,455)
35. Odysseus und Diomedes wüten im trojanischen Lager; Rhesos wird getötet; die beiden Helden kehren mit den Pferden des Rhesos in das griechische Lager zurück (X,470,494,532)
36. Schlachtenszene; man erkennt Eurypylos und Paris und den verwundeten Machaon auf dem Wagen Nestors (XI,580,597)
37. Patroklos beobachtet zusammen mit Achilleus die Schlacht; er begibt sich in das Zelt Nestors, um sich nach Machaon zu erkundigen; dann pflegt er den verwundeten Eurypylos in seinem eigenen Zelt (XI,599,624,841)
38. Kampf um die Mauern des griechischen Lagers (XII,1ff.)
39. Zeus sendet das Wunder des Adlers mit der Schlange als trauriges Vorzeichen für die Trojaner (XII,200,210)

40. Schlacht um die Mauern und Heldentaten Sarpedons (XII,292,400)
41. Hektor bricht das Tor des Lagers auf; die Griechen ziehen sich zu den Schiffen zurück (XII,445,470)
42. Das Kampfgewühl des 13. Gesanges
43. Mit Poseidons Hilfe wird Hektor verwundet und das trojanische Heer zurückgedrängt; Peneleos hält das Haupt des Ilioneus auf einem Speer hoch (XIV,409,489)

Die Miniaturen 44 und 45 stellen ein Bild in zwei Streifen dar:

44. Eurypylos sitzt verwundet bei den griechischen Schiffen (XV,390)
45. Von Apollon unterstützt, drängen die Trojaner die Griechen zurück (XV,365)
46. Die Griechen fliehen zu den Schiffen, während Nestor sie zurückzuhalten versucht (XV,659)
47. Achilleus opfert dem Zeus, damit er Patroklos beschütze (XVI,220,249) Taf. 14
48. Hektor, von Apollon unterstützt, erschlägt Patroklos; Automedon bringt die Pferde des Achilleus in Sicherheit (XVI,818,864)

Die Miniaturen 49 und 50 stellen ein Bild in zwei Streifen dar:

49. Menelaos schützt die Leiche des Patroklos vor dem Angriff des Euphorbos (XVII,1f.)
50. Menelaos tötet Euphorbos (XVII,47)
51. Apollon entflammt Hektor gegen Menelaos (XVII,59,70,71)
52. Der Fluß Skamandros rügt Achilleus (XXI,212)
53. Hephaistos versengt den Skamandros auf Heras Befehl, die aber, von den Gebeten des Flusses bewegt, Hephaistos zurückhält (XXI,367,377)
54. Die Trojaner ziehen sich in die Stadt zurück, Hektor harrt vor dem Skäischen Tor aus, Achilleus erwartend (XXII,1ff. und 131)
55. Leichenspiele zu Ehren des Patroklos; Wagenrennen; Aufzug der Athleten und Verteilung der Preise (XXIII,499ff.)
56. Wettlauf zu Ehren des toten Patroklos; Odysseus erreicht das Ziel, während Aias ausgleitet, aber dennoch einen Preis erhält (XXIII,740,778,780)
57. Priamos bringt Zeus ein Trankopfer dar, bevor er zu Achilleus fährt, um die Leiche Hektors zu erbitten, und erhält von Zeus ein günstiges Vorzeichen (XXIV,305,315)
58. Die Pferde und Maulesel des Priamos halten am Fluß an, um zu trinken, als Hermes dem Priamos erscheint und ihn zum Zelt des Achilleus zu führen verspricht (XXIV,350,360)

Der Stil der Miniaturen entspricht in etwa jenem der Wand- und Tafelmalerei, die mit malerischen Mitteln, durch ein impressionistisches Nebeneinander der einzelnen Farbflecken, durch Beobachtung perspektivischer Verkürzungen und Veränderung der Farben in Luft und Licht eine räumliche Illusion erstrebten. Die Körper erscheinen getreu wiedergegeben, die Gesichtsausdrücke sind sprechend. Die Bilder sind in Deckfarbentechnik ausgeführt. Freilich ist im Vergleich zu den Malereien der ersten Kaiserzeit, wie sie Fresken in Pompeji oder die Odysseelandschaften am Esquilin veranschaulichen, eine gewisse Auflösung des räumlichen Zusammenhanges und eine beginnende Isolierung der Bildteile zu beobachten. Es ist an ein Arbeiten im Atelier nach Vorlagen ohne direkte Kontrolle nach der Natur zu denken.

Die Ilias Ambrosiana befand sich im späten Mittelalter in Konstantinopel. In dieser Zeit wurden den Miniaturen Bildbeschriftungen hinzugefügt. Im Jahre 1608 erwarb Kardinal Federico Borromeo den Codex aus der Bibliothek des Genuesen Gianvincenzo Pinelli für die Biblioteca Ambrosiana.

Es dürfte wohl ein Zufall sein, daß weder eine illustrierte Odyssee noch eine andere illustrierte epische Dichtung der Griechen erhalten ist. Es gibt indes „Megarische Becher“ mit Darstellungen aus der Odyssee, zum Teil sogar mit Text versehen, so daß eine Epitomierung aus einer illustrierten Odysseerolle naheläge. Auch auf den „Tabulae Iliacae“ fehlt es nicht an Szenen aus der Odyssee. Die Epen des Kyklos sind verlorengegangen. Aber die beiden genannten Gruppen von Kunstwerken - die „Megarischen Becher“ und die „Tabulae Iliacae“ - beschränken sich nicht auf die beiden großen homerischen Epen, sondern berücksichtigen auch den epischen Kyklos. Man kennt durch dieses Medium Szenen aus den „Kyprien“, aus der „Aithiopis“, aus der „Kleinen Ilias“, aus der „Iliupersis“ und aus den „Nostoi“.

Der Fund eines *Heraklespapyrus* aus dem 3. Jahrhundert n. Chr., auf dem in metrischer Rede von den Taten des Herakles gesprochen und der Kampf des Heros mit dem Nemeischen Löwen gezeigt wird, legt die Vermutung nahe, daß es illustrierte Rollen mit den Taten des Herakles gegeben hat. Ein Triumphwagen im Palazzo dei Conservatori in Rom, die „Tensa Capitolina“ aus dem 2./3. Jahrhundert n. Chr., enthält einen biographischen Zyklus von zwölf Szenen auf Bronzereliefs aus dem Leben des Achilleus. Man hat daher auch an illustrierte Biographien dieses Helden in Handschriften gedacht; Achilleusbilder auf Marmorreliefs bestärken diese Vermutung.

Reicher fließt die Überlieferung für die Illustrierung lateinischer epischer Dichtung. Die überragende Gestalt des *Vergil* hat nicht nur bewirkt, daß die Zahl der Vergilhandschriften ungemein groß ist, sondern auch, daß sich die Buchmaler der Epen Vergils angenommen haben. Die drei epischen Dichtungen Vergils umspannen verschiedene literarische Genera. Die „Eclogae“ oder „Bucolica“ sind in Nachahmung Theokrits geschaffene Hirtengedichte, wenn auch Bezüge auf Personen und Vorgänge der römischen Gegenwart eingeflochten sind. Besonders berühmt ist die vierte Ekloge, die die Schilderung eines zu erwartenden goldenen Zeitalters im Zusammenhang mit der Geburt eines Knaben enthält und daher bereits früh von den Christen als Prophezeiung über Jesus aufgefaßt wurde. Mit den „Georgica“ betritt Vergil das Gebiet des Lehrgedichtes; in den vier Büchern dieses Werkes werden der Feldbau, die Obstbaum- und Rebenzucht, die Viehzucht und die Bienenzucht behandelt; das von Maecenas angeregte Werk sollte die Liebe zum Land und die

Achtung vor der Bauernarbeit erneut wecken. Die Aeneis in zwölf Büchern wurde schließlich zum römischen Nationalepos; das Epos handelt von Aeneas, der aus dem zerstörten Troja fliehend auf wechselvollen Irrfahrten nach Italien kommt, wo er sich mit dem König von Latium verbündet und die Italiker besiegt und zum Stammvater der Römer wird. Das Epos hat bereits bei den Zeitgenossen höchste Bewunderung hervorgerufen und wurde im Mittelalter zur berühmtesten lateinischen Dichtung. Es nimmt nicht wunder, daß sich von Vergils Werk bereits spätantike Prachthandschriften erhalten haben. Allein aus der Spätantike sind 24 mehr oder weniger fragmentarische Handschriften Vergils überliefert, fast ausschließlich Reste von Papyrus- oder Pergamentcodices des 4. bis 6. Jahrhunderts. Unter ihnen nimmt der sogenannte *Vergilius Vaticanus* (Città del Vaticano, Biblioteca Apostolica Vaticana, Cod. Vat. lat. 3225) wohl aus dem beginnenden 5. Jahrhundert durch seine überaus reiche Ausstattung mit Miniaturen eine besondere Stellung ein. Auf die erhaltenen 75 Blätter des Codex, der einst „Bucolica", „Georgica" und Aeneis komplett enthielt, verteilen sich 50 Miniaturen, von denen 41 auf die Aeneis entfallen, während insgesamt 41 weitere (davon 32 zur Aeneis) aus Abdrücken verlorener Folien erschließbar sind. Wahrscheinlich hat der ursprüngliche Codex auf circa 430 Blättern an die 280 Bilder enthalten. Leider ist nur mehr ein Fünftel davon auf uns gekommen und mit Einrechnung der Abdrücke ein Drittel erschließbar. Die Miniaturen begleiten den Text kontinuierlich, während in dem später zu besprechenden Vergilius Romanus nur Bilder als Vorsatzminiaturen geplant waren, was einen völligen Wechsel des Illustrationstypus bedeutete. Der Vergilius Vaticanus ist zusammen mit den wohl gleichzeitigen Quedlinburger Italafragmenten das früheste erhaltene Beispiel eines mit einem kontinuierlichen narrativen Bildzyklus ausgestatteten Codex. Die Frage nach der Herkunft dieser narrativen Illustration ist in der Forschung umstritten. Kurt Weitzmann sah in den Miniaturen des Vergilius Vaticanus späte Reflexe eines früher entstandenen, noch für eine Rolle konzipierten Bildzyklus und postulierte einen Archetyp, der beim Übergang von der Rolle in den Codex in die neue Buchform übernommen wurde. J. de Wit ist hingegen der Ansicht, daß es sich um selbständige, für den Codex entworfene Kompositionen handelt, die unter Verwendung geläufiger Bildschemata versatzstückartig zusammengefügt worden seien. Die neueste Monographie über den Vergilius Vaticanus von David H. Wright macht aber in überzeugender Weise plausibel, daß die Vorlagen der Bilder auf einen Zyklus in illustrierten Vergilrollen zurückgehen.

Der Text des Vergilius Vaticanus ist leider sehr beschädigt. Er enthält heute mit etlichen Lücken die Bücher III und IV der „Georgica", die durch neun Miniaturen illustriert sind, und die ersten neun Bücher der Aeneis mit 41 Miniaturen. Die Bilder sind sämtlich in farbige Rahmen einkomponiert. Sechs Bilder beanspruchen eine ganze Seite; die übrigen sind an passender Stelle in den Text eingesetzt. Die Illustrationen bewahren bis zu einem hohen Grad einen frischen Naturalismus; die Figuren sind impressionistisch gehalten, die Landschaften tief gestaltet. Eine reiche Farbskala erscheint verwendet: Hellblau, Dunkelblau, Hell- und Dunkelgelb, Braun, Grün, Rot, Rosa, Purpur, Orange, Grau, Weiß, Schwarz und Gold sind in Gebrauch gestanden. Man hat mindestens drei Künstler als Ausführende der Miniaturen postuliert. Der Text des Codex, der sicher in Italien entstanden ist, ist in vornehmer Capitalis rustica geschrieben; diese Schrift hatte sich offenbar zur spätantiken, in Italien beheimateten speziellen kalligraphischen Klassikerschrift entwickelt.

Die Bilder des Vergilius Vaticanus sind leider teilweise stärker berieben oder beschädigt; durch Fehlstellen in den Blättern sind manche Bilder auch unvollständig. Dennoch ist noch die erhaltene Anzahl von Miniaturen eindrucksvoll. Am Beginn des Codex, auf Blatt 1r, steht ein Sammelbild mit sechs nicht mehr gut kenntlichen Szenen als Einleitung zum dritten Buch der „Georgica". Manchmal ist die Deutung der Bilder infolge der Beschädigung unsicher. So wurde für das Blatt 2r entweder die Interpretation „Eine aus einem Pferch befreite Herde" oder „Die Verwandlung der Io in eine Kuh" vorgeschlagen. Blatt 3r präsentiert eine Herde von Kälbern und Kühen und einen Stall. Sehr bemerkenswert ist die Miniatur auf Blatt 4v als Illustration zum Bericht Vergils über den Kampf zweier eifersüchtiger Stiere um eine Taf. 15 schöne Kuh in Sila im Apennin (Georgica III,209ff.). Vor dem Hintergrund eines von Rosa zu Blau übergehenden Himmels stoßen zwei wütende Stiere mit gesenkten Hörnern bei einem Baum aufeinander; die schöne weiße Kuh schaut hochmütig zu. Auf der rechten Seite ist der besiegte Stier nochmals dargestellt, der seine Hörner an einem Baumstamm reibt, um neue Kräfte für einen erneuten Kampf zu sammeln. Dieses Motiv ist auch aus Texten wie Pseudo-Oppian, Ailianos und Plinius dem Älteren bekannt. In einer Oppianhandschrift des 11. Jahrhunderts in Venedig wird die Szene nach Art des „Papyrusstils" in vier aufeinanderfolgenden Illustrationen gezeigt; der Vergilius Vaticanus reduzierte den Zyklus auf zwei Szenen und versetzte diese in eine aus der Freskomalerei übernommene Landschaft. Die restlichen Miniaturen zu den „Georgica" zeigen eine zur Tränke geführte Herde (Blatt 6r), den greisen Corycius (Blatt 7v), die Kyklopen beim Schmieden (Blatt 8v), Orpheus in der Unterwelt (Blatt 9r) und die von einer Schlange getötete Eurydike (Blatt 10r).

Die 41 Miniaturen zur Aeneis im Vergilius Vaticanus berücksichtigen die Bücher I (3 Bilder), II (4 Bilder), III (5 Bilder), IV (6 Bilder), V (3 Bilder), VI (8 Bilder), VII (7 Bilder), VIII (1 Bild) und IX (4 Bilder). Auf Blatt 13r sehen wir Aeneas und Achates bei der Beobachtung der Erbauung von Karthago (Aen. I,419ff.). Blatt 16r bringt die Szene der Begegnung des Aeneas mit Dido (I,586ff.). Auf Blatt 17r wird Venus dargestellt, die Cupido in Gestalt des Ascanius zu Dido sendet (I,657ff.). Die Erzählung des Aeneas vom Fall Trojas wird noch durch vier Miniaturen illustriert. Zwei Szenen sind auf Blatt 18v in einem Rahmen zusammengefaßt. In der linken Bildhälfte opfert der Priester Laokoon einen Stier; in der rechten Hälfte werden der Unglückliche und seine beiden kleinen Söhne eben von der Schlange angegriffen (II,201). Eine dramatische Szene scheint auf Blatt 19r auf: die Griechen verlassen das Trojanische Pferd und stürmen auf die ahnungslosen Trojaner ein, die, um Tische gelagert, ein festliches Mahl einnehmen. Vergil spricht nur vom Angriff auf die Wachen; die Tötung der Tafelnden ist nicht durch den Text erklärt. Der Illustrator dürfte also auch andere Quellen verwertet haben, etwa nach Art der „Iliupersis" des Stesichoros, von der einige Illustrationen auf einer Piombinotafel im Kapitolinischen Museum zu Rom erhalten sind. Manche Details sind derart ähnlich, daß eine gemeinsame ältere Quelle für beide Darstellungen postuliert werden muß. Noch zwei Bilder beziehen sich auf das zweite Buch der Aeneis. Auf Blatt 19v erscheint Hektors Geist dem Aeneas im Schlaf (II,254ff.); auf Blatt 22r löschen Diener die Flammen im Nacken des Ascanius, während Kreusa ihren Gatten Aeneas vom Kampf zurückzuhalten versucht (II,647ff.). Die erste erhaltene Miniatur zum dritten Buch auf Blatt 23r zeigt Aeneas, der zu Schiff die trojanische Küste verläßt (III,9ff.). Auf Blatt 24v wird des Aeneas Opfer am Grabe des Polydoros gezeigt (III,19ff. und 62ff.). Blatt 27r präsentiert das von Aeneas erbaute Pergamea und die Kykladen (III,132ff.). Im Bild auf Blatt 28r erscheinen die Penaten dem Aeneas im Schlafe (III,147ff.). Eine sehr schematische Miniatur auf Blatt 31v will Sizilien und dessen sieben Städte veranschaulichen (III,692ff.); für die Städte werden stereotype Vignetten ummauerter Gebäude, wie sie in spätantiken Handschriften üblich sind, verwendet. Didos Opfer für die Götter (IV,56ff.) ist der Inhalt des nächsten Bildes, das bereits auf Geschehnisse des vierten Buches des Epos Bezug nimmt. Auf Blatt 35v erscheint Merkur dem Aeneas beim Bau Karthagos (IV,259ff.), während bald darauf (Blatt 36v) Dido und Aeneas im Gespräch vorgeführt werden (IV,305ff.). Dramatisch spitzt sich das Geschehen zu, als Dido den davonsegelnden Aeneas entdeckt (Blatt 39v; IV,548ff.). Der Tod Didos ist in zwei Miniaturen dargestellt, von denen eine den Augenblick unmittelbar vor ihrem Selbstmord, die andere den unmittelbar folgenden Moment wiedergibt (IV,645ff.). Die erste Szene, in der Dido das Schwert hebt, um es in den nackten Busen zu stoßen, hat der Maler als ganzseitiges Bild gestaltet, um die besondere Bedeutung des Geschehens zu unterstreichen (Blatt 40r). Dido liegt auf einem Lager hoch über einem Scheiterhaufen, so daß sie zu dessen Besteigen eine Leiter benötigte. Bei Vergil ist der Scheiterhaufen im Freien aufgestellt; der Künstler der Vergilhandschrift hat indessen die Szene völlig unlogisch ins Innere eines prachtvollen Palastgemaches verlegt; die Perspektive ist zudem nicht völlig gelungen. Auf Blatt 41r sehen wir Didos Dienerinnen und Didos Schwester den eben erfolgten Tod Didos beklagen, die entseelt auf dem Lager liegt (IV,663ff.). Szenen agonaler Kämpfe der Schiffe des Aeneas führen die Bilder auf den Blättern 42r (V,114ff.) und 43v (V,151ff.) vor; ein Dialog zwischen Venus und Neptun füllt das Bild auf Blatt 44v (V,779ff.). Die meisten Bilder sind zur Hadesfahrt des Aeneas in Buch VI erhalten. Auf Blatt 45v führen die Sibyllen Aeneas und Achates zum Tempel des Apollon (VI,45ff.); auf Blatt 46v opfern eine Sibylle und Aeneas den Göttern der Unterwelt (VI,243ff.). Mit Blatt 47v stehen wir

Taf. 16
Taf. 17

vor den Toren in den Tiefen der Unterwelt (VI,273ff.). Spannungsgeladen ist das Bild auf Blatt 48v, wo Aeneas und die Sibylle den Höllenhund Kerberos betäuben (VI,417ff.). Nun folgen Szenen der Begegnung mit Toten. So treffen auf Blatt 49r Aeneas und die Sibylle den Deiphobos (VI,494ff.) und Tisiphone (VI,548ff.) vor dem Eingang zum Tartarus. Auf Blatt 52r bringt Aeneas den goldenen Zweig zum Tempel und betritt das Elysium (VI,628ff.). Auf Blatt 53v führt Musaeus Aeneas und die Sibylle zu Anchises und den Seelen, die aus dem Strom Lethe das Vergessen trinken (VI,669ff.). Zuletzt verabschiedet sich Anchises am Tor der Unterwelt von seinem Sohn Aeneas und der Sibylle (Blatt 57r; VI,893ff.). Mit sieben erhaltenen Miniaturen ist auch Buch VII reich ausgestattet. Wenn auf Blatt 58r die Schiffe des Aeneas am Palast der Kirke vorbeifahren (VII,10ff.), sieht man in dessen Halle noch die in Schweine verwandelten Männer. Ein Vorzeichen wird auf Blatt 59v illustriert, wo sich Bienen am heiligen Lorbeerbaum niederlassen und Lavinias Haar Feuer fängt (VII,59ff.). Die Audienz der Trojaner vor König Latinus wird auf Blatt 60v vorgeführt (VII,195ff.), der die Ankömmlinge mit Pferden und Waffen beschenkt (Blatt 63r; VII,274ff.). Juno sinnt auf Rache und kommt zur schlangenhaarigen Alekto (Blatt 64v; VII,323ff.). Zwei Szenen sind auf Blatt 66v verbunden; links flüchtet der von Ascanius verwundete Hirsch zu Silvia; rechts wird der Kampf der Trojaner gegen latinische Bauern gezeigt (VII,519ff.). Juno öffnet auf Blatt 67v die Kriegstore (VII,607ff.). Aeneas findet auf Blatt 69r am Ufer des Tiber die Sau mit den dreißig Ferkeln (VIII,68ff.); es ist dies die einzige Miniatur zu Buch VIII. Noch vier Bilder illustrieren Geschehnisse aus dem 9. Buch der Aeneis. So verwandeln sich auf Blatt 71r die trojanischen Schiffe vor den Augen der Latiner in Nymphen (IX,107ff.). Die Bedrängnis der Trojaner nimmt zu, als auf Blatt 72v Messapus die Belagerung der trojanischen Festung befiehlt (IX,159f.). Die belagerten Trojaner halten Rat (Blatt 73v; IX,24ff.). Turnus setzt auf Blatt 74v den trojanischen Turm in Brand (IX,530ff.). Damit bricht die Serie der Illustrationen zur Aeneis ab.

Drei ziemlich verschiedenartige Künstler haben die Illustrationen des Vergilius Vaticanus ausgeführt. Der erste Maler hat die neun erhaltenen Bilder zu den „Georgica“ angefertigt, dürfte aber bereits bei den Eklogen am Anfang des Codex begonnen haben. Er war ein genauer Handwerker. So besaß er ein sicheres Verständnis für Anatomie, korrekte Proportionen und gut koordinierte Stellungen der Figuren; lediglich das Gefühl für kontinuierliche Raumtiefe fehlt ihm. Als seine Quellen sind Standardmotive und formelhafte Szenen zu greifen. Der zweite Maler hat die ersten 16 Illustrationen zur Aeneis geschaffen. Seine Arbeitsweise war etwas nachlässiger; er hat etwas schneller gearbeitet, als er die Bildvorlagen im „Papyrusstil“ kopierte und Rahmen und Hintergründe ziemlich einfach hinzufügte. Der dritte Maler hat die restlichen 25 erhaltenen Aeneisbilder angefertigt. Er darf als der interessanteste Künstler angesehen werden. Er arbeitete fast so genau wie der erste Maler; allerdings sind seine Figuren nicht immer vollständig dreidimensional begriffen, mag auch ihr Ausdruck stärker sein. Die größte Vollkommenheit des dritten Künstlers lag in der Landschaftsmalerei; er schuf räumliche Kompositionen, die tiefer und besser koordiniert waren als jene des ersten Malers. Er adaptierte sichtlich seine Vorlagen im „Papyrusstil", wenn er architektonische Schauplätze und Hintergründe hinzufügte.

Stilvergleichende Studien, vor allem mit Mosaiken von Santa Maria Maggiore in Rom, legen eine Datierung des Vergilius Vaticanus in die Zeit vor 430 nahe. Die ikonographischen Quellen mögen nach der neuesten Forschung in einer Bilderreihe bestanden haben, die zu einer Zeit herausgebildet wurde, als der Text in einer Folge von zwölf Papyrusrollen veröffentlicht war und nicht in einem einzigen Pergamentcodex. Die Existenz eines solchen Zyklus, in dem jede Episode nacheinander in einer Illustration aufschien, die an passender Stelle in den Text eingesetzt war, scheint die einzige Erklärung für Unregelmäßigkeiten im Codex des Vergilius Vaticanus zu sein. Man denke etwa an die Kombination von nicht zueinander passenden Szenen in Miniaturen des Codex, die in der Rolle getrennte Illustrationen dargestellt haben müssen. So dürften das Treffen des Aeneas mit Deiphobos und die Szene der den Tartarus bewachenden Tisiphone ursprünglich getrennte Bilder gewesen sein; der Maler hat sie vereint, weil der Schreiber in diesem Textabschnitt nur Platz für ein einziges Bild gelassen hat. Sogar drei Episoden - a) die Begegnung mit Musaeus, b) Aeneas versucht den Schatten seines Vaters zu umarmen, c) die Seelen trinken Wasser des Lethe - konnten aus drei ursprünglich getrennten Bildern in einem Codexbild zusammengezogen werden. Die Beispiele ließen sich noch vermehren. Der Vergilius Vaticanus stammt aber aus einer anderen Bildtradition als der Vergilius Romanus; man kann vermuten, daß die ursprüngliche Version der Bilderreihe zur Aeneis, die für den Vergilius Vaticanus adaptiert wurde, in der ersten Hälfte des 2. Jahrhunderts n. Chr. geschaffen wurde. Beziehungen zur Trajanssäule sind nicht auszuschließen. Man hat vermutet, daß der Auftraggeber des Vergilius Vaticanus im Kreise des Quintus Aurelius Symmachus war; auf jeden Fall kann der Codex mit der Wiederbelebung der klassischen Kultur Roms in der Ära um 400 n. Chr. in Zusammenhang gebracht werden.

Durch seine dichte Bilderfolge unterscheidet sich der Vergilius Vaticanus grundlegend vom jüngeren, wohl erst im 6. Jahrhundert n. Chr. in Ravenna oder Rom entstandenen *Vergilius Romanus* (Cod. Vat. lat. 3867 der Biblioteca Apostolica Vaticana). Zwar hatte der Vergilius Romanus den gleichen Textumfang, doch lassen sich nur 42 Bilder (davon 24 zur Aeneis) erschließen, die den einzelnen Gedichten oder Büchern vorangestellt waren. Von diesen Miniaturen haben sich siebzehn (davon zehn zur Aeneis) erhalten. Geschrieben ist der Codex in monumentaler Capitalis rustica. Der Codex ist Zeuge einer neuen Kunst, die sich in erhöhtem Maße vom klassischen Realismus trennt, um sich abstrakteren Formen anzunähern. Die beiden vatikanischen Handschriften Vergils sind nicht nur in stilistischer Hinsicht gänzlich verschieden, sondern unterscheiden sich auch in ihrer Ikonographie. Die Illustrierung zur Aeneis ist wohl an verschiedenen Orten gepflegt worden und hat

verschiedene Traditionen hinterlassen. Waren noch die Illustrationen des Vergilius Vaticanus wie auch der Ilias Ambrosiana in der klassischen malerischen Tradition tief verwurzelt, beginnt mit dem Vergilius Romanus ein Prozeß der linearen Abstraktion in der Zeichnung der Figuren; in gleicher Weise wird auf natürliche räumliche Beziehungen verzichtet. Dies zeigt sich bereits in der ersten Miniatur auf Blatt 1r, die das erste Gedicht der „Bucolica"
Taf. 18 illustriert. Der Kuhhirte Tityrus sitzt links im Bild unter einem Baum und bläst friedlich auf seiner Flöte; drei Kühe lugen hinter dem Baum hervor. Rechts führt der Ziegenhirte Meliboeus eine Ziege am Horn vorbei; einige andere Ziegen schauen hinter einem anderen Baum hervor. Eine Rahmung fehlt dem Bild, was eine gewisse Bindung an die Tradition der Papyrusillustration bedeuten könnte. Die Figuren haben aber auch keinen Boden unter sich und keinen Hintergrund hinter sich; sie suchen ihren Platz frei auf dem Pergamentgrund. Die Versuche, durch das Hervorlugen von Tieren hinter Bäumen eine räumliche Illusion zu erzeugen, sind mißlungen. Der Künstler dieser ersten Miniatur bewahrt aber noch natürliche menschliche Proportionen wie auch eine gewisse Freiheit der Gestik und der Bewegung. Bereits bei der zweiten Miniatur ist aber ein Künstler von ganz anderer Ausbildung am Werk.

Dreimal im Codex wird der Autor dargestellt: auf Blatt 3v, 9r und 14r. Die bedeutendste dieser Miniaturen auf Blatt 3v (zu Bucolica I,82-83) zeigt den
Taf. 19 Dichter in Frontalansicht auf einem Sessel mit einem Codex in der Hand; zur Rechten steht ein Pult, zur Linken ein Behälter für die Papyrusrollen. Das Bild ist in einen Rahmen eingefaßt. Auffallend sind die großen Augen Vergils, die gleichsam ins Unendliche blicken. Der Ausdruck gemahnt an Porträts der gräko-asiatischen Kunst; man hat Vergleichbares sogar in palmyrenischen Skulpturen oder in Dura Europos finden wollen. Es ist keine Tendenz zur Individualisierung mehr zu verspüren; der Maler des Vergil arbeitete bereits in einer Zeit der fortgeschrittenen Spiritualisierung, in der das Interesse an individueller Porträtierung verloren ging. Die orientalisierende Bildwelt hatte Italien bereits um 500 erobert. Sogar Details wie das H-artige Ornament auf Vergils Himation haben östliche Vorbilder. Das erste Autorenbild befindet sich zwischen dem Ende der ersten Ekloge und dem Beginn der zweiten. Dasselbe Porträt scheint auch zwischen dem Text der dritten und vierten Ekloge (Blatt 9r) sowie dem Ende der fünften und den Beginn der sechsten Ekloge (Blatt 14r) auf. Doch sind die Formate verändert. Das Bild auf Blatt 9r ist wesentlich kleiner, die Standorte von Pult und Rollenbehälter sind gegenüber Blatt 3v vertauscht; die Zeichnung der Figur ist sorgloser. Etwas größer ist das Autorenbild auf Blatt 14r; die beiden Utensilien sind wie auf Blatt 9r aufgestellt. Der auffallendste Unterschied ist der Gesichtsausdruck; während das erste Autorenbild weit geöffnete Augen, die in die Weite blicken, zeigt, blicken die beiden Gesichter auf Blatt 9r und 14r nach der Seite.

Drei Miniaturen in unmittelbarer Folge auf Blatt 6r, 11r und 16r veranschaulichen die literarischen Wettkämpfe der Hirten. Auf Blatt 6r erblicken wir die Hirten Menalcas und Damoetas, mit Lorbeer bekränzt, in wechselweisem Rezitieren von Gedichten, während Palaemon, vor einer Hütte stehend, ihnen zuhört; um die Hirten herum sind die Herdentiere zu sehen. Auf Blatt 11v stehen einander die Hirten Menalcas und Mopsus, auf ihre Stäbe gestützt, im Wettkampf gegenüber. Zuletzt zeigt die Szene auf Blatt 16v den dichterischen Wettkampf der Hirten Corydon und Mopsus vor dem Schiedsrichter Meliboeus, der im Zentrum zwischen den stehenden Kontrahenten sitzt. Die drei Szenen zeigen große Verwandtschaft mit Hirtenszenen auf römischen Sarkophagen ab dem 1. Jahrhundert n. Chr. Die frühen Pastoralszenen sind noch heidnisch, während in späteren Jahrhunderten bereits christliche Bezüge im Spiel sind. Der Maler des Vergilcodex hat freilich die Szenen sehr schematisch in horizontaler Komposition angeordnet, während die Beispiele aus anderen Medien Figuren in der Landschaft verteilt zeigen. Die Vergilbilder lassen die obere Bildhälfte frei und füllen die untere mit Tieren. Alles erscheint standardisiert; sogar die Hirten, obwohl sie die kurze Toga tragen, wirken eigentlich unrömisch. Wieder hat man östliche Vorbilder für die Vergilillustrationen postulieren wollen; besonders in der gleichen Betonung von Zentrum und Seitenteilen der Bilder und im Trend der Isolierung der einzelnen Bildobjekte will man östliche Einflüsse erblicken.

Zum dritten Buch der „Georgica" sind zwei Miniaturen - auf Blatt 44v und 45r - erhalten. Es sind dies die einzigen ganzseitigen Miniaturen des Vergilius Romanus. Der Dichter spricht über die Macht des Eros in allen Kreaturen; der Künstler, der die poetische Atmosphäre nur schwer einfangen konnte, zeigt die Hirten beim Wachen über ihre Herden und beim Flötenspiel. Auf Blatt 44v sind zwei Hirten zu sehen, von denen einer sitzend die Flöte spielt, während der andere, auf seinen Stab gestützt, zuhört. Figuren dieser Art gehören zu den Grundtypen der bukolischen Ikonographie; wir finden sie auf vielen Sarkophagen und auch in anderen Kunstgattungen. So gesehen beziehen sich die Figuren in keinem besonderen Merkmal auf die zu illustrierende Textstelle der „Georgica". Es gibt hier keine Bodenlinie; die Menschen und die Tiere sind gleichsam schwebend gleichmäßig über die Bildfläche verteilt. Alle Überschneidungen sind vermieden, die Objekte sind streng isoliert. Einige wenige über die Fläche verteilte Büsche und Blumen ergeben ein Muster in Analogie zu einem Teppich. Auch auf spätantiken Mosaikfußböden ist eine derartige Verteilung von Objekten und Figuren festzustellen; der Maler des Vergil, der die Szenen in einen Rahmen gestellt hat, mag durch ein Mosaik in seinem Streben nach Monumentalität angeregt worden sein. Auch der Figurenstil ist anders als in den ersten Bildern zu den „Bucolica". Die Körper sind weicher, die Gewänder hingegen linearer und abstrakter; die Falten laufen parallel.

Auf Blatt 45r sitzt ein Hirte inmitten seiner Herden; zwei Pferde laufen ungestüm herum, zwei Stiere stoßen mit den Köpfen aneinander. Vor dem Hirten, dessen Gestus ein Singen oder Sprechen andeutet, sitzt aufmerksam lauschend ein Hund. Auch zu diesem Bild können östliche Vorbilder genannt werden, was sowohl die Ikonographie des Hirten, die galoppierenden Pferde und die Verteilung der Objekte über das Bild betrifft. Die Hirtenfiguren können am ehesten mit römischen Skulpturen in Zusammenhang gebracht werden; für die übrige Komposition können Parallelen in mesopotamischen Modellen und syro-palästinensischen Elementen gefunden werden.

Die Bilder zur Aeneis werden eingeleitet durch eine Miniatur auf Blatt 74v (zu Aen. IX,2ff.), auf der die Götterbotin Iris dem Krieger Turnus erscheint. Die aktuelle Foliierung hat die ursprüngliche Reihenfolge durcheinandergebracht, so daß Bilder zum ersten bis siebenten Buch noch später folgen. Auf dem erwähnten Bild schwebt Iris von rechts oben in flatterndem Gewand herab, mit beiden Händen den Regenbogen haltend. Links unten im Bild steht Turnus in Kriegerrüstung, an einen Baum gelehnt. Ein Köcher liegt am Boden. Einige Blumen sollen eine Wiese andeuten; links oben steht ein Gebäude, wellige Linien symbolisieren Wolken. Wir werden abermals Zeugen der Durchbrechung traditioneller Regeln unter dem Einfluß einer neuen Sensibilität. Die Gestalten, die Pflanzen, die Objekte, der Tempel scheinen sämtlich innerhalb des Rahmens in der Luft zu schweben, als ob sie einen Raum suchen würden. Fliegende Genien und Kriegerfiguren vor allem der konstantinischen Epoche wurden in der Forschung als Modelle der Figuren von Iris und Turnus ausgemacht. Alle Figuren und Gegenstände stehen vor einem lichten Hintergrund, so daß kein Raumgefühl aufkommt.

Auf Blatt 76v erblicken wir Aeneas, Acestes und Helymus in Frontalstellung auf Thronen sitzend, je einen Speer in der Linken haltend; sie nehmen an den Spielen zu Ehren des verstorbenen Anchises teil (vgl. Aen. V,72ff.). Links unten erhebt Ascanius den Dolch über einem Opfertier vor dem Grab des Anchises. Die Trias, die bis auf die Gesten und die Gewandung gleichartig gestaltet ist, hat orientalische Vorbilder. Vergleichbar ist auch ein Goldmedaillon mit den Kaisern Konstantin, Konstans und Konstantin II. aus dem Jahre 338.

Blatt 77r präsentiert die Episode des Sturmes auf dem Meer (nach Aen. I,88ff.). Die trojanischen Schiffe schwimmen im sturmgepeitschten Meer, in dem sich Delphine und Fische tummeln. Die entfesselten Naturgewalten, die Juno gesandt hat und zu denen Aeneas hilfeheischend die Arme hebt, sind als Personifikationen dreier Windgötter dargestellt, die Sturm und Regen aussenden; Juno in der Mitte hält die Blitzfackel.

Auf Blatt 100v ist das Festmahl dargestellt, das die verliebte Dido bereitet,
Taf. 20 um mehr über die Zerstörung Trojas zu erfahren. Das Bild zeigt die Tafelnden in steifer zeremonieller Pose. In der Mitte sitzt Dido, geschmückt mit Krone und Juwelen, links lagert Aeneas, rechts ein weiterer Trojaner (oder Anna, die Schwester Didos); diese Gestalt ist offensichtlich aus Gründen der Symmetrie hinzugefügt. Zwei Diener im Vordergrund kredenzen Wein. Dem Künstler gelang keine naturgetreue Darstellung der Haltung der liegenden Figuren; immerhin schwingen die Gewänder lebhaft. Ein starker Trend zur Ornamentalisierung ist festzustellen. Draperien gliedern den Raum in drei Teile gemäß

den drei vorhandenen Gestalten; drei Farben gliedern in vertikaler Richtung: Gelb für den Fußboden, Purpur für die Liegebank, Grün für die Wand. Die dritte Dimension ist nicht erfaßt; die Fläche eines Tisches oder die Polster der Bank sind gleichsam hochgeklappt. Überall wird das Bild durch eine strenge Symmetrie beherrscht. Gegenüber den ersten Bildern des Codex ist die Abstraktion der Zeichnung weit fortgeschritten. Die Emotionen sind durch erhobene Arme gekennzeichnet: Aeneas als lebhaft Erzählender, Dido als aufmerksame Zuhörerin haben die Rechte im gleichen Gestus erhoben. Wieder konnten östliche Parallelen gefunden werden; man denke an palmyrenische Skulpturen oder syrische Mosaike. Auch die Nimben der Gestalten gemahnen an den Osten.

Die Miniatur auf Blatt 101r (zu Aen. II,26) präsentiert die Episode des Trojanischen Pferdes. Vor der Stadtmauer Trojas steht Priamos mit Gefolge, ihm gegenüber der nackte Verräter Sinon und das künstliche Pferd, in dem die griechischen Krieger versteckt sind. Von der Mauerkrone sehen Hekabe und ihre Kinder zu. Im Vergleich zur verwandten Szene im Vergilius Vaticanus, wo die Körper und das Trojanische Pferd impressionistisch und naturnah gemalt sind, herrscht hier ein zeichnerischer Zug vor, in dem die Plastizität verlorengegangen ist.

Auf Blatt 106r wird eine der dramatischesten Szenen der Aeneis dargestellt: Aeneas und Dido in der Höhle, wo sie Zuflucht vor einem Gewitter suchen und wo sich Didos Sehnsucht erfüllt (zu Aen. IV,160ff.). Der Maler hat die Bildfläche in vier ungleich große Teile geteilt. Unten rechts umarmen sich Dido und Aeneas in einer Höhle; Didos aggressive Liebe kommt deutlich zum Ausdruck. Die beiden sitzen in einem welligen Gebilde, das an eine Schachtel erinnert. Links stehen in verkleinertem Maßstab ihre Pferde an einen Baum gebunden; sie sind wie vom Boden abgehoben, da unter ihnen zur Raumfüllung Pflanzen eingesetzt sind. Dicke Regentropfen fallen vom Himmel; in der oberen linken Bildfläche schützt sich ein Soldat davor, indem er den Schild über den Kopf hält. Im vierten Bildviertel ist ein trojanischer Soldat in der Pose eines Wachtpostens abgebildet, der vom Unwetter unbeeindruckt erscheint. Er sitzt über der Höhle, sollte aber eigentlich vor deren Eingang sitzen. Der Maler hat auf die Darstellung räumlicher Beziehungen verzichtet; jede Szene soll in gleichem Abstand zum Betrachter stehen. Die Figuren weisen kräftige Konturen und eine sehr dekorative Zeichnung der Gewänder auf. Die Stellung von Dido und Aeneas erinnert an römische Grabporträts von Ehepaaren; der traurige Ausdruck der weit geöffneten Augen gemahnt an östliche Porträts. Die Szene ist eines der eindrucksvollsten Beispiele für strenge Linearität.

Blatt 163r bringt die Episode aus Aeneis VII,482, in der Ascanius den Hirsch der Silvia verwundet. Die verzweifelte Silvia wird daraufhin die Bauern zur Rache aufrufen, weshalb es zum Kampf gegen die Trojaner kommt. Das Bild ist abermals unterteilt. Die linke Hälfte zeigt vier trojanische Krieger; über ihnen sind in Medaillons Sonne und Mond zu erblicken. Rechts schützt ein

Trojaner sein Haupt mit dem Schild; über ihm eilt der tödlich verwundete Hirsch davon. Im Vergilius Vaticanus ist dieselbe Episode anders dargestellt; der sterbende Hirsch kehrt zu Silvias Haus zurück; zur selben Zeit kämpfen bereits die Bauern mit den Trojanern.

Blatt 188v (zum 9. oder 12. Buch der Aeneis) bringt eine Kampfszene
Taf. 21 zwischen Trojanern und Rutulern. Die Komposition ist konventionell und statisch; wie in zwei Blöcken stehen die Truppen einander gegenüber. Immerhin ist die Szene durch eine reiche Farbgebung belebt; interessanterweise ist der rechte Bildrahmen durch einen Speerschaft unterbrochen. Die Gesichter sind sämtlich in strengem Profil dargestellt; sie erinnern auffallend an Münzbilder ab der Zeit Konstantins des Großen.

Die letzten beiden erhaltenen Bilder des Vergilius Romanus haben Götterversammlungen zum Inhalt. Auf Blatt 324v thront Jupiter in der Mitte, flankiert links von Merkur und rechts von einem älteren Gott; ganz links im Vordergrund sitzt Minerva, rechts vorne Juno, deren Sprechgestus ihre Ansprache andeutet (vgl. Aen. X,1ff.). Auf Blatt 235r thront Neptun in der Mitte der Götterversammlung, kenntlich an seinem Dreizack und dem Delphin im rechten Arm; links thronen Diana und Merkur, rechts Juno und Minerva; die Szene bezieht sich auf Aeneis V,779ff.; allerdings fehlt hier Venus, die Neptun um Besänftigung des Meeres anflehen sollte. Beide Szenen zeichnen sich durch symmetrische Anordnung aus. Die vorsitzende Gottheit thront jeweils in der Mitte, während je zwei Götter links und rechts postiert sind, sei es zur Gänze frontal, sei es halb frontal, halb im Profil. Der Gesichtsausdruck ist melancholisch und dunkel. Die Szenen sind vor einem gestirnten Hintergrund mit Regenbogen, Sonne und Mond gemalt. Parallelen in der Ilias Ambrosiana verweisen auf gemeinsame Vorlagen der Götterversammlungen. Auch in der Malerei von Katakomben finden sich ähnliche Versammlungsszenen; man denke etwa an den sogenannten Aristoteles unter der Via Latina. Ikonographische Parallelen zeigen sich auch in den Fresken der Synagoge zu Dura Europos aus dem 3. Jahrhundert n. Chr.

Aus paläographischen und ikonographischen Gründen wurde für den Vergilius Romanus eine Datierung in das frühe 6. Jahrhundert vorgeschlagen. Über den Entstehungsort wurde in der Forschung lebhaft debattiert. Gelehrte, die einen westlichen Ursprung annahmen, verwiesen auf ein provinzielles Skriptorium. Doch haben minutiöse Vergleiche zahlreiche Parallelen zu östlicher Kunst aufgezeigt, was aber noch nicht einen Ursprung im Osten beweisen müßte. Die Aufbewahrung des Codex im Mittelalter in Saint Denis kann kein Beweis für eine gallische Herkunft sein. Am wahrscheinlichsten ist eine norditalische Provenienz; Ravenna hatte sich in der Spätantike zu einem wichtigen Zentrum entwickelt. Es wäre nicht verfehlt, an Maler zu denken, die im Osten ausgebildet oder in östlicher Kunst geschult worden waren und in Ravenna gearbeitet haben. Vielleicht hat Karl der Große bei seinem Aufenthalt in Ravenna den Codex nach Gallien mitgenommen. Doch mag auch ein östliches Skriptorium nicht völlig ausgeschlossen sein.

Ein Problem erhebt sich bei der Betrachtung der *dramatischen Dichtung* als Grundlage für die Buchmalerei. Vor allem die Tragödien des Euripides (ca. 480-406 v. Chr.) erfreuten sich einer ungemeinen Popularität, was auch in der Vielzahl der erhaltenen Papyrusfunde zum Ausdruck kommt. Diese Popularität spiegelt sich auch in den darstellenden Künsten. Sobald die Vasenmalerei des 5. und 4. Jahrhunderts v. Chr. literarische Quellen zu berücksichtigen begann, begann auch das Drama eine essentielle Rolle zu spielen. In der hellenistischen Epoche kommen Darstellungen nach Tragödien des *Euripides* zahlenmäßig an homerische Episoden heran. Auch auf den „Megarischen Bechern" sind Stücke des Euripides vertreten. Noch in römischer Zeit war die Popularität des Euripides ungebrochen; man denke an Darstellungen auf Sarkophagen und in pompejanischen Wandmalereien. Da die genannten Medien vergleichbare bildhafte Darstellungen aufweisen und eine zyklische Erzählweise erkennen lassen, hat man in der Forschung auch an illustrierte Papyrusrollen als letzte Quellen der obengenannten bildlichen Darstellungen gedacht. Vor allem Kurt Weitzmann hat die Existenz illustrierter Euripidesrollen mit Nachdruck verfochten. Ein Beleg für illustrierte dramatische Rollen ist der Papyrus Laurentianus 847 der Biblioteca Laurenziana in Florenz aus dem 1. oder 2. Jahrhundert n. Chr., der ein Bruchstück aus einer Komödie aus der Zeit der Neuen Komödie enthält. Erhalten sind nur ein kleines Fragment einer Schriftkolumne und einige Spuren einer Miniatur, die mit rötlicher und rosa Farbe gefüllt sind. Trotz der Bruchstückhaftigkeit des Papyrus geht doch aus ihm klar hervor, daß es im 1. oder 2. Jahrhundert n. Chr. bereits illustrierte Dramentexte gegeben hat, also zu einer Zeit, in der die Papyrusrolle noch dominierte. Zweitens geht daraus hervor, daß dramatische Texte in Papyrusrollen in gleicher Weise wie die epischen Dichtungen illustriert waren, nämlich durch ungerahmte Bilder auf dem Papyrusgrund an den betreffenden Stellen in den Kolumnen der Schrift.

Die „Megarischen Becher" stellen die frühesten Belege für die Illustrierung euripideischer Dramen dar. Eine Schale in Berlin trägt sogar den Titel Εὐριπίδου Ἰφιγενείας (Euripidu Iphigeneias); die Szenen verdeutlichen, daß es sich um „Iphigenie in Aulis" handelt. Erhalten sind auf der Schale fünf Szenen voll lebendiger Handlung, wenn auch ganz zusammengedrängt in einem Medium, für welches sie nicht erfunden worden waren. Man erblickt zuerst Iphigenie bei ihrer Ankunft in Aulis, wie sie freudig den Vater Agamemnon begrüßt; Klytaimnestra folgt mit dem kleinen Orestes nach. Die nächste Szene zeigt Klytaimnestra im Gespräch mit Achilleus, den sie irrigerweise als Schwiegersohn begrüßt. Ein alter treuer Diener klärt Klytaimnestra über den Betrug Agamemnons auf. Iphigenie, über ihre bevorstehende Opferung informiert, bittet Agamemnon um ihr Leben; zuletzt erscheint sie mit ihrem Schicksal versöhnt und lehnt Achilleus' Hilfe zur Rettung ihres Lebens ab. Alle Szenen schließen sich eng an den Text des Euripides an. Eine andere Schale im Metropolitan Museum zu New York überliefert den Beginn desselben Dramas ebenfalls in fünf Szenen. Man sieht zuerst Agamemnon voll von Reue einen Boten an Klytaimnestra senden, um Iphigeniens Ankunft zu verhindern. Menelaos interveniert zornig und entreißt dem Boten den Brief, während ein anderer Bote die Ankunft Iphigeniens ankündigt. Es folgt die Szene der Ankunft Iphigeniens mit Mutter und Bruder; zuletzt macht Menelaos dem Bruder heftige Vorwürfe für seinen Versuch der Verhinderung des geplanten Menschenopfers. Mit Hilfe dieser zehn Szenen von zwei Bechern und vier Szenen von Marmorreliefs kann ein Gutteil eines ursprünglichen Miniaturenzyklus rekonstruiert werden.

Von den 75 Dramen, die man in der Antike als echte Stücke des Euripides anerkannte, sind nur mehr achtzehn erhalten. Für Philologen und Archäologen sind daher Bildquellen von Bedeutung, die sich auf heute verlorene Stücke des Euripides beziehen. So sind auf einer von einem Dionysios geschaffenen Reliefschale Szenen aus dem verlorenen Satyrspiel „Autolykos" erhalten. Sogar auf baktrischen Silberbechern wollte man euripideische Szenen erkennen. Die römischen Sarkophage sind ebenfalls Quellen für bildhafte Darstellungen aus Euripides. Die Auswahl der Szenen war freilich eingeschränkt durch deren Anpassungsmöglichkeit an die Grabkunst. Am ehesten finden sich einschlägige Szenen auf den schmalen Friesen der Deckel. So zeigt ein Sarkophag im Lateran-Museum Szenen aus der „Iphigenie unter den Tauriern". Ein Sarkophag in Arles bringt Szenen aus dem „Hippolytos". In der Katakombe des Pretextatus fand sich ein Sarkophag mit einer Szene aus den „Peliades". Vergleichbare Szenen auf den Bechern zeigen, daß es sich um verschiedene Vorlagen handeln muß. Während zahlreiche Szenen aus Euripides in einem „epischen" Stil der Illustration gehalten sind, gibt es auch Denkmäler für einen „theatralischen" Stil, beispielsweise in Fußbodenmosaiken des 2. Jahrhunderts n. Chr. aus Antiocheia oder in einer Marmorplatte aus Herculaneum. Das letztere Dokument zeigt sogar Schauspieler mit Masken. Auch ein Fries der „Casa del Centenario" in Pompeji bietet einen erzählenden Fries mit Theaterszenen dar, in denen Ausschnitte aus Tragödien und Komödien vorkommen, darunter auch solche aus der „Medeia" des Euripides.

Zwar ist keine illustrierte Euripidesrolle erhalten, ebensowenig eine mittelalterliche Kopie einer antiken bebilderten Euripideshandschrift. Allerdings überliefert eine Handschrift der „Kynegetika" des Pseudo-Oppian aus dem 11. Jahrhundert in der Biblioteca Nazionale Marciana zu Venedig auf Blatt 47r Szenen mit der Personifikation der Eifersucht und Szenen aus verschiedenen Stücken des Euripides. Man erkennt darunter Medea, die eben ihre Kinder getötet hat, und das Kochen des zerstückelten Pelias durch dessen Töchter. Auch Szenen aus der „Ino" sind in derselben Miniatur kenntlich; eine Szene dürfte sich auf den „Aigeus" beziehen.

Zwar gibt es auch Vasenmalereien und Sarkophage mit Themen aus Stükken von Aischylos und Sophokles; doch ist die Basis sehr schmal für eine allfällige Rekonstruktion einer Tradition in der Buchmalerei.

Unter den Komödiendichtern genoß *Menander* eine ungeahnte Popularität. Das oben erwähnte Fragment eines Papyrus einer Neuen Komödie läßt es auch wahrscheinlich erscheinen, daß es illustrierte Menanderpapyri gab. Allerdings ist in diesem Fall die Rekonstruktion von Zyklen aus Komödien Menanders kaum möglich, da die Textüberlieferung zu fragmentarisch ist; zudem sind die Komödientypen schwerer zu identifizieren als mythologische Figuren aus den Tragödien. Hingegen stehen wir auf festem Boden bei der Rekonstruktion antiker illustrierter Handschriften des römischen Komödiendichters *Terenz*. Unter den mittelalterlichen Codices, die den „Rollenstil" aus antiken Handschriften übernahmen, befinden sich auch illustrierte Terenzausgaben des 9./10. Jahrhunderts, die wohl alle auf einen Archetypus des 5. Jahrhunderts n. Chr., die sogenannte Calliopiusrezension, zurückgehen. Unter diesen Handschriften nimmt der Codex Vat. lat. 3868 der Biblioteca Taf. 22 Apostolica Vaticana als das wohl älteste Exemplar eine besondere Stellung ein. Der Codex wurde von einem Schreiber Hrodgarius in karolingischer Minuskel kopiert und von einem Aldericus ausgeschmückt; der Codex entstand zwischen 826 und 856 in der Abtei Corbie; er ahmt Format und Ausstattung einer antiken Handschrift nach. Auf ein von zwei Schauspielern präsentiertes ganzseitiges Autorenbild im Clipeustypus folgen die sechs Komödien des Terenz in chronologischer Ordnung. Jedem Stück steht ein von einer Säulenaedicula gerahmtes Regal mit Masken voran, ebenso der Prolog mit einer Figur des Sprechers. Der Text selbst wird im Zusammenhang mit jedem Wechsel der Szenen bzw. des Auftrittes durch zahlreiche kolorierte, in Umrißzeichnung gehaltene Illustrationen mit den jeweiligen Protagonisten gegliedert. Diese Szenen stehen ohne Rahmung vor der jeweiligen Partie des Textes und beschränken sich auf die Wiedergabe der vom Text verlangten maskentragenden Figuren. Die Szenerie ist auf versatzstückhaft eingestreute Elemente und Gegenstände (z. B. Türrahmen mit Vorhängen) reduziert. Die Dialoge werden durch die dramatische Gestik der Figuren sichtbar gemacht. Kurt Weitzmann versuchte, eine hellenistische Terenzillustration nachzuweisen. L. W. Jones und C. R. Morey gingen von der Annahme aus, daß die illustrierten Fassungen des Terenz auf einen lateinischen Archetypus zurückzuführen seien, der im 5. Jahrhundert durch griechische Künstler teilweise überarbeitet wurde. Hingegen suchte J. H. Grant nachzuweisen, daß die wohl nicht vor dem 5. Jahrhundert entstandenen Illustrationen nicht ursprünglich für die Calliopiusrezension geschaffen wurden, sondern erst nachträglich mit diesem Zweig der Textüberlieferung verbunden wurden. Da jedoch im 5. Jahrhundert Aufführungen alter Stücke mit Masken nicht mehr gebräuchlich waren, ist eine detaillierte Bekanntschaft mit den Masken in dieser Spätzeit wohl weniger glaubhaft, so daß an einen älteren lateinischen Archetypus für die Bildtradition zu denken sein wird.

Aus Darstellungen auf den „Megarischen Bechern" und auch Vasen hat man auf die Existenz illustrierter Mimen schließen wollen. Zweifelsohne erfreute sich der Mimus einer großen Beliebtheit; doch ist die Basis für eine Rekonstruktion sehr schmal.

Der ausführlich beschriebene Vergilius Romanus ist das einzige Denkmal einer illustrierten Handschrift mit bukolischen Szenen. Es ist daher anzunehmen, daß es eine längere Tradition *bukolischer Buchillustrationen* gegeben hat, zumal bereits die „Eidyllia“ des Theokritos (1. Hälfte 3. Jh. v. Chr.), des Begründers der Hirtenpoesie, großes Ansehen genossen. Doch bleibt die Rekonstruktion zweifelhaft, so daß der Vergilius Romanus als einer der letzten Höhepunkte bukolischer Dichtung und Buchmalerei zugleich verbleibt. Die Eklogen Vergils blieben auch im Mittelalter populär; manches Dokument mit Bildern zu den Eklogen kann daher als Ausläufer der klassischen bukolischen Buchillustration angesehen werden. Man denke etwa an eine Vergilhandschrift des 10. Jahrhunderts in der Biblioteca Nazionale zu Neapel oder an den Codex Vat. lat. 3251 der Biblioteca Apostolica Vaticana aus dem 12. Jahrhundert.

Das Feld der *literarischen Prosa* ist ein sehr weit gespanntes. Es bleibt umsomehr Aufgabe des Kunsthistorikers, Spuren von Buchmalerei der Antike auf diesem Gebiet zu suchen. Noch relativ eng an Epos und Drama schließt sich das mythologische Handbuch an. Modelle aus dem Bereich von Epos und Drama konnten hier teilweise verwendet werden. Da aber nicht jedes mythologische Sujet in diesen Literaturgattungen existiert hat, war auch der eigenen Erfindung Raum gegeben. Das mythologische Erbe wurde in hellenistischer Zeit kodifiziert; das beste Beispiel hiefür ist die „Bibliotheke“ des Apollodoros, ein mythographisches Handbuch, das auf den Namen des berühmten Grammatikers Apollodoros aus dem 2. Jahrhundert v. Chr. gefälscht ist, aber wohl erst aus dem 1. oder 2. Jahrhundert n. Chr. stammt. Eine Evidenz für die Ausschmückung derartiger mythologischer Handbücher wurde aus byzantinischen Handschriften erschlossen. So enthält der Codex Taphou 14 der Patriarchatsbibliothek zu Jerusalem aus dem 11. Jahrhundert einen Kommentar eines Pseudo-Nonnos zu vier Homilien des Gregor von Nazianz; darin werden die Anspielungen auf antike Mythen bei Gregor zusammengestellt. Der Text ist auch illustriert. In einigen der Bilder - etwa der Geburt der Athene aus dem Haupt des Zeus oder der Verfolgung der Athene durch Hephaistos - klingen Kompositionsschemata der Antike nach. Im Codex Marc. gr. 479 der Biblioteca Nazionale Marciana zu Venedig, der Handschrift der „Kynegetika“ des Oppianos, ist auf Blatt 19v die Tötung der Gorgo durch Perseus dargestellt. Das Bild richtet sich nach Apollodors Text und nicht nach dem Text Oppians, so daß hier eine eigene Bildtradition postuliert werden kann. Die „Bibliotheke“ des Apollodoros war freilich nur ein Kompendium neben vielen anderen; und es besteht auch das Problem, ob jede mythologische Szene in einer byzantinischen Miniatur auf ein antikes Handbuch zurückgeführt werden kann.

Zu den Neuschöpfungen des Hellenismus zählt der *Liebesroman*. Alsbald erfreuten sich die Romane einer großen Popularität, so daß es naheliegt, auch Handschriften von Romanen mit narrativen Zyklen anzunehmen. Den Beweis dafür liefert das Rollenfragment eines Romans, der Papyrus des Ms. suppl. gr. 1294 der Bibliothèque nationale zu Paris aus dem 2. Jahrhundert n. Chr. mit der kolorierten Wiedergabe der Protagonisten der Handlung. Das Stück enthält die Reste von drei Schriftkolumnen, in die die Bilder eingebaut sind. In der ersten Szene sind zwei Personen, gekleidet in Tuniken mit Clavi, zu sehen, von denen eine hastig wegläuft. In der zweiten Szene sprechen zwei stehende Gestalten mit einer Person, die auf einem Thron sitzt und durch ihre Chlamys als höherstehende Person charakterisiert ist; von der dritten Szene ist nur mehr ein sitzender Mann übriggeblieben. Der Stil der Zeichnung ist sehr flüchtig; die dicken Umrißlinien sind mit einfacher rosa und graublauer Farbe gefüllt. Mögen die Bilder auch von minderer Qualität sein, belegen sie dennoch die Existenz einer zyklischen Illustration für den Roman mit einer Serie etlicher Szenen für jede Episode, die es dem Leser gestatteten, den Text auch visuell zu verfolgen. Auch in anderen Medien kann man Reflexe von Liebesromanen sehen. So spielt ein aus Antiocheia stammendes Mosaik (in Worcester, Mass., USA, Art Museum) auf den Roman von Metiochos und Parthenope an. Ein einst benachbartes Mosaik (heute im Princeton Museum of Art) konnte als Episode des auch aus Papyri bekannten Ninosromans identifiziert werden. Einen Eindruck eines illustrierten Romans vermittelt noch ein mittelalterlicher Codex des Apolloniosromans im Nationalmuseum (Nemzeti Muzeum) zu Budapest (Cod. lat. med. aev. 4). Der Codex wurde im deutschen Kloster Werden im 10. Jahrhundert geschrieben und illustriert; die Zeichnungen zeigen noch den Reflex antiker Figuren und Kompositionen. Der Codex ist nur mehr fragmentarisch erhalten; eine Hochrechnung auf Grund der erhaltenen Bilder kommt auf rund 200 Miniaturen für den gesamten Roman.

Neben dem Liebesroman existierten im Altertum noch der Abenteuerroman, der historische Roman, der bukolische Roman und der allegorische Roman. Zu den beliebtesten historischen Romanen zählte der *Alexanderroman* mit der Ausschmückung der Taten Alexanders des Großen. Die populärste griechische Version ist jene des Pseudo-Kallisthenes; der griechische Alexanderroman erlebte viele Bearbeitungen und Übersetzungen; mit den Übersetzungen konnten auch Bilder illustrierter Romanexemplare kopiert werden. In den verschiedenen Volkssprachen gibt es denn auch eine Reihe illustrierter Alexanderromane. Miniaturen aus dem Alexanderroman konnten auch in andere Texte übergehen. So enthält die aus dem 11. Jahrhundert stammende Handschrift der „Kynegetika" des Pseudo-Oppianos in Venedig (Cod. Marcianus gr. 479) auf Blatt 8r–v drei Szenen, die aus dem Alexanderroman stammen müssen: das Pferd Bukephalos, das als Geschenk an König Philipp gebracht wird, das hinter Eisengitter gesperrte Pferd und zuletzt Alexander den Großen, der mit eingelegter Lanze auf dem Pferd König Dareios attackiert, der auf einem Streitwagen flieht. Doch auch die spätmittelalterlichen Zyklen der Alexanderromane haben ihre letzten Wurzeln in der Spätantike. Dies ist insoferne von besonderer Wichtigkeit, als es sich um einen der wenigen für weltliche Bücher konzipierten Zyklen handelt, der bis ins 18. Jahrhundert Nachwirkungen erlebte. Der Roman des Pseudo-Kallisthenes in seiner erhaltenen Fassung stammt wohl aus dem 3. Jahrhundert n. Chr. und dürfte bereits im 4. Jahrhundert illustriert worden sein. Denn aus dieser

Zeit stammt ein Fußbodenmosaik aus Soueidié bei Baalbek im Libanon, in dem vier Szenen aus dem Alexanderroman dargestellt sind, wie Vergleiche mit späten Beispielen des Zyklus - speziell dem armenischen Alexanderroman in Cod. 424 des Klosters San Lazzaro in Venedig - erweisen. Weitere Spuren dieses Bilderzyklus zeigen sich im oben erwähnten Codex der „Kynegetika" des Pseudo-Oppianos aus dem 11. Jahrhundert und möglicherweise auf einer byzantinischen Elfenbeinschnitzerei aus La Cava aus dem 10. Jahrhundert. Der Alexanderzyklus ist vielleicht in Alexandreia entstanden, von wo er sich über die griechische Welt verbreitet haben und an die verschiedenen Versionen des Pseudo-Kallisthenes adaptiert worden sein dürfte. Erhalten sind jedoch erst Handschriften des 13. und 14. Jahrhunderts. Ein Codex der Rezension ε des Pseudo-Kallisthenes, der Codex Barrocci 17 der Bodleian Library zu Oxford, der im 13. Jahrhundert geschrieben wurde, weist dreißig Miniaturen auf; aber 130 Freiräume für Bilder existieren daneben. Reich illustriert ist hingegen ein Codex der Rezension γ aus dem 14. Jahrhundert, der im Istituto di Studi Bizantini zu Venedig verwahrt wird. Ein anderer Codex des Alexanderromans, der ein auf der Rezension β des Pseudo-Kallisthenes basierendes Gedicht im politischen Versmaß überliefert, weist achtundachtzig Freiräume im Text auf, die von Bildern eines Zyklus gefüllt werden hätten sollen. Von Byzanz aus verbreitete sich der Alexanderzyklus über die Länder Osteuropas und des Nahen Ostens. Dem griechischen Original kommt der armenische Alexanderzyklus sehr nahe, von dem mindestens acht illuminierte Handschriften existieren; ihr Text basiert auf der Version α des Pseudo-Kallisthenes aus dem 5. Jahrhundert. Auf der Version ε beruht der serbische Alexanderroman, von dem eine wichtige Handschrift des 15. Jahrhunderts in Sofia verwahrt wird. Der rumänische Alexanderroman basiert seinerseits auf dem serbischen Text. Der russische Alexanderroman geht auf die Version β des Pseudo-Kallisthenes zurück und existiert noch in fünf Versionen zwischen dem 12. und 16. Jahrhundert. Das Ms. 76 der Akademie der Wissenschaften in Sankt Petersburg enthält über 300 Bilder; der Codex stammt aus dem 16. Jahrhundert.

Der spätantike Bilderzyklus des Alexanderromans kam offensichtlich in der ersten Hälfte des 13. Jahrhunderts in das lateinische Abendland, vermutlich in der Version I^2 der „Historia de preliis", die in Süditalien oder Sizilien entstanden sein mag, wo man noch Griechisch sprach bzw. verstand. Zwei Handschriften dieser Klasse sind noch erhalten: Paris, Bibliothèque nationale, Nouv. acq. lat. 174 mit nur vier Bildern und Leipzig, Stadtbibliothek, Repositorium II 4to, 143 aus Süditalien aus dem 13. Jahrhundert mit 167 Miniaturen. Ein dritter Codex der „Historia de preliis" I^2, der Cod. Vat. lat. 7190 der Biblioteca Apostolica Vaticana, entstand um 1400 wohl in Mitteleuropa. Die „Historia de preliis" I^2 wurde noch im 13. Jahrhundert ins Französische übersetzt und nahm den Zyklus mit sich nach Frankreich. Die elf illustrierten Handschriften der französischen Version weisen zwischen 80 und 100 Bildern auf, die aus dem spätantiken Bilderzyklus ausgewählt wurden.

Derselbe Bildersatz ging von der „Historia de preliis“ I^2 in zwei Handschriften der Version I^1 über, allerdings über den Kanal des altfranzösischen Prosa-Alexander. Der Codex Ms. lat. 8501 der Bibliothèque nationale zu Paris entlehnte den Bilderzyklus aus dem französischen Text, obwohl einige Bilder nicht mit dem lateinischen Text von I^1 zusammenpassen; der Codex entstand wohl in Norditalien in der Mitte des 14. Jahrhunderts. Auch das Ms. Peniarth 481 der National Library of Wales zu Aberystwyth aus dem 15. Jahrhundert, das von einem flämischen Künstler illuminiert wurde, zeigt noch Spuren des Einflusses des französischen Alexanderbuches.

Die dritte interpolierte Version der „Historia de preliis“ I^3 zeigt in einem italienischen Codex des 14. Jahrhunderts (Karlsruhe, Badische Landesbibliothek, Cod. Aug. LXIII) eine Auswahl von Bildern des obengenannten Zyklus. Exemplare der „Historia de preliis“ haben sicher auch die Illustrationen deutscher Alexanderdichtungen beeinflußt; man denke an den „Alexander“ des Rudolf von Ems oder jenen des Ulrich von Etzenbach. Spuren sind auch in der niederländischen Historienbibel und der Straßburger Weltchronik des Jakob Twinger von Königshofen zu erblicken.

Sehr populär waren die *Fabeln* des Aesop sowie die griechische Fabelsammlung des Babrios und die lateinische des Phaedrus. Der Cod. Voss. lat. oct. 15 der Bibliothek der Rijksuniversiteit zu Leiden, eine Kopie der Romulusversion der äsopischen Fabeln, die in Limoges im 11. Jahrhundert entstand, weist noch an die 100 Fabelillustrationen in einfacher Federzeichnung auf; der Prozeß der Transformation in einen mittelalterlichen Zyklus ist weit fortgeschritten, doch ist in etwa noch das klassische Erbe zu verspüren. Zu nennen ist auch Ms. lat. nouv. acq. 1132 der Biliothèque nationale zu Paris, eine karolingische Handschrift mit den Fabeln des Avianus; die neun erhaltenen Miniaturen füllen sichtlich nach Art des „Papyrus- bzw. Rollenstils“ die Zwischenräume in den Kolumnen, so daß sie ein klassisches Modell erahnen lassen.

Bei der Besprechung der antiken Buchmalerei mußten immer wieder *mittelalterliche Codices* genannt werden, die als Erben und als *Reflexe antiker Handschriften* zu gelten haben und daher für die Rekonstruktion antiker Buchkunst von eminenter Bedeutung sind. Einige ergänzende Bemerkungen mögen hier noch am Platz sein. Zunächst sei auf die Rezeption des „Rollenstils“ in mittelalterlichen Handschriften antiker Texte verwiesen. Schon bei der Herbariumsillustration nach Art des Dioskurides und des Pseudo-Apuleius war eine ungebrochene *Kontinuität des „Rollenstils“* bis in Codices des frühen Mittelalters zu bemerken. Eine Parallele boten auch technische Illustrationen des Corpus Agrimensorum Romanorum im Codex Arcerianus A und dem karolingischen Codex Pal. lat. 1564 der Biblioteca Apostolica Vaticana mit Agrimensorentexten. Es liegt daher nahe, aus dem Auftreten wesentlicher Züge des „Papyrus- bzw. Rollenstils“ in mittelalterlichen Handschriften antiker Texte die ehemalige Existenz eines nicht mehr erhaltenen, unter Umständen noch auf Rollenform zurückzuführenden Archetypus zu erschließen.

Wieder sind es in erster Linie *Texte wissenschaftlicher Natur,* die als bedeutsame Vertreter des „Rollenstils“ in mittelalterlichen Handschriften überliefert sind. Eine Prachthandschrift für Karl den Kahlen, die nach 838 geschaffene Arithmetik des Boethius (Bamberg, Staatsbibliothek, Ms. H. J. IV, 12), weist reich ornamentalisierte und durch figürliche Motive belebte Schemata auf, die letztlich in der Tradition hellenistischer mathematischer Papyri stehen. Schriften hellenistischer Autoren zu Mechanik und Maschinenbau sind in mittelalterlichen arabischen Handschriften (z. B. Leiden, Bibliothek der Rijksuniversiteit, Cod. or. 51 des 13. Jahrhunderts mit einer Übersetzung der „Mechanika“ des Heron von Alexandreia) bzw. in byzantinischen Codices (z. B. Sammelhandschrift der „Poliorketika“, Cod. Vat. gr. 1164, 11. Jahrhundert; Venedig, Biblioteca Nazionale Marciana, Cod. gr. 516, 13. Jahrhundert als früheste Kopie der „Pneumatika“ und „Automatopoietika“ des Heron von Alexandreia) überliefert und enthalten in Umrißzeichnung ausgeführte, teilweise kolorierte, in den Text integrierte Illustrationen. Die Überlieferung einer im 10. Jahrhundert von Heron von Byzantion verfaßten Paraphrase der „Poliorketika“ weist Illustrationen auf, die durch figürliche Elemente wie Bedienungspersonal oder Soldaten belebt sind (Cod. Vat. gr. 1605 der Biblioteca Apostolica Vaticana, 11. Jahrhundert). Ein lateinisches Pendant dazu bildet der Traktat „De rebus bellicis“, der in Kopien des 15./16. Jahrhunderts nach einer verlorenen Sammelhandschrift des 10. Jahrhunderts (Codex Spirensis) überliefert ist. Die Illustrationen, auf die der Text mehrfach hinweist, sind in den Text integriert, allerdings durch Rahmen von diesem isoliert; sie beschränken sich nicht nur auf die Wiedergabe der Kriegsmaschinen, sondern zeigen diese auch im Einsatz vor Landschaftshintergründen.

Von astronomischen Handschriften sind zu nennen mehrere bebilderte, meist als Teil von Sammelhandschriften überlieferte Fassungen lateinischer Aratea aus karolingischer Zeit, so die Handschriften in München (Bayerische Staatsbibliothek, Clm 210), Wien (Österreichische Nationalbibliothek, Cod. 387) und Madrid (Biblioteca nacional, Cod. 3307) mit rahmenlosen, in die betreffenden Textspalten integrierten und kolorierten Illustrationen; in diesem Fall ist das figürliche Element - die Darstellung von Sternbildern - untrennbar mit dem Darstellungsgegenstand verbunden.

Für eine vatikanische Handschrift des 9. Jahrhunderts mit den astronomischen Tafeln des Ptolemaios (Cod. Vat. gr. 1291) ist auf Grund der kalendarischen Daten eine römische Vorlage der zweiten Hälfte des 3. Jahrhunderts n. Chr. zu erschließen. Die rahmenlosen und kolorierten Illustrationen bzw. Zeichnungen sind offenkundig als Schautafeln ganzseitig gestaltet; wir sehen die Hemisphären, den Tierkreis, Monats- und Tagespersonifikationen; auch hier sind die figürlichen Darstellungen durch den Gegenstand von selbst gegeben.

Bereits erwähnt wurden Schriften medizinischen Inhalts als mittelalterliche Reflexe antiker medizinischer Buchillustration. Sie seien hier nochmals genannt als Beispiele für die Übernahme des „Rollenstils“. In diese Gruppe fällt etwa eine karolingische Sammelhandschrift in Brüssel (Bibliothèque Royale, Ms. 3701.5), die in lateinischer Übersetzung des 6. Jahrhunderts n. Chr. neben Schriften des Hippokrates, Galenos und Oreibasios einen illustrierten gynäkologischen Traktat des Soranos von Ephesos mit rahmenlosen, textintegrierten Bildern enthält. Eine aus Konstantinopel stammende Handschrift des 10. Jahrhunderts (Florenz, Biblioteca Laurenziana, Cod. Plut. 74,7) bietet neben zahlreichen medizinischen Texten als einzige illustrierte Traktate Schriften des Apollonios von Kition über das Heilen von Verrenkungen bzw. des Soranos von Ephesos über das Anlegen von Verbänden. Die Abbildungen zum Text des Soranos sind nach Art des „Rollenstils" in den Text eingebaut; hingegen führen jene zu Apollonios von Kition nicht nur ganzseitige Behandlungsszenen mit Ärzten und Patienten vor, sondern sind, obwohl auf den Pergamentgrund gesetzt, von reichen Arkadenarchitekturen gerahmt.

In die besprochene Gruppe fallen auch zahlreiche Handschriften des Pseudo-Apuleius, die bereits ausführlich besprochen wurden. Eine weitere Handschriftengruppe führt naturkundliche und medizinische Lehrgedichte vor. So tradiert eine Konstantinopolitaner Handschrift des 10. Jahrhunderts (Paris, Bibliothèque nationale, Suppl. gr. 247) die Lehrgedichte „Theriaka" und „Alexipharmaka" des Nikandros von Kolophon mit zum Teil ganzseitigen, rahmenlos auf den leeren Bildgrund gesetzten, kolorierten Illustrationen. Auch hier bleibt es nicht bei der Wiedergabe der im Text erörterten Tiere und Pflanzen; vielmehr werden auch Personen und szenisches Ambiente als Mittler mythologischer und aitiologischer Bedeutung einbezogen. Auch die Handschrift der „Kynegetika" des Pseudo-Oppianos, der Codex Marcianus gr. 479, eine Konstantinopolitaner Handschrift des 11. Jahrhunderts, führt nicht nur Jagdtechnik und Jagdtiere in den in den Text eingebauten Bildstreifen vor, sondern zeigt eine Tendenz zum eigenständigen Erzählen durch erweiterte Verbildlichungen von im Text zitierten mythologischen oder historischen Ereignissen.

Eine eigene Gruppe von Handschriften verbindet Naturkunde und Religion. Dazu zählt in erster Linie der *„Physiologus"*, ein Handbuch der christlichen Naturallegorie, dessen Kern in Alexandreia im 2.-4. Jahrhundert n. Chr. entstanden war. Vom „Physiologus" gibt es eine Reihe griechischer und lateinischer Versionen. Die früheste illustrierte Handschrift ist ein Codex in Bern (Burgerbibliothek, Cod. 318 aus dem 9. Jahrhundert, eine Sammelhandschrift); er weist in den Text integrierte, ohne Hintergrund auf das Pergament gesetzte Illustrationen, aber daneben auch kompakt gerahmte und mit Szenerie versehene Illustrationen auf. Den Inhalt bilden zumeist Tiere, deren Eigenschaften allegorisch gedeutet werden.

Auch Kalender und Verwaltungshandbücher der Antike haben Reflexe in mittelalterlichen Handschriften hinterlassen. Berühmt ist der „Kalender des Filocalus", auch *„Chronograph von 354 n. Chr."* genannt. Er ist am zuverlässigsten in der um 1620 von Nicolas de Peiresc für Girolamo Aleandro veranlaßten Kopie (Cod. Vat. Barb. lat. 2156 der Biblioteca Apostolica Vaticana) nach einer verlorenen karolingischen Handschrift überliefert. Die Illustrationen waren unkoloriert in bloßer Federzeichnung ausgeführt. Auf das Titelblatt mit der Widmung an den Empfänger und der Signatur des Filocalus folgen als ganzseitige Bilder die Stadtallegorien von Rom, Alexandreia, Konstantinopel und Trier mit figürlichen oder gegenständlichen Attributen; daran schließt sich eine Nike, der ein Verzeichnis der Kaisergeburtstage in einer Aedicula gegenübersteht. Es folgen - gleichfalls in Aedicula-Architekturen eingebaut - die Darstellungen der Planetengötter samt Informationen über ihre astrologische Bedeutung. Dem astronomisch-astrologischen Teil folgt der Monatskalender. Die Monatsbilder sind abermals gerahmt und durch Attribute charakterisiert; ihnen stehen architektonisch gefaßte Monatstabellen gegenüber. Den Kalender beschließen zwei Repräsentationsbilder von Constantius II. und dem Caesar Gallus. Der Kalender hatte eine Funktion als Nachschlagewerk, mag er auch aufwendig ausgestattet sein, was in dieser Form auch ursprünglich nur in einem Codex möglich war. Die architektonischen Rahmen der Tabellen wurden offensichtlich aus Gründen der Vereinheitlichung auch auf die figürlichen Bilder übertragen. Diese Rahmungen gehen auf eine bis in den Hellenismus zurückreichende Tradition zurück. Die Entwicklung verlief von einer Lesehilfe bis zu einem Element der Gliederung, das ornamental angereichert wurde.

Auf das 5. Jahrhundert geht die Urfassung der „*Notitia dignitatum*" zurück. Ihre Bildausstattung ist am zuverlässigsten in einer Kopie des 16. Jahrhunderts (München, Bayerische Staatsbibliothek, Clm 10.291) nach einer nicht mehr erhaltenen Handschrift des 10. Jahrhunderts (Codex Spirensis) überliefert. Es war dies eine Sammelhandschrift, die neben unbebilderten Texten als illustrierter Teil die Schrift „De rebus bellicis" und die mit Frontispizen ausgestatteten topographischen Verzeichnisse von Rom und Konstantinopel enthielt. Die meist ganzseitigen Miniaturen zur „Notitia dignitatum" stehen zumeist vor dem zugehörigen Textkomplex. Sie sind zwar kompakt gerahmt und weisen einen geschlossenen Farbgrund auf, aber ihre zwanglose Verteilung der Ernennungsdekrete und Amtsinsignien entspricht der Illustrationsweise des „Rollenstils". Bei den wichtigsten Ämtern, den Prätorianerpräfekten von Illyricum und Italien, ist ein Handlungsablauf angedeutet, insoferne tributbringende Personifikationen auf die Insignientafel zuschreiten. Es fehlt auch nicht an ideologischen Aussagen auf den mit „divina providentia" und „divina electio" betitelten Bildseiten, die die Notitia des Ostreiches von der des Westreiches trennen. Das imperiale Selbstverständnis äußert sich in der Verbindung mit Personifikationen wie Virtus, Scientia rei militaris, Auctoritas und Felicitas.

Eine Rolle geblieben ist eine mittelalterliche Kopie einer wohl zu Verwaltungszwecken dienenden antiken Straßenkarte, die sogenannte „*Tabula Peutingeriana*" (Wien, Österreichische Nationalbibliothek, Cod. 324). Die ursprüngliche Rolle in den Ausmaßen 6745 x 340 mm ist jetzt in elf Segmente aufgeteilt; ein zwölftes Segment ist verloren. Die im 12. Jahrhundert verfertigte Kopie gibt den Zustand des Imperium Romanum und der antiken Oikumene im beginnenden 5. Jahrhundert n. Chr. wieder. Die Karte ist mit brauner Tinte gezeichnet, in die die Straßenzüge mit roten Linien eingetragen sind. Kleinere Orte sind durch bloße Namensbeischriften, größere durch Gebäude und Kastelle angedeutet, während die Hauptstädte Rom, Konstantinopel und Antiocheia durch Vignetten mit der Darstellung der Stadtgöttinnen veranschaulicht werden. Bäder sind durch blaue Wasserbecken, Flüsse und Meere grün, Gebirge gelbbraun, grau oder rot wiedergegeben. Insgesamt sind 534 Vignetten für die Kennzeichnung der einzelnen Typen von Städten und Orten verwendet. Die Entfernungsangaben auf den Routen sind in römischen Zahlen gegeben. Die Beischriften erfolgten in karolingischer Minuskel des 12. Jahrhunderts aus einem süddeutschen Skriptorium. Ob die im 12. Jahrhundert entstandene Kopie des spätantiken Originals direkt nach diesem oder nach einem karolingischen Zwischenglied geschaffen wurde, ist nicht mehr auszumachen, wiewohl nach den Erfahrungen der Textgeschichte letztere Möglichkeit mehr Wahrscheinlichkeit für sich hat. Auf Grund der Bezeichnung des Schwarzwaldes als „silva Marciana" - ein Terminus, der im 4. Jahrhundert nur bei Ammianus Marcellinus und der Tabula einerseits und dem Reichenauer Chronisten Hermannus Contractus im 11. Jahrhundert vorkommt - könnte der Schluß gezogen werden, daß die Vorlage der Tabula im Kloster auf der Reichenau verwahrt wurde, wo in einem Bücherverzeichnis des 9. Jahrhunderts denn auch eine „mappa mundi in duobus rotulis" bezeugt ist, was auf die Tabula bezogen werden könnte. Der Humanist Conrad Celtes († 1508) fand die Handschrift in einem nicht mehr bekannten Kloster und vermachte sie 1507 testamentarisch an den Augsburger Humanisten Konrad Peutinger. Nach längerer Vergessenheit wurde die Karte 1597 von Marcus Welser, einem Verwandten der Familie Peutinger, wieder entdeckt und 1598 ediert. Im Jahre 1714 wurde sie von einem Antiquar aus dem Besitz des Desiderius Peutinger erworben; Prinz Eugen von Savoyen konnte die Tabula erwerben; und mit der Bibliothek des Prinzen gelangte sie 1738 in die Hofbibliothek zu Wien.

Das ungewöhnliche Format der Karte in Gestalt einer langen und schmalen Rolle erklärt sich aus ihrer Funktion als Straßenkarte, deren Hauptzweck die Kennzeichnung der Itinerarien und Entfernungen war, wobei auf eine geographisch richtige Projektion verzichtet werden konnte. Der Anfang der Rolle mit Britannien, der Iberischen Halbinsel und Marokko ist verloren; die erhaltenen Segmente umfassen mit wenigen Ausnahmen das Römische Weltreich in seiner größten Ausdehnung. Die Einbeziehung von über das Imperium hinausreichenden Gebieten wie Armenien, Persien und Indien zeigt, daß wir es mit einer Karte der antiken Oikumene zu tun haben. Der Autor hat offensichtlich eine Darstellung der „terra habitabilis" nach dem Stand des frühen 5. Jahrhunderts gegeben. Der Autor selbst kann nicht mehr mit Sicherheit ermittelt werden; der von Konrad Miller postulierte Kartograph Castorius muß als Urheber unsicher bleiben.

Der Inhalt der Segmente der „Tabula Peutingerina“ ist der folgende. Segment I (nach der Zählung der erhaltenen Teile): Gallien, Nordafrika zwischen Dellys und Djidelli; Segment II: Rheinlande von Köln bis zum Bodensee, Gallien, Schweiz, Oberitalien um Turin, italienische Mittelmeerküste bis Genua, Korsika, Sardinien, Afrika zwischen Djidelli und Konstantine; Segment III: Alpen und Donaugebiete zwischen Bodensee und Oberösterreich, Oberitalien bis vor Bolsena, nördliche Adria, Afrika bis Hidra; Segment IV: Donauländer von Niederösterreich bis Ungarn, mittlere Adria, Jugoslawien, Mittelitalien bis Rom, Afrika bis Karthago; Segment V: Balkanhalbinsel bis Belgrad und Dubrovnik, Süditalien, Afrika bis Gades; Segment VI: Balkanhalbinsel mit südlichem Jugoslawien, Bulgarien, Albanien, Griechenland, Apulien, Kalabrien, Sizilien, Nordafrika bis vor die Syrten; Segment VII: Balkanhalbinsel mit Teilen Bulgariens und Rumäniens, Nordgriechenland, Kreta, Nordafrika im Bereich der Syrten; Segment VIII: Konstantinopel, Teil Kretas, Schwarzes Meer, westliches Kleinasien, Südrußland bis Kaukasus, Nordafrika bis Ägypten, Sinaihalbinsel; Segment IX: östliches Schwarzes Meer, Kleinasien, Zypern, Vorderer Orient um das östliche Mittelmeer, Antiocheia; Segment X: Persien, Mesopotamien, Arabien; Segment XI: Persien, Indien.

Die hochmittelalterliche Nachzeichnung einer spätantiken Welt- und Straßenkarte in Gestalt einer Rolle stellt eine der bedeutendsten Quellen für die Kenntnis der Geographie am Ausgang der Antike dar. Die gesamte bewohnte Erde, rings vom Okeanos umflossen, mit den Erdteilen Afrika, Europa und Asien, geteilt durch Mittelmeer, Nil und Tanais (aus welcher Teilung später das T-Schema der Erdkarten entsprang), ist dargestellt; es fehlen nur wenige Gebiete wie etwa die rechtsrheinischen germanischen Regionen, Nordeuropa, Nordasien und Südafrika. Von den Säulen des Herkules bis zu den Altären Alexanders des Großen ist die Oikumene aus der Perspektive einer Straßenkarte aufgezeichnet. Der Autor hat in der Wahl der Entfernungsangaben sich auch an lokale Gegebenheiten angepaßt; so sind neben der römischen Meile (ca. 1,5 km) die gallischen Leugen (2222 m), die persischen Parasangen (6 km) und die indischen Längenmaße zu 3 km berücksichtigt. Kriegsführung und Landesverwaltung waren ohne Karten nach Art der „Tabula Peutingeriana“ nicht denkbar.

Das Segment IV der „Tabula Peutingeriana“ bringt auch die Darstellung der Hauptstadt Rom in Gestalt einer Stadtgöttin. In der Mitte eines Kreisringes, von dem die großen Straßen Italiens strahlenförmig ausgehen, sitzt auf einem Thron eine jugendliche Gestalt mit Weltkugel und Szepter in den Händen und einer Krone auf dem Haupt. Waren in der Frühzeit die Schutzgottheiten griechischer Städte die Götter mit entsprechenden Epitheta, so drang ab dem 5. Jahrhundert v. Chr. der Kult der Tyche als Stadtgöttin vor; vor allem als Schutzgottheit neugegründeter hellenistischer Städte wirkte Tyche, die im lateinischen Kulturkreis als Fortuna identifiziert wurde. Vom Kult der Stadtgöttin wurde der Kult der Dea Roma seit dem 2. Jahrhundert v. Chr. angeregt, Augustus verband diesen Kult mit jenem des Kaisers; Hadrian führte den Kult in Rom ein. Auch Konstantinopel ist (auf Segment VIII) als Stadtgöttin dargestellt: die Göttin sitzt auf einem Thron, die Linke, auf einen Schild gestützt, hält eine Lanze, die Rechte ist im Redegestus ausgestreckt. Die Säule neben der Göttin mag entweder die Porphyrsäule Konstantins des Großen oder die Arkadiussäule (403 aufgestellt und 421 mit dem Standbild des Arkadios versehen) bedeuten.

Eine weitere Gruppe, in der die Übernahme des „Rollenstils" greifbar wird, bilden Texte mit historischen und pseudohistorischen Inhalten. In einem Merseburger Handschriftenfragment des 12. Jahrhunderts liegt eine Kopie einer illustrierten Ausgabe der spätantiken Ravennater Annalen vor. Es sind dies wohl Reste einer unter Theoderich entstandenen Fassung der ravennatischen Konsularfasten, deren Textspalten Illustrationen zu den erwähnten Ereignissen umfassen; so sind erhalten: Erdbeben (symbolisiert durch Typhon), die Bestürmung Aquilejas durch Attila, ein Medaillon mit einer Kaiserin. Bereits erwähnt wurde der Roman von Apollonios von Tyros. Von diesem Text hat sich eine illustrierte Handschrift der lateinischen Version aus dem 10. Jahrhundert erhalten, der Cod. lat. med. aev. 4 des Nemzeti Muzeum zu Budapest. Die Bilder sind hier als rahmenlose Streifen in den Text eingeschoben und bestehen in der Hauptsache aus aneinandergereihten Einzelfiguren, die durch Dialoggebärden zueinander in Beziehung gesetzt erscheinen. Das Ambiente ist durch Türen und Vorhänge angedeutet.

Eine Rolle geblieben ist die sogenannte *Josuarolle* (Cod. Pal. gr. 341 der Biblioteca Apostolica Vaticana), wohl im 10. Jahrhundert in Konstantinopel als Replik eines spätantiken Rotulus entstanden. Die Rolle ist heute in 15 Segmente zerteilt, die eine Gesamtlänge von 10,6 m erreichen; am Anfang und am Ende ist ein Verlust eingetreten. Den Inhalt der Bilder, die von kurzen Texten aus der Septuagintaversion des Buches Josua begleitet werden, bilden die Ereignisse von der Entsendung der Späher nach Jericho über die Überschreitung des Jordan durch die Israeliten unter Josua, die Eroberung Jerichos, die Niederlage vor Hai, das Gericht über Achan bis zur Vernichtung von Hai, den Bund mit den Gabaoniten und die Schlacht gegen die fünf Könige der Amorrhäer; insgesamt sind 36 Szenen erhalten. Der Rotulus dürfte eine gute Wiedergabe einer spätantiken Josuarolle sein und damit ein kostbares Stück mittelalterlichen Reflexes spätantiker Buchkunst. Der Rotulus-Meister hat wohl unter Kaiser Konstantin VII. Porphyrogennetos (913-959 n. Chr.) gewirkt; der Rotulus zählt zu den Meisterwerken der Buchmalerei der Makedonischen Renaissance.

Die Übernahme des „Rollenstils" in poetischen Handschriften des Mittelalters wurde bereits bei der Besprechung der illustrierten Terenzausgaben des 9./10. Jahrhunderts erwähnt. Hier anzuschließen wären die illustrierten Fassungen zu Dichtungen der Spätantike, speziell zur „*Psychomachia*" des Prudentius (348-ca. 405 n. Chr.), von denen die beiden dem 9. Jahrhundert entstammenden Handschriften in Leiden (Cod. Burm. 03) und Bern (Cod. Burg. 264) zu den ältesten Exemplaren gehören. In beiden Codices finden wir

eine Gesamtausgabe der Werke des Prudentius vor; im Leidener Codex ist nur
Taf. 23 die „Psychomachia“ illustriert, im Berner Codex die „Psychomachia“ und die Werke „Kathemerinon“ und „Peristephanon“. Die Bilder der „Psychomachia“ folgen einander in dichten Abständen und sind in Umrißzeichnung (im Berner Codex koloriert) nach Art des „Rollenstils“ in den Text eingefügt. Die Bilder beschränken sich auf wenige Figuren und verzichten fast völlig auf ein Ambiente. Ein Fortschritt liegt im Berner Codex insoferne vor, als die Bilder den Text gleichsam sprengen und umgreifen; in der gleichen Handschrift finden sich auch Bilder zu „Peristephanon“ X (Passio Romani), die in teilweise übereinandergesetzten, aus Einzelszenen aufgebauten Streifenkompositionen die gesamte Breite der Seite einnehmen.

Es war bereits eine antike Sitte, *Bilder des Autors* in Exemplare seines Werkes einzusetzen. Offenbar in der zweiten Hälfte des 1. Jahrhunderts v. Chr. kam in Rom die Mode auf, Bibliotheken mit den Bildnissen der dort vertretenen Autoren auszustatten. Im Zusammenhang mit diesem Phänomen berichtet der ältere Plinius von der Erfindung des Marcus Terentius Varro, 800 Bildnisse berühmter Männer gesammelt zu haben. Plinius sieht als Verdienst der Schrift „Hebdomades sive de imaginibus“ - die noch bis in das 6. Jahrhundert gut bezeugt ist -, eine transportable Form, nämlich die Buchform, für die Porträtkunst genutzt zu haben, die also leicht verbreitbar war und den dargestellten Persönlichkeiten auf diese Weise Unsterblichkeit sichere. Die varronischen Imagines begründeten offenbar - unter Reduktion des Porträts auf ein isoliertes Schmuckmotiv - die Tradition des Autorenporträts als eines Elementes anspruchsvoller Buchausstattung. Martial belegt die Variante, das eigene Porträt samt einem Epigramm den eigenen Werken voranzustellen, eine Sitte, die bis in die Spätantike belegt ist. In den erhaltenen Handschriften tritt das Autorenporträt in der Regel nicht mehr nach der Art des „Rollenstils“ auf, sondern als eine in einen Schmuckrahmen gesetzte, teilweise durch räumliche, szenische und narrative Elemente bereicherte Vollblattminiatur. Das Autorenbild kann den Autor allein sitzend oder stehend darstellen oder aber als Autorengruppenbild und schließlich als szenisches Autorenbild auftreten. Eine reiche Überlieferung von Autorenbildern ist in naturwissenschaftlichen und medizinischen Handschriften zu beobachten. Die Schwesterhandschriften Cod. 93 der Österreichischen Nationalbibliothek zu Wien und Ms. Plut. 73,16 der Biblioteca Laurenziana zu Florenz, die die „Medicina antiqua“ tradieren, weisen je drei Einzelporträts am Beginn der verschiedenen Bücher innerhalb des Sammelbandes auf. Das Bild des Hippokrates leitet einen diesem fälschlich zugeschriebenen Brief medizinischen Inhalts ein. Der Autor sitzt in Dreiviertelansicht vor einem Lesepult, auf das er seinen aufgeschlagenen Codex, aus dem er zu lehren scheint, stützt. In beiden Bildern sitzt Hippokrates unter einer Arkade, deren Bogenfeld durch einen schmalen Architrav abgetrennt ist; am Architrav sind Vorhänge angebracht; die Lunette ist mit zwei gegenständigen Vögeln zu beiden Seiten einer Blumenvase geschmückt. Dem medizinischen Tierbuch des Sextus Placitus ist in den beiden genannten Handschriften ein Autorenbild mit der Beischrift „Plato" vorangestellt; hier liegen zwei verschiedene Vorlagen vor: in Cod. 93 der Österreichischen Nationalbibliothek ein bärtiger alter Mann in Dreiviertelansicht vor einem Lesepult unter einer überreichen Rahmenarchitektur, in Cod. 73,16 der Biblioteca Laurenziana ein junger Mann mit Codex in der Hand, die Rechte lehrend erhoben, unter einem Baldachin. Ein „Dioscurus" (die lateinische Form für Dioskurides) leitet das Buch „De herbis femininis" in den beiden genannten Handschriften ein: frontal sitzt ein jugendlicher Mann vor uns und taucht seine Feder mit der Rechten in ein Tintenfaß; das Buch hält er auf dem Schoß. Die nicht unterteilte Rahmenarchitektur umhüllt gleichsam die Figur.

Der Codex phys. et hist. nat. F. 10 der Landesbibliothek in Fulda enthält ebenfalls mehrere Autorenbilder. Auf Blatt 1r thront „Scolapius Medicus Magister" in der Art einer „Majestas Domini" auf einer Kugel und hält eine Schriftrolle in der Rechten, in der Linken einen Stab. Auf Blatt 1v und 2r sind zwei Autoren abgebildet - Antonius Musa (?) und Marcus Agrippa (?) -, die einander zugewendet sind und miteinander zu disputieren scheinen. Da Musa der Autor und Agrippa der Empfänger der Schrift „De herba vettonica" war, könnte die beschriebene Ikonographie an eine spätantike Darstellung einer Disputation oder einer Übergabe des Buches anknüpfen. Der Heilheros Aeskulap auf Blatt 1r ist als Erfinder der Herba vettonica in einem Repräsentationsbild vorangestellt. Diese Folge von drei Bildern ist also aufeinander abgestimmt.

In den Codices 93 der Österreichischen Nationalbibliothek und Plut. 73,16 der Biblioteca Laurenziana gibt es noch Gruppenbilder von Autoren, die gleichsam den Inhalt eines Buches gesamthaft umreißen. Einmal mit Namen, einmal ohne Namen sitzen auf einer Bank drei Männer in frontaler Haltung, als Plato, Ypocras und Dioscurus gekennzeichnet; unter ihnen befindet sich eine zweifigurige Lehrer-Schüler-Szene; diese letztere Szene bringt bereits ein narratives Element ein. Damit ist ein Übergang gegeben zu Titelbildern, die überhaupt aus szenischen Darstellungen bestehen. So überliefert der Codex des Eton College Ms. 204, fol. 2r ein Autorenbild, worin der Autor einem Apothekergehilfen Anweisungen zur Zubereitung von Medizin erteilt. Dieses Motiv findet sich auch in anderen Handschriften; man vergleiche Ms. Harley 1585, fol. 7v der British Library in London und Ms. Sloane 1975, fol. 91v derselben Bibliothek, hier eingebettet in einen Bilderbogen mit ärztlichen Behandlungsszenen. Szenischen Charakter haben die beiden Autorenbilder des „Wiener Dioskurides": die Überreichung der Mandragorawurzel durch die Allegorie der Heuresis an den Arzt Dioskurides und die Arbeit im Atelier des Dioskurides, dem abermals eine Allegorie die Mandragora zeigt, über die der Arzt schreibt und die ein Maler auf ein Pergamentblatt abmalt. Vielfigurig sind die beiden Ärztegruppen des „Wiener Dioskurides", die Cheirongruppe und die Galenosgruppe, die je sieben Ärzte und Pharmakologen zusammenfassen. Auch noch in mittelalterlichen Handschriften gibt es Reflexe solcher Gruppen, wie der Cod. O. II,48 des Trinity College in Cambridge zeigt; auf Blatt 64r sind „Galenus et eius discipuli" mit sieben Personen und auf Blatt 65r „Ypocras et eius discipuli" mit sieben Personen zu sehen. Das Christentum hat die Sitte der Autorenbilder bald übernommen; sie kommt vor allem in den Evangelistenbildern am Beginn der vier Evangelien am häufigsten zum Ausdruck.

Ein komplexes Problem bildet die *Illustrierung der Bibel* und die *Entstehung einer christlichen Buchmalerei.* Unumstritten ist, daß sich die figürliche Ausstattung der Heiligen Schrift der Juden und Christen nur unter dem Einfluß der griechischen und römischen Kultur ausbilden konnte. Sowohl das Judentum wie das Christentum standen ursprünglich dem Bild negativ gegenüber. Erst mit der Übernahme der antiken Kultur und Lebensweise änderte sich diese negative Einstellung. Die Existenz einer jüdisch-hellenistischen Buchkunst ist heute kaum mehr bestritten. Im frühen Christentum standen nebeneinander eine symbolische Form des künstlerischen Ausdruckes, wie sie in den Fresken der Katakomben und den Reliefs der Sarkophage zutage tritt, und eine narrative Form, die in den Bilderzyklen illuminierter Handschriften in Erscheinung tritt. Beide Arten der künstlerischen Gestaltung standen von Anfang an nebeneinander; es ist auch nicht zu bezweifeln, daß die narrative Illustrierweise der Buchmalerei kongenial und für diese erfunden worden war. Relativ früh mußten die Möglichkeiten des Buches erkannt worden sein, Text und Bild in beliebiger Anordnung und Anzahl einander gegenüberzustellen. Das Resultat der Realisierung dieser Möglichkeiten war die Herstellung reich illustrierter Handschriften mit oft mehreren hundert Szenen, ein Reichtum, der in keinem anderen Kunstzweig auftrat.

Der antike Einfluß auf die frühe Bibelillustration läßt sich bereits in formaler Hinsicht erweisen. Dafür seien einige Beispiele erbracht. In der auf eine alexandrinische Rezension der Septuaginta zurückgehenden Cotton-Genesis aus dem 5. Jahrhundert wird die Erschaffung Adams in drei Phasen dargestellt: die Formung des Menschen aus einem Erdenkloß, die Belebung des ersten Menschen durch die Berührung des Kopfes, die Beseelung durch das Einführen einer kleinen geflügelten Psyche. Dieselben drei Phasen beobachten wir auf römischen Sarkophagen, die die Erschaffung des Menschen durch Prometheus darstellen. Die enge Übereinstimmung in Form und Inhalt zwischen der Genesis- und der Prometheusszene legt die zwingende Annahme nahe, daß der erste Illustrator der Cotton-Genesis einen antiken Text mit Darstellungen der Prometheusgeschichte zum Vorbild nahm. Es mag sich um ein illustriertes mythologisches Handbuch gehandelt haben. In Cod. Vat. gr. 333 (Blatt 24r) wird David mit dem Haupt des Goliath auf einer Lanze dargestellt, also anders, als es im Bibeltext verankert ist. In der Ilias Ambrosiana jedoch ist Peneleos mit dem Kopf des Ilioneus auf einer Lanze zu erblicken, um die fliehenden Trojaner zu schrecken. Wieder ist die ikonographische Parallele der christlichen Szene zu einer antiken griechischen offenkundig. In einer Szene der Opferung Isaaks durch Abraham im Cod. gr. 510 der Bibliothèque nationale zu Paris (Blatt 174v) wird Isaak abgebildet, wie er davonzulaufen trachtet; dies geschieht ebenso, wie es der kleine Orestes tut,

Tafel 29: Quedlinburger Italafragmente. Saul und Samuel

Tafel 30: Codex Rossanensis, 6. Jh. Auferweckung des Lazarus

Tafel 31: Codex Rossanensis, 6. Jh. Christus vor Pilatus; Judas und die Hohenpriester

Tafel 32: Koptisches Einbandfragment, 8./9. Jh.

der in einer Illustrierung zur Tragödie „Telephos" des Euripides auf einer etruskischen Vase dem Telephos, der ihn töten will, zu entkommen trachtet. Ein Mosaik zu Santa Maria Maggiore in Rom zeigt neben Moses, der die Herden des Jethro hütet, zwei Hirten, die ihre Parallelen in einem illustrierten Codex der „Bucolica" Vergils haben. Diese wenigen Beispiele seien als Belege dafür genommen, daß die ersten Illustratoren der Bibel Texte der klassischen Antike, zu denen es bereits Illustrationen gab, als Vorlagen nehmen konnten: Epen, Dramen, mythologische Handbücher, bukolische Dichtung und anderes mehr. Zur Zeit der Erfindung der narrativen Zyklen zum Alten Testament war die antike Buchmalerei so weit entwickelt, daß sie die formale und stilistische Grundlage für die Ausbildung der biblischen Zyklen bilden konnte. Damit ist keineswegs die Leistung der jüdischen und christlichen Buchmaler zu schmälern, denen die Umsetzung der formalen Vorbilder in neu erfundene biblische Zyklen zu verdanken ist. Die biblischen Zyklen traten bald als ebenbürtige Rivalen in Umfang und Ausstattung neben die antiken Zyklen. Die literarische Bildung der jüdischen und christlichen Buchmaler darf nicht als gering angesehen werden, wenn sie imstande waren, formal und inhaltlich entsprechende Szenen zum Text der Bibel aufzufinden und zu verwerten.

Die biblischen Zyklen in griechischen und lateinischen Handschriften sind fast ausnahmslos mit einzelnen Büchern der Heiligen Schrift und nicht mit Vollbibeln verbunden. So umfassen die Cotton-Genesis und die „Wiener Genesis" lediglich das erste Buch der Bibel. Die Oktateuche waren auf die ersten acht Bücher der Bibel beschränkt. Die Quedlinburger Italafragmente stammen aus den Büchern der Könige. Eigene Zyklen gab es für die vier Bücher der Könige, das Buch Hiob und den Psalter. Von diesen Büchern existieren noch illustrierte Exemplare, während solche von den früher ebenfalls illustrierten Büchern der Propheten verlorengingen. Einzelne Bücher konnten umfangreiche Zyklen aufweisen. So ergibt die Rekonstruktion des ursprünglichen Umfanges der „Wiener Genesis" einen ehemaligen Bestand von 192 Miniaturen mit 400 bis 500 Einzelszenen. Auch die Cotton-Genesis enthielt ungefähr 330 Szenen. Es versteht sich von selbst, daß ein derart reiches Bildprogramm nicht für eine Vollbibel konzipiert werden konnte. Größere Komplexe von Büchern mußten bereits mit gekürzten Zyklen ausgestattet werden. So weisen die Oktateuche zwar noch einige hundert Bilder auf, die Genesiszyklen sind aber im Vergleich zur „Wiener Genesis" bereits verkürzt; ein analoger Tatbestand gilt daher auch für die weiteren Bücher des Oktateuchs. Auch diese komprimierte Redaktion der Ausstattung konnte noch lange nicht für eine Vollbibel verwendet werden. Die einzige illustrierte Septuaginta-Bibel, von der im Codex Reg. gr. 1 der Biblioteca Apostolica Vaticana aus dem 10. Jahrhundert der Teil Genesis bis Psalmen vorliegt, läßt sich kaum als Beweis für die Existenz einer illustrierten Vollbibel als Archetypus anführen. Die mangelnde Homogenität der Miniaturen zeigt vielmehr, daß für diesen Codex - ähnlich wie für die karolingischen Vollbibeln - die Bilder aus mehreren Quellen geschöpft worden waren. Die Illustrierung der

Bibel begann mit der Ausschmückung einzelner Bücher; illustrierte Vollbibeln stellen Kompilationen aus verschiedenen exzerpierten Monozyklen dar. In den Bilderzyklen größerer Buchkomplexe können aber auch Zyklen verschiedener Herkunft ihre Spuren hinterlassen haben; monozyklische Handschriften stehen derart neben polyzyklischen Codices.

Die älteste illuminierte Septuagintahandschrift stellt heute die sogenannte *Cotton-Genesis* (London, British Library, Ms. Otho B. VI) aus dem 5. Jahr-
Taf. 24 hundert dar. Leider verbrannte die kostbare Zimelie im Jahre 1731 bis auf verkohlte Reste. Die Handschrift enthielt ursprünglich etwa 330 Miniaturen, umfaßte also einen dichten Bilderzyklus, der den Text eng begleitete. Der Text ist in Majuskel geschrieben. Das Buch wurde von zwei griechischen Bischöfen aus Philippi in Makedonien König Heinrich VIII. von England geschenkt. Seine Tochter, Königin Elisabeth I., gab den Codex ihrem Griechischlehrer, Sir John Fortescue, von dem er in die Bibliothek von Sir Robert Cotton gelangte, die 1731 durch Feuer großen Schaden erlitt. Im 17. Jahrhundert plante Nicholas-Claude Fabri de Peiresc eine Kupferstichausgabe, die leider nicht verwirklicht wurde; bedauerlicherweise sind von diesem Projekt nur zwei kolorierte Probezeichnungen für die Stiche übriggeblieben. Eine davon schildert den dritten Tag der Erschaffung der Welt (Paris, Bibliothèque nationale, Ms. fr. 9350, fol. 31-32). Die Handschrift erfreute sich im Mittelalter einer hohen Wertschätzung; so wählten im 13. Jahrhundert venezianische Mosaizisten etwa hundert Szenen aus dem Zyklus aus, um sie als Vorlagen für die Ausschmückung des Narthex von San Marco in Venedig zu verwenden. Die heute nur mehr rund 150 fragmentarischen Stücke der Cotton-Genesis gingen 1753 in den Besitz des British Museum über; einige Fragmente befinden sich im Baptist College zu Bristol. Die Miniaturen haben dieselbe Breite wie der Text und stehen bald über, bald unter der Schrift, manchmal sogar zu zweit auf einer Seite. Die Bilder sind gerahmt. Der Künstler versuchte, die Episoden in viele dicht aufeinanderfolgende Szenen zu gliedern. So erscheint etwa die Arche Noah nicht weniger als elfmal; im Kapitel der Aufzählung der Geschlechter reiht sich eine Geburtsszene an die andere. Die Hintergründe sind reich koloriert. Die Figuren in reichen Gewändern sind gut modelliert. Die Landschaften sind ziemlich naturgetreu wiedergegeben. Der Archetypus mag ein Produkt des alexandrinischen hellenistischen Stils sein, wenn auch vielleicht die Handschrift selbst in Konstantinopel hergestellt worden sein mag. Erstmals erscheinen goldene Höhungen auf den Gewändern, was in der späteren byzantinischen Malerei sehr gebräuchlich wurde. Doch erinnern manche Köpfe mit ihren niedrigen Stirnen und großen Augen an den Wagenlenkerpapyrus; man glaubt, darin ägyptische Züge erkennen zu können. Die Differenzierung der Körperbehandlung war weit fortgeschritten. So ist etwa auf Blatt 26v, der Szene Abrahams mit den drei Engeln, der Patriarch plastisch modelliert und in bewegter Kontur dargestellt, während die in kaiserliche Gewänder gehüllten Engel mit geraden Konturen und flachen Körpern gezeichnet sind, was ihre Unkörperlichkeit unterstreichen soll. In dieser Minia-

tur zeigt sich beispielhaft die meisterhafte Behandlung abstrakter Formen, etwa von Bergen oder von Himmelsstreifen.

Nach der Zerstörung der Cotton-Genesis ist die „*Wiener Genesis*" (Österreichische Nationalbibliothek, Cod. theol. gr. 31) die älteste erhaltene Prachthandschrift des Buches Genesis. Es handelt sich um eine Purpurpergamenthandschrift, die mit Silbertinte beschrieben ist. Der Text umfaßt jeweils die obere Hälfte jeder Seite; die untere Hälfte jeder Seite ist für die Miniaturen reserviert. Leider ist dieser Codex nur mehr fragmentarisch erhalten; genau ein Viertel des ursprünglichen Umfanges, nämlich 24 Blätter, sind heute noch vorhanden. Der Codex umfaßte ursprünglich 96 Blätter, die 192 Miniaturen mit an die 400 bis 500 Einzelszenen enthalten haben. Damit rückt die „Wiener Genesis" an die erste Stelle der bekannten illuminierten Handschriften der Antike und erweist sich als ein Luxuswerk von unerhörter Prachtentfaltung. Die „Wiener Genesis" dürfte in der ersten Hälfte des 6. Jahrhunderts im syrisch-antiochenischen Bereich entstanden sein. Die Schrift des Codex ist die Bibelmajuskel, die zu dieser Zeit bereits ihren Höhepunkt überschritten hatte, aber für Prachthandschriften immer noch in Gebrauch stand. Zwei oder drei Schreiber waren an der Herstellung des Textes beteiligt. Es ist auffällig, daß vor allem im ersten Teil der Handschrift der Bibeltext vielfach gekürzt und an die Bilderfolge adaptiert worden ist; erst im Josephszyklus scheint der volle Text der Septuaginta auf. Ein verantwortlicher Redaktor hat im Komplex der Kapitel 1 bis 36 folgende Arbeitsweise befolgt: Tilgung unanschaulicher Stellen, Unterdrückung genealogischer Listen, Kürzung oder Streichung von Reden, Monologen, Dialogen, Gebeten, Vermeidung anstößiger Stellen, sprachliche und stilistische Glättung vieler Verse, Ausfall größerer Verskomplexe beim Herstellen von Textanschlüssen. Diese Prinzipien verloren weitgehend ihre Gültigkeit mit dem Beginn der Josephsgeschichte, deren Bedeutung es wohl zu verdanken ist, daß Bild und Text eine möglichst große Vollständigkeit bewahrt haben. An der Herstellung der Miniaturen waren mehrere Maler beteiligt; es dürfte sich um ein arbeitsteiliges Atelier gehandelt haben, in dem unter der Anleitung eines verantwortlichen Redaktors die Arbeiten auch lagenweise parallel verlaufen konnten. Die Bilder verteilen sich heute etwas ungleichmäßig auf die einzelnen Episoden des Buches Genesis. Nach den Personen, die im Mittelpunkt stehen, sind die Bildzyklen wie folgt zu gruppieren: Adam und Eva: 2 Miniaturen; Noah: 4 Miniaturen; Abraham: 4 Miniaturen; Lot: 2 Miniaturen; Rebekka: 2 Miniaturen; Isaak: 1 Miniatur; Jakob: 12 Miniaturen; Joseph und seine Brüder: 21 Miniaturen. Der Inhalt der erhaltenen Bilder ist der folgende:

Bild 1 (Blatt 1r): In einer durch einen roten Rahmen eingefaßten Miniatur sind drei aufeinanderfolgende Szenen des Sündenfalls dargestellt: a) Eva reicht Adam den Apfel; b) Die Erkenntnis der Nacktheit durch Adam und Eva; c) Adam und Eva verbergen sich im Gebüsch. Taf. 25

Bild 2 (Blatt 1v): Die rot gerahmte Miniatur umfaßt drei Szenen: a) Die Verfluchung der Schlange und des ersten Menschenpaares; b) Die Verschließung des Paradieses; c) Adam und Eva gehen in Begleitung einer allegorischen Frauengestalt in die unwirtliche Welt.

Bild 3 (Blatt 2r): In einem roten Rahmen ist das dramatische Geschehen der Sintflut mit der Arche Noahs und den ertrinkenden Menschen und Tieren dargestellt.

Bild 4 (Blatt 2v): In zwei Streifen übereinander, die durch einen Rahmen verbunden sind, werden der Auszug aus der Arche und das Opfer Noahs abgebildet.

Bild 5 (Blatt 3r): Gottes Bund, symbolisiert durch den Regenbogen, mit Noah, seiner Familie und der Schöpfung ist der Inhalt einer einzigen gerahmten Szene.

Bild 6 (Blatt 3v): In einem Rahmen werden drei Szenen zu einer Einheit zusammengefaßt, die um Noahs Trunkenheit kreisen: die Verspottung Noahs durch Cham, die Bedeckung der Blöße Noahs durch Sem und Japhet, die Verfluchung Chams und Kanaans durch Noah.

Bild 7 (Blatt 4r): Zwei Bildstreifen werden übereinander gestellt und durch einen Rahmen eingefaßt. Oben erblickt man die befreite Familie Lots und die Begegnung zwischen Abraham und König Bera von Sodom; unten ist die Begegnung Abrahams mit dem Priesterkönig Melchisedek und dessen Opfer abgebildet.

Bild 8 (Blatt 4v): Ungerahmt stehen zwei Bildebenen übereinander. Oben ruht Abraham und schaut ein Traumgesicht; in einer zweiten Szene empfängt der Patriarch unter dem Sternenhimmel Gottes Verheißung. Unten bewacht der Knecht Eliezer die Herden Abrahams.

Bild 9 (Blatt 5r): In zwei Bildstreifen übereinander wird der Untergang von Sodom und die Errettung der Familie Lots geschildert.

Bild 10 (Blatt 5v) bietet auf einer schräg ansteigenden Felsenlandschaft drei Szenen des Verkehrs Lots mit seinen beiden Töchtern, die den Vater trunken machen, dar.

Bild 11 (Blatt 6r): In zwei Bildebenen werden drei Szenen eingebaut. Oben empfängt Abraham durch einen Engel Gottes eine erneute Verheißung; sodann kehrt der Patriarch zu seinen wartenden Knechten zurück; unten empfängt Abraham am Brunnen von Beerseba die Nachricht von der Nachkommenschaft seines Bruders Nachor.

Bild 12 (Blatt 6v): Auf zwei Bildebenen werden insgesamt vier Szenen veranschaulicht, die sich um die Sendung Eliezers ranken. Oben ist zunächst der Schwur Eliezers gemalt, sodann die Kamelherde und der Aufbruch des Knechts; in der unteren Bildebene wird die Ankunft Eliezers vor der Stadt Nachors in Mesopotamien dargestellt.

Bild 13 (Blatt 7r) versetzt den Betrachter in eine Landschaft vor der Stadt
Taf. 26 Nachors; Rebekka schreitet zum Brunnen, der durch eine Quellnymphe symbolisiert ist, und tränkt in weiterer Folge Eliezer und die Kamele.

Bild 14 (Blatt 7v) zeigt in zwei isolierten Bildebenen oben die Beschenkung Rebekkas durch Eliezer, unten den Bericht Rebekkas an ihre Familie und die Einladung Eliezers durch die Mutter.

Bild 15 (Blatt 8r) weist drei Szenen auf zwei Bildebenen auf. Oben kehrt Esau mit einem Diener von der Jagd heim; unten kocht Jakob das Linsengericht, um das Esau sein Erstgeburtsrecht verkauft; rechts sitzt der schmausende Esau zu Tisch.

Bild 16 (Blatt 8v): Drei Szenen in drei isolierten Räumen beschäftigen sich mit dem Aufenthalt Isaaks und Rebekkas in der Philisterstadt Gerar: a) Die Männer von Gerar fragen Isaak nach Rebekka, die dieser als seine Schwester ausgibt; b) Die Beobachtung des kosenden Paares durch König Abimelech; c) Das Verhör Isaaks durch Abimelech.

Bild 17 (Blatt 9r): Zwei szenische Einheiten sind in eine einheitliche Landschaft einkomponiert: a) Jakob verlangt von Laban die Teilung der Herden; b) Laban weist seine Hirten zur Aussonderung der gefleckten und schwarzen Tiere an.

Bild 18 (Blatt 9v): Zwei völlig isolierte Bildebenen bringen in gedrängter Komposition fünf Szenen zur Darstellung: a) Laban übergibt die dem Jakob vorenthaltenen Tiere seinen Söhnen; b) Ein Hirte treibt eine Herde bergan; c) Zwei Söhne Labans bewachen eine Herde; d) und e) Jakob gebraucht magische Praktiken zur Zeugung gefleckter Jungtiere.

Bild 19 (Blatt 10r): In zwei Hauptszenen und einer genrehaften Nebenszene ist Labans Verhandlung mit Jakob abgebildet.

Bild 20 (Blatt 10v): Abermals sind in gedrängter Reihung inmitten einer idyllischen Landschaft vier Szenen eingesetzt, die Laban auf der Suche nach den gestohlenen Götzenbildern zeigen.

Bild 21 (Blatt 11r): In zwei übereinander liegenden Bildstreifen wird die Begegnung Jakobs mit den Engelsboten und die Aufteilung von Gefolge und Herden Jakobs in zwei Lager veranschaulicht.

Bild 22 (Blatt 11v): Eine große Herde wird als Jakobs Geschenk an Esau gezeigt.

Bild 23 (Blatt 12r): In einer bogenförmig sich auf zwei Bildebenen verteilenden Szenenfolge wird Jakobs Übergang über den Fluß Jabok, sein Kampf mit dem Gottesmann und die Verleihung des Namens Israel an ihn veranschaulicht.

Bild 24 (Blatt 12v): In unmittelbarer Folge zur vorigen Szene werden der Dialog Jakobs mit dem Gottesmann, seine Segnung und der Sonnenaufgang, dem Jakob entgegenschreitet, abgebildet.

Bild 25 (Blatt 13r): Fünf Szenen drängen sich auf zwei Bildebenen zusammen: a) Die Weisung Gottes, nach Bethel zu ziehen; b) Der Befehl Jakobs an seine Familie, die Götzenidole zu entfernen und sich zu reinigen; c) Der Zug der Jakobsippe nach Bethel; d) Jakob vor dem Opferaltar; e) Jakob vergräbt die Götzenbilder unter einer Terebinthe bei Sichem.

Bild 26 (Blatt 13v): Vier Szenen sind auf zwei Bildebenen verteilt: a) Der Tod der Debbora; b) Der Zug von Bethel nach Ephrata; c) Der Tod Rachels bei der Geburt Benjamins; d) Die Bestattung Rachels zu Bethlehem.

Bild 27 (Blatt 14r): Die oberen beiden Szenen beenden den Zyklus um Isaak: Isaaks Tod und seine Bestattung durch Jakob und Esau. In der unteren

Bildhälfte beginnt der Josephszyklus mit der Schenkung des bunten Rocks durch Jakob an seinen Sohn Joseph.

Bild 28 (Blatt 14v): Zwei isolierte Szenen auf zwei Bildebenen stellen den Traum Josephs von den Garben und die Erzählung seines Traumes an die Familie dar.

Bild 29 (Blatt 15r): Drei Szenen sind auf zwei isolierte Bildstreifen verteilt: a) Josephs Traum von den Gestirnen; b) Die Erzählung des Traumes vor der Familie; c) Die Brüder Josephs und ihre Herden bei Sichem.

Bild 30 (Blatt 15v): Vier Szenen sind auf zwei Bildebenen verteilt: a) Jakob sendet Joseph nach Sichem; b) Abschied Josephs von Benjamin; c) Die Begegnung Josephs mit dem wegweisenden Mann; d) Die Auffindung der Brüder in Dothaim.

Bild 31 (Blatt 16r): In einer Hauptszene wird Josephs Versuchung durch
Taf. 27 die Frau des Potiphar gezeigt; Nebenszenen dürften interpretierende Szenen über das Schicksal Josephs und seiner künftigen Frau Aseneth sein.

Bild 32 (Blatt 16v): Die Miniatur veranschaulicht in zwei Szenen die falsche Anklage der Frau des Potiphar gegen Joseph.

Bild 33 (Blatt 17r): Mit diesem Bild endet die Reihe der zweizeiligen Miniaturen; es folgen nunmehr Bilder, die aus einem einzigen Bildfeld bestehen, das meist völlig ausgemalt ist. Die Miniatur auf Blatt 17r zeigt Joseph im Gefängnis zwischen dem Mundschenk und dem Bäcker des Pharaos.

Bild 34 (Blatt 17v): Den Hauptteil des Bildes nimmt das Gastmahl des
Taf. 28 Pharaos ein, an dem der begnadigte Mundschenk teilnimmt; rechts ist der Tod des verurteilten Bäckers zu sehen.

Bild 35 (Blatt 18r): Die Miniatur zeigt die Träume des Pharaos und die Erzählung derselben an Joseph.

Bild 36 (Blatt 18v): Das Motiv der Traumdeutung wird in dieser Miniatur gemäß dem Text wiederholt.

Bild 37 (Blatt 19r): Eine vielfigurige Szene rankt sich um den Aufenthalt der Brüder Josephs in Ägypten: Joseph weint über die Reue seiner Brüder, läßt Simeon als Geisel binden, befiehlt, ihre Säcke mit Getreide zu füllen und ihre Geldbeutel darin zu verstecken.

Bild 38 (Blatt 19v): Der Fund des Geldes in den Getreidesäcken und der Bericht der Söhne Jakobs an den Vater in Kanaan bilden den Inhalt der Miniatur.

Bild 39 (Blatt 20r): Josephs Brüder finden im ausgeschütteten Getreide ihre Geldbeutel und zeigen sie dem Vater.

Bild 40 (Blatt 20v): Ruben verlangt von Jakob den Benjamin als Reisegefährten.

Bild 41 (Blatt 21r): Jakob sendet seine Söhne abermals nach Ägypten; Juda verlangt die Mitreise Benjamins.

Bild 42 (Blatt 21v): Jakob gibt Benjamin den Söhnen mit auf die Reise und befiehlt die Mitnahme von Geschenken.

Bild 43 (Blatt 22r): Zweiter Zug der Jakobssöhne nach Ägypten; Empfang durch Joseph.

Bild 44 (Blatt 22v): Josephs Brüder sprechen mit dem Hausverwalter.

Bild 45 (Blatt 23r): Jakob segnet Ephraim und Manasses im Beisein von Joseph und Aseneth; Josephs Einspruch.

Bild 46 (Blatt 23v): Jakob beruft seine Söhne.

Bild 47 (Blatt 24r): Jakob gebietet seinen Söhnen, ihn zu Mambre in Kanaan zu bestatten.

Bild 48 (Blatt 24v): Jakobs Tod, Beweinung und Bestattung.

Die Miniaturen der „Wiener Genesis" sind von mehreren Künstlern hergestellt worden, die sich stilistisch voneinander unterscheiden. In der Forschung war die Scheidung der Hände allerdings recht unterschiedlich vorgenommen worden. Eine genaue Prüfung ergibt, daß in jeder Lage der Handschrift offensichtlich ein eigener Meister gearbeitet hat. Mindestens elf Malerhände können unterschieden werden: Miniator I: Bild 1-2; Miniator II: Bild 3-6; Miniator III: Bild 7-10; Miniator IV: Bild 11-14; Miniator V: Bild 15-16; Miniator VI: Bild 17-20; Miniator VII: Bild 21-28; Miniator VIII: Bild 29-32; Miniator IX: Bild 33-36; Miniator X: Bild 37-44; Miniator XI: Bild 45-48. Ist auch eine gewisse Einheitlichkeit des Stils unverkennbar, gibt es daneben starke Verschiedenheiten, die in unterschiedlicher Weise auf verschiedene Vorlagen, verschiedene Medien als Vorlagen, unterschiedliche Schulung und künstlerische Reife der Miniatoren zurückzuführen sein werden. Die Miniaturen zeigen verschiedenartige Lösungen der Komposition: einzeilige Bilder stehen neben zweizeiligen, monoszenische neben polyszenischen, Bilder ohne Raum und Hintergrund neben voll ausgemalten Miniaturen. Hinsichtlich der Vorlagen können zwei Gruppen unterschieden werden. Die früheren Blätter sind größtenteils von Künstlern geschaffen worden, die dem „Papyrusstil" nahestehen. Die späteren Blätter zeigen hingegen in stärkerem Maße das Einwirken der Fresko- bzw. Tafelmalerei. Die „Wiener Genesis" mag auf einen spätantiken Archetypus zurückgehen, der im 4. Jahrhundert in einem der großen Zentren des östlichen Christentums entstanden war, wofür sich Antiocheia anbietet. Stilistische, archäologische und naturwissenschaftliche Indizien sprechen für eine Lokalisierung der „Wiener Genesis" in den syrisch-antiochenischen Bereich. Es hat in der Forschung aber nicht an Stimmen gefehlt, die die „Wiener Genesis" als Produkt einer höfischen Schule von Konstantinopel beurteilen wollten. Der Codex ist in die erste Hälfte des 6. Jahrhunderts (vor 540, dem Jahr der Zerstörung Antiocheias durch die Perser) zu datieren. Damit fällt die Handschrift in die justinianeische Epoche und zeigt die Reflexe der spätantiken Kunst in den hellenisierten Randprovinzen des Reiches an.

Eine Besonderheit in der „Wiener Genesis" ist die Beeinflussung durch jüdische Kunst und Bibelexegese. Viele ikonographische Gegebenheiten, die im Bibeltext keine Grundlage haben, lassen sich durch jüdische Quellen erklären; besonders der Josephszyklus ist reich an jüdischen Elementen; sein Archetypus wird daher in jüdischen oder eventuell auch in christlichen kommentierenden und novellistischen Bearbeitungen, in Haggadah und Targumim zu suchen sein. Der enge Kontakt von Juden und Christen ist gerade im spätantiken Antiocheia belegt.

Die Komposition der Szenen der „Wiener Genesis" verrät eine Vorliebe für in der Fläche aufgestellte Personen. Es fehlt zwar nicht an Versuchen der Erzielung räumlicher Tiefenwirkung. Die gegenseitige Verschiebung der Ebenen zweier Szenen, räumliche Versatzstücke, die Darstellung von Innenräumen, die Einbettung von Figuren in Landschaften dienen einem derartigen Zweck. Auch sind Überschneidungen von Gestalten und Tiefenwirkung von Gruppen dazu angetan, räumliche Illusion zu erzeugen. Nichtsdestoweniger überwiegt der Eindruck der mehr oder weniger flächenhaften Komposition und Anordnung der Szenen. Die Komposition von Szenen in Räumen scheint den Malern nicht sonderlich gelegen zu haben; etliche Szenen, die in Räumen stattfinden sollten, sind sogar ins Freie verlegt. Versatzstücke wie Bäume, Türen, Betten, Säulen, Brunnen, Zelte, Altäre, Architekturen deuten oft chiffrenartig Örtlichkeiten an.

Zu den frühesten Bibelhandschriften mit reicher bildlicher Ausstattung
Taf. 29 zählen die *Quedlinburger Italafragmente* aus dem 5. Jahrhundert (Berlin, Deutsche Staatsbibliothek, Cod. theol. lat. fol. 485). Aus einer Handschrift der Bücher der Könige wurden zwischen 1865 und 1930 fünf Blätter und ein Fragment eines sechsten Blattes in Einbänden von Quedlinburger Archivalien entdeckt; der Quedlinburger Buchbinder Asmus Reitel hatte sie 1619 als Makulatur zum Einbinden benutzt gehabt. Auf der einen Seite jeden Blattes stehen Miniaturen, während die andere Seite dem Text vorbehalten ist. Auf jeder Bildseite sind mehrere Szenen angebracht. Sollte der Codex ehemals etwa 60 illuminierte Seiten besessen haben, würde dies eine Gesamtsumme von 200 bis 300 Einzeldarstellungen bedeuten. Als Beispiel für die narrative Methode sei Blatt 2r angeführt: in einem Rahmen sind vier in sich abermals gerahmte, annähernd quadratische Szenen einkomponiert, deren Inhalt die Begegnung Sauls mit Samuel nach dem Sieg über die Amalekiter ist, die dem Text von I Samuel 15,13-33 entspricht. Die erste Szene zeigt Sauls Ankunft auf einem zweispännigen Wagen, während Samuel ein Opfer darbringt. In der zweiten Szene läuft der erzürnte Samuel weg, weil Saul nicht die gesamte Beute vernichtet hat; Saul packt Samuel beim Mantelzipfel und zerreißt diesen. In der folgenden Szene betet Saul um Vergebung für seine Sünden; unmittelbar darauf beten Saul und Samuel gemeinsam zum Herrn. Zuletzt tötet Samuel vor den Mauern der Stadt Gilgal Agag, den König der Amalekiter, während Saul zusieht. Die Bilder sind zwar durch Rahmen unterteilt, doch hat der Künstler sie durch einen einheitlich rosa und hellblau gemalten Himmel zu je zweit verbunden. Die Miniaturen sind jenen des Vergilius Vaticanus ähnlich; möglicherweise besteht eine Verwandtschaft des Skriptoriums. Man sieht die gleiche antikisierende Konzeption der menschlichen Figur, dieselbe Goldhöhung auf Draperien und Accessoires. Die Anweisungen für den Künstler waren in Kursive auf die Bildflächen geschrieben und sind nun wieder sichtbar geworden. Die Heimat der Italafragmente ist sicherlich

Italien; es bleibt offen, ob das Skriptorium in Rom oder Norditalien beheimatet war.

Für die *Bücher der Könige* in griechischer Sprache liegt im Codex Vat. gr. 333 der Biblioteca Apostolica Vaticana aus dem 12. Jahrhundert ein illuminiertes Exemplar vor. Es ist anzunehmen, daß der Bilderzyklus auf einen frühchristlichen Archetypus zurückgeht. Merkwürdigerweise nimmt die Anzahl der Bilder von Buch zu Buch ab; es scheint, daß der Miniator aus Ermüdung sich allmählich auf das Exzerpieren eines reicheren Zyklus verlegt hat. Buch 1 enthält mehr als 100 Szenen, Buch 2 an die 40 Szenen, Buch III nur mehr neun Szenen, Buch 4 gar nur mehr eine Szene. Miniaturen zu den Königsbüchern in einer Handschrift der „Sacra Parallela" des Johannes von Damaskos (Paris, Bibliothèque nationale, Ms. gr. 923, entstanden im 9. Jahrhundert wohl in Palästina) sind offensichtlich Auszüge aus einem reicheren Zyklus zu diesem Textkomplex. Andere Bilder der gleichen Handschrift lassen auf verlorene Zyklen zu weiteren Büchern des Alten Testaments schließen, so zu den zwei Büchern der Chronik. Aber selbst in Fällen, in denen sich keine illustrierten Exemplare gewisser biblischer Bücher erhalten haben, darf nicht ex silentio auf das ehemalige völlige Fehlen illuminierter Handschriften geschlossen werden. Die Überlieferung kann sehr zufällig sein. Eine Miniatur zur *Judithgeschichte* im Cod. Reg. gr. 1, Blatt 383r, der Vatikanischen Bibliothek, die die Komprimierung von Szenen der Kapitel 10 bis 14 des Buches Judith zeigt, ist ein Indiz für die Existenz eines Judithzyklus in der Antike. Ein Ähnliches gilt für eine Miniatur der Regina-Bibel zum zweiten Buche der Makkabäer.

Die große Zahl der illuminierten Exemplare des Buches *Hiob* verrät die große Beliebtheit dieses dramatischen Textes in der Ostkirche. Von den vierzehn mit Zyklen ausgestatteten Handschriften reicht Cod. 171 des Johannesklosters auf Patmos zum Teil noch in die Epoche vor dem Bilderstreit zurück. Die rahmenden Kapitel sind reich illustriert, der Kern mit den Disputen Hiobs und seiner Freunde in etwas monotoner Weise durch Dialogszenen charakterisiert.

An der Spitze der illustrierten Septuagintahandschriften steht das *Psalterium*. In den verschiedenen Redaktionen byzantinischer Psalterien - den ehemals so genannten „mönchischen" und den „aristokratischen" Psalterien - stehen wörtliche Textillustrationen neben Bildern, die als gewanderte Miniaturen aus anderen Handschriften anzusprechen sind.

Spuren der Illustrierung der Proverbia Salomonis, der Weisheit Salomons und des Ecclesiasticus lassen sich in Miniaturen der oben erwähnten Handschrift der „Sacra Parallela" nachweisen. Für die übrigen Bücher des Alten Testaments sind wir nur auf Vermutungen angewiesen.

Die erhaltenen Handschriften der *Prophetenbücher* zeigen lediglich Autorenporträts. Doch läßt die Ikonographie der „Sacra Parallela" auch auf die zyklische Illustrierung von Prophetentexten schließen; dies wird durch Bilder zum Buch Jona nahegelegt; auch für Jeremia und Daniel gibt es Spuren.

Zum Verhältnis von Bild und Text sei angemerkt, daß die Stemmata von Text und Bildern nicht identisch sein müssen. Der Archetypus einer illustrierten Handschrift ist ja fast immer jünger als jener des Textes selbst; der illustrierte Archetypus kann an einem anderen Ort als jener des Textes entstanden sein; es können unabhängig voneinander zwei Archetypen entstanden sein; der Fall kann verkompliziert werden, wenn zwei Stammbäume für Bilderhandschriften zu postulieren sind, während ein Textstemma genügt oder auch umgekehrt ein Bilderstemma sich zwei Redaktionen des Textes gegenübersieht.

Die Frage des *Ursprungs der antiken Bibelillustration* hat in den vergangenen Jahren eine interessante Entwicklung genommen. Zunächst steht der Einfluß der antiken Bildkunst auf die Illustrierung der Bibel außer Zweifel; in formaler wie auch in inhaltlicher Hinsicht waren die Maler von Bibeln den Malern und Zeichnern des Hellenismus verpflichtet. Damit ist aber noch nicht die Frage beantwortet, ob es christliche Künstler waren, die erstmals die Bibel mit reichen Bilderzyklen ausstatteten. Eine genuin christliche Erfindung wird man für die Miniaturen zu Büchern des Neuen Testaments postulieren. Anders ist der Fall bei der Illustrierung der Septuaginta gelagert.

Seit der Entdeckung umfänglicher jüdischer Malereien nach Art derjenigen in der Synagoge von Dura Europos aus der Mitte des 3. Jahrhunderts n. Chr. ist die Existenz einer jüdischen Bildkunst erwiesen. Daß eine längere Tradition hinter diesen Malereien steht und daß die Buchmalerei das kongeniale Medium für größere Zyklen darstellt, muß zur Annahme jüdischer Bildrollen führen, die freilich formal auch von der antiken Kunst beeinflußt waren. Es mag nicht von der Hand zu weisen sein, daß einige Zeit nach der Übersetzung der Septuaginta im 3. Jahrhundert v. Chr., wohl zu Anfang der christlichen Zeitrechnung, auch eine jüdische Illustrierung des Bibeltextes entwikkelt wurde. Die frühen christlichen Künstler konnten bei der Suche nach geeigneten Vorlagen auf jüdische Bilderhandschriften des Alten Testaments zurückgreifen.

Die ältesten christlichen Katakombenmalereien Roms reichen nicht vor das erste Drittel des 3. Jahrhunderts zurück; ein Ähnliches gilt für sicher christliche Sarkophage. Im Bildprogramm überwiegen Szenen des Alten Testaments, denen typologische Bedeutung als Vorausweis auf das Neue Testament zukam. Malereien wie in der Katakombe an der Via Latina in Rom brachten Kunde von alttestamentlichen Bilderzyklen bereits im 4. Jahrhundert, für die Bilderhandschriften als Vorlage wahrscheinlich sind. Auch verraten die alttestamentlichen Fresken der Katakombe an der Via Latina ein Nahverhältnis zu jüdischen Bildquellen, speziell zur Synagoge von Dura Europos. Abweichungen vom kanonischen Bibeltext lassen sich durch rabbinisch-jüdische Quellen erklären. Seit der veränderten Lage des jüdischen Volkes nach der Mitte des 2. Jahrhunderts n. Chr. war die negative Einstellung zum Bild im Spätjudentum zurückgegangen. Im palästinensisch-syrischen Raum, in Nordafrika und in Rom vollzog sich eine Hinwendung zum Bild. Die Existenz jüdischer illustrierter Handschriften des Alten Testaments kann daher postuliert werden. Bildtraditionen dieser Art mußten auch für die christliche Buchmalerei der Spätantike von Bedeutung werden.

An der Spitze der illuminierten Handschriften des Neuen Testaments steht ohne Zweifel der *Codex Rossanensis,* verwahrt im Archivio Arcivescovile zu Rossano in Süditalien. Es handelt sich um eine Purpurpergamenthandschrift des 6. Jahrhunderts, die einst die vier Evangelien enthielt. Heute sind nur mehr das Matthäusevangelium und fast das ganze Markusevangelium (bis Kapitel 16,14) erhalten; die übrigen Texte sind verlorengegangen. Dem biblischen Text ging ein Index der Kapitel, der Kephalaia, voran; verloren sind auch die Blätter mit den eusebianischen Kanones und einem Teil des Briefes des Eusebios an Karpianos. Was die Handschrift so wertvoll macht, ist das Bildprooimion vor dem eigentlichen Evangelientext, das zwar auch nur mehr fragmentarisch erhalten ist, aber doch noch einige bemerkenswerte Szenen aus dem Leben und Wirken Jesu umfaßt, zu dem alttestamentliche Propheten hinzugefügt sind. Das auf Seite 241 erhaltene Autorenporträt des Markus ist in seiner Ursprünglichkeit umstritten. Der Codex umfaßt heute nur mehr 188 Blätter, also etwa die Hälfte des ursprünglichen Bestandes. Davon nehmen die Miniaturen die Blätter 1r bis 9r und 13r bis 16v ein. Die Texte sind in Bibelmajuskel in verschieden hierarchisch abgestuften Größen abgefaßt. Die Datierung der Handschrift in das 6. Jahrhundert wird aus paläographischen Gründen nahegelegt. In dieser Zeit muß die prachtvolle Ausstattung des Codex auch im Konnex mit der byzantinischen Liturgie gesehen werden. Die unzähligen Lampen, Emailarbeiten, Paramente, Ikonen und kostbaren Bücher verschafften der Kirche eine mystisch-transzendentale Atmosphäre. Bücher wie der Codex Rossanensis hatten einen festen Platz im theologischen Programm der Kirche. So mag der Codex Rossanensis als Repräsentationsauftrag verstanden werden, der auch liturgische Funktionen erfüllt haben könnte.

Die stilistische Einheit der Schrift des Codex Rossanensis mit Handschriften wie dem Codex Sinopensis, Codex Beratinus und der „Wiener Genesis" erlaubt die Feststellung, daß all diese Handschriften aus derselben Region stammen müssen. Viele Argumente sprechen für den syrisch-palästinensischen Raum. Allerdings ist in Kaisareia in Palästina, wo noch im 4. Jahrhundert eine Aktivität in der ehemaligen Bibliothek des Origenes und Pamphilos festzustellen gewesen war, im 6. Jahrhundert kein Skriptorium mehr auszumachen. So verbleibt der syrische Raum, wo Antiocheia als bedeutende Metropole auch der Sitz anspruchsvoller Schreibschulen gewesen sein konnte.

Codices wie der Rossanensis tragen einen tiefen Symbolgehalt. Die kaiserliche Reservatfarbe Purpur selbst war bereits ein Zeichen für das Herrschertum und das Königtum Christi. Das Bildprooimion und der Text ergänzen einander; Schau und Lektüre waren einander zugeordnet. Die Bilder wurden gleichsam zur Schrift, wenn sie die Passion Christi in ihren dramatischen Szenen pittoresk abbilden; und die Schrift wurde zum Bild, insoferne sie das kalligraphische und dekorative Symbol des christologischen Inhalts bildete. Die Rolle des Codex Rossanensis mag nicht zuletzt aus seiner Funktion in liturgischen Zeremonien, in öffentlicher Schaustellung verstanden werden. Die Handschrift kann auch als Produkt einer Übergangszeit von der Antike zum Mittelalter verstanden werden, in einer Zeit, in der die antike Buchproduktion mit all ihren Ausdrucksmöglichkeiten in neue Hände überging, in einer Zeit, da die spätantike Gesellschaft tiefen Veränderungen unterworfen war, bis aus ihr die frühmittelalterliche Gesellschaft hervorging.

Der Codex Rossanensis enthält noch vierzehn Miniaturen; zwölf von ihnen veranschaulichen Ereignisse aus dem Leben Jesu, eine Miniatur bildet ein Frontispiz zu den verlorenen Kanones des Eusebios und zuletzt ist ein ganzseitiges Bild des Evangelisten Markus erhalten. Alle Miniaturen sind in Deckfarben auf dunkelrotem Purpurpergament gemalt, das sich vom bläulich purpurnen Pergament der Evangelientexte abhebt. Der Zyklus des Codex Rossanensis ist der älteste erhaltene Zyklus zum Leben Jesu in einem Evangeliar. Die Bilder des Zyklus stellen eine integrale Einheit mit den sie begleitenden Prophetentexten in jeweils vier Kolumnen dar. Man hat von einem Bild-Diatessaron - in Analogie zur Evangelienharmonie des Syrers Tatianos - gesprochen; denn alle Evangelien haben zu den Bildern beigetragen. Drei Ereignisse (Erweckung des Lazarus, Fußwaschung, Heilung des Blindgeborenen) sind nur bei Johannes berichtet, die Reue und der Selbstmord des Judas nur bei Matthäus. Die Parabel vom barmherzigen Samariter stammt aus Lukas, die Parabel von den zehn Jungfrauen aus Matthäus. Miniaturen von Szenen wie dem Einzug Jesu in Jerusalem, die von mehreren Evangelisten berichtet werden, schließen Details aus diesen verschiedenen Quellen ein. Der Zyklus bewahrt auf diese Weise die fundamentalen Prinzipien, wie sie in Tatians Diatesseron, in den Kanonestafeln des Eusebios und den Perikopen des Kirchenjahres befolgt wurden, nämlich ein vierfaches Evangelium nach Matthäus, Markus, Lukas und Johannes in kontinuierlicher Lesung darzubieten. Tatians Diatessaron aus dem Jahre 172 war in Syrien noch im 5. Jahrhundert in weitem Gebrauch.

Der Zyklus des Codex Rossanensis geht aber noch über den Bibeltext durch seinen tiefen Symbolgehalt hinaus. So sind der Samariter und der Bräutigam als Christus dargestellt, ganz im Einklang mit patristischer Exegese. Wenn die Apostelkommunion auf zwei Szenen aufgeteilt ist - die Spendung von Brot und Wein - dann liegt hier offenkundig eine Anspielung an den liturgischen Usus vor. Das Brautgemach, in dem sich der Bräutigam und die klugen Jungfrauen aufhalten, ist als Paradies gekennzeichnet. Das Verhör vor Pilatus ist mit aller Majestät eines römischen Gerichtshofes ausgestattet. Der für den Bilderzyklus verantwortliche Redaktor suchte die Evangelienbilder in den intellektuellen und liturgischen Kontext der zeitgenössischen Kirche einzubauen.

Die Blätter des Codex wurden im Verlauf der Geschichte der Handschrift in ihrer Reihenfolge teilweise vertauscht. Die Miniaturen des Codex Rossanensis haben daher heute folgenden Inhalt:

Blatt 1r (Seite 1): Die Auferweckung des Lazarus (Joh. 11,1-46). In einer dramatischen Szene, die aus sechzehn Personen besteht, ruft Jesus den Toten aus dem Grab, während dessen Schwestern in Proskynese vor dem Herrn liegen. Das Bild bringt die emotionsgeladene Szene, in der sich Staunen, Schrecken, Bewunderung, Abscheu vor dem Tod und Glauben an das Leben vermischen, trefflich zum Ausdruck. Als Propheten, die auf das Wunder verweisen, treten in der unteren Bildreihe zweimal David, Hosea und Jesaja auf. Taf. 30

Blatt 1v (Seite 2): Der Einzug Jesu in Jerusalem (Matth. 21,1 bis 11; Mark. 11,1-10; Luk. 19,28-40; Joh. 12,12-15). Jesus reitet im Damensitz auf einem Esel, während vor ihm zwei Männer ihre Kleider ausbreiten. Eine Schar trägt Palmzweige; Kinder eilen aus dem Stadttor herbei; die Apostel folgen dem Meister. Der Maler hat die Details allen vier Evangelien entnommen. Als Propheten treten David (zweimal), Zacharias und Malachias auf.

Blatt 2r (Seite 3): Konfrontation Jesu mit Priestern im Tempel; Reinigung des Tempels (Joh. 11,13-21; Matth. 21,12-17 und 23-27; Mark. 11,15-18 und 27-33; Luk. 19,45-46 und 20,1-8). Jesus ist zwar nur einmal gemalt, wie er im Tempel steht, doch gilt seine Person zwei Szenen: dem Disput mit den Priestern und der Vertreibung der Händler aus dem Tempel. Zwei Priester reden ernst mit Jesus, während fünf Händler ihre Tiere und Geräte packen und abziehen. Als Propheten treten David (zweimal), Hosea und Jesaja auf.

Blatt 2v (Seite 4): Die Parabel von den zehn Jungfrauen (Matth. 25,1-13). Vor einem geschlossenen Tor stehen die fünf törichten Jungfrauen und bitten vergeblich um Einlaß. Der Bräutigam, der hinter der Tür steht und zu den Jungfrauen spricht, ist niemand anderer als Jesus selbst. Die fünf klugen Jungfrauen stehen bei Jesus in weißen Gewändern. Vier Ströme und Fruchtbäume charakterisieren ihren Aufenthaltsort als das Paradies. Der Maler knüpft hier an die patristische Exegese an. Origenes bezeichnete bereits das Brautgemach als Ort des Königs Christus; Methodios von Tyros versetzte die Parabel bereits 312 in das Paradies; Eusebios von Kaisareia ließ die Jungfrauen in Christi Reich eintreten. Die Liturgie von Jerusalem ließ die Parabel am Dienstag in der Karwoche verlesen und interpretierte sie allegorisch. Auch Romanos Melodos brachte in zweien seiner Kontakien die eschatologischen Momente zur Geltung. Als Propheten scheinen in der genannten Miniatur unterhalb der Hauptszene dreimal David und einmal Hosea auf.

Blatt 3r (Seite 5): Das letzte Abendmahl und die Vorhersage des Verrates des Judas (Matth. 26,17-25; Mark. 14,17-23; Luk. 22,21-23; Joh. 13,18-30); die Fußwaschung (Joh. 13,2-1). Zwei Szenen stehen hier in ungleicher Größe nebeneinander. An der linken Seite liegt Jesus mit den Aposteln zu Tisch und verweist auf Judas, der in die Schüssel greift, als Verräter; rechts wäscht Jesus den Aposteln die Füße. Als Propheten treten dreimal David und einmal Zephanja auf.

Auf den Blättern 3v (Seite 6) und 4r (Seite 7) wird die Apostelkommunion veranschaulicht. Auf Blatt 3v schreiten sechs Apostel auf Jesus zu, der das Brot austeilt; auf Blatt 4r scheinen abermals sechs Apostel auf, denen Jesus den Kelch reicht. Die Gruppen sind spiegelbildlich symmetrisch angeordnet. Als Propheten treten David (zweimal), Moses und Jesaja bzw. Moses, David (zweimal) und Salomon auf. Die beiden Miniaturen führen einen liturgischen Akt vor; die Szene ist ausschließlich auf den Empfang des Sakramentes ausgerichtet; Christus ist der zelebrierende Priester; nur der Altar ist weggelassen. Auch die monumentale Größe der beiden Bilder will die Bedeutung des Sakraments veranschaulichen.

Blatt 4v (Seite 8): Christus am Ölberg (Matth. 26,36-46; Mark. 14,32-42; Luk. 22,39-46; Joh. 18,1). Auf dem dunklen Hintergrund des nächtlichen Ölberges ist Jesus zweimal abgebildet: links weckt er die schlafenden Jünger, rechts betet er verzweifelt zum Vater. Als Propheten treten David (zweimal), Jonas und Nahum auf.

Auf Blatt 5r (Seite 9) folgt ein Ziertitel zu den eusebianischen Kanones; der Titel ist von einem mehrfarbigen Kreis eingefaßt, in dem die Medaillons mit den Halbfiguren der vier Evangelisten aufscheinen. Die Seiten 10 und 11 sind leer; auf Seite 12 folgt der Beginn des Briefes des Eusebios an Karpianos innerhalb eines goldenen Zierrahmens.

Die Seite 13 (Blatt 7r) bringt die Szene der Heilung des Blindgeborenen (Joh. 9,1-7). Zwei Szenen veranschaulichen die Heilung: links die Berührung der Augen des Blinden durch Jesus, rechts die Waschung des Geheilten vor Zeugen im Teich Siloam. Als Propheten scheinen David (zweimal), Jesus Sirach und Jesaja auf.

Seite 14 (Blatt 7v) zeigt in zwei Szenen die Parabel vom barmherzigen Samariter (Luk. 10,29-37). Wieder ist es Jesus, der gemäß der patristischen Exegese - so bei Eirenaios, Origenes, Kyrillos von Alexandreia - als der Samariter gedeutet wird. Links, vor einer Stadtvignette, beugt sich Jesus, assistiert von einem Engel, über den Verwundeten; rechts führt Jesus den Verwundeten auf einem Esel fort. Als Propheten treten David (zweimal), Michäas und Jesus Sirach auf.

Die Seite 15 (Blatt 8r) wird zur Gänze von Miniaturen eingenommen. In
Taf. 31 der oberen Bildhälfte erblicken wir das Verhör Jesu vor Pilatus, das ganz nach dem Zeremoniell eines römischen Gerichtshofes vor sich geht (Matth. 27,11-14; Mark. 15,1-5; Luk. 23,1-5; Joh. 19,8-11). In der unteren Blatthälfte wirft Judas den Hohenpriestern die Silberlinge vor die Füße; rechts hängt Judas an einem Baum (Matth. 17,3-5).

Die Seite 16 (Blatt 8v) setzt das Verhör fort; es wird jene Szene veranschaulicht, in der Pilatus die Juden vor die Wahl stellt, Jesus oder Barabbas freizubitten. Um den Richter herum gestikulieren die Juden wild; Jesus steht in der unteren Bildhälfte zwischen Beamten, während der gefesselte Barabbas rechts im Bild herbeigeführt wird.

Auf Seite 241 ist ein Autorenbild des Markus gemalt. Markus sitzt in einem Korbsessel und schreibt auf den Knien auf einem Rotulus den Beginn seines Evangeliums, den ihm eine weibliche Gestalt (die Sophia) diktiert. Die

Szene spielt unter einem Portikus. Auf Grund verschiedener Indizien wurde die Echtheit des Evangelistenbildes angezweifelt und die Miniatur als eine spätere Hinzufügung gedeutet. Die Forschung ist hier wohl noch im Gange.

Ein weiterer Codex, der einst eine Prachthandschrift eines Evangeliars auf Purpurpergament darstellte, ist der *Codex Sinopensis* (Paris, Bibliothèque nationale, Ms. suppl. gr. 1286). Heute besteht die Handschrift, die ebenfalls in das 6. Jahrhundert zu datieren ist und aus dem syrisch-palästinensischen Raum stammt, nur mehr aus 43 Blättern. Der Codex wurde 1900 in Sinope erworben, woher seine heutige Bezeichung rührt. Der Text, der derselben Redaktion wie der Codex Rossanensis angehört, umfaßt etwa ein Drittel des Matthäusevangeliums und ist in goldener Bibelmajuskel geschrieben. Die Miniaturen sind kleiner als jene des Rossanensis; sie stehen am unteren Rand der Seiten und folgen eng dem zu illustrierenden Text; sie sind direkt auf das Purpurpergament gemalt. Erhalten sind die Bilder vom Tod des Täufers Johannes, die beiden Wunder der Brotvermehrung, die Heilung zweier Blinder, die Verfluchung des unfruchtbaren Feigenbaumes. Nimbierte Propheten treten neben jeder Szene auf: David, gekrönt mit einem Perldiadem, scheint viermal auf, Moses dreimal, je einmal Jesaja, Habakuk und Daniel. Die fünf Miniaturen des Codex Sinopensis sind zwar etwas roher; nichtsdestoweniger zeigen sie eine große Lebhaftigkeit, Individualität und Ausdruckskraft.

Erwähnt sei noch Codex 847 der Österreichischen Nationalbibliothek in Wien, dessen erste sechs Blätter die eusebianischen Kanones überliefern, die reich ornamentiert sind; des weiteren ist eine Titelseite und ein Frontispiz zu den Evangelien erhalten. Dieser Schmuck, der vielleicht in Ravenna im 6. Jahrhundert ausgeführt wurde, ist das älteste Beispiel ornamentaler altchristlicher Buchausstattung.

Ein Evangeliar des Corpus Christi College in Cambridge (Cod. 286) wurde in Italien im 6. Jahrhundert illuminiert und gehörte vielleicht zu den Büchern, die Papst Gregor I. (590-604) an Augustinus von Canterbury nach England sandte; der Codex wird deshalb auch als „*S. Augustine Gospels*" zitiert. Die Handschrift, die zwei Autorenbilder in Architekturen enthält, ist ein wichtiges Beispiel früher westlicher christlicher Buchmalerei. Klassische römische Elemente scheinen sich mit orientalischen Elementen zu verbinden.

Das *Ornament* und der *Zierbuchstabe* sind an sich erst im Mittelalter in reichem Maße gepflogene und entwickelte Elemente des Buchschmuckes gewesen. Dennoch gab es bereits in der Antike eine gewisse Schreiberornamentik; auch die Anfänge der Zierbuchstaben reichen in die Antike zurück. Die Sitte der Zierbuchstaben nahm ihren Ausgang in den Inschriften; erst später machten sich Zierbuchstaben auch im Buchwesen breit. Eine einfache Ornamentik ist schon aus Papyri der vorchristlichen Zeit bekannt. Erinnert sei an ein Lehrbuch für den Schulunterricht aus dem endenden 3. Jahrhundert v. Chr. mit Tabellen und schlichten farbigen Zierrahmen. Die Lesezeichen der Paragraphos, der Diple und der Koronis brachten eine wenn auch schüchterne dekorative Note in das Schriftbild. Die *Paragraphos* zählte zu den ältesten Interpunktionszeichen der griechischen Schrift; sie besteht aus einem waagrechten Strich unter dem Anfang derjenigen Zeile, in der der jeweilige Gedankengang endet. Auch Punkte konnten den Strich begleiten. Die Paragraphos konnte sowohl Sinneinschnitte in der Prosa, in der Gliederung eines Dialogs, wie auch die dialogische Einteilung von Dramentexten und metrische Einschnitte anzeigen. Für den Abschluß eines längeren Gedankenganges genügte die einfache Paragraphos nicht mehr; sie wurde mit Schnörkeln verziert. Aus diesem Gebilde entstand die *Koronis*, ein leicht kenntliches Schlußzeichen am Ende eines größeren Abschnittes, einer Strophe oder eines Buches. Sie steht am linken Ende der Schriftkolumne oder etwas darunter, oft hat sie die Form eines S-gestaltigen Zeichens, das von einem waagrechten Strich durchquert wird und oben und unten in ein System paralleler, sich verjüngender Haken ausläuft. Im Timotheospapyrus des 4. Jahrhunderts v. Chr. beendet eine vogelgestaltige Koronis einen Hauptabschnitt; allerdings dürfte diese Figur nicht mit dem Wortspiel κορώνη (korone) = „Krähe" erklärt werden. Im allgemeinen aber hat auch der beste Kopist in hellenistischer Zeit sich nicht erlaubt, durch allfällige Verzierungen seiner Arbeit einen persönlichen Stempel aufzudrücken. Eine größere Freiheit in der Anbringung von Ornamentik war erst mit der christlichen Buchproduktion verbunden. Die Sitte der Paragraphos wurde auch am Ende biblischer Bücher beibehalten; dazu trat auch die Koronis, und bald entwickelte sich eine *Schlußtitelornamentik* aus Strichen, Wellen, Haken, Ranken, Flechtwerk, Gitterwerk und verschieden gestalteten Zierleisten. Borten aus Wellen- und Zickzacklinien zählten zu den meist verwendeten Schmuckelementen. Borten konnten zu säulenartigen Gebilden entfaltet werden; Perlenbänder, Strichnetze, Gebilde wie Körbe, Kannen, Stauden, Vasen konnten hinzutreten. In griechischen wie in lateinischen Handschriften der Spätantike wurde der Schlußtiteldekor immer allgemeiner. Als sich die Schreiberornamente schließlich mit den vergrößerten Anfangsbuchstaben verbanden, kam es zur Geburt der *Initialornamentik*.

Vergrößerte Buchstaben, an denen als schmückender Zusatz meist sehr einfache Ziermotive haften, können als Halbinitialen bezeichnet werden. Beispiele dafür sind besonders aus dem „Wiener Dioskurides" bekannt. Von ihnen unterscheiden sich die Vollinitialen dadurch, daß sie genügend breite Balken besitzen, um eine ornamentale Füllung aufzunehmen oder durch figurale Motive ersetzt zu werden. Als man daran ging, einen Buchstaben mit Ornamenten zu bereichern, konnte man prinzipiell drei Möglichkeiten wählen. Die Ziermotive konnten von außen an den Buchstaben angefügt werden; man spricht hier von *Besatzornamenten*. Man denke dabei an Blätter, Zierlinien, Haken, Dreiecke, Punktreihen, Kreuze, ja selbst figurative und zoomorphe Elemente. Besatzornamente konnten aktiv als Ablauf aus Formelementen der Buchstabenbalken entwickelt werden oder aber passiv als Anhängsel dem Buchstaben von außen angegliedert werden.

Die Ziermotive konnten des weiteren als *Füllornamente* in den Buchstabenkörper eingelegt werden. Unter den frühen Füllornamenten ragen die aus Punkten und Strichen gebildeten Vermikularborten, wie sie auch in den Schlußtiteln gebräuchlich waren, hervor. Beliebte Ziermotive zur Füllung von Initialen waren Bordüren, Bänder und Kompartimente. Durch Zickzack- und Wellenlinien kam ein Moment der fortlaufenden Bewegung in die Füllmuster. Spätantike Zierbuchstaben konnten aus kleinen Zellenmustern gebildet werden, die mosaik- bzw. intarsiaartig aneinandergefügt wurden; dadurch wurde die Monotonie eines Balkens in ein anmutiges Linienspiel verwandelt.

Die dritte Möglichkeit des Initialschmuckes bot sich durch Ersetzen des Buchstabens oder eines Teiles desselben durch ein *Ersatzornament*. Als frühe Ersatzmotive sind geometrische Zierformen und figurative Elemente, vor allem aber Vögel und Fische zu nennen. Traten Tiere aktiv an die Stelle von Buchstaben, liegen *Bildbuchstaben* vor. Wir wissen nicht, wie die Künstler die ichthyomorphen oder ornithomorphen Initialen verstanden haben; für den modernen Betrachter zeigt sich in diesen Tierformen eine heitere Note, gleichsam eine Vorahnung auf die Drolerien der hochmittelalterlichen Codices. Im Gegensatz zu mittelalterlichen Initialen blieben die antiken Zierbuchstaben immer Buchstaben; sie waren nie vom Ornament überwuchert oder beherrscht; sie blieben diskret. Erst die mittelalterlichen Initiale konnte „superdekorativ" werden, wenn der Schmuck die Buchstabenform überlagerte.

Zehntes Kapitel

Die antiken Bucheinbände

Die Geschichte des Bucheinbandes ist untrennbar mit der Codexform des Buches verbunden. Ein aus einer oder mehreren Lagen von Papyrus- oder Pergamentblättern gebildeter Buchblock wird durch Heftfäden und Bünde zusammengehalten und von einer schützenden Hülle umgeben. Die antiken Papyrusrollen konnten in Behältern verwahrt werden, waren aber ansonsten ungeschützt. Erst die Codexform des Buches hatte als zwingende Konsequenz die Ausbildung eines Einbandes zur Folge, dessen Hauptteile der Vorderdeckel, der Hinterdeckel und der Rückenbezug waren. Urformen der Codexform dürfen wir in den römischen Notizbüchern, den Diptycha oder Poly- Abb. 2
ptycha, erblicken, von denen wir ab dem 1. Jahrhundert v. Chr. Kenntnis haben. Diese bestanden aus mehreren durch Schnüre und Scharniere verbundenen Wachstäfelchen. Wurden nun die inneren Täfelchen durch Lagen aus Pergament oder Papyrus ersetzt, war damit die primitivste Form des modernen Buches gegeben.

Die ältesten bekannten Bucheinbände lassen sich in Ägypten nachweisen. Sie bestanden aus Pappe, die aus Papyrusmakulatur hergestellt und sodann mit Leder überzogen wurde. Die Kenntnis des antiken Einbandes ist speziell durch Funde von Papyruscodices aus dem 4. Jahrhundert mit gnostischen Schriften, die 1945/46 bei Nag Hammadi in Ägypten getätigt wurden, wesentlich bereichert worden. Mit den einlagigen Codices haben sich auch ihre Einbände gut erhalten. Den Bezug bildete Ziegen- oder Schafleder, das mit der Haarseite nach außen auf eine Kartonage aus Papyrusblättern geklebt wurde. Das Leder wurde oben, unten und an der rechten Seite einige Zentimeter breiter als der zu bindende Buchblock zurechtgeschnitten; links lief es in einen dreieckigen Lappen aus. Nach der Aufklebung der Kartonage auf die Fleischseite des Bezugleders wurden die überstehenden Ränder des Leders umgebogen und über die Kartonage geklebt. Sodann legte man in den Innenfalz des Buchblockes einen Lederstreifen und durchstach diesen und die Fälze des Buchblockes mit einem Priem, damit die Heftung durch dünne Lederriemen erfolgen konnte. In weiterer Folge wurde das Leder an der Stelle des Buchrückens gelocht, dann der Buchblock auf die Innenseite des Leders gelegt; die Heftriemchen wurden nun durch die Löcher geführt und an der Außenseite des Buchrückens fest verknotet. Beim Schließen des Buches konnte der dreieckige Lederlappen an der Seite des oberen Buchdeckels wie eine Klappe um das Buch geschlagen und damit der

Codex fest verschlossen werden. Fallweise gab es auch Klappen an der Oberkante.

Die Technik des Einbindens mußte sich bei mehrlagigen Codices natürlich ändern. Ein treffliches Beispiel ist Papyrus Bodmer XXIII mit einem sahidischen Bibeltext, ein Papyruscodex aus dem 4. Jahrhundert. Auch dieser Einband besaß Klappen zum Verschließen des Buches. Die einzelnen Lagen des Buchblocks wurden hier zuerst miteinander vernäht; dann erst erfolgte die Befestigung im Einband. Die auf das Einbandleder geklebte Papyruskartonage ließ den Rücken frei. Der Buchblock wurde im Einband derart befestigt, daß man das erste Blatt der ersten Lage und das letzte Blatt der letzten Lage auf die Papyruskartonage klebte. Beim hinteren Deckel wurde außerdem ein überstehender Rand des Leders umgebogen und über das auf der Kartonage befestigte letzte Blatt des Codex geklebt. Beim oberen Deckel wurden an Stelle der frei beweglichen Klappen eigene Lederstreifen über den Außenrand des Deckels bis über das erste aufgeklebte Codexblatt geleimt. Der Buchblock war daher nicht starr mit dem Einband verbunden, was das Öffnen und Schließen des Buches erleichterte.

Einbände dieser Art waren portefeuilleartig gestaltet. Daneben gab es auch Einbände aus zwei dünnen rechteckigen Holzplatten, die durch einen aufgeklebten, den Buchrücken bildenden Lederstreifen zusammengehalten wurden. Ein Beispiel hiefür aus dem 3. Jahrhundert ist ein Buchdeckel der
Abb. 38 Chester Beatty Library in Dublin (Coptic Codex 1), der zu einem nicht mehr existierenden koptischen Buch gehörte. Der Buchblock wurde bei derartigen Einbänden durch eine Fadenheftung mit dem Einband verbunden, die in ihrem System auf die Verbindung der beiden Teile von Diptychen zurückgehen dürfte. Am rechten Rand der Holzplatte ist eine Rille zu beobachten, in die der Rand des Lederstreifens eingebettet war. Die Oberfläche der Deckel war mit eingelegtem Elfenbeinornament in Intarsiatechnik verziert.

Die mit Leder bezogenen koptischen Einbände zeigen auch bereits eine Verzierung und eine Färbung des Leders. Die Kopten besaßen viele Techniken der Einbandverzierung: den Lederschnitt, die Schmückung mit Stempeln, die Lederapplikation, unterlegte Durchbrucharbeit, Lederflechtwerk, Ritztechnik und Punzierung. Der orientalische Ledereinband hat in späterer Zeit diese Techniken übernommen; im Abendland wurden hingegen weitgehend nur Stempelverzierung und Lederschnitt gepflegt.

Zu den frühesten bekannten verzierten koptischen Einbänden zählt jener des Codex II von Nag Hammadi. Auf dem Vorderdeckel ist durch Blindlinien ein aus je zwei Streifen gebildetes Andreaskreuz eingeritzt, in dessen Innerem Reihen von Spiralen, Herzen und Mäandern eingepreßt sind. Den Hinterdeckel teilen Blindlinien in zahlreiche Dreiecke ein; die Linien ergeben zwei Andreaskreuze und ein griechisches Kreuz; Spiralranken und Henkelkreuze bilden den ornamentalen Schmuck. Die Klappe trägt ein großes Dreieck aus Blindlinien. Wir treffen hier im 4. Jahrhundert erstmals auf den Blinddruck und auf Kompositionsprinzipien wie Dreiecke, Rauten, Andreaskreuze und Kreuze, die in Byzanz und im Abendland im Mittelalter häufig angewendet wurden.

Eine weitere Gruppe koptischer Einbände wurde 1910 in einer steinernen Zisterne im Gebiet von Fayum gefunden. Es handelt sich um etwa 60 Bände, die meist liturgische und aszetische Texte umfaßten, ferner Teile der Bibel, Lektionarien, ein Antiphonar, zahlreiche Synaxarien sowie hagiographische und erbauliche Texte. Die Bücher gehörten einst zum koptischen Kloster St. Michael in der Wüste bei Fayum. Auch hier waren noch die originalen Einbände erhalten. Die Handschriften können in die Zeit vom 7. bis 9. Jahrhundert datiert werden. Heute sind zahlreiche Bände davon in der Pierpont Morgan Library zu New York verwahrt; fünf Bände gelangten in das koptische und ägyptische Museum zu Kairo. Der schönste Einband stammt vom Ms. 569 der Pierpont Morgan Library, der die koptischen Evangelien enthält und in das 7./8. Jahrhundert datiert werden kann. Braunes Leder überzieht die Deckel aus Papyruskartonage; es weist teilweise Vergoldung und Lederintarsiaarbeit auf, die in roter Farbe gehalten ist; auch bunte Lederplättchen sind zu beobachten.

Ein Fragment eines koptischen Einbandes in der Papyrussammlung der Österreichischen Nationalbibliothek (Pap. Nr. 34) wird in das 8./9. Jahrhundert datiert. Die Komposition des Schmuckes besteht aus einem Quadrat, das oben und unten von rechteckigen Feldern eingeschlossen wird; in das Quadrat ist ein Kreis eingeschrieben, der ein sternförmiges Bandwerk umfaßt; herzförmige Motive bedecken die Ecken zwischen Kreis und Viereck. Dasselbe Schmuckmotiv beherrscht auch einen in Berlin (Pap. Berol. 14.018) verwahrten Einband. Besonders schön ist der Einband des Coptic Codex 3 der Chester Beatty Library in Dublin, auf dem das Leder über einem vergoldeten Grund ausgeschnitten ist; das leuchtende Gold könnte sogar Blattgold sein. Der Schmuck ist geometrisch; in seinem Zentrum dominiert ein zierliches Dreiblattmuster. Taf. 32

Die Codices der Chester Beatty Library in Dublin zählen zu den ältesten erhaltenen Einbänden aus der Antike und sind daher für die Kenntnis der frühen Schmuckformen von Belang. Der Coptic Codex 11 ist ein Beispiel eines Einbandes, der direkt von den Diptychen abgeleitet werden kann. Zwei Holzbretter aus Sykomorenholz bilden den Einband, der außen eine ins Holz geschnitzte Verzierung trägt und innen noch eine Vertiefung aufweist wie jene, die bei Wachstafeln das Wachs aufzunehmen haben. Die zugehörige Handschrift ist verloren, war aber wohl mit Lederstreifen am Einband befestigt, die durch entsprechende Löcher gezogen waren. Auch Coptic Codex 12 derselben Bibliothek weist eine gleichartige Anfertigung des einen erhaltenen Holzdeckels auf. Coptic Codex 9 zeigt ein Loch im oberen Teil; vielleicht war er zum Aufhängen am Gürtel des Besitzers bestimmt. Die Deckel des Coptic Codex 1 und 2 waren für Luxusbücher bestimmt, da sie Elfenbeinschmuck trugen, der allerdings nur mehr fragmentarisch erhalten ist; um das leere Mittelfeld sind noch Streifen mit geschnitzten Lorbeerblattreihen zu sehen. Die Innenseiten dieser Deckel sind bereits glatt und ohne Vertiefung.

Abb. 38: Einbanddeckel, Holz und Elfenbein, 3. Jh. n. Chr.

Aus dem 6. Jahrhundert ist das Evangeliar der Freer Library in Washington zu nennen, das einen griechischen Text enthält, aber aus Ägypten stammt. Auf zwei Holzplatten sind die vier Evangelisten, in stehender Haltung mit dem Buch in der Hand, aufgemalt. Dieses bemalte Evangeliar ist einer der seltenen Exemplare von Luxuseinbänden, die sich erhalten haben. Luxuseinbände des 6. Jahrhunderts sind auch der Coptic Codex A und B der Chester Beatty Library. Coptic Codex A enthält die Briefe des Paulus, Coptic Codex B die Apostelgeschichte und das Johannesevangelium. Die Pergamenthandschriften werden von Deckeln aus Zedernholz geschützt; das Bezugsleder ist Maroquin. In technischer Hinsicht ist abermals ein Fortschritt festzustellen, insoferne hier eine Heftung auf zwei unabhängige Fäden stattfand. Die Falze des Buchblocks waren viermal durchlöchert. Der Faden des oberen Teils wurde durch die oberen Löcher ein- und ausgeführt und befestigte derart die Lagen aneinander, wobei der Faden immer wieder mit dem bereits in der vorhergehenden Lage steckenden Faden verbunden wurde. In den beiden unteren Löchern geschah dasselbe mit einem zweiten Faden. Diese Art der Heftung taucht sogar noch im Evangeliar von St. Cutbercht in Stonyhurst College aus dem 7. Jahrhundert auf, welches den ältesten erhaltenen abendländischen Einband trägt. Auch in Äthiopien ist die genannte Art der Heftung zu beobachten. Allerdings hat das abendländische Buch eine andere technische Entwicklung genommen. Die Verbindung von Buchblock und Einband wurde im Westen durch Bünde am Rücken des Buches hergestellt. Unter Bünden sind Schnüre, Leder- oder Pergamentstreifen zu verstehen, um die der Heftfaden, sooft er aus dem Inneren der Lagen heraustrat, herumgeführt wird, und an denen auch die Buchdeckel befestigt werden. Diese Technik ist seit der Zeit um 600 n. Chr. bezeugt.

Zur besseren Bewahrung der Heftung scheinen die obengenannten Codices der Chester Beatty Library - wie auch andere koptische Handschriften des 8. bis 10. Jahrhunderts - ein festes hohes Kapital besessen zu haben, ähnlich dem Kapital der griechischen und armenischen Bücher. Die Buchrücken sind in Blinddruck mit Linien, Blüten- und Tierstempeln verziert; auch der Vorderdeckel trug ein rechteckiges verziertes Lederstück.

Für viele koptische Einbände war als Kompositionsprinzip des Deckelschmuckes ein Quadrat bedeutsam, das oben und unten von Rechtecken flankiert war; dieses Quadrat wiederum wurde durch Kreise, Kreuze, Diagonalen oder Rauten unterteilt.

Eine Miniatur auf Blatt 5r des Codex Amiatinus der Biblioteca Laurenziana zu Florenz zeigt den Propheten Ezra vor einem Regal mit zahlreichen Codices. Dieses Bild gibt einen trefflichen Eindruck vom Aussehen spät- Taf. 2
antiker Bucheinbände. Die Einbände tragen in vielfacher Variation einen geometrisch bestimmten Schmuck; man denke an Kreuze, Andreaskreuze oder große Rauten.

Im byzantinischen Osten verlief die Entwicklung der Heftung anders als im Westen. Die Verbindung der Lagen erfolgte nur durch den Heftfaden, also

Abb. 39: Buchkasten mit Probianusdiptychon, Elfenbein, um 400 n. Chr.

ohne Bünde, wobei immer zwei Lagen zusammengefaßt wurden; die Verbindung von Buchblock und Deckel erfolgte durch Schnüre, die in zickzackförmigen Rillen der Deckel eingesetzt waren. Der Rücken dieser Codices konnte infolge des Fehlens der Bünde vollkommen glatt bleiben; das Kapital ragte daher über den Buchblock hinaus, weil es auf den Oberteil des Buchrükkens und einen Teil der Deckel aufgesetzt war.

Mittelalterliche Bucheinbände haben *antike Elfenbeinarbeiten* bewahrt. Es war nicht ungewöhnlich, daß spätantike Schnitzarbeiten sekundär als Deckelschmuck verwendet wurden. So trägt ein Troparium aus Autun (Paris, Bibliothèque de l'Arsenal, Ms. 1169) aus der Zeit zwischen 996 und 1024 eine Schnitzarbeit aus der Zeit um 400, die eine Muse mit Kithara und zwei Philosophen darstellt. Ein Buchkasten in Berlin (Deutsche Staatsbibliothek, Ms. theol. lat. fol. 323) überliefert das Konsulardiptychon des Rufus Probianus aus der Zeit um 400. Für die Verwendung als Buchschmuck wurden die

Abb. 40: Elfenbeindiptychon mit Christus und Maria, Mitte 6. Jh.

Diptychontafeln in die Deckel eines aus zwei Eichenholzbrettern bestehenden, außen mit Leder bezogenen Buchkastens eingelassen und von gravierten Kupferbeschlägen gerahmt. Im Domschatz zu Halberstadt liegt ein Antiphonale des 12./13. Jahrhunderts; sein Einband trägt ein Konsulardiptychon aus dem ersten Viertel des 5. Jahrhunderts. In der Spätantike konnten Diptychen auch bereits eine christliche Ikonographie aufweisen. Man denke an das Petrus-Paulus-Diptychon aus der Mitte des 5. Jahrhunderts, das die Deckel einer historischen Handschrift des 11./12. Jahrhunderts (Rouen, Bibliothèque municipale, Ms. Y 27) schmückt. Das Gregor-David-Diptychon ist ein für kirchliche Zwecke umgearbeitetes Konsulardiptychon des beginnenden 6. Jahrhunderts; die Figuren des Konsuls wurden durch Beischriften als David und Gregor umgetauft; heute ziert dieses Diptychon ein Antiphonar des hl. Gregor auf Purpur aus der Zeit um 900 im Schatz der Basilica di S. Giovanni Battista in Monza. Ein fünfteiliges Diptychon im Domschatz zu Mailand aus dem

5. Jahrhundert bringt in zahlreichen kleinen Kompartimenten, die um das Osterlamm (am Vorderdeckel) bzw. ein Kreuz (am Hinterdeckel) gereiht sind, Szenen aus dem Leben Mariens und Jesu. Im gleichen Domschatz ist auch ein Passionsdiptychon aus der Zeit um 500 verwahrt, das nicht mehr mit einer Handschrift verbunden ist. Ein prachtvolles Elfenbeindiptychon mit Christus und Maria aus dem 6. Jahrhundert wird in Berlin (Staatliche Museen, Skulpturenabteilung, Frühchristliche Sammlung, J. 564/565) aufbewahrt. In all diesen Fällen handelt es sich um die sekundäre Verwendung antiker Kunstwerke auf mittelalterlichen Einbänden, die die Tradition antiker Luxuseinbände fortsetzen.

Ausgewählte Bibliographie

Allgemeine Buchgeschichte

Atti del Convegno internazionale Il Libro e il testo, Urbino, 20-23 settembre 1982. A cura di C. Questa e R. Raffaelli. 1984.

S. Dahl, Geschichte des Buches. Leipzig 1928. 2. Aufl. 1941.

D. Diringer, The handproduced Book. New York 1953.

D. Diringer, The Book before printing. Ancient, medieval and oriental. New York 1982.

Liber librorum. 5000 Jahre Buchkunst. Herausgegeben von H. D. L. Vervliet. Genf 1972 (auch englische, französische und niederländische Ausgabe erschienen).

Das Buch der Antike

Th. Birt, Das antike Buchwesen in seinem Verhältnis zur Literatur. Berlin 1882.

H. Blanck, Das Buch in der Antike. München 1992.

G. Cavallo (Ed.), Libri, editori e pubblico nel mondo antico. Roma, Bari 1975.

B. K. Gold, Literary Patronage in Greece and Rome. Chapel Hill, London 1987.

F. W. Hall, A Companion to classical Texts. Oxford 1913. Reprint Hildesheim 1968.

H. Hunger, Schreiben und Lesen in Byzanz. Die byzantinische Buchkultur. München 1989.

F. Kenyon, Books and Readers in ancient Greece and Rome. Oxford 1932. 2. ed. 1951.

K. Ohly, Stichometrische Untersuchungen. Zentralblatt für Bibliothekswesen. Beiheft 61. 1928.

R. Schipke, Untersuchungen zur Herstellung und Verbreitung des Buches im lateinischen Westen zwischen dem 4. und 6. Jahrhundert. Diss. Berlin (Ost) 1976.

W. Schubart, Das Buch bei den Griechen und Römern. 3. Aufl., herausgegeben v. E. Paul. Heidelberg 1962.

Handschriftenkunde

L. N. Braswell, Western Manuscripts from classical antiquity to the Renaissance. A Handbook. New York, London 1981.

A. Dain, Les manuscrits. Nouv. ed. Paris 1964.

O. Mazal, Lehrbuch der Handschriftenkunde (Elemente des Buch- und Bibliothekswesens. 10.) Wiesbaden 1986.

Textgeschichte

Geschichte der Textüberlieferung der antiken und mittelalterlichen Literatur. Bd. 1.2. Zürich 1961-1964.

Beschreibstoffe

A. K. Bowman, The Roman Writing Tablets from Vindolanda. London 1983.

W. Gaitzsch, Der Wachsauftrag antiker Schreibtafeln. Bonner Jahrbücher 184 (1984) 189ff.

R. R. Johnson, The Role of Parchment in Greco-Roman Antiquity. Diss. Los Angeles. Ann Arbor 1988.

N. Lewis, Papyrus in Classical Antiquity. Oxford 1974.

E. A. Lowe, Codices rescripti. A List of the oldest Latin palimpsests with stray observation on their origin. In: Mélanges Eugène Tisserant 5 (Studi e testi. 235) Città del Vaticano 1964, 67ff.

L. Malerba, Storia del papiro in Sicilia. Bologna 1968.

R. Pintaudi, Tavolette lignee e cerate della Biblioteca Vaticana. In: Les débuts du codex. Turnhout 1989, 61ff.

R. Reed, The Nature and Making of Parchment. Leeds 1975.

R. Reed, Ancient Skins, Parchments and Leathers. London 1973.

F. Roncalli, Carbasinis voluminibus implicati libri. Osservazioni sul liber linteus di Zagrabia. Jahrbuch des Deutschen Archäologischen Instituts 95 (1980) 227ff.

F. Roncalli, Osservazioni sui libri lintei etruschi. Rendiconti della Pontificia Accademia 51/52 (1978/80) 3ff.

L. Santifaller, Beiträge zur Geschichte der Beschreibstoffe im Mittelalter. T. 1. (Mitteilungen des Instituts für Österr. Geschichtsforschung. Erg.-Bd. 16) Graz, Köln 1953.

Buchformen

Th. Birt, Die Buchrolle in der Kunst. Leipzig 1907.

Les Débuts du Codex. Actes de la journée d'études Paris 1985. Ed. par A. Blanchard. (Bibliologia. 9) Turnhout 1989.

T. Dorandi, Sillyboi. Scittura e civiltà 8 (1984) 185ff.

L. Holtz, Les mots latins désignant le livre au temps d'Augustin. In: Les débuts du Codex. Turnhout 1989, 105ff.

L. Koenen, C. Römer, Der Kölner Mani-Codex. Bonn 1985.

C. H. Roberts, T. C. Skeat, The Birth of the Codex. London 1983.

E. G. Turner, The Terms Recto and Verso. The Autonomy of the Papyrus Roll. In: Actes du XVe Congrès international de papyrologie. 1. Bruxelles 1978.

E. G. Turner, The Typology of the early Codex. Philadelphia 1977.

Papyrologie

K. Aland, Repertorium der griechischen christlichen Papyri. I. Biblische Papyri. Altes Testament. Neues Testament. Varia. Apokryphen (Patristische Texte und Studien. 18) Berlin, New York 1976.

A. Bataille, Les papyrus (Traité d'études byzantines. 2) Paris 1955.

H. I. Bell, Egypt from Alexander the Great to the Arab Conquest. Oxford 1948.

A. Calderini, Manuale di papirologia antica greca e romana. Milano 1938.

A. Calderini, Papyri. I. Guida allo studio della papirologia antica greca e romana. Milano 1962.

P. Collomp, La papyrologie (Initiations et méthodes). Paris 1927.

M. David, B. A. van Groningen, Papyrological Primer. 4. ed. Leiden 1965.

A. D'Ors, Introducción al estudio de los documentos del Egipto Romano. Madrid 1948.

I. Gallo, Avviamento alla papirologia greco-latina. Napoli 1983.

J. van Haelst, Catalogue des papyrus littéraires juifs et chrétiens. Paris 1976.

F. G. Kenyon, The Palaeography of Greek Papyri. Oxford 1899.

N. Lewis, L'Industrie du papyrus dans l'Egypte greco-romaine. Paris 1934.

N. Lewis, Papyrus in Classical Antiquity. Oxford 1974.

L. Mitteis, U. Wilcken, Grundzüge und Chrestomathie der Papyruskunde. 1.2. Leipzig 1912.

O. Montevecchi, La papirologia. Torino 1973.

R. A. Pack, The Greek and Latin Literary Texts from Greco-Roman Egypt. Ann Arbor 1952. 2. ed. 1965.

W. Peremans, J. Vergote, Papyrologisch Handboek. Leuven 1942.

K. Preisendanz, Papyrusfunde und Papyrusforschung. Leipzig 1933.

H. Ragab, Le papyrus. Cairo 1980.

W. Schubart, Einführung in die Papyruskunde. Berlin 1918.

W. Schubart, Papyri Graecae Berolinenses. Bonn 1911.

R. Seider, Paläographie der griechischen Papyri. Stuttgart 1967-1970.

T. C. Skeat, The Length of the Standard Papyrus Roll and the Cost Advantage of the Codex. Zeitschrift für Papyrologie und Epigraphik 45 (1982) 168ff.

J. O. Tjäder, Die nichtliterarischen lateinischen Papyri Italiens aus der Zeit 445 bis 700, 1ff. Lund 1954ff.

E. G. Turner, Greek Papyri. An Introduction. Princeton, N. J. 1968.

Schriftgeschichte

M. G. Amadasi Guzzo, Scritture alfabetiche. Roma 1987.

G. Barthel, Konnte Adam schreiben? Weltgeschichte der Schrift. Köln 1972.

A. Bömer, W. Menn, Die Schrift und ihre Entwicklung. In: Milkau-Leyh, Handbuch der Bibliothekswissenschaft. I. 2. Aufl. Wiesbaden 1952, 1ff.

J. Chadwick, The Decipherment of Linear B. Cambridge 1958.

D. Diringer, The Alphabet. A key to the history of mankind. London, New York 1948.

H. F. Döbler, Kultur- und Sittengeschichte der Welt. Schrift. Buch. Wissenschaften. München 1973.

J. G. Février, Histoire de l'écriture. Paris 1959.

K. Földes-Papp, Vom Felsbild zum Alphabet. Die Geschichte der Schrift von ihren frühesten Vorstufen bis zur modernen lateinischen Schreibschrift. Bayreuth 1975.

A. Gaur, A History of Writing. London 1984.

H. Jensen, Die Schrift in Vergangenheit und Gegenwart. 3. Aufl. Berlin 1969.

Ch. Higounet, L'Ecriture (Que sais-je? 653) Paris 1955.

D. Jackson, The Story of Writing. New York 1981.

M. J. Martin, The Origin of Writing. New York 1981.

F. W. Petrie, The Formation of the Alphabet. London 1912.

I. J. Selb, Von der Keilschrift zum Alphabet. Grundlagen einer Schriftwissenschaft. Stuttgart 1958.

J. Tschichold, Geschichte der Schrift in Bildern (Hamburger Beiträge zur Buchkunde. 4) Hamburg 1961.

Griechische Paläographie

B. Atsalos, La terminologie du livre-manuscrit à l'époque byzantine. Thessalonike 1971.

R. Barbour, Greek Literary Hands A. D. 400-1600. Oxford 1981.

G. Cavallo, H. Maehler, Greek Bookhands of the Early Byzantine Period. A. D. 300-800. London 1987.

A. Dain, Paléographie grecque. In: L'Histoire et ses méthodes (Encyclopédie de la Pléiade) Paris 1961, 532-552.

R. Devreesse, Introduction à l'étude des manuscrits grecs. Paris 1954.

R. Devreesse, Les manuscrits grecs de l'Italie méridionale (Studi e testi 183) Città del Vaticano 1955.

H. Follieri, Codices Bibliothecae Vaticanae selecti temporum locorumque ordine digesti commentariis et transscriptionibus instructi (Exempla scripturarum. 4) Città del Vaticano 1969.

P. Franchi de' Cavalieri, H. Lietzmann, Specimina codicum Graecorum Vaticanorum. Bonn 1910. Editio 2. Berlin & Leipzig 1929.

V. Gardthausen, Griechische Paläographie. 1.2. 2. Aufl. Leipzig 1913.

B. A. Van Groningen, Short Manual of Greek Palaeography. Leiden 1963.

H. Hunger, Antikes und mittelalterliches Buch- und Schriftwesen. In: Geschichte der Textüberlieferung der antiken und mittelalterlichen Literatur. 1. Zürich 1961, 25-147.

Griechische Kodikologie und Textüberlieferung. Herausgegeben von D. Harlfinger. Darmstadt 1980.

L. R. Lefort, J. Cochez, Album palaeographicum codicum Graecorum. Louvain 1932-34.

A. Leone, L'evoluzione della scrittura nei papiri greci del Vecchio Testamento (Papyrologia Castroctaviana. Studia et textus. 5) Barcelona 1975.

P. Maas, Griechische Paläographie. In: A. Gercke, E. Norden, Einleitung in die Alterumswissenschaft. 1,9 (Leipzig 1924) 69-81.

R. Merkelbach, H. van Thiel, Griechisches Leseheft zur Einführung in Paläographie und Textkritik (Studienhefte zur Altertumswissenschaft. 10) Göttingen 1965.

B. M. Metzger, Manuscripts of the Greek Bible. An introduction to Greek palaeography. New York, Oxford 1981.

E. Mioni, Introduzione alla paleografia greca (Università di Padova. Studi bizantini i neogreci. 5) Padova 1973.

H. Omont, Fac-similés des plus anciens manuscrits grecs en onciale et en minuscule de la Bibliothèque nationale du IVe au XIIe siècle. Paris 1892.

Paleografia e codicologia greca. Atti del II. Colloquio internazionale (Berlin-Wolfenbüttel, 17-21 ottobre 1983) A cura di D. Harlfinger e G. Prato. 1.2. Alessandria 1991.

La Paléographie grecque et byzantine (Colloques internationaux du Centre Nationale de la Recherche Scientifique. 559) Paris 1977.

W. Schubart, Griechische Paläographie (Handbuch der Altertumswissenschaft. 1,4,1) München 1966.

A. Sigalas, Ἱστορία τῆς ἑλληνικῆς γραφῆς. Thessalonike 1934.

C. M. Thompson, An Introduction to Greek and Latin Palaeography. Oxford 1912.

E. G. Turner, Greek Manuscripts of the Ancient World. 2. ed., ed. by P. J. Parsons. London 1987.

G. Vitella, C. Paoli, Collezione Fiorentina di facsimili paleografici greci e latini. 1.2. Firenze 1897.

W. Wattenbach, Schrifttafeln zur Geschichte der griechischen Schrift. Berlin 1976/77.

W. Wattenbach, Scripturae Graecae specimina. Berlin 1883.

U. Wilcken, Tafeln zur älteren griechischen Paläographie. Leipzig 1891.

M. Wittek, Album de paléographie grecque. Spécimens d'écritures livresques du IIIe siècle avant. J. C. au XVIIIe siècle, conservés dans des collections belges. Gand 1967.

Griechische Paläographie der Antike

M. Burzachechi, Gli Eubei e l'introduzione dell'alfabeto greco in occidente. Gli Eubei in occidente (18. Convegno di studi sulla Magna Grecia. Taranto 1978) Taranto 1984, 209ff.

G. Cavallo, Ricerche sulla maiuscola biblica. Firenze 1967.

M. Guarducci, L'epigrafia greca dalle origini al tardo impero. Roma 1987.

W. H. P. Hatch, The principal uncial Manuscripts of the New Testament. Chicago 1939.

J. Irigoin, L'onciale grecque de type copte. Jahrbuch der Österreichischen Byzantinischen Gesellschaft 8 (1959) 29-51.

L. H. Jeffery, The Local Scripts of Archaic Greece. 2. ed. Oxford 1990.

F. G. Kenyon, The Palaeography of Greek Papyri. Oxford 1898.

R. Marichal, L'Ecriture latine et l'écriture grecque du 1e au 6e siècle. L' Antiquité classique 19 (1950) 113ff.

M. Norsa, La scrittura letteraria greca dal secolo IV a. C. all' VIII. d. C. Firenze 1939.

C. H. Roberts, Greek Literary Hands 350 B. C.-A. D. 400. Oxford 1955.

R. Seider, Paläographie der griechischen Papyri. 1.2. Stuttgart 1970.

E. G. Turner, Greek Manuscripts of the Ancient World. Oxford, Princeton 1971. 2. ed., ed. by P. J. Parsons. London 1987.

U. v. Wilamowitz-Moellendorf, Der Timotheos-Papyrus. Lichtdruckausgabe. Leipzig 1903.

Etrusker und Italiker

M. Cristofani, Introduzione allo studio dell'etrusco. Firenze 1973.

M. Cristofani, Sull'origine e la diffusione dell'alfabeto etrusco. In: Aufstieg und Niedergang der römischen Welt. I,2. Berlin 1972, 466ff.

M. Cristofani, La scrittura nell'Italia antica. Archeo Dossier 37. 1988.

M. Pallottino, Etruscologia. 7. ed. Milano 1984. Deutsche Ausgabe u. d. T. Etruskologie. Basel 1988.

M. Pandolfini, A. L. Prosdocimi, Alfabetari e insegnamento della scrittura in Etruria e nell'Italia antica. Firenze 1990.

A. J. Pfiffig, Die etruskische Sprache. Versuch einer Gesamtdarstellung. Graz 1969.

H. Rix, La scittura e la lingua. In: Gli Etruschi, una nuova immagine. Firenze 1984, 210ff.

La Scrittura nell'Etruria antica. Relazioni e communicazioni nel Convegno del 1985. Annali della Fondazione per il Museo Claudio Faina. 4. 1990.

Lateinische Paläographie

G. Battelli, Lezioni di paleografia. 3. ed. Città del Vaticano 1964.

B. Bischoff, Paläographie des römischen Altertums und des abendländischen Mittelalters (Grundlagen der Germanistik. 24.) 2. Aufl. Berlin 1986.

G. Cencetti, Lineamenti di storia della scrittura latina. Bologna 1954.

Codices Latini antiquiores. A palaeographical guide to Latin manuscripts prior to the 9th century. Ed. by E. A. Lowe. (Nebst) Suppl. Oxford 1934-1971.

H. Hunger, Antikes und mittelalterliches Buch- und Schriftwesen. In: Geschichte der Textüberlieferung der antiken und mittelalterlichen Literatur. 1. Zürich, 25-147.

J. Kirchner, Scriptura Latina libraria. A saeculo primo usque ad finem medii aevi. 2. Aufl. München 1970.

E. Meyer, Einführung in die lateinische Epigraphik. Darmstadt 1973.

E. Monaci, Esempi di scrittura latina dal secolo I dell'era moderna al XVIII. Roma 1898. Nuova ed. 1906.

F. Mužika, Die schöne Schrift in der Entwicklung des lateinischen Alphabets. 1.2. Hanau 1965.

Paléographie des classiques latins. Collection de fac-similés publ. par E. Chatelain. Livr. 1-14. Paris 1884-1900.

The Palaeographical Society. Facsimiles of manuscripts and inscriptions. Ed. by E. A. Bond & E. M. Thompson. I. ser. Vol. 1-7. London 1873-83. II. ser. Vol. 1.2. 1884-94. Indices 1874-1894. Ed. by G. F. Warner. London 1901.

The New Palaeographical Society. Facsimiles of ancient manuscripts. I. ser. Vol. 1.2. London 1903-1912. Indices by L. R. Dean. Princeton, N. J. 1914. II. ser. Vol. 1.2. London 1913-30. Indices 1932.

F. Steffens, Lateinische Paläographie. 2. Aufl. Berlin 1929.

B. L. Ullman, Ancient Writing and its influence. New York 1963.

G. Vitella, C. Paoli, Collezione Fiorentina di facsimili paleografici greci e latini. 1.2. Firenze 1897.

Lateinische Paläographie der Antike

G. Cencetti, Note paleografiche sulla scrittura dei papiri latini dal I al II secolo A. D. Accademia delle scienze dell'Istituto di Bologna. Classe di scienze morali. Memorie ser. 5,1 (1950) 3ff.

G. Cencetti, Ricerche sulla scrittura latina nell' età arcaica 1. Il filone corsivo. Bulletino dell'Archivio paleografico italiano. N. S. 2-3 (1956-57) 1, 175-205.

E. Chatelain, Uncialis scriptura codicum Latinorum novis exemplis illustrata (Nebst Tafelband) Paris 1901.

P. Collart, Les papyrus littéraires latins. Revue de philologie, de littérature et d'histoire anciennes 3. ser. 15 (1941) 112-128.

A. E. Gordon, On the Origin of the Latin Alphabet. Modern views. University of Californa Studies in Classical Antiquity 2 (1969) 157ff.

S. Hornköj-Möller, Die Beziehung zwischen der älteren und der jüngeren römischen Kursivschrift. Versuch einer kulturhistorischen Deutung. Aegyptus 60 (1980) 1-63.

E. A. Lowe, A Hand-List of half-uncial manuscripts. In: Miscellanea Francesco Ehrle 4 (Studi e testi. 40) Roma 1924, 34-61.

J. Mallon, L'écriture de la chancellerie impériale romaine. Salamanca 1948.

J. Mallon, R. Marichal, Ch. Perrat, L'écriture latine de la capitale romaine à la minuscule. Paris 1939.

J. Mallon, Paléographie romaine (Scripturae. 3) Madrid 1952.

R. Marichal, L'écriture latine et l'écriture grecque du 1er au 6e siècle. L' Antiquité classique 19 (1950) 113ff.

R. Marichal, Paléographie et épigraphie latines. In: Actes du 20e congrès international d'épigraphie grecque et latine. Paris 1953, 180ff.

G. Perl, Einführung der griechischen Buchstaben y und z ins lateinische Alphabet. Philologus 115 (1971) 196ff.

Giovanna Petronio Nicolai, Osservazioni sul canone della capitale libraria romana fra I e III secolo. In: Miscellanea in memoria di Giorgio Cencetti. Torino 1973, 3ff.

A. Petrucci, L'onciale romana. Studi medievali. 3. ser. 12 (1971) 75ff.

R. Seider, Beiträge zur Geschichte und Paläographie der antiken Vergil-Handschriften. In: Studien zum antiken Epos. Herausgegeben v. H. Görgemanns u. E. A. Schmidt. 1976, 129ff.

J. O. Tjäder, Die nichtliterarischen lateinischen Papyri Italiens aus der Zeit 445-700. I. Lund 1954/55.

J. O. Tjäder, Der Ursprung der Unzialschrift. Basler Zeitschrift für Geschichte u. Altertumskunde 1974, 9ff.

B. L. Ullman, The Etruscan Origin of the Roman Alphabet and the Names of the Letters. Classical Philology 22 (1927) 372f.

C. Zangemeister, G. Wattenbach, Exempla codicum Latinorum litteris maiusculis scriptorum (Nebst) Suppl. Heidelberg 1876-1879.

Schreiben und Lesen

A. Bernard, O. Masson, Les inscriptions grecques d'Abou Simbel. Revue des études grecques 70 (1957) 1ff.

S. F. Bonner, Education in Ancient Rome. London 1977.

R. Calderini, Gli ἀγράμματοι nell'Egitto greco-romano. Aegyptus 30 (1950) 14ff.

G. Cavallo, Alfabetismo e circolazione del libro. In: Oralità, scrittura, spettacolo. Torino 1983, 166ff.

G. Garuti, Latina de pueris instituendis testimonia usque ad Caesaris aetatem. L' Aquila 1984.

H. Harrauer, P. J. Sijpesteijn, Neue Texte aus dem antiken Unterricht. Wien 1985.

W. V. Harris, L'analfabetismo e le funzioni della parola scritta nel mondo romano. Quaderni di storia 27 (1988) 5ff.

W. V. Harris, Ancient Literacy. Cambridge (Mass.), London 1989.

H. R. Immerwahr, Book Rolls on Attic Vases. In: Classical, Medieval, and Renaissance Studies in honor of B. L. Ullman. I. Roma 1964, 17ff.

H. R. Immerwahr, More Book Rolls on Attic Vases. Antike Kunst 16 (1973) 143ff.

M. L. Lang, Graffiti and Dipinti (The Athenian Agora. 21) Princeton 1976.

M. L. Lang, Ostraka (The Athenian Agora. 25) Princeton 1990.

H. Maehler, Die griechische Schule im ptolemäischen Ägypten. Hellenistica 27 (1983) 191ff.

H. I. Marrou, Histoire de l'éducation dans l'antiquité. Paris 1948. Deutsche Ausgabe u. d. T. Geschichte der Erziehung im klassischen Altertum. München 1977.

G. Nieddu, Alfabetismo e diffusione sociale della scrittura nella Grecia arcaica e classica: pregiudizi recenti e realtà documentaria. Scittura e civiltà 6 (1982) 233ff.

J. Whitley, The Social Context of Literacy in archaic Greece and Etruria. Antiquity 62 (1988) 761ff.

C. H. Youtie, 'Αγράμματος. An aspect of Greek society in Egypt. Harvard Studies in Classical Philology 75 (1971) 161ff.

C. H. Youtie, Βραδέως γράφων. Between literacy and illiteracy. Greek, Roman and Byzantine Studies 12 (1971) 239ff.

G. Zalateo, Papiri scolastici. Aegyptus 41 (1961) 160ff.

E. Ziebarth, Aus der antiken Schule. Bonn 1913.

Die Schreiber

G. Cavallo, Libri, scritture, scribi a Ercolano. Napoli 1983.

T. Dorandi, Den Autoren über die Schulter geschaut. Arbeitsweise und Autographie bei den antiken Schriftstellern. Zeitschrift für Papyrologie und Epigraphik 87 (1991) 11ff.

B. M. Metzger, When did Scribes begin to use writing chests? Historical and Literary Studies. Leiden 1963, 123ff.

G. M. Parassoglu, Δεξιὰ χεὶϱ καὶ γόνυ. Scrittura e civiltà 3 (1979) 5ff.

G. M. Parassoglu, A Roll upon his Knees. Yale Classical Studies 28 (1985) 273ff.

A. Schlott, Schrift und Schreiber im alten Ägypten. München 1989.

T. C. Skeat, The Use of Dictation in ancient Book Production. Proceedings of the British Academy 42 (1956) 179-208.

Die griechische Sprache

W. Bauer, Griechisch-deutsches Wörterbuch zu den Schriften des Neuen Testaments und der übrigen urchristlichen Literatur. Berlin 1957.

F. Blass, A. Debrunner, Grammatik des neutestamentlichen Griechisch. Göttingen [10]1959.

G. N. Chatzidakis, Σύντομος ἱστοϱία τῆς ἑλληνικῆς γλώσσης. Athen 1915.

P. S. Costas, An Outline of the History of the Greek Language with particular emphasis in the Koine and the subsequent periods. Chicago 1936.

A. Debrunner, Geschichte der griechischen Sprache. II: Grundfragen und Grundzüge des nachklassischen Griechisch. Berlin 1954. 2. Aufl. 1969.

K. Dieterich, Untersuchungen zur Geschichte der griechischen Sprache von der hellenistischen Zeit bis zum 10. Jahrhundert n. Chr. Leipzig 1898.

O. Hoffmann, Geschichte der griechischen Sprache. I. Bis zum Ausgang der klassischen Zeit. 3. Aufl. Bearb. v. A. Debrunner. Berlin 1953.

A. N. Jannaris, An Historical Greek Grammar. London 1897.

St. G. Kapsomenakis, Voruntersuchungen zu einer Grammatik der Papyri der nachchristlichen Zeit. München 1938.

E. Kissling, W. Rübsam, Wörterbuch der griechischen Papyrusurkunden. Amsterdam 1969.

G. W. H. Lampe, A Patristic Greek Lexicon. Oxford 1961-68.

A. Meillet, Geschichte des Griechischen. Heidelberg 1920.

J. H. Moulton, E. Millingen, The Vocabulary of the Greek Testament illustrated from the Papyri and other non-literary sources. London, New York, Toronto 1928.

H. Pernot, D'Homère à nos jours. Paris 1921.

F. Preisigke, Wörterbuch der griechischen Papyrusurkunden. 1-4. Berlin, Heidelberg 1925-44.

E. Schwyzer, Griechische Grammatik. 1-3. München 1939-1953.

E. A. Sophocles, Greek Lexicon to the Roman and Byzantine Periods. New York 1887. Neudruck 1957.

A. Thumb, Die griechische Sprache im Zeitalter des Hellenismus. Strasbourg 1901.

Die griechische Literatur

F. Ballotto, Storia della letteratura greca. Milano 1967.

E. Bignone, Il libro della letteratura greca. 5. ed. Firenze 1945.

C. M. Bowra, Ancient Greek Literature. Oxford 1933. Neudruck 1967.

R. Cantarella, Storia della letteratura greca. Milano 1962.

J. Defradas, La littérature grecque. Paris 1960.

A. Dihle, Die griechische und lateinische Literatur der Kaiserzeit. Von Augustus bis Justinian. München 1989.

R. Flacelière, Literaturgeschichte Griechenlands. 1966.

M. Hadas, A History of Greek Literature. New York 1962.

A. Lesky, Geschichte der griechischen Literatur. 2. Aufl. Bern 1963.

G. Murray, The Literature of Ancient Greece. 3. ed. Chicago 1956.

F. Robert, La littérature grecque. Paris 1946.

H. J. Rose, A Handbook of Greek Literature. 6. ed. London, New York 1964.

W. Schmidt, O. Stählin, W. Christ, Geschichte der griechischen Literatur. I (5 Bände) München 1929-48, Neudruck 1959-64, II (2 Bände) 1920-24, Neudruck 1959-61.

U. v. Wilamowitz-Moellendorf, Die griechische Literatur des Altertums (Die Kultur der Gegenwart. I,8) 4. Aufl. Berlin, Leipzig 1926.

Die lateinische Sprache

C. Battisti, Avviamento allo studio del latino volgare. Bari 1949.

G. Devoto, Storia della lingua di Roma. 2. ed. Bologna 1944. Deutsche Ausgabe u. d. T. Die Sprache Roms. Heidelberg 1968.

P. A. Gaeng, M. Pei, The Story of Latin and the Romance Languages. New York 1976.

C. H. Grandgent, Introduction to Vulgar Latin. Boston 1907.

E. Kieckers, Historische lateinische Grammatik. 1.2. München 1931.

R. Kühner, Ausführliche Grammatik der lateinischen Sprache. 2. Aufl. 1.2. Hannover 1912.

E. Pisani, Grammatica latina storica e comparata. 3. ed. Torino 1962.

F. Stolz, A. Debrunner, Geschichte der lateinischen Sprache (Sammlung Göschen. 493) Berlin 1953.

Die lateinische Literatur

J. Bayet, Littérature latine. 2. ed. Paris 1965.

R. Bianchi, Storia della letteratura romana. Firenze 1955.

E. Bickel, Lehrbuch der Geschichte der römischen Literatur. 2. Aufl. 1961.

E. Bignone, Storia della letteratura latina. 1-3. Firenze 1945-60.

K. Büchner, Römische Literaturgeschichte. 4. Aufl. 1968.

I. Cazzaniga, Storia della letteratura latina. Milano 1962.

A. Dihle, Die griechische und lateinische Literatur der Kaiserzeit. Von Augustus bis Justinian. München 1989.

J. W. Duff, A Literary History of Rome. London I (3. ed.) 1953, Neudruck 1967, II (3. ed.) 1964.

T. Frank, Life and Literature in the Roman Republic. 2. ed. Berkeley 1957.

M. Fuhrmann, Römische Literatur. Wiesbaden 1974.

M. Grant, Roman Literature. Cambridge 1954.

P. Grimal, La littérature latine. Paris 1965.

M. Hadas, A History of Latin Literature. 4. ed. New York 1964.

A. Klotz, Geschichte der römischen Literatur. 1930.

I. Lana, Letteratura latina. Firenze 1963.

J. H. Mantinbrand, Dictionary of Latin Literature. New York 1956.

E. Norden, Die römische Literatur. 6. Aufl. 1961.

E. Paratore, Storia della letteratura latina. 2. ed. Firenze 1961.

L. Perelli, Storia della letteratura latina. Torino 1969.

H. J. Rose, A Handbook of Latin Literature. 3. ed. London 1954.

M. Schanz, C. Hosius, G. Krüger, Geschichte der römischen Literatur. 4. Aufl. München 1914-35. Neudruck 1959-70.

Die christliche Literatur

B. Altaner, A. Stuiber, Patrologie. Leben, Schriften und Lehre der Kirchenväter. 9. Aufl. Freiburg 1981.

O. Bardenhewer, Geschichte der altkirchlichen Literatur. 1-5. 2. Aufl. Freiburg i. Br. 1913. Neudruck Darmstadt 1962.

H. v. Campenhausen, Griechische Kirchenväter. 4. Aufl. Stuttgart 1967.

H. v. Campenhausen, Lateinische Kirchenväter, 6. Aufl. Stuttgart 1986.

H. Kraft, Einführung in die Patrologie. Darmstadt 1991.

M. Simonetti, La letteratura cristiana antica greca e latina. Firenze 1969.

Ph. Vielhauer, Geschichte der urchristlichen Literatur. Berlin 1975.

Buchmalerei

A. Bauer, J. Strzygowsky, Eine alexandrinische Weltchronik. Wien 1905.

E. Bethe, Buch und Bild im Altertum. Leipzig, Wien 1945.

R. Bianchi Bandinelli, Hellenistic Byzantine Miniatures of Iliad (Ilias Ambrosiana). Olten 1955.

R. Bianchi Bandinelli, Rom. Das Ende der Antike. Die römische Kunst in der Zeit von Septimius Severus bis Theodosius. München 1971.

A. Boeckler, H. Degering, Die Quedlinburger Italafragmente. Berlin 1932.

G. Bologna, Illuminated Manuscripts. The Book before Gutenberg. London 1988.

B. Brenk, Spätantike und frühes Christentum (Propyläen-Kunstgeschichte. Suppl. 1) Frankfurt 1977.

B. Brenk, Die frühchristlichen Mosaiken in Santa Maria Maggiore zu Rom. Wiesbaden 1975.

A. M. Ceriani, A. Ratti, Homeri Iliados fragmenta Ambrosiana. Milano 1905.

Codex purpureus Rossanensis. Faksimile und Kommentar. Herausgegeben von G. Cavallo, J. Gribomont u. W. C. Loerke. Roma, Graz 1987 (Codices selecti. 81)

The Conflict between Paganism and Christianity in the fourth Century. Ed. by A. Momigliano. Oxford 1963.

C. Dedoussi, Fr 246 (PSI 847). An Illustrated Fragment of Menander's Εὐνοῦχος. Bulletin of the Institute of Classical Studies, University of London 27 (1980) 97ff.

Dioscurides. Codex Vindobonensis med. gr. 1. Vollständige Faksimile-Ausgabe. Wissenschaftliche Bearbeitung v. H. Gerstinger. Graz 1970.

Fragmenta et picturae Vergiliana codicis Vaticani Latini 3225 (Codices e Vaticanis selecti. 1) Roma 1899.

A. Geyer, Die Genese narrativer Buchillustration. Der Miniaturenzyklus zur Aeneis im Vergilius Vaticanus. Frankfurt a. M. 1989.

A. Grabar, Christian Iconography (Bollingen Series 35,10.) Princeton 1968.

A. Grabar, Die Kunst im Zeitalter Justinians. München 1967.

A. Grabar, Les peintures de l'Evangilaire de Sinope. Paris 1948.

J. N. Grant, Studies in the Text Tradition of Terence. Toronto 1986.

H. Grape-Albers, Spätantike Bilder aus der Welt des Arztes. Bilderhandschriften der Spätantike und ihre mittelalterliche Überlieferung. Wiesbaden 1977.

Ch. de Hamel, A History of Illuminated Manuscripts. Oxford 1986.

A. Haseloff, Codex purpureus Rossanensis. Leipzig, Berlin 1898.

O. Homburger, E. Steiger, Physiologus Bernensis. Vollfaksimileausgabe des Cod. 318 der Burgerbibliothek Bern. Basel 1964.

N. Horsfall, The Origin of the Illustrated Book. Aegyptus 63 (1983) 199ff.

Ilias Ambrosiana. Cod. F 205 P. inf. Bibliothecae Ambrosianae Mediolanensis. Faksimileausgabe (Fontes Ambrosiani. 28.) Bern, Olten 1953.

Z. Kádár, Sur les problèmes des illustrations des ouvrages zoologiques d'Aristote et leur postérité. Acta classica Universitatis Scientiarum Debrecensis 5 (1969) 55ff.

Z. Kádár, Survivals of Greek Zoological Illuminations in Byzantine Manuscripts. Budapest 1978.

E. Kitzinger, Byzantine Art in the Making. London & Cambridge, Mass. 1977.

W. R. Lethaby, The Painted Book of Genesis in the British Museum. Archaeological Journal 69 (1912) 88ff., 70 (1913) 162.

Inabelle Levin, The Quedlinburg Itala. Leiden 1985.

L. Mac Kinney, Medical Illustrations in Medieval Manuscripts. London 1965.

O. Mazal, Wiener Genesis. Faksimileausgabe. Kommentar. Frankfurt 1980.

O. Mazal, Pflanzen, Wurzeln, Säfte, Samen. Antike Heilkunst in Miniaturen des Wiener Dioskurides. Graz 1981.

Medicina antiqua. Libri quattuor medicinae. Cod. Vindob. 93 der Österreichischen Nationalbibliothek. Kommentar v. C. H. Talbot u. F. Unterkircher (Codices selecti. 27) Graz 1972.

C. R. Morey, Early Christian Art. 2. ed. Princeton 1953.

A. Muñoz, Il codice purpureo di Rossano e il frammento Sinopense. Roma 1907.

P. de Nolhac, Les peintures des manuscrits de Virgile. Mélanges d'archéologie et d'histoire (École française de Rome). 4 (1884) 305-333.

P. de Nolhac, Le Virgile du Vatican et ses peintures. Notices et extraits des manuscrits de la Bibliothèque nationale et autres bibliothèques 35 (1897) 681-791.

C. Nordenfalk, The Beginning of Book-Decoration. In: Beiträge für Georg Swarzenski. Berlin 1951, 9ff.

C. Nordenfalk, Der Kalender vom Jahre 354 und die lateinische Buchmalerei des 4. Jahrhunderts. Göteborg 1936.

C. Nordenfalk, Die spätantiken Kanontafeln. Göteborg 1938.

C. Nordenfalk, Die spätantiken Zierbuchstaben. Stockholm 1970.

S. Prete, Il Codice di Terenzio Vaticano 3226. Città del Vaticano 1970.

E. Rosenthal, The Illuminations of the Vergilius Romanus. Dietikon-Zürich 1972.

M. Rotili, Il Codice purpureo di Rossano. 1980.

Ch. Singer, The Herbal in Antiquity and its Transmission to later ages. Journal of Hellenic Studies 47 (1927) 1-52.

H. Stern, Le Calendrier de 354. Etude sur son texte et sur ses illustrations. Paris 1966.

Th. B. Stevenson, Miniature Decoration in the Vatican Virgil. A study in late antique iconography. 1983.

J. Strzygowski, Der Bilderkreis des griechischen Physiologus. Leipzig 1889. Repr. Groningen 1969.

J. Strzygowski, Die Kalenderbilder des Chronographen vom Jahre 354 (Jahrbuch des Kais. Deutschen Archäol. Instituts. Erg. H. 1.) Berlin 1888.

C. Thulin, Die Handschriften des Corpus Agrimensorum Romanorum. Berlin 1911.

F. Unterkircher, Die Buchmalerei. Entwicklung, Technik, Eigenart. Wien, München 1974.

K. Weitzmann, Ancient Book Illumination. Cambridge, Mass. 1959.

K. Weitzmann, Spätantike und frühchristliche Buchmalerei. München 1977.

K. Weitzmann, H. L. Kessler, The Cotton Genesis. British Library Codex Cotton Otho B VI. Princeton, N. J. 1986.

K. Weitzmann, Illustration in Roll and Codex (Studies in Manuscript Illumination. 2) Princeton 1947. 2. ed. 1970.

K. Weitzmann, Studies in Classical and Byzantine Manuscript Illumination. Chicago 1971.

E. Wellesz, The Vienna Genesis. London 1960.

J. de Wit, Spätantike Bildnismalerei. Berlin 1938.

J. de Wit, Die Datierung der spätantiken illustrierten Virgil-Handschriften. Mnemosyne 3. Leiden 1935, 75-82.

J. de Wit, Die Miniaturen des Vergilius Vaticanus. Amsterdam 1959.

H. Woodruff, The Illustrated Manuscripts of Prudentius. Cambridge, Mass. 1929.

F. Wormald, The Miniatures in the Gospels of St. Augustine. Cambridge 1954.

D. H. Wright, The Inheritance of the Papyrus Style of Illustration in Early Latin Literary Codices. In: Byzantine East and Latin West. Art Historical Studies in honor of Kurt Weitzmann (im Druck).

D. H. Wright, Codicological Notes on the Vergilius Romanus (Studi e testi. 345.) Città del Vaticano 1992.

D. H. Wright, Vergilius Vaticanus. Kommentar zum Faksimile (Codices selecti. 71 = Codices e Vaticanis selecti. 40) Graz 1984.

D. H. Wright, Der Vergilius Vaticanus. Ein Meisterwerk spätantiker Kunst. Graz 1993.

Der Bucheinband

G. A. E. Bogeng, Der Bucheinband in seiner Entstehung und Fortbildung. Archiv f. Geschichte des Buchwesens 1 (1958) 3-37.

H. Helwig, Einführung in die Einbandkunde. Stuttgart 1970.

H. Helwig, Handbuch der Einbandkunde. 1-3. Hamburg 1953.

The History of Bookbinding 525-1950 A. D. An Exhibition held at the Baltimore Museum of Arts, New York 1957. Baltimore 1957.

O. Mazal, Einbandkunde. Die Geschichte des Bucheinbandes. Wiesbaden 1997.

P. Needham, Twelve Centuries of Bookbinding. 400-1600. New York, London 1979.

P. Quilici, Breve storia della legatura d'arte dalle origini ai nostri giorni. 1. Le legature nel mondo tardoantico. L'eredità culturale delle legature copte. Il Bibliotecario n. 3. Marzo 1985, 39-53.

B. van Regemorter, Le codex relié depuis son origine jusqu'au Haut Moyen Age. Le Moyen Age 61 (1955) 1ff.

B. van Regemorter, Some early Bindings from Egypt in the Chester Beatty Library (Chester Beatty Monographs. 7) Dublin 1958.

B. van Regemorter, La reliure des manuscrits grecs. Scriptorium 8 (1954) 3-23.

F. Steenbock, Der kirchliche Prachteinband im frühen Mittelalter von den Anfängen bis zum Beginn der Gotik. Berlin 1965.

Buchhandel

U. Dorini, Breve storia del commercio librario. Milano 1938.

P. Fedeli, Autore, commitente, pubblico in Roma. In: Oralità, scrittura, spettacolo. Torino 1983, 77ff.

L. Haenny, Schriftsteller und Buchhändler im alten Rom. Leipzig 1885.

T. Kleberg, Book Auctions in Ancient Rome? Libri 22 (1973) 1ff.

T. Kleberg, Buchhandel und Verlagswesen in der Antike. Darmstadt 1967.

A. F. Norman, The Book Trade in fourth-century Antioch. Journal of Hellenic Studies 80 (1960) 122ff.

R. J. Starr, The Used-Book Trade in the Roman World. Phoenix 44 (1990) 148ff.

E. Stemplinger, Buchhandel im Altertum. München 1927.

Bibliotheken

Le Biblioteche nel mondo antico e medievale. A cura di G. Cavallo. Roma, Bari 1989.

F. Burkhalter, Archives locales et archives centrales en Egypte romaine. Chiron 20 (1990) 191ff.

R. Cagnat, Les bibliothèques municipales dans l'Empire Romain. Mémoires de l'Institut Nationale de France 38 (1909) 1ff.

C. Callmer, Die ältesten christlichen Bibliotheken in Rom. Eranos 83 (1985) 48ff.

L. Canfora, La biblioteca scomparsa. Palermo 1988.

L. Canfora, Le biblioteche ellenistiche. In: Le biblioteche nel mondo antico e medievale. A cura di G. Cavallo. Roma, Bari 1989, 3ff.

A. Conze, Die pergamenische Bibliothek. Sitzungsberichte der Berliner Akademie der Wissenschaften 53 (1884) 1257ff.

R. Fehrle, Das Bibliothekswesen im alten Rom. Wiesbaden 1986.

P. M. Fraser, Ptolemaic Alexandria. I. Oxford 1972.

G. W. Houston, A revisionary Note on Ammianus Marcellinus 14. 6. 18: When did the Public Libraries of Ancient Rome close? The Library Quarterly 58 (1988) 258ff.

R. Nicolai, Le biblioteche dei ginnasi. Nuovi Annali della Scuola Speciale per Archivisti e Bibliotecari 1 (1987) 17ff.

E. A. Parsons, The Alexandrian Library, glory of the Hellenic World. Amsterdam 1952.

J. Platthy, Sources on the Earliest Greek Libraries. Amsterdam 1968.

E. Posner, Archives in the Ancient World. Cambridge, Mass. 1972.

F. Schmidt, Die Pinakes des Kallimachos. Berlin 1922.

V. M. Strocka, Römische Bibliotheken. Gymnasium 88 (1981) 298ff.

C. Wendel, W. Gröber, Das griechisch-römische Altertum. In: Handbuch der Bibliotheks-wissenschaft III, 1. 2. Aufl. Wiesbaden 1955, 51ff.

C. Wendel, Kleine Schriften zum antiken Buch- und Bibliothekswesen. Herausgegeben v. W. Krieg. Köln 1974.

Abbildungsverzeichnis

Abb. 1 London, British Library, Add. Ms. 34.186
Abb. 2 Rheinisches Landesmuseum Trier
Abb. 3 Wien, Österreichische Nationalbibliothek, Papyrussammlung
Abb. 4 Dijon, Musée des Beaux-Arts
Abb. 5 Staatliche Museen zu Berlin - Preußischer Kulturbesitz, Antikenmuseum, Inv.-Nr. F 2285. Photo: Johannes Laurentius
Abb. 6 Rheinisches Landesmuseum Trier, Inv.-Nr. 9921
Abb. 7 Tarquinia, Museo Nazionale, C. I. E. 5430
Abb. 8 aus: K. Földes-Papp, Vom Felsbild zum Alphabet, Bayreuth 1975
Abb. 9 aus: K. Földes-Papp, Vom Felsbild zum Alphabet, Bayreuth 1975
Abb. 10 Athen, Archäologisches Nationalmuseum
Abb. 11 Wien, Österreichische Nationalbibliothek, Papyrussammlung, Pap. gr. 1
Abb. 12 Staatliche Museen zu Berlin - Preußischer Kulturbesitz, Ägyptisches Museum und Papyrussammlung, Inv.-Nr. P 9875 E
Abb. 13 London, British Library, Pap. Lond. 2084
Abb. 14 Staatliche Museen zu Berlin - Preußischer Kulturbesitz, Ägyptisches Museum und Papyrussammlung, Inv.-Nr. P 6869 A
Abb. 15 London, British Library, Pap. lit. Lond. 46
Abb. 16 London, British Library, Add. Ms. 43.725
Abb. 17 London, British Library, Royal Ms. 1 D. V-VIII, Blatt 41v
Abb. 18 Wien, Österreichische Nationalbibliothek, Cod. med. gr. 1, Blatt 465r
Abb. 19 Wien, Österreichische Nationalbibliothek, Papyrussammlung, Pap. gr. 2343
Abb. 20 Wien, Österreichische Nationalbibliothek, Papyrussammlung, Pap. gr. 40.822
Abb. 21 Wien, Österreichische Nationalbibliothek, Papyrussammlung, Pap. gr. 19.799/19.800
Abb. 22 Wien, Österreichische Nationalbibliothek, Papyrussammlung, Pap. gr. 2127
Abb. 23 aus: F. Mužika, Die schöne Schrift in der Entwicklung des lateinischen Alphabets. Prag 1965
Abb. 24 Perugia, Museo Archeologico Nazionale dell' Umbria, C. I: E. 4538
Abb. 25 Rom, Forum Romanum
Abb. 26 aus: F. Mužika, Die schöne Schrift in der Entwicklung des lateinischen Alphabets. Prag 1965
Abb. 27 aus: F. Mužika, Die schöne Schrift in der Entwicklung des lateinischen Alphabets. Prag 1965
Abb. 28 aus: F. Mužika, Die schöne Schrift in der Entwicklung des lateinischen Alphabets. Prag 1965
Abb. 29 Città del Vaticano, Biblioteca Apostolica Vaticana, Cod. Vat. lat. 3225, Blatt 4r
Abb. 30 Città del Vaticano, Biblioteca Apostolica Vaticana, Cod. Vat. lat. 3256, und Staatliche Museen zu Berlin - Preußischer Kulturbesitz, Lat. fol. 416, Blatt 2r
Abb. 31 Leiden, Rijksmuseum van Oudheden, Papyrusfragment AM S 53 (I 421)
Abb. 32 Città del Vaticano, Biblioteca Apostolica Vaticana, Pap. lat. 6
Abb. 33 Wien, Österreichische Nationalbibliothek, Cod. 15, Blatt 165v
Abb. 34 Wien, Österreichische Nationalbibliothek, Cod. 2160*, Blatt 9v
Abb. 35 Paris, Musée du Louvre, Pap. Louvre 1, Inv. 2325, col. 7-13
Abb. 36 Wien, Österreichische Nationalbibliothek, Cod. phil. gr. 100, fol. 69r
Abb. 37 Wolfenbüttel, Herzog-August-Bibliothek, Guelf. 36. 23 Aug. fol., Blatt 55v
Abb. 38 Dublin, Chester Beatty Library, Coptic Codex 1

Abb. 39 Staatliche Museen zu Berlin - Preußischer Kulturbesitz, Ms. theol. lat. fol. 323 (Vita St. Liudgeri, Handschrift des 11. Jh.s)
Abb. 40 Staatliche Museen zu Berlin - Preußischer Kulturbesitz, Museum für Spätantike und byzantinische Kunst, Inv.-Nr. 564/565

Tafel 1 Rom, Capella Sancta Sanctorum beim Lateran
Tafel 2 Firenze, Biblioteca Mediceo-Laurentiana, fol. 5r
Tafel 3 Città del Vaticano, Biblioteca Apostolica Vaticana, Vat. gr. 1164, Blatt 99r
Tafel 4 Wien, Österreichische Nationalbibliothek, Cod. med. gr. 1, Blatt 4v
Tafel 5 Wien, Österreichische Nationalbibliothek, Cod. med. gr. 1, Blatt 6v
Tafel 6 Wien, Österreichische Nationalbibliothek, Cod. med. gr. 1, Blatt 26v
Tafel 7 Kassel, Gesamthochschul-Bibliothek, 2° Ms. phys. et hist. nat. 10, Blatt 17v
Tafel 8 Wien, Österreichische Nationalbibliothek, Cod. med. gr. 1, Blatt 411r
Tafel 9 Wien, Österreichische Nationalbibliothek, Cod. med. gr. 1, Blatt 483v
Tafel 10 Wien, Österreichische Nationalbibkiothek, Cod. 93, Blatt 48v
Tafel 11 Paris, Bibliothèque nationale, Suppl. gr. 1294
Tafel 12 London, The Egypt Exploration Society
Tafel 13 Milano, Biblioteca Ambrosiana, Cod. F. 205 Inf. Pict. XX, XXI
Tafel 14 Milano, Biblioteca Ambrosiana, Cod. F. 205 Inf. Pict. XXVII
Tafel 15 Città del Vaticano, Biblioteca Apostolica Vaticana, Cod. lat. 3225, Blatt 4v
Tafel 16 Città del Vaticano, Biblioteca Apostolica Vaticana, Cod. lat. 3225, Blatt 19r
Tafel 17 Città del Vaticano, Biblioteca Apostolica Vaticana, Cod. lat. 3225, Blatt 40r
Tafel 18 Città del Vaticano, Biblioteca Apostolica Vaticana, Cod. Vat. lat. 3867, Blatt 1r
Tafel 19 Città del Vaticano, Biblioteca Apostolica Vaticana, Cod. Vat. lat. 3867, Blatt 3v
Tafel 20 Città del Vaticano, Biblioteca Apostolica Vaticana, Cod. Vat. lat. 3867, Blatt 100v
Tafel 21 Città del Vaticano, Biblioteca Apostolica Vaticana, Cod. Vat. lat. 3867, Blatt 188v
Tafel 22 Città del Vaticano, Biblioteca Apostolica Vaticana, Cod. Vat. lat. 3868, Blatt 60v/61r
Tafel 23 Bern, Burgerbibliothek, Cod. Burg. 264, Seite 76
Tafel 24 London, British Library, Cod. Cotton Otho B. VI, Blatt 26v
Tafel 25 Wien, Österreichische Nationalbibliothek, Cod. theol. gr. 31, Seite 1
Tafel 26 Wien, Österreichische Nationalbibliothek, Cod. theol. gr. 31, Seite 13
Tafel 27 Wien, Österreichische Nationalbibliothek, Cod. theol. gr. 31, Seite 31
Tafel 28 Wien, Österreichische Nationalbibliothek, Cod. theol. gr. 31, Seite 34
Tafel 29 Staatsbibliothek zu Berlin - Preußischer Kulturbesitz, Cod. theol. lat. fol. 485, Blatt 2r
Tafel 30 Rossano, Kathedralarchiv, Seite 1
Tafel 31 Rossano, Kathedralarchiv, Seite 15
Tafel 32 Wien, Österreichische Nationalbibliothek, Papyrussammlung, Inv.-Nr. 34

Register

Verzeichnis der zitierten Papyri

Verzeichnis der zitierten Handschriften